北京市法学会
市级法学研究课题
成果汇编
2018—2019

北京市法学会　主编

中国政法大学出版社

2020·北京

图书在版编目（ＣＩＰ）数据

北京市法学会市级法学研究课题成果汇编.2018—2019/北京市法学会主编. —北京：中国政法大学出版社，2020.11
ISBN 978-7-5620-9738-9

Ⅰ.①北…　Ⅱ.①北…　Ⅲ.①法学—文集　Ⅳ.①D90-53

中国版本图书馆CIP数据核字（2020）第225715号

出　版　者　　中国政法大学出版社

地　　　址　　北京市海淀区西土城路 25 号

邮寄地址　　北京 100088 信箱 8034 分箱　　邮编 100088

网　　　址　　http://www.cuplpress.com（网络实名：中国政法大学出版社)

电　　　话　　010-58908289(编辑部) 58908334(邮购部)

承　　　印　　北京九州迅驰传媒文化有限公司

开　　　本　　720mm×960mm　　1/16

印　　　张　　35.25

字　　　数　　660 千字

版　　　次　　2020 年 11 月第 1 版

印　　　次　　2020 年 11 月第 1 次印刷

定　　　价　　150.00 元

前言
Preface

北京市法学会组织实施的法学研究课题，是经中共北京市委政法委批准设立的市级法学科研项目，由市财政提供必要的经费支持。主要分为重点课题、一般课题和青年课题，研究期限为一年。市法学会在广泛征集选题建议的基础上，围绕当年首都中心工作、首都法治建设、首都政法工作中的重点、难点、热点问题确定课题指南并报市委政法委批准，通过招标和委托方式确定课题主持人。课题组按照课题计划完成研究任务，向市法学会提交研究成果。市法学会邀请相关领域专家对课题成果进行评审，通过评审验收的予以结项。市法学会对课题结项成果汇编结集。

本书汇编了2018—2019年度市级法学研究课题结项成果共32篇，包括重点课题5篇（立项5篇，结项5篇），一般课题18篇（立项18篇，结项18篇），青年课题9篇（立项9篇，结项9篇）。鉴于篇幅限制，青年课题主要为核心成果摘要。上述成果涉及立法、执法、司法、法治社会建设等各个领域，旨在为首都法治实践提供法学理论支持，为领导决策提供参考依据，为从事法学研究的各界人士搭建交流平台，为法治建设发挥积极作用。

课题成果具有三个鲜明特征：一是政治性。始终坚持正确的政治方向，在开展课题研究中，以习近平新时代中国特色社会主义思想为指导，吸收人类文明优秀成果，紧密结合首都法治建设实际，走中国特色社会主义法治道路。二是实践性。选题来源于法治实践，以问题为导向，研究首都法治建设中面临的问题，破解难题，提出对策建议，服务首都法治实践。三是前瞻性。通过研究具体问题，解剖麻雀，提炼出共性问题，阐明法理，为首都法治建设的长远发展提供法学理论支持。

借此机会，对课题主持人和课题组成员的辛勤劳动表示衷心的感谢！对支持、帮助课题组的研究组织、相关单位表示衷心的感谢！对关心支持市法学会工作的各有关部门和人员表示衷心的感谢！

由于时间、精力、能力等方面的限制，本书的编写难免会出现问题，请读者批评指正。

北京市法学会

2020 年 11 月

目 录
Contents

附　录　青年课题核心成果

第一编

重点课题

北京市践行习近平法治思想研究

——以推进生态文明建设为视角

于文轩*

一、习近平生态环境保护法治观概述

习近平同志站在坚持和发展中国特色社会主义、实现中华民族伟大复兴中国梦的战略高度，就如何推进生态文明法治建设提出了一系列新理念、新思想和新战略，形成了科学的生态环境保护法治观。习近平同志关于生态环境保护的法治观（以下简称"习近平生态环境保护法治观"），是建设社会主义生态文明语境下加强社会主义法治建设的重要内容。

（一）习近平生态环境保护法治观的形成脉络

习近平生态环境保护法治观经历了萌芽、形成和发展阶段，发扬了习近平同志个人从政经历的深邃思考，吸收了中国特色社会主义建设的宝贵经验，总结了党的十八大以来生态文明建设的伟大实践，逐步形成了目前的科学系统的体系。

1969—1985 年是习近平生态环境保护法治观的萌芽阶段。1969—1975 年，习近平同志在陕西省延川县梁家河经历了七年的知青插队生活。面对衣食无着的老乡们和贫瘠的黄土地，他带领群众改善生态，打坝造田，发展生产，利用秸秆和畜禽粪便，成功建成了陕西第一口沼气池，进而在延川县掀起了一场沼气革命。1982—1996 年，习近平同志在正定县和福州市工作期间，通过搞绿化、开展环境保护工作、发展旅游业等途径，探索符合当地实际情况的生态文明建设的方式。

2002—2007 年是习近平生态环境保护法治观的形成阶段。彼时习近平同志在浙江、上海主政，这段时期既有针对当地生态领域存在的突出问题开展专项整治的实践，也有对全域生态系统进行顶层设计的谋划，把生态建设融入全社会发展过程，融入经济建设、政治建设、社会建设之中。"绿水青山就是金山银山"的科学理念，就是在浙江的实践中首次提出来的。

---

* 课题主持人：于文轩，中国政法大学环境资源法研究所所长。立项编号：BLS（2018）A001。结项等级：优秀。

习近平同志到中央工作以来，特别是自党的十八届一中全会担任总书记以来，从更宽广的视野谋划全国生态文明建设，在总结在地方期间的生态文明建设实践和汲取全国各省市探索经验的基础上，他明确回答了"什么是生态文明，怎样建设生态文明"这个重大课题，逐步发展了关于生态环境保护的法治观，这段时期便是习近平生态环境保护法治观的形成阶段。

（二）习近平生态环境保护法治观的理论溯源

习近平生态环境保护法治观主要来自马克思主义人与自然关系论述的思想，同时也传承了中华文明中有关生态智慧的思想，以及中国特色社会主义建设过程中关于生态环境保护的实践认识。

首先，马克思主义科学总结了人类在认识自然和社会方面所创造的优秀成果，其中关于人与自然环境的思想，即有关人与自然环境相互关系以及如何协调人与自然环境相互关系的理论，是马克思主义的重要内容之一。马克思主义关于人与自然环境的思想的主要内容有六个方面：其一，人之于自然的从属性；其二，人与自然的辩证关系；其三，"人—人"关系和"人—自然"关系的互动性；其四，人能动地调整人与自然的关系；其五，人与自然的和谐相处；其六，调整人与自然的关系的基本途径。

其次，历代先贤的哲学思想为习近平生态环境保护法治观奠定了历史文化基础。儒家看重人在自然万物中的地位，而在其中，人与自然之间的关系是一个重要的内容。儒家的生态思想往往和他们所关心的天地人理论相结合形成生态思想混合物。道家与儒家不同的是，道家较为系统地论述了天人关系，老子提出了更加深刻与丰富的生态文明思想——"道法自然"。

最后，自新中国成立以来，历任国家领导人对生态环境重要性的认识随着社会的进步而不断发展。这些重要的论述和实践是党对生态环境保护和生态文明建设的探索和实践，也是中国特色社会主义理论关于发展与保护关系的探索和实践。党的十八大以来，我国生态文明建设和生态环境保护进入新时期，强调坚决摒弃损害甚至破坏生态环境的发展模式，坚决摒弃以牺牲生态环境换取一时一地经济增长的做法。这些探索和实践，是习近平生态环境保护法治观的新发展。

（三）习近平生态环境保护法治观的内涵

习近平生态环境保护法治观的内涵，可以通过坚持人与自然和谐共生、绿水青山就是金山银山、推动形成绿色发展方式和生活方式、统筹山水林田湖草系统治理以及实行最严格的生态环境保护制度五个方面深入理解。

其一，人与自然和谐共生。习近平同志指出："自然是生命之母，人与自然是生命共同体,人类必须敬畏自然、尊重自然、顺应自然、保护自然。"〔1〕人与自然的关系是人类社会最基本的关系。保护自然就是保护人类,建设生态文明就是造福人类。其二,绿水青山就是金山银山。习近平总书记指出:"我们既要绿水青山,也要金山银山。宁要绿水青山,不要金山银山,而且绿水青山就是金山银山。"〔2〕这是重要的发展理念,也是推进现代化建设的重大原则。其三,推动形成绿色发展方式和生活方式。2017 年 6 月 21 日,习近平总书记在山西考察工作时指出:"坚持绿色发展是发展观的一场深刻革命。"要从根本上解决生态环境问题,必须贯彻绿色发展理念,把经济活动中人的行为限制在自然资源和生态环境能够承受的限度内,给自然生态留下休养生息的时间和空间。其四,统筹山水林田湖草系统治理。山水林田湖草是一个生命共同体。要用系统论的思想方法看问题,从系统工程和全局角度寻求新的治理之道。深入实施山水林田湖草一体化生态保护和修复。其五,实行最严格的生态环境保护制度。习近平总书记指出:"只有实行最严格的制度、最严密的法治,才能为生态文明建设提供可靠保障。"〔3〕必须把制度建设作为推进生态文明建设的重中之重,深化生态文明体制改革,把生态文明建设纳入制度化、法治化轨道。

(四)习近平生态环境保护法治观的重要意义

生态文明法治建设,是进行良好生态文明建设的前提、基础和根本保障。其一,践行习近平生态环境保护法治观是依法治国的必然要求。实现生态文明建设,必须要践行习近平生态环境保护法治观,以法治为保障,在法治范畴内进行,确保生态文明建设有法可依、有章可循。其二,践行习近平生态环境保护法治观是生态文明的根本保障。生态文明法治建设可以为生态文明建设提供强有力的法治保障,为生态文明建设提供秩序性、程序性的支持,以法律的强制力确保生态文明建设得到贯彻落实。其三,现阶段我国社会的主要矛盾也已经转变为人民日益增长的美好生活需要同不平衡不充分的发展之间的矛盾。在此情形下,践行习近平生态环境保护法治观,就成为我国现阶段经济社会发展的必然要求。

二、践行习近平生态环境保护法治观的实证研究

(一)环境污染防治

结合北京市环境质量目标要求和污染物排放总量控制要求,重点考察北京市

---

〔1〕 中共中央宣传部编:《习近平新时代中国特色社会主义思想学习纲要》,学习出版社、人民出版社 2019 年版,第 167 页。

〔2〕 中共中央文献研究室编:《习近平关于全面建成小康社会论述摘编》,中央文献出版社 2016 年版,第 171 页。

〔3〕 中共中央宣传部编:《习近平总书记系列重要讲话读本》,学习出版社、人民出版社 2014 年版,第 129 页。

在环境污染防治中对大气污染防治、水污染防治、土壤污染防治、噪声污染防治、垃圾污染防治以及电磁辐射污染防治六个领域中开展的工作。

第一，北京市大气污染防治工作具体考察工业大气污染防治、交通运输系统大气污染防治、扬尘污染防治、清洁能源推广以及拓展大气污染治理新领域五个方面的工作情况。第二，北京市水污染防治工作具体考察饮用水安全管理、水环境治理、农业农村污水排放管理以及水生态保护管理四个方面的工作情况。第三，北京市土壤污染防治工作具体考察详查监测等基础工作、土壤污染源头管控、严格管控建设用地环境风险以及实施农用地分类管理四个方面的工作情况。第四，噪声污染防治工作具体考察交通噪声污染防治，社会生活、施工及工业噪声监管，城市副中心及其他新城建设中噪声污染防治，综合管理措施和保障新措施的健全五个方面的工作情况。第五，垃圾污染防治工作具体考察提升生活垃圾处理处置能力、提升一般工业固废处理处置能力两个方面的工作情况。第六，电磁辐射污染防治工作则主要从电磁辐射环境质量常规监测和电磁辐射设施的监督性监测入手进行考察。

（二）生态环境建设

生态环境建设，是指依据生态环境底线开展管理，以资源环境承载力为硬约束，保障和维护生态安全，持续改善和提高生态环境质量。根据生态环境建设要求，北京市通过出台最严格的生态保护红线管理方案、提升不同类型生态系统生态价值、健全生态环境建设保障机制三个方面的重要举措，确保生态功能稳定持续改善。

首先，在生态保护红线管控工作方面，北京市委、市政府高度重视生态环境保护和建设工作，坚定不移贯彻新发展理念，将划定和严守生态保护红线作为本市生态文明建设的重要内容予以推进。2018年7月6日，北京市人民政府发布《北京市生态保护红线》，对北京市全市范围内的生态保护红线区域面积和空间格局、范围、主要类型等进行详细的划定。在划定生态保护红线区的基础上，2018年10月20日，中共北京市委、北京市人民政府联合印发《关于推动生态涵养区生态保护和绿色发展的实施意见》的通知，2019年4月20日，北京市人民政府印发《北京市生态控制线和城市开发边界管理办法》，用以优化城乡空间布局，严守生态控制线和城市开发边界。其次，北京市从加强自然保护区建设、扩大森林绿地面积工程、推进湿地恢复建设、加强绿地系统建设四个方面推进了生态价值保护工作。最后，健全法规标准体系，提高科技支撑能力，加强国际交流与合作，是健全生态环境建设保障的三方面重要措施。

（三）环境风险防控

环境风险，是指运用现有的科学知识可以得知决策的对象存在着某些具体环境危险,但又无法肯定针对该危险所采取的对策措施能够避免该危险及其可能造成危害的状态。在实践中,核与辐射的安全管理工作、危险废物与化学品的安全管理工作以及环境应急管理工作均属于预防性质较强的领域,须按照环境风险防控的具体要求开展工作,因此北京市环境风险防控的实证研究主要聚焦这三个领域。

首先,核与辐射的安全管理工作具体考察了控制核设施和高风险放射源总量、完善辐射安全监管机制、积极开展辐射工作单位规范化建设、严格放射性废物管理四个方面的工作情况。其次,危险废物与化学品的安全管理工作考察了提高危险废物收集和处理处置能力、推进危险废物管理精细化、强化重金属和化学品监管三个方面的工作情况。最后,环境应急管理工作考察了深化环境风险源管理、提高应急综合保障能力两个方面的工作情况。

(四) 环境治理体制机制建设

体制机制建设是确保各项计划、方案、制度、措施得到有效整合和执行的重要环节。北京市需要充分利用京津冀一体化协作机制,完善多元共治机制,主动提升环境监测能力。首先,从多元共治机制的建设情况来看,北京市通过落实党委政府责任、落实企业环境保护责任、拓宽公众参与渠道以及推进形成环保正向合力四个方面积极推进。其次,从联防联控的建设情况来看,北京市通过推动环境管理一体化、完善区域协作机制以及着力在重点区域实现突破三个方面主动落实。最后,从环境监测监管体系的建设情况来看,北京市通过构建先进的环境监测体系和完备的环境监管体系狠抓实干。

三、践行习近平生态环境保护法治观的解释论研究

习近平同志在 2013 年 5 月 24 日主持中共中央政治局就大力推进生态文明建设第六次集体学习时强调,生态环境保护是功在当代、利在千秋的事业。他指出,只有实行最严格的制度、最严密的法治,才能为生态文明建设提供可靠保障。本部分从认识论、法律体系和推进情况等三个方面进行梳理,考察北京市在践行习近平生态环境保护法治观的情况。

(一) 践行习近平生态环境保护法治观的认识论

当前,生态文明建设、环境保护正处于压力叠加、负重前行的关键期,已进入提供更多优质生态产品以满足人民日益增长的优美生态环境需要的攻坚期,也到了有条件、有能力解决突出生态环境问题的窗口期。北京市认识到生态环境保护面临的严峻形势,在加大力度、加快治理、加紧攻坚、打好标志性的重大战役中持续积极作为,以最新的生态环境保护形势为研判,发布了一系列规划、工作方案、行动计划。

习近平同志对北京的重要讲话,系统阐述了"建设一个什么样的首都,怎样建设首都"的重大时代课题，要求在京津冀协同发展的大局中，加快疏解非首都功能，严守人口总量上限、生态控制线、城市开发边界三条红线，减量发展、高质量发展，着力攻坚治理大气污染等"大城市病"，落实最严格的水资源管理制度，优先保护好生态环境，推动实现转型发展、绿色发展。

北京市践行习近平生态环境保护法治观上来看，北京市从思想上确实用习近平生态环境保护法治观指导实践和推动工作。以习近平生态环境保护法治观作为宣传的重点，为全社会营造学习习近平生态环境保护法治观的氛围，为习近平生态环境保护法治观的有效传播和在全社会的认可创造有利条件。北京市在认真落实党中央、国务院关于首都生态文明建设的重大部署和重要任务，持续努力让良好生态环境成为市民幸福生活的增长点、成为经济社会持续健康发展的支撑点、成为展现我国和首都良好形象的发力点。

为使习近平生态环境保护法治观落到实处，真正成为指引北京市生态文明建设的指导思想，北京市采取多项措施和行动确保习近平生态环境保护法治观得到贯彻落实。北京市各相关部门均积极出台各类意见和办法，将习近平生态环境保护法治观与各专业领域相融合，认真学习、自我施压，使习近平生态环境保护法治观融入社会生产生活的方方面面，使整个社会在习近平生态环境保护法治观的指导下有序、高效运行。

（二）践行习近平生态环境保护法治观的法律体系

北京市在践行习近平生态环境保护法治观的过程中，在健全和完善法律体系方面主要是以完善地方环保制度体系、提高地方环保法规针对性和可操作性为目标，旨在推动重点领域生态环境立法。

首先，在健全地方性法规方面，一是对《北京市水污染防治条例》和《北京市大气污染防治条例》进行修订。《北京市水污染防治条例》修改了十五处，该条例结合北京市实际情况，将实践证明成熟的环境管理举措及时上升为地方性法规。《北京市大气污染防治条例》也进行了较大修改，包括坚持从源头到末端全过程控制污染物排放；驾驶排放不合格机动车上路，车辆驾驶人将受罚；删去与上位法不一致或重复的内容，加大处罚力度；增加对垃圾填埋场等单位防止地下水污染的管理要求等。二是完成《北京市危险废物污染环境防治条例》的审议工作，通过该条例形成符合北京地方特色的危险废物产生、收集、贮存、转移、运输、利用、处置全过程监管体系。按照市人大常委会五年立法工作计划安排，2016年完成《北京市危险废物污染环境防治条例》立项论证工作；2017年开展调研起草工作并力争完成送审稿；2018年将送审稿报送市政府法制办并配合市政府法制办、市人大常委会有关部门完成征求意见、论证、审议等工作。2018年5月17日，北京市人大常委会主任会议讨论了城建环保办公室关于审议条例草案有关情况的报告。三是研究制定生态保护红线管理地方性法规立法工作。北京市人民政府 2018 年 7 月 6 日印发了《北京市生态保护红线》，从面积和空间格局、划定范围以及主要类型三个方面界定了北京市生态保护红线。2019年 4 月 20 日，北京市人民政府印发了《北京市生态控制线和城市开发边界管理办法》，用以优化城乡空间布局，严守生态控制线和城市开发边界。在上述地方政府规章和规范性文件的支持下，北京市正积极制定北京市生态保护红线区管理地方性法规。四是完成《北京市环境噪声污染防治办法》的前期调研。

其次，在完善政府规章方面，一方面，配合国家构建排污许可制，密切跟踪国家排污许可立法动态，适时研究出台排污许可管理办法。另一方面，正研究制定《北京市放射性污染防治若干规定》。

最后，在梳理规范性文件方面，在完善法律法规配套制度体系、建立集中清理和个别清理相结合的规范性文件清理长效机制以及完善规范性文件管理规定三个方面开展了相关工作。

（三）践行习近平生态环境保护法治观的推进情况

北京市为践行习近平生态环境保护法治观，在三个方面作出了较为突出的成绩。一是规划方案制定翔实，工作内容重点突出。为践行习近平生态环境保护法治观，北京市着手制定并颁布了《北京市"十三五"时期环境保护和生态建设规划》，《北京市"十三五"时期环境保护和生态建设规划》要求，到 2020 年，北京市要实现"主要污染物排放总量持续削减，大气和水环境质量明显改善，土壤环境质量总体清洁，生态环境质量保持良好，环境安全得到有效保障"的目标，具体指标分为环境质量、污染物排放总量以及生态环境建设三个方面。规划内容翔实，重点突出，为北京市践行习近平生态环境保护法治观提供了基础保障和明确的指引。二是各部门积极推进，环境治理工作有序开展。为积极推进习近平生态环境保护法治观的贯彻落实，北京市各部门积极按照《北京市"十三五"时期环境保护和生态建设规划》内容开展相关工作，例如北京市生态环境局（原北京市环保局）从生态环境角度出发，紧扣规划重点工作，制定了相关工作计划并积极出台相关文件，并牵头起草了多部地方性法规、政府规章和规范性文件，使北京市生态环境保护工作得到有序推进。三是多元共治局面初见成效，环境治理新领域逐步拓展。随着生态文明建设进程的不断加快和建设程度的不断加深，北京市逐渐形成了对生态环境多元共治的局面。例如对城市污染的治理，除垃圾污染开始进行垃圾分类外，噪声污染治理、水污染治理、空气污染治理等领域也在积极探索治理措施。随着社会发展水平和社会管理能力的不断提高，人民群众对环境治理的要求也越来越高，推进生态文明建设不仅仅是对现阶段社会问题进行治理，也要积极扩展环境治理的新领域，从而实现持续构建生态文明社会的目标。

北京市在生态环境保护法制建设过程中存在下述三方面的问题，这些问题有待在进一步工作中解决。其一，政策方案衔接需要加强。北京市为推进生态文明建设，拟定并实施了多项政策方案，为推进北京市践行习近平生态环境保护法治观创造了良好的条件，提供了有益的实践经验。但在实践中，各部门之间有时缺乏有效的沟通，导致各部门制定的政策方案偏重部门属性。其二，精细化管理有待提高。目前的政策和立法为生态文明建设提供了重要的依据，但同时在发挥目标导向作用的考核督导、标准引领、统计计量、监测等方面，精细化水平仍有待提高。这些问题需要在进一步工作中着力解决。其三，法制协同需要进一步推进。在京津冀协同发展框架下，无论是立法概念方面，还是在标准设置方面，抑或法律责任方面，三地都存在较大差距；同时，三地在立法节奏方面也不甚一致。北京市在此方面应作出表率，为解决这些问题作出进一步努力。

四、践行习近平生态环境保护法治观的立法论研究

北京市较好地贯彻落实了习近平生态环境保护法治观，同时也存在完善和提升的空间。本部分从深化思想认识、加快体制机制建设、健全法律体系和完善保障机制四个方面展开研究，并提出相应的意见和建议。

（一）深化对生态环境法治观的认识

首先，严格的制度、严密的法治，为生态文明建设提供可靠保障。要进一步加快构建生态文明体系，建立健全生态文化体系、生态经济体系、目标责任体系、生态文明制度体系、生态安全体系，为落实首都城市战略定位、率先全面建成小康社会、为建成美丽中国提供有力的制度保障。

其次，要努力把绿水青山转化为金山银山，加快推动绿色发展。围绕调整经济结构和能源结构等重点，培育壮大环保产业、循环经济，倡导绿色低碳生活方式；把解决突出生态环境问题作为民生优先领域，打赢蓝天保卫战这个重中之重；有效防范生态环境风险，提高环境治理水平，让良好生态环境成为人民生活的增长点、经济社会持续健康发展的支撑点和展现我国良好形象的发力点。

再次，空气污染、水污染、土壤污染、固体废弃物和垃圾处置等都是突出环境问题。解决这些突出环境问题，是生态文明建设的近期目标和聚焦点。需要运用法制手段、经济手段、政治手段、文化教育手段、社会治理手段等综合起来的系统方法，才能奏效。

最后，在生态文明建设中，要加大生态保护修复力度，坚持保护优先、自然恢复为主，严守生态保护红线，实施重大生态质量提升工程，有效防范生态环境风险，筑牢生态安全屏障。生态保护红线修复机制的法治化，须构建生态利益、经济利益和社会利益和谐发展的多元法益体系，遵循以生态利益为首位，以经济利益为补充，以社会利益为归宿的价值追求。

（二）加快生态文明法治体制机制建设

健全的体制机制是制度、措施得以有效运行的必要条件。推进生态文明法治建设体制机制需要通过推进生态文明法治建设、落实生态文明政绩观以及理顺生态文明法治体制机制三个方面入手。

其一，在推进生态文明法治建设方面，应全面履行政府职能，健全依法决策机制，深化行政执法体制改革，坚持严格规范公正文明执法，强化对行政权力的制约和监督，全面推进政务公开。其二，在落实生态文明政绩观方面，应严格环保督察，压紧压实主体责任；严格考核评价，树立正确政绩导向；严格量化问责，强化责任终身追究。其三，在理顺生态文明法治体制机制方面，既要健全管理体制机制又要加强队伍建设和能力建设。

（三）健全生态环境法律体系

在健全生态环境法律体系过程中，应以完善地方环保制度体系、提高地方环保法规针对性和可操作性为目标，推动重点领域生态环境立法，同时注重运用修订的手段调整不同法律法规之间的衔接关系，及时清理和废止不兼容的法律法规，确保生态环境法律体系协调内洽。

首先，在健全重点领域的地方性法规方面，一方面是完成《北京市危险废物污染环境防治条例》的制定工作。构建政府为主导、企业为主体、社会公众共同参与的危险废物治理体系，对危险废物实施全过程规范化管理，将管理重心向事前预防转移，有效控制环境风险，促进城市可持续发展。形成符合北京地方特色的危险废物产生、收集、贮存、转移、运输、利用、处置全过程监管体系。另一方面是完成生态保护红线管理地方性法规立法工作。根据前期的生态保护红线区划及功能分解，北京市应积极制定生态保护红线区管理地方性法规，明确生态保护红线的边界范围、主导功能、管理办法、违法处置办法、动态调整办法等内容，同时理清各行政主管部门的管控内容和职责范围，建立部门之间和各级政府之间的协调机制。

其次，在出台重要的政府规章方面，一是配合国家构建排污许可制，适时研究出台北京市排污许可管理办法。按照国家排污许可分类管理名录要求，分批分步规范有序推进排污许可证核发，按进度有序完成覆盖所有固定污染源的排污许可证核发工作，建成以排污许可证为核心的固定污染源管理体系，为本市立法积累工作基础。二是制定出台"北京市放射性污染防治规定"，提高国家法律法规在本市的可操作性、细化各部门和各级生态环境部门职责、进一步健全辐射环境质量监测、预警应急、辐射安全许可等方面的管理制度、补充放射性废物和放射性物品运输等要求。进一步提高核与辐射安全水平，辐射环境安全风险明显降低。三是针对近年来对北京市影响较大的水环境、森林资源、噪声污染等重点领域，积极开展政府规章的调研、起草工作。

最后，在完善规范性文件方面，一是完善法律法规配套制度体系。对于法定职责明确，但无具体操作规范的事项，结合本市实际情况及时制定相应的规范性文件，对行政管理相对人和区生态环境部门相应的活动进行明确细化的规定。对于法定职责不明或仅进行概括性规定的法律法规，结合本市实际情况，在广泛征求意见和充分调研的基础上，应按照地方立法规范流程对未经细化或明确的内容加以细化和明确。二是建立集中清理和个别清理相结合的规范性文件清理长效机制。对规范性文件进行定期集中清理，并将清理结果向社会公布。对于因法律法规修改而出现的违反上位法、超越上位法或有新文件替代的文件，要及时清理，进行修改或者废止。逐步建立规范性文件台账，对处于立项调研阶段、起草准备阶段、公示征求意见阶段、施行阶段、废止等阶段的规范性文件，以统一的网络公示模式进行公示，便于规范性文件的查找和整理。三是完善规范性文件管理规定，按照部门规划修订完成相应规范性文件，例如制定、修订工业、第三产业、建筑、公共机构等领域能耗限额标准；以大气、水、土壤污染防治为重点，制定、修订一批限值更为严格的污染排放标准、产品中挥发性有机物等特定物质含量限值标准，以及监测方法、技术规范等。在各部门积极开展规范性文件管理工作的同时，北京市应指定专门机构进行规范性文件起草、制订、修改、废止工作的沟通、协调与推进工作，使各部门之间形成合力。

（四）完善生态文明法治保障机制

保障机制可为制度、措施的正常运行提供良好的社会环境和保证条件。完善生态文明法治保障机制，可从加强生态文明法治组织保障、推进多元共治机制以及完善重要政策和措施三个方面推进和落实。

首先，在加强生态文明法治组织保障方面，一是始终坚持党对各项工作的领导。北京市各级政府要在北京市委统一领导下，谋划和落实好生态文明法治保障的各项任务，及时解决存在的突出问题，及时研究并消除制约生态文明法治建设的体制机制障碍，加强机构和队伍建设，强化业务培训，提升队伍素养。二是强化考核评价和督促检查。各级政府及其部门要加强对生态文明法治建设工作的督促检查，结合自身工作实际，认真落实各项考评指标的评价工作。三是加强理论研究、典型示范和宣传引导。持续开展生态文明法治建设评比工作和创先争优评选工作，积极开展理论学习和典型宣传工作。

其次，在健全多元共治机制建设中，一是发挥政府在环境治理中的主导作用。在建设生态文明法治社会的过程中，各级政府应自觉把生态文明建设摆在重要位置，从生态环境与经济社会协调发展的战略高度进行管理决策，为生态环境保护确立正向激励机制，营造良好社会氛围。二是落实企业在生态环境治理中的主体责任。在生态文明建设过程中，企业的主体责任尤为突出。应实行最严格的生态环境保护制度，严格执行环保责任追究制度，让排污企业承担污染治理的主体责任。三是健全社会组织和公众参与制度。通过制定专门的民间组织法规以保障其合法地位，从法律制度上切实保障民间环保组织的独立性，同时，政府也要从财政、政策等方面支持民间环保组织的顺利发展。另一方面，要充分利用媒体，尤其是网络等新媒体的作用，让生态文明的理念、法治的观念等深入民众的心中，以调动民众参与生态文明建设的自觉性和积极性。

再次，在完善重要政策和措施方面，一是坚持立法先行，强化绿色发展法规政策保障。按照首都新时期的战略定位，落实"绿色北京"发展建设规划，加快构建低消耗、低排放的高精尖经济结构，按照"高端化、服务化、集聚化、融合化、低碳化"的要求，促进全市经济转型升级。二是进一步发挥市场工具的积极作用。三是完善水环境、生态建设的区域补偿机制。

最后，在拓展环保投融资渠道方面，一是推动环境保护和生态建设成为投资重点。政府作为社会公共产品的提供者和监管者应当发挥引导作用，承担环境公共基础设施、污染综合治理以等方面的投入。二是构建绿色金融体系。可尝试通过绿色信贷、绿色债券、绿色保险等金融工具，设立绿色发展基金，动员和激励更多社会资本投入绿色产业。三是健全污染治理专业化和市场化机制。

结　论

践行习近平生态环境保护法治观，是一套庞大而复杂的系统工程。北京市将习近平生态环境保护法治观作为指导思想，立足首都功能定位，客观分析生态环境条件和资源禀赋，在环境污染防治、生态环境建设、环境风险防控以及环境治理体制机制建设四个方面采取了卓有成效的措施，取得了突出的成绩，为北京市推进生态文明建设奠定了重要基础。相信在习近平生态环境保护法治观的指引下，北京市必将成为践行习近平法治思想、推进生态文明建设的典范。

首善之区法治建设引领作用研究

冯玉军*

一、从北京法治到法治北京

法治中国是中国法治的升级版、创新版，它既是对过去法治建设经验的深刻总结，又是对未来法治建设目标的科学定位，既尊重法治发展的普遍规律，又联系现实国情民意，是法治一般理论与中国法治实践紧密结合后在法治道路、法治理论、法治制度上进行创造性转化的产物，它特别强调解决中国当下的现实问题，强调深刻理解中国国情的问题意识与主体性，强调现代化建设的中国模式与中国经验，强调建设中国特色社会主义的理论自信、制度自信、道路自信。法治中国建设蕴含着为实现法治中国梦而努力奋斗的历史责任和神圣使命，是实现几代中国人矢志追求的民主法治理想的紧迫要求。地方法治是中国特色社会主义法治体系的重要组成部分，因此，在从实然的"中国法治"前进到应然的"法治中国"的大前提下，北京市提出建设法治中国首善之区的战略目标，其实意味着从实然的"北京法治"转向应然的"法治北京"的新变化与新发展。

地方法治是治国理政的区域模式，是一国法治普遍性、共同性和统一性之下的特殊性、个别性、自主性。北京市于2014年12月明确提出了建设法治中国首善之区的法治建设战略目标，这既是落实中央全面推进依法治国战略的重大举措，又是解决首都政治、经济、社会、文化、生态环境发展中的突出问题的必然要求。首都北京，作为全国经济、文化、政治中心和首善之区，集合了全国各方面，特别是法学研究、法律教育和法律实务的最优资源，最有条件成为我国的"法治先导"地区，在很大程度上代表着我国区域法治发展的现状，具有很好的代表性和示范性。北京法治建设的成熟、完备状况也将影响着周边地区、其他地区乃至全国的法治建设程度。再从世界城市法治发展的大视野来看，北京作为法治中国建设的首善之区，应该充分吸收与借鉴世界范围内大都市的法治发展经

* 课题主持人：冯玉军，中国人民大学法学院教授、博士生导师。立项编号：BLS（2018）A002。结项等级：合格。

验，将世界城市法治经验与北京市具体情况相结合，探索中国建设世界城市法治的道路。近年来，伴随着经济、社会、文化事业的发展，首都北京的法治建设稳步推进，在立法、执法、司法、依法行政、法制宣传教育、法学研究、法律服务等各个方面都取得了显著的成效。与国内其他地区相比，北京有着得天独厚的法治资源优势和良好的法治基础，有着领先一步的愿景目标和措施保障，完全有理由也应该进一步加强对首都法治建设的统筹领导，研究探索首都法治建设的道路模式，这对于推动整个国家的法治建设具有举足轻重的作用，理论意义和实践价值巨大。

（一）从地方法治到"首善之区和世界城市"的法治

建设社会主义法治中国，是建设富强民主文明和谐的社会主义现代化国家的重要目标之一。新中国成立特别是改革开放以来，在探索中国特色社会主义道路的历史进程中，中国共产党不断深化对共产党执政规律、社会主义建设规律、人类社会发展规律的认识，团结带领全国各族人民，成功开辟了一条中国特色社会主义法治建设道路，有力推动了改革开放和社会主义法治中国建设。党的十八届三中全会决定进一步明确了推进法治中国建设及全面深化改革的主要思路、具体内容和步骤安排，党的十八届四中全会决定为全面推进依法治国制定了详细的路线图和时间表，不仅为推进国家治理现代化、实现中华民族伟大复兴注入前行动力和坚实保障，也描绘了一幅法治中国的蓝图。

地方法治是中国特色社会主义法治体系的重要组成部分，是实践中国特色社会主义法治体系的重要落脚点，也是进一步完善中国特色社会主义法治体系的试验田。伴随着改革开放和民主法制建设的推进，我国法治发展的区域性、地方性越来越明显。从我国法治进程的历史与现实来看，地方（区域）法治的形成是政治、经济、行政区划、区位、制度、观念、历史、人口、文化、信息等因素共同作用的结果。不同地区在不同发展阶段，每个社会因素的作用都是不同的，因而地方法治发展的差异性也是客观和长期存在的。究其本质，地方法治就是国家法治建设在一定区域的展开，是服务并推进地方经济建设、政治建设、文化建设、生态建设的核心制度和治理框架。地方法治是治国理政的区域模式，是一国法治普遍性、共同性和统一性之下的特殊性、个别性、自主性；地方法治发展是国家法治发展的有机组成部分，是国家法治发展在主权国家的特定空间范围内的具体实现。从某种意义上说，地方法治的完善程度对于我国实现依法治国，具有不可替代的基础性、战略性甚至是决定性的作用，尤其是在中国特色社会主义法律体系基本形成之后，地方法治建设在国家法治建设格局中的地位更加凸显。

就全国各地的法治建设实践而言，早在1997年党的十五大确立了"依法治国，建设社会主义法治国家"基本方略之时，地方法治的提法和试点就相继出现。2000 年前后，一些地方就提出依法治省、依法治市、依法治县的目标要求，从行政权力公开透明规范运行到各个法治环节协调推进，出现了不少好的经验和做法；2010 年前后，随着各地对区域定位和法治建设内在规律认识的深化，一些较为发达的东中部省区在其经济与社会"先发"的基础上，在国家法制统一的前提下，率先提出"法治××"的口号以及实现法治或法治的某些标准的行动纲领，即其在立法、执法、司法、法律文化建设等方面也要走在全国前列，期望借助于法治建设进程，保障并带动经济、文化、社会等方方面面的建设。学术界、新闻界将这一波区域法治现象，称之为社会转型期部分地区的"先行法治化"，具体例如法治浙江、法治江苏、法治湖南、法治深圳、法治南京等。这在客观上表明我国各地方政府的法治举措频繁、有着努力践行法治的决心和积极性，同时也极大地丰富了我国地方法治建设理论与实践。

北京市也于 2014 年 12 月明确提出了建设法治中国首善之区的法治建设战略目标，这既是落实中央全面推进依法治国战略的重大举措，又是解决首都政治、经济、社会、文化、生态环境发展中的突出问题的必然要求。首都北京，作为全国经济、文化、政治中心和首善之区，集合了全国各方面特别是法学研究、法律教育和法律实务的最优资源，最有条件成为我国的"法治先导"地区，在很大程度上代表着我国区域法治发展的现状，具有很好的代表性和示范性。北京法治建设的成熟、完备状况也将影响着周边地区、其他地区乃至全国的法治建设程度。从地方经济发展与法治建设的辩证关系来看，一个地区经济发展到一个阶段，自身和外界更加关注的就是这一地区的法治环境如何。

从世界城市法治发展而言，诸如纽约、东京、罗马、悉尼等世界城市都积累了非常丰富的城市法治经验，简要而言，世界城市的法治经验可以归纳为两个方面：一是强化政府职能，奉行法治治理。政府在治理城市中应发挥核心作用，要尊重立法机关和司法机关各自权力，尊重市民权利。政府的中心任务在于为市民提供服务，从而增强城市的竞争力。二是建设市民社会，培育社会力量。世界城市普遍注重发展社会力量，强调政府与社会共同治理城市，为此设立了很多鼓励市民参政议政的机制，将城市发展需要的生活状态成为美丽的愿景。2014 年 2 月 26 日，习近平总书记主持召开座谈会，就推进北京发展和管理工作提出五点要求，其中重要的一点是，要明确城市战略定位，坚持和强化首都全国政治中心、文化中心、国际交往中心、科技创新中心的核心功能，深入实施人文北京、科技北京、绿色北京战略，努力把北京建设成为国际一流的和谐宜居之都。[1]因此，

从世界城市法治发展的大视野来看，北京作为法治中国建设的首善之区，应该充分吸收与借鉴世界范围内大都市的法治发展经验，将世界城市法治经验与北京市具体情况相结合，探索中国建设世界城市法治的道路。

（二）从城市法治到区域法治

新时代中国区域法治建设实践是一项具有创造性的法治事业，它属于一种不同于"行政区划型法治"的地方法治新形态，它超越现有的属地化管理体系，在跨区域层面实现法治建设上的地方政府合作，可以说这是从行政区划界限思维向区域协同发展思维的深刻转变，是完善区域治理体系、提升区域治理能力，充分释放区域经济社会发展潜能、保障区域协同发展的重大实践，同时也是全面推进依法治国、实现国家治理体系和治理能力现代化的必然要求。

从思想观念上而言，区域法治立足于区域协同发展，试图打破原有行政区划的僵化界限的束缚，解决区域性发展难题，是法治中国建设道路的积极探索。随着我国经济社会的发展、城市化进程的加快以及城市规模的扩张，出现了许多单个行政区划或者城市无法独自解决、而需要若干行政区划或城市联合解决的跨区域问题，比如最为典型的环境问题，这就迫切要求各行政区划或者城市之间立足于区域性的共同发展，破除原有行政区划带来的僵化界限，展开积极有效的法治建设合作，将原有的地方法治建设发展为区域法治建设。因此，区域法治建设是法治中国道路的有益探索，构成中国特色社会主义法治体系的重要组成部分。

从国家治理而言，区域法治致力于打造区域协同治理体系，提升区域治理能力，推动区域经济、社会、文化的共同发展。中共十八大报告第一次在党的文献中正式提出"国家治理"的概念，十八届三中全会则明确提出"推进国家治理体系和治理能力现代化"，强调要"改进社会治理方式"，坚持系统治理、依法治理、综合治理、源头治理，十八届四中全会进一步提出要"推进多层次多领域依法治理"，"提高社会治理法治化水平"。国家法治建设与发展在推动国家治理能力现代化中扮演着重要角色，同样地，区域法治理论与实践的丰富完善与区域社会治理现代化也是相辅相成、密不可分的两个方面，成为区域经济社会发展的基本保障。因此，持续不断地推进区域法治发展，不仅可以夯实国家治理现代化以及国家法治发展的地方或区域基础，而且对于引领和推动区域社会的健康发展，实现区域社会治理现代化具有至关重要的作用。

从更大的意义上而言，区域法治有力地保障国家战略、政策在区域的贯彻落实，是全面推进依法治国、实现国家治理体系和治理能力现代化的必然要求。改革开放以来，中国政府陆续形成与实施了西部大开发战略、振兴东北老工业基地战略、中部地区崛起战略、东部地区率先发展战略等一系列重大的国家区域发展总体战略。中共十八大把"区域协调发展机制基本形成"作为全面建成小康社会的目标之一，强调要"继续实施区域发展总体战略，充分发挥各地区比较优势，优先推进西部大开发，全面振兴东北地区等老工业基地，大力促进中部地区崛起，积极支持东部地区率先发展"。不仅如此，中国政府还从不同地区的特点出发，围绕城市发展与城乡一体化，形成了以城市经济圈或城市群为基础的国家区域发展战略，例如长江三角洲地区一体化发展战略，珠江三角洲地区一体化发展战略，京津冀地区一体化发展战略、苏南现代化建设示范区发展战略等。推进国家区域发展总体战略不仅对国家法治发展提出了相应的要求，即中央政府必须从国家发展及其现代化的全局出发，制定和完善有利于国家区域发展总体战略实施的法律制度和政策体系；而且对区域法治发展产生了直接的效应，相关区域性的地方政府面临的一项重大任务就是在国家法治发展的总体方向的基础上，适应贯彻国家区域发展战略的现实需求，通过法治化的方式建立健全保障国家区域发展总体战略有效实施的制度、机制与政策系统，为实施国家区域发展战略营造法治环境。

京津冀都市经济圈主要包括北京、天津、石家庄、唐山、承德、张家口、保定、廊坊、秦皇岛、沧州、邯郸、邢台、衡水等城市。由于经济实力的增强以及它所在的地理位置位于环渤海经济带以及东北亚核心地区，京津冀地区将在全国甚至世界处于更重要的位置。

2014年2月26日，习近平总书记在北京主持召开座谈会，专题听取京津冀协同发展工作汇报，强调实现京津冀协同发展，是面向未来打造新的首都经济圈、推进区域发展体制机制创新的需要，是探索完善城市群布局和形态、为优化开发区域发展提供示范和样板的需要，是探索生态文明建设有效路径、促进人口经济资源环境相协调的需要，是实现京津冀优势互补、促进环渤海经济区发展、带动北方腹地发展的需要，是一个重大国家战略，要坚持优势互补、互利共赢、扎实推进，加快走出一条科学持续的协同发展路子来。[1]党的十九大报告进一步强调，要以疏解北京非首都功能为"牛鼻子"推动京津冀协同发展，高起点规划、高标准建设雄安新区。这就为遵循城市法治建设规律、推进京津冀区域良法善治指明了方向。

近些年来，京津冀在城市法治建设的协同发展方面已经取得较大的成绩，例如在环境保护等方面，京津冀生态环境联防联控工作机制的建立，有效地改善了区域生态环境质量。但是，京津冀的城市法治建设在协同发展中仍然存在一些亟待解决的问题：一是京津冀三地缺乏统一的规划，利益共享机制和利益表达机制缺失，尚无法有效发挥三地区协作潜力；二是区域一体化效率低，缺乏基础条件

---

〔1〕　国家行政学院经济学教研部编著：《中国经济新方位》，人民出版社2017年版，第235～236页。

建设；三是地区经济发展水平差异明显，产业对接难度大；四是竞合关系不清，产业重叠现象严重；五是生态环境状况严峻，对一体化发展提出更高要求。

我们认为，为了有效地解决这些难题，应该将法治中国首善之区建设与区域法治建设密切结合起来，推动从地方法治向区域法治的升级，积极发挥北京首善之区的法治建设引领作用，带动京津冀区域法治的共同建设与发展，实现京津冀区域社会治理体系的完善与治理能力的提升，从而能够更好地促进京津冀区域经济社会的稳定、繁荣与发展，为法治中国建设树立一个鲜明的旗帜与典范。

二、"良法善治"的一般理论

(一)"法治"理论的缘起及其内涵

法治，是一个内蕴丰富、历史悠久的重要范畴。古往今来的中西方学者，纷纷以之为主题著书立说、详加讨论。而由于每个人历史背景、经济基础、政治地位、文化传统和研究视角的不同，大家对法治的理解、表述、分析、判断也都因人而异，甚至争论不休。尽管从十一届三中全会以来，我国法治建设取得了长足进展，在立法、司法、行政执法和守法等方面均有很大发展。但在全面深化改革的关键时期，我国的法治事业面临国内国外双重压力，能否应对和解决经济、政治、社会、文化、生态五大建设的诸多问题，已经成为未来实现中华民族复兴的伟大"中国梦"的重要课题。在新的时代背景下，重新在理论上研究法治概念，探索中国法治建设的必由之路，实属必要。

亚里士多德（Aristotle）是西方公认的提出法治理论第一人。他在名著《政治学》中提出："法治应当包含两重含义：已成立的法律获得普遍的服从，而大家服从的法律又应该本身是制定得良好的法律。"一般对这句话的解释是：第一，法治应为公众所普遍遵守，即一切社会活动在法律制定的规则内活动，而不是靠专制的手段，或专横的命令；第二，作为公众所遵守的法律必须是良好的，即我们所遵守的法律规则应该是为了公共利益而制定，能够被公众普遍遵守，并能达到合理统治的目的。由此可见，亚里士多德眼中的法治，已经给我们法治画上了框架式外衣，一个是形式要件——要被公众所遵守，一个是实体要件——必须有一部良好的法律。两方面合起来，"法治"的核心内涵就是"良法善治"，这就为后世理解和追求法治提供了最早也最经典的理论阐述。但是，亚里士多德并没有论述如何能够获得普遍的服从，如何才能制定出良好的法律。当然这些内容，应该根据不同的时代，特定的历史文化背景，具体的经济政治社会条件而论。

应该说古希腊的法治理论对西方的法律文化产生了深远的影响。近代西方的法治、民主思想的盛行就根源于此。最具代表性的为英国19世纪的法学家阿尔伯特·戴雪（Albert Venn Dicey），他也通常被认为是西方法治理论的奠基人。他在《宪法性法律研究导言》中提到了法治含有三层含义，即著名的法治三原则，第一次比较全面地阐述了法治的概念。首先，法治意味着，与专横权力的影响相对，正规的法律至高无上或居于主导，并且排除政府方面的专擅、特权乃至宽泛的自由裁量权的存在。其次，法治意味着法律面前的平等，或者，意味着所有的阶层平等地服从由普通的法院执掌的国土上的普通的法律；此一意义上的"法治"排除这样的观念，即官员或另类人可以不承担服从管治着其他公民的法律的义务，或者说可以不受普通审判机构的管辖。最后，法治可以被用作一种表述事实的语式，这种事实是，作为在外国自然地构成一部宪法典的规则，我们已有的宪法性法律不是个人权利的来源，而是其结果，并且由法院来界定和实施；要言之，通过法院和议会的行动，我们已有的私法原则得以延伸至决定王室及其官吏的地位；因此，宪法乃国内普通法律之结果。这一段话基本表明这样三个意思，一是法律至上，二是法律面前人人平等，三是个人权利是法律保障的核心之源。

《布莱克法律词典》认为，"法治（rule of law）是由最高权威认可颁布的并且通常以准则或逻辑命题形式出现的，具有普遍适用性的法律规则"；有时被称为"法律的最高原则"，"要求法官制定判决（决定）时，只能依据现有的原则或法律而不得受随意性地干扰或阻碍"。根据辞典的解释，无论法治是"最高权威认可颁布的"还是"具有普遍适用性的法律规则"，都强调了法治的核心是法律之至上。

从我国历史来看，最早出现"法治"一词，可以追溯于先秦时期的法家思想"以法治国"，主张"法治"对抗儒家主张的"人治"，法家思想者认为，"圣人之治国，不恃人之为吾善也，而用其不得为非也"，应"不务德而务法"。儒法两家的争论中，人治指的是主要依靠道德高尚的圣贤通过道德感化来治理国家，法治则是指主要依靠掌握国家权力的人通过强制性的法律来治理国家。这里，我们可以看到，中国古代的"法治"思想，不是我们现代意义下的法治，主要强调将君王的意志以规则的形式来进行统治，更侧重的是"治"。"统治"，其实，从根本上讲，还是人治，脱离不了奴隶封建社会的阶级统治的属性。

到了近代，梁启超先生本着救国为民的心态将资本主义法治引入中国。梁先生认为，中国贫穷、落后的根源是统治者长期推行的封建专制主义，如果要强国富民，要将先秦以来的法治思想与西方资产阶级法治理论结合起来，改良封建统治的原有形式。从客观上讲，梁先生的主张在当时的中国具有进步的意义，然而却低估了当时中国严峻的国际局势和内部环境，内忧外患，帝国主义和封建腐朽势力错根盘结，广大人民群众处于蒙昧之中，单靠知识分子的绵薄之力无法挽回清朝灭亡的大势。孙中山先生的法治思想在梁启超上又发展了很多。他提到："国于天地，必有与立，民主政治赖以维系不敝者，其根本在于法律，而机枢在于国会。必全国有共同遵守之大法，斯政治之举措有常轨，必国会能自由行使其职权，斯法律之效力能永固。所谓民治，所谓法治，其大本要旨在此。"然而，资产阶级的软弱性、妥协性导致了民主法治的建立重担只有无产阶级可以承担，中国必然走向社会主义法治的道路。

新中国开启了社会主义法治新纪元，回顾社会主义法治的几十年历程，历经坎坷，也收获了丰硕的成果，主要可以归纳为两个历史发展时期：第一个为法制初创、停滞不前和彻底破坏三个阶段，大致时间段为 1949 年至 1978 年的前三十余年，第二个为改革开放之后的，是社会主义法治迅速发展及完善的重要时间段，大致为 1978 年至今的四十余年。这一段时间还可以 1996 年为界，前段是先期的理论准备和法治实践，以及后期的正式确立依法治国方略并进一步推进法治国家建设这样两个发展阶段。

（二）作为价值目标的"善治理论（good governance）"

党的十九大报告强调"以良法促进发展、保障善治"，2018 年 8 月 24 日，习近平总书记在中央全面依法治国委员会第一次会议上明确提出"使社会主义法治成为良法善治"的要求。这体现了良法善治作为社会主义法治的核心要义和价值追求，是全面依法治国、实现国家治理体系和治理能力现代化的必然选择。

善治即良好的治理。善治概念主要有两个基本的来源：首先是中国传统的政治语汇，在这种情境下，"善治"与"善政"两个概念之间并无本质区别。例如，董仲舒在《贤良策》中写到"当更化而不更化，虽有大贤不能善治也。故汉得天下以来，常欲善治而至今不可善治者，失之于当更化而不更化也"。因而，在这种情境下，善治即等同于善政。其主要意义是指好的政府和相应的好的治理手段。善治语汇的第二个来源，是新的治理理论和对英文"good governance"的翻译。在这一情境下，新的治理理论更加强调社会管理主体的多元化。

现代政治学中的善治概念是随着治理理论的发展而提出的新概念。治理理论着眼于政府与公民的合作网络，提供了自身独特的视角和范畴，体现了政治发展的方向。但治理理论虽然在管理方法与技巧上更适合现代社会，却不能确保实现新模式的功能作用。在格里·斯托克（Gerry Stoker）看来，善治目标的出现，源于治理的失效。他列出了治理失效的具体表现：与治理相关的制定政策过程这一复杂现实，与据以解说政府而为之辩护的规范相脱离；各方面的责任趋于模糊，易于逃避责任或寻找替罪羊；由于对权力的依赖，以至并非原来所求，而于政府影响不良的结果愈加恶化；既然有了自治网络，政府对社会应负什么责任便难以明确；即使在政府以灵活方式控制和引导集体行动之处，治理仍然可能失败。于是，一些学者和国际组织提出了善治的概念。因此，善治理论与实践在 1990 年代蓬勃兴起。综合概括原因如下：①公民社会或民间社会的日益壮大。公民社会是善治的现实基础，没有一个健全和发达的公民社会，就不可能有真正的善治。

②善治比传统的善政的使用范围更大。善治不受政府范围的限制，公司需要善治，社区需要善治，地区需要善治，国家需要善治，国际社会也需要善治。③国际社会和国内社会在全球化时代需要公共权威和公共秩序，但是这一新的公共权威和公共秩序，只能由善治来实现。④善治是民主化进程的必要后果。民主化的基本意义之一是政治权利日益从政治国家返还于公民社会。

概括地说，作为现代法政的一个重要概念，善治就是使公共利益最大化的社会管理过程，其本质特征是政府与公民对公共事务的合作管理，是政府与市场、社会的一种新颖关系，是国家治理现代化的应然状态，是现代法治社会的价值目标。

理想的善治状态是多方面因素综合的结果，其中特别重要的一个因素便是"良法"，要达到善治，首先必须要有制定良好的法律。那么何为良法？

第一，以人民为中心，反映人民意志。中华人民共和国的一切权力属于人民，人民依照法律规定，通过各种途径和形式，管理国家事务，管理经济和文化事业，管理社会事务。人民通过各种途径参与国家立法活动，使法律真正体现人民的意志，反映最广大人民群众的根本利益和长远利益，是人民当家作主的一个重要方面。一方面，通过民主选举各级人民代表，由人民代表反映人民意见和要求；另一方面，立法活动中拓宽公民有序参与立法途径，广泛听取人民群众意见。民主立法，就是要求法律真正反映最广大人民的共同意愿，充分实现最广大人民的民主权利、切实保护最广大人民的根本利益。民主立法的核心在于，立法要为了人民、依靠人民。实现民主立法，必须坚持人民主体地位，贯彻群众路线，充分发扬民主，保证人民通过各种途径有序参与立法，使立法更好体现民情、汇聚民意、集中民智。

第二，科学性与合理性。科学立法就是要求法律准确反映和体现所调整社会关系的客观规律，同时遵循法律体系的内在规律。实现科学立法，必须坚持以科学的理论为指导，从国情和实际出发，科学合理地规范公民、法人和其他组织的权利和义务，科学合理地规范国家机关的权力和责任，使法律符合经济社会发展要求，真正经得起实践和历史的检验。

第三，法律规范应当明确、具体，具有针对性和可执行性。立法要紧紧围绕经济社会发展中迫切需要解决的现实问题开展工作，尤其是要抓住改革的重点领域和关键环节，深入调查研究，做到"针对问题立法、立法解决问题"，把握客观规律，做好制度设计，突出重点，使法律规定的内容科学合理，协调利益关系，真正解决现实问题。法律的生命在于实施，法律必须具有可执行性、可操作性，才能得到有效的实施。这就要求在立法工作中，要研究清楚法律所调整的社会关系，科学严密地设计法律规范，对于能够在法律中规定清楚的，要尽可能详尽规定，尽量不另搞配套法规，以确保法律规范严谨周密、可靠管用，情况发生变化时再及时补充、修改和解释。

第四，坚持党的领导。在立法活动中坚持党的领导，在事关政治方向、政治原则的重大问题上，要及时向党中央请示报告，经党中央讨论决定，有利于确保重大立法政策体现党的主张和人民的共同意志。

良法是善治的基础前提，是保障善治得以实现的重要因素，但并非唯一因素，除了良法以外，善治还包括公正、参与、责任、稳定、回应、透明、协商等要素，而善治的任何一个要素都离不开良法。

（三）城市化与法治化的辩证机理

1. 城市化型塑并改造了法律

城市化是现代化的集中表现，城市内部秩序的复杂性以及城市之间的高度差异化使法律的普遍性原则受到了一定程度的挑战；另外风险社会集中与城市化的进程中，法律的稳定性与变动性之间的矛盾变得更为剧烈。上述这些城市化所产生的新问题需要新法律来应对，从而改变了法律的内容，促进其发展。现代化的进程主要表现为城市化，而城市化过程中产生了不同于传统社会的新问题（如土地制度等问题农业社会与现代社会法律规制原则与方式都不同），这些新问题对法律规制社会活动提出了新的要求。从另一方面来说，以城市化为代表的现代化在新的需求下使法律内在精神和外在规制手段等内容都发生了变化，即城市化改变了法律。

2. 城市化发展的内在规律改变了法律的价值原则

在传统社会，社会聚居程度不高、自由主义的法律理念可以占主导地位（如财产自由或者建筑自由），而当大规模城市化导致的社会聚居程度提高的时候，公权力就会由消极的警察规制转向积极地建立或促进城市空间秩序的形成，从而会侵入土地使用秩序和城市设施建设等原先属于私人自由的领域。因此，国家对社会干预加强、社会立法广泛出现与城市化的发展有极为紧密的联系。这也进一步导致了法哲学对公权力行事界限的重新界定。城市治理必须以合作参与的方式确保以公众利益为价值取向，以硬性的制度保证非政府治理主体全过程参与。

3. 城市空间的问题促进市民社会和地方自治（超越公共利益与私人利益），也打破了乡土社会的信任关系

城市问题的核心是城市空间问题；在狭小的共同生存的空间内构筑了极为复杂的多重法律秩序，法律必须平衡和公正分配生活在该空间中各类人或独自或共同的各种复杂利益。与近代法倾向性地注重国家作用的着力点不同，该种共同利益可能既非实定法上一般通过国家独占判断和行使的公共利益，又有别于具体而微地能够落实在个别主体的私人利益。其在利益的判断和形成上，更加需要在法律上确定地方的地位和公众参与的程序，地方自治和市民主体也会因此在其中具

有不可忽视和替代的地位。

无论中西方，乡土社会的信任关系主要是一种具体信任关系，信任双方是明确的且一般是直接发生关系，但在城市社会中，"都市群落不仅被分离了，而且更多非个性化的传播渠道又用新的方式把它们联结起来。在公民职能和都市事务中，亲身在场的参与越来越多地被间接参与取代"。此时的社会关系是一种基于抽象系统信任之间的陌生人关系，城市社会的核心特征正在于社会成员和许多不认识的"他人"发生关系，而在这种关系下，许多一般化的抽象系统信任就成为城市社会不可或缺的制度构件。

4. 城市多元治理与法律的地方化

城市治理的本质就是治理主体间关系的处理和博弈过程。城市治理结构所涉及的关系主要包括政府内部、政府与企业之间、政府与市民之间、企业与市民之间的关系等。在这些关系中，各个利益相关者之间为追求自身的利益最大化而相互间存在着利益关系协调，这种利益关系协调就是博弈。城市主体间的博弈行为带来了城市"集体的非理性"，从而产生了城市的矛盾与失调。要解决城市问题、协调各方利益，关键是对博弈均衡的求解。因此，在城市治理中，首先应承认各方的主体地位，改变政府在经济社会中的唯一主体的局面，精干政府组织，突出其核心职能，将一些政府"管不了的"和"管不好的"交还或交给社会其他组织管理.

传统的城市治理是建立在以下假定基础之上的：城市政府是城市治理的唯一主体。这样，城市政府在追求城市价值最大化过程中，就会实现整个城市的帕累托最优。然而在现实中政府治理并不是万能的，城市政府的利害作为一种个体利害在很多场合和城市社会的其他组织与团体的整体利害存在冲突。另外，支撑现代城市治理目标范畴的不再是唯一的经济利益，生态环境利益与城市安全成为不可忽视的因素。城市是社会的城市，社会中城市治理广泛的利益相关者对城市的生存与发展都会产生不同程度的影响。为确保城市的繁荣与发展，城市政府必须与市场组织、市民群体、非营利组织、社区密切合作。成功的城市治理既需要对外增强城市的综合竞争力，也需要对内调动各参与治理主体的积极性。因此，城市治理的主体不再局限于城市政府，而是包括政府、市民社会、城市企业、非政府组织等在内的广大城市治理利害相关者。作为政策的制定与主要执行者，城市政府处于城市治理主体的核心。城市治理的运行过程中必然会遇到一系列的博弈关系，博弈往往是不合作的。为了减少摩擦，各治理主体可以通过完善治理结构的制度安排来实现由不合作博弈到合作博弈的转变，只要这种合作博弈得以实现，整个城市就能形成各尽所能、各得其所、和谐相处的局面。

进入现代以来，城市内部空间结构的多元性，使城市法必须放弃传统法律治理的单一模式，而采取多元化的治理模式，以契合不同空间与区域的差别。但不管如何，城市法的发展都离不开城市本身普遍享有自主立法权这一前提。如果城市对于涉及自身的事务没有相应的立法权，那么所谓的城市化的法律规制或治理就会陷入空谈。其中需要说明的是，城市化增强了作为社会调整手段之一的法律的重要性。一方面，城市因为以陌生人为主从而决定了更需要通过法律解决争议；另一方面，由于城市人口集中，人们行为的外部性更强，人与人之间的关系也更为复杂，关系和伦理自然也难以有效调整这样复杂的社会关系，因此法律作为调整手段其重要性就变得更强了。

5. 无论建设法治城市还是塑造法治精神，最终取决于市民的法律素质

法治要成为活生生的现实离不开全体市民的自觉参与。城市不仅是地理学、经济学、政治学上的单位，还是文化学上的单位。"城市现代化"作为一种文化概念，必然包括生活在城市中的人们的道德风尚、伦理观念的现代化，并以此为基础缔造崇高精神文明、推动社会全面进步，而这一切归根结底取决于公民素质和制度文明。正如美国法学家哈罗德·J. 伯尔曼（Harold J. Bernan）所言："法律必须被信仰，否则它将形同虚设"，"没有信仰的法律将退化成为僵死的教条"。市民具有良好的法律意识和较高的法律素质，是实现法治城市目标的必要条件，是法治进程中的关键环节。因此，一定要重视法治教育，提升公民的法律意识。在当今现实生活中还存在着腐朽、落后的文化，如黄赌毒等社会丑恶现象以及互联网上的色情、庸俗内容，这些都难免会腐蚀现代社会。因此，需要借助法律的力量来予以治理，从而保证社会有一个良好的文化氛围。

毫无疑问，具有法律意识的社会关系主体，按照法律规范运行的社会机制，分配合理合法的权能资源，公正有效的法律救济，具有吸引力、凝聚力、感召力的法治环境等都是城市综合竞争力不可或缺的重要因素。广泛深入地进行法制宣传教育及其社会实践活动，增强广大公民特别是公职人员依法办事、依法行政、依法律己、依法行使权利和履行义务的意识，真正提高自觉遵守法律的自觉性，把法治的要求具体转化为人们的实际行为，为实现与现代经济发展和社会发展相互配合、协调发展的文化现代化、人的精神的现代化筑牢基础，进而推动城市获得更大的发展。

（四）良法善治对城市生活的挑战及城市法治建设规律

城市是国民经济与社会发展的主阵地，也是经济现代化的显著标志。城市经济高度发达、财富高度集中，人流、物流、信息流汇聚一起，以法治为主导的市场经济必然要在市场经济体系内，交换各方的一切经济活动都必须在法律范围内进行，按照市场运行规则办事，从而保证所有的经济主体在进入市场时地位平等，不因权力、地位、职务等方面的差异而形成各种等级差别，所有市场主体在

从事交易时地位平等，公平竞争，并在市场准入、投融资、土地使用、对外贸易等方面创造平等竞争的条件，依法保障各类市场经济主体的财产权益，激发其自主创业和增加财富的积极性，使法治成为推动城市经济现代化的强大动力。

法治政府需要政府权力的运行公正、透明。政府权力运行的公正性，必须确立政府是公共利益的代表，也就是政府代表最广大人民群众的根本利益，而不仅仅是某种所有制或某个阶级的利益。因此，政府权力运行的公正性必须建立在政府角色转换和职能转变的基础上，政府只能维护公共利益，政府的职能也只能限定在维护公共利益方面。因此，政府的职能转变还应该注意加强政府维护公共利益的职能，减少政府对社会经济不必要的干预和控制，并通过立法建立起各种所有制经济公平竞争的法治环境。

如何在城市化不断推进的过程中使人们增进对法治这一治理模式的认同，是摆在法律人面前的一道难题。这不仅需要我们从制度和意识的层面去重新理解传统的"城市"概念所指涉的范围，更需要我们去重新构想一种不同于法治认同所立基的共同体类型。这就意味着，我们必须同时构想一种全新的城市概念与法治认同模式，并通过将这两者进行概念和现实上的勾连契合形成契合于都市社会的法治认同模式，将都市中国与法治中国这两大国家建设战略在现实路径上进行融合。要实现这一目标，我们必须从三个方面考察都市社会语境下的法治认同模式的塑造问题：一是揭示都市化过程所造就的社会的转型状况，最终指向一种都市社会型态；二是揭示都市社会的本质及其对传统法治认同模式的挑战；三是将都市社会构想成一种新型的共同体类型，这一共同体类型既能够在都市社会的语境下为法治认同的模式提供一种不同于传统法治认同模式的替代性选择，又能够真实地契合于都市社会的制度构造与精神气质。

数年前，北京市政府法制办牵头成立了"北京构建世界城市的政府治理研究"课题组，最终的结论是：由于不同历史文化传统等因素的影响，世界城市的政府治理模式呈现出不同特点，但共同点是，世界城市均产生于法治发达国家。第一，注重城市治理的良法之治。三大世界城市政府在城市治理中不仅重视规则之治，更强调通过公众参与来确保城市治理的良法之治。第二，注重城市治理手段的多元渠道。在重视行政处罚等权力性手段强化政府对城市治理的同时，三大世界城市都十分重视运用非权力手段来加强城市治理。如，伦敦市政府通过实施二级制减少政府层级，提升政府的管理效能。第三，注重城市治理中的政府信息公开。纽约实施的行政法典中专门设有一章规定了财政公开制度，纽约的所有重大事项，基本上都可以在纽约市政府的网站上查到。第四，注重城市治理中纠纷的多元化解。如，纽约非常重视发挥协商、调解、仲裁等多种形式的"非诉讼纠纷解决机制"的作用，政府不但积极倡导"非诉讼纠纷解决机制"，而且还给予资金、项目和人员方面的大力支持。第五，注重城市治理中社会组织作用的发挥。三大世界城市既有相当强大的政府，也有非常发达的市民社会。纽约大量精简政府机构，超过40%的公共服务是由非政府组织完成的。

以下，结合我们对罗马、纽约、悉尼、东京等国际大都会和上海、深圳、北京等国内重要城市法治建设情况的调研，提出如下城市法治建设的规律：

1. 法治建设与城市经济社会发展相适应规律

如前所述，法治的所有元素都是在城市生活中孕育和生成的。城市是法治的孵化器，城市自筑墙建寨之日起，就滋生了法的苗头，而城市的发展，几乎都有法、法制、法治的伴随。法治之所以会成为世界各国城市建设和发展所选择的必由之路，其在经济上的根本原因在于：①依据法治方式运行的政府活动、社会活动和私人活动，可以尽可能地减少摩擦，降低交易成本，增进治理效率。②法治化治理可以兼顾世界城市发展的短期和长期目标，促进城市政治、经济、文化与社会的协调发展。③在国际竞争中，法治环境，诸如政府的清廉程度、对财产权的保护、司法状况等，在很大程度上都会影响一个城市的投资环境乃至经济增长。我们说，城市资源是以制度资源为核心的自然资源、经济基础与文化传统的统一。没有城市制度的"调控"，也就没有自然环境、经济基础、文化传统等城市资源的合理、有序、高效整合。

一般说来，建设法治城市的目的是城市发展。但法治并不直接提升某个时期经济增长速度，法治追求的是发展的协调，是通过表达利益诉求和协调利益纷争，在整体上推动经济发展进步。经典法治认同模式中的法律形式自身是无法成为一切对于法律的认同和遵守的根源的，其最多向法律主体及其所指涉与治理的社会质料呈现其在逻辑和体系上的一致性，而真正能够促进认同生成并进一步塑造共同体之认同和团结的，恰恰是外在于这一体系的价值共识或社会团结本身。但正如上文所指出的，都市社会的本质在于其作为一切来源与基础的都市形式，而其质料本身则是不断分化与分裂的。因此，如果我们固守传统的法律形式的理论，就根本无法在都市社会中寻找到价值共识与社会团结的可能。从现代文明的观点来看，决定一个城市地位的最重要指标就是它能够为居住地市民提供什么样的公共服务、市民所享有的权利与义务等。这些的实现需要一个城市的制度，更需要其制度背后的法律。法治是跨越时空界限的城市治理模式，是当今世界城市建设的必由之路。世界城市治理法治化的国际经验和中国的实践表明，"强政府、大社会"的治理方式是总的历史走向。这种治理特点要求将法治作为世界城市最普遍、最经常、最重要的治理手段。

2. 以人为本，尊重和保障人权，施行精细化治理的规律

以人为本，就是要把满足人的全面需求和促进人的全面发展作为城市建设和

经济社会发展的根本出发点和落脚点，围绕城市居民（以及外来移民和流动人口）的生存、享受和发展的需求，提供充足的物质文化产品、服务和制度保障，围绕人的全面发展，推动经济和社会的全面发展。坚持以人为本，首先就要始终坚持人是法律的价值主体。一种法律制度有无价值，价值大小，法律制度的性能本身固然是不可或缺的，但是，最根本的还是取决于人作为主体的需要，取决于该法律制度能否满足人这一主体的需要和满足的程度。"以人为本"是对人的主体性的肯定和注重人的全面发展。法的价值主体是人，法的价值都是为人而产生和存在的，离开了人作为主体的需求和发展就无所谓价值，也无所谓法的价值。

城市，作为一个人类聚合的有机体，尽管在历史上起落多变、盛衰有期，但自中世纪末叶人文精神价值观全面复兴以来，近现代城市法治发展的最大共性，就是以人为本，依法维护和保障人的自由和权利，为满足人的全面需求和促进人的全面发展提供制度基础和法律保障。亚里士多德著名的法治公式指出，法治应包含两重含义：已成立的法律获得普遍的服从，而大家所服从的法律又应该本身是制定得良好的法律。其中就蕴含了对法的价值评判。因此，可以说"以人为本"是现代法治精神中的精髓，也必然是城市法治的价值灵魂。离开了以人为本，单纯追求形式上的严格依法办事，就可能成为一种恶法之治。

从中国法治发展角度来看，坚持以人为本，是建设社会主义政治文明、全面推进依法治国进程的核心内容。维护人的人格尊严、尊重和保障人权、实现人的全面需求、促进人的全面发展，是我国社会主义法的价值起点和目标，是我们落实依法治国基本方略，建设社会主义法治国家的根本所在。在依法治国（当然也包括依法治市、依法治省）进程中坚持以人为本，是我国社会主义法律发展的理论创新和制度创新。改革开放以来的实践逐步证明社会主义的本质要求是以人为本，社会主义法必须注重人的全面发展，关注人的个性，尊重人格尊严，社会主义法的人文价值向度的追求，是以深厚的人文情怀呼唤人的合法权益的充分实现。只有坚持城市法治建设"以人为本"，才会使法律真正成为个人发展的手段，使法律获得新的合法性根基。以人为本是社会主义法必须坚持的最高价值和基本精神。我国法律追求和实现的所有价值目标都是围绕这一最高的价值要求和取向展开的。离开以人为本，其他的法的价值就失去了存在的意义。离开了以人为本，依法治国（依法治市）就可能偏离法治的方向。

以人为本作为我国社会主义法的精神和灵魂，应当是渗透在法中的带有根本性、原则性的东西。"以人为本"的发展观，要求在法律中实现由"法律面前人人平等"向关注自主选择的实质平等之进步。它不仅体现在用同一尺度适用不同的人，同等条件下权利、义务的平等对待上，也不仅体现在权利和义务的统一上，"以人为本"是在此基础上更高的升华。除了为人的全面发展打造一个充分发展空间外，还尊重人的自主选择，用公平、公正、公开的形式正义为走向实质的正义引路导航。（城市）法只有真正以人为本，才能被社会大众当作内在的需求和发展的条件而认同。建构合理的法律体系如果背离了以人为本的基本原则，脱离了人之所需，其结果必然走向法治的对立面。单纯依靠国家的强制力保证法律实施显然不是"有法可依、有法必依、执法必严、违法必究"的本来意义。同时，从人的需要满足程度、人的发展的实现程度的角度看：所立之法使人的需求和发展的尊重、实现和保障到何种程度是关涉制定出来的法的正义性的问题。在执法和司法过程中，同样必须坚持以人为本。严格执法是以人为本的形式要求而不是冷冰冰的程序运行。坚持以人为本，要求在严格执法和公正司法的各个环节中体现法律对人的人格和尊严的尊重，体现法律中的人文情怀。无论是对执法过程的人文关怀，还是执法者对法中人文价值的正确认识，都对法的执行至关重要。倘若执法机关及执法人员没有以人为本的意识，势必会导致非公正执法或公正执法程度的减弱，这都是对人的全面发展权利的拒斥。以人为本的精神给法的实施带来了更强劲的动力。因为法所蕴涵的价值精神是执法的先决因素，没有人愿意心悦诚服地遵守对自己没有价值或价值甚少的法律。而且执行的好坏也与法对人需求所满足的程度有密切的正比关系。越是充满人文关怀的法的价值追求，越能调动民智，发挥民力，为人全面张扬个性特点营造自由、公平、开放的环境，而人的需求得以满足后，对良法的执行又起到了良性循环作用。近年来，"依法治山""依法治水""依法治林""依法治路""依法治市""依法治县"等口号随处可见，但是，由于法律的价值定位没有解决，在一些立法和执法、司法中，依法治理往往成为部门权力利益化、部门利益法律化的途径。这样的依法治理，其结果是人的主体性得不到尊重，人民群众的人格尊严、自由权利和利益不但得不到满足和保障，反而受到了以法律的名义实施的伤害。我们期待着饱含人文关怀的制度与需求的应合、人与法的协调。

3. 法治对城市建设之保障作用发挥的正向和反向作用规律

法治对于城市建设与发展具有正反两方面左右，要避免"法律虚无主义"和"法律万能论"的错误，既不让过多过苛的立法阻碍国民经济发展与社会福祉，又不能让法律空白而导致公民权益无法保障。

一流的法律体系应该以"节制立法"为重要理念。建设法治城市需要加强立法，但这并不意味着法律越多越好。法治化强调的是法律的效用而不是法律的数量，要按照"立法节制"的理念确保所立之法为当立之法。当前，要特别重视进一步健全和完善保护公民权益类、公共服务体系类、社会管理类、制约公共权力类、化解社会纠纷类等五类法律制度建设。

城市化和法治化是双向推动和塑造的整体发展系统，"为了发展的法"正是二者有机一体的理念构造。但现实中法律治理往往严重滞后于城市化进程，因而亟须实现自身的发展。作为发展议题的城市化可以为法治的内生发展提供重构契机和制度资源，"发展中的法"为"作为发展的法"奠定历史传统基底。

现代城市不仅受到现代国家、市场以及社会的诸特性影响，它自身的结构也构成了国家、市场、社会及其相互间关系变动的特殊驱动力和规定力量。与其他治理方式相比，传统法律治理的优势在于国家的理性干预，但不足和风险也在于此。规约国家和政府的发展调控权，成为新法治战略的核心。保持政府与市场的制度均衡，关乎城市化法律治理的根本成效，这就需要"通过发展的法"来确保法律权能的宏观均衡配置。作为发展法的成熟形态，"有关发展的法"最终将启动新的"法律与发展"互动，朝向更高层级的法治目标迈进。

4. 城市法治需要保持原则性与灵活性、保守性与开放性、均衡性与非均衡性规律

无论是身处大陆法系的东京，还是隶属英美法系的纽约、伦敦，完善的立法体系是他们的共同特征。除了全国性的法律，市议会针对本市的情况可以进行单独立法，包括宏观性的立法，如城市建设规划、文化发展规划和地方道路方面的立法等；也包括微观性的立法，如噪音控制、废弃物处理等。除此之外，议会还授权市政府针对特别的具体的事项进行行政立法，这种立法的实质是授权立法，因为政府自身不具有立法权，行政立法的目的就是使执法部门"有法可依"。

社会组织处于政府与社会之间，其非政府性、非营利性和志愿公益性的特征决定了它是政府与社会之间的优良媒介，其贴近群众，能及时了解群众的需求，在一定程度上可以协调政府与群众的关系，起到稳定社会的作用。在城市管理中非营利组织起到了非常积极的作用，其活动范围不断扩大，涉及环保、交通、保健医疗、保护消费者利益以及维护人权等领域，城市市民的主人翁意识也不断得到加强。

新的时代需要重新定义"人民城市人民管"的含义。首先，要明确城市的主体是市民，城市管理目标亦是市民，市民既是管理者亦是被管理者，既是问题产生的原因也是问题解决的办法。其次，市民参与城市的管理必须要有一定的组织和渠道，这种组织包括专业层面各类社团、行业、协会、科研机构，也包括地域层面的社区组织，市民可以通过两个层面的组织反映自己在工作和生活两个方面的利益诉求。最后，市民的参与是城市管理的基本条件，管治理念的城市管理，与传统的以控制和命令手段为主的治理方式不同，强调对话、调和、双赢，城市管理作为一种直接面向公众的管理，其形式必须是双向的、互动的，其内容的存在依赖于公共参与这一特定的社会生态环境。

在城市化时代，抽象系统信任所蕴含的价值与技术值得我们反复体会和发

掘，进而在此基础上构建符合城市化时代要求的法律思想和法律制度。其一，要认识到传统人际信任由于其固有缺陷，难以充当引领城市治理的关键性信任形态。人类进入城市化以来，抽象系统信任已成为常规信任形态与治理方式，并且只有将抽象系统信任作为城市治理的基石，才有助于把握城市治理的本质和特点，把握城市治理的关键。其二，要加大抽象系统信任研究与建设。应认识到抽象系统信任是同城市化发展相适应的，其内涵及构成应满足城市化需要，并且抽象系统信任的形成也反映了城市化时代相对乡土时代的进步和建立新型信任形态的要求。而一直以来我们对抽象系统信任这个相当独特的信任形态重视不够，对其内在的结构和运作机制少有解析，对其发生学的历史逻辑以及演变路径更缺少从城市文明和书面文化认同层面进行的考察与反思。

有学者建议，都市法治认同的形成必须突破传统法治认同所立基的"公民—国家"二元政治构造，而进入"公民—都市—国家—全球"这种四元构造。这就意味着，都市法治认同模式需同时考量作为中间政治单位的都市和超越民族国家的全球主义的发展。因此，都市社会语境中的法治认同既要考虑全球性的规范如何经由都市去产生和确认，又要认真思虑都市如何经由自身的发展去培育全球性规范的产生。只有同时考量全球的都市化和都市的全球化，都市社会的法治认同才算在真正意义上突破了传统法治认同的模式。

5. 城市法治在国家法治建设中具有示范引领、试点试错、类型化以及创新作用的规律

就权力分配来说，城市法治当中最关键的问题就是城市政府与中央政府的关系。在这方面，东京为我们提供了可以借鉴的经验。二战后日本政府将地方自治正式载入宪法，并且制定了《地方自治法》等一系列专门法律，从而使这一制度得到确立和完善。在法律上，东京是一个独立的公法人，有权独立处理各种地方性事务。从日本东京的经验来看，在城市法治化治理过程中，应明确中央和地方的法律关系。通过法律明确中央与地方的关系，在扩大自治权的基础上，完善中央对地方的法律监督体制。让地方政府有权根据自己的实际情况，因地制宜地采取灵活性措施，制定符合地方需要的法律，这是提升地方政府的公共管理和公共服务能力的有力措施。在当前经济全球化的时代背景下，地方自治权对于城市建设是相当重要的。经济全球化将城市推至国际竞争的前台，使其直接参与国际竞争，一个没有一定自治权的城市，是无法应对瞬息万变的国际形势的，也是无法及时调整自身战略，在激烈竞争中取得优势的。

全面深化改革进程中，2007年上海市第十二届人大常委会35次会议，审议通过《关于促进和保障浦东新区综合配套改革试点工作的决定》（以下简称《决定》），于公布之日施行，确保了综合改革。《决定》中规定，市政府和浦东新

区对法律、法规未作规定，且属于地方立法权限范围的事项，可以根据行政管理的需要制定相关文件先行先试。前提是，须遵循国家法制统一原则和本市地方法规的基本原则。同时，对地方性法规的相关具体规定作变通执行。变通执行的内容主要包括对法规规定的行政许可审批事项予以改革和精简、合并，对行使行政管理包括行政执法职责的主体予以优化配置和调整。《决定》同时规定，浦东综合配套改革的相关制度措施，应当以市政府或者浦东新区政府制定、修改或者废止相关文件的形式，作为变通执行和先行先试的依据。市政府法制办有关人士向记者解释，上述规定表示，浦东综合配套改革的相关制度措施都必须以文件的形式存在，因为"推进浦东新区综合配套改革试点工作作出的相关决议、决定，须报市人大常委会备案"。《决定》还从实体内容上对先行先试作了规定，归纳起来就是"三不增"原则必须遵守。首先不得增设行政许可、行政收费。其次是不增加或变相增加机构队伍，对行政许可审批事项和行政执法职责的主体予以优化配置。最后是不增设公民、法人和其他组织义务。

由此可见，城市立法要解决的主要问题是针对城市建设中出现的各种情况，在法律的授权下，因地制宜、因时制宜地制定出适合城市实际情况的法律，并使各个阶层和利益群体的利益得到平衡。为此需要在立法中强调专业性，注重整合智力资源，实行立法听证制度。而且，要完善城市立法机关的议事程序，除了扩大议员的代表性以外，还必须设立各种反映社情民意的制度和吸纳民智的途径，以使立法能够真正体现城市法治化建设的实际需求。与此同时，对公民权利的保障与救济的力度也要逐步加强。鉴于中国权力腐败的形势和世界城市在改革开放中所处的战略地位，北京、上海、广州等国际性大都市，在权力制约与人权保障方面都为全国起了示范与带头作用。所有这些制度也都已纳入法治的轨道，依靠法治予以推进和保障。

社会主义法治示范市贵在"示范"，重在创新。深圳特区30年杀出一条血路的历史说明，深圳走的是中国特色社会主义道路。伴随深圳政治、经济、文化和社会的全面发展，深圳经济特区人大和政府制定了许多当时在中国没有的法律、法规和规章，以求特区改革开放所急需的法治支持，并于1997年宣布深圳已经形成了一套特色鲜明的符合社会主义市场经济的法律体系。由此可知，法治城市的建设侧重于按依法治国要求，结合地方特点贯彻和落实全国性法律法规；法治示范市的建设在维护我国宪法的前提下，无论是立法，还是司法、执法与守法，都要先行先试，开拓创新。换言之，深圳法治示范市，就是中国的法治实验区，就是为中国特色社会主义在法治方面引领趋势，彰显先进性。

同样，在都市社会的各领域中，我们揭示出冲突与分裂乃是一种常态，这就与传统法治认同模式中对法的功能与作用的定位有着根本的冲突。在传统的法治认同模式中，无论是西方法律文化或者其他法律文化，其对法律的功能与作用的界定都是围绕着纠纷之解决而展开的，所谓通过法律的治理，不过是围绕着纠纷解决所形成的争议识别、程序运行和制度构造的法律机制的形成过程。都市社会的存在前提却是承认分化与分裂的正当性，只有通过分裂与分化，都市的多元性和异质性才会在都市中不断地生成与呈现。要实现上述目标，必须重新构想一种能够容纳并不断激发异质性的共同体型态，只有基于此种新型的、契合于都市生活的共同体，新的法治认同模式才能够得以形成。

6. 城市法治灵活运用各种法律工具，注重绩效的规律

在世界各地的城市里，通常都有各类法律渊源，诸如：地方性法规与地方政府规章；程序机制；社会规范（行业协会规范、传统习俗、社团规则等）；规划工具与立法评估工具；标准化工具；民主参与机制；政策的成本收益分析工具等，在建设和发展城市法治时，必须灵活运用这些法律工具，力争降低交易成本，提高法律收益。以美国和日本为例，随着社会发展速度的提升，社会整体网络的复杂性不断增大，各种利益冲突的量级也不断提升，特别是在人群密集度高、利益冲突更为复杂的城市中出现了"诉讼爆炸"的倾向。又比如美日两国面临自身司法资源短缺的问题，导致两国纠纷解决频繁利用法律的力量机制，在此基础上结合多种手段与方式激发城市治理的法治化进程。

就在 2004 年年底，日本发布了《促进利用审判外纷争解决程序法》（也称 ADR，Alternative Dispute Resolution 的缩写，即替代性纠纷解决法），2007 年 6 月 1 日施行。另外，日本还通过这次司法改革建立了综合法律援助制度。根据 2004 年 6 月施行的《综合法律援助法》，日本于 2006 年 4 月设立了日本司法援助中心，并于同年 10 月开始业务运作，将事务所设立于全国各个地区的法院所在地以及本地区律师从业人员短缺的地方，以实现为市民服务的目的。这些事务所开办窗口，通过与市民直接商谈的形式，让更多市民获得法律方面的完整有效的纠纷解决信息。其中对聘请律师确有困难的市民提供司法帮助，切实保护受害人及家属的合法利益等。在援助中心开展的各项业务中，贴近国民生活的情报提供服务最受欢迎。与司法审判制度相比，ADR 制度更实惠、更高效、更便利、更简明，该制度的设立与扩展，进一步完善了日本的纠纷解决体系。通过该法的规定，与法律相邻接洽领域的专业技能人员，如司法书士等，都可以在法律中所规定的 ADR 机构从事相关业务的代理工作。

和日本相类似的美国纽约州（包括纽约市，下同）法院系统，施行了一个"社区纠纷解决中心项目"（Community Dispute Resolution Centers Program，简称 CDRCP）。自 1981 年开始，该计划提供大量资金用以支持全州专门解决纠纷的非营利性社区组织解决纠纷，并对其进行有效监督。该非营利性社区组织共有 120

名调解员，包括法院和其他机构推荐的人，他们专门从事民事、家庭纷争和轻微犯罪案件的解决。除此之外，纽约州还施行了另一个 ADR 计划，即法院成立 ADR 计划办公室，以确保并承诺未来长时间使用这种既高效又便利的纠纷解决方式。ADR 计划办公室赞成各地法院发展在诉讼过程中出现的相关调解、客观评估和即使裁决。该计划办公室经常以丰富多彩的形式召开针对法院职员、法院 ADR 人员和调解人员的 ADR 讨论会。纽约州为此还专门成立了一个 ADR 顾问委员会，主要由律师、法官、ADR 实务工作者和一些知名学者组成，用以给予 ADR 计划办公室的工作业务，并由该办公室来负责和管理"社区纠纷解决中心项目"。纽约州还有一个民间专门解决纠纷的最重要的组织——"纽约州纠纷解决协会"（New York State Dispute Resolution Association，简称 NYSDRA）。除了这一组织，纽约市还成立了三个独立的 ADR 解决中心，即"纽约冲突调解中心""纽约受害者服务中心"和"纽约华盛顿高地-因伍德联盟"（New York Washington Heights-Inwood Coalition）。后两个机构和纽约州的"社区纠纷解决中心计划"组织订立了合同。美国纽约 ADR 能够如此快速且有效地发展壮大起来，与政府的大力支持是息息相关的。纽约政府不仅仅是在政策理念上积极宣传与倡导 ADR 纠纷解决方式，同时也在资金、人员、项目上给予民间 ADR 组织充分的帮助。

引入多元纠纷解决机制，特别是在诉讼过程中形成 ADR，促使美日两国在灵活运用各种手段在对大城市进行综合治理的过程中收到了良好的效果。值得一提的是，从理论上说，社会规范的有效性和社会规模存在紧密的关系。社会规模愈有限，社会规范能够发挥出的作用就愈强大，起到的效果就愈强烈；如果社会规模一定程度上很大，那么仅仅依靠社会规范就难以达到效果，正式的规则——法律——的重要性就会自然而然地呈上升趋势。因此，要正确处理法律规范和一般社会规范的关系，实现互补关系与替代关系的最佳平衡。

反观中国当下的城市法治实践，从改革之初的较大的市立法到如今的设区的市立法，我国城市立法三十多年走过了一条复杂而曲折的探索之路。较大的市的产生、发展/停滞、重启/扩大都有着深刻的历史背景与时代需求，这些背景和需求构成了城市立法从无到有、从少到多的内在逻辑。修改后的《中华人民共和国立法法》将拥有立法权的城市扩大到所有设区的市和自治州也是遵循了这样的内在逻辑：城市发展过程需要通过立法的方式辅助全面深化城市改革、促进城市经济转型、推动地方发展、化解转型过程中日益增多的矛盾。设区的市拥有立法权，有助于改变原有不均衡的立法权分配格局，形成全面、均衡的三级立法体制，以立法方式约束地方执政者的恣意，使之由管理型向服务型转变、压制型向回应型转变、维稳型再向良法善治型转变，为实现人大及其常设机关的民主性、人民性和充分的代表性提供了坚实基础。

社会主义核心价值观融入首都法治实践研究

王　立　黄悦波[*]

文化泽润人心，文化兴盛方可支撑一个国家、一个民族的强盛。结合当代中国"全面依法治国"的大格局，如何让凝聚社会主义核心价值观的先进文化入脑入心，进而形成有效的法治思维和法治方法，既是新时代的重大任务，也是新时代的重大难题。不过，令人有所感触的是，日常生活中人们虽然明知思想政治工作意义都重大，但其落实的途径与效果却常常困扰人，甚至出现理论宣传报道与个体认知接受"两张皮"的尴尬情况。不过，"知者行之始，行者知之成"，社会进步最终还在于"撸起袖子加油干"。干就是实践，这是理论转化为行为融入实践的必经之路。要将社会主义核心价值观融入首都法治实践，其真抓实干就在于：梳理社会主义核心价值观的内涵，想清楚它是什么，为什么，怎么做；将社会主义核心价值观转化为文件形式，形成物化的成果，用以推广和指导实践；将社会主义核心价值观的文件要求逐一落实到国家法治事业，尤其是首都的立法、执法、司法和守法等各个实践环节中去。2019年10月1日"国庆70周年安保"活动，节日的庆典照耀了首都的喜庆祥和，也照亮了思政工作的新路径，即群众参与庆典游行和执法实践中生动融合了社会主义核心价值观理论。这种新路径对于夯实我国社会主义核心价值观实践颇具借鉴意义。

一、参与"国庆70周年"庆典与安保活动的真情感怀

根据上级有关部门的要求，在2019年10月2日前，"国庆70周年安保"的活动安排及内容均属于秘密，严禁泄密。10月2日以来，由于一些媒体的报道，北京警察学院（以下简称"警院"）、市局工会、市局团委、交管局、内保局、治安总队、东城分局、丰台分局、警航总队、机动侦查总队、中国人民公安大学等单位的"国庆70周年安保"任务及内容也逐渐浮出水面。[1]根据中央电视台

---

* 课题主持人：王立，北京警察学院院长；黄悦波，北京警察学院副教授。立项编号：BLS（2018）A003。结项等级：合格。

[1] https://www.sohu.com/a/344955375_656671.

"焦点访谈"等节目的报道,参加"国庆 70 周年安保"的活动的还包括北京体育大学、北京科技大学、快递哥等。[1] 以北京警院为观察视角,从 10 月 2 日以来警院师生推送的微信信息来看,警院"国庆 70 周年安保"总规划主要包括四个方面:①部分学生参与白天放气球的活动;②部分学生参与派出所日常执勤活动;③部分教师参与白天群众游行安保活动;④部分教师参与晚会演出安保。参与派出所日常执勤活动的学生在分局、派出所的安排下分布在不同的安保区域,放气球的学生按照活动指挥部的安排随着游行队伍行进,执勤的教师则按照活动指挥部的安排在指定位置开展工作。

在现代信息时代,人们的情感总是在各种信息渠道中奔腾。笔者手机收到的微信所传递的信息,正印证了社会主义核心价值观这个文化主题,这次"国庆 70 周年安保"活动,生动的爱国主义教育已经鲜活地融入了警院师生的心灵。[2] 总体看来,这些微信(部分)信息普遍反映了参与安保活动师生的激动心情,而通过对部分微信截图内容的分析,不难看出参加"国庆 70 周年安保"活动的警院学生在思想上发自内心地接受了一次爱国主义洗礼。①词频最高的是:"我爱你中国!""祝福祖国生日快乐!"②从上午的大阅兵到晚会焰火表演,直观感受到了祖国的繁荣富强。③整个庆典活动井然有序,游行的游行,检阅的检阅,看热闹的看热闹,天上飞的,地上走的,一切都和谐共处。④在 30 多天的安保执勤过程中,老百姓文明礼貌、遵纪守法、安居乐业,没有什么重大治安和刑事案件发生。⑤准备活动经历了近五个月的刻苦锤炼,虽然过程很苦,但结果令人感到三生有幸,欢欣鼓舞。⑥整个锤炼过程中,恪守信用,保守训练秘密,没有任何人违规把演练活动的照片提前发布到网站上。⑦参加活动的同学彼此之间加深了友谊,同学与派出所民警、居民建立了友谊。⑧整个活动参与的过程非常愉悦,为国家而感到自豪,对党中央而感到亲切,整个参与过程纪律是严格的,但身心是自由的,人与人也是平等的;参与不是被奴役,而是荣耀;参与无须阿谀奉承,而是真情流露。⑨经过天安门虽然有些紧张,但这种紧张感是来自自我高标准要求,或者说,这种压力感不是外在的强迫,不是恐惧,而是自觉,是社会高度文明的自然表现。⑩感受到了历史,当游行队伍中出现周恩来、杨尚昆等老一辈革命军的照片时,心情特别激动。⑪学生对警察职业的认同感得到了提升,进一步夯实了自己的警察职业梦想……应该说这些微信的内容是直观的,内涵是丰富的,感情是深厚的。

那么,学生们的这些微信的内容、内涵、感情是否反映了首都法治实践中的

---

[1] 参见 2019 年 10 月 6 日 CCTV "焦点访谈" 节目。

[2] 笔者在此作为资料使用的相关微信信息收到时间为 2019 年 10 月 4 日。

社会主义核心价值观呢？这里的关键词是首都、法治实践、社会主义核心价值观。"国庆 70 周年安保"主要发生在天安门广场及其附近区域，这是首都无疑；学生们大多数参加了北京市天安门及其附近各个分局派出所的执勤活动，与基层民警一道，配合民警的巡逻、盘查等各项行政执法工作，这也是参与首都法治实践的表现。另外有一部分学生参与了国庆 70 周年庆典的放气球工作，这是不是法治实践的组成部分呢？或者说，法治实践包括哪些内容呢？根据党的十八大报告、十八届四中全会决定、党的十九大报告的阐述，我国的法治是一项体系化的事业，包括立法、执法、司法、守法等各个理论与实践环节，守法也是重要的法治实践的表现。因此，放气球的学生只要遵纪守法圆满完成任务，就是参与首都法治实践的有机组成力量。在此，关键词社会主义核心价值观是需要重点观察和分析的内容。社会主义核心价值观的内容是"富强、民主、文明、和谐；自由、平等、公正、法治；爱国、敬业、诚信、友善"，这些内容如何体现在学生们参与的"国庆 70 周年安保"活动中呢？社会主义核心价值观的根本属性是"文化"。文化有两个基本功能：其一，文化不仅能够深刻地影响人，更能塑造人；其二，文化是文明的基础，不同的文明之间可以对话。这就是说，社会主义核心价值观可以深刻地影响人，更能塑造人；社会主义核心价值观还可以与世界不同文明之间展开对话。围绕法治建设这个主题，社会主义核心价值观通过影响人、塑造人，进而影响立法、执法、司法和守法各个环节；社会主义核心价值观通过文明之间的对话，可以相互理解不同文化背景下法治的不拘一格的建设途径和方式。显然上文对学生们微信的分析就是其具体表现。

另外，社会主义核心价值观内含的"法治"在性质上也属于文化范畴，首都法治实践所言的"法治"是指"法的治理"，与"实践"一词结合在一起，是指具体的法的治理，或者说是指具体的法的运行过程。作为文化内涵的"法治"与作为实践内容的"法治"之间的关系是辩证统一的。一切社会制度都是围绕着人的存在而存在，人却是文化的产物。也就是说，文化影响人，人创造和实施制度，因此文化因素通过人展现在制度实践中。由于人必然受到文化的影响，而文化多种多样，用哪一种文化影响人，对于制度建设和实施都会有决定性的影响。因此要坚持用先进的文化教育人、塑造人、鼓舞人，当代中国，这种先进的文化就是指社会主义核心价值观，即要用社会主义核心价值观教育人、塑造人、鼓舞人。具体而言，就是要用作为文化内涵的法治理念教育人、塑造人、鼓舞人，使人能够形成法治思维进而实践法治方法。总体而言，法治思维是以法律作为判断是非曲直、塑造社会秩序、推进良法善治的逻辑化理性思维方式，与人治思维、权力思维相对立。这种思维是一种文明的国家精神，呈现出国家对人的尊严的终极关怀，对良法善治的深刻洞见与守护。

值得注意的是，通过亲身参与国庆安保，参与70周年大庆，这种"体验式的教学"，学生的爱国热情井喷式的爆发，他们对国家认同、民族认同、文化认同是自发的、由衷的、情不自禁的。这种入脑入心的价值观教育在参与的过程中潜移默化地完成，甚至达到良好的效果。但是，思想认识需要反复地推进、巩固、强化，最终形成习惯。

二、社会主义核心价值观融入首都的立法实践

（一）社会主义核心价值观融入立法的规划

2016年12月，中共中央办公厅、国务院办公厅印发《关于进一步把社会主义核心价值观融入法治建设的指导意见》（以下简称《指导意见》），该《指导意见》指出，"社会主义核心价值观是社会主义法治建设的灵魂。把社会主义核心价值观融入法治建设，是坚持依法治国和以德治国相结合的必然要求，是加强社会主义核心价值观建设的重要途径。"[1]这意味着，社会主义核心价值观在我国的法治建设中具有极为重要的地位，即是国家法治建设的"灵魂"。而将社会主义核心价值观"融入"法治建设，这乃是加强社会主义核心价值观建设的一种重要途径。由于法治国家首先是"有法可依"，为此首先就要探讨社会主义核心价值观融入首都的立法实践。

全面推进依法治国，总目标是建设中国特色社会主义法治体系，而建设中国特色社会主义法治体系，必须坚持立法先行，发挥立法的引领和推动作用。十八届四中全会决定还特别强调，良法是善治之前提，要提高立法质量这个关键，不仅要体现"恪守以民为本、立法为民理念"，还要在立法过程中"贯彻社会主义核心价值观"，进而"使每一项立法都符合宪法精神、反映人民意志、得到人民拥护"。[2]为了切实贯彻会议决议的精神，2018年5月，中共中央印发了《社会主义核心价值观融入法治建设立法修法规划》（以下简称《规划》），并发出通知，要求各地区各部门结合实际认真贯彻落实。[3]在此，结合《中央有关部门负责人就〈社会主义核心价值观融入法治建设立法修法规划〉答记者问》的相关内容分析，[4]能够更好地领会社会主义核心价值观融入立法规划精神。

---

〔1〕 "中共中央办公厅 国务院办公厅印发《关于进一步把社会主义核心价值观融入法治建设的指导意见》"，载 http://www.gov.cn/xinwen/2016-12/25/content_5152713.htm.

〔2〕 "十八届四中全会《决定》全文发布"，载 http://www.cssn.cn/fx/fx_ttxw/201410/t20141030_1381703.shtml.

〔3〕 "中共中央印发《社会主义核心价值观融入法治建设立法修法规划》"，载 http://www.gov.cn/zhengce/2018-05/07/content_5288843.htm.

〔4〕 "中央有关部门负责人就《社会主义核心价值观融入法治建设立法修法规划》答记者问"，载 http://www.gov.cn/zhengce/2018-05/07/content_5288884.htm.

（二）首都法治实践的立法体系及运行现状

法的体系，通常指由一个国家的全部现行法律规范分类组合为不同的法律部门而形成的有机联系的统一整体。根据各种法律规范所调整的社会关系的性质，可以划分为不同的法的部门，如宪法、行政法、刑法、诉讼法、民法等。立法体系是法的体系的一个分支，是制定上述部门法的有机联系的统一整体。除了行政法，其他部门法都是由立法机关制定。就行政法的立法体系而言，包行政法律、行政法规、行政规章，以及其他行政机关在其职权范围内制定的规范性文件。这些行政法的制定主体分别是全国人大及其常委会、国务院、地方人大、国务院部委、设区的市的人民政府、乡级以上人民政府。

根据《中华人民共和国宪法》第143条的规定："中华人民共和国首都是北京。"这有两层意思，其一，北京是首都；其二，北京是中华人民共和国的一个重要的组成部分。为此，从立法体系的视角来看，这也包含四个层面的意思：其一，适用于首都的立法包括上级立法部门制定的全国范围内适用的法律、法规、规章，即由全国人大及其常委会制定的法律、国务院制定的法规、国务院部委制定的规章；其二，由北京市立法机关（北京市人大及其常委会）制定的适用于全北京市的法规；其三，由北京市政府制定的规章；其四，北京市政府各部门在各自职责范围内制定的其他规范性文件。这其中第四部分的内容比较复杂，需要了解北京市的行政区划具体情况及其政府机构的具体组成情况。另外，首都立法机关的服务对象（人口情况），根据北京市统计局2019年1月发布的数据，截至2018年12月，北京市常住人口达到2154.2万人，其人口特点主要是人口数量多、城镇人口多、青壮年劳动力多，男女比例基本平衡。就立法的情况来说，需要照顾众多人数的民意、城镇经济产业的发展、性别平等、就业岗位和社会保障等。与此同时，根据北京市人民代表大会网站提供的信息，北京市人民代表大会是北京市的国家权力机关，行使一定的立法职权，北京市人民代表大会常务委员会也行使一定的立法职责。

（三）国家层面的首都立法概况及各方参与

北京是中国的首都，也是中国行政区划中的一个重要组成部分，因此，在全国范围内适用的法律、法规、规章，同样也适用于首都北京，是首都法治实践的立法体系的重要内容。这就意味着，要将社会主义核心价值观融入首都法治实践，就应当从立法的角度，将社会主义核心价值观融入这些在全国范围内适用的法律、法规、规章。有所差异的是，有资格将社会主义核心价值观融这些法律法规和规章的主体并不是北京市的国家机关，而是中央层面的国家机关。参与将社会主义核心价值观融入这些法律法规规章的民众，主体是全国人民，甚至也包括外国人、海外华人，当然也包括北京市民，或者北京市的常住人口。

（四）北京层面的首都立法概况及各方参与

按照《中华人民共和国立法法》的有关规定和精神，北京市人民代表大会及其常务委员会是北京市的地方立法机构，有权制定地方性法规；北京市政府可以制定规章，其各个职能部门可以在各自的权责范围内制定规范性文件。北京市人大常委会每年都会在其官网上公布年度立法规划，以 2019 年为例，①审议项目 7 项，如《北京市促进科技成果转化条例》（第二次审议）、《北京市街道办事处条例》（第一次审议）；②立项论证项目 8 项，如《北京市司法鉴定条例》、《北京中轴线文化遗产保护条例》、《北京市宗教事务条例》（修改）；③调研论证项目 16 项，如《北京市社会信用条例》、《北京城市副中心建设管理办法》、《北京市生活垃圾管理条例》（修改）等。[1]目前《北京市生活垃圾管理条例》的征求意见活动刚刚在热热闹闹中结束。不过，立法规划有时候会被插入急需的立法项目，比如《北京市文明行为促进条例（草案征求意见稿）》目前正在征求意见，但它并不是 2019 年度立法规划。这些立法都很好的融入了社会主义核心价值观。以《北京市生活垃圾管理条例》的立法为例，通过广泛地征求意见来融入社会主义核心价值观。2019 年 8 月 6 日，为了推动北京市垃圾分类立法，北京市人大常委会统一部署，开展"万名代表下基层 全民参与修条例"活动。在这广泛的参与立法过程中，社会主义核心价值观不仅仅展现在立法的法条文本中，更植根和存活于广大民众参与修法征求意见和建议的交流过程中。

三、社会主义核心价值观融入首都的执法实践

（一）社会主义核心价值观融入执法的规划

法治体系中的执法包括行政执法和刑事执法，通常是指行政执法。执法是依法行政是重要环节，这里所依据的法，不仅仅是法律条文的具体规定，更融合了法律的基本精神。中共中央办公厅、国务院办公厅印发的《指导意见》对社会主义核心价值观融入执法提出了具体的要求。[2]这实际上就是对法的基本精神提出的要求，是行政执法所依据的法律的内在的要求。该《指导意见》在"社会治理"方面对执法提出了具体的要求，如"社会治理要承担起倡导社会主义核心价值观的责任，注重在日常管理中体现鲜明价值导向，使符合社会主义核心价值观的行为得到倡导和鼓励，违背社会主义核心价值观的行为受到制约和惩处。"具体表现在如下几个方面。

其一，社会主义核心价值观融入执法实践的总要求是"严格规范公正文明执

---

〔1〕 "北京市人大常委会 2019 年立法工作计划"，载 http://www.bjrd.gov.cn/zdgz/lfgz/lfjh/201903/t20190304_191664.html.

〔2〕 "中共中央办公厅 国务院办公厅印发《关于进一步把社会主义核心价值观融入法治建设的指导意见》"，载 http://www.xinhuanet.com//politics/2016-12/25/c_1120183974.htm.

法"。这具体表现在三方面。①严格规范公正文明执法具有重大现实意义。有研究者指出了四个方面的意义：其一，它是国家治理能力现代化的迫切需要；其二，它是全面深化改革、实现中国梦的迫切需要；其三，它是加快建设法治政府的迫切需要；其四，它是维护宪法法律权威、提升执法公信力的迫切需要。[1]②严格规范公正文明执法主要是指行政执法。据有关媒体统计，我国大约80%的法律、90%的地方性法规和几乎所有的行政法规，都是由行政机关来执行。为此，"行政执法是否严格规范公正文明，直接体现着各级政府依法行政和法治政府建设的水平和程度。"[2]③严格规范公正文明执法内涵丰富，从指导思想方面来看，表现为"强化严格依法履行职责观念、法律面前人人平等观念、尊重和保障人权观念，深入推进依法行政，加快建设法治政府，推进平安中国建设"。

其二，社会主义核心价值观要融入维护社会主义市场经济秩序的执法实践中。经济秩序是社会秩序稳定的基础，为此要着眼维护健康市场秩序和公平市场环境，严厉打击破坏社会主义市场经济秩序的犯罪行为。按照有关司法人员的理解，这是指违反国家市场经济管理法规，干扰国家对市场经济的管理活动，扰乱社会主义市场经济秩序，严重危害国民经济的行为。该类犯罪具有以下共同特征：①本类犯罪侵犯的同类客体是社会主义市场经济秩序，即国家通过法律调节所形成的公平公开、平等竞争、协调有序的社会主义市场经济状态。这是本类犯罪与其他犯罪区别的关键。②本类犯罪在客观方面表现为违反国家市场经济管理法规，实施了各种干扰国家市场经济管理活动、严重破坏社会主义市场经济秩序的行为。③本类犯罪的主观方面绝大多数为故意。由过失构成的犯罪有签订、履行合同失职被骗罪、中介组织人员出具证明文件重大失实罪。[3]

其三，社会主义核心价值观要融入维护民生的执法实践。习近平总书记说："为人民谋幸福，是中国共产党人的初心。我们要时刻不忘这个初心，永远把人民对美好生活的向往作为奋斗目标。"[4]为此，将社会主义核心价值观融入维护民生的执法实践意义重大。这主要表现为着眼保护人民群众合法权益，健全利益表达、利益协调、利益保护机制，加大食品药品、安全生产、环境保护、劳动保障、医疗卫生、商贸服务等关系群众切身利益的重点领域执法力度。

其四，社会主义核心价值观要融入文化旅游市场和网络的执法实践。这主要

〔1〕 "坚持严格规范公正文明执法是深入推进依法行政的重要举措"，载 https://www.360kuai.com/pc/99bdfaad86909435a? cota = 4&tj_url = so_rec&sign = 360_57c3bbd1&refer_scene = so_1.
〔2〕 "推进行政执法严格规范公正文明"，载 https://finance.sina.com.cn/roll/2019-01-05/doc-ihqfskcn4185736.shtml.
〔3〕 "简述破坏社会主义市场经济秩序罪的概念和特征"，载 http://jxjg.hljcourt.gov.cn/public/detail.php?id = 104159.
〔4〕 "牢记为人民谋幸福初心"，载 http://politics.people.com.cn/n1/2018/0716/c1001-30150615.html.

是指"加强文化市场综合执法,深入开展'扫黄打非',依法查处有害文化信息、不良文化产品和服务,维护国家文化安全和意识形态安全"。"黄赌毒"祸国殃民,文化市场良莠不齐,为规范文化市场综合行政执法行为,加强文化市场管理,维护文化市场秩序,促进文化市场健康发展,2011年12月中华人民共和国文化部审议通过《文化市场综合行政执法管理办法》。据此,各地成立文化执法机构,2019年7月,新组建的北京市东城区文化市场综合执法大队举行了挂牌仪式,宣告着东城区文化市场综合执法队伍的正式成立。[1] 文化特殊性使文化斗争是国家安全、意识形态斗争的重地。网络时代加剧了这种斗争的程度和方式。当前加强网络监管非常重要。要依法加强网络空间治理,严惩网上造谣欺诈、攻击谩骂、传播淫秽色情等行为,净化网络环境。要切实融合社会主义核心价值观,贯彻总体国家安全观,切实维护国家政治安全和政权安全。

其五,社会主义核心价值观要融入打击暴恐和分裂势力活动的执法实践。2001年6月上海合作组织签署《打击恐怖主义、分裂主义和极端主义上海公约》,首次对恐怖主义、分裂主义和极端主义作了明确定义。指出"三股势力"就是指暴力恐怖势力、民族分裂势力、宗教极端势力。这"三股势力"对社会的危害极为重大。要依法严惩暴力恐怖、民族分裂等危害国家安全和社会稳定的犯罪行为,依法妥善处置涉及民族、宗教等因素的社会问题,维护祖国统一、民族团结、社会和谐。当前,有专家总结了世界各国发生的各类暴恐事件(包括我国)的趋势,即由个体独狼式袭击逐步转变成个体家庭化、组织专业化、暴力极端化、低龄女性化等几个特点。[2]

其六,社会主义核心价值观要融入法治实践的方式。①要完善执法程序,改进执法方式,尊重自然人和法人的合法权益,准确把握适用裁量标准,实现执法要求与执法形式相统一、执法效果与社会效果相统一。②政执法和刑事司法要善于把握引导社会心态和群众情绪,综合运用法律、经济、行政等手段和教育、调解、疏导等办法,融法、理、情于一体,引导和支持人们合理合法表达利益诉求,妥善化解各类社会矛盾。③推进多层次多领域依法治理。深入开展道德领域突出问题专项教育和治理。加强社会信用体系建设。激发社会组织活力,加强自我约束、自我管理,发挥好参与社会事务、维护公共利益、救助困难群众、帮教特殊人群、预防违法犯罪的作用。深化政风行风建设,完善市民公约、乡规民约、学生守则、行业规章、团体章程等社会规范。发挥党和国家功勋荣誉表彰制

---

〔1〕 "北京市东城区文化市场综合执法大队挂牌成立",载 http://www.bjwmb.gov.cn/xxgk/xcjy/t2019071 7_942129.htm.

〔2〕 "暴恐活动犯罪活动呈现出的——四个极端化危害!",载 http://dy.163.com/v2/article/detail/C88RF 2HA0528CELE.html.

度的引领作用、礼仪制度的教化作用，使社会治理的过程成为培育和践行社会主义核心价值观的过程。值得一提的是，2019 年国庆 70 周年大庆前夕，中华人民共和国国家勋章和国家荣誉称号颁授仪式在北京人民大会堂金色大厅隆重举行。中共中央总书记、国家主席、中央军委主席习近平向国家勋章和国家荣誉称号获得者颁授勋章奖章并发表重要讲话。[1] 很多民众观看到这一场景都非常激动，并对习近平总书记的发言感同身受，有效地贯彻了社会主义核心价值观。

（二）社会主义核心价值观融入执法的首都经验

据媒体报道，2019 年是新中国成立 70 周年，也是我国决胜全面建成小康社会第一个百年奋斗目标的关键之年，北京大事喜事多、重大活动多，安保任务重。据北京市政府信息公开专栏提供的相关信息，2019 年北京市面临"五大安保"工作任务。[2] 对此，北京市公安局有关领导认为，2019 年是首都公安的"大考之年"，北京市公安局将以国庆 70 周年庆祝活动安保为工作主线，全力推动首都公安"走前列、创一流"，以优异成绩迎接新中国成立 70 周年。[3] 如今随着国庆 70 周年圆满结束，这"五大安保"暂时画上了圆满的句号。实际上，国庆 70 周年庆祝活动安保实际上也是国家在重大活动时刻对北京市行政执法的一次"大阅兵"。毋庸置疑，这次巨型安保活动是成功的，顺利接受了党中央的检阅，接受了全国人民的检阅。2019 年 10 月 16 日，国庆 70 周年庆祝活动总结会议在京举行，习近平总书记亲切会见庆祝活动筹办工作有关方面代表并发表重要讲话。会上，王沪宁指出："习近平总书记的重要讲话深刻阐述国庆 70 周年活动成功举办的重大意义，充分肯定庆祝活动筹办工作，对深化和拓展庆祝活动成果提出明确要求，我们要认真学习领会、抓好贯彻落实。"[4] 在此，北京市公安局与北京市其他局办一样，都为这次安保活动作出了出色的贡献，但基于各种原因，这些出色工作经验的具体内容无法公开。通过北京市公安局内网搜索"社会主义核心价值观"，共搜到 298 条信息（如下图）：

---

〔1〕 "国家勋章和国家荣誉称号颁授仪式在京隆重举行"，载 http://hbrb. hebnews. cn/pc/paper/c/201909/30/c151180. html.

〔2〕 "清源街道滨河西里北区社区召开'五大安保'任务安保维稳工作部署会"，载 http://www. beijing. gov. cn/zfxxgk/dxq346/gzdt/2019-04/25/content_c18c0ccb338b4e9eb56e2155c1f10f6f. shtml.

〔3〕 "北京市公安局：新中国成立 70 周年 安保不容有差"，载 http://bj. people. com. cn/n2/2019/0114/c82840-32528712. html.

〔4〕 "中华人民共和国成立 70 周年庆祝活动总结会议在京举行 习近平亲切会见庆祝活动筹办工作有关方面代表"，载 http://www. gov. cn/xinwen/2019-10/16/content_5440605. htm.

"时代楷模"高宝来：用奉献铸就精彩　　　　　　　　　　　　　　　　2016-08-30

中央宣传部26日在中央电视台向全社会公开..身患绝症，也要甘当好群众的保护神！要践行社会主义核心价值观，不能少了"时代楷模&rdq..烛，点亮自己，也温暖了别人。有人说，践行社会主义核心价值观过于高大上，但是今天学习了高宝来的事迹，笔者更加明白：要践行

共搜到 298 条信息 第5页/共15页　　　　　　　　　　[首页] [上一页] 1 2 3 4 5 6 ... [下一页] [末页]

▌ **丰台分局科技园区派出所组织支援..警开展"九·一八"主题团日活动**　　　2019-09-19

为了大力弘扬爱国主义精神，培育和践行社会主义核心价值观，丰台分局科技园区派出所组织支援学警开展"铭记历史，勿忘国耻..怀，勇于担当，努力作为，以实际行动向新中国成立70周年献礼！

　　这其中，高宝来、黄文祝等同志的先进事迹被认为是践行社会主义核心价值观的典型代表。实际上还有很多信息，因为是内网资料，不便在此一一列举。此时如果在用这两位民警的名字到互联网上搜索，高宝来 360 搜索 4262 个信息、百度搜索 117 000 个信息；黄文祝 360 搜索 6010 个、百度搜索 41 700 个信息。这就存在三个问题：其一，北京市公安局内部有大量的社会主义核心价值观事迹；其二，北京市公安局所做的社会主义核心价值观事迹对外宣传少；其三，社会网络主题搜索有限制，一些原本反映北京市公安局践行社会主义核心价值观的工作事迹难以直接在社会网络搜索到。另外，参考北京市公安局第 145 期司晋督课程表，其中开设了一门课程与社会主义核心价值观直接相关的，即"文化自信与社会主义核心价值观"，主讲老师是理论部的副教授。这是一个非常好的现象，但要推进社会主义核心价值观融入法治的教育，还应当是法律部从法学的视角多展开研究和教学，只有进行相关科学研究才能够更好地推进其教学。

　　（三）国庆 70 周年安保融合社会主义核心价值观的插曲

　　出租车司机是一个城市的名片，也是一个城市相关消息的发源地，虽然这些消息的真实性有待考究，却也因为故事的逻辑性难以完全否定这些故事的真实性成分。笔者乘坐出租车时无意中听到司机说到他们小区发生的事情，算是国庆 70 周年安保期间发生的一个插曲。国庆 70 周年大庆演练期间，大庆指挥部对于天安门附近、长安街南北附近居民有要求，即晚上 10 点以后因为演练，不允许出入演练场所。该要求事先已经通过各种渠道通知了这些居民。居民们均能遵守该规定，但是有一户居民的母女俩散步回家晚了十分钟，被执勤民警拦住，不让其回家。开始母女俩好言与民警解释，家就在楼上，不让回家大半夜的也不知道上哪儿去。不过，该执勤民警坚持严格执行上级的规定。于是双方起争执，进而发展到推搡。后来民警将该女儿锁喉制服，送去派出所处理。对此，家属不服，投诉到局里。局里后来开会批评相关分局及此执勤民警的不当做法。这个事件反映了社会主义法治实践中严格执法与道德情理之间的矛盾。法律与道德的矛盾由

来已久，有学者指出，在古代，古希腊哲学中就有正义与美德之争，我国先秦时期也有德治与法治之争。对于一个社会、一个国家来说，提升人们的道德修养十分重要，制定法律规则同样重要。法律与道德二者各有各的边界，道德是道德，法律是法律，它们有各自发挥作用的范围，是完全不同的两个范畴，不能简单偏重于某一个方面。[1] 话虽如此，但实践中却不知不觉地朝两个方向发展。一方面是执法者，对法律心存敬畏，尤其是对于上级三令五申的纪律要求感到"压力山大"。执法者害怕被上级追责，因此宁愿墨守成规，不愿意擅自做主，由此导致执法实践中出现教条化倾向。另一方面，社会舆论总是朝着道德的方向前进。民众似乎更加偏爱道德的神奇力量，他们不仅仅崇尚传统文化，如孔子所言，"为政以政为德，譬如北辰，居其所而众星共之"，他们还笃信法律不是万能的，在法律不完善或者缺失的情况下，道德应该成为我们内心的价值判断标准。[2] 在这个案例评判的过程中，局里会议精神显示，该会议很重视道德的评判标准，对执法民警的机械执法提出了批评。社会主义核心价值观毫无疑问反映了道德层面的追求，是协调法律与道德矛盾的标杆，但是，"徒法不足以自行"，社会主义核心价值观要在执法实践中起作用，需在程序上下功夫方可缓解矛盾。具体说来就是，执勤民警仍然需要严格地执法，但是应通过程序上的补正来缓解法律与道德的矛盾。这个程序包括两个方面。一方面，对于演练期间回家的人，要严查身份证明，确保真实性，并做好登记；这不是拒绝其回家，而是通过程序上的烦琐加强了法律权威性。另一方面，对于计划此时出门的人，也不完全拒绝，也要认真核实身份并登记，还要像进地铁站一样认真检查出门人的人身与行李，避免携带管制物品增加潜伏危险；同时还要加强其他地方的检查，并且在演习的公共场所，严禁穿越，从而更大限度地预防危险与维护秩序。

（四）首都安保日常执法融合社会主义核心价值观的规范

规范执法是新时代对公安工作的新要求。公安部提出，各地公安机关要进一步研究细化执法情形和执法规范，不断提升执法能力和执法水平，努力让人民群众在每一项执法活动、每一起案件办理中感受到公平正义。[3] 就此，2016年7月26日公安部举办第一期全国公安机关规范执法视频演示培训会，这在公安机关内部和社会各界引起热烈反响，取得了明显成效。2018年1月9日又举办第二期全国公安机关规范执法视频演示培训会。2019年5月27日，公安部还在江苏南京举办全国公安机关执法规范化建设推进会。2016年9月，中共中央办公厅、国

---

〔1〕 "法律与道德不可偏废"，载 http://theory. people. com. cn/n1/2016/0418/c40531-28282676. html.

〔2〕 "法律与道德的碰撞与融合"，载 http://legal. people. com. cn/n/2014/1015/c188502-25835466. html.

〔3〕 "公安部：明确多项公安执法规范细则"，载 http://www. rmzxb. com. cn/c/2016-07-27/939639_1. shtml.

务院办公厅印发《关于深化公安执法规范化建设的意见》，提出构建完备的执法制度体系、规范的执法办案体系、系统的执法管理体系、实战的执法培训体系、有力的执法保障体系，实现执法队伍专业化、执法行为标准化、执法管理系统化、执法流程信息化。[1]不过，这些规范要有实效，一些基本的素养还有待提高，以民警处置教授酒后驾车的案件为例，要用社会主义核心价值观培育民警的执法素养。昌平某派出所接警，说昌平高校内一个教授喝酒驾车在校园里行驶，与保安发生冲突。民警出警处警，教授开始很好，但后来矛盾指向民警，民警要求传唤教授去派出所，教授不乐意，民警将其强制传唤至派出所。后来该教授在网上发帖，指责民警的暴力执法。在此，民警内心"我是警察"的特权思想在作祟，导致案件处置引发舆情风波。实际上该民警若与该教授所在单位合作处置此事，效果会更好。另外，笔者亲身经历的一起 423 路公交车互殴案件，即在一名高二女生搀扶倒地母亲而肢体接触殴打者时，法制部门坚持维护未成年人权益免除其处罚的做法就恰当地体现了社会主义核心价值观的精神。具体情况是，某日刘母、刘女和刘姨乘坐 423 路公交车，车内拥挤，男子李某挤进公交车时碰撞到刘母，刘母抱怨，李某觉得刘母在骂他，就也不客气地回敬了一句，双方由此骂开了，进而发展到推搡。刘姨原本拉架，见李某气势汹汹，就加入刘母一方推搡李某。此时车到站，李某要下车，但刘母和李某还在互相推搡，车门一开，刘母和李某双双倒地，李某压在刘母身上。刘女下车后，急忙抓拽李某。李某就又与刘女手来脚去。此时刘姨也下车了，刘母也起来了。李某见状赶紧跑。刘母、刘女赶紧追。刘姨手机报案后也跟着追。很快，路人挡住李某，与刘母、刘姨抓住李某。此时派出所民警赶到。这是常见的违法现象，按照《中华人民共和国治安管理处罚法》第 43 条第 1 款的规定，执法实践中按照"互殴"处置。笔者坚持要单独考虑刘女的行为，提醒法制部门有关人员注意三个问题：其一，刘女未成年，还是高二学生；其二，刘女即使触犯法律，也要考虑情节显著轻微不予处罚；其三，刘女当时是救母心切，抓拽李某是人之常情的自然反应，要重点考虑这种行为的正当防卫性。为此，在该案办案过程中没有过多惊扰刘女，让其安心读书。后来该案经办案民警双方调解并达成和解，较好地化解了民间纠纷矛盾，践行了社会主义核心价值观。国庆 70 周年安保前夕，北京市公安局党委副书记、常务副局长亓延军在接受采访时就指出，70 年栉风沐雨，70 年砥砺奋进，一代代首都公安人不忘初心、牢记使命，忠诚履行"为党中央站岗、为人民群众守夜"的神圣职责，锻造形成了忠诚、法治、英雄、担当、创新、奉献"六种精

---

〔1〕 "中共中央办公厅、国务院办公厅印发《关于深化公安执法规范化建设的意见》"，载 http://www.gov.cn/xinwen/2016-09/27/content_5112812.htm.

神", 让这支英雄队伍的使命与责任、光荣与梦想代代相传、赓续践行。[1] "为党中央站岗、为人民群众守夜"彰显了首都公安的神圣使命, "六种精神"展现了首都公安的内在素养, 这无论是从集体, 还是从个人, 均深刻地沁透了社会主义核心价值观精神, 并与首都公安的责任、光荣与梦想融合在一起不断发展。

四、社会主义核心价值观融入首都的司法实践

(一) 社会主义核心价值观融入司法的规划

常言说, 司法是维护社会公平正义的最后一道防线。司法是一个国家法治实践的重要检验环节, 是法治家园的守望者, 公正司法是法治的生命线。不过, 公正是一个内涵非常丰富的词汇, 具体内容见仁见智, 不同的人群、不同的历史时期, 人们的理解都有些差异, 并没有一个固化、人人都满意的定义。实际上, 人们关于公正内涵的理解, 是不同人群大脑内部意识形态文化等内容的反映, 体现其人生观、世界观和价值观。为此, 我国法治建设重要组成部分的司法建设, 与社会主义核心价值观密切相关。由中共中央办公厅、国务院办公厅印发《指导意见》对于我国司法建设融入社会主义核心价值观提出了具体要求。[2] ①追求公平正义落地生根的目标。该意见指出, 司法机关要"提供优质高效的司法服务和保障, 努力让人民群众在每一个司法案件中都感受到公平正义, 推动社会主义核心价值观落地生根。"这里强调的是"落地生根"。所谓"落地"是指司法作为法律运行的审判环节, 要有审判结果, 通过对证据的甄别判断, 得出公正的结论。公正的结论就是社会主义核心价值观所追求的目标。所谓"生根"是指公正判决在民众心里产生的正面影响, 成为指导民众日常行为的规范。②以提高司法公信力为孜孜不倦的方向。对此, 司法机关要严格依照事实和法律办案, 积极推进审判公开、检务公开、警务公开、狱务公开, 确保办案过程符合程序公正、办案结果符合实体公正, 用公正司法培育和弘扬社会主义核心价值观。③加强弱势群体合法权益司法保护, 加大涉民生案件查办工作力度, 通过具体案件的办理, 推动形成良好社会关系和社会氛围。要积极引导和鼓励自主选择调解、和解、协调等解决纠纷方式, 在更高层次上实现公正和效率的平衡。④建设完备的法律服务体系。加强司法救助、法律援助, 统筹城乡、区域法律服务资源。同时, 要畅通依法维权渠道, 深入推进诉讼服务中心建设, 不断完善诉讼服务设施, 因地制宜推行预约立案、远程立案、网上立案等制度, 加强巡回审判, 方便群众诉讼, 减轻群众诉累, 依法保障当事人和其他诉讼参与人的诉讼权利, 最大

---

〔1〕 "全力推动首都公安'走前列、创一流'", 载 http://dangjian. people. com. cn/n1/2019/0924/c117092-31370830. html.

〔2〕 "中共中央办公厅 国务院办公厅印发《关于进一步把社会主义核心价值观融入法治建设的指导意见》", 载 http://www. xinhuanet. com//politics/2016-12-25/c_1120183974. htm.

限度发挥司法的人权保障功能。⑤完善司法政策，加强司法解释，强化案例指导。准确把握法律精神和法律原则，适应社会主义核心价值观建设的实践要求，发挥司法解释功能，正确解释法律。完善案例指导制度，及时选择对司法办案有普遍指导意义、对培育和弘扬社会主义核心价值观有示范作用的案例，作为指导性案例发布。[1]

（二）社会主义核心价值观融入司法的高院案例

党的十八大以来，以习近平同志为核心的党中央不断推进社会主义核心价值体系建设，更好地构筑起中国精神、中国价值、中国力量，成为与法律制度相依的"软性"动力与滋养。最高人民法院紧紧追随党中央决策，于2015年10月发布《关于在人民法院工作中培育和践行社会主义核心价值观的若干意见》。2018年9月，最高人民法院发布了《关于在司法解释中全面贯彻社会主义核心价值观的工作规划（2018—2023）》，强调将社会主义核心价值观融入司法解释立项、起草、论证、修改、补充、废止等各项工作中，确保司法解释导向鲜明、要求明确、措施有力。[2]为了进一步遵循中央对社会主义核心价值观的要求，最高人民法院于2016年8月发布了"弘扬社会主义核心价值观典型案例"，在社会上引起较大反响。最高人民法院在发布这些案例是就指出其目的在于"以司法裁判鼓励公众遵守核心价值观行为，引导社会良好道德风尚"。[3]这十个案例分别是：①"某村民委员会诉郑某某等12人返还原物纠纷案"；②"伊春某旅游酒店有限公司诉张某某劳动争议纠纷案"；③"丘某某诈骗案"；④"微信朋友圈销售假冒注册商品案"；⑤"旅游卫视诉爱美德公司等侵犯台标著作权案"；⑥"北京某集团总医院申请执行陈某春医疗服务合同纠纷案"；⑦"某小区业主委员会诉邓某某物业服务合同纠纷案"；⑧"唐某某诉唐某甲等5子女赡养纠纷案"；⑨"邓某某诉某速递公司、某劳务公司一般人格权纠纷案"；⑩"华波与王士波、王希全生命权纠纷执行案"。2016年10月，最高人民法院又发布5个人民法院依法保护"狼牙山五壮士"等英雄人物人格权益典型案例，倡导依法保护包括去世英雄人物在内的所有社会成员的合法权益，维护社会主义核心价值观。[4]这些案件均获得了民众的赞许，具有积极的时代意义。对此，最高法院也表示，各级法院

〔1〕 "中共中央办公厅 国务院办公厅印发《关于进一步把社会主义核心价值观融入法治建设的指导意见》"，载 http://www.xinhuanet.com//politics/2016-12/25/c_1120183974.htm.

〔2〕 "人民法院这样培育和践行社会主义核心价值观"，载 http://dy.163.com/v2/article/detail/EQ18BLK9051486CM.html.

〔3〕 "最高法发布弘扬社会主义核心价值观典型案例"，载 http://www.gov.cn/xinwen/2016-08/23/content_5101442.htm.

〔4〕 "以法治手段弘扬社会主义核心价值观——最高法发布人民法院依法保护'狼牙山五壮士'等英雄人物人格权益典型案例"，载 http://www.gov.cn/xinwen/2016-10/19/content_5121627.htm.

将依法履行审判执行职责，把培育和践行社会主义核心价值观坚定不移、深入持久地开展下去。

1. 民事纠纷是展现社会主义核心价值观的重要舞台

最高人民法院发布的"弘扬社会主义核心价值观典型案例"均为民事纠纷案件，由此可见，规范民事纠纷是展现社会主义核心价值观的重要舞台。实际上民法是古老的法律，早在国家产生之前就存在民事交易习惯，随着经济社会的发展，尤其是国家出现以后，一些民事交易习惯就上升为国家的法律。因此民法最初就是生活本身，就是民众道德的惯例化。这种惯例化的道德日积月累就成为一个民族的文化和传统。社会主义核心价值观就是对中国传统文化的扬弃，是对优秀文化的继承，对糟粕文化的剔除，是融合传统并结合新时期的时代特征和完成历史任务所产生的价值观念。为此，社会主义核心价值观与民法之间就有天然的亲和性。2017 年通过的《中华人民共和国民法总则》（以下简称《民法总则》）第 1 条就明确宣示："为了保护民事主体的合法权益，调整民事关系，维护社会和经济秩序，适应中国特色社会主义发展要求，弘扬社会主义核心价值观，根据宪法，制定本法。"这就把"弘扬社会主义核心价值观"融入民法的"灵魂"。有专家指出，用社会主义核心价值观塑造民法典的精神灵魂，不仅要在立法技术上通盘考虑，还要在立法宗旨上宣示、在基本原则上恪守、在一般规范上体现、在具体规范中融入，使社会主义核心价值观成为鲜明的精神轴线贯穿民法典的始终，为民事主体参与民事活动提供基本规则和价值遵循。与此同时，作为"社会生活的百科全书"，民法典还能够为人的行为和社会发展提供理性指引。用社会主义核心价值观引领民法典编纂，不能忽视民法典的这一潜在价值。例如，在民事权利保障和诚信社会建设方面，民法典的编纂就鲜明体现了推动民事主体自觉践行社会主义核心价值观的价值追求。[1] 还有专家指出《民法总则》助力了"富强、民主、文明、和谐"价值观形成；回应了当代社会对自由、平等、公正、法治的价值诉求；引导着个人行为符合爱国、敬业、诚信、友善的价值观导向。[2] 的确，民法在法条文本上就直接展现了社会主义核心价值观的基本内容，比如社会层面的内容"自由"内涵直接展示在《民法总则》第 5 条的规定："民事主体从事民事活动，应当遵循自愿原则，按照自己的意思设立、变更、终止民事法律关系。""平等"内涵直接展示在《民法总则》第 4 条的规定："民事主体在民事活动中的法律地位一律平等。""公正"内涵直接展示在《民法总则》第 6

---

〔1〕 "以社会主义核心价值观塑造民法典灵魂"，载 http://theory.people.com.cn/n1/2018/0928/c40531-30317920.html.

〔2〕 谭行方：《〈民法总则〉的社会主义核心价值观意蕴》，载 http://www.fzhnw.com/Info.aspx? Id = 304530&ModelId = 1.

条规定："民事主体从事民事活动，应当遵循公平原则，合理确定各方的权利和义务。""法治"内涵直接展示在《民法总则》第 10 条的规定："处理民事纠纷，应当依照法律；法律没有规定的，可以适用习惯，但是不得违背公序良俗。"再如个人层面的"诚信"内涵直接展示在《民法总则》第 7 条的规定："民事主体从事民事活动，应当遵循诚信原则，秉持诚实，恪守承诺。"由于民法调整平等主体之间的财产关系，是社会生活最基本的组成部分，因此将社会主义核心价值观融入我国法治建设宏伟事业的过程中，要高度重视适用民法过程中司法审判的重要性。

2. 社会主义核心价值观融入司法的首都经验

2014 年 5 月 4 日，习近平总书记在同北京大学师生座谈时指出："核心价值观，承载着一个民族、一个国家的精神追求，体现着一个社会评判是非曲直的价值标准。"践行社会主义核心价值观是首都法官的内在的自觉的使命。①在"北京法院网"开辟的"院长论坛"上，2017 年 4 月时任北京市平谷区人民法院院长祖鹏发表了他对社会主义核心价值观的看法。他认为，"基层人民法院作为国家司法机关，应当通过树立司法权威、坚持司法公正、持续司法为民，让社会主义核心价值观在司法实践中焕发活力和生机"。"基层法院通过判断个案纠纷是非对错的过程，将执政党肯定、社会公众弘扬的主流价值观念融入诉讼程序和裁判结论之中"，"要坚决通过规范的诉讼程序、公正的司法裁判、清廉的司法作风，有力引导社会公众认同和践行核心价值观，为实现中国梦提供坚强有力的司法保障！"②据媒体报道，2018 年 7 月 31 日，北京市平谷区人民法院召开弘扬社会主义核心价值观成果发布会，现场开展示范观摩庭以案释法，阐明社会主义核心价值观在具体案件审理中的价值引领作用。并为示范团队成员代表授旗，倾听当事人、律师代表意见建议，详细介绍该院践行和弘扬社会主义核心价值观取得的实际成效。两年来，平谷区人民法院陆续出台"一方案三细则"，包括《深入践行弘扬社会主义核心价值观系列工程总体行动方案》《示范团队践行核心价值观实施细则》《典型案例发布细则》和《十八项折子工程》等系列文件，15 名核心价值观示范团队成员组织示范观摩庭审 155 场、12 000 余人次观摩，推选优秀案例 63 份、甄选示范案例 26 份，构筑"德法共治工作格局"引领全院各项工作。③另据媒体报道，2019 年 8 月 30 日，北京市丰台区人民法院在方庄地区办事处召开"弘扬社会主义核心价值观典型案例"新闻发布会。据悉，2019 年 5 月，丰台区人民法院制定了《丰台法院关于深入践行社会主义核心价值观全面指引法院工作的意见》《丰台区人民法院关于组建"社会主义核心价值观示范审判团队"的实施方案》《丰台法院运用社会主义核心价值观裁判思维指引案例工作的实施意见》等系列规章制度，以社会主义核心价值观全面指引法院工作。与此同时，丰台区人民法院邀请了专家学者开展"社会主义核心价值观如何指引司法裁判"精品讲座，依托"七月丰法"党建品牌，拓宽弘扬社会主义核心价值观的辐射面，丰富了弘扬社会主义核心价值观的文化传播方式。同时，发挥榜样的引领作用，通过对秦建平、李永平等一批先进典型及先进事迹的宣传，鼓励大家向榜样学习，有效引导广大干警自觉树立社会主义核心价值观，自觉将社会主义核心价值观融入日常的法院工作中，在丰台区人民法院落地生根，形成人人都参与其中的生动实践。此外，为推动社会主义核心价值观与司法实践的深度融合，2019 年 5 月，丰台区人民法院组建了 24 个社会主义核心价值观审判团队，实现立案、民事、刑事、行政、商事、执行各领域全覆盖。"这些审判团队将自觉运用社会主义核心价值观进行审判执行工作，把核心价值观通过法律规范进行表达，自觉运用社会主义核心价值观进行释法说理，强化法治对弘扬社会主义核心价值观的推进作用。"④法院审判职务犯罪、打击贪污腐败也是践行社会主义核心价值观的重要方式。2013 年 4 月 13 日，丰台分局立案受理刘某被抢劫案，报案人刘某称玩牌时被韩某等人打伤并被抢走 2 万元。丰台分局刑事侦查支队西部侵财队探长李某甲负责侦查此案。立案后，韩某通过朋友请托民警张某、丰台分局洋桥派出所政委李嘉某、丰台分局刑事侦查支队刘某甲等，收受贿赂帮助撤案，使韩某得以逃避刑事处罚。丰台区人民法院一审以受贿罪，判处李嘉某有期徒刑 9 个月，并处罚金 10 万元，李嘉某退缴的 2 万元予以没收上缴国库。北京市第二中级人民法院作出终审判决，以受贿罪改判李嘉某有期徒刑 7 个月，维持一审的判处罚金 10 万元。此外，该案涉及的多名民警，均受到法律的制裁。[1]公安机关手握权力，理应廉洁高效。反腐倡廉关乎国家生死存亡，通过司法审判，建立行之有效的反腐机制，实现政治清明、经济清廉、心灵清净，是践行社会主义核心价值观的必然归宿。

五、社会主义核心价值观融入首都的守法实践

（一）社会主义核心价值观融入守法的规划

人民创造历史，劳动开创未来。人民正在广泛参与法治建设的各种劳动过程中开创新的未来。要使社会主义核心价值观真正融入首都法治实践中，还需人民群众在守法方面发挥法治建设的主体作用，首先全社会要信仰法律。2016 年 12 月 9 日，习近平总书记在中共中央政治局第三十七次集体学习时强调，"要在道德教育中突出法治内涵，注重培育人们的法律信仰、法治观念、规则意识"。十八届四中全会决定也指出，"法律的权威源自人民的内心拥护和真诚信仰。人民权益要靠法律保障，法律权威要靠人民维护……形成守法光荣、违法可耻的社会

---

〔1〕 "丰台公安分局洋桥派出所政委受贿撤案获刑"，载 http://news.ifeng.com/gov/a/20170301/5426874_0.shtml.

氛围"。中共中央办公厅、国务院办公厅印发的《指导意见》指出，"根植于全民心中的法治精神，是社会主义核心价值观建设的基本内容和重要基础。要坚持法治宣传教育与法治实践相结合，建设社会主义法治文化，推动全社会树立法治意识、增强法治观念，形成守法光荣、违法可耻的社会氛围，使全体人民都成为社会主义法治的忠实崇尚者、社会主义核心价值观的自觉践行者"。[1]对此，该意见指出，要从"深入开展法治宣传教育""增强法治的道德底蕴"两个方面展开方可取得实践成效。这具体表现在以下几个方面。其一，加强法治指导思想的宣传教育，这主要是指要深入学习宣传习近平总书记关于全面依法治国的重要论述，其目的在于增强走中国特色社会主义法治道路的自觉性和坚定性。其二，加强法治理论的宣传教育。这主要是指深入开展宪法宣传教育，弘扬宪法精神，增强宪法意识，形成崇尚宪法、遵守宪法、维护宪法权威的社会氛围。坚持从青少年抓起，切实把法治教育纳入国民教育体系，使青少年从小树立宪法意识、国家意识和法治观念。其三，加强重点领域法条的宣传教育。即要重点宣传与经济社会发展和人民生产生活密切相关的法律法规。要实行国家机关"谁执法谁普法"的普法责任制。其四，加强用法互动的宣传教育，即通过公开审判、典型案例发布、诉前诉后答疑等方式，引导全体公民自觉守法、遇事找法、解决问题靠法。建立和实施法官、检察官、行政执法人员、律师等以案释法制度。其五，加强党员干部守法的宣传教育。要将领导干部带头学法、模范守法作为树立法治意识的关键，完善国家工作人员学法用法制度，提高党员、干部法治思维和依法办事能力。其六，要把法治教育与道德教育结合起来，深化社会主义核心价值观学习教育实践，深入开展社会公德、职业道德、家庭美德、个人品德教育，大力弘扬爱国主义、集体主义、社会主义思想，以道德滋养法治精神。

（二）社会主义核心价值观融入守法的首都经验

国庆70周年活动是对首都民众护法、尊法、守法的一次大检阅。据媒体报道，此次阅兵活动共编59个方（梯）队和联合军乐团，总规模约1.5万人，各型飞机160余架、装备580台（套），是近几次阅兵中规模最大的一次。另根据中宣部公布的信息，10月1日上午的群众游行有10万多各界群众参加，10月1日晚上的联欢活动有6万多北京各界的群众参与。另外，纪念大会、阅兵式还邀请3万多普通群众包括北京普通市民家庭代表、普通劳动者，包括一些农民工代表参加观礼。[2]对此，党中央非常满意群众游行工作，非常满意民众守法情况、

---

〔1〕 "中共中央办公厅 国务院办公厅印发《关于进一步把社会主义核心价值观融入法治建设的指导意见》"，载 http://www.xinhuanet.com//politics/2016-12/25/c_1120183974.htm.

〔2〕 "超10万人参加国庆70周年群众游行，阅兵观礼将超3万人"，载 http://www.sohu.com/a/3373248 37_161795.

非常满意游行群众践行社会主义核心价值观。在国庆 70 周年庆祝活动总结会议上在京举行，习近平总书记指出，庆祝活动涉及单位多、参与人员广、时间跨度长、组织任务重。活动能够取得圆满成功，根本在于党中央的坚强领导，在于全党全军全国各族人民的共同努力……庆祝活动是人民群众爱国主义精神的集中展示，要抓住契机，加强对人民群众爱国主义的教育和引导……要加强对这些精神财富的发掘利用，使之转化为亿万人民群众奋进新时代的强大动力。[1]

经验一：群众参与是践行社会主义核心价值观的最佳方式。群众广泛参与国庆 70 周年是这一次大庆的一个亮点。①国企员工通过参与提升了主人翁意识。笔者在北京市公安局的安排下，参与某板块游行部分群众的警务保障和服务工作（因为此消息没有网络报道，笔者也不便透露具体是哪个方阵）。笔者因此直接接触了来自首农集团、首钢集团等企业的一线员工。他们住在北京各个地方，但都得统一到昌平集合，有不少人就是穿过北京 8 个环线参加活动的，而且多次演练均在晚上深夜，非常疲惫，但是大家的兴致都非常高，嘴虽说也累，心里却是甜甜的。他们觉得一生有一次机会参与国家级的大型活动，非常知足。②普通群众通过参与提升爱国情怀。在国庆 70 周年群众游行中，"美好生活"的方阵中，有工作在不同行业第一线的群众：快递小哥、农民、教师、工人等。有一百多名来自京东物流的小伙伴，被选拔出来作为快递物流行业的代表，向祖国母亲表达生日祝福，向全世界展现新时代中国人的精神风貌。方阵游行结束后，京东快递小哥们感叹："从长安街、天安门经过的时候，我忍不住热泪盈眶，真地觉得太震撼了""特别光荣"。③高校师生通过参与提升政治素养。北京大学在国庆 70 周年群众游行方阵训练工作中，主动将重大活动作为师生思想政治工作"凝心铸魂"的有利时机，在训练的 2 个月时间中，先后有 328 名师生主动递交入党申请书，铸魂育人效果明显。清华师生 3514 名加入"伟大复兴"方阵，用实际行动向伟大祖国告白。北京建筑大学 1142 名师生加入"扬帆远航"群众游行方阵，训练过程中纪律性大大增强。北京工业大学 3563 名师生组成"建国伟业"方阵接受检阅，北京信息科技大学 2370 名师生组成的"浴血奋战"五号独立方阵昂首阔步走过天安门，中国石油大学（北京）1032 名的师生加入的"艰苦奋斗"群众游行方阵走过天安门，北京科技大学师生 1166 人加入"希望田野"方阵经过天安门，北京外国语大学 16 个学院 532 名师生参加了"圆梦奥运""立德树人"等多个群众游行方阵，中央民族大学约 2000 名各族儿女载歌载舞"民族团结方阵"，中国政法大学 1063 名师生加入"民主法治"方阵经过天安门……大

---

[1] "中华人民共和国成立 70 周年庆祝活动总结会议在京举行 习近平亲切会见庆祝活动筹办工作有关方面代表"，载 http://www.gov.cn/xinwen/2019-10/16/content_5440605.htm.

家的心情都非常激动。④华人华侨等群体通过参与提升国家认同。来自美国、加拿大、澳大利亚、新加坡、意大利、比利时等国的 10 位海淀区侨联海外委员、海外顾问及区侨联干部，走在"中华儿女""圆梦奥运"方阵中，以最饱满的热情参加了规模宏大的庆祝中华人民共和国成立 70 周年群众游行活动。他们激动地表达"我为伟大的祖国骄傲和自豪，我为自己始终是中国人自豪"。值得关注的是，受邀观礼庆祝中华人民共和国成立 70 周年大会的港警代表团到达现场观礼，"光头刘 sir"刘泽基作为观礼嘉宾之一，在活动结束后表示，自己非常激动和兴奋，同时也觉得很安心，认为"国家的强大让我们很安心"。

经验二：群众认同是践行社会主义核心价值观的最好状态。国庆 70 周年活动的成功展开，源自人民群众内心的认同，行动的拥护和支持。①附近居民的认同。这主要是指天安门附近和长安街沿线居住民的情况。这些居民具体包括哪些，这是内部信息，没有哪个单位能（会）披露，为此，只能根据国庆前夕几次演练时的交通管制公告来大致判断所涉及的辖区。以第三次演练为例，为保障演练活动安全、顺利进行，天安门地区及相关道路将分时、分段采取交通管制措施。这些管制区域虽然对相关旅店加强了管理，但其中居住的不少居民不是靠管理就能解决问题的，必须要这些居民内心认同才好执行。在国庆三次大演练和国庆正式阅兵期间，这些交通管制的居民是不能够随便出家门的，会有一些约束，行动有一些不自由。但是这些区域的居民素质非常高，对于国家的认同非常强，非常支持相关工作，到了管制时间就很少出门。这在笔者执勤期间有着深刻的体会。在此，从国庆演练和阅兵情况来看，不得不说北京市居民已经与社会主义核心价值观水乳交融了。②法官群体的事业认同。据报道，2019 年 10 月 1 日，从凌晨两点十分集合，经过 12 小时，连续集结 4 次，北京法院 66 名干警代表法院系统，圆满完成民主法治方阵群众游行任务，走过天安门，共同见证了庆祝新中国成立 70 周年这一令人难忘的历史时刻。③警察群体的职业认同。国庆 70 周年大庆，精彩不精彩看内容，满意不满意看服务，成功不成功看什么呢？一场活动成功与否的评价标准就是安全。2018 年 8 月，委内瑞拉举行阅兵，总统马杜罗遇到无人飞机袭击，阅兵现场一片混乱。[1] 然这样的阅兵是失败的。我国建国 70 周年大庆非常安全，这是党中央坚强领导的成绩，也是军人、警察以及其他群众勇于奉献的成绩。

（三）社会主义核心价值观融入守法的未来之路

庆祝国庆 70 周年的欢歌笑语渐渐地远去，人们激动不已的心情渐渐地归于

---

[1] "委内瑞拉阅兵现奇葩一幕：总统遇袭士兵竟一哄而散"，载 http://mil. news. sina. com. cn/jssd/2018- 08-08/doc-ihhkuskt6725799. shtml.

平静，火热的幸福生活伴随着秋天的收获还在安宁祥和中继续前行。近日在喧闹的南锣鼓巷传来社会主义核心价值观融入首都法治建设的强音，那就是"花式"引导游客参与垃圾分类。与此同时，自律和参与是社会主义核心价值观融入首都法治建设的主要途径，也是最好的途径，不过适度的引进法律的他律有时也是非常必要的。地铁"霸座"就是一个需要他律的典型。霸座是对他人的不尊重，也破坏了公共场所公德，亵渎了社会主义核心价值观，容易加剧拥挤的矛盾而滋事并危害公共安全。治理地铁霸座，可以依据我国《治安管理处罚法》相关规定进行处罚。与此同时，2019年5月，北京市交通委发布《关于对轨道交通不文明乘车行为记录个人信用不良信息的实施细则》，也明确了对地铁霸座等"严重违规者"的处罚细则。此外，《北京市文明行为促进条例（草案）》正在征求意见，将建立、完善不文明行为日常检查和联合惩戒机制，加强不文明行为行政执法信息公示，并向公共信用信息平台归集。不文明行为用他律来处理，可以实现道德与法律共治的良好效果。

实践是检验真理的唯一标准。唯物史观也认为，社会存在决定社会意识，社会意识反作用于社会存在。实际上，实践更是认知、接受和传播真理，让真理入脑入心的有效途径。这就意味着，作为文化内涵的社会主义核心价值观，要解决理论宣传报道与个体认知接受"两张皮"的尴尬情况，务必要将该理论与职业实践（实习）相结合，通过体验式教学，使受众在实践中认知、接受和传播社会主义核心价值观，并使之自觉地入脑入心。结合国庆70周年安保活动的反思，这种融入是浑然一体的，不是生硬的，否则就起不到潜移默化的教育作用。参与者亲身体会了国家的强大、游行部队和群众的纪律，由此提升了自己的满足感和幸福感。2018年十三届全国人大一次会议通过了宪法修正案，增写了国家倡导社会主义核心价值观的内容。从此，社会主义核心价值观不仅仅是一个道德层面的要求，而是转变为国家根本法的一个有机组成部分，成为法治的内在要求。正所谓："法安天下，德润人心"。社会主义核心价值观是全国各族人民在价值观念上的"最大公约数"，是社会主义法治建设的灵魂。人类法律发展的历史就表明，道德与法律的关系密切，虽然道德不是法律，但法律总是源源不断地将道德元素吸纳入法律体系中。与此同时，随着社会发展，面对道德能够自发发生作用的领域，法律也总是自觉和不自觉地将道德还原给社会。法律与道德相辅相成，共同发挥作用，共同创建和谐社会，共同为实现中华民族的伟大复兴而不断努力。的确，当代中国正在中华民族复兴的历史关键时刻，首都的法治建设和发展必须紧紧依托民族复兴这艘方舟，以先进的文化为引领，乘风破浪勇往直前。只有用社会主义核心价值观指引"干"的实践，民族复兴这艘大方舟才能够劈波斩浪稳步前行。

涉法涉诉信访矛盾化解机制研究

刘荣军[*]

一、涉法涉诉信访正当性的界定、质疑与应对

（一）涉法涉诉信访的正当性界定

正当性是近年学术研究的热点词汇，政治学、法社会学、法理学、法哲学等学科都对这个概念进行了详尽的研究。概而言之，正当性一般包含三个内涵：一是指正确恰当性，即制度或行为要合乎客观规律；二是指合法性，要求制度或行为符合实在法的规定；三是强调伦理正当性，指制度或行为能够在道德上得到证成。[1] 从这个定义出发，判断涉法涉诉信访的正当性如何取决于其是否具有所谓合规律性、合法性与伦理性正当性。

1. 涉法涉诉信访的合规规律性

"合规律性"就是对生产力和生产关系、经济基础与上层建筑矛盾运动规律的顺应与遵守。[2] 涉法涉诉信访是符合时代规律性的制度设计。"大信访、中诉讼、小复议"等表述反映了公众希望法院在诉讼活动之外与之进一步互动的社会需求。正视这一需求并尝试共同努力实现双方的共同目的，既是涉法涉诉信访合规律性的反映，也是其合理性的所在。

2. 涉法涉诉信访的合法性

按照现行法律法规的规定，涉法涉诉信访是信访人的一项宪法权利。1982年《中华人民共和国宪法》（以下简称《宪法》）第41条第一次以宪法的形式指出，批评、建议、申诉、控告、检举作为信访的基本形式，成为被宪法赋予和保护的信访人宪法权利，涉法涉诉信访权利开始在宪法中得以原则体现。1982年《党政机关信访工作暂行条例（草案）》虽然规范的主要对象是行政信访，

---

* 课题主持人：刘荣军，北京师范大学法学院教授。立项编号：BLS（2018）A004。结项等级：合格。

[1] 蒋开富：《正当性的语义学与语用学分析》，载《广西社会科学》2005年第5期，第149~150页。

[2] 杨延圣：《五大发展理念的"合规律性"与"合目的性"》，载《观察与思考》2016年第8期，第94页。

有关涉法涉诉信访的内容基本没有明确涉及，但已明确了信访作为一项宪法权利的思路。1995 年国务院制定的《信访条例》第 9 条中，针对"人民法院、人民检察院"的涉法涉诉信访作为信访人的重要权利第一次以法规的形式被明确提出。同时，涉法涉诉信访是一项程序性法律权利。2005 年《信访条例》明确保障信访意见的充分表达是信访的重点，其是一种程序权的保障。

近年，为完善我国司法管理体制和司法权力运行机制，规范司法行为，加强对司法活动的监督，涉法涉诉信访的地位被提升到了历史新高度。2015 年中央政法委《关于建立涉法涉诉信访事项导入法律程序工作机制的意见》《关于建立涉法涉诉信访执法错误纠正和瑕疵补正机制的指导意见》《关于健全涉法涉诉信访依法终结制度的实施意见》等多部文件的出台体现了对涉法涉诉信访的调控与重视。

3. 涉法涉诉信访的伦理正当性

涉法涉诉信访反映国人社会心理，适应社会需要，极具中国特色。自下而上的信息反馈机制在中国具有深远渊源。自尧舜禹时期的"五音听治"始，各朝代均有听取底层声音的机制。这有助于统治者了解民情，也为底层社会开辟宣泄的道路，是社会稳定的基本要件。

中国社会本质上以伦理为本位，在中国传统法文化中，法与理、法与情的关系始终相辅相成，相互交织。"从整体上说，法律为伦理而生，为伦理而设，为伦理而存，中国传统法律文化整体都体现着伦理之精神。可以说，伦理法是中国传统法律文化的一个基本特点，甚至从某种意义上讲，没有伦理就没有法律"。[1] 现实中，几乎每一例讲法不讲情、讲情不合法的司法案件都会在整个社会掀起争议，这是一种民族心理的反映。涉法涉诉信访人希望通过信访渠道，表达在严格的司法程序中无法或不能表达的思想和看法，以期实现对司法进程的些许影响或改变某种现状，这是涉法涉诉信访在中国社会的伦理基础。

当前我国正处于经济社会发展的重要战略机遇期和社会矛盾凸显期。市场经济、产权制度等经济体制改革远未结束，教育、住房、医疗卫生、社会保障等改革还在进行，各种新问题、新情况不断出现，新的社会矛盾涌入法院。同时涉法涉诉信访量也不断增加。通过涉法涉诉信访的窗口，疏导社会不满情绪正是其规律性的价值所在。

（二）涉法涉诉信访正当性的实践价值

涉法涉诉信访作为矛盾化解机制更有其重要的实践价值。一方面，涉法涉诉信访达成了对司法活动的参与和监督。信访人要求法院不仅保障其实体权利，也

---

[1] 曾小华：《现代视野中的中国传统法律文化》，载《浙江社会科学》2004 年第 6 期，第 144 页。

要保障其充分行使程序的权利，充分参与诉讼的每个环节。这不仅监督法庭严格按照诉讼程序，推进诉讼进程，还可以增强自身在诉讼中的地位及话语权，形成对司法权的制约，维持诉讼法律关系的平衡。同时，信访监督有助于构建立体监督体系，确保司法的公正、公开、透明，意义不可轻视。同时，涉法涉诉信访是司法主体与诉讼当事人平等对话的扩展和延伸。通过信访，保持对话通道的畅通也正是涉法涉诉信访人的愿望所在。

另一方面，利用涉法涉诉信访的对话功能，可以向当事人及时释法、普法，令其充分理解和接受法院的裁决与判决，从而使其主动执行司法裁决和判决，达到定分止争的终极目标。大量细致的信访工作，不仅倾听了信访人的意见，化解了矛盾，也适时向其灌输了法治的理念，实现了司法的社会功能。

二、论涉法涉诉信访案件的审查方法

（一）涉法涉诉信访案件审查存在的问题

涉法涉诉信访案件的审查是处理涉法涉诉信访问题的必经环节，通过对案件的检查和分析，对案情进行全面了解，即涉法涉诉信访案件的审查环节是最终作出处理结果的前提条件。然而，实践中对涉法涉诉信访案件内容本身的审查存在一定问题，具体表现如下：

1. 案件审查缺乏方法意识

方法是人们为了达到某种目的所采取的路径、方式、手段和工具。所谓"工欲善其事，必先利其器"，"凡事预则立，不预则废"。生活中，每个人都会有自己向要达成的目标，而生活经验告诉我们，目标能否达成，往往取决于方法的正确与否，可见，方法对于一项工作成败具有重大意义，因此，解决问题需要遵循一定的方法，在涉法涉诉信访案件的审查中，同样应当遵循一定的方法。然而，政法机关对涉法涉诉信访案件的审查，往往采取以下三种方式：

（1）维稳型审查方式。维稳型审查方式以维护社会稳定为目的，对案件事实本身的审查并非第一位，而是在实现社会维稳定的目标下对涉法涉诉信访案件进行审查。信访案件与社会稳定息息相关，信访人为了实现其自身目的，往往会采取极端、甚者威胁社会稳定的行为，而同时，信访考核是当前政绩标准和政绩观的体现，司法机关往往面临绩效考评或者稳控压力，在此条件下，司法机关往往采取司法救助这种经济手段来实现息访的目的。这一类型的审查方法意在令信访人"闭嘴"，以达到维护社会稳定的目的。

但这种审查方式所带来的结果并不尽如人意，维稳型审查方式通常只能阶段性地解决纠纷，信访人往往还会再次提起信访。原因在于司法机关出于维稳而发放司法救助金的行为令信访人感到有机可乘，形成了"会哭的孩子有奶吃"的奇怪现象，给人留下只要会"闹"就可以得到钱的印象，这样的审查方法只能起到暂时安抚当事人的作用，但是却唤起了当事人的希望，从一开始的感激到最后的贪得无厌，纠纷并不能从根本上得到解决。

（2）依赖型审查方式。依赖型审查方式指的是司法机关对涉法涉诉信访的审查依赖于长官意志，针对的是领导督办类案件。有学者在对涉法涉诉信访案件的基本类型进行划分时，按照涉法涉诉信访案件的来源，将案件分为领导督办与上访人闹访案件。[1]领导接访这种形式的本意在于拉近领导与人民的距离，让人民群众的诉求能够真正传达到领导耳中，使问题能够更好地解决。在实践中，越级涉法涉诉信访上访引发的领导督办案件往往较逐级上访而言更加被法院重视，这是由体制决定的。此种方式的盛行本质上是中国人"青天意识"的反映，封建社会中行政权与司法权往往由行政长官集中行使，因此，中国古代的行政官员拥有绝对的权威，可以主宰社会生活中的大小事务，而这种官本位的思想一直延续至今，司法机关对案件进行审查依赖于领导交办，按照领导意志来对案件进行评判。这种解决方式在实践中有利于个案的解决，但同时遇到的困境就是领导交办影响案件的法治性；同时，由于越级上访、"找领导"能够带来更好的收益，信访人会更多地选择越级上访的方式，给社会的稳定性造成影响。

（3）随意型审查方式。随意型审查方式是指司法机关在对案件进行审查时对案件轻视的心理态度以及缺乏规范的行为表现。案件的实体问题的解决是涉访涉诉信访案件实现终结的决定性因素。但在实践中，司法人员对于这一方面的问题大大忽视了。具体而言，在给予受理及复审的时候态度敷衍了事，行为马虎大意，对案件的审查脱离法律的制约。此类型的审查方法会更加引发信访者的不满，认为自己的权利要求没有得到公正裁决，引发下一轮的信访，导致涉法涉诉信访无法终结。

不论是维稳型、依赖型还是随意型审查方式，都缺少方法意识的支撑。涉法涉诉信访案件的审查通常呈现出压制型纠纷解决的特点，即在面对纠纷时选择的是通过司法救助或暴力方式压制上访人的上访行为，对案件事实本身的认定呈现出随意性，一方面缺乏对案件本身的关注，另一方面缺乏案件审查方法意识。由于方法意识的淡薄，缺乏科学有效的方法作为指导，缺少明确的标准，导致司法机关在对案件事实进行认定时主观性较强，往往从自身主观角度出发认定事实。

2. 案件审查缺乏规范标准

棚濑孝雄构建的纠纷解决过程的模型中，根据纠纷解决的依据，将纠纷解决

---

〔1〕 参见袁周斌：《涉法涉诉信访终结制度运作中的问题探究》，载《人民论坛》2014年第11期，第124~126页。

的内容划分为两类。一类纠纷的解决，依靠的是规范性的依据，即法律规范、社会规范等确定的规范，在此模式下对纠纷的解决虽然在一定程度上呈现出刻板的特点，但从另一方面看却具有很强的确定性；而另一类依靠的是状况性的依据，即规范以外的因素，例如纠纷双方的力量对比、社会影响等非确定性因素，因此，此类纠纷的解决具有灵活性，但同时也缺乏规范性与确定性。[1]

在以往对涉法涉诉信访的审查中，地方政府构建的信访考核制度基本都是将绩效作为目标的，强调自己管辖范围地方要尽可能少地出现信访案件，所以，该考核机制的导向下，在处理相关事件的时候常常将"当事一方不进行信访、上级组织不知晓信访事情为首要目标"，[2] 因而案件处理决定呈现出"依状况"的特征，具体而言有以下几种方式：

（1）政策主导。涉法涉诉信访属于信访问题中的一类，而信访制度从性质上来说并非法律制度，而属于民意表达的重要渠道，其目的在于法律外的纠纷解决，因而属于民主政治制度的范畴。实践中，司法机关对涉法涉诉信访案件的审查，往往由政策来主导。政策来源于上级政府，代表的是行政权力，司法机关在绩效压力之下，往往依据政府下达的维护社会稳定的政策对案件进行审查。

（2）经验主导。经验主导的审查方式也是实践中最常遇到的一种形式。例如某庭长曾经长期从事信访工作，化解了多起常年信访积案，[3] 他采用的方式就是"用心、讲真话、别不理人"，对待信访人不回避，主动迎上，让信访人有发泄的地方，采取说服、引导的办法做当事人的思想工作。在对这一类案件的审查中，主要依靠的是法官在生活中和多年信访工作中积累的经验。凭借个人经验对个案进行审查，虽然能在一定程度上化解矛盾，但太过依赖法官的个人能力，因此，经验主导的审查方法也存在弊端。

（3）民意主导。互联网的发展一方面为信息的迅速传播提供了条件，另一方面也为广大群众发表言论提供了平台，因此，当法律事件通过互联网展现在网民面前时，网民的声音也就很容易利用互联网传播，社会舆论较之以往更加容易对法官形成影响。在此情形下，涉法涉诉信访案件的审查由民意主导，法院在绩效、维稳的压力下，出于平息纠纷、压制上访的目的，跟从民意对案件事实进行认定，虽然不符合法治中国的要求，但现实中确实存在，这就造成了法院公信力的下降。

（4）媒体主导。媒体主导的审查方法强调的是媒体对涉法涉诉信访案件的

---

〔1〕 参见杨小军：《信访法治化改革与完善研究》，载《中国法学》2013 年第 5 期，第 22~33 页。

〔2〕 参见杨小军：《信访法治化改革与完善研究》，载《中国法学》2013 年第 5 期，第 22~33 页。

〔3〕 参见汪永涛、陈鹏：《涉诉信访的基本类型及其治理研究》，载《社会学评论》2015 年第 2 期，第 16~33 页。

巨大影响，随着论坛、博客、微博、微信等新媒体的出现，媒体对涉法涉诉信访的审查的影响越来越大，许多案件的结果由于媒体的介入而发生了逆转。究其原因，就在于对涉法涉诉信访案件的审查由媒体主导，忽视了案件本身应当具有的司法秩序。

媒体引导的舆论监督，对司法公正具有一定程度的促进作用，但同时，媒体若丧失客观公正的底线，过分渲染法院的负面形象，就会降低司法机关的公信力。媒体主导的审查使对案件事实的认定由媒体主宰，削弱了法院认定事实的职能，偏离了法治的精神。司法机关在面临舆论时，可能会出现由媒体牵着鼻子走的情况，不能从根本上对涉法涉诉信访案件进行科学的审查，导致案件无法得到终结。

以上几种对涉法涉诉信访案件的审查方式呈现出的就是"依状况性"的特点，对案件的审查缺乏明确标准，解决问题所依据的规则关注度不高，甚者放弃规则与规范，如此解决方式非但没有使纠纷得到解决，反而引发了更多的矛盾纠纷。因此，应当对涉法涉诉信访的审查加以规范。

（二）规范性审查方法之法律规范审查方法

法律规范指的是那些被国家认可，并用来规制与调整人们行为的规范。[1]法律规范来源于立法活动，其特征在于"刚性"二字，优点在于其稳定性和明确性，缺点是不能够穷尽现实中所有情形。法律规范必须通过使用者的应用、理解、解释和论证才能产生效用，这是法律思维的规范性体现，也是保障法律发挥作用的基本前提。[2] 涉法涉诉信访案件的审查要想摆脱原有的模式，必须通过将法律规范摆在首要位置的方式，来保障案件能够在法律的框架内解决，把握案件解决的法律走向。

1. 法律规范的解释方法

解释，就是指分析与说明，通常运用于一些难点、难题。法律解释是指对法律的内容和含义所作的理解或者说明。本文中，涉法涉诉信访案件中法律解释就是指法官针对法律规范内容的说明。作为解释的对象，法律规范从表面上看似乎仅限于个别表述不清、含义不确定、内容相互矛盾的法律文字，然而事实上并非如此，法律一旦与具体案件相结合，马上就会出现新的需要解释的问题。在涉法涉诉信访案件中更是如此，这也就为法律规范的解释留下了空间。

德国法学家卡尔·拉伦茨（Karl Larenz）在其经典著作《法学方法论》中认为，法官运用既定的方法，从事的是一种技艺性的活动，以期对法律文本的正确

---

〔1〕 参见董书萍：《法律适用规则研究》，中国人民公安大学出版社 2012 年版，第 12 页。

〔2〕 参见陈金钊：《多元规范的思维统合——对法律至上原则的恪守》，载《清华法学》2016 年第 5 期，第 32~50 页。

理解。换言之，就是在法律语言表达不明之处，为了消除可能会出现的规范矛盾，对竞合问题进行回答，并且解决法律规范的效力范围，以及划分规范彼此间的界限。具体方法如下：

第一，字意是解释的起点，在不逾越字面意义的前提下进行解释；第二，考察法律的意义脉络，在上下文语境中解释；第三，历史考究立法者的原意、目标以及理由；第四，依据法律的客观目的；第五，不得违反宪法。在司法过程中，法官从法律渊源中查找法律的结果通常有规范性规定，但规定较为模糊、原则或不确定。法官作为社会中法律和秩序之含义的解释者，面对法律规范的不确定性、模糊性，必须结合案件事实，对法律作出正确的、合理的解释，以使审判的结果与正义相互和谐，法官的使命就是审判案件，定分止争。[1]

2. 法律规范的适用方法

法律规范适用是指法官将发现的案件事实与法律规范进行联结的过程，即将案件事实涵摄于法律规范之中的过程，通过法律规范的适用，将具体的案件事实与抽象的法律规范不断对应，最终得出裁判结果。法律规范通常经过逻辑上的三段论方法的应用而得以适用。所谓三段论，意指"法律之一般的规定是大前提，将具体的生活事实通过涵摄过程，归属于法律构成要件底下，形成小前提，然后通过三段论法的推论导出规范系争法律事实的法律效果。"[2] "人都会死"，"苏格拉底是人"，因此"苏格拉底会死"，这是逻辑学三段论一个很经典的命题。小前提符合大前提从而导出结论的逻辑推论是一件自然而然的事情，它属于纯粹的逻辑思维领域。因此，对于法官来说，需要做的事情就是对大小前提进行证成，即明确什么是"人"，如何说明"人都会死"的正确性，如何判定苏格拉底是人。

而在司法领域，罗斯科·庞德（Roscoe Pound）将激发程序分为以下四个阶段：①发现事实；②发现法律；③解释即将适用的律令；④将业已找到并经过解释的律令适用于手中的案件。[3] 即从案件生活事实出发，在对案件事实进行初步了解的基础之上，基于法官个人职业素养找出可能对应的法律规范，再对该法律条文进行解释，目的在于探寻该法律是否与案件事实相契合，具体案件事实能否引发法律效果，若不能引发该法律规范所规定的法律效果，则应当再次寻找可能适合的法律规范，通过对此步骤的不断循环，最终实现法律的适用。正如德国法学家魏德士（Bemed Ruthers）所言：法律适用由根据规范标准对生活事实所

---

〔1〕 参见康宝奇主编：《裁判方法论》，人民法院出版社 2006 年版，第 148 页。

〔2〕 参见黄茂荣：《法学方法与现代民法》，中国政法大学出版社 2001 年版，第 181 页。

〔3〕 参见［美］罗斯科·庞德：《法理学》，王保民、王玉译，张英、王玉校，法律出版社 2007 年版，第 5 页。

进行的比较观察和评价组成。[1]

概括而言，法律适用的一般方法就是通过寻找事实、寻找法律的方式，运用三段论的逻辑将已经发现的案件事实通过循环往复的方式运用于恰当的法律规范当中，以求得出恰当的裁判结果。

3. 法律规范在涉法涉诉信访案件中的解释与适用方法：利益衡量

涉法涉诉信访案件案情复杂，涉及利益众多，尤其涉及劳动争议、农村土地承包经营纠纷、医疗损害赔偿纠纷、交通事故损害赔偿纠纷、消费者权益损害赔偿纠纷的比率较高，[2] 而此类案件往往涉及人数较多，案件的结果会对社会产生较大的影响，因此，此类案件必须得到很好地处理，否则将会引发严重的社会问题。而涉法涉诉信访案件的出现本身就表明，传统的法律解释和法律适用的方法不能完全有效应对此类复杂案件，因此，需要探寻一种新的法律规范审查方法来对法律进行解释与适用，而利益衡量的方法恰好能为该问题的解决提供一定思路。涉法涉诉信访案件的特点在于案情复杂，涉及社会利益多元，造成的社会影响较大，因此，在对涉法涉诉信访案件进行审查时可以从社会关系和社会影响两方面进行衡量。

（1）对社会关系进行衡量。涉法涉诉信访案件中的社会关系需要衡量。首先，社会关系与社会利益紧密相关，社会关系是指人们在共同生活和实践中结成的关系，社会关系主体必然具有自身利益，社会交往和活动在产生社会关系的同时也使得不同利益交织，在此情形之下，社会关系必然伴随着社会利益。其次，因为社会关系往往牵一发而动全身，而涉法涉诉信访案件具有案情的复杂性和主体的多元性，因此涉法涉诉信访案件必然会涉及很多社会关系，也就涉及众多社会利益。这种特点在企业破产、土地纠纷等类型的案件中尤为凸显，例如一个企业破产案件的最终判决不仅决定了该企业的生或者死，还牵涉了众多员工的生存利益，甚至员工生存利益还会进一步引发更多深层次的利益。因此，实践中，大量涉法涉诉信访案件不能终结，就是由于对某一案件背后涉及的社会关系未经切实全面考量，最终导致案件始终无法得到终结。因此，对涉法涉诉信访案件涉及社会关系进行衡量对涉法涉诉信访问题的解决具有重大意义。

（2）对社会影响进行衡量。涉法涉诉信访案件中的社会影响需要衡量。首先，社会影响本质上也是一种利益的体现，其原因在于社会影响是反应司法判决价值的方式之一，是对与案件结果的公正与否的反应之一。因此，在涉法涉诉信访案件的审查中，对社会影响进行审查是必不可少的重要环节。司法判决必然会

---

〔1〕 参见［德］魏德士：《法理学》，丁晓春、吴越译，法律出版社 2005 年版，第 287~288 页。

〔2〕 参见赵春兰：《涉诉信访案件多元化解决机制探讨》，载《中共宁波市委党校学报》2010 年第 3 期，第 65~68 页。

对社会造成一定的影响，良好的判决符合社会一般认知，能够被大众接受，正如泸州遗赠纠纷案，虽然引发过一定争议，但最终依据该案判决确立了民法中重要的原则之一：公序良俗原则。但是不科学的判决会给社会带来很大的影响，并且可能持续很久，正如彭宇案[1]带来的社会影响至今还在，该案虽然并非涉法涉诉信访案件，但是却是用以证明判决对社会产生影响之深的最好例证。该案件即便已经过去 10 余年，但其带来的负面影响却并未消退，不仅带来了"不敢扶老人"的恐慌，还带来了一系列"碰瓷"现象，可见其社会影响之大。正如弗朗西斯·培根（Francis Bacon）所言："一次不公的司法裁判比多次不平的举动为祸尤烈。因为这些不平的举动不过弄脏了水流，而不公的裁判则把水源败坏了。"因此，法官在对案件进行衡量时，必须将社会影响作为利益的一种加以衡量。

（三）规范性审查方法之事实规范审查方法

事实规范审查实际上是对逻辑三段论中的小前提的审查，即对事实问题的规范审查。事实问题在案件的审查中具有重要的地位，正如理查德·波斯纳（Richard A. Posner）教授所指出的，"法律制度所做的最重要的事情之一，就是解决事实争议。大多数法律争议都起于真真假假的意见分歧，所计较的，是在引发这一争议的事件中究竟发生了什么情况，而非应该是什么样的支配性规则。"[2] 换句话说，实践中事实的审查是法律审查的基础，应该得到更多的关注。

在涉法涉诉信访案件中，由于涉法涉诉信访案件关系到信访人的直接利益，信访人对判决结果的不满一部分体现于对事实认定的不满。因此，在涉法涉诉信访案件的审查中，对事实认定方法进行规范是极其必要的。

1. 要件事实审查方法

已故法官邹碧华根据司法实践，总结出了要件审判九步法。该方法通过对要件事实的审查使得法官对案件的审判有章可循。因此，在涉法涉诉信访案件中，对此方法可以有所借鉴。具体而言，可展开如下：

第一步，固定权利请求。权利请求是展开诉讼的基础环节，因此，首先应当明确并固定当事人的权利请求。第二步，识别权利请求基础。具体指的是根据当事人的所主张的权利，寻找所对应的法律条文，即从法律规定中寻找可能获得的

---

[1] 彭宇案：2006 年 11 月 20 日早晨，老人徐寿兰在南京市水西门广场一公交站台被撞倒摔成了骨折，徐寿兰指认撞人者是刚下车的小伙彭宇，彭宇则予以否认。最后双方当事人在二审期间达成了和解协议，案件以和解撤诉结案。和解撤诉之后，彭宇也表示，在 2006 年 11 月发生的意外中，徐寿兰确实与其发生了碰撞。该案造成了巨大的社会影响，引起了极大的争议，被称为"道德滑坡"的标志性事件。

[2] 参见［美］理查德·A. 波斯纳：《法律理论的前沿》，武欣、凌斌译，中国政法大学出版社 2002 年版，第 331 页。

支持。第三步，识别抗辩权基础（又称识别对立规范）。具体是指对被告是否提出抗辩，以及对其所提出的抗辩依据的法律规范进行寻找与判断。第四步，基础规范构成要件分析。具体指的是对前两步所识别的法律规范的构成要件进行分析，这一步是针对法律规范本身所展开的。第五步，审查当事人诉讼主张是否完备。这一步即将法律规范的构成要件与当事人的诉讼主张进行比对，判断当事人的主张是否与法律规范相符合，进而判断法律的适用是否合理。第六步，争点整理。这一步是整个过程中最为核心的步骤，指的是对双方当事人所争议事项的梳理与明确，之后的步骤均须在明确分歧的基础上展开。第七步，要件事实的证明。具体是指要求当事人对所争议的要件事实加以佐证。第八步，要件事实的认定。这一步即对双方当事人所主张的要件事实进行判定，判断其是否真实有效。第九步，要件归入并作出裁判。这一步即根据前述步骤最终得出结论。[1]

2. 证据审查方法

证据审查是指法官在诉讼程序中，对当事人举证、质证、法庭辩论的过程当中所涉及的与待证事实有关联的证据材料进行审查和认定，从而确认其证据能力以及证明力以认定案件事实的过程。[2] 由于目前涉法涉诉信访案件的审查呈现出非规范性的特征，因此，作为涉法涉诉信访案件审查一部分的证据审查，也同样缺乏规范性。

在诉讼的过程中，法官对证据的审查通常从证据的真实性、关联性以及合法性三个方面展开。在涉法涉诉信访案件中，对证据的审查也应当围绕证据三性展开。然而，一直以来，当事人之所以选择涉法涉诉信访的途径来解决纠纷，就是期望通过法外的力量干预司法，进而实现其自身的目的，因而，对证据审查这类法律性方式并不重视。可见，在涉法涉诉信访案件中树立证据审查意识的主要方法就是要首先树立证据意识，要求信访人提供真实、合法且相关联的证据，再依据诉讼程序中对证据审查的要求对案件进行审查。

具体而言，可以从以下三个方面入手：

（1）审查证据的真实性。证据的真实性又被称为证据的客观性，是指证据本身是一种客观、真实的存在，而不是虚构、想象的存在。在涉法涉诉信访案件中，对证据真实性审查的意义在于两个方面，一方面要求当事人在举证时必须向法院提供真实的证据，不得伪造、篡改证据，且要求法官在调查收集证据时必须客观、全面、不得先入为主，更不得只收集有利于一方当事人的证据；另一方面要求法官在审查核实证据时必须持客观、公正的立场和态度。[3] 即法官在对证

---

〔1〕 参见邹碧华：《要件审判九步法》，载《检察日报》2014 年 12 月 16 日，第 3 版。

〔2〕 参见江伟主编：《民事诉讼法》（第 4 版），高等教育出版社 2013 年版，第 168 页。

〔3〕 参见江伟主编：《民事诉讼法》（第 4 版），高等教育出版社 2013 年版，第 168 页。

据进行审查时，一方面要审查证据是否真实、客观存在，另一方面要求法官在案件审查的过程中秉持客观中立的态度。在涉法涉诉信访案件中，提起信访的一方往往居于较为强势的地位，法院在面对一方当事人强势的情况时，对证据也要在客观中立的角度上进行审查。

（2）审查证据的关联性。证据的关联性也被称为相关性，是指证据必须与待证的案件事实存在一定的联系。判断证据有无关联性的标准应当是：证据的存在，使得待证事实真实或虚假变得更为清晰，从而有助于证明待证事实的真伪。[1] 对证据的关联性进行审查的意义在于，一方面使当事人、诉讼代理人在收集、提供证据时将注意力集中于那些与案件事实有关联的材料，另一方面在于帮助法院排除无关的材料，以限定和缩小调查和审核证据的范围。在涉法涉诉信访案件中，当事人在情绪极端的情况下，具有非常强烈的倾诉欲望，而倾诉内容并非完全与案件相关，因此，法官在对证据进行审查时，必须考虑证据与案件的关联性，避免案外因素干扰涉法涉诉信访案件的审查。

（3）审查证据的合法性。证据的合法性也被称为证据的证据能力，指的是证据是否可以被作为证据使用，作为认定案件事实的依据的一种资格。合法性要求证据必须按照法定程序收集和提供，必须符合法律规定的条件，强调收集证据的合法性、证据形式的合法性以及证据材料转化为诉讼证据的合法性。诉讼程序中对证据合法性的审查是程序正义的体现之一，然而，涉法涉诉信访制度本身是与程序正义相背离的，信访人选择涉法涉诉信访的目的就在于通过此种方式，突破法治的约束，寻求实质正义。因此，面对已经处于涉法涉诉信访过程中的案件，如果仍然坚持对程序正义的追求，会使得涉法涉诉信访案件无法终结。换言之，在涉法涉诉信访案件的审查中，对证据的合法性审查可以适当放宽标准，着重审查与实质正义相关的真实性与关联性。这虽然对法治具有一定的破坏作用，但也是解决当前涉法涉诉信访案件现状的权益之策。[2]

3. 事实认定方法

科学、规范的事实认定方法对于涉法涉诉信访问题的解决具有重大意义，因此，针对涉法涉诉信访案件事实认定存在的问题，笔者尝试提出以下建议：

（1）明确证据裁判的原则。以证据裁判为原则，即与诉讼程序相同，对事实的认定基于法官或者司法人员对全案证据的综合判断，明确强调证据是法官认定案件事实的唯一依据。原因如下：其一，证据裁判是法治的要求。前文已有论述，实践中，涉法涉诉信访从产生到发展都具有很强的人治属性，而学界也对此

---

[1] 参见江伟主编：《民事诉讼法》（第4版），高等教育出版社2013年版，第169页。

[2] 参见彭小龙：《涉诉信访治理的正当性与法治化——1978—2015年实践探索的分析》，载《法学研究》2016年第5期，第86~107页。

进行了批判，可见，信访问题必然要通过法治化的方式解决，而证据裁判是法治的体现之一，因此，在涉法涉诉信访案件事实认定中要强调证据裁判的原则，维持法律的权威。其二，明确证据裁判有利于避免现实中存在的"不审查"现象发生，证据裁判要求司法人员运用证据来对事实进行认定，这就使对案件的规范性审查成为涉法涉诉信访的必经环节，有利于制度的长远发展。

（2）加强对事实认定的说理。在坚持原则的基础上，加强对事实认定的说理过程。具体体现在两方面：第一，加强在涉法涉诉信访裁定书中的说理。笔者通过对此类裁判文书的调研，发现其中不存在说理过程，大多只有"信访人某某某的信访事由不成立，应予终结。"[1] 而现实中信访人通常本来就比较固执，裁判文书中说理部分不足更容易引发缠访、闹访。第二，在裁判文书充分说理之后，信访人仍然不服的，则继续采取面对面的交流，利用面对面交流方便的特点，进行高效沟通，以求对矛盾的真正化解。

（四）规范性审查方法之社会规范审查

1. 民事习惯

民事习惯是我们日常生活中的概念，指一种人民自发形成的惯性的行为方式。民事习惯并不依靠外力，而是内在自发行为的实践。而在本文中，笔者所指的民事习惯是人们在长期生产生活中自发形成的、不成文的具有权威性和强制性的调整方式。法律规范的功能之一是为人民的行为提供预期，人们在此预期之下展开社会生存活动，习惯同样也具有此功能，并且由于习惯长期存在于人们的社会生活当中，与人们的生活密切相关，因此，在遇到纠纷时更容易被人们援引。朱苏力教授认为，"中国当代的制定法，除了在国内少数民族和对外关系的问题上，一般是轻视习惯的"。事实上，涉法涉诉信访案件的审查离不开对习惯的审查。原因一方面在于涉法涉诉信访案件往往案情复杂，牵涉利益甚广，仅仅适用法律规则极大可能无法真正解决纠纷。另一方面在于涉法涉诉信访制度的存在基础与习惯的存在基础是一致的，均由我国的基本国情决定。在不发达地区和少数民族地区，由于经济文化发展、社会环境和居民的生活方式和意识等多方面的因素，民事纠纷的解决离不开法律规范之外的规范。因此，在当代中国，民事习惯的应用仍然存在很大空间。

2. 道德规范

道德规范，是一种高于民事习惯的社会规范。人们依赖道德标准，对某些社会现象、具体行为给予评价，并通过舆论和个体良心的谴责对社会成员形成约

---

[1]《戴忠林与洮南市福顺镇粉房村村民委员会、第三人陈明、陈明确认合同效力纠纷民事涉诉信访终结审查决定书案》，（2017）吉08民监23号。

束，因此，社会道德是一种被内化的社会规则。涉法涉诉信访案件的审查，离不开对道德规范的审查。由于法律规范本身的缺陷，法官在审判时会援引道德规范作为审判依据。本杰明·内森·卡多佐（Benjamin Nathan Cardozo）法官强调：在作出选择时，法官必定会受到其自身的本能、传统的信仰、后天的信念和社会需要的观念的影响。换言之，法律规范的有限性决定法官对案件进行的审查与判断，必定体现其观念、信仰、知识体系，道德规范作为其中重要的组成部分，也是法官对案件进行审查时应当考虑的规范。

3. 行业规章

行业规章是社会规范的一种，相对于法律而言也可以被划入非正式规范之列。因此，对行业规章的审查主要体现在涉法涉诉信访商事案件中，罗伯特·埃里克森（Robert C. Ellickson）指出，在消费合同领域和商业领域中，相关各方为了赢得商誉，往往会在交往的过程中形成一种有效的刺激信号，也就是本文所指的行业规章。行业规章一方面作为交易习惯、经营惯例的集合，传承百年，其作用不言而喻。另一方面行业规范不仅仅是商业实践的需要，也为法律所认可、所肯定。法律这样规定，是承认法律有缺陷的表现之一。由于国家立法无法穷尽社会生活的方方面面，行业规章正是国家商事立法未能涵盖的、并且不可缺少的补充性的行业行为规范。这也就意味着，在商事领域中，行业规章对商事关系的调整发挥着重要作用。在涉法涉诉信访商事案件中，行业规章理应发挥同样作用，对行业规章进行规范性审查也是十分必要的。虽然在商事领域中，对行业规范的审查具有必要性，但商事行为的展开仍然应当以法治与法律规范为基点，原因在于法律具有的普遍性、规范性以及稳定性和严肃性，即法律在商事领域中具有至高无上性。因此，在涉法涉诉信访商事案件中，一方面必须考虑对行业规范的审查，另一方面要对行业规范的审查加以规范和限制。

4. 社会规范审查的方法

在涉法涉诉信访案件的审查时一方面必须运用社会规范对案件进行审查，另一方面，对社会规范的运用必须加以规范，具体而言包括以下两个方面：

第一，综合考虑各种因素。综合考虑各种因素，是指法院在审查涉法涉诉信访案件时，应当综合运用民事习惯、道德规范、行业规范等社会规范，在个案中对以上因素加以考虑，使最终判决结果得到社会普遍认可，进而实现涉法涉诉信访案件的终结。同时，对社会规范综合运用需要法官职业技能的提高，即司法人员素质的提高，令司法人员做到熟悉风俗习惯，特别是在基层地区，法官应当做到既懂法律又懂当地风土人情，在维护法治的同时将案件合理解决。

第二，发挥社会规范补充作用。法律的刚性决定了其与不断变化的社会生活之间存在无法衔接之处，当这些无法衔接之处变得显然不能被应对时，法律的存在与适用非但不能提供一个有序的环境，反而会制造出更多的矛盾与冲突。正如埃里克森所言："法律制定者如果对那些会促成非正式合作的社会条件缺乏眼力，他们可能就会造就一个法律更多但秩序更少的世界。"尤其是在涉法涉诉信访案件的审查中，法律规范的运用不足以实现案件的审查与审判，因此，需要发挥社会规范的调整作用，将社会规范作为解决纠纷的依据。但是在社会规范的运用中，仍然需要明确其补充地位，换言之，法官在涉法涉诉信访案件的审查中仍然要以实体法规范为最终裁判依据，这是由法治要求决定的，但由于涉法涉诉信访案件的特殊性，法官在自由裁量的范围内应当参考社会规范，在保证不违反公序良俗与不损害第三人合法权益的前提下发挥民事习惯、道德规范以及行业规章等社会规范的补充作用。

（五）规范性审查方法之政治规范审查方法

涉法涉诉信访案件的审查离不开政策规范的运用，原因在于涉法涉诉信访制度本身从产生到发展都与政治息息相关，并且从现实角度来看，涉法涉诉信访案件的审查很大程度上是依靠政策规范推进的，可见，涉法涉诉信访案件的审查离不开政策规范。目前实践中，突出存在的问题就是在用政策规范对涉法涉诉信访案件进行审查时缺乏规范，因此，本部分的任务就是通过对政策规范与涉法涉诉信访案件之间的关系的梳理，构建一套能够运用政策规范对涉法涉诉信访案件进行审查的方法。

1. 全局意识审查

所谓全局，一方面是指时间上的连续性，另一方面是指空间上的广延性。而全局意识，是指能够从客观整体的利益出发，站在全局的角度看问题、想办法，做出决策。党的十八大以来，中央不断强调"各级党组织和领导干部要牢固树立大局观念和全局意识"，涉法涉诉信访作为当前中国社会中无法忽视的问题之一，在解决方式上也应当把握大局意识。涉法涉诉信访审查中的全局意识是指法院对涉法涉诉信访案件的审查工作需要被放到党和国家工作的全局中去规划，换言之，强调在对案件进行审查时，要有全局意识，不仅要考虑个案，而且要考虑政策规范的全局性，要与全局政策相符合，站在更高的角度对案件进行审查。运用全局意识对案件进行考量可以通过两个维度来实现，即兼顾眼前利益与长远利益，以及兼顾个案利益与社会利益。

（1）兼顾眼前利益与长远利益。从纵向维度上讲，全局意识要求法官在对涉法涉诉信访案件进行审查时兼顾眼前利益与长远利益。所谓眼前利益是指案件处理时所需要获得的利益，例如要终结案件以化解绩效压力，稳定信访当事人的情绪防止当事人极端上访，在此情形下，获得的利益可被称为眼前利益。长远利益是指案件处理结束之后所涉及的利益，例如案件能否获得实质的终结，是否会引发重复信访，案件的处理结果能否对未来此类案件的解决提供示范，等等。兼顾眼前利益与长远利益要求法院在审查涉法涉诉信访案件时，改变审查方式，杜绝以往为了缓解绩效压力，忽视对案件的实质审查，只顾息访带来的眼前利益的现象存在，真正做到既要实现"案结"，又要做到"事了"。

（2）兼顾个案利益与社会利益。从横向维度上讲，全局意识要求法官在对涉法涉诉信访案件进行审查时兼顾个案利益与社会利益。个案利益指的是当前案件中所涉及的利益，在实践中，法院为了阻止当事人进京上访，会通过发放司法救助的方式来达到息访目的，在此情形下，个案中或许信访人的利益得到了保护，但此案对社会利益的损害确是巨大的，因此，法院在对涉法涉诉信访案件进行审查时，必须兼顾个案利益与社会利益，彻底贯彻全局意识审查方法的要求。

2. 政治伦理审查

所谓政治伦理，应当是伦理在政治领域的体现。在社会生活中，政治伦理在处理某些事务时，要在认同政治生活原则基础上，自觉遵守其原则。关于我国的政治伦理规范，学者们将其归纳为尽职尽责、廉政勤政、公平公正、务实高效等。此外也有学者将其概括为"立党为公、执政为民""依法办事，公正无私""清正廉洁，艰苦奋斗""坚持真理，修正错误""遵纪守法，率先垂范"等规范。笔者认为，在涉法涉诉信访中的政治伦理审查，最重要的是坚持公平正义的原则，因政绩压力而采取压制型的审查方式是绝对不应当存在的。政治伦理是维系社会存在和发展的基本行为准则，当代中国的政治伦理就是公平正义。由于现代社会强调政治活动的公共性和社会幸福，政府的目的在于为全体人民——个人和集体——造福。因此，涉法涉诉信访案件的审查要坚持公平正义为原则的政治伦理，在此前提之下对案件进行审查。政治伦理审查的方法实质上就是要求法院在审查涉法涉诉信访案件时牢牢把握公正，真正做到努力让人民群众在每一个司法案件中感受到公平正义。为此，法院应当做到以下几个方面。

（1）以公平正义为目标。法官对涉法涉诉信访案件进行审查时，必须以实现公平正义为首要目标，一切工作必须以实现公平正义为起点。一方面，公平正义既是社会主义法治的核心价值，也是政策伦理的重要部分。2013 年 2 月 23 日，中共中央总书记习近平在中共中央政治局第四次集体学习时指出，要努力让人民群众在每一个司法案件中都感受到公平正义，可见，以公平正义为目标是时代的必然要求。另一方面，以公平正义为目标是解决涉法涉诉信访问题的必要条件。在涉法涉诉信访案件中，只有将公平正义作为第一目标，才能真正实现涉法涉诉信访案件的终结，以往不论是由政绩压力而衍生出的以压制信访为目标的审查方式，还是以完成领导交办为目标的审查方式，都忽视了公平正义理念的重要性，造成了涉法涉诉信访案件无法审结，涉法涉诉信访问题无法解决的困境。

（2）以清正廉洁为原则。法官对涉法涉诉信访案件进行审查时，必须以清正廉洁为原则严格要求自己。法官是"公堂一言定胜负，朱笔一落命攸关"的职业，法官是法律帝国的王子，是法律的化身，是正义的象征，是社会公平正义防线的最后守护神。作为社会公平正义的维护者，法官必须要保持自身的廉洁，这既是由法官职业道德决定的，也是由中国政治伦理决定的。由于法官承载了当事人对公平正义的希望，尤其在涉法涉诉信访案件中，信访人之所以选择信访的方式来寻求纠纷的解决，甚至三番五次地上访，很大一部分原因就是司法权威的部分缺失，使一些信访人产生了"信访不信法"的想法。在此情形下，在涉法涉诉信访案件的审查过程中，法官更加需要以清正廉洁为原则，树立良好的法官形象，进而提升判决的说服力，以实现涉法涉诉信访案件的最终解决。

（3）以服务人民为宗旨。法官对涉法涉诉信访案件进行审查时，必须以服务人民为宗旨。在涉法涉诉信访问题的处理上，中国法官既要担起公平正义的职责，也要效忠人民，忠于司法。尤其在案件审理过程中要以法律为依据，与此同时，案件的社会影响也应被其考虑，法官的最终目的不仅仅是把案子了结，更要把事情了结。当前我国处于转型时期，也是各种纷争和矛盾多发的阶段，法院只有重视人民群众的需求，才能有效缓解因为利益纷争而日渐紧张的社会氛围，才能维护社会的稳定与和谐，为破解涉法涉诉难题提供有利的环境。

当然，服务人民绝不意味着被信访人牵着鼻子走，由信访人主导的审查方式又会回到以司法救助来压制信访的老路，而是要求法官在保证案件处理结果公平正义的前提下多为人民着想。朱苏力曾也说过中国基层法官最重要的是关心怎么解决纠纷而不是怎么执行法律规则、履行责任义务。在此压力下，法官对待涉法涉诉信访问题的态度"既深恶痛绝又小心翼翼"。因此，处理涉法涉诉信访问题要求法官树立为人民服务的思想，将案件的实质解决与纠纷的真正化解作为案件审查的重要方法。

3. 政治纪律审查

1927 年，在武汉召开的中共五大通过的《组织问题决议案》中，首次提出"政治纪律"一词。习近平指出："严明党的纪律，首要的是严明政治纪律。党的纪律是多方面的，政治纪律是最重要、最根本、最关键的纪律，遵守党的政治纪律是遵守党的全部纪律的重要基础。"[1]然而，实践中，个别党员干部政治纪律缺失，在涉法涉诉信访问题的处理上也有所体现，因此，在涉法涉诉信访案件的审查中必须重视政治纪律的审查。具体展开如下：

---

[1] 中共中央宣传部编：《习近平总书记系列重要讲话读本》，学习出版社、人民出版社 2014 年版，第 172 页。

（1）加强政治纪律意识。由于涉法涉诉信访案件的产生与法官和党政机关违反政治纪律的行为息息相关，因此，法官与党政机关相关人员应当加强政治纪律意识，把维护人民群众的合法权益作为根本任务，确保每一起案件的处理都能够做到实体公正、程序公正、规范高效、经得起推敲、经得起检验。要着力加强队伍建设，从源头上杜绝违反政治纪律而引发的涉法涉诉信访问题。

（2）加大对违反政治纪律的处罚。加大对违反政治纪律的处罚，一方面要对违反政治纪律、干扰正常审判的党员干部予以严肃处理，另一方面要加强对法官的监督，加大对法官的违法违纪行为的处罚力度，使其"不敢为"；同时还要培养法官职业荣誉感，使其"不愿为"。换言之，在涉法涉诉信访案件的审查过程中减少法官的违纪行为，力争从源头上减少涉法涉诉信访案件的再次发生。

三、涉诉信访听证的评估与评估标准

涉诉信访听证是指借助听证程序，由法院组织信访人和相关人员，通过质询、辩论、评议、合议等方式，进一步查明事实，辨明是非，分清责任，依法处理涉诉信访问题的活动。[1]

我国涉诉信访听证制度自 2005 年起步，经过十余年各地各级法院的努力实践，已取得了一定的社会效果。然而，其实施现状与制度设计的预期存在一定距离。为避免其落入行政听证的尴尬境地，应该对涉诉信访听证进行评估，为制度改革和完善奠定理论和实践基础。

（一）涉诉信访听证的必要性

我国地方法院涉诉信访办理流程有两个主要特征。一是封闭性，案件处理全程没有一个可以让信访人参与的环节，这与司法公开相悖。二是有违反程序公正原则之嫌。信访承办部门及其人员既是信访案件的裁决者，又是此次信访的被诉对象，还是案件重新调查核实的主体，公正性确难体现。

最高人民法院院长周强在 2014 年召开的全国法院信访改革暨诉讼服务中心建设工作会议中曾着重强调要实现信访制度与审判制度的"无缝对接"。目前，对接的桥梁无疑就是涉诉信访听证。在多元社会中，难以就实质正义的分配达成共识，程序成为一个替代性分配标准，可以吸收不满、获得认同。借助听证，让信访人介入案件重审流程，给信访人表达意见的权利以充分尊重，从而实现程序公正。对于利益与观念等分歧剧烈的涉诉信访，程序的正当性图景具有很强的吸引力。[2]

---

〔1〕　《湖南省涉法涉诉信访案件听证暂行办法》第 2 条。
〔2〕　彭小龙：《涉诉信访的正当性与法治化——1978—2015 年实践探索的分析》，载《法学研究》2016年第 5 期，第 86～107 页。

（二）涉诉信访听证程序规范建设的特征

涉诉信访听证法律制度建设经历了一个从原则到具体程序规范构建的过程。与以往不同的是，此番涉诉信访听证的程序搭建是自下而上的，地方人大和地方法院率先行动。通过对若干地方相关规范性文件的收集与分析[1]，笔者认为其突出特点主要有：

1. 涉诉信访听证的法律渊源形式多样

在中央层面，主要是中央政法委对涉诉信访听证予以规范。在地方层面，有以地方人大制定地方性法规的形式出台的相关规范文件，有以地方政法委名义出台的法律文件，有以地方高级人民法院、中级人民法院、基层人民法院的名义出台的法律文件。制定主体多样、层级不同导致法律文件名称多样，"暂行办法""操作办法""规定""实施细则""工作规程""意见"等不同用语混用，法律层级低、法律渊源统一性相对欠缺。

2. 涉诉信访听证具体程序设计差异大

（1）涉诉信访听证的适用范围存在差异。有些文件概括式划定涉诉信访听证的适用范围，有些则是以概括与列举相结合的方式对涉诉信访听证的适用案件予以明确。在听证适用的具体事项列举上，在案件归类的科学性及概念严谨性上都明显不足，表述口语化倾向明显。

（2）涉诉信访听证程序的启动方式存在差异。有些只规定依职权的听证启动方式，但多数文件还是给予信访人选择的机会。值得注意的是，规范性文件中"可以举行听证"的使用频率远高于"应当举行听证"。正是信访听证的可选择性而非必须性，使得信访听证沦为"工具"的倾向性日渐显现。[2]

（3）涉诉信访听证的法律效力规定有差异。涉诉信访听证的法律效力主要体现在听证笔录的法律价值。众多规范性文件对听证笔录表述措辞含糊甚至只字不提。"将听证结论转化为案件处理结果，使其具有法律效力"[3]的提法已算

〔1〕 这些规范性文件主要有：2009 年《浙江省涉法涉诉信访听证暂行办法》，共 18 条；2009 年重庆市开县人大常委会《开县人大常委会信访办公室关于推行涉法涉诉信访听证制度的操作办法（试行）》；2010 年中共湖南省委政法委员会《湖南省涉法涉诉信访案件听证暂行办法》，共 37 条；2012 年《广西来宾市中级人民法院关于涉法涉诉信访案件及民事、行政申诉、申请再审案件、听证制度若干问题的规定（试行）》，共 18 条；2013 年武汉市武昌区人民法院《涉诉信访处理工作实施细则（审判委员会修改讨论稿）》，共 43 条；2013 年广西南宁市马山县人民法院《关于推进听证公开的实施细则（试行）》；2014 年阿克苏市人民法院《关于涉法涉诉信访案件听证程序的规定》，共 33 条；2014 年广东省高级人民法院《广东法院涉诉信访工作规程（试行）》，共 57 条；2015 年中央政法委《关于建立涉法涉诉信访事项导入法律程序工作机制的意见》。
〔2〕 史高宇：《信访听证制度评析与设计》，载《中国行政管理》2006 年第 4 期，第 63 页。
〔3〕《湖南省涉法涉诉信访案件听证暂行办法》第 33 条；阿克苏市人民法院《关于涉法涉诉信访案件听证程序的规定》第 33 条。

态度最为明确的表达。听证笔录作为听证论辩的事实和认定证据的客观记载，应成为案件处理机关作出最终决定必须遵循的依据。[1] 现行规范设计对听证笔录法律效力的含糊其辞一定程度上造成了涉诉信访听证在当下的尴尬境地，使其价值无法被良好地发挥。

3. 涉诉信访听证与司法听证的衔接存在欠缺

司法听证是指在司法诉讼程序中，为了获取或证实关于某一事实和法律问题的有关材料或意见，法院听取有关当事人的陈述，以审查证据和证人的一项程序。[2] 司法听证与信访听证，二者关系的处理关乎司法效率与公正的统一，但截至目前，程序规范层面对此几乎没有涉及。司法听证与涉诉信访听证的逻辑关系无法割裂，二者都是由法院主持的听证，且两种听证的参加人构成、听证事项都高度重合。此种关系下，司法听证在先的案件，便无必要再召开信访听证，这不仅实现了听证目的，也于司法效率大有益处，二者各自的存在价值也均得以彰显。

二者的衔接需要立法层面的统筹调配，现阶段可以先在信访听证的适用范围方面作出相应的限制，用排除条款的方式明确经司法听证的案件不再适用信访听证，以兼顾公正与效率的协调统一。同时树立全局观念，《信访条例》的修改、未来的《信访法》及其相关司法解释都应为二者关系的处理留足空间。

4. 涉诉信访听证基础程序非法治化

涉诉信访听证面临的最大尴尬是其基础程序的非法治化。到目前为止，上访只是我国司法的"事实程序"[3]，甚至没有被《信访条例》所涵盖。基础程序的不规范、不统一，让植根于这一程序的听证的法律效力实难保障。加快依法信访中"法"的建设，在《信访法》中对涉诉信访作出专门规定或者通过《信访条例》的修改将涉诉信访的规范建设作为一项重要内容，进而使涉诉信访听证顺理成章地成为其必要组成部分，一直是近年各界的普遍呼声。

（三）涉诉信访听证的司法实践现状

近年来，我国涉诉信访听证在各级各地法院处理信访案件的过程中得到了普遍认可和重视，涉诉信访听证的实践价值得到了一定程度的彰显。然而，在调研中，涉诉信访听证实践运行的总体状况仍然差强人意。

---

[1] 张昌辉：《群众参与视角下中国司法听证制度的规范化》，载《北京理工大学学报（社会科学版）》2017年第3期，第153页。

[2] 张弘、魏磊：《论司法听证的建构———以刑事诉讼为视角》，载《中国刑事法杂志》2004年第2期，第73页。

[3] 张弘、魏磊：《论司法听证的建构———以刑事诉讼为视角》，载《中国刑事法杂志》2004年第2期，第78页。

1. 法院适用涉诉信访听证的矛盾心理

法院是涉诉信访听证的实践者，听证程序若运用得当，可以帮助法院顺利化解信访纠纷，可以说法院是信访听证的直接受益者。正因如此，从中央政法委到地方各级法院密集出台了一系列程序规范。然而，司法实践中法院的态度却未如预期，在调研中，一些基层法院以法院级别低、地理位置偏远、信访案件少、话题敏感等为由对此回避。可见，在当下涉诉信访听证欲成为我国法院处理信访案件的常规程序还需要更多的努力。

2. 涉诉信访听证难获得诉讼活动同等地位

时至今日，我国各地各级法院官网建设相对完备，诉讼活动信息基本可以做到公开、及时，但信访及信访听证并不在其中。以"涉诉信访听证"为关键词在众多法院官网检索，得到的结果却多为以各方式呈现的新闻稿，并无召开听证会的具体内容。听证的程序规范及其公开是信访听证法治化的基本要求，也是衡量其法治化的重要标志。法院官网将诉讼信息与信访听证信息区别呈现的做法会使人们对信访听证的重要意义产生误解和质疑。

（四）涉诉信访听证的评估标准——成本效益分析

当下，法律评估方法较为多见的主要有定性与定量分析法、成本效益分析法、风险评估法等，其中尤以成本效益分析法最受推崇，应用最为广泛。这是一种用于改善公共政策、监管、法规决策的技术，是某一政策、法规引起的累积个人福利变化的货币化衡量。[1] 运用成本效益法对涉诉信访听证效果予以评估不失为一种务实的选择。

1. 涉诉信访听证的成本核算

涉诉信访听证的成本通常由人工成本、资料印刷成本、场地成本、宣传成本构成。人工成本一般包括法院工作人员、信访当事人、听证专家代表为准备及参加听证会所付出的时间和工作量，直接表现为出席听证会专家代表的会务补贴；场地成本不是每场听证会的必需支出，一般指在法院外召开听证会租用场地的费用；宣传成本通常是指必要时对听证会的电台、电视现场直播和媒体报道所需的费用。如果一次听证会不能解决问题的话，这些费用还需要成倍增加。这些成本以一定标准转化为货币，便是完成了涉诉信访听证的成本评估过程，其相对容易操作。

---

[1] Raymond J. Kopp, Alan J. Krupnick, and Michael Toman, "Cost-doenefit Analysis and Regulatory Reform: an Assessment of the Science and the Art", *Discussion Paper*, Resource for the Future, 1997, pp. 97-119. 转引自赵雷：《行政立法评估之成本收益分析——美国经验与中国实践》，载《环球法律评论》2013 年第 6 期，第 133 页。

2. 涉诉信访听证的效益核算

相较于涉诉信访听证的成本核算，效益核算的难度明显加大。何谓涉诉信访听证的效益的定义、衡量及评估标准，这些都尚需学界与实务界的关注与研究。借助大数据和模型构建，对评估对象作出尽可能精确的测量，这种定量分析是一种新方法。尽管定量分析也具有一定的难度，因为有些效益着实不好用金钱价值来表达，即使可以被表达也不一定可以直接用市场价格来衡量，但并非不可行。

"立法听证的效果是与立法欲达至的目标密切联系在一起的"，涉诉信访听证作为程序规范，"目标因素就是评估其效果的重要指标"。[1] 由此推之，涉诉信访听证的效益评估可由其欲达目标予以界定。

（1）"公众参与"目标决定其评估标准就是对信访人参与听证程序各项指标的衡量。此时评估标准应着重考察信访人是否及时收到听证通知、能否获取完备的听证资料、发言时间是否充裕、能否得到法院对信访事项的充分解答以及不同观点能否得到充分辩论；听证专家是否客观、中立等。应将这些要素综合考量、量化，使其成为信访人听证参与度的衡量参数，最终成为信访听证效益的评估标准。

（2）信访目标决定其效益评估标准就是信访人对听证的满意度及停访息诉的案件量。听证作为程序性法律制度，核心是听取意见，听证本身不承担解决问题的功能。在涉诉信访听证中，法院与信访人两方面的观点相左，但争议点相同，即都针对现行司法结论，故此听证会成功与否的检验标准便是信访人能否接受司法结论、停访息诉，其量化后就是听证后的息诉罢访案件量。

综上，在评估体系中，目标作为一个变量，评估标准会随之改变，用一个固定不变的指标对涉诉信访听证效益作出准确评估是不现实的。探索和建立科学的评估指标体系对于涉诉信访听证的未来发展具有十分重要的理论意义和现实价值。

---

[1] 朱立宇、孙晓东：《立法听证效果评估研究》，载《朝阳法律评论》2009 年第 4 期，第 25~27 页。

北京市大数据产业创新应用的法律规制研究

范　贞*

2017 年 12 月 8 日，习近平在中共中央政治局第二次集体学习时强调，要运用大数据促进保障和改善民生，推进教育、就业、社保、医药卫生、住房、交通等领域大数据普及应用，深度开发各类便民应用，要制定数据资源确权、开放、流通、交易相关制度，要加大对个人隐私等的保护力度，维护广大人民群众利益、社会稳定、国家安全。《北京市大数据和云计算发展行动计划（2016—2020年）》明确提出，到 2020 年，北京市成为全国大数据和云计算创新中心、应用中心和产业高地。作为关系国计民生、新兴的大数据产业如何在法律规范下快速有序地发展，避免或减少不符合法律伦理事件的发生值得研究。

一、大数据语境下的个人信息数据的所有权

（一）个人信息数据"所有权"

所有权的权能包括占有、使用、收益和处分，物权所有权形成通常因为有体物相对稀缺，使用或处分后有体物将会数量消失、减少或功能减弱。但是个人信息数据无论交易、使用、处分，个人信息数量（仅限于数量）都不会减少甚至还会增加，但是个人隐私保护效应明显减弱，实质侵犯了个人隐私权能。

在数据价值链中可以主张其数据所有权属的行为主体：从数据价值周期看，数据所有权问题涉及数据价值周期的众多利益相关方。利益相关方或创建或生成了数据，不同行为主体根据其在"数据化"过程作用（特别是数据分析和决策阶段）来确定他们在数据经济中个人数据权利归属。因此，判断数据所有权的归属应综合考虑，通常任何一个数据利益相关者可能都不会独占个人信息数据所有权。

（二）用户画像（user profiling）个人信息所有

《信息安全技术个人信息安全规范（GB/T 35273-2017）》（以下简称《个

＊ 课题主持人：范贞，北京卫生法学会理论科研部主任。立项编号：BLS（2018）A005。结项等级：合格。

人信息安全规范》）定义的用户画像：通过收集、汇聚、分析个人信息，对某特定自然人个人特征，如其职业、经济、健康、教育、个人喜好、信用、行为等方面做出分析或预测，形成其个人特征模型的过程。直接使用特定自然人的个人信息，形成该自然人的特征模型，称为直接用户画像。

单一的大数据维度限制，能够产生的创新研究应用有限。建立在同一身份证号（或者同一手机号，即直接用户画像）的多个行业大数据能够从不同维度进行研究，产生新发现、新用途，并能够准确预测自然人某些行为特征。例如同一身份证号下"支付宝"或"微信"的消费数据与医疗机构的健康体检数据串联，可以建立消费特征与疾病、健康的关系，并为慢性病预防提供建议；"微信""支付宝"消费数据与银行数据串联可以获取不同群体消费水平，针对低消费群体精准扶贫。我国推进教育、就业、社保、医药卫生、住房、交通等领域大数据普及应用，以及大数据资源开放、流通、交易，必将极大促进跨行业大数据串联创新应用。

原始应用大数据权利归属：患者在医院诊疗产生的医疗数据通常是患者和医院共有的，消费者在京东商城消费产生的交易数据的所有权，一般是消费者、京东共有的。仅就单一商品消费数据赋值，消费者（+1）、京东（+1）。如果仅就某一时期某一商品京东销售全部数据赋值，具体某个消费者可能（+1）、京东（+N），就单一类数据而言，个人信息数据区分所有权占比极小且个人隐私泄露极少。

直接用户画像大数据权利归属：根据同一身份证号，将不同行业数据串联所得资料的所有权与前述不同，如建立在同一身份证号项下的支付宝消费交易数据和医疗行为的健康信息串联，医疗机构并未参与患者（消费者）支付宝日常消费交易，支付宝方（除了付款）也未参与消费者（患者）的诊疗行为。具体而言，某个直接用户画像赋值自然人可能（+N）、支付宝（+N/2 或相应增减）、医疗机构［+（1–N/2）］。个人信息数据区分所有权占比大且个人隐私泄露完全。直接用户画像涉及自然人个人信息种类越多，自然人在直接用户画像大数据区分所有权占比越高。

（三）关于数据所有权的相关法律

《中华人民共和国民法总则》（以下简称《民法总则》）第 111 条没有明确个人数据的所有权问题，目前我国也没有专门规范数据所有权的法律。

欧盟《一般数据保护条例》（General Data Protection Regulation，简称 GDPR），增强了数据主体的权利，但是《一般数据保护条例》没有关于个人信息数据所有权的规定。

欧盟在《迈向共同的欧洲数据空间（2018 年）》[1] 文件中表示，关于企业间数据共享问题，大数据利益各相关方不赞成"数据所有权"作为新的权利类型，他们认为"企业之间数据共享中的关键问题不在于数据所有权，而在如何组织获取数据"[2]。

（四）个人信息数据，公司资产？

北京微梦创科网络技术有限公司（以下简称"微梦公司"，新浪微博经营人）诉北京淘友天下技术有限公司等（以下简称"淘友公司"，经营脉脉软件和网站）案[3]，脉脉和新浪微博的合作关系，微梦公司起诉脉脉抓取了微博的用户数据等。法院认为被告大量抓取、使用新浪微博用户信息属于不正当竞争，原告对微博平台上的用户信息没有采取有效的安全使用措施。法院判决淘友公司赔偿微梦公司 200 万元。

一个不争事实是，用户个人信息作为微梦公司资产存在，也就是公司拥有个人信息的所有权。前述分析微梦公司只能拥有具体用户信息的 50% 所有权，不是完全所有权，法院从不正当竞争角度判决淘友公司赔偿微梦公司，值得探讨。

综上，目前关于个人信息大数据所有权立法世界各国都不完善，大数据价值周期中的行为主体的需求各异，不同主体可能会主张不同的所有权，大数据所有权保护可通过合同约定各方的权利和义务。对个人信息数据所有权特别是画像中个人信息所有权，区分所有权是一个可行的方法。

二、包含医疗健康大数据用户画像的研究与应用

国务院办公厅《关于促进和规范健康医疗大数据应用发展的指导意见》（国办发〔2016〕47 号）注重医疗大数据应用和发展，基于身份证号串联的医疗健康大数据和消费大数据等相关研究具有广阔的发展前景，但是实践进展缓慢，主要是研究或应用没有通过医疗机构伦理审查。由于生物医学研究伦理审查的法律规范、伦理标准经过 20 年的发展比较完善，而大数据行业法律法规、伦理规范亟待完善。现就开展包含医疗健康大数据的用户画像研究与应用需要注意的法律与伦理问题进行讨论。

用户画像，将特定自然人个人特征予以链接媒介可以包括手机号码、身份证号码、姓名等。由于重名的因素，单独依靠姓名识别有一定困难，手机号码虽然

---

〔1〕 http://ec. europa. eu/transparency/regdoc/rep/1/2018/EN/COM－2018－232－F1－EN－MAIN－PART－1. PDF.

〔2〕 "Towards a Common European Data Space" COM（2018）232 Final, https://eur－lex. europa. eu/legal－content/EN/TXT/PDF/? uri＝CELEX：52018DC0232&from＝EN.

〔3〕 "北京微梦创科网络技术有限公司与北京淘友天下技术有限公司等不正当竞争纠纷一审民事判决书"，载 http://wenshu. court. gov. cn/website/wenshu/181107ANFZ0BXSK4/index. html? docId＝197fc00 6635a46f7b8a1a84d00a81fb1，最后访问日期：2019 年 10 月 1 日。

是电商联系的重要通信工具，但是手机号码的稳定性难以持久。最稳定的方式是通过身份证号码将个人的不同信息予以串联，形成个人特征性模型。

（一）大数据个人信息保护与生物医学研究伦理审查原则比较

生物医学研究的伦理审查已经建立完善的受试者保护体系，基于大数据用户画像的研究与应用的法律与伦理原则不符合生物医学研究与应用的伦理标准，伦理审查多被否定。有必要比较个人信息保护与生物医学研究伦理审查原则的主要差异。

我国《个人信息安全规范》第4条明确的个人信息安全基本原则包括：权责一致原则、目的明确原则、选择同意原则、最少够用原则、公开透明原则、确保安全原则和主体参与原则共7项。

《涉及人的生物医学研究伦理审查办法》（以下简称《生物医学研究》）第18条规定的涉及人的生物医学研究应当符合的伦理原则包括：知情同意原则、控制风险原则、免费和补偿原则、保护隐私原则、依法赔偿原则、弱势特殊保护原则。

比较二者基本原则，《生物医学研究》知情同意原则内容包含《个人信息安全规范》目的明确原则、选择同意原则、最少够用原则、公开透明原则、确保安全原则和主体参与原则，《生物医学研究》的最少够用原则、目的明确原则、公开透明原则、确保安全原则由伦理委员会审查时确定，而《个人信息安全规范》的最少够用原则、目的明确原则、公开透明原则、确保安全原则实践中缺乏实施的保障措施，其可行性远低于《生物医学研究》的知情同意原则的实施。《生物医学研究》的公开透明原则通常在临床试验的网站公开，如果没有公开，研究成果将不被接受，因此《生物医学研究》的公开透明远高于《个人信息安全规范》的公开透明。《生物医学研究》的依法赔偿原则与《个人信息安全规范》的权责一致原则基本一致。《生物医学研究》的免费和补偿原则（免费和补偿原则，指应当公平、合理地选择受试者，对受试者参加研究不得收取任何费用，对于受试者在受试过程中支出的合理费用还应当给予适当补偿）、弱势群体特殊保护原则在个人信息保护领域没有涉及。而控制风险原则（一是将受试者人身安全、健康权益放在优先地位，二是科学和社会利益，研究风险与受益比例应当合理，力求使受试者尽可能避免受到伤害）在个人信息保护领域基本没有。

以包含医疗健康数据在内的自然人画像的研究和应用为例，自然人基本没有直接受益，很难有间接受益。而如果将个人医疗健康数据与个人消费数据串联开展分析研究，个人没有直接受益，而个人隐私将全部泄露，医疗健康隐私内容直接全面超过消费涉及的隐私，故而其严重危害将涉及就业、保险、婚姻、征兵、社会评价、家族等诸多方面。

因此，大数据与涉及人的生物医学研究串联的自然人画像研究，必须考虑二者伦理原则的不同，以生物医学伦理委员会能够接受的方式开展画像研究和应用。

（二）涉及健康医疗个人敏感信息的知情同意

《个人信息安全规范》附录 A 中个人健康生理信息等，都是个人敏感数据。

1. 收集个人敏感信息时的明示同意

《个人信息安全规范》第5.5 条规定收集个人敏感信息时，应取得个人信息主体完全知情的基础上的明示同意。并允许个人信息主体逐项选择是否提供或同意自动采集个人敏感信息。

根据《生物医学研究》第38 条规定利用过去用于诊断、治疗的有身份标识的样本进行研究的，或者生物样本数据库中有身份标识的人体生物学样本或者相关临床病史资料再次使用进行研究的，研究者应当再次获取受试者签署的知情同意书。因此，包含医疗健康数据的个人信息再次使用获取知情同意是必备要件。

2. 再次使用数据前的"泛化同意"

医药健康领域大数据研究在个人数据收集时通常无法完全确定是否用于科学研究，取而代之是"用于以后的研究""用于科学研究"等概括同意或泛化同意（broad consent）。因此，在符合通常的生物医学研究受试者保护的伦理标准时，通常批准研究采用泛化同意的方式。

欧盟 GDPR 第 89（1）条明确规定，以科研为目的的数据处理若遵循了数据最小化原则、采取了 GDPR 所规定的合理技术与组织措施，保障数据主体的基本权利，科学研究目的的数据处理中对于目的限制可以做适当放松而不局限在数据收集的初始目的，即允许泛化同意，主要基于个人数据保护与大数据创新之间的平衡。泛化同意通常注重个人信息保护的其他措施。

3. 个人信息主体匿名化、去标识化与哈希函数

（1）个人信息的识别标志——身份证号：对于用户画像，电商常用手机号码作为识别用户的重要标识，但医疗健康领域身份证号是稳定的个人信息的识别标志。

（2）匿名化：指通过对个人信息的技术处理，使个人信息主体无法被识别，且处理后的信息不能被复原的过程。需要说明，个人信息经匿名化处理后所得的信息不属于个人信息。不同种类的个人信息如完全匿名，无法串联形成个人画像。如果已经形成个人画像再匿名化需要考虑个人画像的标识是否完全被去除，否则不属于完全匿名化。

（3）去标识化：指通过对个人信息的技术处理，使其在不借助额外信息的情况下，无法识别个人信息主体的过程。假设以个人消费数据与包含医疗健康数

据选择的哈希值作为替代个人身份证号码的标识形成个人画像，虽然去除身份证号码，但是个人消费数据的消费时间、消费数额、消费内容、消费次数，以及健康数据的疾病名称、诊断时间、住院（门诊）次数、住院天数、诊疗经过等都可以作为还原哈希值的标识，从实质上说哈希值没有完全去标识化。

（三）受益、风险与补偿

《生物医学研究》第 18 条强调将受试者人身安全、健康权益放在优先地位，其次才是科学和社会利益，研究风险与受益比例应当合理，力求使受试者尽可能避免伤害。基于个人画像的研究与应用，社会整体通常受益，但是数据主体个人在短期内没有直接受益或者根本没有受益。但个人敏感数据隐私内容如泄露，个人污名化、就业影响、婚姻等各种风险呈现指数增加，受益与风险明显失调。上述讨论主要基于回顾性研究而言，当然对个人信息主体知情同意获取开展回顾性研究存在非常大的困难，个人受益与风险承担远不成比例，同时无法获得参加研究或应用的合理补偿。

而前瞻性研究可以解决上述缺陷并且其结果的科学性较回顾性研究更强。方案设计包括设计目的、对受试者信息获取内容、个人隐私保护措施、拒绝或退出研究的途径、检查或其他费用减免、受试者补偿等知情同意内容。前瞻性研究获得医学伦理委员会批准的可能性较大。但是前瞻性研究需要一段时间，对于大数据产业成本占用相对较大。

（四）前置伦理审查是开展用户画像研究的关键

近年来，国内外对真实世界研究（Real World Study，简称 RWS）的关注度日益增加。首先，从政策层面看，美国食品药品监督管理局（FDA）于 2017 年 8 月 31 日发布《采用真实世界证据支持医疗器械的法规决策》[1]。其次，大数据的构建给 RWS 提供了前所未有的便利。各级医疗机构、医保部门、医药监管部门、公共大数据积累了大量数据，各级数据库平台的建立、电子化，以及各种电子设备的普及，极大地增加了利用高质量数据进行真实世界研究的可能性。而用户画像是开展真实世界研究的重要来源。开展用户画像研究的前提是保障用户充分知情同意，保护用户的个人隐私，保证研究和应用项目的公开与透明，对用户给予合理补偿。个人用户权益无法获得充分保障，而大数据监管行政机关也没有充分时间和能力进行前期合法性以及伦理合规性的前置审查。因此必须建立伦理委员会前置审查制度，保障用户画像依法合理地开展研究和应用。

三、大数据非歧视原则

人工智能领域的技术发展已经改变了我们的生活方式同时也影响人们基本权

---

〔1〕 吴阶平医学基金会、中国胸部肿瘤研究协作组组织编写：《真实世界研究指南（2018 版）》，人民卫生出版社 2019 年版。

利，如人工智能的算法应用于决策时应体现平等，避免可能存在的歧视。欧盟委员会 2017 年发布《大数据相关的基本权利》报告指出禁止歧视是大数据涉及的重要基本权利[1]。

歧视，一般是指由于个人属于的性别、种族、肤色、语言、宗教、政治见解、少数民族等特殊群体，或属于社会公认的弱势群体，而受到某些行为、做法或政策对其造成的相对不利的影响[2]。歧视产生原因分为直接歧视（即基于与群体相关的敏感性歧视少数群体或弱势群体的成员资格，如种族、性别或性取向等）和间接歧视（并非有意但客观上造成了歧视，如无意决策偏倚、数字鸿沟等）。

（一）意外数据误差

误差的来源可以分为两类，一类是随机误差；另一类是系统误差。随机误差是由抽样误差所引起的，其大小可以用统计学方法进行估计，但没有方向性；系统误差即偏倚，是指研究结果系统的偏离了真实情况。偏倚一般分为三类，即选择偏倚、信息偏倚、混杂偏倚。

鉴于算法通常非常复杂而且算法作为商业秘密缺乏透明度难以被公开探讨纠正误差，因此需要更多地关注算法，"在数据挖掘方面产生歧视是更紧迫的问题，因为它可能更常见，更容易被忽视"。[3]

（二）数字鸿沟

数字鸿沟（digital divide），指能够轻松访问基于互联网技术的信息的个人与不能访问基于互联网技术的信息的个人之间的鸿沟。数字鸿沟存在于城市居民和偏远地区的居民间，受教育人群和未受教育人群之间等。

2017 年一项调查显示，中国智能手机普及率为 68%，在全球处于中游水平[4]。我国 12306 网站/APP 购买火车/高铁车票非常方便，但是我国约三分之一的居民没有使用智能手机，而这部分都是老年人、相对经济困难的弱势群体，随着 12306 网站/APP 流行，遍布各地的火车票销售网点几乎都消失了，没有智能手机或不能上网的该部分群体相对受到不公平对待。

---

[1] EU, "Fundamental Rights Implications of Big Data", http://www. europarl. europa. eu/ thinktank/en/document. html? reference=EPRS_ATA%282017%29599312.

[2] Charter of fundamental rights of the European Union, Official Journal of the European Communities, 2000.

[3] Barocas S., Selbst A. D., "Big Data's Disparate Impact", *California Law Rev*, 2016, 104 (3), pp. 671-732.

[4] "Social Media Use Continues to Rise in Developing Countries but Plateaus Across Developed Ones", https://www. pewresearch. org/global/2018/06/19/social-media-use-continues-to-rise-in-developing-countries-but-plateaus-across-developed-ones/#table.

（三）歧视形式

英美国家存在因为种族、宗教信仰、性别、性取向等被社会边缘化的群体，其在社会活动中被边缘化无法参加相应社区组织的活动而被歧视。我国就业性别歧视、地域歧视、经济歧视、健康预测歧视等时常被媒体关注。

（1）性别歧视：如 2019 年 2 月人力资源和社会保障部、教育部等 9 部门印发《关于进一步规范招聘行为促进妇女就业的通知》[1]，解决招聘环节中就业性别歧视。

（2）价格歧视与欺诈：互联网电商根据用户的历史行为大量数据分析出用户的画像，了解每个消费者的购买意愿和能力，而消费者之间彼此隔绝，在购买前无从得知或很难得知标准定价（除非特意去找另一个手机比价），而客户终端调整价格成本极低，因而供应商能够针对每个人单独定价，价格歧视"大数据杀熟"[2]成为可能。真正让消费者无法接受的是利用忠诚用户的路径依赖和信息不对称实施欺骗，违背商业诚信原则。

（3）健康预测的歧视：安吉丽娜·朱莉在 2013 年进行双侧乳腺预防性切除，2015 年她又宣布已经完成双侧卵巢输卵管预防性切除。困扰着朱莉的是遗传性乳腺/卵巢癌综合征，她携带 BRCA1 突变基因，而该基因突变可以增加乳腺癌和卵巢癌的发生风险，朱莉的母亲和姨妈都死于乳腺癌。健康预测或许是今后歧视的重要来源。

以应该进行 BRCA 检测的人群为例，根据美国《遗传/家族高风险评估：乳腺癌和卵巢癌指南（2018 年）》[3] 关于 BRCA1/2 基因突变的遗传预测有几十种情形，相关疾病存在家族遗传性高发特征。人工智能/大数据根据相关资料就能对特定主体进行健康预测，并针对性采取歧视措施。随着健康大数据的发展，

---

[1] http://www.mohrss.gov.cn/SYrlzyhshbzb/dongtaixinwen/buneiyaowen/201902/t20190222_310728.html.

[2] "大数据杀熟：最懂你的人伤你最深"，载《科技日报》2019 年 2 月 28 日，第 8 版，http://digital-paper.stdaily.com/http_www.kjrb.com/kjrb/html/2018-02/28/content_389113.htm? div=-1.

[3] https://www.nccn.org/professionals/physician_gls/default.aspx#breast. 美国《遗传/家族高风险评估：乳腺癌和卵巢癌指南（2018 年）》关于 BRCA1/2 基因突变的遗传检测，满足下列标准中的一个或多个，就需要进一步的个性化风险评估、基因咨询及基因检测：一是家族中携带已知致病的 BRCA1/2 突变。二是患乳腺癌且含有一个或多个下列情况：①确诊年龄≤45 岁；②确诊年龄 46~50 岁且在任何年龄存在额外的原发性灶；≥1 位血缘近亲患者乳腺癌（在任何年龄）；≥1 位血缘近亲患有前列腺癌（Gleason score ≥7）；未知或有限的家族史。③ 确诊年龄≤60 岁的三阴性乳腺癌；④ 任意年龄确诊且≥1 个血缘近亲有以下情况：乳腺癌确诊年龄≤50y；卵巢癌；男性乳腺癌；转移性前列腺；胰腺癌；≥2 个额外的乳腺癌原发灶（任何年龄或血缘近亲中存在此种情况）。三是德系犹太人血统。四是男性乳腺癌。五是胰腺癌。六是转移性前列腺癌。七是任何年龄的前列腺癌（Gleason score ≥7）且：① ≥1 位血缘近亲确诊为卵巢癌、胰腺癌或者转移性前列腺癌，或者年龄≤50 岁确诊乳腺癌；② ≥2 位血缘近亲在任何年龄确诊乳腺癌或前列腺癌；③ 德系犹太人血统……

健康预测歧视将会不断涌现。

（四）对弱势群体/特殊群体的过度关注与歧视

（1）丹麦包皮环切登记案[1]：2013 年末丹麦卫生行政部门要求医生报告已发生的因宗教原因进行的包皮环切术和该男孩的国家保障号（CPR），旨在收集所有男性儿童宗教原因进行的包皮环切术，以评价手术并发症（如性功能障碍）。由于 CPR 号码关联健康、家庭、移民状态、教育、就业等各种信息，可能泄露个人隐私，2016 年 12 月丹麦卫生部发布规定要求医生通过国家登记系统报告所有男性的包皮环切术。

本案研究宗教原因进行包皮环切术的医学并发症，医学专业角度通常认为没有医学指征表明包皮环切手术的手术并发症可能损害孩子健康。

（2）画像与知情：卫生行政部门要求医生报告已发生所有的因宗教原因进行的包皮环切术和该男孩的国家保障号，由于国家保障号关联男孩姓名、疾病诊疗信息（包括并发症和性功能）、家庭、移民状态、教育、就业等各种信息，实质是个人画像，因此必须事先自愿知情同意。

（3）对弱势群体过度关注：包皮环切手术登记本身可能会给宗教群体/个人带来社会压力，而且担心宗教信仰可能会对他未来的社会权利和机会产生影响，甚至群体污名化。在大数据人工智能领域需要特别关注存在当事人/群体的社会评价降低的污名化的问题（stigmatization）。包皮环切术登记的穆斯林男孩将成为数据主体，这可能会将穆斯林贴上异常的标签。很难预测公众对于包皮环切术的讨论或建立包皮环切术登记的具体行为是否已经或将导致穆斯林男孩公共生活中各种形式的污名化/歧视。对弱势群体适当保护是伦理的基本原则，也是大数据社会责任的具体体现。但是对于弱势群体和特殊群体过度关注，可能产生不良效果。挑出一种少数民族文化做法来监测和研究相关风险并将其医学化，可能会导致割礼作为宗教习俗被医学化，并可能损害这些活动的宗教意义和价值。

（五）歧视避免

1. 建立大数据/人工智能的伦理委员会

预防和避免算法/人工智能可能存在的歧视，应当借鉴医学研究伦理委员会伦理审查的模式，由专业人士审查大数据算法/人工智能的科学性和伦理性。

大数据/人工智能方案涉及统计学、数学、计算机、伦理、法律等领域专业性很强，非专业人士很难了解、判断其中不符合伦理法律原则的缺陷。因此需要数学、统计学、伦理、法律等专业人士以及社区人员组成的伦理委员会通过伦理

---

[1] Thomas Ploug, Søren Holm, "Holm H. Informed Consent and Registry - Based Research—the Case of the Danish Circumcision Registry", *BMC Med Ethics*, 2017.

审查来判断其中是否存在不符合伦理、法律原则的缺陷,如果存在就及时修正完善。伦理审查通过后发放伦理审查批件作为算法/人工智能符合伦理要求的证明。

2. 算法/人工智能透明与保密

用于对人们的生活作出决策的自动化工具(算法/人工智能),为了避免侵犯数据主体的基本权利,必须透明,包括程序和代码的伦理委员会的伦理审查,算法和人工智能上市后的监察。完全透明是不可能的,有的涉及知识产权或国家安全问题。由于算法/人工智能程序通常作为商业秘密而非发明专利被予以权利保护,进行伦理审查和监察的人员应当签署保密协议,违反保密义务应当承担泄密责任。应用的算法/人工智能获得伦理批准后,应当在某个公开网站登记公示,大众如需要了解某个算法/人工智能是否符合伦理,可以在该网站查询。

四、公共数据共享与开放

开放数据是指可以免费使用和重复使用的某些数据[1]。在越来越多的情况下,"开放数据"是指所谓的"公共部门信息",即国家、地方的公共部门机构(如各部委、市政当局、主要由财政资助的组织)制作、收集、购置和/或持有的资料。

2015 年 8 月,国务院印发《促进大数据发展行动纲要》,明确提出要加快建设数据强国。2017 年 12 月 8 日,习近平总书记在中共中央政治局第二次集体学习时强调,要推动实施国家大数据战略,更好地服务我国经济社会发展和人民生活改善。公共数据开放是国际趋势,欧盟 2013 年、2019 年修订《公共部门信息指令》[2],规定提供公共部门信息是一项强制义务。

(一)《北京市公共数据管理办法》有条件共享数据应用

2019 年 4 月《北京市公共数据管理办法》征求意见,其中第 14 条公共数据目录中的公共数据按照共享属性分为无条件共享类、有条件共享类、不予共享类。对社会开放的公共数据并未明确是否包含前述的有条件共享类的公共数据。毫无疑问,公共数据具有经济和社会价值,但是价值程度不同,无条件共享类是经过脱密、清洗且经过分析整理的数据,能够满足社会对此类公共数据的一般需求,此类数据价值程度相对较弱。而真正产生创新价值的是有条件共享类的共享数据,针对特定问题提取原始数据开展研究。

促进北京大数据产业的创新发展,必须充分促进公共大数据部分的原始数据开发研究,并且通过一些措施保障大数据安全和个人隐私。

---

〔1〕 European Commission, "Open Data", *European Commission*, 8 June 2018, https://europa. eu/european-union/documents-publications/open-data_ en.

〔2〕 Directive 2003/98/EC of the European Parliament and of the Council of 17 November 2003 on the Re-use of Public Sector Information, OJ L 345, 90.

（二）涉及个人隐私的公共数据应当有条件共享

《北京市公共数据管理办法》关于开放安全审查的第 21 条规定，涉及个人隐私的公共数据部分，由于原始数据针对性强，充分利用能够产生重要的创新成果，对于涉及个人隐私的公共数据，在保护个人隐私且经过完全匿名化或去标示处理的涉及个人隐私的公共数据部分应有条件开放。大数据产业常用身份证号或者手机号将不同种类个人信息串联的方式，其实质是"用户画像"。国家鼓励促进大数据产业的发展，具有类似创新应用价值的研究和使用应当鼓励，但是如何保护国家数据安全、保障个人隐私、如何评估风险等，都需要一套完整的制度保障。

（三）决定公共大数据共享的权利主体

第 23 条是关于数据开放方式的规定：市经济和信息化部门通过全市公共数据统一开放平台，向自然人、法人和其他组织提供公共数据开放服务。

《北京市公共数据管理办法》关于开放安全审查的第 21 条和第 23 条规定，行政机关和公共服务企业对拟开放的公共数据进行安全保密审查，市经济和信息化部门通过全市公共数据统一开放平台，向自然人、法人和其他组织提供公共数据开放服务。市经济和信息化部门是决定公共大数据共享的权利主体。决定主体对于公共大数据中无条件共享类和不予共享类基本没有实质影响，主要影响有条件共享类。

（四）公共数据开放前置审查：

对于行政机关来说，是否允许公共数据共享是一个具体行政行为，但是数据共享的风险评估、是否符合法律和伦理的判断等专业技术问题并非行政机关所擅长。有必要借鉴履行医学研究受试者保护职责的医学伦理委员会的机制，建立公共共享数据风险评估与数据主体隐私保护的伦理委员会，作为行政机关是否同意公共数据共享的前置程序执行机构。

（五）公共数据有条件共享的商业使用许可及费用

欧盟理事会和欧盟委员会 2019 年 1 月 22 日就修订《公共部门信息指令》达成一致[1]。修订案引入了"高价值数据集"（high value datasets）。"高价值数据集"[2] 是指与社会、环境和经济的重要利益相关联的数据文件，特别是因为它们适合于创造增值服务、应用和新的、高质量和适宜的工作，以及基于这些数据集的增值服务和应用的潜在受益者。这些是与重要的社会经济效益相关的数据集，其重复使用在原则上应该是免费的。在我国交通出行方面，提供航班飞行状

---

[1] "Proposal for a revision of the Public Sector Information (PSI) Directive", https://ec. europa. eu/digital-single-market/en/proposal-revision-public-sector-information-psi-directive.

[2] Recast Proposal, https://data. consilium. europa. eu/doc/document/ST-5635-2019-INIT/en/pdf, p. 43.

态的公众号/APP，如飞常准、航班管家等为旅客出行了解航班信息提供非常有益的帮助，这些高价值数据集因为关系到普通民众的日常出行需求，航空公司应该免费提供给第三方使用。

公共共享数据使用收取成本费用：应该是数据复制、提供和传播文件以及个人数据匿名和采取措施保护商业机密信息等必须程序所产生的成本，但文件的重复使用应免费。收费标准应客观、透明，在适当的会计期内，提供和允许重复使用文件的总收入不得超过其收集、生产、复制、传播和数据存储的成本，以及合理的投资回报，以及（如适用）个人数据的匿名化和为保护商业机密信息而采取的措施的费用。

有条件共享的公共数据是否允许商业使用？在国家大数据战略前提下应当允许商业使用，但前提是由独立于公共大数据部门的类似伦理委员会的组织评估大数据使用的方案是否符合，大数据产业发展方向，有无创新，是否符合相关法律和伦理规定，大数据个人主体的隐私是否得到合法、合理有效的保护，大数据保密方式，个人画像是否征得数据主体的同意等。如果符合上述要求，上级行政机关可以批准商业有条件使用公共共享数据，并在公共大数据共享指定网站备案大数据的研究方案。免费的公共数据有条件共享明显降低了使用者的门槛，不利于个人隐私信息的保护且可能导致滥用。

（六）哈希算法与个人数据去标识保障措施

哈希算法是大数据去标识保护通常使用的保密方法，通过哈希值替代身份证号来实现个人信息的去标识。研究个人消费和健康疾病之间的关系，需要个人的医保数据和消费数据，而两类不同数据需要由身份证号串联并实现准确对应，即以哈希值替代身份证号。这种基于身份证号的用户画像对个人隐私泄露完全，所以需要采用个人信息不可识别的方式，每一个身份证号对应一个哈希值而将不同种类的个人信息串联，同时隐匿个人姓名。哈希算法作为一种保密的技术措施，可以在保密要求不是极其严格情况下实现对个人隐私的保护。

（七）用户画像与用户知情同意

公共数据有条件共享，价值程度相对较高的是用户画像。基于用户隐私保护，可以采取的用户隐私信息保障措施包括：①获取用户的知情同意；②过程中采取监督、稽查措施等保障用户隐私的方式独立于具有某一方面用户数据的第三方机构开展数据研究，将共享的公共数据编辑、加工、整理，并签署保密协议，禁止实名个人用户画像数据。③第三方采取的用户信息保密措施应当获得伦理委员会批准。

（八）评估公共数据共享的风险与受益

公共大数据有条件共享的目的是有利于大数据产业的发展，有利于社会受益，有利于提供个人数据的主体受益（包括直接和间接受益），受益应当大于个人数据主体或社会受到的损害，同时大数据研究成果的应用不能违反法律和社会公序良俗，不能伤害个人数据提供者。整体而言，受益应该明显大于风险，否则使用公共数据共享的研究方案就是不伦理的。

五、免费提供数字内容与个人信息对价

消费者欢迎"免费"提供的数字内容，如果用户希望免费使用互联网，就必须向数字内容提供商透露自己的手机号码、用户需要接受 cookies、提供自己邮箱地址、位置数据、网站访问历史等个人信息。免费数字内容或数字服务通常也是以消费者提供个人信息数据作为对价的。这种"免费"模式使数字内容提供商（公司）可以接触大量消费者个人信息，公司可以使用这些信息开展创新业务，也可将这些个人数据信息销售、转让给第三方。

个人信息数据的价值评估方法：大数据产业的互联网企业不仅获取和收集个人数据，也通过许多应用程序将个人信息数据转化为对企业有价值的服务。而依赖个人信息数据的商业模式越来越普遍。公司通常在现有法律和监管框架内使用个人信息数据的商业模式获得显著的市场价值。鉴于信息通信技术的发展使个人信息数据迅速成为公司业务流程中的一项资产，应该将该个人数据作为资产进行事实和实证分析，以了解其经济机制，以帮助对与互联网经济有关问题的理解，特别是大数据产业管理、收集和使用方面。如何确定个人信息数据的价值，经济合作与发展组织（Organization for Economic Co-operation and Development，简称 OECD）提供了一套评价体系[1]，虽然该评价体系发表在 2013年，现在仍有参考价值。

个人信息数据的价值基于市场估价和基于个人估价两个角度进行估价，而市场估价又从每个数据记录的市值、收入或净收入，数据的市场价格，数据泄露的成本，非法市场中的数据价格四个方面进行评估。而基于个人的估价又参考调查和经济实验、个人付费保护数据的意愿等因素。每种参考因素都有优点也有不足，无法准确评估个人数据价值，但是作为通常参考数据和评价方法，有一定价值。个人数据价值计量汇总表（表1）列出了每种参考因素的特征和优劣。

这里个人数据估值并非个人数据准确价值，因此相对单一业务公司或公司早年业务报表更适合被用来评估市值。以 Facebook 为例，2006 年至 2012 年期间，每名 Facebook 用户的隐含市值在 40 美元至 300 美元之间波动（图1），这些波动似乎在很大程度上受当期其他经济因素的影响，而不仅仅是受个人信息基础数据

---

[1] OECD, "Exploring the Economics of Personal Data", https://doi. org/10. 1787/5k486qtxldmq-en.

的货币价值的影响。每个记录/用户的收入或净收入相对地是个人数据市场价值更稳定衡量尺度。例如，Facebook 公司的商业模式是基于个人数据的，每记录/用户的年收入约为 4 美元~7 美元。虽然数据不精确，但仍然可以提供一个有用的参考点。[1]

表 1   个人数据价值计量汇总表

指　标	描　述	优　点	缺　点
基于市场估价的指标			
每个数据记录的财务市值/净收入/收入	公司的总市值（收入或净收入）除以公司使用的个人数据记录总数。	反映通过个人数据产生的实际经济增加值。简单好识别。	很可能是不准确的，因为许多其他因素会影响公司的市值/收入/净收入。可能的协同效应会导致对拥有更大数据集的公司的高估。这种方法的适当性取决于营业额的哪一部分与个人数据直接相关。
数据的市场价格	数据经纪人在市场上提供的每个个人数据条目的价格。	相对容易识别。反映特定数据条目的市场价值。	除了数据价值，它还包括数据搜索和处理的成本。它还忽略了数据销售的环境，这对于数据的需求（和价格）有很大的影响。
数据泄露的成本	每个数据条目的数据泄露的经济成本（对公司和个人而言）。	反映真实的市场价值和公司必须防范的部分风险。	是获取数据泄露造成的损害的市场成本，而不是数据本身的价值。不包括损害公司声誉的成本。
非法市场数据价格	非法市场中个人数据（每个数据条目）的价格估计。	反映给定的特定数据条目的市场价值。	难以衡量，仅适用于数据被再次用于非法获取其他利益的情况。因为犯罪分子必须平衡发现和惩罚的风险，所以这种方法很可能低估了个人数据的价值。

---

〔1〕 OECD, "Exploring the Economics of Personal Data", p. 22, https：//www. oecd - ilibrary. org/docserver/ 5k486qtxldmq-en. pdf? expires = 1558885026&id = id&accname = guest&checksum = ECB2016B5863DE5C 2682A9E7C1894BBD.

续表

指 标	描 述	优 点	缺 点
基于个人（数据主体）估价的指标			
调查和经济实验	个人数据的货币价值由个人在调查/经济实验中报告/揭示。	数据识别没有歧义。从个人角度捕捉个人数据的纯经济价值。结果通常可用于比较研究（跨经济体和不同类型数据）。	是未经市场验证的假设价值。先前的研究表明，一个人对自己个人数据的评估对上下文高度敏感，这意味着问题的措辞方式可能会显著改变回答。
个人保护数据而付费的意愿。	个人准备用于保护个人数据的金额。	从个人角度捕捉隐私的纯经济价值。	是获取个人感知的数据泄露造成的损害总成本，而不是数据本身的价值。

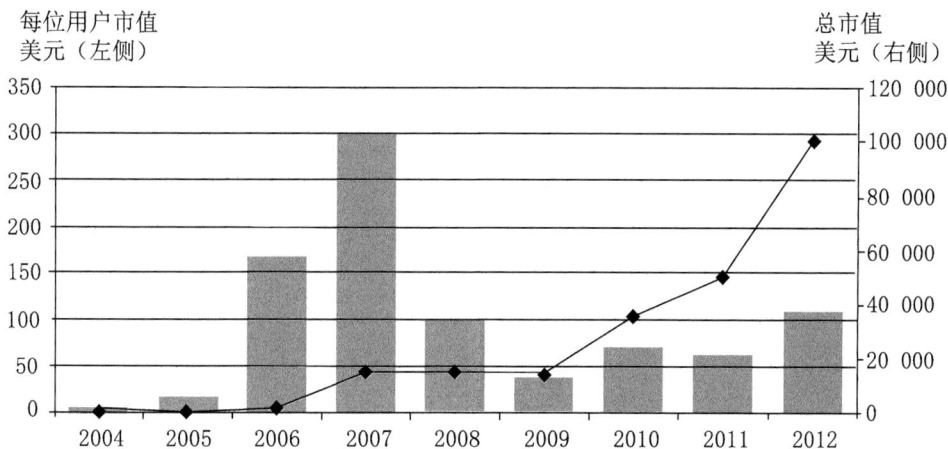

图 1　Facebook 用户平均市值

评估个人数据价值最直接的方法是评估合法提供和销售个人数据的市场价格，因为它们仅代表在特定上下文中向一个参与者出售的数据的价格，并不反映数据随着时间的推移的总"收益"。但提供了基于供求交集的市场计量。2013 年美国个人数据的估计价格示例为街道地址 0.50 美元、出生日期 2 美元、社会保险号码 8 美元、性取向 13 美元和军事记录 35 美元不等[1]（图2）。

---

[1]　OECD, "Exploring the Economics of Personal Data", p. 26.

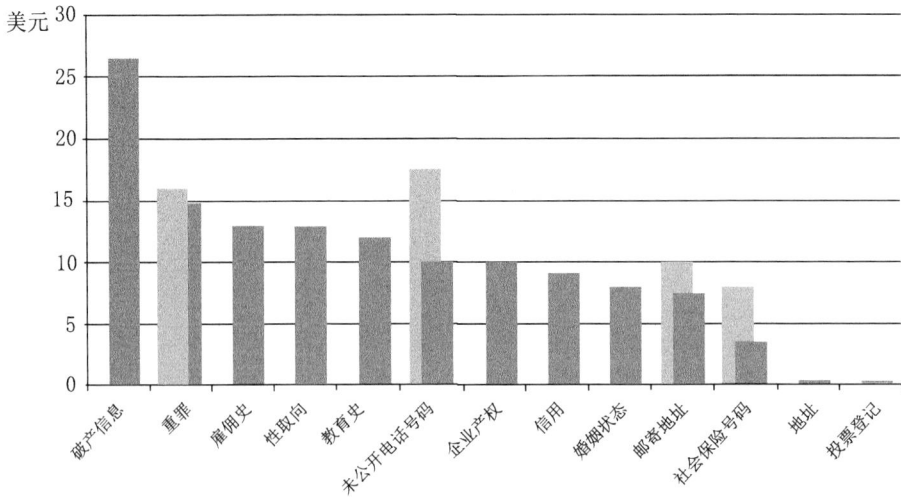

图 2　个人信息数据不同类型的市场价格

2018 年 8 月底，华住集团 1.3 亿个人身份数据泄露，安全人员对公开数据进行测试发现，数据均为真实存在。并且，安全人员通过数据交叉验证的方法进行检测，同样发现被泄露数据绝大部分为新数据，而非新老数据混杂售卖。华住集团泄露数据被兜售 8 比特币（按照当天汇率约合 37 万元人民币）的价格。[1]

查看个人数据货币价值的另一种方法是评估数据泄露的经济成本。这包括对身份被窃取的个人的成本或数据泄露时公司的成本的衡量。这些方法并不衡量基础数据的价值，而是以每条记录为基础衡量违约的成本。

前述微梦公司诉淘友案中，[2] 法院判决淘友公司赔偿微梦公司为 200 万元。其中关于个人信息的赔偿标准大致 200 万元/500 万用户 = 0.4 元/个用户。由于原告存在过错，该赔偿标准并不能反映真实的个人信息价格。

对个人数据赋予经济价值的另一种方法是进行经济实验和调查。这涉及个人数据估价和个人隐私保护等方面。由于试验条件限制，参考资料不多。个人对于个人隐私信息不被泄露应当承担多少费用，可能不同经济收入的人群接受费用成本也不同。常用的个人数据保障的保险措施，似乎目前没有类似大数据个人信息保障的保险。

---

〔1〕 "由华住集团数据泄露带来的数据安全启示"，载 http://www.sohu.com/a/276884049_114765.

〔2〕 "北京微梦创科网络技术有限公司与北京淘友天下技术有限公司等不正当竞争纠纷一审民事判决书"，载 http://wenshu.court.gov.cn/website/wenshu/181107ANFZ0BXSK4/index.html? docId = 197fc00 6635a46f7b8a1a84d00a81fb1.

六、大数据知识产权保护

企业投资以获取、开发或应用大数据知识和信息促进创新和提高市场竞争力，获取投资回报是企业研发的根本动力。大数据的价值周期中，单个数据片段或整个数据集，属于知识产权保护的范畴。企业利用专利、版权、商业秘密等知识产权保护措施来保障创新成果效益最大化。可能与大数据知识产权保护相关的措施包括版权、商业秘密等多个方面。

（一）人工智能生成内容著作权/与经济权益归属

北京菲林律师事务所诉北京百度网讯科技有限公司著作权纠纷案[1]：北京菲林律师事务所称采用分析软件获得的涉案文章《影视娱乐行业司法大数据分析报告——电影卷·北京篇》，于2018年9月9日首次在微信公众号上发表。2018年9月10日，北京百度网讯科技有限公司在其经营的百家号平台上发布上述文章等。

1. 法院认为涉案图形、文字作品不构成作品

相关图形是原告基于收集的数据，利用相关软件制作完成，而非基于创作产生的图形。针对相同的数据，不同的使用者应用相同的软件进行处理，最终形成的图形应是相同的；即使使用不同软件，只要使用者利用常规图形类别展示数据，其表达也是相同的，故上述图形不符合图形作品的独创性要求，涉案文章中的图形不构成图形作品。涉案文章文字内容涉及对电影娱乐行业的司法分析，属于科学范围的创作，以文字形式表现且可复制。从分析报告生成过程看，选定相应关键词，使用软件自动生成的分析报告符合文字作品的形式要求，涉及的内容体现出针对相关数据的选择、判断、分析，具有一定的独创性。虽然随着科学技术的发展，计算机软件智能生成的"作品"在内容、形态，甚至表达方式上日趋接近自然人，自然人创作完成仍应是著作权法上作品的必要条件。上述分析报告的生成过程有两个环节有自然人作为主体参与，一是软件开发环节，二是软件使用环节。软件开发者（所有者）没有根据其需求输入关键词进行检索，该分析报告并未传递软件研发者（所有者）的思想、感情的独创性表达，故不应认定该分析报告为软件研发者（所有者）创作完成。同理，软件用户仅提交了关键词进行搜索，应用软件自动生成的分析报告亦非传递软件用户思想、感情的独创性表达，故该分析报告亦不宜认定为使用者创作完成。综上，软件研发者（所有者）和使用者均不应成为该分析报告的作者。分析报告系通过软件利用输入的关键词与算法、规则和模板结合形成的，某种意义上讲可认定软件"创作"了该

---

[1] "北京互联网法院（2018）京0491民初239号北京菲林律师事务所诉北京百度网讯科技有限公司著作权侵权纠纷一案民事判决书"，载 https://www.bjinternetcourt.gov.cn/cac/zw/1556272978673.html.

分析报告。由于分析报告不是自然人创作的，该分析报告仍不是著作权法意义上的作品，依然不能认定软件是作者并享有著作权法规定的相关权利。

2. 软件生成报告的权益归软件使用者

分析报告的产生凝结了软件研发者（所有者）、软件使用者的投入，具备传播价值。应当激励软件使用者的使用和传播行为，将分析报告的相关权益赋予其享有，软件使用者不能以作者的身份在分析报告上署名，但软件使用者可以采用合理方式表明其享有相关权益。

本案是我国首例人工智能生成内容著作权案，类似人工智能或软件生成的专业报告在网络经常看到。首先应该明确该类型报告不符合我国著作权法意义上的作品，但是应该保护报告生成者经济保护的权益。

（二）欧盟涉及大数据版权的改革借鉴

欧洲议会、欧盟理事会和欧洲委员会于 2019 年 4 月 17 日就《数字化单一市场版权指令》案达成了第 2019/790 号指令（DSM 指令）[1]。DSM 指令规定了文本和数据挖掘例外情况，以便大学和研究机构能够出于科研目的，利用自动化技术分析大型数据集，包括公益私人合作项目。

DSM 指令第 3 条至第 6 条规定，科研机构以科学研究为目的而对作品进行大数据分析、复制或提取作品的行为，属于版权侵权的例外；以教学为目的而以数字形式使用作品，属于版权侵权的例外。该使用行为需符合条件的前提是发生于教育机构的经营场所，或由教育机构的教职人员和学生通过安全的网络获取，并且在使用作品时附加作品的来源信息，以保护作品创作者的基本权利。图书馆、档案馆、博物馆等以保护文化遗产为目的的机构，在必要的时候以任何格式或媒介制作永久馆藏的作品复制件属于版权侵权的例外。

《中华人民共和国著作权法》（以下简称《著作权法》）第四节第 22 条关于著作权的限制，有类似的法律规定。上述针对著作权限制，DSM 指令更完善并且有操作性。除了《著作权法》，我国关于信息资源的数字化保存仅有《电子出版物出版管理规定》这一行政法规来提供支撑。这些情况不完全适用于大数据时代的版权保护，有必要借鉴欧盟相关大数据版权保护例外与限制，对我国大数据时代的版权保护进行细化。

（三）算法、大数据内容的商业机密保护

《中华人民共和国反不正当竞争法》（以下简称《反不正当竞争法》）第 9 条所称的商业秘密，是指不为公众所知悉、具有商业价值并经权利人采取相应保

---

[1] Directive（EU）2019/790 OF The European Parliament and of the Council of 17 April 2019 on Copyright and Related Rights in the Digital Single Market and Amending Directives 96/9/EC and 2001/29/EC https://eur-lex. europa. eu/legal-content/EN/TXT/PDF/? uri=CELEX：32019L0790&from=EN.

密措施的技术信息、经营信息等商业信息。商业秘密有 3 项构成要件：不为公众所知悉；具有商业价值；采取相应保密措施。

1. 算法、模型作为商业秘密

作为企业保护创新最常用的形式，商业秘密保护与专利、版权保护同样重要。商业秘密保护无论作为知识产权的补充还是替代，始终是创新型社会公平竞争法律保护的重点。大数据模型或者算法、构建框架等内容都可作为商业机密而被保护。

深圳迈瑞生物医疗电子股份有限公司（以下简称"迈瑞生物"）心电算法案[1]：原告迈瑞生物多参数监护仪是原告的产品，其中所采用的软件是原告自主研发的，该软件所包含的技术信息、PCB 图和电路图属于原告的核心技术秘密。被告深圳市理邦精密仪器股份有限公司（以下简称"理邦公司"）也从事多参数监护仪产品的生产和销售。原告发现被告产品中采用的软件的技术信息等与原告产品中采用的实质性相似。原告申请对被告涉案 8 款监护仪产品中使用的软件是否使用了原告的心电算法进行鉴定。鉴定意见：迈瑞生物所主张的心电算法技术方案，其中包括若干数学算法、公式和技术处理过程。软件开发人员按照技术方案涉及的数学公式、算法和处理过程，编写成计算机源代码来实现相应的功能，这些源代码是上述技术方案实现的载体，既可以实现数学计算、数学算法，也可按照指定的逻辑顺序执行。软件源代码被编译成目标代码后被烧录在心电监护仪产品中配合硬件来实现其功能。根据《计算机软件保护条例》第 3 条第1 项，同一软件的源代码和目标代码视为同一代码。况且迈瑞生物为防止其所主张的"心电算法"泄露，采取了保密措施。理邦公司侵犯迈瑞生物心电算法的商业秘密，应承担侵权责任。

算法都不授予专利权：上述案例显示的算法都是按照一定规则或程序进行的统计学方法或数学方法。根据专利审查指南的相关规定，《中华人民共和国专利法》（以下简称《专利法》）第 25 条第 1 款第 2 项的规定，对智力活动的规则和方法不授予专利权。如果一项权利要求仅仅涉及一种算法或者数学计算规则，该权利要求属于智力活动的规则和方法，不属于专利保护的客体。但是专利法保护涉及算法的技术应用方案。上述案例显示的算法，按照专利法相关规定，都不授予专利权。

包含算法的技术方案与商业秘密保护：许多算法属于公司核心竞争力并未公布具体内容，单纯算法由商业秘密予以保护而非专利法保护。而对于包含算法的

---

〔1〕 "广东省高级人民法院民事判决书（2014）粤高法民三终字第 831 号"，载 http://wenshu. court. gov. cn/website/wenshu/181107ANFZ0BXSK4/index. html？docId=ac170488474c4ee9b93da74600b92fd4.

技术方案专利权与商业秘密都应予以保护，专利权以适度公开为前提获取保护，而商业秘密保护不存在适度公开的问题。专利有保护期限而商业秘密没有保护期限限制。根据算法受众，如果适用相对普及而且技术门槛相对不是太高，可以选择专利保护。如果算法涉及技术方案门槛较高，受众公司相对较少，可以选择商业密码保护。

2. 大数据内容作为商业秘密

深圳市谷米科技有限公司（以下简称"谷米公司"）与被告武汉元光科技有限公司（以下简称"元光公司"）等不正当竞争纠纷案[1]，主要涉及侵犯作为商业秘密的大数据内容。原告谷米公司是"酷米客"软件权利人，被告元光公司是"车来了"的软件权利人，二软件用途相同。安装有谷米公司 GPS 设备的公交车在行驶过程中，定时上传公交车实时运行时间、地点等信息至谷米公司服务器，"酷米客"APP 从后台服务器调取相应数据并反馈给用户。自 2015 年至 2016 年，元光公司负责人指使公司员工利用网络爬虫软件获取谷米公司服务器中的实时数据，将数据用于自己开发的智能公交 APP 软件"车来了"。违反《反不正当竞争法》规定诚实信用原则和公认的商业道德，并损害了原告的合法权益。

大数据内容作为公司商业秘密，受《反不正当竞争法》保护。根据 2019 年 4 月修订的《反不正当竞争法》第 9 条规定的商业秘密定义，商业秘密是指不为公众所知悉、具有商业价值并经权利人采取相应保密措施的技术信息、经营信息等商业信息。相比原来的技术信息和经营信息，增加"等商业信息"，扩展了商业秘密的范围，将大数据、算法等内容作为商业秘密予以保护。商业秘密保护与大数据算法、目的透明并不冲突。此外增加电子侵入商业秘密侵权方式：第 9 条第 1 款第 1 项增加电子侵入获取权利人的商业秘密侵权方式。本案被告通过网络爬虫技术获取原告数据库的数据信息就属于以电子侵入手段获取权利人商业秘密。将电子侵入作为侵权手段予以明示，有利于大数据或人工智能企业通过侵犯商业秘密维权获得保障。

3. 保密措施充分考虑

《最高人民法院关于审理不正当竞争民事案件应用法律若干问题的解释》第 11 条第 1 款规定的保密措施：权利人为防止信息泄漏所采取的与其商业价值等具体情况相适应的合理保护措施，应当认定为《反不正当竞争法》第 9 条第 4 款规定的"保密措施"。

人民法院应当根据所涉信息载体的特性、权利人保密的意愿、保密措施的可

---

[1] 广东省深圳市中级人民法院民事判决书（2017）粤 03 民初 822 号。

识别程度、他人通过正当方式获得的难易程度等因素，认定权利人是否采取了保密措施。

具有下列情形之一，在正常情况下足以防止涉密信息泄漏的，应当认定权利人采取了保密措施：①限定涉密信息的知悉范围，只对必须知悉的相关人员告知其内容；②对于涉密信息载体采取加锁等防范措施；③在涉密信息的载体上标有保密标志；④对于涉密信息采用密码或者代码等；⑤签订保密协议；⑥对于涉密的机器、厂房、车间等场所限制来访者或者提出保密要求；⑦确保信息秘密的其他合理措施。

对于大数据人工智能企业而言，增加保密意识并及时采取保密措施是防止泄密的重要举措。

七、伦理委员会：大数据产业健康发展的组织保障

2019 年 7 月 24 日中央全面深化改革委员会第九次会议审议通过《国家科技伦理委员会组建方案》，在国家层面，科技伦理、科技伦理组织建设成为推进我国科技创新体系建设的重要环节，科技伦理是科技活动必须遵守的价值准则。[1]

（一）大数据/人工智能的伦理与法律

加强科技伦理制度化建设，推动科技伦理规范全球治理，已成为全社会的共同呼声。

电气和电子工程师协会（IEEE）2019 年发起人工智能（AI）伦理全球倡议（"IEEE 全球倡议"）的基本伦理原则[2]，规定了创建和运行促进人类价值和确保可信度的人工智能的必要条件。这些原则包括：①人权——应创建和运行 AI 系统，以尊重、促进和保护国际公认的人权。②福祉——AI 系统创造者应将增加人类福祉作为发展的主要成功标准。③数据管理——AI 系统创建者应赋予个人访问和安全共享其数据的能力，以保持人们控制其身份的能力。④有效性——AI 系统创建者和操作者应提供信息系统有效性和适用性的证据。⑤透明度——特定 AI 系统的决策基础应始终是可见的。⑥问责制——应创建和运行 AI 系统，为所有决策提供明确的理由。⑦避免滥用——人工智能创建者应防范所有潜在的滥用和人工智能运行中的风险。⑧能力——人工智能创建者应明确说明，操作者坚持安全有效操作所需的知识和技能。

在大数据/人工智能领域，伦理和法律相辅相成，法律是伦理的最低底线，法律保障大数据/人工智能发展符合基本原则，而伦理在符合法律原则的基础上

---

〔1〕 "紧密结合'不忘初心、牢记使命'主体教育 推动改革补短板强弱项激活力抓落实"，载人民网：http://finance.people.com.cn/n1/2019/0725/c1004-31254551.html.

〔2〕 IEEE，Ethically Aligned Design，A Vision for Prioritizing Human Well-being with Autonomous and Intelligent Systems，2019，1edi，p.18.

注重个人信息数据主体的权益保护，包括数据主体风险与受益、隐私保护、公平待遇、预防大数据/人工智能的歧视、社会受益等方面。

（二）大数据/人工智能与医学研究的一般特点

大数据/人工智能与医学研究的共同特点：

（1）专业性强：医学研究/医疗行为很强的专业性，医学发展迅猛，患者或非医学人士对于某些医学专业术语、医疗风险缺乏了解或可能产生误解。大数据/人工智能涉及统计学、数学、算法等领域的专业知识，普通观众通常难以深入了解。

（2）与个人或数据主体密切相关：医学研究通常涉及人体的生命健康，包括疾病预防、诊断、治疗、预后、家族遗传、性生活、就业等诸多方面。大数据/人工智能涉及交通、消费、公共卫生、住宿、餐饮、就业、保险等各个方面。就个人隐私或者信息重要性而言，医疗健康大数据居于核心部分，其他居于外围，重要性相对减弱。

（3）主要侵犯人格权益：医学研究或者医疗行为主要影响患者生命健康权，而大数据主要涉及数据主体隐私权、人格尊严等人格权。

（4）违反基本原则或产生严重社会影响：生物医学前沿科技迅猛发展在给人类带来巨大福祉的同时，也不断突破着人类的伦理底线和价值尺度，基因编辑婴儿[1]等重大科技伦理事件时有发生。作为违反大数据隐私保护原则的事件，"剑桥分析公司"利用 Facebook 的规则漏洞，获取了 8700 万用户的个人数据，并据称以此干预了美国总统大选。无论违反医疗伦理还是大数据伦理原则，都可能产生严重的社会影响。

（三）医学伦理委员会组成、职责

（1）伦理委员会建立：我国中华医学会医学伦理学会分别于 1990 年和 1994年提出了《医院伦理委员会组织规则（草案）》和《医院伦理委员会通则》，此后天津、北京、上海、江苏等各地的医学伦理委员会如雨后春笋般纷纷成立[2]。

---

〔1〕 广东省"基因编辑婴儿事件"：2018 年 11 月 26 日，贺建奎团队对外宣布，一对基因编辑婴儿诞生。随即，广东省对"基因编辑婴儿事件"展开调查。2016 年 6 月，贺建奎私自组织包括境外人员在内的项目团队，蓄意逃避监管，使用安全性、有效性不确切的技术，实施国家明令禁止的以生殖为目的人类胚胎基因编辑活动。2017 年 3 月至 2018 年 11 月，贺建奎通过他人伪造伦理审查书，招募 8 对夫妇志愿者（艾滋病病毒抗体男方阳性、女方阴性）参与实验。为规避艾滋病病毒携带者不得实施辅助生殖的相关规定，策划他人顶替志愿者验血，指使个别从业人员违规在人类胚胎上进行基因编辑并植入母体，最终有 2 名志愿者怀孕，其中 1 名已生下双胞胎女婴"露露""娜娜"，另 1 名在怀孕中。其余 6 对志愿者有 1 对中途退出实验，另外 5 对均未受孕。该行为严重违背伦理道德和科研诚信，严重违反国家有关规定，在国内外造成恶劣影响，载 http://www. xinhuanet. com/local/2019-01/21/c_1124020517. htm.

〔2〕 李志光等：《医学伦理委员会的发展历程、特点及思考》，载《江苏卫生事业管理》2011 年第 4 期，第 28~30 页。

（2）伦理准则、法律制度的不断完善：《赫尔辛基宣言（2013 年修订）》《药物临床试验质量管理规范》《医疗器械临床试验质量管理规范》《药物临床试验伦理审查工作指导原则》《人类辅助生殖技术规范》《人类精子库基本标准与技术规范》《人胚胎干细胞研究伦理指导原则》《涉及人的生物医学研究伦理审查办法》《实验动物 福利伦理审查指南》等法规不断完善。

（3）我国医学伦理委员会设置与审查程序：《生物医学研究》第二章关于伦理委员会的相关规定，相对完善。包括伦理委员组成、职责、审查流程等[1]。

（四）伦理委员会伦理审查对大数据/人工智能的启示

大数据/人工智能和医学研究行业都是专业性强且与人身密切相关，风险控制不佳可能产生明显的社会影响，但也可以通过事先伦理审查避免发生严重事件。2019 年 7 月中央全面深化改革委员会第九次会议审议通过《国家科技伦理委员会组建方案》正是从国家层面保障科技行业发展符合伦理，避免违反伦理的严重事件发生。因此有必要在大数据/人工智能领域，借鉴医学伦理委员会的模式，成立大数据/人工智能的机构伦理委员会，审查涉及人的大数据/人工智能项目。

（五）大数据/人工智能伦理委员会伦理审查

1. 伦理委员会的建立

开展大数据/人工智能的机构/公司作为管理责任主体应当设立伦理委员会并采取措施保障伦理委员会有效开展伦理审查活动。设立伦理委员会一般是规模相对较大的机构/公司，对于公司规模相对较小的公司，可以委托区域伦理委员会或者行业伦理委员会代为开展伦理审查活动。

伦理委员会对受理的申报项目应当及时开展伦理审查，提供审查意见；对已

---

〔1〕《生物医学研究》第 7 条规定，从事涉及人的生物医学研究的医疗卫生机构是涉及人的生物医学研究伦理审查工作的管理责任主体，应当设立伦理委员会，并采取有效措施保障伦理委员会独立开展伦理审查工作。医疗卫生机构未设立伦理委员会的，不得开展涉及人的生物医学研究工作。第 8 条规定，伦理委员会的职责是保护受试者合法权益，维护受试者尊严，促进生物医学研究规范开展；对本机构开展涉及人的生物医学研究项目进行伦理审查，包括初始审查、跟踪审查和复审等；在本机构组织开展相关伦理审查培训。第 9 条规定，伦理委员会的委员应当从生物医学领域和伦理学、法学、社会学等领域的专家和非本机构的社会人士中遴选产生，人数不得少于 7 人，并且应当有不同性别的委员，少数民族地区应当考虑少数民族委员。必要时，伦理委员会可以聘请独立顾问。独立顾问对所审查项目的特定问题提供咨询意见，不参与表决。第 11 条规定，伦理委员会对受理的申报项目应当及时开展伦理审查，提供审查意见；对已批准的研究项目进行定期跟踪审查，受理受试者的投诉并协调处理，确保项目研究不会将受试者置于不合理的风险之中。第 12 条规定，伦理委员会在开展伦理审查时，可以要求研究者提供审查所需材料、知情同意书等文件以及修改研究项目方案，并根据职责对研究项目方案、知情同意书等文件提出伦理审查意见。第 13 条规定，伦理委员会委员应当签署保密协议，承诺对所承担的伦理审查工作履行保密义务，对所受理的研究项目方案、受试者信息以及委员审查意见等保密。

批准的研究项目进行定期跟踪审查，受理大数据个人信息提供者的投诉并协调处理，确保项目研究不会将受试者置于不合理的风险之中。

2. 伦理委员会人员组成

借鉴医学伦理委员会伦理委员组成，伦理委员会的委员应当从数学、统计学、程序设计领域和伦理学、法学、社会学等领域的专家和非本机构的社会人士中遴选产生，人数不得少于7人，并且应当有不同性别的委员，少数民族地区应当考虑少数民族委员。必要时，伦理委员会可以聘请独立顾问。独立顾问对所审查项目的特定问题提供咨询意见，不参与表决。伦理委员会委员任期5年，可以连任。伦理委员会设主任委员一人，副主任委员若干人，由伦理委员会委员协商推举产生。

3. 伦理委员培训、保密与利益冲突回避

伦理委员会委员应当具备相应的伦理审查能力，并定期接受大数据/人工智能研究与应用的专业知识、伦理知识及相关法律法规知识培训。对伦理委员年度培训提高伦理审查能力是保证审查质量的重要环节。

伦理委员会在开展伦理审查时，可以要求研究者提供审查所需材料、知情同意书等文件以及修改研究项目方案，并根据职责对研究项目方案、知情同意书等文件提出伦理审查意见。

伦理委员会委员应当签署保密协议，承诺对所承担的伦理审查工作履行保密义务，对所受理的研究项目方案、受试者信息以及委员审查意见等保密。保密是伦理审查顺利开展的重要保证，特别是大数据/人工智能领域。伦理委员泄密导致损失应当承担民事责任。

伦理委员利益冲突回避是伦理委员保持中立性的关键，如果伦理委员是大数据/人工智能项目的公司员工或者股份持有者，很难保持相对中立。因此伦理委员利益冲突回避必须考虑。

4. 伦理审查的费用

伦理审查属于公益非营利的强制行为，应该收基本成本费。每项医学研究伦理审查费用为5000元人民币，相对较小的公司也能够负担该费用。当然对于特别复杂、重申项目费用可相应增加，但不宜超过10 000元/项。

5. 伦理委员会资质认定

为提高伦理委员会审查质量、规范管理，可以开展伦理审查能力认证工作。该认证可由行业组织开展。

6. 透明性与项目公开

公开是防止侵犯个人数据信息的重要方面，人工智能算法的不透明性也需要公开予以解决。中国医学研究和临床试验项目通过伦理审查后在"中国临床试验注册中心〔1〕"注册，民众可以通过该网站查询项目相关信息。没有注册的项目违规开展应受到处罚。

（六）大数据/人工智能伦理审查的内容

1. 知情同意

根据我国《个人信息安全规范》，个人数据信息主体知情同意，收集个人敏感信息时，个人信息控制者应取得个人信息主体的明示同意。应确保同意是其在完全知情的基础上自愿的、具体的、清晰明确的愿望表示；共享、转让个人敏感信息前，还应向个人信息主体告知涉及的个人敏感信息的类型、数据接收方的身份和数据安全能力，并事先征得个人信息主体的明示同意。

2. 隐私保护

根据我国《个人信息安全规范》，包括收集的个人信息，以及收集方式和频率、存放地域、存储期限等个人信息处理规则，遵循的个人信息安全基本原则，具备的数据安全能力，以及采取的个人信息安全保护措施等。

3. 平等对待非歧视

包括统计方法缺陷技术性误差导致的不平等对待或歧视，数字鸿沟导致的事实不平等，以及人为设置的不平等歧视性行为等。技术人员从统计方法设计、样本选择、算法等方面提出专业建议，法律专家、伦理专家更多考虑预防人为设置的不平等以及歧视，避免出现类似"大数据杀熟"等违反法律诚信原则、伦理原则的行为发生。

4. 知识产权保护

算法多数被当作商业秘密保护，计算机程序抓取完成文章是否享有著作权需要考虑。从法律专业角度提出建议，对大数据/人工智能发展具有较大意义。

5. 个人信息主体受益与社会受益

大数据/人工智能项目应该具备个人信息主体受益的前提，如果没有个人信息主体的受益（包括直接受益或间接受益），仅仅考虑社会受益或者社会间接受益，则应考虑该项目的伦理可行性。

---

〔1〕 中国临床试验注册中心：http://www.chictr.org.cn/searchproj.aspx.

第二编

一般课题

诉监分离的刑事审判监督模式研究

廖 明*

一、检察机关的公诉职能和审判监督职能概述

（一）检察权和法律监督职能概述

1. 检察权概述

（1）检察权的性质。一般来说，检察权，是指检察机关所拥有的权力状态的总称。尽管可以将检察机关权力状态总体上称作检察权，但检察权到底属于什么权力，理论上其实远未达成一致。在我国，学界对于检察权的性质仍有诸多争议，归纳起来主要有四种观点：

第一，行政权说。认为检察权属于行政权。检察机关在组织结构和行动规范上实行"检察官一体化"，检察机关作为一个整体行使检察权，上下级检察机关是领导与被领导关系。[1]

第二，司法权说。认为检察权属于司法权。检察官与法官同质但不同职，具有等同性，检察官如同法官一样执行司法领域内的重要功能。[2]

第三，行政司法双重属性说。认为检察权和检察官兼具司法与行政的双重属性。检察机关的上下级领导关系，突出体现了检察权的行政性。但检察机关在诉讼活动中具有一定的独立性，检察官在诉讼活动中具有一定的独立性，可以独立作出判断和决定，具有司法权特性。

第四，法律监督权说。认为法律监督是检察权的本质特征，司法属性和行政属性都只是检察权的兼有特征和局部特征。

我们认为，检察权是一项独立的国家权力，其兼具司法权、行政权的性质，但是它既不属于行政权也不属于司法权。在我国的权力模式下，检察权与行政权和审判权处于同一权力层级，具有独立的地位和不可替代的作用。

---

* 课题主持人：廖明，北京师范大学副教授。立项编号：BLS（2018）B002。结项等级：合格。

[1] 谢鹏程：《论检察权的性质》，载《法学》2000年第2期，第14页。

[2] 龙宗智：《论检察权的性质与检察机关的改革》，载《法学》1999年第10期，第3页。

（2）检察权的内容。虽然关于检察权的性质问题一直存在争议，但是经过长期的实践，检察权的具体内容、检察机关检察权的内容已经逐渐完备。从我国法律规定中可以看出，检察权的内容主要包括：刑事侦查权、审查逮捕权、公诉权、公益诉讼权、诉讼监督权、刑事执行活动监督权。

2. 法律监督职能概述

（1）法律监督的概念辨析。法律监督指的是专门的国家机关根据法律的授权，运用法律规定的手段对法律实施情况进行检查、督促并产生法定效力的专门工作。[1] 我国学者对法律监督概念的讨论分为两种情况：一种将"法律监督"分为广义和狭义两个角度；另一种则试图给法律监督一个统一的解释。不论采取哪种方式，对法律监督概念进行界定的关键在于明晰法律监督的含义和范围。

（2）法律监督职能的内容。《人民检察院刑事诉讼规则》第十四章对人民检察院的刑事诉讼法律监督职能进行了细致的划分和规定。主要可以概括为对公安机关立案侦查活动的监督、对人民法院审判活动的监督和对执行活动的监督。

（二）检察机关的公诉职能

公诉是指人民检察院代表国家对被认为实施犯罪的人提出控诉，要求人民法院对人民检察院所指控的犯罪事实予以确认并追究犯罪人刑事责任的一种诉讼行为。[2] 检察机关也称为公诉机关，代表国家行使公诉权依然是世界各国检察机关最基本的职能。[3]

陈瑞华教授认为，公诉权的行使有三种基本形式，一是定罪公诉，二是量刑公诉，三是程序性公诉。卞建林教授认为公诉权的活动内容可分为审查起诉、提起公诉、支持公诉、二审抗诉，这四个方面相互衔接，缺一不可。[4] 张智辉教授则认为刑事追诉权，是检察机关运用公权力对违反刑事法律构成犯罪的人诉请国家审判机关依法追究其刑事责任的权力。[5] 周长军教授认为辩诉交易权、立案控制权、监督刑罚执行权这些权力没有普遍性，公诉权的内容应该包括五项内容，提起公诉权、不起诉权、支持公诉权、变更公诉权以及上诉权（二审抗诉和再审抗诉)。[6] 韩成军认为，公诉权的主要内容应包括：起诉权、不起诉权、出

---

〔1〕 张智辉：《法律监督三辨析》，载《中国法学》2003 年第 5 期，第 19 页。

〔2〕 梁国庆主编：《中国检察业务教程》，中国检察出版社 1999 年版，第 157 页。

〔3〕 常洁琨：《"以审判为中心"视阈下的刑事审判监督》，载《兰州学刊》2016 年第 7 期，第 151 页。

〔4〕 卞建林、许慧君：《论刑事诉讼中检察机关的职权配置》，载《中国刑事法杂志》2005 年第 1 期，第 4 页。

〔5〕 张智辉：《公诉权论》，载《中国法学》2006 年第 6 期，第 109~115 页。

〔6〕 周长军：《公诉权的概念新释与权能分析》，载《烟台大学学报（哲学社会科学版）》2016 年第 6 期，第 14 页。

庭支持公诉权、公诉变更权、量刑建议权、抗诉权。[1]

无论是在定罪阶段还是在量刑阶段以及程序性诉讼行为的过程中，公诉权行使的目的都是追诉犯罪，国家刑罚权的实现必须依赖诉讼的运作。因此，我们认为公诉权主要包括审查起诉权、提起公诉权、出庭支持公诉权、变更起诉权、量刑建议权、抗诉权（二审抗诉和再审抗诉）这六项权力。

（三）检察机关的审判监督职能

刑事审判监督的工作原理是，人民检察院按照自己对审判活动及裁判标准的理解，对刑事审判及裁判中发现的错误提出监督纠正意见，督促人民法院启动纠错程序更正错误，人民法院则按照法定程序对案件进行二审或者再审，并根据自身对案件事实、证据及法律规范的判断，作出是否接受监督纠正意见的最终裁判结论。[2]

一般来说，检察机关的刑事诉讼监督职能从刑事立案一直行使到刑罚执行，贯穿于刑事诉讼全过程。包括刑事立案监督、刑事侦查监督、刑事审判监督、刑罚执行和监管活动监督等方面。[3] 其中，刑事审判监督职能是指检察机关对法院刑事审判活动的监督。

虽然在审判监督的提出时间和内容上存在争议，但我们认为，审判监督不应在庭审中被提起。审判监督包括刑事审判活动的监督和刑事审判结果的监督，即检察机关对人民法院刑事审判程序是否合法的监督，以及对法院的刑事判决、裁定是否正确的监督。因此，从刑事审判监督权的内容和行使方式可以看出，刑事审判监督权具有程序性和事后性。

（四）检察机关公诉职能和审判监督职能的协调与冲突

检察机关公诉职能和审判监督职能具有非完全兼容性。虽然根据我国现行法律及规范性文件的规定，我国的公诉职能与刑事审判监督职能都由检察机关行使，但二者性质和运行规律的不同，导致了学界在二者的关系是协调还是冲突上观点对立。

1. 协调

支持协调说的观点认为，公诉职能和审判监督职能之间并非完全对立、不能协调。[4] 该观点认为，尽管检察机关在行使公诉职能时对审判机关形成了监督

---

〔1〕 韩成军：《论法律监督与我国检察机关公诉权配置的改革》，载《河南大学学报（社会科学版）》2011年第5期，第3页。

〔2〕 向泽选：《刑事审判监督机制论》，载《政法论坛》2008年第1期，第50页。

〔3〕 卞建林、李晶：《刑事诉讼法律监督制度的健全与完善》，载《国家检察官学院学报》2012年第3期，第45页。

〔4〕 田凯、单民：《论公诉权与法律监督权的一致》，载《法学评论》2006年第4期，第24页。

关系，但这里的监督关系是平等主体之间的外部监督关系。这种平等主体的监督形态，是宪法对于公检法三机关"相互分工，相互制约"的要求，并未损害法院的权威。从本质上看，公诉人在刑事诉讼中所进行的追诉仍然是一种控诉请求权，对法院只具有程序性制约作用而没有实体性制约作用。[1] 即使是二审抗诉或者再审抗诉的法律监督形式，也只是在提升司法权的合法性基础和可接受性而已，其是在维护司法权的权威，并未破坏司法权的终局性。况且公诉主导监督程序，审判机关最终决定监督结果，两者关系表现出强烈的协商性，检察机关的法律监督并未高居司法权之上。[2]

有学者进一步解释，公诉职能与法律监督职能并不存在实质性的矛盾，法律监督权只是从功能角度对检察权的描述，而公诉职能则是从权能构成角度做出的描述，[3] 不能以公诉职能为由否定检察权的法律监督功能，两者并非冲突关系，而系合作关系。

2. 冲突

也有观点认为两者之间是一种冲突关系。也就是说，检察机关在刑事审判中一方面要以追究犯罪为目标发挥公诉职能，另一方面作为审判参与主体的审判机关同时也是检察机关的监督对象，这就出现检察机关既是参与人也是监督人的双重角色，违背了"任何人不能当自己的法官"的程序正义要求，而且还会出现"谁来监督监督者"的制度困惑。[4] 这完全与独立行使审判权的原则相违背，亦与推进与审判为中心的诉讼制度改革相违背。

一般来说，检察机关与审判机关应该处于一种此消彼长，相互制约、相互促进的平衡状态，然而由于法律监督职能相较于其他权力类型的"强大性"与"独立性"，一定程度上助成了检察机关的"超然性"，[5] 这样不仅使检察权与审判权之间配置失衡，也导致了检察机关内部在公诉职能与法律监督职能上的失衡。

二、公诉职能和审判监督职能的一体模式

公诉职能和审判监督职能的一体模式，通常称为"诉监一体"，是指在刑事诉讼过程中，公诉职能和审判监督职能由同一主体承担，对审判活动进行监督的

---

[1] 田凯、单民：《论公诉权与法律监督权的一致》，载《法学评论》2006年第4期，第21页。

[2] 李存海、解辉：《公诉职能再思考》，载《中国检察官》2016年第7期，第48页。

[3] 万毅：《检察权若干基本理论问题研究——返回检察理论研究的起点》，载《政法论坛》2008年第3期，第100页。

[4] 陈卫东、陆而启：《检察官的角色——从组织法和诉讼法角度分析》，载《法学论坛》2005年第4期，第37页。

[5] 沈丙友：《公诉职能与法律监督职能关系之检讨》，载《人民检察》2000年第2期，第14页。

职能由公诉人代表检察机关通过公诉活动行使的模式。[1]

（一）诉监一体模式的制度梳理

一般认为，我国的检察制度是在借鉴苏联检察制度的基础上，结合我国的具体国情发展而成的。"法律监督"这一概念是中国法制史上的独创，需要在中国法律框架下理解其具体含义。毫无疑问，对"法律监督"的下位概念"审判监督"的讨论，以及对"审判监督职能"和"公诉职能"的讨论，都需要在中国法律体系的语境下进行。

1. 苏联检察制度简述

苏联的检察机关是以监督权作为其权力基础的，检察机关的各项权能都以实现对法律的全面监督、维护法制的统一与和谐为最终目标。为了实现这一终极目标，所有有助于实现这一目的的职权都被交由检察院行使，可以说，苏联的检察模式是一种"多职权一体"的模式。

2. 我国诉监一体模式的产生与发展

我国的检察制度，是在吸收苏联检察制度的基础上，结合我国的国情加以改造而形成的。根据《检察监督条例》，苏联的检察机关的基本任务是"监督是否遵守法律和正确进行同犯罪所做的斗争"，即对法律进行全面的监督。苏联检察机关的职权内容则包括三个方面：一是对遵守宪法和法律实行一般监督；二是公诉权；三是广泛的诉讼监督权。[2]

1951 年，新中国成立之初，我国借鉴苏联的检察制度，通过了《中央人民政府最高人民检察署暂行组织条例》，其中第 2 条规定："中央人民政府最高人民检察署，为全国人民最高检察机关，对政府机关、公务人员和全国国民之严格遵守法律，负最高的检察责任。"可见，我国最初试图建立的，是和苏联一样的，拥有"一般检察权"的检察体制。这一体制也在 1954 年《中华人民共和国宪法》（以下简称《宪法》）第 81 条和 1954 年第一部《中华人民共和国检察院组织法》（以下简称《检察院组织法》）中得到了确认。

然而，新中国成立之初按照苏联的模式，将过多的内容纳入检察机关的权力范畴之内的制度不符合我国的实际国情，加之苏联的检察制度也并不完美。我国也对新中国成立之初的检察制度进行了修正。

1979 年《中华人民共和国刑事诉讼法》（以下简称《刑事诉讼法》）和 1982 年《宪法》，都将关于一般检察权的检察体制的规定删除。1979 年《刑事诉讼法》第 3 条第 1 款将有关人民检察院职权的内容规定为：批准逮捕和检察（包括

---

〔1〕 韩炳勋：《刑事审判监督不宜采"诉监分置"模式》，载《检察日报》2012 年 4 月 11 日，第 3 版。

〔2〕 张鑫伟：《中国特色社会主义检察权配置研究》，华侨大学 2018 年博士学位论文，第 79～80 页。

侦查）、提起公诉，由人民检察院负责。而 2018 年《宪法》第 134 条则直接表述为："中华人民共和国人民检察院是国家的法律监督机关"。由此可见，人民检察院的权力范围对之前的"一般监督权"进行了限缩，其内容也由原先苏联模式下的"对法律执行的监督权、对遵守人和公民的自由和权利的监督权、诉讼监督权、公诉权"，缩小成了以公诉权、法律监督权为主体的内容体系。

然而，经历过上述过程，我国的检察制度有两点是始终未变的：第一，公诉权和包含审判监督权在内的法律监督权依旧是检察机关不可或缺的职权；第二，公诉权和包含审判监督权在内的法律监督权依旧由检察机关统一行使，且二者行使的目标仍是同一的，即维护社会主义法治的统一与和谐。这就表明，苏联的"多职权一体"模式在我国的发展并未丧失根本的特征，只是将"多职权"限缩成了"公诉权"和"法律监督权"，因此，在我国检察制度的发展过程中，公诉权和法律监督权一体行使的模式并未改变，自然，属于法律监督权一部分的审判监督权和公诉权一体行使的模式也就自新中国成立初期设立沿用至今，并未改变。

（二）我国现行制度下的诉监一体模式

1. 我国诉监一体模式的法律基础

依照《宪法》第 134 条、《刑事诉讼法》第 8 条、1986 年修正后的《人民检察院组织法》第 5 条第 4 项和 2018 年修订后的《人民检察院组织法》第 20 条第 5 项规定，人民检察院是国家的法律监督机关，依法行使审判监督权。依照《刑事诉讼法》第 3 条和 2018 年修订后的《人民检察院组织法》第 20 条第 3 项规定，我国提起公诉的权力由人民检察院行使，人民检察院依法享有公诉权。由此可见，在我国公诉权和审判监督权均由人民检察院行使。我国刑事诉讼中检察机关的公诉职能和审判监督职能的行使采取一体模式。

2. 我国诉监一体模式的实践探索

我国关于诉监一体的法律规定自 1979 年《刑事诉讼法》出台以来一直处于不断变化之中。例如，审判监督的主体由公诉人被修改为人民检察院，提出审判监督的时间上由当庭修改为庭后，提出方式由口头改成了书面，对检察机关的提出纠正意见权进行了限制。[1] 近年来，有学者就司法实践中发生的问题对该制度进行了进一步的思考，认为检察机关对庭审活动监督的滞后性，在司法实践中存在诸多弊端。建议对于违反法定程序的庭审活动应当当庭提出纠正意见，审判人员不及时纠正的，公诉人员应当建议休庭，庭后向法院提出书面纠正意见。这

---

[1] 全国人大常委会法制工作委员会刑法室编：《中华人民共和国刑事诉讼法条文说明、立法理由及相关规定》，北京大学出版社 2008 年版，第 408 页。

表明，关于诉监一体的法律制度仍处在不断的讨论、修改和完善之中。[1]

3. 我国诉监一体模式的现存问题

有学者就诉监一体模式下的审判监督情况进行了实证研究，各项数据表明：我国现行的诉监一体的刑事审判监督模式并没有达到预期的监督效果，还存在以下几个方面的问题。

第一，监督案件范围不全面，缺少对自诉案件审判监督的法律规定。

第二，监督内容范围过小，需要加强对庭审外活动的监督。刑事审判活动是一个完整的诉讼程序，而现行法律未规定对庭审前、后的审判活动进行监督的途径，检察机关便难以对庭审外活动主动进行监督。[2]

第三，我国检察机关案多人少的现状导致对审判监督职能的忽视。检察机关公诉部门人员紧，并且把注意力用在了承担"公诉人"的工作上，把有罪判决当作公诉人的主要目的和任务，认为公诉工作是硬任务，法律监督是软指标，案件质量是关键，这些认识上的偏差导致法律监督意识不强。[3]

第四，我国刑事审判法律监督专项检查不够规范，满足于成立组织、临时检查、集中整治，特别是在专项检查活动中尽管组织健全、机构庞大、人员众多，但主要责任还是落在公诉部门头上，而由执行者去监督自身的执行情况又缺乏足够的力度。[4]

（三）诉监一体模式的优势

如前所述，在诉监一体的刑事审判监督模式下，公诉机关审判监督职能的发挥并不理想，且学界不断有诉监分离的呼声，个别省（直辖市）还开展了诉监分离审判监督模式的实践探索。但在中国目前的社会条件下，诉监一体的刑事审判监督模式仍然具有一定的制度优势。

第一，诉监一体的刑事审判监督模式在一定程度上有利于防止公诉人片面控诉的倾向。法律赋予了公诉人法律监督的职能，就要求公诉人在诉讼的过程中，超然于单纯的控方立场，而秉持中立和超然的立场，站在客观公正的立场上正确履行职责。

第二，诉监一体的刑事审判监督模式有利于提高诉讼效率，节约司法资源。

---

〔1〕 陈升华：《公诉环节刑事审判监督存在的问题和完善措施》，载《科教文汇》2010 年第 9 期，第 207 页。

〔2〕 陈升华：《公诉环节刑事审判监督存在的问题和完善措施》，载《科教文汇》2010 年第 9 期，第 208 页。

〔3〕 闫剑、丁晓辉：《改进和完善刑事审判监督职能的思考》，载《中国检察官》2011 年第 8 期，第 34 页。

〔4〕 闫剑、丁晓辉：《改进和完善刑事审判监督职能的思考》，载《中国检察官》2011 年第 8 期，第 34 页。

公诉部门的案件承办人对案件的证据和事实情况更加了解、对法律适用问题更加清楚，对审判活动中出现的违法行为能第一时间发现并提出纠正意见，可以有效提高诉讼效率，节约司法资源，增强监督效果。[1]

（四）诉监一体的刑事审判监督模式造成的冲突

长期以来，学界对检察机关兼具公诉权和审判监督权颇具微词。如刘计划教授认为，检察监督理论与2012年《刑事诉讼法》修改后确立的审判中立、控审分离、控辩平等的控辩式庭审结构存在不兼容性；[2] 龙宗智教授提出："检察机关基于诉讼监督权对法院实施的审判监督，存在法理合理性的缺陷"，"有悖于现代诉讼的基本构架与性质，有悖于诉讼运作的一般性规律"，在实践中产生了"相当的负面效应"。[3]

检察机关作为刑事诉讼的控辩两造之一造，代表国家公权力追诉犯罪，行使控诉职能，这就要求检察机关积极提出对被告人不利的证据。但是作为法律监督者，检察机关又要以中立的态度对审判进行监督，这两种职能存在不可调和的矛盾和冲突。

第一，公诉人直接承担刑事庭审活动的监督职能，与法律监督的理念相悖。在我国时下的刑事诉讼庭审结构中，由履行控诉职能的公诉人同时对刑事庭审活动实施监督存在逻辑和运作机理上的弊端，也因此遭到理论界对检察机关监督刑事审判活动的一些质疑。

第二，公诉职能和刑事审判监督职能两种职能合一，检察机关既是控诉主体又是监督主体，破坏了控辩审三方的三角结构。在庭审中，公诉人既是控诉者，又是监督者，可以以"监督者"的身份向法院提出"纠正意见"，这必然置辩护与控诉于不平等的法律地位。[4] 同时，公诉权与监督权集于一身会直接导致公诉权凌驾于审判权之上。

第三，公诉职能和刑事审判监督职能两种合于一身，公诉人既是监督主体又是被监督的对象，导致对公诉人的诉讼监督缺失。检察机关是我国的公诉机关，在刑事审判活动中是一方诉讼主体，参与刑事审判活动，理应包含在诉讼监督的对象之中。但是，公诉人作为审判活动的监督者，对于其自身的诉讼行为的监督，缺乏一个超脱于控辩双方的中立机构对其进行监督。

第四，公诉职能和刑事审判监督职能两种职能合于一身导致公诉人的角色冲

〔1〕 韩炳勋：《刑事审判监督不宜采"诉监分置"模式》，载《检察日报》2012年4月11日，第3版。
〔2〕 刘计划：《检察机关刑事审判监督职能解构》，载《中国法学》2012年第5期，第133页。
〔3〕 龙宗智：《相对合理主义视角下的检察机关审判监督问题》，载《四川大学学报（哲学社会科学版）》2004年第2期，第73页。
〔4〕 常洁琨：《"以审判为中心"视阈下的刑事审判监督》，载《兰州学刊》2016年第7期，第152页。

突。出庭检察官的公诉人身份要求其在法庭活动中服从法官指挥，而法律监督者的身份又赋予其对整个庭审活动的监督权限，要求法官接受其监督。公诉人在法庭中的双重身份要求其在同一个诉讼中不停地进行公诉人和监督者的角色转换。

第五，公诉职能和刑事审判监督职能两种职能合于一身，导致两种职能的作用无法有效实现。公诉人既要出庭支持公诉，又要履行监督职能。从事相互矛盾的诉讼职能的公诉人要么会偏重法律监督而忽视追诉犯罪，要么倾向于追诉犯罪而疏于监督，而不可能对两者加以兼顾。[1]

第六，就社会公众对司法的认知经验而言，检察机关审判监督职能同样陷入正当性困境。因为法院作为国家的审判机关，具有裁判者的独立性和权威性。而作为起诉方的检察机关有权监督法院的审判，其权威性无形中超越了主持正义、守护公正的法院。检察监督论无疑冲击了社会公众心目中法院进行公正审判的现代司法心理底线。[2]

三、公诉职能与审判监督职能的分离模式

（一）监诉分离的概念

诉监分离是指，将公诉权和审判监督权分开来行使，成立专门的刑事审判监督机构或部门，独立于公诉部门，审判监督职能的发挥不再依附于公诉职能的实现。在诉监分离模式下，公诉人的职责就是提起公诉，依法及时、准确地追诉犯罪。对刑事审判活动的监督，则由公诉人之外的主体来承担，监督者与公诉人相互独立，互不干扰，监督者针对刑事诉讼中的违法行为进行监督，不仅监督法院的诉讼活动，还要监督公诉人是否依法行使职权。

（二）诉监分离的必要性

首先，诉监分离是由公诉职能与刑事审判监督职能运行的规律决定的。一方面，公诉权行使的目的是对犯罪及时、准确地进行追诉，追究犯罪分子的刑事责任因而会严重影响检察官在诉讼中以中立的立场对审判活动进行监督。另一方面，检察官花大量的时间和精力在提起公诉上，对于刑事审判监督职能的行使难免会疏忽。因此，要想完善刑事审判监督，落实刑事审判监督职能，将刑事审判监督职权的行使从公诉权的行使中抽离出来是十分必要的。

其次，诉监分离最重要的作用就是消除检察官的角色冲突、职权冲突，实现诉讼构造的平衡。将刑事审判监督职权从公诉权中抽离，由专门主体来行使刑事审判监督权，可以使检察官个体的角色更加单一，使个案的检察官在履行公诉职能的时候不再具有监督者的身份，避免其成为"法官之上的法官"，对审判权的

---

[1] 陈瑞华：《刑事诉讼的前沿问题》（第2版），中国人民大学出版社2006年版，第530页。
[2] 刘计划：《检察机关刑事审判监督职能解构》，载《中国法学》2012年第5期，第134页。

独立行使造成影响，有助于实现审判中立。

再次，诉监分离是以审判为中心的司法体制改革的必然要求。以审判为中心的诉讼模式对检察机关各个诉讼环节均带来冲击，诉监关系在以审判为中心的理念之下必须有所调整。

最后，诉监分离是实现公诉职能和监督职能专业化的必要条件。实行诉监分离，由专门的机构负责刑事审判监督，保证监督者的中立立场，提高刑事审判监督活动的专业化程度，集中精力应对诉讼监督活动，填充刑事审判监督的盲区，充分发挥刑事审判监督的功效。

(三) 诉监分离的可行性

首先，现行立法为诉监分离模式的建立提供了法律依据。《人民检察院刑事诉讼规则》规定，各级人民检察院可以根据工作需要设立必要的业务机构，检察机关设立业务机构有一定的自主权。并且现行法律本来就将刑事审判监督职能赋予检察机关，所以检察机关可以将该职能赋予其内部某个机构来行使。

其次，公诉权和审判监督权的特点和运行规律为诉监分离模式提供了理论依据。在刑事诉讼中，只有将公诉人一定程度上还原为"一方当事人"，才能真正地实现控辩平等。因此，检察机关内部必须由不同的职能部门分别履行诉讼职能与监督职能，出庭支持公诉的检察人员仅享有与辩护方地位相等的公诉权，法律监督职能则需要由专门的监督职能部门行使。[1]

最后，我国各地检察机关的改革探索为诉监分离模式提供了实践基础。近年来，我国一些地方检察机关为加强诉讼监督，优化检察职能的配置，开展了一系列的探索，在实践中将诉讼职权和监督职权进行分离，建立专门的诉讼监督机构，具有一定的成效。如湖北省检察系统和北京市检察系统的探索，为诉监分离模式的建立提供了较好的实践经验，为诉监分离模式建立的可行性提供了真实、可靠的实践基础。

(四) 诉监分离的模式

1. 适当分离模式

适当分离模式是指，坚持公诉职权和刑事审判监督职权由检察机关统一行使为前提，实现两种权力的适当分离。审判监督权仍由检察机关行使，但是在检察机关内部设立一个独立于公诉部门的审判监督部门，公诉权和审判监督权由不同的检察部门行使。

关于适当分离模式的具体方案，大致有以下几种构想：一是在检察机关内部设置一个专门的检察监督部门，专门履行监督职能，公诉部门在派公诉人出庭支

---

〔1〕 常洁琨：《"以审判为中心"视阈下的刑事审判监督》，载《兰州学刊》2016 年第 7 期，第 155 页。

持公诉的同时，检察监督部门也派监督人员出庭进行审判监督。同时，对于二审不开庭的案件，检察监督部门应该派员对不开庭审理的案件进行程序性的监督。对于自诉案件，检察监督部门应该派员参加法庭审理或者进行旁听，从而进行审判监督。二是在检察机关内部设置不同的诉讼监督部门，设立立案监督部、侦查监督部、审判监督部。立案监督部门负责对公安机关的立案活动进行监督，对行政执法机关向司法机关移送的刑事案件以及行政违法和刑事犯罪的衔接进行监督。侦查监督部门负责对侦查机关的违法行为的监督和纠正。审判监督部门则专司刑事审判活动的监督，将审判监督活动常态化、专门化。

2. 完全分离模式

完全分离模式是指，将审判监督权从检察权中抽离，设立一个独立于法院、检察院的审判监督机构，以中立的态度对刑事审判活动进行监督。完全分离模式下，监督者与控、辩、审三方权力并行，监督者既监督审判者、被告方及其他诉讼参与人，又监督公诉方。

3. 适当分离模式和完全分离模式的优劣比较

公诉职能和刑事审判监督职能的适当分离模式和完全分离模式各有优缺点。

适当分离模式的优势在于：其一，适当分离模式有助于充分发挥公诉职能和刑事审判监督职能的作用。在对二者进行分离的时候必须把握好度，合理配置两种职能，适当分离。其二，这种适当分离的诉讼结构具有合理性，能够较好地解决检察机关刑事审判监督权与控辩平等、法官中立之间的矛盾和冲突。其三，实行适当分离，在检察机关内部设置专门的审判监督部门，不仅可以改变公诉人身兼两职而使控诉与监督难以兼得的状况，还可以理顺检察人员与审判人员的诉审工作关系，避免办案人员之间为了搞好关系而疏于监督制约，同时又能及时研究刑事审判监督工作中出现的新情况、新动态，有效促进刑事审判监督职能的全面履行。[1]

完全分离模式的优势在于：其一，完全分离模式可以有效地消解公诉权和审判监督权合一造成的冲突。完全分离模式下，监督者是独立于控辩审三方的机构，监督者可以完全不受控诉方的诉讼目的的影响，专注于自己的监督职责。其二，设立独立的监督机构可以弥补诉讼监督不全面、专业化程度不高的缺陷。完全分离模式下，独立设置的机构专司对刑事诉讼的法律监督，将各种监督权集合，立案监督、侦查监督、审判监督、执行监督等职权集中形成监督合力，可以有效增强监督的准确性和有效性，对整个刑事诉讼过程进行全面的监督。其三，完全分离模式下，监督机构与公诉机构互不隶属、互不干扰，公诉部门作为审判

---

〔1〕 钱云灿：《刑事审判监督法律体系架构刍议》，载《中国刑事法杂志》2011 年第 1 期，第 91 页。

活动的一方，也被纳入审判监督的对象当中，监督者在监督审判过程和结果时，也起到了再次核查公诉案件的作用，可以减少冤假错案的发生，提高公诉案件的质量。

两种模式的劣势：不论适当分离模式，还是完全分离模式，由于两种模式都是对公诉权和审判监督权进行分离，虽然分离的程度不同，但是前提都是将公诉权和审判监督权配置给不同的人员来行使，所以两种模式的劣势基本一致。首先，从逻辑上看，如果由公诉人以外的人专门实行审判监督，违背了监督的亲历性原则，所以若将二者完全分离，监督人员无法准确了解案件情况，增加监督机构和监督人员的工作难度，无法进行准确的监督。其次，在操作层面上，承担审判监督职责的工作人员无论是检察官还是其他机关的工作人员，其行使监督权、出席法庭的法律依据、在法庭上的身份、与公诉人的关系、参与庭审的程序和方式等问题上，都需要相关的配套制度进行规范。再次，从实践层面看，目前我国司法工作"案多人少"，检察官工作压力大，而诉监分离会使压力进一步增大。最后，法院作为审判机关，裁判权具有终局性的特点，这一权力的天性，会使其追求树立自身的权威、避免与他人分享裁判权或者使裁判权受到制约削弱，因此在实践过程中，审判监督权不能良好运行的部分原因，来自于审判机关的不配合。而即使诉监完全分离也不能从根本上解决这一问题。综上所述，诉监完全分离模式缺乏一定的可操作性，影响诉讼效率，浪费司法资源，会进一步增大检察机关的工作压力，且无法从根本上保证审判监督职能的良好运行。

此外，由于完全分离的模式将公诉职能和审判监督职能进行一刀切，这种模式会割裂公诉权和审判监督权的关系。如果完全进行分离，那么势必会影响公诉权的行使，影响检察机关追诉犯罪的有效性。

在检察机关和法院之外设立独立的专门的监督部门，一方面与《宪法》对人民检察院是我国的法律监督机关的定位相矛盾，另一方面设立独立的监督部门需要投入大量的人力、物力、财力，成本过高，还需要对现行司法体制进行大的变革，对现行立法进行大的修改，操作上难度非常大。

四、公诉职能和审判监督职能分离的模式选择

（一）诉监分离模式选择之辨析

诉监合一模式作为我国从新中国成立至现今的模式，具有效率高、便于监督人员发现可监督问题等优势，但具有公诉方角色冲突、加剧控辩双方地位不对等、公诉方考虑到自己和法院的关系从而偏向不提起监督、导致审判监督力度不理想等问题；诉监分离模式作为学者倡导的新的模式，具有解放公诉职能、平衡控辩双方地位、化解"不敢诉讼""诉也没用"的监督困难的优势，但同时也存在效率降低，监督者不易发现审判违法情况的困境。笔者认为，应当将理论联系实际以判断应选择诉监合一模式还是诉监分离模式。

1. 诉监合一模式的理论困境

诉监合一模式近年来饱受诟病的根本原因，在于公诉职权和审判监督职权集中在公诉人身上的做法，事实上加强了控方的权力，违背了控辩双方地位平等的刑事诉讼法基本原则，二者的差异导致实践中公诉方无法同时充分行使两种职权，必然有所偏废。在"重诉讼、轻监督"的普遍检察观念下，被偏废的必然是审判监督职能，甚至产生通过审判监督职能保证公诉职能行使的情况。[1] 这就导致刑事诉讼的三角结构退化成了线性结构，使诉讼的公正性存疑。[2]

理论上存在的困境表明，诉监合一模式带来的实践中控辩地位不等、审判监督不到位等问题，会影响刑事诉讼的公平公正，只有对两项职能进行分离，理顺控方、审判方、监督方三方之关系，才能从根本上解放公诉权、强化审判监督权。

2. 诉监分离模式是我国法治现状下的必然走向

现今，我国"以审判为中心"的诉讼制度改革正在全力进行当中。"以审判为中心"要求维护审判的权威性和独立性，从而对进一步摆正公诉和审判之间的关系提出了要求。在诉监合一的模式下，公诉人既是参与诉讼的一方，又是对法院进行监督的一方，这势必会干扰法院对庭审的控制力，从而不利于"以审判为中心"改革的进行。[3] 将审判监督职能从公诉人现有的权力中抽离，使庭审活动在审判者的主导下进行，从而将法庭的控制归还给法院。

同时，在充分保障法院对审判的主导权的同时，也应当注意我国目前司法机关工作人员的素质和能力还有待提升，社会舆论对司法审判的监督作用还有待于进一步发挥。在此情况下，诉监分离模式将审判监督职能分离出来，既保证审判过程的实质公正，也在法院对审判权具有最终控制权的基础上，增加对法院审判活动的制衡，即加强审判监督的功能。

综上所述，诉监分离模式一方面有助于审判的独立和权威，另一方面也有助监督职能的充分发挥、防止因司法队伍素质不足而产生严重的司法腐败等问题，在我国"以审判为中心"的诉讼制度改革中具有不可或缺的作用，必将成为未来改革的发展方向。

（二）诉监分离模式应选择适当分离的方式

前文已述，诉监分离模式有完全分离和适当分离两种方式。完全分离模式即

---

〔1〕 闫剑、丁晓辉：《改进和完善刑事审判监督职能的思考》，载《中国检察官》2011年第8期，第34页。

〔2〕 汪建成：《论诉讼监督与诉讼规律》，载《河南社会科学》2010年第6期，第14页。

〔3〕 常洁琨：《"以审判为中心"视阈下的刑事审判监督》，载《兰州学刊》2016年第7期，第150页。

设立一个独立于法院、检察院的审判监督机构，以中立的态度对刑事审判活动进行监督；适当分离模式即在检察机关内部设立一个独立于公诉部门的审判监督部门，公诉权和审判监督权由不同的检察部门行使。笔者认为，采取完全分离还是适度分离模式，也应当从理论和实践两个层面进行分析。

1. 理论层面

公诉职能和审判监督职能虽然在属性上存在着诸多根本性差异，但这并不意味着必须在检察院之外设立单独的法律监督机关才能保证两项职能的实施。相反，公诉权和审判监督权具有天然的耦合性，无法完全割裂。[1] 虽然公诉权主要针对被告方，审判监督权主要针对素质有待提升的审判者，但二者都具有对法律执行进行监督的性质，理应由一直以来享有法定法律监督权的检察机关行使。

2. 实践层面

除了从理论上公诉职能和审判监督职能皆应由人民检察院来行使之外，实践中也存在着二者不可完全分割的现实要求。

首先，据资料显示，70%的审判活动监督线索均来自出庭公诉人，公诉活动和审判监督活动不是孤立的，而是紧密相关、时有交叉的。[2] 要促使两种职能更好地发挥作用，在对二者进行分离的时候必须要把握好度，合理配置两种职能，适当分离。一旦分离过度，两种职能完全分离，由两个完全不同的机构来行使，反而不利于两种职能的运行。

其次，目前已有试点省市的检察院进行了诉监适度分离的尝试：如湖北省在部分基层检察院实行"小院整合"改革试点；广东省深圳市福田区人民检察院成立诉讼监督局，负责刑事、民事、行政诉讼监督、监管场所监督和刑事申诉监督；重庆市渝北区人民检察院由刑事检察局承担刑事审判监督职能，由诉讼监督局承担刑事再审监督职能。[3] 这些试点的探索摸索出一些先进经验，也暴露出一些问题，能够为之后的诉监分离模式下的审判监督机制的构建提供经验。

(三) 设立独立部门行使审判监督权

诉监适当分离，要求公诉权和审判监督权虽然均由人民检察院行使，但应当将行使两种职权的具体的人员分开。在具体的人员分工方式中，学界也存在不同观点。

---

[1] 吴海伦：《公诉职能与刑事审判监督职能适度分离探析》，载《辽宁公安司法管理干部学院学报》2018年第5期，第97页。

[2] 吴海伦：《公诉职能与刑事审判监督职能适度分离探析》，载《辽宁公安司法管理干部学院学报》2018年第5期，第97页。

[3] 吴海伦：《公诉职能与刑事审判监督职能适度分离探析》，载《辽宁公安司法管理干部学院学报》2018年第5期，第96页。

有的学者认为，应当建设独立的审判监督部门，由该部门专门进行审判监督工作。例如向泽选认为，要真正发挥对刑事庭审活动的监督职能，保障整个庭审活动按照法定程序和标准实施，可以考虑设立"诉讼监督厅"承担刑事侦查和审判工作，从中指派专门的检察官出席庭审，对庭审活动实行监督。[1] 朱里认为，可以设立审判监督部门，将现有公诉部门承担的审判监督权剥离出来，将民事、行政、刑事审判监督有效整合，统一行使法律赋予检察机关针对审判机关的程序性司法行为的监督职能。[2] 常洁琨认为，公诉职能和审判监督职能应当由检察院中的不同职能部门行使。[3]

笔者认为，诉监适当分离模式必须在检察机关内部设立专门的审判监督部门，但是审判监督部门和公诉部门应当在检察工作一体化的前提下进行适度分离，在线索共享和审查监督的过程中仍应当加强配合。理由如下：

第一，部门分离是职能分离的前提条件。诉监分离要求公诉职能和审判监督职能在法庭审理阶段分开，公诉人和监督人由不同的人员担任并不是最终目的，其最终目的是分割职能以保证控辩双方的平等地位和法庭审理的合法有序运行。因此，公诉人和监督人的关系不能过于紧密，需要有所分割。

第二，便于实践中考评机制的运行。为了保证检察机关工作人员的工作效率和效果，检察机关各部门内部往往有一套严格的绩效考评机制。公诉和审判监督职能不同，工作内容不同，工作难度不同，考核内容也理应不同。因此，应当将审判监督部门独立出来，与公诉部门并行，在各部门内部适用适合其自身的考评机制，以维护检察系统内部竞争的公平。

（四）诉监分离的例外：未成年人案件

在推进诉监适当分离模式的同时，应当注意未成年人案件与普通案件相比存在着较大的特殊性，一般的刑事案件以惩罚和教育并重，而未成年人案件考虑到未成年人身心尚未成熟的特性，奉行"教育为主，惩罚为辅"的处理原则，因此办理未成年人案件的职能配置也应当在这一目标的要求下进行。

近年来，我国的少年司法也一直处于探索和发展进程当中。一方面，在法律层面上，《刑事诉讼法》设立了未成年人专章以从程序上保护涉案未成年人的合法权益；另一方面，在实践层面，检察机关和人民法院都在进行着涉案未成年人保护工作，许多法院都设立了未成年人法庭。未成年人身心发育不健全，其个人经历容易对其成长产生较大影响，而诉讼程序会对未成年人身心造成较大伤害，

---

〔1〕 向泽选：《刑事审判监督机制论》，载《政法论坛》2008 年第 1 期，第 53 页。

〔2〕 朱里：《检察机关内设审判监督机构合理性初探》，载《山西省政法管理干部学院学报》2011 年第 3 期，第 36 页。

〔3〕 常洁琨：《"以审判为中心"视阈下的刑事审判监督》，载《兰州学刊》2016 年第 7 期，第 155 页。

诉讼时间的延长更易对其心理造成不利影响，不利于其回归社会。因此，未成年人案件办理过程更加强调效率，快速办理是一项重要的原则。[1]

在对未成年人案件长期的理论和实践探索之后，我国探索出了"捕、诉、监、防一体化"的工作模式。这一工作模式的基本内容是：由同一承办人负责同一案件的批捕、起诉、诉讼监督和预防帮教工作，实行"一杆子到底"制度。[2]"捕、诉、监、防"一体化模式在办理未成年人案件中具有比较明显的制度优势，其主要体现在：

第一，"捕、诉、监、防一体化"工作机制能够顺应形势发展。"捕、诉、监、防一体化"的模式能够使未成年人案件的各个环节有效衔接，方便办案机关在各个环节对未成年人进行教育和挽救，使诉讼过程变成对未成年被告人的再教育过程。[3]

第二，"捕、诉、监、防一体化"工作机制能够适应未成年人身心发展特点以及教育改造的需要。因为未成年人处于身心快速发展时期，对外面的世界充满好奇、敏感，但情绪不稳、好冲动，容易有叛逆情绪，所以"捕、诉、监、防一体化"更有利于对未成年人教育的开展。[4]

第三，"捕、诉、监、防一体化"工作机制是有效整合办理未成年人犯罪案件司法资源的一项重要工作，能够将适合办理未成年人案件的司法人员有效整合，解决这一现实困境，同时还有利于和法院少年法庭的衔接。[5]

综上所述，笔者认为，目前少年司法中探索出的"捕、诉、监、防一体化"的工作模式适应未成年人的身心特点，适应我国少年司法工作的背景，有利于"教育为主、刑罚为辅"的未成年人案件办理原则。

五、诉监适度分离模式下审判监督职能的运行

刑事审判监督是法律监督的重要环节，是刑事审判环节保障法律公正实施的制度性措施，也是刑事审判环节的纠错机制。法律监督权毕竟只是一种程序权，法律监督的终极意义在于启动法定的追诉程序或者救济程序，不具有对案件最终

---

〔1〕 王拓：《未成年人"捕、诉、监、防"一体化工作模式初论》，载《预防青少年犯罪研究》2013年第4期，第61页。

〔2〕 王拓：《未成年人"捕、诉、监、防"一体化工作模式初论》，载《预防青少年犯罪研究》2013年第4期，第58页。

〔3〕 张宇，邵爱红：《探索未成年人"捕、诉、监、防一体化"办案机制》，载《预防青少年犯罪研究》2012年第10期，第53~54页。

〔4〕 张宇，邵爱红：《探索未成年人"捕、诉、监、防一体化"办案机制》，载《预防青少年犯罪研究》2012年第10期，第54~55页。

〔5〕 张宇，邵爱红：《探索未成年人"捕、诉、监、防一体化"办案机制》，载《预防青少年犯罪研究》2012年第10期，第55页。

的实体处分权。[1] 检察机关在进行审判监督时，既要从维护程序公正，保护犯罪嫌疑人、被告人的合法权利的角度出发，又要考虑有效打击犯罪，实现实体公正，维护社会稳定。[2]

改进和完善刑事审判监督职能，是一项艰巨而又复杂的系统工程，既要从"治标"的实际出发解决工作中遇到的实际问题，又要着眼于"治本"的目的去解决人员、机构、体制和机制等方面的根本性问题。如前所述，除未成年人案件外，我国应当采取诉监适当分离的刑事审判监督模式。在诉监适当分离的刑事审判监督模式下，如何才能更好地行使和发挥刑事审判监督职能呢？

（一）设立专门的刑事审判监督部门

诉监适当分离的刑事审判监督模式，应当将公诉权与刑事审判监督权分离行使，设立独立建制的刑事审判监督部门，负责审判监督职能。同时，对原来分散的刑事审判监督职能进行整合，即将公诉部门对审判活动和审判结果的监督、刑事执行检察部门对审判期限的监督、控告申诉部门对举报线索的监督统归刑事审判监督部门或办案组，使刑事审判监督工作专门化。[3]

（二）全方位提高刑事审判监督检察官的业务素能

刑事审判监督部门的检察官可以称为刑事审判监督检察官。全方位提高刑事审判监督检察官的业务素能是完善刑事审判监督工作机制的决定性因素。刑事审判监督检察官对审判监督活动实施监督，自身要有较高的业务素质。要组织开展业务学习和研讨，提高其审查抗诉案件、出庭支持抗诉、排除阻力干扰等方面的能力，提高其对法律及宽严相济刑事政策的理解和应用水平，提高其对抗诉标准和抗诉必要性的分析判断能力，为刑事审判监督扎实根基。[4]

有观点指出，实践中存在思想认识的偏差，从检察机关内部而言，监督意识、监督能力、监督技巧的不足，也导致了不敢监督、不愿监督、不会监督等问题。[5] 针对这一点，刑事审判监督检察官应当不断强化法律监督意识，树立监督信心，敢于监督，善于监督。

（三）明确刑事审判监督职能运行的原则

1. 维护审判权威与促进司法公正相结合的原则

《中共中央关于全面推进依法治国若干重大问题的决定》提出"推进以审判

---

〔1〕 向泽选：《刑事审判监督的制度缺陷与完善》，载《国家检察官学院学报》2006 年第 4 期，第 60 页。

〔2〕 张智辉：《论程序公正与诉讼监督》，载《河南社会科学》2010 年第 6 期，第 3 页。

〔3〕 吴海伦：《公诉职能与刑事审判监督职能适度分离探析》，载《辽宁公安司法管理干部学院学报》2018 年第 5 期，第 97 页。

〔4〕 苏文玉：《改革叠加背景下刑事审判监督的趋势变化与完善建议》，载《中国检察官》2018 年第 7 期，第 51 页。

〔5〕 韩炳勋：《刑事审判监督不宜采"诉监分置"模式》，载《检察日报》2012 年 4 月 11 日，第 3 版。

为中心的诉讼制度改革……保证庭审在查明事实、认定证据、保护诉权、公正裁判中发挥决定性作用"，以审判为中心，要求审判监督职能的行使以不干涉人民法院独立行使审判权为界限，维护审判权威。独立行使审判权并不排斥对审判权进行必要的监督和制约，维护审判权威也不意味错误裁判也要维护。法官应当树立刑事裁判接受监督的观念，刑事审判监督检察官则应当确立适度监督的理念，任何监督活动应当以法治原则为指导，以裁判错误为起点，把维护和树立司法权威有机地融入各种具体的监督活动中，真正通过对错误裁判的监督促进司法公正和保障人权。强调维护审判权威而不敢监督和不愿监督，以及刑事裁判可能错误而任意监督的做法都是应当极力避免的，应当把维护审判权威和促进司法公正辩证地融入国家法律正确统一实施的理念中。[1]

2. 及时、准确、效能的原则

刑事审判监督的运作规律表明，"及时性"是实施刑事审判监督活动的基础，"准确性"是刑事审判监督的核心，"效能性"应当成为刑事裁判监督的落脚点。"及时"原则要求刑事裁判的错误出现后，在尽可能短的时间内启动监督程序督促裁判错误的纠正。同时，刑事审判监督还应当力求提高准确度，以保证监督纠正意见得到法院的认同，"准确"原则要求刑事审判监督检察官精确地发现刑事裁判认定事实和适用法律的错误，准确掌握监督的事由和标准，并按照裁判标准论证和提出监督纠正意见。"准确性"原则要求看准了再监督，谨慎使用监督权，避免监督权行使的任意性，通过准确性提高监督的权威性。此外，刑事审判监督还应当注重实际效能，突出监督重点，节省刑事裁判监督的成本。[2]

(四) 刑事审判监督职能的具体运行

检察机关作为专门的法律监督机关，诉讼监督理应是全方位的监督。但就刑事审判监督而言，我国立法对诉讼监督的实施细则规定不完善，目前还存在大量的监督盲区。在将公诉职能与刑事审判监督职能进行分离，成立独立建制的刑事审判监督部门后，应当认为具备了对刑事审判全方位实行监督的条件。[3] 具体说来，可以从以下几方面加强刑事审判监督职能的行使。

第一，拓宽审判监督的线索来源。此前，案源发现渠道较窄，抗诉案源主要通过公诉部门审查裁判文书发现。[4] 由于检察机关内部衔接配合机制不完善，各个业务部门间尚未充分互通共享信息，对各自工作环节发现的问题，未能联系

---

〔1〕 向泽选：《刑事审判监督机制论》，载《政法论坛》2008年第1期，第59页。
〔2〕 向泽选：《刑事审判监督机制论》，载《政法论坛》2008年第1期，第59页。
〔3〕 吴海伦：《公诉职能与刑事审判监督职能适度分离探析》，载《辽宁公安司法管理干部学院学报》2018年第5期，第98页。
〔4〕 叶青：《刑事审判监督述评》，载《华东政法大学学报》2012年第3期，第76页。

起来加以系统分析，容易错过潜在的案源。[1] 设立独立建制的刑事审判监督部门后，应当也有条件地拓宽审判监督的线索来源：一是注重从上诉、申诉案件中寻找抗诉线索。高度重视人民群众的举报、上诉、申诉以及犯罪嫌疑人、被告人及其辩护人、近亲属等诉讼参与人对司法人员存在非法取证、超期羁押等问题进行举报、控告的案件的审查，从中发现抗诉线索。[2] 二是完善内部衔接配合机制。建立内部情况通报、信息共享制度，及时从检察机关其他业务部门的工作中发现刑事审判监督的案源。三是积极拓展外部案源渠道。要积极主动向人大代表、政协委员、人民监督员、涉案单位或个人了解情况、听取意见和建议，注意关注网络舆情，一旦发现线索要深入慎重调查，符合条件的应及时启动相应的审判监督措施。[3]

第二，探索性的开展跟庭监督工作。就法院的法庭布局而言，对适用普通程序的公诉案件应同时设置公诉席和法律监督席，对适用简易程序的公诉案件和自诉案件应单独设置法律监督席，开庭时，由审判监督部门依法派员出庭行使审判监督权。刑事审判监督检察官定期或不定期对庭审情况予以监督，对其中违反法律的程序性问题，及时提出纠正意见，维护当事人合法权益及司法公正。[4]

第三，监督方式多样化。2017 年 1 月 14 日，曹建明检察长在全国检察长会议上强调，要"构建以抗诉为中心的刑事审判监督格局"，为新形势下加强和改进刑事审判监督工作明确了总体思路和发展方向，有利于突出抗诉工作在公诉工作乃至整个刑事检察工作中的重要位置，促使检察机关进一步抓住关键、紧盯问题，对刑事审判重要环节、关键点和监督节点进行监督，着力纠正原来监督不深入、监督薄弱等问题。

第四，延伸工作效果。要高度重视审判监督的效果，防止就案办案，孤立办案，要善于举一反三，把个案监督与类案监督有机结合起来，在注重个案监督的同时，善于发现和解决执法办案中的普遍性、倾向性问题。同时，要积极探索有效监督途径，通过指导性案例、检法联席会议和问题通报等多层次监督手段，扩大和延伸监督效果。

（五）刑事审判监督职能和公诉职能的衔接配合

公诉部门和审判监督部门分离，公诉职能由公诉部门行使，审判监督职能由

---

[1] 叶青：《刑事审判监督述评》，载《华东政法大学学报》2012 年第 3 期，第 76 页。

[2] 苏文玉：《改革叠加背景下刑事审判监督的趋势变化与完善建议》，载《中国检察官》2018 年第 7 期，第 49 页。

[3] 叶青：《刑事审判监督述评》，载《华东政法大学学报》2012 年第 3 期，第 78 页。

[4] 田保中、李梅：《试论我国刑事公诉权与刑事审判监督的分离与衔接》，载《法制与社会》2017 年第 34 期，第 97 页。

审判监督部门行使，代表检察机关履行公诉权的检察官只是一个运动员，而不再是裁判员，公诉人专心致志地担负起提起公诉、出庭控诉的职责，控辩双方可以实现地位相对平等，同时也可增强审判监督的实效性。然而，如前所述，刑事审判监督的亲历性特点决定了监督质量和效果，公诉职能与刑事审判监督职能天然具有交叉耦合性，两者只能适度分离，无法完全割裂。公诉职能与刑事审判监督职能的分离仍应建立在检察工作"一体化"的基础上，在线索共享和审查监督中需要加强沟通和配合。[1]

公诉部门和审判监督部门的职能适度分离、相互衔接。公诉部门对刑事审判的亲历性使得公诉人对刑事审判程序违法的知晓具有天然的优势。[2] 公诉部门的检察官在办案中依然需要对刑事审判违法情况进行审查，如发现诉讼监督线索，应及时向刑事审判监督部门移送。对于个人把握不准的重大疑难复杂案件，刑事审判监督检察官可以征求公诉部门检察官的意见。对于诉判意见分歧较大的重大疑难复杂案件，可以召开公诉部门和刑事审判监督部门的跨部门检察官联席会议，发挥集体智慧，为刑事审判监督部门和刑事审判监督检察官提供办案参考建议。

---

〔1〕 田保中、李梅：《试论我国刑事公诉权与刑事审判监督的分离与衔接》，载《法制与社会》2017 年第 34 期，第 97 页。

〔2〕 田保中、李梅：《试论我国刑事公诉权与刑事审判监督的分离与衔接》，载《法制与社会》2017 年第 34 期，第 96 页。

公证参与司法辅助事务的实践探索与制度完善

张 华*

一、公证参与司法辅助事务的时代背景

党的十九大明确提出："打造共建共治共享的社会治理格局。加强社会治理制度建设，完善党委领导、政府负责、社会协同、公众参与、法治保障的社会治理体制，提高社会治理社会化、法治化、智能化、专业化水平。"以开放性架构吸纳社会力量，构建共建共治共享的社会治理格局，是推进国家治理体系和治理能力现代化的内在要求。[1] 最高人民法院于 2016 年 6 月 28 日发布的《最高人民法院关于人民法院进一步深化多元化纠纷解决机制改革的意见》（以下简称《意见》）明确了公证机构参与多元化纠纷解决机制改革的具体要求。《意见》进一步明确了深化多元化纠纷解决机制改革的总体思路和主要目标。多元化纠纷解决机制改革的总体思路是：国家制定发展战略、司法发挥引领作用、推动国家立法进程。《意见》明确了今后一个时期人民法院进一步深化多元化纠纷解决机制改革的三大目标：一是建设功能完备、形式多样、运行规范的诉调对接平台，畅通纠纷解决渠道，引导当事人选择适当的纠纷解决方式；二是合理配置纠纷解决的社会资源，完善和解、调解、仲裁、公证、行政裁决、行政复议与诉讼有机衔接、相互协调的多元化纠纷解决机制；三是充分发挥司法在多元化纠纷解决机制建设中的引领、推动和保障作用，为促进经济社会持续发展、全面建成小康社会提供有力的司法保障，最终建立和完善具有中国特色的多元化纠纷解决体系。《意见》还进一步明确了公证机构参与多元化纠纷解决机制改革的具体要求。《意见》第 11 条提出，"加强与公证机构的对接。支持公证机构对法律行为、事实和文书依法进行核实和证明，支持公证机构对当事人达成的债权债务合同以及具有给付内容的和解协议、调解协议办理债权文书公证，支持公证机构在送达、

---

* 课题主持人：张华，北京政法职业学院副教授。立项编号：BLS（2018）B003。结项等级：合格。
[1] 宋方青：《诉讼与公证协同创新推进社会治理现代化》，载《人民法院报》2018 年 1 月 18 日，第 5 版。

取证、保全、执行等环节提供公证法律服务，在家事、商事等领域开展公证活动或者调解服务。依法执行公证债权文书"。

公证制度是我国社会主义法律制度的重要组成部分，是预防性司法证明制度。公证活动可以为人民法院审判和执行工作提供裁判依据，促进审判活动依法高效进行；经公证的债权文书具有强制执行效力，可以不经诉讼直接成为人民法院的执行依据，减少司法成本，提高司法效率；公证制度具有服务、沟通、证明、监督等功能，是社会纠纷多元化解决的基础性司法资源，可以成为人民法院司法辅助事务的重要承接力量。近年来，一些地方人民法院积极引入公证机构参与司法辅助事务，取得了良好效果。公证参与司法辅助事务，是公证服务推进以审判为中心的诉讼制度改革的有益探索，是公证助力人民法院司法体制改革的重要举措，有利于协助法官集中精力做好审判执行工作，缓解人民法院"案多人少"的矛盾，有利于进一步深化多元化纠纷解决机制改革，推动社会纠纷资源的合理配置和高效利用，有利于促进公证机构改革创新发展。各级人民法院、司法行政机关都应当从全面依法治国和推进社会主义法治建设的高度，充分认识公证参与司法辅助事务的重要意义，积极为公证机构参与司法辅助事务创造条件，扎实推动此项试点工作的深入开展。

2017 年最高人民法院、司法部联合发布《关于开展公证参与人民法院司法辅助事务试点工作的通知》，从制度上对公证机构参与法院司法辅助事务的经验和成效予以肯定，提出进一步拓宽服务领域的指导。这些重要文件为建立公证与诉讼对接机制指明方向并谋划了广阔的空间。[1]

二、公证制度的基本理论

（一）公证制度概述

公证作为一种特殊的证明活动，起源于拉丁语 nata，其意为抄录文书得其要领、备案存查。[2] 2005 年 8 月 28 日由第十届全国人民代表大会常务委员会第十七次会议审议通过的《中华人民共和国公证法》在第 2 条对公证作如下界定："公证是公证机构根据自然人、法人或者其他组织的申请，依照法定程序对民事法律行为、有法律意义的事实和文书的真实性、合法性予以证明的活动。"也有学者将公证定义为：是由法律授权的专业人员或机构对法律行为、有法律意义的文书和事实进行的证明活动。[3] 公证的涵义可从四个方面解读：

1. 公证是由专门机构和人员进行的证明活动

它不同于私人出具的证明，也区别于房屋管理部门发出的房屋产权证、公安

---

〔1〕 陈梅英：《论公证调解的模式、类型及其受案范围》，载《中国公证》2017 年第 4 期。
〔2〕 郝海涛：《外国公证制度比较及借鉴研究》，山东大学 2009 年硕士学位论文。
〔3〕 宫晓冰：《中国公证制度的完善》，载《法学研究》2003 年第 5 期。

机关发出的居民身份证等。它是法定的机构和人员，即公证机构和公证员作出的证明。除公证机构和公证员以外的其他任何机关、人员均不得从事公证证明的活动。

2. 公证机构的证明活动是根据当事人的申请和有关法律、行政法规的规定进行的

申请公证是公民的一项法定权利，当他们在某些权益事项上认为有必要通过公证这个手段予以保护时，则可申请公证。当然，法律、行政法规规定应当公证的事项，自然人、法人或者其他组织，应当向公证机构申请办理。

3. 公证的客体是法律行为、有法律意义的事实和文书

法律行为指自然人、法人或其他组织作出的，设立、变更或终止法律上的权利义务关系的行为。例如，签订合同、设立遗嘱、继承、赠与、收养子女、拍卖、招标、投标等。法律事实指法律行为以外的能引起一定法律效果的一切事实。例如，证明某人的死亡会引起婚姻关系、劳动关系消灭，继承关系开始等一系列与死者有关的法律关系的变化。

另外，还有一些事实，这些事实当时并不一定发生法律效果，但为避免日后发生纠纷，也可以申请公证证明。例如，证明亲属关系、身份、学历、经历、健康状况、婚姻状况等。法律文书，指法律上具有一定意义的文件、证书等。它既包括国家机关、社会团体、企事业单位依法颁发或出具的有效文件（属于国家机密的文件除外），也包括作为当事人法律行为表现形式的文件。常见的法律文书的公证有：证明文件上的签名、印鉴属实，证明文件的副本、节录本、样本、影印本与原本相符等。

4. 公证的内容是待证事项的真实性与合法性

所谓真实性，指公证的对象必须是客观存在的，通过直观或人证、物证能为公证员感知的，而且事实的内容与公证证明的内容是相符的。虚构的事实、待证的事实与原事实不相符的，或缺乏证据无法使公证人员感知的事实，公证机构不能公证。合法性指公证对象的内容、形式及取得方式符合国家法律、法规的规定，不违反有关政策和社会公共利益。公证的合法性包括内容合法与形式合法两个方面，内容违法的不能公证证明，形式违法的同样也不能公证。真实性与合法性又是统一的，两者不应割裂开来就一具体的公证事项而言，两者必须同时具备，缺一不可。[1]

（二）公证参与司法辅助事务的意义

第一，贯彻落实中央深化多元化纠纷解决机制改革精神对公证机构深度参与

---

[1]　孙红梅：《公证——一种预防性的法律证明制度》，吉林大学 2007 年博士学位论文。

社会治理创新提出了更高要求。党的十八届四中全会《关于全面推进依法治国若干重大问题的决定》提出："健全社会矛盾纠纷预防化解机制，完善调解、仲裁、行政裁决、行政复议、诉讼等有机衔接、相互协调的多元化纠纷解决机制。"为贯彻四中全会改革要求，最高人民法院发布了《意见》，《意见》明确规定："合理配置纠纷解决的社会资源，完善和解、调解、仲裁、公证、行政裁决、行政复议与诉讼有机衔接、相互协调的多元化纠纷解决机制"；"人民法院应当配备专门人员从事诉调对接工作，建立诉调对接长效工作机制，根据辖区受理案件的类型，引入相关调解、仲裁、公证等机构或者组织在诉讼服务中心等部门设立调解工作室、服务窗口"；"支持公证机构对法律行为、事实和文书依法进行核实和证明，支持公证机构对当事人达成的债权债务合同以及具有给付内容的和解协议、调解协议办理债权文书公证，支持公证机构在送达、取证、保全、执行等环节提供公证法律服务，在家事、商事等领域开展公证活动或者调解服务。依法执行公证债权文书。"正如有学者指出的，最高人民法院出台的《意见》中对公证的功能定位，比以往的相关文件，既有战略层面也有战术层面的超越，战略层面的跃进就是对公证的功能定位有了"治未病""治欲病"和"治已病"三个层次。[1] 由此可见，在中央深化多元化纠纷解决机制改革的战略布局中，公证是重要一环，肩负着化解纠纷、促进善治的重要职责，在新的形势下有必要就如何发挥其参与纠纷化解的作用进行创新性探索。

第二，法院"案多人少"的现实呼吁加强公证机构深度参与社会治理创新的实践探索。改革开放以来，随着我国经济社会的快速发展，民主法治进程的不断推进，公民法治意识的日益提高，大量的矛盾纠纷涌向法院。根据最高人民法院工作报告显示，2000 年，最高人民法院全年共受理各类二审、死刑复核、审判监督等案件 4228 件，审结 4832 件（含旧存）；地方各级人民法院和专门人民法院全年共受理一审案件 535 万余件，审结 538 万余件（含旧存）。截止到 2016 年，最高人民法院受理案件 15 985 件，审结 14 135 件，比 2014 年分别上升 42.6% 和 43%；地方各级人民法院受理案件 1951.1 万件，审结、执结 1671.4 万件，结案标的额 4 万亿元，同比分别上升 24.7%、21.1% 和 54.5%。对比可见，人民法院受理案件数量持续快速增长，且新型疑难复杂案件层出不穷，呈现出"诉讼爆炸"的态势，与此同时，人民法院编制数量和法官数量并没有同步增长，以至于"案多人少、法官压力巨大"成为各地法院的普遍写照。"案多人少"的现实也要求充分发挥好公证等法律职业群体的作用，共同促进平安中国、法治中国建设。

---

[1] 黄鸣鹤：《公证在多元化纠纷解决机制中的功能定位》，载《中国公证》2016 年第 12 期。

第三，满足人民群众多元司法需求，对公证机构深度参与社会治理创新提出了更高要求。当前，我国正处于社会转型期，特别是随着改革开放进入攻坚期和深水区，涉及深层次矛盾和重大利益调整，社会矛盾明显增多，各种利益冲突日益明显，纠纷日趋多样复杂。与诉讼相比，调解、仲裁、裁决、公证等非诉解纷方式有着简便快捷、成本低、效果好等优势，人民群众对非诉讼纠纷解决方式的需求愈显迫切。近年来，我国已基本形成了人民调解、劳动仲裁、行政调解、行业调解、商事仲裁、商事调解、公证调解等多种非诉讼纠纷解决机制共存的局面。公证调解机制在各类矛盾纠纷化解中发挥了补强的功能优势，是大调解机制整合多元化矛盾纠纷化解资源形成合力的重要力量。而且公证机构和公证队伍优势也意味着公证在满足群众多元司法需求方面能够发挥重要作用。

三、司法辅助事务管理的基本理论

本课题研究的司法辅助事务是指法院审判事务中的审判辅助事务。根据司法权运作的内在逻辑，审判事务可分为核心审判事务和辅助审判事务。前者是指距离案件事实认定和法律适用较近，对案件处理结果具有直接、重要、主导、终极性影响的事务；后者则是与事实认定和法律适用距离较远，对案件处理结果具有间接、次要、从属、阶段性影响的事务。

（一）审判核心事务与审判辅助事务的划分

从应然的角度看，审判核心事务主要为事务认定、法律适用以及诉讼程序指挥权，这些习惯上被称为"主审判"，与之相对的是"辅助审判"。辅助审判围绕实体审判，故不能超越审判权，且须以审判权运行为中心。[1]

1. 审判核心事务的范畴

从法院人员分类的角度来看，审判核心事务主要是法官从事的事务，这是由法院的职责定位决定的，要通过事务分工将法官从烦冗、琐碎的程序性事务或非审判事务中解脱出来，专心致志行使判断权。根据最高人民法院《关于完善人民法院司法责任制的若干意见》（法发〔2015〕13号）中对独任法官、承办法官、审判长的审判职责的规定，可以看出法官的职责大概为：依法参加案件审理，包括拟定庭审提纲、制作阅卷笔录、参与开庭审理、全面审查证据等；依法参与案件的评议；对案件的实体和程序问题作出裁判；草拟、修改、审核、签发法律文书；监督和指导法官助理、书记员日常工作等。

2. 审判辅助事务的范畴

审判辅助事务不以调整、确定和处理当事人具体权利义务为目的，不介入或

---

〔1〕 王庆廷：《法官分类的行政化和司法化——从助理审判员的"审判权"说起》，载《华东政法大学学报》2015年第4期。

干预案件实体审理和裁判，但它对审判质效的影响巨大并最终体现为规范审判的活动。审判辅助事务有多种分类标准。

（1）从理论上，审判辅助事务有广义和狭义之分。狭义上的审判辅助事务，是指与案件实体审判相关、以服务审判工作为宗旨的各类司法辅助性工作，具体包括立案审查、分案排期、诉讼材料发送、财产和证据保全，办理委托鉴定评估和审计、调查取证、诉前调解、庭审笔录制作、法律文书印发、法律文书上网、上诉移送、案卷归档等一系列辅助性事务；广义上的审判辅助事务还包括归纳与整理诉讼争议焦点、准备与案件审理相关的参考资料、起草法律文书、完成与审判相关的调研、宣传等与审判事务紧密相关的事务性工作。[1]

（2）从人员上，审判辅助事务有业务性与事务性之分。根据法官助理与书记员之间的职责分工。法官助理主要负责业务性辅助工作，如送达诉讼文书、组织证据交换，调查、收集、核实相关证据，采取保全及证据保全措施，办理委托鉴定、评估，组织庭前调解，接待当事人来访、咨询，起草阅卷笔录、归纳争议焦点，甚至起草裁判文书等工作。书记员应主要负责庭审记录和其他记录工作；证据及代管物品的登记、保管和处理；案卷材料的整理、装订、保管和归档工作以及案件数据信息的输入工作。

（二）审判辅助事务管理的现状

当前，司法人员分类管理的关键在于寻求有限的审判资源集中于核心审判事务，使法官从繁杂的辅助事务中抽身以专门从事案件审判，以真正解决"案多人少"的矛盾。对此，审判辅助事务的管理起到举足轻重的作用，也使其成为司法改革的重要内容。

1. 管理弊端：审判核心事务与审判辅助事务的混同

从审判实际运行情况来看，我国现行的审判辅助事务管理模式存在很大的弊端，主要表现为审判核心事务与审判辅助事务的混同，这与我国的立法现状与司法实践是分不开的。

（1）立法现状：规则的缺位。目前，我国现行《中华人民共和国法官法》《中华人民共和国人民法院组织法》等相关立法和规则均未严格界定审判核心事务和审判辅助事务，两者应否区分、区分的标准及其承担主体均不明确。由于立法和相关规则的缺失，导致司法实践较为混乱。

（2）司法现状：界限的模糊。在司法实践中，法官不仅需承担审判核心事务，还要分心于大量的辅助性事务，使原本审判工作负荷很重的法官深陷辅助性事务"难以自拔"。法官将大量精力分散于审判事务之外的各类辅助性事务，从

---

〔1〕 叶锋：《司法改革视野下审判辅助事务管理模式初探》，载《东方法学》2015年第3期。

而无法专司审判核心事务，对事务工作没有明确的分工，导致法官隐形的工作量加大，从而影响审判效率的提升。

2. 剖析原因：审判辅助事务管理的程序功能缺位

（1）立案阶段：多管齐下的缺位。在立案数量的控制上，未能充分发挥调解、和解、仲裁等替代性解决纠纷机制（ADR）的优势，纠纷解决机制呈现单一化的特点，使得原本可由替代性解决纠纷机制处理的案件，源源不断地进入法院，导致司法资源浪费。

（2）分案阶段：案件分类和评价规则的缺失。目前，法院对案件分配采取随机分案为主、个别调整为辅的模式。法院一般不设专人对案件的难易程度和法官工作量进行评估。在分案时，未充分考虑法官的现有工作量，从而容易导致法官之间忙闲不均。忽视各种具体案件的非同质性，而各个案件的难易程度、审理期限及所需审判精力均有所差异。建立在案件同质化基础上的分案模式及相应的审判绩效考核模式，导致法院难以科学合理进行分案，法官因而无法适度调配法院的工作负担，致使司法程序延缓、诉讼效率低下。

（3）案件排期：分工不明、缺乏理性。实践中，案件主要由立案庭排期，也存在业务庭自行排期。大部分案件都按部就班安排在十五天答辩期满后，没有灵活地根据个案情况进行繁简分流。未按照案件复杂程度而采取不同的程序加以处理，简单案件时常未做到简易处理（当即排期当即审理），无形中造成简易程序案件审理周期拉长，削弱简易程序快捷解决纠纷的功能。[1]

（4）诉讼材料送达：渠道单一、操作机械。随着经济不断发展，人员流动性不断加大，"人户分离""注册地与经营地不一致"等现象越发普遍，加大了法院诉讼材料的送达难度。对此，诉讼材料送达渠道单一、操作机械，仍局限于传统的邮寄方式，未充分发挥现代科学技术带来的便捷送达渠道，如通过12368诉讼服务平台和其他电子送达平台等。此外，负责该项工作的审判辅助人员对诉讼材料的寄送也相对被动，未积极地发挥主观能动性，未千方百计查询、确认当事人的送达地址和联系方式，导致重复送达或无效送达的情况频发，造成重复劳动，诉讼程序进度缓慢，审限在无效的送达之中悄悄地流逝。

（5）庭前准备程序：进入庭审程序的"最后一道屏障"的功能落空。《中华人民共和国刑事诉讼法》和《中华人民共和国民事诉讼法》均规定了庭审准备事项，但仅仅提供粗略的规范框架。在审判实践中，由于片面强调庭审中心主义，对审前准备程序认识不足，误以为庭前程序仅是为正式庭审作准备，未认识到庭前程序的另一种功能价值：使争议在庭前化解的功能。此种观念使得原本应

---

〔1〕 葛治华、邓兴广：《法院审判流程管理模式：反思与进路》，载《政治与法律》2006年第4期。

在庭前准备程序处理的证据调查与确定、争议点的整理和确定，延至庭审阶段，当事人往往又保留证据，在庭审阶段搞"突袭"，从而影响庭审的质量和效率。同时，也未能有效实现庭前准备阶段化解争议的功能。实践中，庭前准备程序沦为一种摆设，未发挥庭前准备程序的实益性作用。

四、公证参与司法辅助事务的现状及问题

（一）公证参与司法辅助事务的主要内容

1. 参与调解

人民法院通过吸纳公证机构进入人民法院特邀调解组织名册，进入名册的公证机构可以接受人民法院委派或委托在家事、商事等领域开展调解，发挥诉前引导程序性作用、开展调解前置程序改革。经委派调解达成协议的，公证机构可以应当事人申请，对具有给付内容、债权债务关系明确的和解、调解协议办理公证并赋予强制执行效力；经委托调解达成调解协议的，公证机构应当将调解协议及相关材料移交人民法院，由人民法院按照法律规定出具民事调解书或作相应处理。未达成调解协议的，公证机构可以在征得各方当事人同意后，用书面形式记载调解过程中双方没有争议的事实，并由当事人签字确认。在诉讼程序中，除涉及国家利益、社会公共利益和他人合法权益的外，当事人无须对调解过程中已确认的无争议事实举证。

2. 参与取证

公证机构可以接受人民法院委托，就当事人婚姻状况、亲属关系、财产状况、未成年子女抚养情况、书面文书等进行核实和调查取证。核查结束后，公证机构应就核查内容、核查过程、核查结果向法院出具取证报告。

3. 参与送达

公证机构可以接受人民法院委托，参与案件各个阶段的司法送达事务。鼓励公证机构采用信息化手段，推行集约化送达模式，避免分散作业和资源的重复投入。送达工作完成后，公证机构应当就送达过程、送达结果等情况形成送达全流程登记表，交由人民法院留存备查。

4. 参与保全

公证机构可以协助人民法院核实被保全财产信息和被保全财产线索，核实被保全动产的权属和占有、使用等情况。财产保全需要提供担保的，公证机构可以协助人民法院审查申请保全人或第三人提交的财产保全担保书、保证书，对其中的担保内容及证据材料进行核实。

5. 参与执行

人民法院支持公证机构在执行工作环节参与司法辅助事务。公证机构可以参与人民法院执行中的和解、调查、送达工作，协助人民法院搜集核实执行线索、

查控执行标的，协助清点和管理查封、扣押财物。

（二）公证参与司法辅助事务的实际成效

1. 福建省厦门市鹭江公证处模式

2016 年 11 月，厦门市鹭江公证处与思明区人民法院共同设立"诉讼与公证协同创新中心"（以下简称"中心"），在全国率先开启公证参与人民法院司法辅助事务的探索之路。中心构建了"315N"工作机制，即把"辅助外包、公证嵌入、法院监督"作为 3 个基本点，搭建 1 个"云端"信息平台，深化"调解、送达、调查、保全、执行及其他 审判辅助事务"的 5+N 工作机制，实现了公证对法院司法辅助事务的全面承接支持。仅 2017 年一年，中心累计送达 127 439 次，涉及案件 22 460 件；调查 353 次，涉及案件 6833 件；进行集约查控 98 次，涉及案件 8189 件，草拟格式化执行保全裁定文书 7632 份；司法分流调解案件 641 件。书记员工作量平均减少一半以上，司法送达月均完成率提升 30%，取证调查周期缩短 80%，财产查控周期缩短 50%，思明区人民法院民商事案件、执行案件结案数双双同比增长，审判工作大大提速提效。

2. 北京市中信公证处模式

2017 年 8 月以来，北京市中信公证处率先与北京市石景山区人民法院召开了司法辅助工作座谈会，就公证参与司法辅助的必要性及优势等诸多方面达成了广泛共识，一致认为：公证参与送达、调解、保全、执行等司法辅助事宜具有独特优势，在这些关键环节和节点，可以深入开展合作，为优质高效解决矛盾纠纷提供有力支持。2017 年 8 月 15 日，北京市中信公证处与北京市石景山区人民法院签署了《关于开展公证参与人民法院司法辅助工作合作框架协议》，就公证参与司法辅助事宜开展深度合作。当天，北京市中信公证处 12 名公证员被石景山区人民法院聘任为人民调解员。2018 年 1 月，又与西城区人民法院签署了《关于参与人民法院司法辅助工作合作框架协议》，主要负责对司法文书送达流程进行公证监督，并对送达全过程进行记录见证和结果见证。2018 年 6 月 8 日，再次与北京市西城区人民法院签署了《公证参与人民法院司法辅助事务工作合作框架协议》，公证处 14 名公证员被北京市西城区人民法院聘任为特邀调解员。截至 2019 年 10 月，累计参与调解 2800 余件、参与送达 3000 余件、参与保全 8 件、参与执行 104 件。参与过程中，累计指派公证员 2200 余人次、公证员助理 3400 余人次、其他工作人员 200 余人次，参与人民法院司法辅助事务，共投入资金 180 余万元。

（三）公证参与司法辅助事务存在的现实问题

综上可见，公证参与司法辅助事务其积极作用和成效初露端倪。从法院工作看，有助于推动案件繁简分流，优化司法资源配置，化解长期制约和困扰法院的

"案多人少"的矛盾，通过审判辅助事务和审判核心事务的分离，让法官回归审判，提升审判执行质效；能够通过公证机构对人民法院执行工作的辅助、办理保全证据公证业务等，减少执行冲突，提高执行效率，助力攻坚"执行难"问题。从公证工作看，公证参与人民法院司法辅助事务，不仅拓宽了公证法律服务领域，而且具有带动队伍建设、能力建设、信息化建设等的综合效应，为公证行业改革转型、持续发展增添了动力。但是，通过调研，本课题组发现存在以下现实问题。

1. 司法辅助事务公证参与度的合理性限制

从法治思维和程序正义出发，公证参与司法辅助事务，要避免两种现实问题：一是"隐名"出证；二是"借名"办案。所谓"隐名"出证，是指公证人员参与司法辅助事务却隐去公证之名。公证参与司法辅助事务是通过公证辅助诉讼活动的进程，促进司法公正的实现，并且在这一过程中，体现公证程序和公证活动客观、公正的价值，而不能将公证参与司法辅助事务理解为公证机构剥离法院之后的"分久必合"，不能将公证业务与审判业务混杂。

2. 司法辅助事务参与公证方式的合法性限制

从实践中可以看出，在司法辅助事务以外几乎所有的公证活动中，公证程序都是独立运行，而公证参与司法辅助事务，意味着公证程序与诉讼程序同步运行。公证参与司法辅助事务应当使公证程序与诉讼程序的效能得到同步提高，使公证机构和人民法院的服务得到同步优化。

3. 公证参与司法辅助事务的经费问题

公证参与司法辅助事务后，除了原有的业务工作以外，公证机构在司法辅助事务方面投入了大量的人力、物力。但目前经费列支方面政策依据不足，地方财政及法院经费管理方面存在限制，从公证参与司法辅助事务的行业尝试来看，做得好的试点大部分是较大的公证机构与法院对接，这些公证机构初期自行承担经费，在法院拓展司法辅助事务参与度，探索出了依靠提存、拍卖、保全、清点的收费项目来支撑不收费业务开展的模式。但对于很多自收自支的中小型公证机构而言，虽然乐于参与，但因启动经费保障缺乏而难以尝试，因此，必要的财政支持需要纳入考虑范畴。以北京为例，北京市共有公证处25家，公证员400人左右，助理员500~600人，每年的业务量在80万件。目前，有21家公证处是自收自支的事业单位，所以，参与司法辅助事务需要有充分的经费保障，方可保证工作顺利开展。

五、公证参与司法辅助事务的机制构建

（一）诉前特邀调解是公证参与司法辅助事务的切入点

1. 特邀调解的主体

根据最高人民法院的上述两个司法解释的规定，特邀调解的主体是法院编外的特邀调解组织或者个人。特邀调解主体涵盖广泛，包括人民调解、行政调解、商事调解、行业调解等各类调解组织，都可以成为特邀调解组织。品行良好，公道正派、热心调解工作并具有一定沟通协调能力的个人，可以成为特邀调解员。特邀调解员可以是人大代表、政协委员、人民陪审员、专家学者、律师、仲裁员、退休法律工作者等具备条件的个人。

2. 实践探索

在实践探索中，特邀调解员的范围也很广。如，江西省赣州市章贡区法院2016年选聘的50名特邀调解员来自各行各业，是从人大代表、政协委员、律师、公安民警、医生、社区工作者以及退休法官、检察官等人员中择优选聘。[1] 2016年8月，四川省成都市中级人民法院向社会公开特邀调解组织和调解员。首批推荐特邀调解组织共4个，涵盖人民调解组织、商事调解组织、行业调解组织和其他具有调解职能的调解组织（即调解工作室）4种类别。首批特邀调解员推荐人选共计82名。包括中国国际贸易促进委员会四川调解中心、成都市保险合同争议人民调解委员会、四川省证券期货业协会纠纷调解中心、成都市武侯区人民调解委员会王兴华调解工作室等调解组织。在首批特邀调解员推荐人选中，律师、专家学者、人民调解员、五老调解员、人民陪审员、公证员成为主要特邀对象。

（二）公证与送达的对接

1. 送达行为属性的再认识和送达功能的合理定位

（1）送达行为的属性。从传统的观点看，一国民事送达的行为属性往往取决于其所选择的民事诉讼模式，由于各国民事诉讼模式构筑在不同的法律传统和价值取向上，决定了各国送达行为属性也有着截然不同的界定。即便是传统上属于同一法系的不同国家，其民事送达行为的定性也存在着不小的差异。一般而言，大陆法系国家的职权主义模式倾向于将司法意义上的送达定性为"公权力"行为，主张由法院依职权主导完成，并不主张私人完成。

（2）送达功能的再定位。我国传统意义上的送达功能的定位，主要受到长期占主导地位的"国家本位"和"权力本位"的影响，送达既然以保障法院主导的诉讼顺利进行为价值主导，那么送达权责集于法院一身，是再自然不过了。但是，随着社会发展，"国家本位"和"权力本位"的诉讼理念的缺陷与不足日益明显，已经不能适应民事诉讼改革和发展的需要。一般认为，我国应确立"以

---

〔1〕 郭美宏：《四川成都中院向社会公开特邀调解组织和调解员》，载中国长安网：http://www.chinapeace. gov.cn/zixun/2016-10/11/content_11371959.htm.

人为本"和"权利本位"的民事诉讼理念。[1] 而其也应成为民事送达制度的基本理念。

(三) 公证与调查取证协同

1. 我国法院调查取证性质及范围分析

(1) 法院调查取证的性质。现代各国的民事诉讼法在规定收集和提供证据问题上,大都采取当事人提出主义,即由当事人负责收集和提供证据,法院一般不主动依职权调查收集证据。但对于少数案件和事项,则采取职权探知主义,法院可以主动收集证据,不受当事人提供证据的约束。

法院的证据调查是指法院为了获得确切的心证或者汇集有价值的证据资料,根据当事人(包括诉讼代理人)的申请或者法院依职权进行的调查收集证据的活动。人民法院具有的依职权调查收集证据的权力,又称为依职权查证权,是指在案件审理过程中,法院对证明案件事实有证明作用的诉讼证据有依照法定程序进行调查、收集的权力。就其属性而言,法院依职权查证权是法院审判权应有的内容之一。[2] 人民法院依当事人申请调查取证是指人民法院根据当事人申请而进行的调查收集证据的活动。

2. 是否可以委托其他机构代为调查取证的证据种类分析

在八种证据种类中,鉴定意见属于专业机构运用专业知识后作出的判断,不存在调查取证问题;勘验笔录是法院依职权对现场勘验后作出的笔录,不存在调取勘验笔录的问题。证人证言是证人在法庭上就案件事实向法庭所提供的证言,其一般应当在法庭上形成。因此,证人证言的调取亦可尝试由公证机构进行,再由法官对经公证的证人证言依据证据规则审查,必要时可参照鉴定人作证制度来要求公证员。当事人陈述,我国民事诉讼法规定,在审前准备程序和庭审中可以对当事人进行询问。同理,当事人陈述需要在法庭上进行时,是法官行使审判权的过程,只有有审判职称的法院工作人员才可以。书证、物证、视听资料、电子数据证据是在法院调取之前就已经存在的,所以存在调取问题。根据民事诉讼法的规定,调取证据分为法院依职权调查取证和当事人申请法院调查取证。

六、结语

目前,部分公证机构与当地法院联合开展公证参与司法辅助工作成效明显,获得社会各界广泛关注的同时,也引起行业纷纷效仿。需要注意的是,任何事业的成功,不会是一蹴而就的结果,公证机构应谨依自身情况,结合实际需求,分层次、分类别、分阶段开展实践探索,由浅入深采取动态改良的方式逐步融入多

---

〔1〕 廖永安、邓和军:《〈《民事诉讼法》修改决定〉评析——兼论我国〈民事诉讼法〉的修改》,载《现代法学》2009 年第 1 期。

〔2〕 沈志先主编:《民事证据规则应用》,法律出版社 2010 年版,第 151 页。

元化纠纷解决机制，否则很容易造成资源浪费，带来负效应。

　　良好的协作是做资源的乘法。传统证明业务模式、垄断优势逐渐被分化的公证，参与解纷体系建设是实现功能过度和价值重塑的必然选择，它能够促进机制力量互补，扭转"孤岛化"局势。多元化纠纷解决机制于公证而言，就像是一个强大的培训基地和服务价值应用平台。行业的实践要点在于梳理出公证的特殊性，致力于解决其他替代性机制难以调处的问题，构建专业的服务模式，带动其他解纷要素改造；以公益性思维谋划发展，像法官一样中立，像律师一样对当事人尽责，在非营利"支点"上注重提升执业能力、拓展知识层次、丰富处事经验，视培养复合型法律人才为最大回报，把在多元化纠纷体系中获得的"无形资产"注入其他公证业务上，转化为有形的效益。

京津冀协同发展中的社会法问题研究

薛长礼*

党的十八大以来，作为重大国家发展战略，京津冀协同发展全面启动，稳步推进。2014年2月26日习近平总书记视察北京市工作时发表讲话，京津冀协同发展上升为国家重大战略。2015年4月中共中央政治局审议通过《京津冀协同发展规划纲要》，依法确定京津冀协同发展重大国家战略核心是有序疏解北京非首都功能，以解决北京"大城市病"为基本出发点，坚持问题导向，坚持重点突破，坚持改革创新，立足各自比较优势、立足现代产业分工要求、立足区域优势互补原则、立足合作共赢理念，以资源环境承载能力为基础，以京津冀城市群为载体，以优化区域分工和产业布局为重点，以资源要素空间统筹规划利用为主线，以构建长效体制机制为抓手，调整优化经济结构和空间结构，构建现代化交通、网络系统，扩大环境容量生态空间，推进产业升级转移，推动公共服务共建、共享，加快市场一体化进程，打造现代化新型首都圈，形成京津冀目标同向、措施一体、优势互补、互利共赢的协同发展新格局，打造中国经济发展新的支撑带，尤其是在京津冀产业升级转移、生态环境保护、交通一体化等重点领域取得突破。2016年2月，全国第一个跨省市区域"十三五"规划——《"十三五"时期京津冀国民经济和社会发展规划》发布，京津冀协同发展由顶层设计进入实质性实施阶段。2018年中共中央、国务院颁布《关于建立更加有效的区域协调发展新机制的意见》，在全国区域协调发展的战略下，进一步明确以疏解北京非首都功能为"牛鼻子"推动京津冀协同发展，调整区域经济结构和空间结构，推动河北雄安新区和北京城市副中心建设，探索超大城市、特大城市等人口经济密集地区有序疏解功能、有效治理"大城市病"的优化开发模式。通过5年多的实践，京津冀步入了快速发展阶段，京津冀三省市和有关部门单位围绕非首都功能疏解和建设以首都为核心的京津冀世界级城市群等任务，出台了一系列地方性法规、重大政策和行动计划，建立了多层次、宽领域的协作关系，在北京

* 课题主持人：薛长礼，北京化工大学教授。立项编号：BLS（2018）B004。结项等级：合格。

非首都功能疏解、京津冀交通一体化、生态环境保护、产业升级转移等重点领域取得明显的阶段性成效。京津冀协同发展引领的深层次变革，正深刻改变国家区域发展版图，为新时代高质量发展提供了强力支撑。毫无疑问，在全面依法治国的治理体制下，京津冀协同发展战略的实施和推进，需要全方位、全过程的法治引领和保障。京津冀协同发展的成效既以区域法治为推动力，也以区域法治进展为标志。2014 年 2 月以来，京津冀协同立法取得丰硕成果，已完成协同立法十余部，为京津冀协同发展提供了坚强法治保障。[1] 需要指出的是，京津冀协同立法主要形成了较为完备的机制，已完成的协同立法项目主要集中于生态环保、交通一体化和产业升级等领域。京津冀协同发展中涉及就业促进、人力资源市场一体化建设、社会保险、劳动保障监察等社会法的地方性法规立法、重大政策制定问题，尤其是京津冀三地在实施《中华人民共和国劳动法》（以下简称《劳动法》）、《中华人民共和国劳动合同法》（以下简称《劳动合同法》）、《中华人民共和国社会保险法》（以下简称《社会保险法》）、《中华人民共和国劳动争议调解仲裁法》（以下简称《劳动争议调解仲裁法》）等法律过程中的司法、执法问题，三地尚有很大差异。虽然三地围绕社会法已开展了一定范围的协同，但与京津冀协同发展中加快一体化市场建设，促进京津冀人才、劳动力等要素自由流动和优化配置的法治需求不相适应。因此，深入研究京津冀协同发展中的社会法问题，探索构建京津冀协同发展社会法治的体制、机制创新途径和立法、司法、执法具体举措，具有重要的理论价值和实践意义。

一、京津冀协同发展中的社会法之法理与问题基础

人力资源和社会保障是京津冀协同发展的一个有机组成部分。在《京津冀协同发展规划纲要》的战略布局之下，依法优化配置京津冀人力资源、消除行政壁垒、统筹社会保障事务，以法治方式优化制度，构建协作机制和利益协调机制，突破三地行政边界分割的刚性约束，消解三地协同发展阻力，通过社会法的立法、司法和执法的协同建设，稳步推进京津冀协同向纵深发展，是社会法建设面临的时代性课题。

（一）京津冀协同发展中的社会法之法理基础

1. 区域法治

在中国国家治理体系和治理能力的治理机制中，区域法治是实施全面依法治国基本方略、推进法治中国建设的有机组成部分，是在国家法治发展进程的基本要求基础上，根据区域发展的法律需求，运用法治思维和法治方式推进区域社会

---

〔1〕 周洁：《京津冀三省市五年协同立法十余部》，载 http://hebei. hebnews. cn/2019 - 08/08/content_7446260. htm，最后访问日期：2019 年 8 月 15 日。

治理现代化的法治实践活动。[1] 在学理上，学界对"区域法治"概念的使用和界定不尽相同。有的学者认为"区域法治"意指在国家法制统一性的制度架构下，以一定行政区域为基础的法治发展与以跨行政区域为基础的法治发展之有机结合的法治发展现象。[2] 有的学者使用"区域法制"概念，旨在分析跨行政区域的法制发展问题。有的学者使用"地方法制"或"地方法治"概念，从中央与地方关系维度，探讨各个不同地区法治（法制）发展的不同状况及其对于国家法治（或法制）建设的不同影响。[3] 区域法治概念表达的不同彰显了区域法治"多样性统一"的学术品格，[4] 彰显了法治中国建设之原创性法学理论研究的一个发展趋向。需要特别指出的是，区域法治研究需要秉承的三个基本维度：一是国家法治发展中的整体性维度。在区域法治研究中，要将区域法治发展中的事实、形态、要素等放置在国家法治发展的整体性之中加以把握，在国家法治整体性与区域法治局部型态有机联系中获得对区域法治的整体性理解。二是区域法治发展的独特性维度。京津冀的特殊区位和现实状况决定了京津冀协同发展不同于长江经济带发展、黄河经济带发展、粤港澳大湾区建设，而是以解决京津冀三地区域发展差距大、城镇体系结构失衡、生态环境形势严峻，尤其是有序疏解北京非首都功能、解决"大城市病"等多重目标为一体的区域发展，其区域法治呈现鲜明的特质性和独特性。三是区域法治发展的价值性维度。区域法治发展是在不同时期社会发展与转型进程中的法治实践活动，因而，区域法治发展不是孤立现象，而是具有其明确的价值目标，对转型、变革时代的社会发展具有特殊意义。京津冀协同发展对于国家全面改革、全方位开放，保持经济中高速增长，实现产业转型升级，推动新型城镇化健康发展等具有战略意义，京津冀区域法治应主动适应国家经济社会发展的需要，贯彻新发展理念，确立合理的区域分工和发展机制，促进京津冀协同向深层次发展。

2. 城市法治

"法治是跨越时空界限的城市治理模式和当今世界城市建设的必由之路"。[5] 疏解北京非首都功能，推动京津冀协同发展，调整区域经济结构和空间结构，推动河北雄安新区和北京城市副中心建设，旨在探索超大城市、特大城市

---

〔1〕 公丕祥：《法治中国进程中的区域法治发展》，载《法学》2015 年第 1 期。

〔2〕 张文显：《变革时代区域法治发展的基本共识》，载《法制现代化研究》（2013 年卷），法律出版社 2014 年版，第 28 页。

〔3〕 葛洪义：《作为方法论的"地方法制"》，载《中国法学》2016 年第 4 期；付子堂、张善根：《地方法治建设及其评估机制探析》，载《中国社会科学》2014 年第 11 期。

〔4〕 公丕祥：《区域法治发展的概念意义》，载《南京师大学报（社会科学版）》2014 年第 1 期。

〔5〕 冯玉军：《遵循城市法治建设规律 推进京津冀区域良法善治》，载冯玉军主编：《京津冀协同发展立法研究》，法律出版社 2019 年版，第 6 页。

等人口经济密集地区有序疏解功能、有效治理"大城市病"的优化开发模式，建立以中心城市引领城市群发展、城市群带动区域发展新模式，推动区域板块之间融合互动发展。就京津冀协同发展而言，即是以北京、天津为中心引领京津冀城市群发展，带动环渤海地区协同发展。完善的法律制度，严格的依法治理，既是城市群发展的内在要求，也是其发展的保障和动力源泉。城市法治的主要内涵应包括：一是适时适地立法。针对城市发展和区域治理中出现的社会问题，有针对性地适时适地制定新的法律，合理分配社会资源。二是法治政府的建立。法治政府坚持"以人为本"的理念，秉承科学行政、民主行政和依法行政的行政法治理念，吸纳社会多元主体共同参与城市治理，以法治方式解决城市治理中出现的问题。三是司法、执法公平、公正、高效。四是市民法律素质普遍提高，社会友好、秩序稳定，形成依法运行的社会机制和良好的法治环境。五是法律服务市场发达、规范。[1] 京津冀协同发展需要构建良好的城市法治治理体系，以保障公民就业权、社会保险权等基本权利的实现为主旨的社会法体系不可或缺。

3. 社会法理论

20世纪30年代，胡长清等学者对社会法理论进行了探索与争鸣，[2] 但这一学术传统长期未得到传承，甚至不为人所知，直到21世纪初才被发掘，成为社会法理论研究的素材和资源。20世纪80年代，大陆学者引介日本、德国的社会法概念，为我国改革开放后法学研究提供了重要借鉴。20世纪90年代开始，社会法研究历经了法律社会化、"团体社会"之规则、社会利益的学理起源，[3] 逐渐从学理和学科两个主线展开理论探索与创新，与社会法的法治实践遥相呼应。关于社会法理论的讨论主要从社会法的独立性特征概念、性质、范围、内容等切入，围绕社会法是"法域"还是"法律部门"展开，形成了以下主要观点：一是广义社会法。有学者认为社会法是独立于公法和私法的第三法域，以社会本位为特征，基于调整"社会公共利益"而形成的具有相同结构因素的法律群，主要包括能够由社会（团体）依凭团体社会规则自我管理的法律，如工会法、集体合同法；同时包括国家出于维护社会利益目的而干预私领域的法律，如劳动法、消费者权益保障法、妇女儿童权益保障法、教育法等。[4] 二是中义社会法。第九届全国人大常委会将我国法律部门划分为七个门类，社会法是其中之一，并将其界定为"调整劳动关系、社会保障和社会福利关系的法律"，主要包括劳动法、社会保障法、慈善法等。和官方的界定大致相同，有学者认为社会法应定位

〔1〕 白贵秀：《世界城市建设的法治论要》，载《公民与法》2011年第12期。
〔2〕 蔡晓荣：《民国时期社会法理论溯源》，载《清华法学》2018年第3期。
〔3〕 吴文芳：《我国社会法理论演进与研究路径之反思》，载《华东政法大学学报》2019年第4期。
〔4〕 董保华等：《社会法原论》，中国政法大学出版社2001年版。

于劳动法和社会保障法,如果将环境法、产品质量保护法、消费者权益保护法等纳入社会法,则"过于宽泛,容易模糊社会法和经济法的区别和界限"。[1] 三是狭义社会法。有学者认为"社会法属于第三法域但不是第三法域的代名词,社会法是一个法律门类,而不是法律理念。"虽然社会法以维护"社会利益"为本位,但"不存在只是保护个人利益而不保护社会利益的法律,也不存在只保护社会利益而漠视个人权利的法律",[2] 以社会利益构建庞大的社会法体系,最终将使社会法因宽泛而失去存在价值。同时,狭义社会法观点认为,劳动法是关于用人单位和劳动者权利义务的法律,私法色彩远超公法,社会法一般只涉及公权或准公权机构,核心是社会保障法。

(二) 京津冀协同发展中的社会法之问题基础

尽管学界关于社会法的共识尚未完全达成一致,实践中,"中义社会法"已逐渐成为中国社会法的通行理解。一方面全国人大常委会在立法实践中界定了社会法的范围,先后通过、施行了《劳动法》、《劳动合同法》、《社会保险法》、《劳动争议调解仲裁法》、《中华人民共和国就业促进法》(以下简称《就业促进法》)等法律,社会法法律体系不断完善。另一方面中国社会法学研究会等社会法研究组织相继成立,以劳动法、社会保障法等为主体展开理论研究,一些高校设立社会法二级学科博士点、硕士点,主要招收劳动法、社会保障法方向学生,开展社会法研究生教育。基于社会法发展的现状,本研究报告采用中义社会法的视角,以劳动法和社会保障法为主,探究京津冀协同发展中的社会法问题。

一是应推进京津冀协同发展中的社会法立法建设。京津冀协同发展客观上要求必须进行法治建设,建构区域一体化的就业促进、社会保险与和谐劳动关系法治保障是社会法领域的当务之急。随着北京、天津、河北不同功能定位的推进,京津冀经济协同发展会带动区域经济结构调整,实现区域经济、产业转型,政策互动、资源共享,要素市场一体化发展趋势,在产业结构调整、淘汰落后产能过程中不可避免地会出现企业重组、企业合作与并购等。为此,通过社会立法,实施就业优先的发展规划,构建京津冀一体化人力资源市场,实现劳动力自由流动,推进基本养老保险区域并轨,建设区域和谐劳动关系,既是京津冀协同发展的重要内容,也是京津冀协同发展的法治保障。

二是应推进京津冀协同发展的社会法司法建设。从京津冀三地社会法司法现状分析,近年来北京市、天津市、河北省高级人民法院、劳动人事仲裁委员会均

---

〔1〕 林嘉:《论社会保障法的社会法本质》,载《法学家》2002 年第 1 期。
〔2〕 郑尚元:《社会法语境与法律社会化》,载《清华法学》2008 年第 3 期。

颁布过涉及《劳动合同法》《劳动争议调解仲裁法》《社会保险法》等法律适用的会议纪要、裁判意见，其中不乏存在分歧之处，影响了司法统一的建设。为此，应立足京津冀的司法实践，既梳理京津冀现行社会法司法裁判规范，又结合社会立法研究和法理，提出京津冀司法统一标准的具体建议和实施方案，推动京津冀各级人民法院、劳动人事仲裁委员会提升司法、仲裁水平，提高办案质量。

三是应推进京津冀协同发展的社会法执法建设。随着京津冀协同发展的推进，社会法执法联动、联合执法将成为执法建设的首选方式。更为重要的是，京津冀协同发展衍生的一系列新问题增强了执法问题的必要性和迫切性。为此，开展京津冀社会法联合执法，对构建京津冀和谐社会秩序，推进京津冀协同发展极为重要。

二、京津冀协同发展中的社会法建设：进展、现状与成效

（一）中国社会法建设是京津冀协同发展中社会法的基石和主体

京津冀协同发展可以追溯至 20 世纪 80 年代的京津冀一体化发展。进入 21 世纪京津冀一体化进程加快，2014 年京津冀协同发展上升为国家重大战略，进入区域协同的快速发展时期。在这一过程中，我国社会法建设获得极大发展，被确立为社会主义法律体系的一个法律部门。

20 世纪 90 年代社会主义市场经济体制逐步确立，为社会法建设创造了基本条件。1994 年 7 月 5 日第八届全国人大常委会第八次会议通过《劳动法》，主要内容包括总则、促进就业、劳动合同和集体合同、工作时间和休息休假、工资、劳动安全卫生、女职工和未成年工特殊保护、职业培训、社会保险和福利、劳动争议、监督检查、法律责任等，是基础性、综合性的劳动法典，确立了市场经济体制下劳动关系调整的法律原则、主要制度，奠定了中国劳动法制的基本框架。依凭《劳动法》，劳动部颁布了《企业经济性减裁人员规定》《工资支付暂行规定》《违反和解除劳动合同的经济补偿办法》《企业职工患病或非因工负伤医疗期规定》等 17 个配套规范性文件。尽管《劳动法》对于中国社会法建设具有里程碑意义，但随着经济体制改革的深入，劳动关系出现市场化、多元化、灵活化等新变化，《劳动法》显现出与劳动关系调整法律需求的不适应，2007 年第十届全国人大常委会第二十八次会议通过《劳动合同法》，进一步明确了保护劳动者合法权益的立法宗旨，规范了劳动合同的订立、履行、解除和终止，强化了无固定期限劳动合同的适用，扩大了经济补偿金的范围，对劳务派遣、非全日制用工、集体合同等进行了规范，2012 年修改《劳动合同法》。此外，2007 年全国人大常委会通过《就业促进法》《劳动争议调解仲裁法》，2011 年修改《中华人民共和国职业病防治法》，2014 年修改《中华人民共和国安全生产法》。在此基础上，国务院颁布《中华人民共和国劳动合同法实施条例》《职工带薪年休假条例》《女职工劳动保护特别规定》《人力资源市场暂行条例》等行政法规，人力资源和社会保障部颁布《就业服务与就业管理规定》《企业职工带薪年休假实施办法》《劳务派遣暂行规定》等部门规章。经过改革开放 40 多年，尤其是 20 世纪 90 年代以来的劳动立法，中国劳动法律体系不断完善。

在劳动法法律体系不断健全、完善的同时，中国社会保障法在 20 世纪 90 年代以社会保险立法为主线，启动了由单一立法向综合立法演进的法治建设之路。1991 年国务院颁发《关于企业职工养老保险制度改革的决定》，1997 年颁布《关于建立统一的企业职工基本养老保险制度的决定》，2005 年颁布《关于完善企业职工基本养老保险制度的决定》，2014 年颁布《关于建立统一的城乡居民基本养老保险制度的意见》《关于机关事业单位工作人员养老保险制度改革的决定》，至此养老保险立法基本定型。此外国务院先后制定《失业保险条例》《工伤保险条例》，依法推进医疗保险、生育保险，出台医疗保险的行政法规和部门规章。在此基础上，2010 年全国人大常委会通过《社会保险法》。

（二）京津冀三地制定的社会法地方性法规、党内法规和规范性文件是三地社会法治的重要内容

在国家施行《劳动合同法》《就业促进法》《劳动争议调解法》等法律法规以来，京津冀三地制定了大量社会法的地方性法规、党内法规和规范性文件。如围绕就业促进，天津市颁布《天津市就业促进条例》，北京市颁布《北京市就业援助规定》、修正《北京市劳动力市场管理规定》，河北省出台《河北省实施〈中华人民共和国就业促进法〉办法》等；围绕和谐劳动关系建设，三地分别出台了《中共北京市委、北京市人民政府关于进一步构建和谐劳动关系的实施意见》《中共天津市委、天津市人民政府关于进一步构建和谐劳动关系的实施意见》《中共河北省委、河北省人民政府关于构建和谐劳动关系的实施意见》。据不完全统计，三地制定的关于就业、社会保险、劳动关系等社会法地方性法规、党内法规、规范性文件超过 120 件。

（三）京津冀协同立法机制的构建为三地社会法协同建设提供了平台和基础

《京津冀协同发展规划纲要》实施以来，在地区基础之上，三地展开区域立法、司法和执法诸多领域的合作、协同，取得了积极进展和成效，为进一步健全、完善京津冀发展中社会法法治体系。京津冀三地人大常委会颁布实施《关于加强京津冀人大协同立法的若干意见》《京津冀人大立法项目协同办法》《京津冀人大法制工作机构联系办法》《京津冀人大立法项目协同实施细则》，构建了联席会议、协商沟通、立法规划计划协同、法规清理常态化、学习交流借鉴等协

同立法机制。[1] 经过五年的努力，京津冀协同立法取得丰硕成果，进行协同立法十几部，为京津冀协同发展提供了坚强法治保障。京津冀协同立法实现了"由松散型协同向紧密型协同转变，由机制建设协同向具体项目协同转变，由单一立法项目向多领域协同转变，由点状到面状转变"。[2] 这一机制为京津冀协同发展、完善社会法治奠定了基础。

（四）京津冀协同发展中的司法协作为社会法司法协同搭建了良好机制

1. 京津冀司法协作的进展与机制

2016年2月，最高人民法院发布《关于为京津冀协同发展提供司法服务和保障的意见》，对依法履行人民法院审判职能及建立健全京津冀法院工作联络机制提出了18条具体意见。在最高人民法院和高级人民法院的推动下，京津冀协同发展中基层法院司法协作取得了积极进展。2017年8月，北京市第三中级人民法院、天津市第一中级人民法院和河北省廊坊市中级人民法院签署《协同发展司法保障工作联络机制》；北京延庆区人民法院、昌平区人民法院、门头沟区人民法院与河北省张家口市中级人民法院辖区内的17家基层法院签署《京冀基层法院执行联动协议》，2018年4月，北京市第一中级人民法院与张家口市中级人民法院签订《全面协作框架协议》。2018年5月，北京市第一中级人民法院、天津市第一中级人民法院、河北省唐山市中级人民法院签署《京津冀协同发展司法服务保障机制框架协议》。此外，北京市平谷区人民法院、天津市蓟州区人民法院、河北省三河市、遵化市、兴隆县、玉田县人民法院签署了《三省（市）六地法院司法协作协议》；北京市通州区人民法院与天津市武清区人民法院、河北省廊坊市中级人民法院签署《通州、武清、廊坊毗邻法院司法协作框架协议》；天津市静海区人民法院、天津市滨海新区人民法院汉沽审判区与京冀共15家中基层法院签署了司法协作协议。

2. 京津冀协同发展中社会法的司法实践与机制

围绕社会法的实施，在施行国家法律法规、部门规章、司法解释的同时，京津冀三地立足地方实际，出台地方性法规、政府规章和规范性公共政策，其中最多的是劳动人事争议处理的地方性制度，形成效力层次不同，更具实践性的区域劳动人事争议处理的调解、仲裁和司法体系。一是出台地方性劳动人事争议调解规定。二是统一社会法裁判尺度，出台适用《劳动法》《劳动合同法》《劳动争议调解仲裁法》的地方指导意见，规范劳动人事争议处理。《劳动争议调解仲裁

---

[1] 于浩：《京津冀协同立法：从松散到紧密实现重大突破——专访河北省人大常委会副主任王会勇》，载《中国人大》2019年第16期。
[2] 于浩：《京津冀协同立法：从松散到紧密实现重大突破——专访河北省人大常委会副主任王会勇》，载《中国人大》2019年第16期。

法》《劳动合同法》《就业促进法》《社会保险法》等法律施行后，尽管最高人民法院出台司法解释，执法过程中依然存在大量疑难案例，裁判尺度不一，影响了劳动人事争议处理的权威性和公信力。三是为京津冀协同发展出台政策与司法规范。针对京津冀协同发展过程中产业转移、产业转型可能出现的劳动人事争议问题，北京市高级人民法院出台了《关于为"疏解整治促提升"专项行动提供司法保障的意见》。四是构建京津冀跨区域立案制度，兼及劳动人事争议预防机制。五是构建京津冀劳动人事争议协同处理制度，妥善处理区域劳动人事争议。

（五）京津冀协同发展中的社会法执法

《京津冀协同发展规划纲要》实施以来，京津冀三地社会法执法在多领域开展合作，取得明显成效。2017 年 7 月，京津冀三地人才工作领导小组联合发布了《京津冀人才一体化发展规划（2017—2030 年）》，这一规划虽然只涉及人才问题，却彰显了京津冀人力资源市场一体化协同发展的大势所趋。京津冀人力资源市场协同发展旨在使劳动力要素按照市场规律在京津冀自由流动，优化配置。随着京津冀协同发展的深入，京津冀人力资源市场一体化程度会进一步提高，直至实现一体发展。第一，京津冀人力资源市场一体化构建与协同执法。第二，依凭人力资源和社会保障领域合作政策，构建劳动人事争议预防区域联合制度。第三，构建京津冀跨地区劳动保障监察制度，依法规范用工。

三、京津冀协同发展中的社会法主要问题及其评判

一是京津冀社会法协同立法相对滞后，协调性不够。二是审判领域中涉及社会法法律适用的裁判标准不统一，甚至差异很大。现行京津冀三地在社会法适用分歧的主要问题是：劳动合同履行过程中调岗调薪问题、未签订劳动合同二倍工资制度问题、继续履行劳动合同的工资损失问题、混合用工问题等。三是京津冀跨域立案及诉讼服务问题。四是京津冀社会法执法中的问题。京津冀三地的地方性社会法法规会有差异，引起执法困境，影响执法效率。例如在劳动保障监察中发现的违法问题，涉及协同执法时，京津冀三地相关的行政处罚力度各有不同，如何适用处罚标准存在争议。此外，社会法执法中对于管辖权也会存在分歧、缺乏统一的执法机制和执法程序。这些问题是京津冀社会法执法中反复出现的主要问题，应从根本上加以解决。

四、完善京津冀协同发展中社会法法治的主要对策

（一）健全完善京津冀协同发展中社会法法治的方法论定位

第一，落实党领导立法的工作机制。第二，推动三省市政府制定社会法规章。第三，建立社会法立法公众参与制度。第四，建立京津冀三地立法交叉备案审查制度、立法后评估制度。第五，京津冀社会法建设是双重系统性工程的叠加，一方面其是京津冀协同发展的组成部分，不能孤立于京津冀协同发展建设；

另一方面其本身亦是一个系统性工程，需综合建设诸多制度，发挥制度合力才能形成机制，不能强调某一制度的重要性而偏颇制度体系的整体建设。第六，京津冀社会法建设应立足京津冀，从"协作、合作"迈向"协同一体化"的制度建设。第七，京津冀协同社会法是规则制定、执行和监督的总和。

（二）健全完善京津冀协同发展中社会法法治的基本对策

第一，整合立法和公共政策，统一立法尺度，确立京津冀协同发展的劳动标准。中共中央、国务院出台《关于构建和谐劳动关系的意见》后，北京市、天津市和河北省均颁发了地区性和谐劳动关系的规范性文件，三个文件均立足地区提出了和谐劳动关系构建的基本原则和具体政策，内容多有交叉重叠。在经济社会发展一体化，京津冀劳动力市场一体化发展的前提下，碎片化、区隔化立法不仅无法形成制度合力，更有可能成为区际和谐劳动关系，乃至社会法治构建的障碍。为此，应加强党内法规与地方性法规的互动，整合《中共北京市委、北京市人民政府关于进一步构建和谐劳动关系的实施意见》《中共天津市委、天津市人民政府关于进一步构建和谐劳动关系的实施意见》《中共河北省委、河北省人民政府关于构建和谐劳动关系的实施意见》，制定《京津冀和谐劳动关系促进条例》，主要规范京津冀地区的用人单位和劳动者的权利义务，全面推行集体协商和集体合同制度。推进用人单位和劳动者依法采用集体协商的方式订立和变更集体合同，调整劳动报酬，改善劳动条件，解决劳动争议。建立京津冀三地劳动关系协调委员会，协调处理京津冀协同发展中面临的劳动关系重大问题。建立健全劳动关系信用征信制度。在协同立法基础上，依凭《京津冀劳动关系工作协同发展协议书》，推进三地劳动关系工作协同向纵深发展。一是京津冀协同建立最低工资标准、企业工资指导线和高温津贴等劳动标准的信息沟通机制。二是京津冀三地联合制发区域劳动合同参考文本，供三地用人单位和劳动者免费使用，推动区域人力资源市场一体化。三是京津冀三地法院联合发布构建和谐劳动关系指导性案例。四是建立企业薪酬调查信息发布协同机制，统一相关业务经办流程，形成政策一致、标准一致、节奏一致的工作格局，促进区域劳动关系和谐稳定。总之，应立足京津冀三地党内法规、地方性法规，在用人单位工资分配、劳动标准、劳动用工和集体合同、劳动关系形势分析、劳动人事争议处理、劳动保障监察以及工作信息沟通等方面开展协同合作。同时，京津冀三地人大及人大常委会可以通过联合立法，分别通过的方式，制定《京津冀就业促进条例》《京津冀人力资源市场管理条例》，同时在工作时间、工资增长指导、社会保障等领域，统筹制定区域性劳动标准，形塑京津冀劳动秩序，同时为劳动人事争议预防提供法制保障。

第二，统一京津冀仲裁、法院裁判标准，统一执法尺度。一如前述，北京市、天津市和河北省的法院、仲裁机构在审理劳动人事争议疑难案件时，根据《劳动合同法》《社会保险法》《劳动争议调解仲裁法》等法律法规和最高人民法院颁布的司法解释，先后颁布劳动争议案件适用法律的指导意见，这些法律意见对于北京、天津、河北地区劳动人事争议的预防发挥了积极的作用，是极为重要的司法规范。尤其是北京市高级人民法院独立或联合北京市劳动人事仲裁委员会出台四个规范性文件，在全国具有重大影响和示范效应。京津冀三地仲裁、司法裁判尺度不一致影响了京津冀劳动力自由流动的法律保障。为此，京津冀三地法院和仲裁机构应立足京津冀协同发展，重新审视、梳理三地审理劳动人事争议案件的法律适用规范，消除歧义，统一尺度，形成区域之间的"同案同判"。更为重要的是，这种统一的执法标准能发挥公共政策的制度功能，引领企业和劳动者劳动关系的法治化建构。一方面，京津冀各地不同步的经济发展水平决定了该区域内法院的立案标准也存在一定程度上的差异，因此在京津冀法院司法协作机制中考虑立案标准的问题，主要应基于公平原则的出发点和落脚点的考虑，在司法统一的前提下结合具体问题具体分析原则，消解区域内地方法院在立案标准上的差异性。另一方面，随着区域经济一体化进程的不断深入，京津冀范围内的各地法院应当采取各种措施避免裁判标准不统一现象的发生。一是建立区域内不同法院之间关于审判工作的定期交流机制；二是定期开展京津冀法院间的专业研讨会，专门针对区域内的案件的司法标准和裁判尺度问题，展开专业性的理论分析和实践分析，从而最终在法律适用、自由裁量权的行使上达成共识，实现区域内同案同判；三是深入推进京津冀区域性案例指导制度。京津冀各法院相关审判管理部门应加强研究，搜集整理具有审判指导功能的案例，找出其中具有指引和规范价值的内容，归纳裁判要点和法律适用规则，为类型化案件的裁判尺度统一奠定基础。

第三，京津冀劳动关系三方协调机制的一体化建构。一是设立京津冀劳动关系三方协调机制工作委员会，作为京津冀劳动关系协调的常设机构，推动三地之间的企业协商和行业性协商。同时，延伸委员会的工作职能，强化委员会的劳动保障立法促进职能、工资集体协商政策倡导和能力建设职能、集体劳动争议处理三方协调职能，综合保护用人单位与劳动者的合法权益。二是建立京津冀劳动关系三方协商机制推广示范制度。京津冀三地政府充分发挥在三方协商机制中的引导作用，引导劳动者与用人单位通过协商机制来解决劳动人事争议，为劳动关系双方进行协商营造良好的外部氛围和环境，劳动者与企业通过理性协商，追求劳动者与企业的共同利益最大化，将劳资双方的对抗和冲突转化为基于共同利益的合作，进而将可能的劳动人事争议解决在萌芽状态。天津市经济技术开发区、北京亦庄经济技术开发区的诸多企业通过集体协商，化解劳动关系矛盾，取得了明显成效，但也有大量民营企业没有开展集体协商，或者集体协商流于形式，没有形成有效协调机制，劳动人事争议容易发生，不利于劳动关系的稳定，也不利于企业的健康发展。京津冀劳动关系三方协商机制推广示范制度的关键是将天津市经济技术开发区、北京市亦庄经济技术开发区等典型的集体协商企业经验推广至京津冀，引领京津冀三地三方协商机制的建立。三是建立京津冀行业性三方协商机制。随着北京市疏解非首都功能的推进，京津冀三地产业转移、产业升级对行业性协商机制的要求日益提高，行业性协商具有组织和技能优势，有利于为劳动者争取与企业平等的协商地位。京津冀三地宜在传统的劳动人事争议频发的建筑行业和制造业，以及新兴的隐含新型劳动人事争议的科技行业、分享经济行业为切入点，建立行业性三方协商机制，为劳动者争取更好的职业环境，合理的劳动报酬，并规范行业的竞争秩序。

第四，发挥政府作用，以行政法治为出发点，建立京津冀行政执法的联动机制。一是开发京津冀三地多方联动机制的制度资源，发挥制度合力作用，健全社会法执法联动机制。在京津冀协同发展过程中，京津冀三地在探索多方联动机制，[1] 构造和谐劳动关系，及时解决劳动人事争议纠纷方面形成了颇为有效的地方性做法，然而这些"地方性知识"在京津冀一体化协同发展中完全可以共享制度资源，预防劳动人事争议的发生，引导劳动人事争议进入协商、谈判程序，以合理程序为劳动人事纠纷提供预防与化解的制度保障。为此，京津冀三地应立足现行较为成熟的多方联动机制，定位三地政府在预防劳动人事争议方面的职责，进一步开发多方联动的制度资源，充分发挥多方联动的政府效能，结合企业调解组织、社会组织的力量，形成"劳动人事争议预防调解"的有效机制。二是实现京津冀劳动保障监察协同执法，维护京津冀劳动秩序。2016年7月，北京市人力资源和社会保障局、天津市人力资源和社会保障局、河北省人力资源和社会保障厅联合发布《京津冀跨地区劳动保障监察案件协查办法》，无疑具有重要意义，但这一办法仅仅规范了京津冀跨地区劳动保障监察案件的协办，没有形成京津冀劳动保障监察协同办案的一体化机制。为此，应立足京津冀一体化发展趋势，加强劳动保障监察工作，保障国家劳动法律、法规、规章的贯彻实施，京津冀劳动监察部门应加强对用人单位劳动法的检查，引导用人单位合理、合法用

---

〔1〕 2009年北京市总工会牵头与市人力资源和社会保障局、司法局建立了劳动争议调解"三方联动"机制，形成了"政府指导，工会牵头，各方联动，重在调解，促进和谐"的工作格局。2010年，市信访办、市高级人民法院和市企联进入联动机制，形成了劳动争议调解"六方联动"机制，此后联动机制的参与者不断扩大，为及时有效地预防、调解劳动争议纠纷发挥重要作用。2009年天津市总工会、高级人民法院、市司法局、市人力资源和社会保障局联合建立劳动争议"四方联动"调解机制。河北省建立了"链条式"职工维权服务模式，将劳动人事争议预防纳入链条的第二环节。

工，在提高劳动者的法律和维权意识的同时，对劳动投诉案件及时调解处理。京津冀劳动保障监察部门应按统一执法尺度，开展对劳动合同订立与履行、工资、社会保险缴纳、职业标准与安全卫生方面的监察活动，对用人单位违反劳动标准、劳动法的行为及时纠正与惩处。京津冀劳动保障监察部门应加强人力资源市场综合管理。

第五，协同依法行政，推进京津冀人力资源和社会保障一体化。按照共建、共育、共享、共担的原则，京津冀在推动三地就业创业服务、社保顺畅衔接、深化区域人才交流、职称资格资质互认、留学人员创业园共建等多方面达成一致，建立全面系统合作框架体系。协同制定《京津冀人才发展条例》明确三地专业技术人才职称资格取得的职称外语和计算机等考试成绩，以及取得专业技术人员职业资格和专业技术资格等证书的人员，调入其他两地，可由用人单位直接聘任，不再更换职称证书。同时，持有三地中任何一地的从业资格证书，可在其他两地从事人力资源服务工作，无须再参加当地的培训及考试，实现京津冀三地人力资源服务业从业人员的无障碍自由流动和人力资源服务机构的相互交流。此外，高端外国人才工作手续互认、工作证业务办理迁入材料减免，为外籍人才在三地流动提供便利、优质、快速的服务。

第六，突出《社会保险法》的区域一体化实施，京津冀三地社会保险协同发展。一是医疗保险领域，实行异地就医直接结算。二是工伤保险领域，京津冀三地签署《京津冀工伤保险工作合作框架协议》，在工伤认定、工伤劳动能力鉴定和工伤医疗康复三个方面开展合作，充分保障工伤职工的合法权益。

第七，依法开展养老保险服务。京津冀三地 60 岁以上的老年人口已超过1630 万，其中北京 300 万、天津 215 万。实行跨区域养老，可以实现各地区的优势互补。京津冀三地协同规划布局养老机构，引导鼓励养老服务业积极向北京之外疏散转移，探索跨区域养老新模式，开展跨区域购买养老服务试点。

第八，发挥政府作用，建立企业外劳动者利益诉求查询表达机制，促进劳资双方沟通。

（三）健全完善京津冀协同发展中社会法实施的社会机制

第一，建立京津冀区域性工会和行业性工会，发挥行业工会和区域工会作用，以工资集体协商制度建设为重点，开展工资集体协商、集体合同签订和履行等工作，保护劳动者权利和利益。京津冀协同发展的结果会形成产业布局的重新调整，产业布局调整不可避免地影响劳动者利益。

第二，完善劳动人事争议治理机制，构造劳动争议处理"预防-调解"机制，通过机制建设和效能提升，发挥街镇调解、人民调解等第三方调解组织的社会功能，有效处理萌芽状态的劳动关系矛盾。

第三，完善集体劳动争议处理机制，严格区分集体争议中的权利争议和利益争议，针对权利争议，完善、规范集体合同的订立与履行，严格按照《劳动法》《劳动合同法》《社会保险法》等依法保护劳动者和用人单位合法权利。

第四，依法规范企业用工，完善人力资源管理制度。企业规范用工是预防劳动人事争议的关键，规范用工的基本要求是依据《劳动法》《劳动合同法》《社会保险法》等劳动法律法规，开展人力资源管理和劳动关系建设。

第五，建立健全劳资协商机制，促进企业民主沟通对话。

第六，创新企业民主管理形式，构建和谐劳动关系。

第七，完善企业内部劳动人事争议解决机制。按照《劳动争议调解仲裁法》《企业劳动争议协商调解规定》，企业内部解决劳动人事争议的方式包括协商、调解两种形式，但这两种法定方式在现实中发挥作用的效果却不理想。究其原因，与企业协商调解制度构造设计的缺欠不无关系。

第八，运用大数据研判劳动关系走势，完善社会法纠纷预警机制。

以乡规民约推动基层社会治理

安　辉[*]

党的十九大报告提出，推进国家治理体系和治理能力现代化，推动社会治理重心向基层下移。"全面推进依法治国，基础在基层，工作重点在基层。"[1] 报告在总结以往社会治理经验的基础上，进一步提出要"按照产业兴旺、生态宜居、乡风文明、治理有效、生活富裕的总要求，建立健全城乡融合发展体制机制和政策体系"。农业、农村、农民问题是关系国计民生的根本性问题，而我国发展不平衡不充分问题在乡村最为突出。人民法院，特别是基层人民法院立足乡村、贴近群众的前沿阵地，更应增强为实施乡村振兴提供司法服务的责任感和敏锐性，聚焦辖区乡村转型发展中面临的土地改革、产权保护、基层组织建设等新形势、新问题，以指导乡规民约的制定与实施为切入点，自觉、主动延伸司法职能作用，保障土地制度改革落实，助力农业转型升级，服务乡村振兴工作。

一、乡规民约的基本理论与发展沿革

所谓乡规民约，是指在某一特定乡村地域范围内，由一定组织、人群共同商议制定的某一共同地域组织或人群在一定时间内共同遵守的自我管理、自我服务、自我约束的共同规则。这种规则大多以文字的形式出现，亦有一些非文字的乡规民约。这种形式的乡规民约在一定时间内，对特定区域的人群具有一定的约束效力，可以看作是民间习惯法的一种。[2]

（一）乡规民约的历史沿革

乡规民约产生于特定的社会结构基础，背后隐藏着国家权力与自治权利之间的博弈。无论在传统社会、民国时期还是新中国成立以后，乡规民约始终服务于衡平国家与乡村社会之间的利益诉求，实现乡村社会的和谐稳定。

---

　*　课题主持人：安辉，北京市门头沟区人民法院副院长。立项编号：BLS（2018）B005。结项等级：合格。

[1]《中共中央关于全面推进依法治国若干重大问题的决定》，人民出版社 2014 年版，第 36 页。

[2] 卞利：《明清徽州乡（村）规民约论纲》，载《中国农史》2004 年第 4 期，第 97 页。

1. 传统社会

学界对于成文的乡规民约出现时间尚未形成共识，一般以北宋《吕氏乡约》为成文乡规民约出现的标志，其奠定了乡规民约的基本框架。历代的乡规民约基本都是在《吕氏乡约》的基础上进行的演化和创新。

《吕氏乡约》是北宋熙宁九年由关中学派的吕大钧兄弟在其家乡陕西蓝田推行的，因此也被称为蓝田乡约。这一乡规民约以"德业相劝，过失相规，礼俗相交，患难相恤"[1]为主要内容，以儒家伦理道德观念教化乡民，强调有过失即能改之，依据是否改过和情节轻重给予罚金、除名等不同处罚；对于初犯者（犯轻过），规劝之后能及时改正的，仅在册籍上予以登记，均免除处罚，但若再犯则不能免除处罚。[2]关于除名，对于情节恶劣、重罚之下仍屡教不改的人，可以由乡民共同商议决定是否将其开除。《吕氏乡约》深受儒家思想影响，它以儒家经典《周礼》《礼记》为范本，将儒家礼学思想中的精华与乡村治理相结合，以维护乡村稳定与发展为目的，组织机构中突显士绅权力的重要性。之后，朱熹在此基础上编写《增损吕氏乡约》，将乡规民约进一步加以完善。后世学者对《吕氏乡约》给予了高度评价，由乡民主动主持并起草乡规民约，《吕氏乡约》在中国历史上确属首次。[3]

明代王阳明在赣南匪患猖獗、民风日下的特定背景下制定《南赣乡约》，注重实效，重在惩恶。这一乡规民约主要有四方面内容：第一，规定入约需由约众推选才能加入；第二，明确乡约成员必须承担相应的义务；第三，赋予约长对纠纷进行调解的权力；第四，列明约长惩恶扬善的程序。[4]《南赣乡约》的原则是诱掖奖劝，奉行忠厚之道，注重实际效果；具体办法是先隐后显，先礼后兵；集会程序精细，简化礼仪，增加约众参与，以及组织者和约众的相互呼应，会议气氛比较生动；制度设计更为精细，在领导人数上显著增加，集会程序和组织安排等方面更加严格，组织机构的职能也明显扩张。[5]《南赣乡约》的缺陷主要有三方面：第一，缺少善恶评判标准，依据人心判定个人行为的善恶；第二，强制性规范较多，注重义务履行而缺少权利保障；第三，组织机构趋于官僚化，几乎成为政府控制乡村社会的工具。

清代以宣讲圣谕的形式将国家意志渗透在乡规民约的方方面面。洪武三十年（1397年），朱元璋颁布了洪武六训："孝顺父母，尊敬长上，和睦乡里，教训子

---

〔1〕 陈俊民辑校：《蓝田吕氏遗著辑校》，中华书局1993年版，第563~567页。
〔2〕 陈俊民辑校：《蓝田吕氏遗著辑校》，中华书局1993年版，第563~567页。
〔3〕 杨开道：《中国乡约制度》，山东省乡村服务人员训练处印1937年版，第104页。
〔4〕 萧公权：《政治思想史》（下册），商务印书馆2011年版，第551页。
〔5〕 牛铭实：《中国历代乡约》，中国社会出版社2005年版，第30~32页。

孙，各安生理，毋作非为。"〔1〕此后，洪武六训成为明代教化的主要内容，同时也被乡规民约及宗族法广泛引用。清顺治皇帝颁布的圣谕广训，未改动洪武六训的内容，直接下发给八旗直隶各省。康熙九年（1670 年）颁布圣谕十六条，与之前的圣谕六条一并列入宣讲内容。

2. 民国时期

乡村建设运动兴起于 20 世纪二三十年代，为农村发展注入了一股新的活力。以一些接受过西方教育的先进知识分子为代表的社会精英参与到乡村建设中，形成具有中国地方特色的乡土建设学派。这一运动最早可追溯到清末米氏翟城村治实验，将西方的地方自治经验与《吕氏乡约》相关内容融入当地村治活动中，留美学者晏阳初在此基础上进一步加以发展，创办"中华平民教育促进会"。梁漱溟在山东组建乡村建设研究院。"乡村建设运动"的特点在于，它与政治形成一种平民主义和官府赞助相结合的运行模式，这些知识分子在国民政府同意或者许可的范围内试验乡村民主政治、改造乡村教育等。依照知识分子们的政治主张和研究方法不同，"乡村建设运动"有推崇西化与重视本土化，倡导教育先行与军事强制，平民主义与官府主导等几种类型。乡村建设运动本质是一种改良主义，它在不触动反动统治根基的前提下的，试图运用古代乡治和西方地方自治思想拯救农村。他们从文化教育、环境保护、医疗卫生等方面为乡村治理提供帮助，但是忽视了经济利益对于农村社会的重要性。在积贫积弱、社会混乱的时代，乡土建设学派救国救民的政治抱负最终无法得以实现。"乡村建设运动"留给后人的重要启示是，国家建设始终要以促进农村社会发展为基础，在农村全面改革过程中要正确处理国家政权与基层自治之间的关系，"乡村改革在充满敌意的政治环境中无法生存"。

3. 新中国成立以后

新中国成立初期的前三十年，随着国家政权不断下沉，乡规民约在一系列政治运动的背景下发挥作用的空间逐渐缩小，计划管理手段成为国家控制乡村的主要手段。毛泽东对乡村发展尤为重视，他主张借助国家政权力量制定相关乡规民约，将包括红白喜事、戒赌、除四害、讲卫生、计划生育、农业技术等在内的诸多内容都以行政计划的方式进行管理。对于违反规定的通过大鸣大放的形式，通过辩论纠正过来。〔2〕共产党通过行政指令的方式在较短时期内破除了乡村封建落后思想，对于促进乡村社会稳定与发展具有较大意义。但这种模式极大地压制了乡民的自治活力，对乡村治理也产生了一些消极影响。

---

〔1〕《明太祖实录》，卷 255。转引自牛铭实：《中国历代乡约》，中国社会出版社 2005 年版，第 5 页。
〔2〕《毛泽东选集》（第五卷），人民出版社 1977 年版，第 470~472 页。

改革开放以来，中国乡村也迎来了发展的新时期。乡规民约作为村民自治的重要形式，开始得到党和国家的高度重视：1982 年《中华人民共和国宪法》明确了村民委员的基层群众性自治组织地位；1983 年《全面开创社会主义现代化建设的新局面——在中国共产党第十二次全国代表大会上的报告》中明确将其作为精神文明建设的重要内容；1987 年《中华人民共和国村民委员会组织法（试行）》第 16 条第 2 款规定："村规民约不得与宪法、法律和法规相抵触。"20 世纪 90 年代初，村民自治章程开始出现，标志着乡规民约进入到一个新的时期。乡规民约文本的规范化、法治化程度明显提高。

（二）乡规民约的存在依据

乡规民约赖以存在的基础有多方面：从法理角度来看，乡规民约将法律内化为乡民社会活动的行为准则，有助于促进法治的完善和发展；从文化传统角度来看，乡规民约教化乡民弃恶扬善，有助于增强村民的社会认同感；从民主政治来看，村民以民主协商方式订立乡规民约，体现出村民自治的基本精神；从社会稳定角度来看，乡规民约在化解邻里家庭纠纷、促进乡民关系和谐发展中具有较大作用。它以较低的成本约束和规范村民行为，有利于维护乡村秩序的稳定。

1. 法治建设需要

乡规民约是法治建设的内在要义，依照法律规定和程序订立的乡规民约在内容和结构上都体现着强烈的国家意志，有助于推进国家法治建设的深入。第一，宪法和法律对村民自治的各项规定，在一定程度上为乡规民约的存在提供了合法性依据。第二，法治的局限性决定了法律需要其他社会自治规范的补充。第三，法治建设的长期性也决定了需要发挥乡规民约的法治辅助功能。乡村法治建设的实践经验和探索表明，通过相关部门对乡规民约制定和实施的有效引导，这些自治规范能够推动农村法治建设的进程。

2. 文化传统延续

乡规民约背后蕴含着丰富的传统文化资源，对于促进优秀传统文化的延续，培育中国法治社会的土壤有着不可替代的积极意义。传统的重要性在于，它是人类社会历史文化的积淀，为人类秩序的延续、文化价值观念的继承提供了共同的桥梁。传统既是一个社会发展变革中形成的文化遗产，以制度、价值、信仰和行为方式等构成文化体系的组成部分；又是连接不同代际、历史阶段、社会形态的重要文化密码。传统文化为人们破解当下社会的发展困境提供了重要的文化路径。乡规民约植根于乡村，在汲取礼俗文化的基础上形成具有乡土特色的熟人社会规则。这一形成和实施过程，有助于增强村民认同感和归属感，推动新农村精神文明建设，推进农村法治进程。

3. 村民自治要求

村民自治是农村基层民主建设的重要内容，村委会是实现村民自治的重要平台。而实现村民自治离不开制度规范和保障，乡规民约以民主决议的方式产生，是乡民维护自身权益、实现利益诉求的重要途径。首先，乡规民约是在村民会议民主协商的基础上表决通过，体现了全体村民的共同意愿，在乡民之中具有较高的权威和认同感。其次，乡规民约是村民自治管理的有效手段，对各种违反法律、道德的规定予以禁止，对自觉遵纪守法、维护村庄秩序的行为予以鼓励。村民根据法律规定，结合区域实际情况，在本村建章立制，规范村民组织管理制度、明确村民权利义务形式，通过制度化的形式保障村民自治能够落到实处。

（三）乡规民约的基本特征

在乡村社会变迁的背景下，当代乡规民约正经历着由传统向现代的转变。在这一过程中，它与国家权力的联系更加紧密，城镇化进程的影响更佳明显，地域性色彩快速消退。同时，受多元主体共同参与，民主法治建设不断推进的影响，乡规民约与时俱进的现代化气息愈发浓厚。

第一，民主性与自治性。乡规民约属于基层民主自治的范畴，它的生成与运行反映出乡民共同意愿，是民主自治的产物。以维护乡民集体利益为宗旨的村民代表大会在村民自治中享有最高权威，它通过制定和实施乡规民约促进基层民主政治的发展。乡规民约在制定和实施过程中，村民集体的利益诉求都能得到有效表达，通过整合不同主体之间的意见与建议，形成约束和规范村民的行为规范和道德准则。在具体方式上，以协商、对话、沟通、调解等多重方式化解矛盾、促进沟通，平衡村民间的利益诉求，最终达成共识与认同。

第二，地域性与开放性。乡规民约产生于特定区域居民长期的生产和生活实践中，具有鲜明的地域性特征。一方面，乡规民约包含了大量关于"户婚田土债"的地方习俗，相较于国家成文法律而言，它在调整内容上更关注婚丧嫁娶、人情往来、邻里关系、乡风民俗等关系到村民切身利益的规定。另一方面，中国传统"熟人社会"的特征仍然存在，乡规民约作为村落共同体成员之间以彼此信任和交往为基础形成的行为规则，是熟人社会关系的集中体现，其效力随着同心圆的扩大不断递减。随着城市化进程的不断加快，乡村社会的地域性特征逐渐趋于弱化，乡规民约的开放包容性特点渐趋明显。乡规民约中涉及社会治安、村务管理、乡风民俗、邻里关系、婚姻家庭等内容契合相关法律、政策规定。

第三，规范性与灵活性。乡规民约在文本形式上符合法律、政策性文件的要求，还包括以权利义务和惩戒机制为核心内容的规则评价体系。事实上，乡规民约基本上是按照法律文本格式设计，结构上分为总则、章、节、条、款的标准化格式，权利和义务构成它的基本内容。此外，相对于国家法律严格的运行程序，乡规民约的适用具有灵活多变的特点。乡村社会本质上还是一个人情社会，道德说教、伦理感化等方式仍是乡规民约发挥作用的主要途径。

第四，传统性与现代性。乡村社会发展的历史延续性决定着某些乡土色彩浓厚的传统仍然以某种方式延续着，无讼、和谐等传统理念依然在乡民心中具有很重的分量。乡规民约通过对符合社会主义核心价值观的行为进行倡导，反对破坏村庄秩序、败坏道德风尚的行为。同时，乡规民约还将传统观念与现代文化与制度相融合，把现代民主法治的基本内涵和基层民主制度建设的目标内化为乡规民约的基本内容。

二、以乡规民约推动基层社会治理的现状分析

乡规民约是农村自治的重要规范形式，在乡村治理中发挥着重要作用。在调研中发现，现实中存在的一些因素影响着乡规民约作用的发挥，成为乡规民约推动乡村法治建设的障碍。

（一）情理性结构话语因素

乡规民约发挥作用时所依赖的权威是多元的，既有传统型权威，又有法理型权威。当下乡规民约作用的发挥与乡村社会结构变迁的背景密切相关。调研发现，乡规民约能够发挥较大作用的地区往往社会结构较为稳定，这些地区基于历史传统、社会环境、宗族观念以及宗教信仰等"纽带"紧密地联系在一起。但从整体来看，"在乡土社会中法律是无从发生的。"[1] 虽然转型期乡村矛盾纠纷整体上呈现多元化特征，不再囿于传统"熟人社会"常见的纠纷类型，但其中家事纠纷仍占据首位。乡村居民对纠纷的理解并非建立在对具体案件证据的收集和事实的论证之上，也不注重法律规则的逻辑，其据理力争之"理"蕴含乡土秩序调整中的道德、伦理、纲常、习俗与人情，很难用纯粹的权利义务关系进行区分。因而，乡规民约在当下乡村社会发生巨大转变的背景下，所发挥的作用受到客观限制。

> 案例1——龙某1与龙某2、龙某3法定继承纠纷案：原告与被告龙某2、龙某3系同胞兄弟姐妹。原告出嫁后一直对父母尽了赡养义务。原、被告父母生前拥有一栋房屋，在去世时未对该房屋作出处理。由于该房屋如今面临拆迁，两被告将房屋占为己有，剥夺了原告的继承权。

---

[1] ［美］本杰明·卡多佐：《司法过程的性质》，苏力译，商务印书馆1998年版，第39页。

（二）差异化地方共识因素

乡规民约制定、实施中的程序性、技术性因素会对其作用的发挥产生影响。一些地方的乡规民约甚至将与法律规定相冲突的内容纳入其中。案例 1[1]中龙某兄弟的做法与《中华人民共和国继承法》中男女平等和子女为第一顺序继承人的法律规定相冲突。[2]纠纷未能在起诉前得到有效化解，诉讼反而可能使家人之间的关系变得更加尖锐。从当前乡村社会发展和社会治理的一般现实来看，法理规范与礼俗规范处于矛盾状态的情形较多。在土地价值不断增长及乡村福利不断提升的背景下，妇女权益处于不利状态的事实进一步固化甚至加剧。由"外嫁女"集体收益权、征地补偿等引发的纠纷，说明乡村社会仍未走出发展与秩序的悖论困境。新秩序尚未形成，旧秩序仍发挥作用，二者之间的冲突或模糊地带，导致难以适用统一标准调整。

（三）滞后性价值观念因素

乡规民约固然能够对乡民的行为起到指引作用，但蕴含在背后的乡民价值观念的转变才是推动基层社会治理现代化的关键之处。如：2017 年北京市门头沟区人民法院审理的案件中，排名前三位的分别为：物业服务合同纠纷、离婚纠纷、劳务合同纠纷。该区处于城镇化高速发展时期，因而，"农民上楼"后物业服务合同纠纷显著增长。这一现象反映了乡村发展过程中村民传统乡土社会的生活观念未能及时与现代社会相适应。价值观念与社会发展的脱节成为阻碍乡规民约发挥作用的因素。如何能够使乡民从心理上真正认同法治的相关理念，调整传统"乡土社会"中一些不适宜的价值观念，是当下法院参与基层社会治理时需要重点考虑的。

表 1　2017 年北京市门头沟区法院排名前三位的案件类型[3]

序　号	纠纷类型	案件数	占全院收案数的百分比
1	物业服务合同纠纷	1847	17.9%
2	离婚纠纷	463	4.5%
3	劳务合同纠纷	369	3.6%

---

[1]　参见（2018）赣 0902 民初 4898 号判决书。

[2]　《中华人民共和国继承法》第 9 条、第 10 条。

[3]　门头沟区为近郊区，面积 1455 平方公里，常住人口 2 980 000 人，其中农业人口 54 998 人，下辖 4 个街道，1 个地区，8 个镇。

（四）本土化实践资源因素

案例2——甲与乙耕牛纠纷案：甲与乙系同村村民，甲于购买耕牛时向乙借取一半购牛款。双方约定甲无须偿还借款，所借款项作为乙的"搭伙"费，耕牛所有权归甲，甲保证乙每年都有牛使用。后因私自将耕牛转卖他人，甲将乙诉至法庭。

乡规民约的受众对现代化的法律概念熟悉程度有限，如何将法律中的词语对应为能够使这些群体理解的词语，决定了制定出来的乡规民约是否能够在实践中得到有效施行。案例2[1]中"搭伙"在当地是由拥有者承担耕牛死亡的风险，在耕牛死亡时向搭伙人归还搭伙费用。但却无法在制定法上找到相应的概念。人民法庭所面临的大量乡土社会纠纷都很难被涵盖于目前主要是移植进来的法律概念体系（而不是法律）中，难以经受法条主义的概念分析。人民法庭法官常纠缠于格式化的司法与非格式化的现实之间，但其实这些产生于困境之中的法律创造和创新，正是解决乡土司法难题的关键所在。本土化的实践资源就产生于这类群体处理乡土事务的司法经验、习惯和技能之中，但我国法学研究在分析总结初审法官的实践和经验方面存在巨大的理论空白。[2]乡土司法只有突破现代法律适宜市民社会生长的土壤，充分挖掘中华民族传统资源的宝藏，才能建构自己的发展路径。

（五）职业化培养模式因素

直接面对乡村居民的主力军往往是刚开始办案、没有乡村生活经历的年轻法官（往往学历较高）。这类法官群体虽然具有较为完备的法律知识体系，但缺乏洞察乡村纠纷产生、发展、变化规律的领悟力和体察力。当下的新入职大学生，大多是从校门直接走入院门，实践经验并不是特别丰富。这样的教育背景与社会经历决定了他们不仅在指导乡规民约的制定与实施方面存在一定困难，而且在办理案件过程中也很难通过有效调解促使双方当事人之间的矛盾、纠纷得到化解。一些法院所辖区域还有自己的方言土语，在不了解这些语言习惯和风土人情的情况下，使用通俗易懂且易于接受的语言将法言法语表述出来，对这些年轻法官而言也是很大的一个挑战。

（六）多元化治理主体因素

法院通过指导乡规民约制定参与基层社会治理，涉及法院与其他各主体之间

---

〔1〕 苏力：《纠缠于事实与法律之中》，载《法律科学（西北政法学院学报）》2000年第3期，第5~7页。

〔2〕 苏力：《送法下乡——中国基层司法制度研究》，中国政法大学出版社2000年版，第16页。

的配合和协作。人民法院尚未与其他机构组织形成社会综合治理联动机制。如图所示，社会矛盾纠纷解决方式是多元的，主要由无救济、私力救济、社会救济、公力救济四个方面构成。这些纠纷解决方式并不是孤立的，不同的纠纷解决方式处理的矛盾的严重程度和纠纷的复杂程度可能会有所不同，但它们处理的往往是同一层面的问题。在同一层面的问题面前，这些不同的纠纷解决方式构成了一种竞争关系。

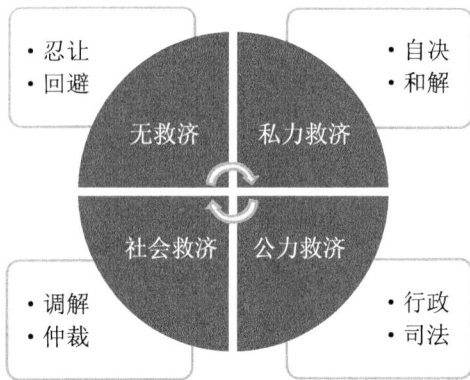

图1　乡村社会纠纷解决方式

　　人民法院依法办事的原则与其他组织机构解决纠纷的方式存在冲突。基层社会的"政治小气候"使这些力量在纠纷解决时，常常受到复杂的利益关系和行政压力的干扰。一些案件在基层政权未能得到解决而被诉诸法律，人民法院需再次对同一起纠纷的事实和法律问题进行调查和判断，导致重复劳动；在两者的调查判断结果不一致时，还可能引起对处理结果不满一方的讼累，同时降低基层政权和法院的权威。

三、以乡规民约推动基层社会治理的客观限制

　　转型时期的乡土司法，"礼治约束力下降，无讼乡土社会成为历史"。[1] 法律"进入"广大农村并"嵌入"乡土社会秩序的实际进程中所面临的复杂性、渐进性和长期性问题，[2] 成为法律与乡规民约和洽相处的客观限制。

　　（一）社会变革急剧导致乡规民约地位下降

　　在生活方式上，乡民社会和乡规民约被城市化浪潮所激荡。城市化既是现代化的物化标志，更是渴望现代化的人们所追求的生活方式。特别在中国，广大的

---

[1]　重庆市第四中级人民法院艾庆平、王宏整理：《转型时期中国乡土司法模式的构建——中国转型时期的"乡土司法"论坛述要》，载《人民法院报》2012 年 8 月 22 日，第 8 版。

[2]　刘武俊：《享受法律——一个法律人的思想手记》，法律出版社 2003 年版，第 188 页。

乡民对城市化的生活寄予了一种强烈的羡慕和渴望，而政府也因为追赶现代化的影响，把城市化的发展赋予了一种国家盛衰之类的意识形态含义和道义价值。乡民社会通过两种方式急剧向城市化方向发展。一是大批农民进城务工。尽管乡民在户籍认可上还存在一些尚未解决的问题，但事实上，其中大部分人已经融入城市市民生活中。二是在很多地区，特别是中、东部，原先的乡村小镇迅速地向小城市方向发展，从而使长期以来和土地及农业打交道的农民也很快地向市民身份转化。如果说前者因为"迁徙自由权"尚未被宪法所肯定而存在一些问题的话，那么后者正好补救了因迁徙尚未自由而带来的城市化的迟缓问题。乡民的生活方式从熟人社会向陌生人社会的转变，导致原有的乡规民约的约束力随之下降。

（二）文化断裂、文化多元导致价值判断无所适从

一方面，1949 年后对社会一系列改造的历史事件及改革开放后的市场转型，使中国传统基层社会在制度基础、经济基础、人员构成、社会结构、文化层面被改变或冲淡。经历改造的基层社会，主要问题不在于结构的断裂，而是文化的断裂。传统文化包含民众在应对和处理生活问题时形成的智慧、策略与习惯，文化的断裂通常会造成人们价值判断无所适从的局面。传统文化在改造之后出现的现实与历史、现代与传统、个体与共同体的断裂，是基层社会治理体系构建的主要障碍。

另一方面，互联网传播速度的迅捷，社会价值观念的多元迸发，亦给人民法院参与基层社会治理体系构建带来前所未有的挑战。由于社会民众对正义的理解以及追求正义的手段方法与现代专业化的法治理念之间存在差异，舆论监督与审判独立在宪法价值体系中所追求的价值取向和逻辑起点不同，一旦民意汹涌极有可能形成干扰正常司法活动的压力和障碍。尤其是在网络舆情演变为舆情危机的情况下，一旦社会公众利用新媒体渠道越过合理监督的边界，势必会对正常的司法活动进行干涉，影响司法公信力和社会稳定，使司法审判变为"网络舆论审判"。

（三）法院职能定位偏颇导致大局统筹乏力

司法权的性质在不同的法律制度下可能会有不同的阐释，但司法权是否应当突破审判职能的局限，积极延伸审判职能，运用专业性知识参与社会治理，在各个法系都是一个争论已久的问题。中国古代司法呈现出司法权与行政权一体运行的模式。[1] 知县负责本县境内的一切事务，"平赋役、听治讼、兴教化、厉风俗，凡养民、祀神、贡士、读法，皆躬亲厥职而勤理之。"[2] "全能型"政府既要承担维护社会秩序、教化百姓等社会治理的职能，又要行使定分止争的司法权

---

[1] 刘长江：《中国封建司法行政体制运作研究》，中国社会科学出版社 2014 年版，第 37 页。
[2] 《清朝通典》卷 34，《职官》12。

能。但从清末改制到1949年后对整个社会进行一系列改造的历史事件，包括改革开放后的市场转型，使中国传统社会在制度基础、经济基础、人员构成、社会结构、文化层面发生巨大改变。"社会稳定有赖于共同价值和文化的信念。"[1]而在当下，部分人民法院对于司法职能的定位还未能充分厘清，在转换传统职业思维模式、创新司法权行使机制上的表现也难尽人意。

（四）协调机制缺乏导致法理、礼俗冲突

不同社会关系类型中秩序维持机制有所不同。法治秩序强调狭义的法学意义上的法律规范在秩序构建和社会治理中的核心作用。当下社会中人与人之间的基本关系从"熟人社会"转向熟悉关系加陌生人关系的混合型关系。基层社会秩序的形成基础和维系力量从教化权威力量转向代表国家法规政策的法理权威与礼俗习惯混合而成的力量。

表2　不同类型社会关系类型与秩序维持机制

关系状态	熟悉关系	陌生关系	混合型关系
均　衡	情感、道德、习惯（礼）	利害无涉	法律、习惯
冲　突	道德、习惯（礼）	法　律	法律、习惯

第一，制度的模糊空间造成了法理与礼俗之间的冲突。这一问题在乡村地区表情尤为明显。如：乡村土地集体所有制、城乡二元的户籍制度安排、计划生育政策等。乡规民约中的这些制度只笼统地规定了权属关系，实际中权能和权效的发挥取决于各地的制度实践，如：集体所有权主体行使、集体成员资格认定、集体收益分配、土地承包经营权和经营权的操作与处置等。

第二，人民法院的"改造逻辑"忽略社会礼俗规则及权威，造成法礼、礼俗冲突。司法现已取代礼俗，成为基层社会综合治理和纠纷解决中的主要力量。所谓法律思维方式，也就是按照法律的逻辑（包括法律的规范、原则和精神）来观察、分析和解决社会问题的思维方式。[2]人民法院多通过强制性的方式以现代的、"先进的"法理规范改造"落后的"礼俗规范。在基层社会法理权威的构建中，这种强制性的方式以同一化的规则调整民众的生产和生活行为习惯，加剧了法理权威与礼俗权威的断裂。因而，法理权威和礼俗权威之间缺乏必要的协商、协调机制，导致司法权力解决纠纷效果具有局限性和不客观性。

---

〔1〕　[美]布赖恩·Z.塔玛纳哈：《法律工具主义对法治的危害》，陈虎、杨洁译，北京大学出版社2016年版，第33页。

〔2〕　郑成良：《论法治理念与法律思维》，载《吉林大学社会科学学报》2000年第4期，第6页。

（五）法院外主体参与有限导致治理主体单一化

基层社会治理体系的构建，需要各个主体之间的配合、协作，但人民法院往往是单一化的治理主体。其一，其他主体经常在处理纠纷时基于人情关系，不能恰当运用权力，对当事人一方有所偏袒或放纵，使另一方无法通过正常渠道获得保护。这些纠纷解决主体兼有行政管理者和市场经济中地方公共资源经营者的双重身份，他们有着自身的经济利益并能够通过各种公共权力实现。他们的成员受到个人利益和关系网的影响，亦容易将职权当作一种资源按照互惠原则在社会关系网中进行交换。一些主体，在纠纷解决中不能从客观中立角度出发，给人民法院参与基层社会治理体系构建造成阻碍，并影响实际效果。其二，其他主体受其事务性工作影响，纠纷解决能力降低。由于他们日常事务性工作繁多，精力不够，在纠纷解决中发挥的作用降低。从诉讼和非诉讼调解纠纷的数量消长看，1986 年法院审理各类民事案件与各类民间组织同期调解各类纠纷之比为 1∶5.3，到 2016 年，二者之比变为 1∶0.74。[1]

（六）自治空间压缩导致传统治理术衰退

传统治理能力的衰退问题在农村地区表现得尤为明显。伴随着社会的发展，传统相对封闭稳定的社会已转变为"流动的村庄"和"空巢社会"，共同体内的主体构成以及主体的社会行动都已发生了实质性的变迁。乡村社会结合具有鲜明的、以核心家庭为基础的实利化倾向，从而在总体上形成了乡村社会结合中的"工具性圈层格局"。[2] 现代化进程中的中国乡村社会，有着与城市社会所不同的特质，主要集中体现在三个方面：一是村落共同体的分散化；二是熟人关系的疏离化；三是情感与道义联系的不密切化。传统乡村"熟人社会"中的村落共同体成员，在没有或较少有外在力量介入的情况下，为了解决生活中共同面对的问题，或是为了促进相互之间的社会团结，他们会发挥乡贤的影响和自身的沟通能力，依据传统习惯和行为共识，协商达成共同认可的解决方案，这一过程就是真正意义上的乡村自治过程。乡村传统治理术呈现衰退，使村民没有足够的空间、资源和标准解决自己的公共事务，更多的村民倾向于借助司法权威解决纠纷。但当下法官的培养路径导致司法人员对现代乡村生活缺乏充分认知和切身感受，使法官难以及时、有效应对乡村生活中新出现的问题，应通过延伸审判职能采取有针对性的措施避免此类矛盾纠纷的再次发生。

---

〔1〕 数据来源：中华人民共和国国家统计局，载 http://data.stats.gov.cn/index.htm，最后访问日期：2018 年 5 月 30 日。

〔2〕 谭同学：《当代中国乡村社会结合中的工具性圈层格局——基于桥村田野经验的分析》，载《开放时代》2009 年第 8 期，第 114 页。

四、以乡规民约推动基层社会治理的理论基础

（一）乡规民约制定与实施：国家权力与自治力量相结合

乡民社会的存在同任何组织体的存在一样，都无法离开构织规则系统而自存。一般而言，一个制度化的社会组织体的存在，至少应当有如下几个要素：作为前提的规则要素、作为内在支撑的观念要素、作为外在表达的行动要素和作为检修机制的反馈要素。[1] 当代中国的乡民社会的规则系统主要由乡规民约构成。当代中国乡民社会规范的第一种表现形式是习惯法；[2] 当代中国乡民社会规范的第二种表现形式是宗族法；当代中国乡民社会中规范的第三种表现形式是乡规民约。乡规民约产生于乡村社会之中，在村民日常生活逻辑中形成、生长，具有内生性，是不同于国家法律的社会规范，在乡村治理中有其独立发挥作用的空间。同时，国家通过法律对乡规民约的制定与实施进行指导，以保障其对乡民的行为举止进行有效调整，促进乡村秩序的构建。在这种语境下，乡规民约既具有某种意义上的"官方"性质，也具有某种意义上的"民间"性质。它是官方与民间、国家与社会合作和互动的产物，因而既不是官方单向度的命令，也不是民间纯粹自治决定的结果。这在一定程度上客观地反映了当下中国乡民社会受官方制约的客观事实。在很大程度上，乡规民约是官方借民间的力量以管理乡民社会的方式。

（二）司法权的"三性"理论：政治性、法律性、社会性统一

从严格意义上讲，指导乡规民约的制定与实施，属于法院延伸司法职能的活动。司法权在国外语境中较为明确，即以法院为载体表现出来的司法审判权力。我国有关司法权的概念曾经一度较为模糊，原因在于司法机关的覆盖面较为宽泛。[3] 司法权作为国家政治权力的重要组成部分，其属性应包括政治属性、法律属性和社会属性三个层次。司法权通过其司法理性彰显其法律属性，同时亦对国家和社会治理产生深刻影响，而这是由其政治属性和法律属性所决定的。随着社会进化和智识的积累，社会本身的发展及其治理，无论在结构上还是功能上都逐步趋于法治化和完善化。社会治理的核心目标在于追求社会秩序的良性状态。通过良法善治，增强法律在社会治理中的功能，提升司法权在运行上的系统性、有效性和规范性，有助于社会主体对各自的事务及其前景形成合理的预期，进而采取相对明确的行动。"刑仁讲让，示民有常"即为此理。

法院作为社会治理的司法机关，具有社会治理方面的各项功能。遵照全球治理委员会的定义和概念，"治理"指的是各种公共或者私人的机构管理共同事务

---

[1] 谢晖：《法制之法与法治之制》，载谢晖：《法的思辨与实证》，法律出版社2001年版，第27页。

[2] 谢晖：《当代中国的乡民社会、乡规民约及其遭遇》，载《东岳论丛》2004年第4期，第49～56页。

[3] 施新洲：《司法权的属性及其社会治理功能》，载《法律适用》2014年第1期，第59页。

的诸多方式的总集合。根据这个定义，社会治理也可理解为一种制度的安排，目的是协调政府与社会、社会与公民、公民与公民之间的交错关系，平衡国家与个人、与阶层以及社会团体之间的各种利益。并且在尊重社会主体多元和共识的基础之上，整合国家的意识形态和社会的意志、社会公共道德和个人的价值观念，等等。因此，社会治理是一项庞大而系统的工程，政府、社会组织甚至是公民个人等各类社会治理主体都应该根据不同的社会分工来承担不同的社会角色。作为处理社会纠纷的裁判人，人民法院的审判职责就是社会治理。法院在参与社会治理时，要始终秉承司法权的行使不能离开司法权的内在法律本质、运行规律和法律工具形式的原则，否则将会导致司法基本理念的丧失、规范程序基本底线的凌越等严重后果。因而，法院应当通过指导乡规民约的制定等方式，参与基层社会治理体系的构建，立足法律属性，以法律适用和审执工作为平台，使政治属性、社会属性渗透于司法的法律效果之中，使司法权本质的"三性"有机融合，着力在司法活动中实现社会效果、法律效果与政治效果的有机统一。

（三）法院参与基层社会治理价值：从纠纷解决到规则之治

法院的基本职能究竟是规则之治还是纠纷解决？或者在二者不可偏废的情况下以何为重，并将向哪个方向发展？[1] 许多中外学者都对这一问题进行了讨论。作为审判权的司法权，在本质上是判断权，其通过对个案的司法裁判及执行，承担适用法律的协调关系和解决纠纷以化解矛盾的职责，而依法保障诉讼主体的合法权益是司法活动的基本出发点。此外，法院的其他职权也应围绕审判职能展开，并获得其存在的合理性和合法性基础。但是，法院作为国家社会治理体系中的一环，其通过个案来化解纠纷、促进社会公正、维护社会稳定只是中间环节。从最终目的上来说，法院要在为道德、伦理、习俗、自治规则留有空间的前提下，为社会树立规则，从而以规则之治实现从他治到共治的目标。

从法社会学的视角来看，法律不是一个僵死的规范体系，而是一种基本的社会控制方式，应以其承担的社会控制功能为其生命。[2] 真正要实行规则之治，一个非常重要的前提条件是规则之治的治理对象本身要具有一定程度的规则性。而这种规则性不可能通过我们制定规则，将不规则的现象纳入一个规则的条文就可以解决了。现代化的各个方面（包括法律自身的活动），都使塑造一个相对而言规则化的社会成为可能。现代社会中对规则的确认并不是或者不仅仅是停留在规范性要求的层面，而是一个实践性的问题。成熟的法治社会不仅是以国家法律规范为基础的规则统治，更是一个能够将道德规范、社会价值观与习惯等社会性

---

〔1〕　苏力：《农村基层法院的纠纷解决与规则之治》，载《北大法律评论》1999年第1期，第80页。

〔2〕　涂少彬：《"人民法官为人民"三重意义阐释》，载《人民法院报》2009年7月28日，第5版。

规范融入其中的开放体系，形成国家规范与社会性规范之间的良性互动。这种良性互动机制其实就是法律多元主义的重要表现之一。运用福柯话语体系的概念，只有在建构起适合并且附着于当下社会系统的制度、机构和环境的一套非话语的机制，（法治）话语的机制才能够活跃和运转起来。[1]

五、以乡规民约推动基层社会治理的路径完善

善治，既是中国基层社会治理模式的核心理念，也是当代公共治理的最新理念和治理模式，其核心在于通过国家权力与社会力量的协作与互动参与，实现良性的社会治理和秩序。人民法院实现善治的关键在于平衡国家（法律）、乡民与社会共同体之间的关系，在法治的前提下促进道德秩序的生长，并推动社会自治发展。

（一）完善乡规民约的制度建构

为使乡规民约在乡村治理中的作用得到充分发挥，促进法治、自治、德治相结合的乡村治理新体系的构建，需要从宏观、中观、微观三个层面审视涉及乡规民约的制度建构。

从宏观层面而言，乡规民约积极作用的发挥需要配套的顶层设计。乡规民约在乡村治理中既具有积极作用，也会存在一些消极作用。因而，应通过法治中国的顶层设计，以国家法律为主导对乡规民约进行整合、引导与制约。《中华人民共和国村民委员会组织法》（以下简称《村民委员会组织法》）规定乡规民约是村民自治的一种规范形式，但是对其性质及定位并不明确。一些地方性法规、规章虽然也对乡规民约在乡村治理中的作用进行强调[2]，但也没有清晰定位其性质。实践中，涉及乡规民约的纠纷争议焦点主要在于：乡规民约的性质究竟为何？若将其视为民事契约，则明显不符合民事契约所要求的"合意"[3]；若将其视为抽象行政行为，但制定乡规民约的村集体并非行政主体。法律定位的不明确，导致乡规民约在实践运用中遭遇层层壁垒，纠纷无法得到有效救济的情况屡屡出现。笔者认为，应当明确乡规民约的性质和地位。乡规民约是在法律认可下的乡村生活自治规范，村民自治权利来源于宪法、法律的赋予，因而乡规民约的制定与实施不能超出国家法律的范围。根据"少数服从多数"的表决原则，在乡规民约得到村民会议通过时，服从乡规民约本质上就是服从国家法律。同时，乡规民约作为一种社会自治规范，根据地区实际情况制定和实施，应当注重其自治性、独立性和地方性。

---

[1] 吴猛：《福柯话语理论探要》，复旦大学 2003 年博士学位论文，第 83~87 页。

[2] 高其才：《通过村规民约的乡村治理——从地方法规规章角度的观察》，载《政法论丛》2016 年第 2 期，第 12~23 页。

[3] 乡规民约的表决原则为少数服从多数，与民法中自治需要符合每一个成员合意的要求不符。

从中观层面而言，乡规民约的制定与实施应当处理好乡村社会结构转型与乡规民约之间的关系。乡村治理环境是乡规民约赖以存在的基础，而这种环境是以乡村社会结构为核心。当下一些乡村社会结构发生转型，传统治理权威的基础遭到破坏，而新的权威又尚未建立。特别是随着国家控制力量的日益减弱，乡村治理出现"权力真空"，导致"强人治村"模式日益常见。若对村治模型的转变引导不当，则可能破坏基层民主制度，使《村民委员会组织法》规定的选举制度落空。在民主基础相对薄弱的乡村，乡规民约基本都是由村支部、村委会制定，乡民几乎没有参与的空间；即便有少数村民代表参与其中，所表达的意见也没有多大用处。因此，在乡村社会结构转型背景下，乡规民约的制定与实施应注重乡村社会结构的完善，以因地制宜为原则，并结合区域具体情况。对于社会结构较稳定地区，乡规民约的制定实施可以给予较大的自主权；对社会结构变化较大的地区，相关部门应严把备案审查环节，加强对其制定与实施过程的指导。

从微观层面而言，乡规民约积极作用的发挥应从制定、内容和实施方面切入，合理建构对乡规民约进行规范和监督的制度。在制度层面上，扩大乡民参与度，增强程序透明度，是保障基层民主和基层自治得以实现的有效路径。在内容层面，注重提升乡规民约制定的有效性，避免出现内容重复化、原则化等难以实施的问题。同时，也要平衡国家法律与地方习惯法之间的关系，使其内容既符合国家法律，又兼顾地方风俗习惯。在实施层面上，乡规民约应当有明确的执行主体，在符合法律的框架下实施运行。在监督方面，乡规民约的监督主体应当包括基层政权、村两委及民间权威性组织等。在乡规民约制定前，相关部门应当指导村委会对当地传统、习惯、风俗等进行调查，甄选其中合法合理的内容加以确认，并建立完善的备案审查制度确保其能得到顺利施行。

（二）融入裁判文书的释法说理

乡规民约中蕴含许多中华优秀传统文化及道德观念，法官在进行说理时，应以"法情允协、法理相融"的理念为指导思想，充分挖掘其中所蕴含的道德性元素，提高司法活动的社会认可度。通过在判决中对事理、法理、情理进行阐述，增加裁判文书的说服力，并以正确的理念思想引导民众、社会的价值走向。判决说理绝非简单的"三段论"式得出裁判结果的过程，而是在查明案件事实的基础上，通过法理、事理、情理论证，清晰传达出"我们这个社会支持什么，不仅要让民众明是非，而且要知善恶，辨美丑。"[1] 法官在裁判文书的说理部分应结合乡规民约的具体内容，对公序良俗等法律原则予以补强论证，并综合运用

---

[1] 参见时任最高人民法院民事审判第一庭庭长程新文在第八次全国法院民事商事审判工作会议上的讲话；《最高人民法院法院关于当前民事审判工作中的若干具体问题》。

法律解释、价值衡量等多种方法确保作出合法且酌情的司法决定，缓和法律与道德之间的内在张力。[1] 对于有损社会公共秩序的行为应当敢于展开评判，解决公共分歧，明确崇善抑恶、兴利除弊的价值取向；而对于美德义行则应进行肯定和激励，确立正确的行为规范，弘扬符合社会主流的道德观念。

一是情感上结合乡规民约的传统美德，质朴至真、恳切至诚。法官在说理时，应以发自内心的、深沉的、悲天悯人的情怀为本源，秉持自发推动正义力量的朴实感情，怀着对美好品德、高尚行为的维护、责任之心，引导、帮助他人的关切之心，引导当事人正确的行为规范，切忌不恰当炫技。家事案件中诉讼参与人存在身份和情感方面的特殊性，在引领尊老爱幼、夫妻和睦、勤俭持家等价值观念时，注意避免无节制的感性表述触发当事人情绪激动的可能，择取更为客观、严肃、普世的词语，理性阐述法官情感。

二是语言上结合乡土文化的地方习惯，情感逻辑化、道德法律化。法官说理时，应当借助专业、理性、客观的语言，表明对当事人符合或背离核心价值观行为的立场，通过展现法官对社会主流价值观念的内在笃信和理性遵从，激发当事人对自身行为的严肃思考和二次判断，避免语言上的直接否定和生硬批判。在涉及经济交往、股权纠纷、契约关系等领域，说理的语言应当相对较为理性、正式，以法理阐述为主，着重在企业社会责任、诚信经营、劳动者权益保障等方面进行展开论述，对倡导诚实信用的阐述，语言应简洁干练，直接摆事实、讲道理。而在家庭关系领域，则说理措辞应当稍偏向生活化、通俗易懂，结合涉案当事人身份背景、受教育程度、相互关系等情况，以感同身受、循循善诱的语言表达"尊老爱老""和睦友爱""孝道爱亲"等观念，让当事人透过裁判文书用语感受司法的温情。

三是逻辑上结合乡民生活的情理观念，合理过渡、有机衔接。通过寻找案件事实、法律依据和乡规民约间的衔接点，用举例、类比等方法巧妙搭桥，确保法、理、情过渡自然、逻辑顺畅，形成潜移默化的观念与行为引领。如，在分家析产纠纷中，借助蕴含情感的词语将倡导文明和谐的家庭道德观念、维护健康向上家庭关系的价值取向渗透于每一个裁判考量角度中，促使"情"为"理"服务，将"情"逻辑化。在保护当事人身份利益、财产利益的同时，尽量满足其情感利益，让当事人自发响应法官在促进家庭和睦、培育良好家风中的浸润式号召。另外，法院在处理社会价值观存在冲突的矛盾纠纷时，需要在不同的价值之间进行选择，从逻辑上应当体现不同价值观的冲突和矛盾所在，通过寻找与个案的结合点，有效引领社会主流价值。需要强调的是，在判决书中进行道德说理

---

[1] 胡云腾：《论裁判文书的说理》，载《法律适用》2009年第3期，第50~52页。

时，应做到有的放矢，对有分歧、不明确、模糊的价值观进行说理和阐发，对非常明确、普遍认同、不存在争议的价值认知，则不必"画蛇添足"展开赘述，避免陷入"为说理而说理""表演式说理"而引发公众疑虑的困局。

四是方式上结合案件当事人的特征，因案制宜、因人施劝。根据案件性质、发生领域、当事人性格特点和文化水平，灵活择取劝慰、劝诫或警示等表述方式，对情感损伤给予安慰、对失德行为进行警诫，增强理性裁判的社会适应能力，释放裁判活动的社会关爱和公共治理能量。[1] 在相邻关系中，以传统文化中"六尺巷"等大众知悉的人物和事件为引例，表明以和为贵、宽容忍让等高尚行为在解决纠纷、修复破损社会关系中的作用；进一步阐述与人为善、互谅互让等在个人内在素养构建中的重要意义，取得当事人的认同，并促使其自愿营造人与人之间互相尊重、互相理解、和谐相处的社会氛围。此外，法官说理不应仅局限于裁判文书撰述本身，而是应当融入审判执行活动全过程，加强和规范在立案、庭前、庭审和宣判前后与当事人的沟通、说理活动工作，并将以法明人、以理服人、以情感人延伸于裁判文书说理中，增强案件服判息诉效果。

五是技巧上结合乡土法官的办案方式，化难为简、深入浅出。对于较难理解的法律规定或比较抽象的法律名词，尽可能用通俗易懂的语言予以解释，采取提供先例判决等易于理解的说明方式进行释明，也可告知其审判团队所做的工作，引导其换位思考，以此深化其信服法院裁判、自觉履行生效裁判文书所确定义务的共识，实现判决蕴含的价值内涵。如在知识产权领域，对较为艰深的知识产权法理和国际保护的概念进行通俗化阐释，通过引入先例、权威学者观点，详细阐发法官的"心证"过程，做到敢于展开、敢于阐述、敢于评判，对损害市场经济秩序、侵犯他人知识产权利益的行为予以旗帜鲜明的批判和贬斥，充分表现出司法保护智慧成果的决心。

（三）发挥人民法院的能动作用

"法律统治必然导致规则统治，然而规则仅仅是规则而已，它并不考虑社会的道德价值和政治理想。"[2] 法律自身的局限性决定其他社会规范不会被法律所取代，社会关系的冲突亦不能以法律一元化方式进行调节。

以法律规范为标准统合法理、礼俗规则。人民法庭参与乡村社会治理时，秉持法律规范在社会规则体系中的至上性是毋庸置疑的。在法理规则和礼俗规则出现不可调和的矛盾时，尚需国家法理力量引导乡村礼俗力量实现合理的自主革新。强制性的改造逻辑易忽视乡村社会的自主性、多元性和内生性，导致法律一

---

〔1〕 凌斌：《法官如何说理：中国经验与普遍原则》，载《中国法学》2015年第5期，第113~117页。

〔2〕 [美] 科特威尔：《法律社会学导论》，潘大松等译，华夏出版社1989年版，第182页。

元主义。司法活动中，注重运用社会主义核心价值观进行说理，结合公序良俗、公共道德、自治规则、民族习惯等社会规范，倡导通过协商性纠纷解决方式准情酌理，协调衡平，兼顾法律效果与社会效果。

以村规民约为依托推动治理规范多元化。以民族文化、传统道德、风俗习惯等为主体的非正式法律渊源，蕴含乡村居民在长期持续的生存合作与反复实践的生产互助中形成的智慧、策略与习惯，是连接现下与历史、现代与传统、个体与共同体的纽带。村规民约是村民对自治范围内事项达成的合意，主要包括公共事务和公益事业两方面。内容完备的村规民约能够成为村民自治活动的原则、生产生活的规范、预防化解纠纷的根据。人民法庭应在尊重村民自治事项的前提下，通过法律层面的指导，降低辖区内类型化案件诉讼率，发展培育自治权威。

以地方性知识[1]为基础建构场域化治理范式。乡村变迁程度取决于当地经济社会发展水平。因而，人民法庭的善治实践需以中国基层社会治理经验模式为基石，探寻具有地方特色的版本和路径。地方性知识生长于区域文化生态和民族认知模式，由某一文化群体或社会组织独享，长期指导当地村民生产和生活实践。一方面，人民法庭的司法活动应发挥民间习惯的作用，运用地方性知识解纷，扩大民间纠纷解决机制触及领域，鼓励当事人在调解中参照适用民间社会规范。另一方面，基于立法功能、司法功能和综合功能的分类，适时组织民商事习惯调查，使习惯以文本形式显性化，为乡村善治提供制度供给。

以源头治理为导向减少诉讼增长数量。一方面，人民法庭通过自身司法活动为价值观异化的村民提供方向性指引。如，在裁判文书的说理部分弘扬传统美德、传承优良家训、培育社会主义核心价值观等，重建农村道德文化共识，淡化市场经济下唯利益导向的价值观。另一方面，人民法庭通过延伸司法职能，培育乡村自治权威在纠纷解决中的前端性地位。如，确保村规民约的制定过程、条文内容合法合规，规范村委会和村干部的权力运行体系，在村委会建立法律服务工作室等。虽然中国的乡村社会经历了巨大的社会变迁，但乡土本色通过村落共同体、熟悉关系和礼俗传统部分地延续着。舆论和道德力量在规范和约束村民行为方面仍发挥着不可替代的作用，加强农村法律服务供给能够进一步增强此类主体的治理能力。

以内部改革为契机高效配置司法资源。村民对法律的需要随着社会经济发展与法治观念普及迅速增加。倡导多元化纠纷解决机制，推行"分流、调解、速裁"机制改革，是为了将有限和重要的司法资源用于处理法律关系疑难复杂的案

---

[1] [美]克利福德·吉尔兹：《地方性知识：事实与法律的比较透视》，邓正来译，载梁治平编：《法律的文化解释》，生活·读书·新知三联书店1998年版，第73页。

件。人民法庭应选任具有乡土生活经历的法官或通过社会体察、学习培训等方式增强年轻法官的办案能力。一旦纠纷进入诉讼程序后，法官能够在诉前、诉时、诉中、诉后视个案情况，结合当事人意愿，搭建其他社会组织参与调解的平台，并恰当运用公共道德、民族习惯等进行调解。

结 语

"从基层上看去，中国社会是乡土性的。"[1] 要解决社会转型时期乡土社会存在的大量矛盾纠纷，人民法院仅仅依靠案件审理职能是远远不够的，必须以善治理念为导向，传承中国传统乡村社会治理理念，融合国法、天理、人情、习俗等生活的艺术、经验、智慧，用实用性的递进思维和综合思维继承与革新中国乡村治理的有效范式，完善乡规民约的制度构建，重构具有中国特色的人民法院审判职能和制度，推进乡村治理体系和治理能力现代化，夯实乡村振兴的基层基础。

---

[1] 费孝通：《乡土中国》，北京出版社 2005 年版，第 1 页。

北京市信访疑难案例研究

黄乐平[*]

党的十九大报告指出，中国特色社会主义进入了新时代，我国社会主要矛盾已经转化为人民日益增长的美好生活需要和不平衡不充分的发展之间的矛盾。在新的历史方位和时代背景下，信访工作要有新气象、新作为。通过研究信访疑难案例，化解信访矛盾、总结工作经验，是落实党的十九大战略部署、国家信访工作大政方针的具体体现。

习近平总书记在党的十九大报告中强调，提高社会治理社会化、法治化、智能化、专业化水平，加强预防和化解社会矛盾机制建设。通过对疑难个案的依法分类和梳理总结，提炼出类型化的处理建议、法律规定、规律趋势、风险提示等，为广大基层信访工作者提供支持，使简单案件得到更准确高效的处理，促使"去存量、减增量、防变量"工作目标的实现。

2018年，北京义联劳动法援助与研究中心（以下简称"义联中心"）开始作为第三方社会组织，参与在北京市Z区试点的第三方评估化解信访疑难案例工作。义联中心以专业人才为基础组建专业评估团队，以专班评估与专题研究为工作方法，按照专人专案专策的要求，全程参与信访案件的档案整理、联合座谈、接访下访、案件评估、疏导化解等工作流程，在全面掌握案件材料的基础上，系统梳理信访矛盾形成、发展的过程，以相关法律政策为依据，对纳入试点的一批信访案件进行全面分析，对典型疑难案例了三轮评估，作出了独立评估报告，并在实践工作基础上先后完成了一系列标准化材料，提出了有针对性的工作建议。

在上述研究工作的基础上，课题组对信访疑难案例的总体特征进行了总结，并探索了一套指标化的判断标准；对于被判定为疑难案件的信访案件，立足"六专"模式，设计了一套第三方评估与矛盾化解相衔接的工作机制；通过对纳入试点工作范围的疑难案例的深入分析，从个案角度提炼了信访工作中反映出的典型

* 课题主持人：黄乐平，北京义联劳动法援助与研究中心主任。立项编号：BLS（2018）B006。结项等级：合格。

问题。

一、信访疑难案例的总体特征和指标化判断标准

（一）信访疑难案例的总体特征

通过对纳入本次研究范围的信访疑难案例进行总体分析，结合文献研究和调研情况，信访疑难案例主要具有以下特征：

1. 案件类型高度集中在特定领域，重难点突出

本次试点评估的信访疑难案例，从诉求类别上看，关于土地征收及房屋拆迁的案件占比最高，其他内容案件涉及的问题主要包括劳动社保、公共设施建设和物业管理等方面。虽因样本数量有限，每一类型所占的比值尚不足以代表全部信访案件的情况，但从总体分布规律上来看，与全国四级信访部门接待信访事项反映突出问题类型的分布是一致的（见图1、图2）。信访案件虽然数量庞大，但诉求类型高度集中于与群众生活密切相关的领域，重难点突出。纲举则目张，如能在依法科学分类的基础上，对几个主要类型进行系统研究和深入分析，就能对信访工作有一个提纲挈领的通盘把握，而信访疑难案例正是掌握一类信访案件特点、规律的引子和钥匙。

2. 法、理、情交织，矛盾不能通过简单地适用法律规定化解

信访工作既是法治工作，又是群众工作。信访疑难案例处理的复杂性在这两个方面都有体现。

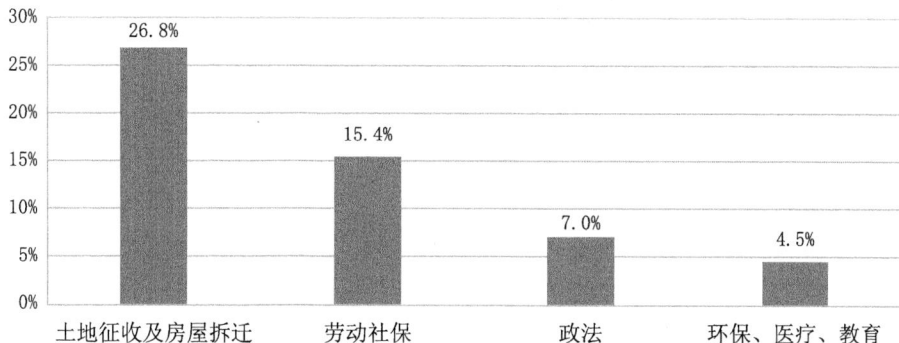

图1　全国四级信访部门接待信访事项反映突出问题占比[1]

数据来源：国家信访局。

---

[1] 转引自龚维斌：《县域信访工作理论研究》，载张恩玺主编：《新时期信访活动规律研究》，中国法制出版社2017年版，第44页。

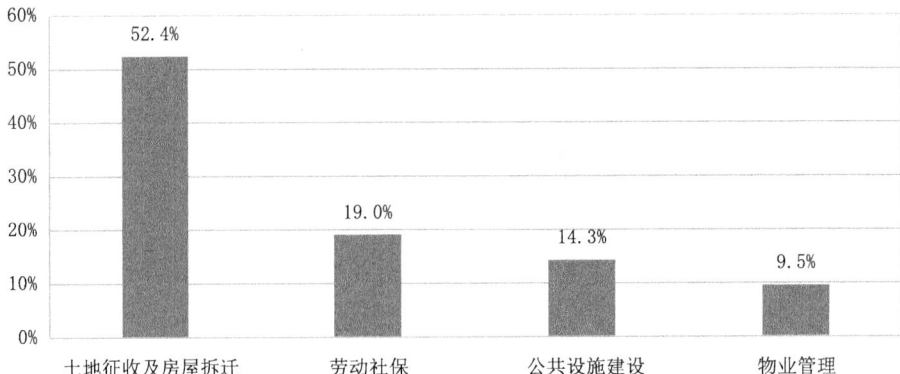

图 2　本次试点评估信访疑难案例反映突出问题占比

信访工作涉及的法律依据纷繁复杂，从法律部门上来讲，建设征地、劳动保护、婚姻家庭、公共管理等多个领域的法律都会出现，甚至在一个案件中交织重叠；从层级上来讲，上到全国人大及其常委会制定的法律，下到政府机关制定的"红头文件"、地方的"土政策"，都可能对具体案件的处理发生作用。处理信访疑难案例时，如不具有扎实的法律专业知识，将难以准确把握相关规定。对每一案件涉及的法律依据，需进行逐个层级由低到高、由具体到原则的深入检索，不仅要全面覆盖相关法律依据，对于层级较低的政策和规范性文件等，更要评价其规定本身的合法性，例如，是否由有权机关制定、是否与上位法相冲突、是否经过了规范的制定程序，等等，防止因政策制定问题导致集体纠纷的情况被忽视。

法律法规是案件处理的基础，但在疑难信访案件中，常常出现没有相关规定或规定不明确、法律规定有变化、不同部门的规定相互冲突等情况。村规民约、公序良俗、行业惯例、信访人对政府承诺的合理信赖、案件的社会影响、信访人的家庭经济情况等因素也都是案件处理所需要考虑的。"群众诉求合理的解决问题到位、诉求无理的思想教育到位、生活困难的帮扶救助到位"的工作标准，要求从法、理、情等多个维度出发做好信访工作，而不能简单地认为没有明确法律依据的要求即不能得到支持。

3. 涉及人数多，群体访或有群体访趋势的情况常见

信访疑难案例的案件类型分布决定了其另一个特征，即同一信访事项潜在的受影响人群广泛。例如，土地征收及房屋拆迁案件，其拆迁程序、补偿标准会影响到同一地块范围内的众多被拆迁人；社会保险缴纳政策的调整，会涉及同一批次的大量劳动者；公共设施的建设，与该片区域内群众的生活密切相关；物业管理的问题，往往引起整个小区业主的关注。这些受影响人群之间相互联络、相互比较，容易形成群体访。即使尚未形成群体访，对一个个案的处理，也要考虑到

可能造成的社会影响。

4. 信访矛盾有变化、升级的过程

疑难信访案件中，信访积案占了很大比例。社会环境、法律规定、信访人的诉求，等等，在长期信访过程中都会发生变化，不能仅站在此时此地评价信访人当下的诉求。要在证据基础上还原事实和矛盾发展过程，回到原点，从源头上解决问题。比如，有些信访诉求当下看来是不合理的，但在矛盾发生时的特定环境和当时的法律规定下是合理的，应以当时的情况来评价其诉求；有些信访人起初的信访诉求是合理的，由于未得到及时处理，矛盾激化升级，诉求不断增加，要对其诉求中合理的部分进行回应，针对不合理的部分做好思想工作，同时理清其诉求升级的节点和原因、对未来的类似工作提出建议；对于仍处在发展过程中的案件，以及有代表性的典型案件，应对情况的发展、可能的风险点等作出预判，为下一步决策提供参考。通过对信访矛盾动态发展过程的梳理，才能打通信访案件的脉络，既使个案矛盾得到精准化解，也为未来的工作提供支持。

5. "三跨三分离"的情况给信访工作带来较大压力

在疑难信访案件中，"三跨三分离"（即跨地区、跨部门、跨行业，人事分离、人户分离、人事户分离）的情况比较常见。尤其是在土地征收及房屋拆迁类案件中，对拆迁补偿不满的信访人未在原地区得到安置，因而在其他地区居住，跨地区和"三分离"的情况更为多发。"三跨三分离"的案件不仅在协调和化解上难度更大，也给维控工作带来较大压力。

6. 涉法涉诉案件多见，信访人通过信访、诉讼、举报等多种途径反映诉求

信访人在长期信访过程中，会通过多种途径反映诉求、寻求关注，并形成自己的经验和策略，相互交流。除了信访之外，常见的途径如提起诉讼、申请政府信息公开、投诉举报等。例如，在征地拆迁争议中，当增加补偿的诉求不能得到满足时，一些信访人会通过申请信息公开要求获取征地、拆迁相关的程序性文件，进而寻找其中的瑕疵，作为支持自己主张的依据；或持续关注被征收土地的使用情况，当认为土地用途与规划不符时，进行举报。由于信访、诉讼、举报等是向不同的政府部门或法院进行，在信息不能及时共享的情况下，就会出现多头处理、答复不一致的情况，引起信访人的进一步质疑。

（二）疑难信访案件的指标化判断标准

根据上述总体特征，本次试点工作提炼了疑难信访案件的十项判断指标和评分标准。信访部门可以参照本标准，判断案件是否属于疑难案件，在前期接待和收集材料时即有充分准备，并及时对接第三方评估等疑难信访案件化解程序。具体的指标和评分标准如下：

疑难信访案件评分表			
评分项目	分 值	评 分	备 注
信访时间跨度	10		信访时间跨度越长、重复信访越多的，评分越高。
信访人数	10		同一事项信访人数越多的，评分越高。
是否属于"三跨三分离"案件	10		有"三跨三分离"的情况，对案件处理、矛盾化解影响越大的，评分越高。
请求数量	10		请求数量越多（包括初始信访请求多，或是在信访过程中请求发生变化的），评分越高。
信访请求是否超出信访受理范围	10		信访请求超出信访部门法定受理范围，或与其他部门职权范围交叉、重叠，例如涉法涉诉、涉及投诉举报的，情况越复杂，评分越高。
信访请求是否涉及法律法规及政策的变化调整	10		信访请求涉及法律法规及政策的变化调整，变化越多，对信访请求的解决影响越大，评分越高。
信访请求是否具有普遍性、典型性、代表性	10		信访请求具有普遍性、典型性、代表性，案件解决引起潜在关联反应可能性越大的，评分越高。
是否有越级访、非访、缠访、闹访等情况	10		有相应情况的，次数越多、情况越严重的，评分越高。
矛盾化解难度	10		信访人信访请求与信访部门矛盾化解方案之间差距越大的，或是不同信访人之间信访诉求冲突越大的，评分越高。
其他情况	10		具体案件的其他特殊情况，对案件处理、矛盾化解影响越大的，评分越高。
总 分			
结 论	□不纳入第三方参与评估化解范围 □纳入第三方参与评估化解范围		

每一项目分值为 10 分，总分值为 100 分。根据上述评分项目及标准，总分达到 60 分的，或三个单项获评 9 分以上的，可判定为疑难信访案件。

三、针对疑难信访案件，探索评估与化解相衔接的工作机制

明确疑难信访案件范围的最终目的是为了服务案件办理。对于被判定为疑难信访案件的案例，本次试点中初步探索建立了第三方评估与矛盾化解相衔接的工作机制，助力疑难信访案件的解决。

《信访条例》第 13 条规定，设区的市、县两级人民政府可以根据信访工作的实际需要，建立政府主导、社会参与、有利于迅速解决纠纷的工作机制。信访工作机构应当组织相关社会团体、法律援助机构、相关专业人员、社会志愿者等共同参与，运用咨询、教育、协商、调解、听证等方法，依法、及时、合理处理信访人的投诉请求。以此为法律依据，以一系列政策文件为指导[1]，全国多个地方都对第三方参与信访的途径、方法等作出了有益探索。从目前的工作实践来看，最常见的形式是由律师、心理咨询师等专业人士参与接访工作；此外，一些地方还通过听证、评议等方式，由第三方就信访人信访诉求是否具有法律依据、是否应当得到支持提出意见，作为信访处理的参考依据；相应地，有时会涉及对职能部门初期处理的评价。而本次试点工作更进一步，以第三方评估为工作方法，借鉴第三方立法评估、重大决策第三方评估等领域的理论框架和实践经验，评价对象更为全面：既包括信访人的诉求，也包括相应职能部门的处理，还包括信访部门在信访过程中的工作等，例如，即使信访人的诉求不合理，也要评估职能部门和信访部门是否对信访人进行了充分、及时的解释工作；对于职能部门和信访部门的回应，既要评估实体内容，也要评估程序上是否合法，例如，信访答复意见内容合法的同时，是否在法定时限内作出并送达信访人。强调第三方的中立地位，开展全面评估，既有利于评估结论公信力的建立，也是政府善于发现问题、勇于接受监督的体现。

（一）第三方评估的工作模式和工作程序

通过试点工作，第三方评估化解疑难信访案件已经初步形成了独具特色的"六专"工作模式，即：专业团队、专业人士、专班评估、专题研究、专人定策和专案化解。专业团队、专业人士保障了评估工作总体的专业化水准；专班评估、专题研究支撑着个案评估意见的客观公正；专人定策、专案化解则使评估意见与矛盾化解实现有效转化，推动疑难信访案件的最终解决。在此基础上，又具

---

[1] 参见司法部、国家信访局《关于进一步加强律师参与涉法信访工作的意见》，中共中央、国务院《关于进一步加强新时期信访工作的意见》，中共中央办公厅、国务院办公厅《关于创新群众工作方法解决信访突出问题的意见》，中央政法委《关于建立律师参与化解和代理涉法涉诉信访案件制度的意见》，司法部、国家信访局《关于深入开展律师参与信访工作的意见》。

体设计了环环相扣的一整套工作程序。

第三方评估的工作程序主要包括案卷整理、事实还原、法律检索、作出评估、矛盾化解等环节。这些环节不是各自割裂的，而是相互联系、相互支撑的。

具体来讲，案卷整理阶段，第三方应根据案件类型的不同，向信访部门提出具体的材料要求，材料移交后，进行有序编排，材料不足的，列明清单，由信访部门协调，请相关职能部门补充；事实还原阶段，以案卷材料为基础，结合沟通座谈、调查走访情况，以时间为纵轴、以内容为横轴，全面、真实、客观地还原案件的发展经过；法律检索阶段，应全面检索相关法律、法规、司法解释、规章、规范性文件、村规民约等规定，对于信访积案，应精准定位时间节点，以矛盾发生时适用的法律法规为标准；作出评估阶段，应以信访个案为基础、遵循一案一评的原则，以信访部门提供的材料、评估团队经调查获取的资料为事实依据，在查证属实的基础上，分别对信访请求的合理性、信访人情况的特殊性、信访处理工作是否符合"三到位"的信访工作要求进行评估，并做出评估报告。

（二）评估体系和指标的设计

"群众诉求合理的解决问题到位，诉求无理的思想教育到位，生活困难的帮扶救助到位"是信访工作的核心要求，本次试点工作通过第三方评估体系和指标的设计，尝试针对疑难信访案件，将"三到位"的工作标准具体化，初步形成了一套有层次、立体化的评价体系。

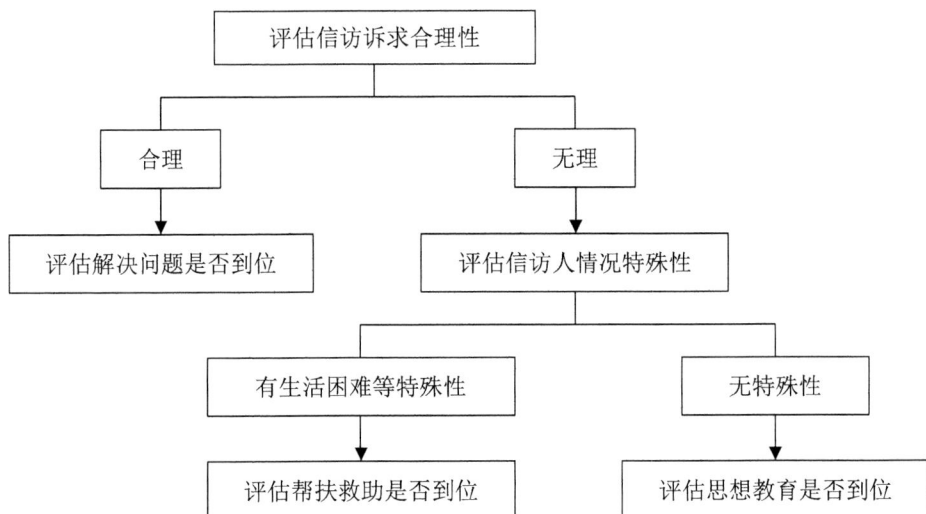

图3　第三方评估流程

对于"诉求合理""情况特殊""解决问题到位""思想教育到位""帮扶救

助到位"等评价因素，进行了具体的拆解：

1. "诉求合理"的评估

信访诉求是否合理，应从以下方面判断：

（1）信访请求是否具备客观事实依据。

（2）信访请求是否具备法律政策依据。

（3）责任单位的处理工作是否存在不当或违法之处。

（4）信访人及其近亲属或共同居住人对信访矛盾的产生是否存在过错及过错程度。

（5）信访人主张的损害结果与责任单位处理工作的关联度。

（6）信访请求与其损害结果之间的匹配度。

（7）信访部门处理措施对损害结果的影响程度。

（8）信访请求在客观上是否具备实现的可能性。

（9）信访请求的实现耗费的成本是否符合经济性原则。

（10）信访请求的实现造成的社会影响是否在可控范围内。

2. "情况特殊"的评估

信访人情况的特殊性从以下两个方面进行评估：

第一，信访人是否存在生活困难的情况，综合考虑以下因素：

（1）信访人及其直系亲属工作及收入情况。

（2）信访人及其直系亲属肢体、智力残疾情况。

（3）信访人及其直系亲属罹患重大疾病情况。

（4）信访人及共同居住人居住条件情况。

（5）信访人及共同居住人家庭生活开支情况。

（6）信访人及其家庭的其他特殊情形。

第二，是否存在因信访人长期信访，严重影响党群、干群关系及政府形象的情况。

3. "解决问题到位"的评估

信访请求合理、部分合理的，针对合理请求，从以下方面评估信访工作解决问题是否到位：

（1）信访处理工作所依据的事实是否真实、清楚、全面，是否充分调查案件情况、听取信访人意见。

（2）信访部门处理信访请求是否有充分的法律、法规、规章与其他政策依据。

（3）信访处理工作依据的法律、法规、规章与其他政策是否存在适用范围、适用对象、时效等瑕疵。

（4）信访处理工作依据的规范性文件与其他政策，是否与上位法的规定相冲突。

（5）是否针对信访人的诉求，在案件事实和法律法规及政策规定基础上，提出了有针对性的化解方案，并与信访人充分沟通。

（6）化解方案存在多样化选择的，是否采取了整体最具合理性的方案。

（7）信访请求发生变化的，化解方案是否有相应调整变化。

（8）信访请求所涉事项带有普遍性、群体性特征的，处理结果是否有不公平、不公正的情况。

（9）信访请求涉及政策问题的，是否按《信访条例》第37条规定，及时向本级人民政府报告，并提出完善政策、解决问题的建议。

（10）信访处理工作在处理程序、处理时限、处理形式等问题上是否有违反《信访条例》《北京市信访条例》规定，并损害信访人合法权益的情形。

（11）信访处理工作是否存在违反其他现行法律、法规、规章、政策的情形。

4. "思想教育到位"的评估

信访请求不合理的，从以下方面评估信访工作思想教育是否到位：

（1）是否充分听取了信访人的请求和理由。

（2）是否向信访人充分告知了其信访请求不能得到解决的事实依据、法律依据。

（3）信访人提出疑问的，是否进行了进一步的解释和说明。

（4）信访人请求发生变化的，是否重新听取了请求和理由、进行了告知和解释。

（5）信访人应当通过其他合法途径寻求救济的，是否对其告知了相关途径及方法。

（6）信访人情绪激动、有过激思想或言行的，是否对其进行了安抚和疏导。

5. "帮扶救助到位"的评估

信访人的情况存在特殊性的，从以下方面评估信访工作帮扶救助是否到位：

（1）信访处理中，是否积极关心、了解信访人生活状况。

（2）信访人生活困难的，是否根据其实际情况，提供或协调了生活保障、就业机会、医疗急救、捐款捐赠等帮扶救助措施。

（3）信访人为解决生活困难问题，需办理相关手续的，是否及时提供了咨询和帮助。

（三）第三方评估与矛盾化解等其他工作的衔接

经过评估，第三方应根据个案情况，就是否进入矛盾化解程序提出意见，并作出有针对性的信访矛盾化解预案，作为信访矛盾最终决定的参考。信访矛盾化解方案及信访案件后续处理应该遵循以下原则：信访请求合理或部分合理，解决问题尚未到位的，应针对合理请求，及时落实解决；信访请求不合理，思想教育尚未到位的，应对信访人做好耐心细致的说服教育工作；信访人有特殊困难，帮扶救助尚未到位的，应根据实际情况，通过民政、慈善基金或商业保险等渠道对信访人进行救助。

除了个案处理之外，通过大量案件的评估，第三方还可根据不同类型案件的规律，针对职能部门和信访部门的工作提出建议，将事后的信访评估与事前的决策评估、法律顾问工作结合起来，真正实现工作的重心下移、关口前移，让信访矛盾在成为疑难问题之前就得到化解。

四、典型疑难个案及其反映出的问题

本次试点评估工作中还发现了一批典型疑难案例，集中地反映出职能部门和信访部门在还原事实、适用法律（包括对法律的理解和地方政策的制定）、行政执法、矛盾处理（包括问题解决、思想教育、帮扶救助）等各个环节存在的问题，这些问题有些本身就是信访矛盾的成因，有些则激化了矛盾，或者给矛盾化解造成了迟误和障碍。

（一）典型疑难案例一：案件事实还原应以原始证据为核心

本案系拆迁腾退补偿案件。2005 年，信访人家中房屋拆迁，《补偿协议》中认定正式房屋为 9 间，面积为 120.42 平方米。信访人后提出，面积和间数认定有误，要求增加补偿。

信访人诉求及理由：房屋间数应为 12 间，面积为 129.22 平方米。原入户测量平面图绘有①至⑤五片，最终签订协议时未体现④和⑤，两片面积分别为 5.5平方米、2.2 平方米。

经接收材料时向信访工作人员询问，工作人员口头介绍称：④⑤两片可能有小面积的棚子；三间房的说法没有依据，应是信访人随意提出。除已认定的部分外，该宅基地上没有其他较大面积的、可以认定为"房屋"的建筑。工作人员还认为，信访人是由于后来家庭内部分家析产诉讼，安置房屋被分割，才可以要求增加补偿。

信访部门提供的局面说明材料中关于此问题的原文如下："（信访人）反映入户测量图显示共有五片，其中①是 60.74 平方米，②是 27.72 平方米，③是31.96 平方米，④是 5.5 平方米，⑤是 2.2 平方米，问④⑤哪去了？测量平面图确实标有五片，但其中只有①是实线是直接能认定的正式房屋，②③④⑤均是虚线，不能认定是正式房屋，入户人员必须如实标记，需经确权组确认，考虑其家庭比较困难②③是东西厢房虽未有批示，但基本符合房屋认定条件，三面有墙，柱高 2 米，房屋不小于 7 平方米，④是 5.5 平方米、⑤是 2.2 平方米，只是个棚子不能认定正式房屋，评估时已作价。"

经过初步阅卷，评估团队就争议事实产生疑问：按双方所述，争议的两片面积总共仅为 7.7 平方米，为什么信访人会主张有三间房？这一面积和房屋间数比有违常理。是否如信访部门所说，完全是信访人借《腾退分户调查表》的登记瑕疵，随意提出的数字？

带着这个疑问，评估团队重点关注了如下关键证据：

（1）1993 年《集体土地建设用地使用证》，记载建筑占地 54 平方米。

（2）2000 年《拆迁分户调查表》，记载建筑面积 59. 17 平方米。

（3）2005 年，临近拆迁时的《腾退分户调查表》，关于房屋情况登记的情况：房屋间数曾从 "12" 修改为 "9"，建筑面积为 120. 42 平方米，无修改痕迹。

（4）《房屋平面图》绘制情况如下：

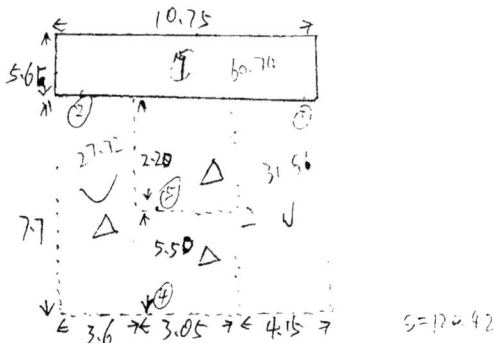

图 4　房屋平面图

经过仔细读图，可以看出，图中共绘有①②③④⑤五片，其中①为实线绘制，面积为 60. 74 平方米，②③④⑤为虚线绘制，有 "△" 标注；②③另有 "√" 标注，面积分别为 27. 72 平方米、31. 96 平方米；④⑤无 "√" 标注。图中记载总面积为 120. 42 平方米，为①②③三片面积相加之和。图中 5. 5、2. 2 数字两边有箭头，对照图中其他标记，符合长度而非面积的标记方式，相加为 7. 7，与②纵向边长一致。因此，这两个数字标记的并非④⑤两片的面积，而是两区的纵向边长。④⑤两片的面积，图中并未标明，按边长相乘计算，应为 23. 49 平方米。

（5）第一批材料中缺少《北京市房屋估价结果通知单》，经信访部门补充，相关情况如下：估价时未将④⑤认定为 "房屋"，是作为 "棚子/房" 作价补偿。房屋总面积为 120. 42 平方米，房屋及装修共估价 66 070. 62 元；棚子的估价为 11 815. 64 元。精确的估价标准虽不能明确，但是，可以根据面积作大致的推算。按 "房屋及装修" 的价格和面积之比、棚子的总估价计算，棚子的面积约为

21.54 平方米。这与上文中《房屋平面图》所记载的情况是一致的，可以佐证④⑤两片的面积情况。

根据上述证据，可以推断出如下情况：涉案宅基地上，有面积为 23.49 平方米的建筑，在当时未认定为房屋。信访人在多年后要求增加补偿时，认为这一片可以作为主张的依据，但已经不知道具体面积。在信访过程中，信访人接触到了《房屋平面图》，误将图中记载的④⑤两片边长（5.5、2.2）当作面积，开始作为主张的依据，也就出现了"三间房面积总共为 7.7 平方米"这一看似荒唐的主张。同时，由于间隔时间太久，信访部门也在一定程度上被信访人误导，认为当初这部分建筑的总面积为 7.7 平方米，未能认定为房屋的主要原因是面积太小。事实上，该片建筑面积达到 23.49 平方米，未能认定为房屋在当时取得了被腾退人的签字认可，应当是其他方面不符合房屋的认定标准。具体原因需信访部门重新核实事实后，进一步深入调查了解。

评估团队又结合法律法规，进一步对还原的事实进行了验证。

关于房屋建筑面积的认定，经查询当地腾退补偿办法，相关规定为："在原公社和乡政府批准的宅基地范围内，以乡政府 2000 年 4 月底入户调查登记的房屋面积为基础，以 1993 年房屋普查时下发的《集体土地使用证》为产权依据，以腾退办和拆迁公司现场测量的面积予以确定。"

涉案房屋在 1993 年 6 月登记的建筑面积为 54 平方米，2000 年 5 月《北京市城市房屋拆迁分户调查表》中登记的建筑面积为 59.17 平方米，与《房屋平面图》中实线部分一致。《房屋平面图》中虚线部分在 2000 年 5 月的登记中均未有记载，其中②③两区有"√"标注，有面积记录，后被认定为正式房屋。结合信访部门所述工作过程，可以还原出当时房屋面积认定的工作程序：先用实线、虚线区分标记能直接认定和不能直接认定的房屋；对于不能直接认定的部分，再由确权组根据正式房屋认定条件进行认定，在图上标注"√"、载明面积；对于最终不能认定的部分，按棚子的标准作价补偿。

从这个案例中可以看出：在还原事实时，对于明显违反常理的内容就要重点关注，应仔细核对原始材料，以证据为中心还原事实。本案中信访部门未能仔细核对原始证据，即认定信访人的主张完全没有事实依据，因此未能根据信访人的实际情况，作出有针对性的准确解释。

（二）典型疑难案例二：案件事实还原应充分考虑当时当地的特殊情况

1995 年，因重点工程项目建设需要，北京市某乡 600 余亩集体土地被征用，同时，开发公司购买了位于通州区的商品房用于安置拆迁居民。拆迁人与被拆迁人签订了《北京市城市住宅房屋拆迁安置补助协议》，其中关于安置问题，采取的是直接安置方案，由拆迁人负责安置房源，在拆迁协议中已经明确了安置住房的名称、楼号、房号、面积和安置套数等内容。拆迁协议签署后，被拆迁人将房屋腾空交由开发公司进行拆除。被拆迁人入住安置房屋后，受多种因素的影响，一直未能办理产权过户手续，引发居民长期信访。

评估团队初步阅卷后，首先注意到，根据拆迁人与被拆迁人签署的《北京市城市住宅房屋拆迁安置补助协议》的约定，被拆迁人放弃原有住房的所有权，定向安置到通州区某小区。开发公司购买了商品房作为安置房屋，所有权归开发公司所有，但双方在协议中未明确安置房所有权的转移问题。

针对这一特殊情况，评估团队进行了深入调研。根据调研的情况，在案件发端的 1995 年，由于房地产行业尚未起步，房屋产权的概念尚未深入人心，当时农转居人员拆迁安置住房，普遍采用的方式是由农转居人员承租公有住房。根据当时房屋拆迁安置的政策，信访人让渡原房屋所有权和土地使用权，取得的是安置房屋的使用权。

随着经济发展、房价上涨，这种处理方式引发了大量争议。针对这种情况，北京市作出了政策调整：2002 年，北京市国土资源和房屋管理局、市人民政府住房制度改革办公室，向城八区房管局、房改办、各有关单位发出《关于农转居人员购买安置住房有关问题的通知》（京国土房管方〔2002〕606 号），明确："凡向农转居人员出租单元式公有住房的产权单位如中央在京单位、市属单位等均须按市房改办、市国土房管局核准的各区农转居人员购买安置住房实施方案向申请购买现住房的农转居人员出售现住房。"

了解了这一特殊的背景，就会明白，本案信访矛盾产生和累积的根源，在于时代原因、政策变动带来的历史遗留问题。从 1995 年至今，经济的迅速发展、房价的巨大变化远超信访人当初的合理预期；政策制定层面虽然也考虑到相关问题并做出了回应，但在各区的落实过程中产生了差异，导致信访人长期未能取得安置房屋的产权。理清了这一关键点，才能为从源头上解决问题、化解矛盾夯实基础。

（三）典型疑难案例三：材料不严谨导致事实还原的困难

信访人自 1999 年与丈夫离婚后，分得原住地自建房一间。2005 年，某房地产公司对其自建房进行拆迁，经协商，信访人与房地产公司签订《北京市住宅房屋拆迁货币补偿协议》，获得拆迁补偿费 20 万元。因本人当时没有及时买房，现在无力购买住房，多次到市、区信访办及街道办事处信访。

依据当时的政策，信访人的房屋属于自建房，应获得的补偿为 66 000 元，以及 25 000 元的提前搬家奖，20 万元实际上包含由于其生活困难，经协调之后，由房地产有限公司提供的定向捐助。街道未能提供具体确定补偿标准的拆迁方案等材料，也未说明 2005 年对信访人支付补偿时，确定数额的具体政策依据，但提供了信访人签字的拆迁补偿协议。

根据评估团队对相关政策的检索，当时对于自建房拆迁补偿的规定，见于 2001 年 12 月 5 日发布的《北京市城市房屋拆迁补助费有关规定》。其中第 2 条规定，在拆迁范围内有本市常住户口，长期居住在自建房内，并且符合下列条件的居民，可以参照前条规定的程序向拆迁人申请拆迁安置补助：①单独立户；②本人及其配偶、子女在拆迁范围内无正式住房；③本人及其配偶在拆迁范围外无正式住房。自建房居民向拆迁人申请拆迁安置补助，除上述规定的材料外，还应当提交其户籍证明等材料。经核查，对符合规定条件的自建房居民，拆迁人应当按照经济适用住房均价和规定面积标准给予拆迁安置补助。2002 年 12 月 31 日前，城、近郊区规定面积标准按照每户 20 平方米计算；远郊区、县由区、县政府根据当地居民住房水平自行确定。

据此，未经合法审批的城市自建房被拆除，居民只能在符合一定条件的情形下，申请拆迁安置补助，且信访人自愿签订了拆迁补偿协议，此后再要求解决住房，确无法律依据。但是，由于拆迁当时工作的粗疏，职能部门既不能提供完整的案卷材料，也无法说明确定补偿数额的具体依据，给信访部门后续的解释说明工作造成了很大困难；无论是工作程序还是工作内容，都未能充分体现工作的专业性和严谨性。

（四）典型疑难案例四：法律关系错综复杂，对基层干部的法律素养提出挑战

信访人胡小，女，原户籍登记在北京市某乡宅基地。1981 年转为非农业户籍。1982 年，胡小因婚嫁，将户籍迁出该址。

经查阅有关档案，本案涉及的宅基地于 1963 年申请，原使用人是信访人之父老胡。生产队 1984 年的调查登记资料显示，该址上的住宅房屋于 1980 年建造，户主为胡大（信访人胡小之兄），家庭人口数为五口。该五口人包括：老胡，胡大，胡大之妻及一子一女。

1993 年，农村宅基地使用权确认和发证工作启动，而老胡已于 1992 年去世，胡大取得了《集体土地建设用地使用证》，登记家庭人口三人，为胡大及其子女。胡小此时并没有提出异议。

2006 年 2 月，该乡启动了绿化隔离带建设腾退工作，涉案宅基地位于拆迁范围内。胡大已于 2005 年 3 月去世，安置人员被确认为胡大的二婚妻子、胡大的儿子和儿媳。安置方案包括一套一居室、两套三居室及拆迁补偿款。期间，胡小与其嫂子、侄子就析产问题协商未果。

由于未被纳入拆迁安置对象，胡小从 2006 年开始信访，认为其兄胡大利用父母的宅基地建设所获得的产权房，自己曾出资，有共有权，要求给予住房安置。2009 年后，胡小又要求查明涉案宅基地和房屋权属登记及变化情况。

该案历时时间长，仅从信访时起算也已超过十年；法律关系复杂，涉及农村宅基地确权、继承、腾退拆迁政策等不同领域、不同层级的规范。经过对事实发展脉络的细致梳理和对相关法律法规及政策的全面检索，评估团队确定了抓住关键时间节点、全面评价的评估思路：

第一，1993年宅基地确权登记存在瑕疵。

根据1984年的《住宅建筑调查表》，该宅基地上房屋于1980年修建，当时老胡（胡大、胡小之父）尚在世，胡大对于该房屋至少应享有一定的共有份额。

到1984年制作调查表时，老胡仍作为家庭人口之一登记。虽然登记的户主姓名为胡大，但户主反映的应是户籍登记的状况，不等于胡大是房屋的唯一产权人。

1992年，老胡去世，其享有的房屋份额应由儿子胡大、女儿胡小共同继承。

宅基地使用权具有很强的人身性，一般情况下，取得宅基地使用权要求具有村民资格。但是，涉及房屋继承的情况比较特别。当时适用的国家土地管理局《关于确定土地权属问题的若干意见》第34条规定："通过房屋继承取得的宅基地，继承者拥有使用权。若继承者已有宅基地，合计面积超过规定标准的，可以暂时按实际使用面积确定其集体土地建设用地使用权。"

据此，胡小有权通过继承父亲老胡的房屋份额取得宅基地的使用权。胡小的哥哥胡大也是城镇户口，这也进一步说明，不具备村民身份并不必然影响宅基地使用权的取得。在继承问题上，胡大、胡小兄妹的权利是平等的。

1993年宅基地确权登记所依据的程序，主要依据北京市土地管理局《关于农村宅基地使用权确认和发证有关事项的通知》（京地通〔1992〕第34号）："必须由本户主申请，经村委会讨论签注意见、乡（镇）人民政府审核、区（县）人民政府批准，核发国家统一制定的《集体土地建设用地使用证》。"

当时，胡大作为户主进行了申请，而乡镇有关职能部门基于传统风俗习惯，仅对胡大进行了确权登记，在审核过程中忽视了《中华人民共和国继承法》的相关规定，无视胡小对老胡的继承权，确有不当。

第二，2006年腾退安置时，对胡小的权利应予考虑。

经查阅该区及乡一级腾退安置办法的规定，被腾退人是指被腾退房屋的所有权人。有正式住房但户口不在当地的，依照有关规定予以安置。可见，户籍登记状况只是参照，不是唯一的标准。

据此，胡小享有取得房屋相应份额的继承权，其权利在腾退补偿时应予考虑。从拆迁当时的情况来看，胡小在拆迁腾退的过程中，曾向乡政府反映，要求得到房屋安置，而乡政府是结合《集体土地建设用地使用证》和户籍登记来确认的被腾退人及实际人口，未能在形式审查之外进行更进一步的实质性调查、充分考虑可能存在的房屋权属争议，工作上存在瑕疵。

第三，胡小未能及时主张权利，是其本人未能获得腾退补偿待遇的主要原因。

1993 年确权登记时，胡小的权利已经受到损害，但胡小一直没有向政府提出异议，也没有向其兄胡大主张权利。直到胡大去世之后，拆迁腾退工作也已经启动的情况下，胡小才向乡政府、信访部门反映问题，但也始终未向其嫂子、侄子主张权利、提起诉讼。在胡小信访的过程中，区政府、市政府都曾建议其通过民事诉讼解决问题，并提供了法律援助中心的联系方式，但胡小并未通过这一途径主张权利。

（五）典型疑难案例五：法规政策变化频繁，适用引用需严谨

信访人家中房屋于 2005 年因绿化隔离带腾退拆迁，由于院落中的部分搭建的建筑未被认定为房屋，只能按较低的标准补偿，信访人长期信访，要求明确正式房屋认定的标准。乡政府在答复中，援引"北京市国土资源局 2000 年第 168 号文件"第 5 款的规定，认为，在批准的宅基地范围内，柱高 2 米以上，建筑面积 7 平方米以上；三面有墙，有正式门窗，屋顶有保温层的，视为正式房屋。

经过核对和检索，乡政府所引用的文件为《〈北京市城市房屋拆迁管理办法〉实施意见》（京国土房管拆字〔2000〕第 168 号），该文件发布于 2000 年 8 月 4 日。由于城市建设的快速发展，该文件修改十分频繁，从 2000 年 8 月至 2003 年 9 月，三年之间有三个版本：2001 年 11 月，与新的《北京市城市房屋拆迁管理办法》相对应，重新发布了《〈北京市城市房屋拆迁管理办法〉实施意见》（京国土房管拆字〔2001〕1188 号）；2003 年 9 月，又修改并重新印发了《〈北京市城市房屋拆迁管理办法〉实施意见》（京国土房管拆〔2003〕777 号）。

三个版本对于房屋建筑面积认定的规定有所不同。其中，2000 年文件和 2001 年文件的规定类似，即以房屋所有权证的记载为原则，对于原农民宅基地上、集体土地上的符合一定条件的房屋（柱高 2 米以上，建筑面积 7 平方米以上；三面有墙，有正式门窗；屋顶有保温层），也予以认定。而 2003 年文件则规定："拆迁私有房屋（不含已购公房），原建筑面积按照房屋所有权证标明的建筑面积计算。拆迁已购公房，已取得房屋所有权证的，原建筑面积按照房屋所有权证标明的建筑面积计算；尚未取得房屋所有权证的，原建筑面积按照房改售房合同标明的面积计算。"

同时，2003 年 8 月 1 日起施行的《北京市集体土地房屋拆迁管理办法》第 19 条第 1、2 款对集体土地房屋拆迁管理作出了专门规定。具体内容是：拆迁补偿中认定宅基地上房屋建筑面积，以房屋所有权证标明的面积为准；未取得房屋所有权证但具有规划行政主管部门批准建房文件的，按照批准的建筑面积认定。

本办法施行前宅基地上已建成的房屋，未取得房屋所有权证和规划行政主管部门批准建房文件，但确由被拆迁人长期自住的，应当给予适当补偿。属于征地拆迁房屋的，补偿标准由乡（民族乡）、镇人民政府根据当地实际情况确定，报区、县人民政府批准后执行；属于占地拆迁房屋的，补偿标准由农村集体经济组织或者村民委员会确定，报乡（民族乡）、镇人民政府批准后执行。

本案中涉案房屋的拆迁时间为 2005 年，具体拆迁公告发布的时间尚待职能部门核实，在这种情况下，引用已于 2001 年 11 月废止的"京国土房管拆字〔2000〕第 168 号文件"对案件进行处理或解释，是不严谨的。及时跟进法律法规的修改变化，无论是对职能部门的办理工作、信访部门的解释工作、第三方的评估工作，都是至关重要的。

（六）典型疑难案例六：地方政策与上位法的冲突，政策制定的科学性有待提升

信访人原与其母共同居住于北京市某乡宅基地上自建房屋，建筑面积 124 平方米。2005 年，该乡发布绿化隔离地区房屋腾退通知，信访人拒绝腾退，认为房屋补偿款低，要求安置多套房屋，未达成房屋腾退协议。2006 年 5 月，乡政府向信访人发出通知，限其接到通知之日起三日内与乡腾退办公室签订《腾退安置补偿协议书》，信访人拒绝签收，此后亦并未腾退。2006 年 10 月，区政府下达《责令限期腾退决定书》，但该户仍拒绝腾退。2009 年 12 月，区政府下达房屋拆迁《执行通告》，对信访人进行了强制腾退。腾退房屋各项补偿款计约 40 万元，信访人被定向安置到周转房中。因对安置补偿不满，信访人长期信访。

经过对当时各层级法律法规及政策的检索和对比，评估团队作出如下评估意见：

第一，本案中强制腾退的程序、安置补偿的标准符合区、乡两级的绿化腾退政策。

本案中进行的强制腾退，直接依据是信访人所在乡的《绿化隔离地区建设房屋腾退安置办法》的规定。该办法明确："在公告的搬迁期限内，腾退人与被腾退人达不成腾退安置协议的，由乡人民政府做出决定，向有关部门申请依法执行腾退。"

更具体的程序性规定，见于区一级的《绿化隔离地区集体土地腾退安置办法》，该办法规定腾退安置期限内达不成补偿协议的，由腾退执行人发出《限期腾退通知书》，被腾退人仍拒绝腾退的，腾退执行人可向区政府提出申请，由区政府做出《责令限期腾退决定书》。逾期仍不腾退的，由区政府责成有关部门责令被腾退人腾退。

本案中，乡政府在向信访人发出通知、信访人拒不腾退后，经向区人民政府申请，由区政府下达决定书，进行强制腾退。强制腾退程序与区、乡两级绿化隔离腾退政策的规定相一致。经核算，安置补偿的标准也与政策规定相符合。

第二，本案中强制腾退程序与北京市集体土地房屋拆迁相关法规的规定不一致。

本案所依据的区一级《绿化隔离地区集体土地腾退安置办法》、乡一级《绿化隔离地区建设房屋腾退安置办法》分别于 2002 年、2003 年通过实施，其中关于强制腾退的规定，在当时并不与法律法规相冲突。

但是，2003 年 6 月 6 日，北京市人民政府公布《北京市集体土地房屋拆迁管理办法》，并于 2003 年 8 月 1 日起施行。该办法第 12 条规定，在区、县国土房管局公告的搬迁期限内，拆迁人与被拆迁人没有达成拆迁补偿安置协议的，经一方或者双方当事人申请，由区、县国土房管局裁决。裁决规定的搬迁期限届满被拆迁人拒绝搬迁的，属于征地拆迁宅基地上房屋的，由区、县国土房管局申请人民法院强制执行；属于占地拆迁房屋的，由当事人依法向人民法院提起民事诉讼。信访人家的宅基地上的房屋于 2009 年 12 月被强制拆除，未经过国土房管局的裁决和人民法院的执行，与《北京市集体土地房屋拆迁管理办法》的规定不一致。

本案存在的问题是，腾退拆迁时所做的工作虽有政策依据，但是政策本身与生效的法规规定不一致，尽管被腾退人实际获得的补偿并未受到影响，但由于没有优先适用法律效力更高的文件，导致强制腾退程序本身的合法性基础受到质疑。基层政府制定的政策性文件数量庞大、直接影响人民的生活和对政府的态度，如与层级较高的法律法规发生冲突，将有损行政行为的权威性。

五、关于典型疑难信访个案处理的对策和建议

（一）不盲信或盲目排斥陈述，重视原始证据和原始工作记录

从前述案件可以看出，一方面，信访人的陈述由于利益动机、记忆失真等原因，不能作为认定事实的唯一依据。一些历时较长的积案更是如此，在漫长的信访过程中，不仅信访诉求会发生变化，信访人还会有意无意地对案件事实进行调整和加工，一些信访人会将自己加工后的事实"内化"，从而深信不疑，因此还原案件事实时不能盲目依赖信访人的陈述；另一方面，信访人的陈述即使经过调整或加工，很多时候也是在实际情况基础上的夸张和变化，完全凭空捏造的情况相对少，因此，对信访人所作的陈述，也不应不加听取、直接认定为信口开河。信访人的陈述应当是还原客观事实的一方面线索和参考，原始证据和原始工作记录应当是还原事实的主要依据。

对原始证据和原始工作记录的重视应体现在两个阶段。一是对信访部门而言。信访工作的性质决定了信访部门不是在第一时间介入案件的处理，不掌握第一手事实。在案件处理的过程中，要以原始证据和原始工作记录为基础，信访人和职能部门的陈述只能作为参考。对于原始证据的把握，既要做到全面理解、相

互联系、相互印证，又要重点关注陈述中存在争议，或明显有悖常理之处，有针对性地进行考证和核实。二是对职能部门而言。本次评估试点工作中，不乏因原始工作记录缺失而导致关键事实无法还原的案例，这无疑给后期信访部门的问题解决、思想教育工作增加了困难。不可否认，其中一些案件是在处理之初就没有查明全部事实。但更多的情况是，对于已经查明的事实，未进行及时的整理和记录。规范职能部门工作档案的管理制度，将会为信访工作乃至第三方评估工作夯实基础。

（二）提高科学民主决策水平，提升干部队伍法律素养，强化专业人才的作用

随着经济、社会的发展，各种新情况、新问题层出不穷，法治国家的建设也面临着新的挑战。习近平总书记指出："各级领导干部要提高运用法治思维和法治方式深化改革、推动发展、化解矛盾、维护稳定能力，努力推动形成办事依法、遇事找法、解决问题用法、化解矛盾靠法的良好法治环境，在法治轨道上推动各项工作。"〔1〕"徒法不足以自行"，只有提升各级干部的法治素养，才能保障依法治国、依法行政的理念落到实处。提升法律素养，既要提高法治意识，又要增强法律知识，既要尊重法律，又要知法、懂法。在本次试点评估的典型案例中，存在的因"特事特办"而突破法律程序性规定的情况，以及因基层干部法律知识不足而导致适用法律不准确的情况，都体现出严格严谨适用法律、提升干部队伍法律素养的重要性。

（三）严格立法程序，推进科学立法、民主立法

这里的"立法"应做广义理解，上至全国人大及其常委会通过的法律，下至基层政府制定的规范性文件，都应当遵循科学、民主的程序。如果法律法规及政策本身的内容存在瑕疵，即使严格执行，也与良法善治的本意南辕北辙。前述案例中，由于地方政策与上位法相冲突，职能部门按政策执行后，信访人难以接受，职能部门则认为信访人诉求无理的情况，就反映出这一问题。

实践中，效力层级较高的法律法规的制定程序渐趋严谨，而层级较低的政策、文件等的制定仍存在较大的随意性。但在特定范围内，这些政策文件对人民群众生产生活的影响更为直接和具体，也更能影响到相对人对政府行为的认知和评价。例如，在北京市城市建设的过程中大量存在的拆迁腾退，程序设置、补偿标准中的很多细化规定都是由乡一级以村民自治的形式制定规范，加以明确。这些规定效力层级不高，对村民利益的影响却非常直接，如果村民没有充分的参与感，就会质疑内容的合法性和合理性。因此，对政策文件制定程序的规范性也应加以重视。应充分发挥立法评估、立法听证、专家论证等程序的作用，实现立法程序

---

〔1〕 习近平：《在首都各界纪念现行宪法公布实施30周年大会上的讲话》（2012年12月4日），人民出版社2012年版，第12页。

的公开透明，保障民众对立法过程的充分参与，从源头上维护法律规范的生命力。

（四）拓宽解决问题的思路，畅通职能部门与信访部门之间的沟通机制

"群众诉求合理的解决问题到位"，解决问题、维护信访人的合法权益，是信访制度的基本功能之一。但是，信访部门的职能定位，主要体现在受理、交办、转送、协调处理等方面。这就决定了，信访部门在实体问题的处理上，对于相关的法律法规、业务流程、备选的解决方案等，很多时候不会像职能部门一样熟悉，因此影响到矛盾化解的效率，甚至使一些原本可能得到解决的问题被搁置。一些能力突出、经验丰富的信访干部可以在自己熟悉的领域尽量避免这种情况，但从工作机制上而言，问题的最终解决有赖于信访部门和相关职能部门之间畅通有效的沟通。一些涉及多个职能部门的复杂案件，还需要各个职能部门之间的统筹协调，以避免出现口径不一或相互推诿等情况。

《信访条例》第5条第2款规定，县级以上人民政府应当建立统一领导、部门协调，统筹兼顾、标本兼治，各负其责、齐抓共管的信访工作格局，通过联席会议、建立排查调处机制、建立信访督查工作制度等方式，及时化解矛盾和纠纷。实践中存在信访部门"一头热"、职权和责任不清晰等问题，许多职能部门将信访矛盾的化解完全看作信访部门的职责，导致信访部门只有"转办"的权限，却被期待担负起"专办"的职责。只有真正将信访工作联席会议的沟通统筹作用发挥出来，在"大信访"的工作格局下，实现信访部门与职能部门之间、不同职能部门之间的互联互通，压实责任，做到谁主管、谁负责，才能拓宽解决问题的思路、拿出切实有效的解决方案，将信访矛盾化解在小、化解在早、化解在基层。

（五）通过入情入理的解释，做好初信初访阶段的思想教育工作

"诉求无理的思想教育到位"。首先，在判定信访诉求无理的时候应有据可依，站得住脚；其次，对信访人的思想教育要细致耐心，做好解释工作，说得透彻。

对于思想教育工作，尤其要重视基层干部队伍建设和初信初访处理工作。以"发动和依靠群众，坚持矛盾不上交，就地解决"为核心的"枫桥经验"，已成为新时代社会治理的重要基石和力量源泉。从信访工作的角度来看，矛盾化解的最佳场所在基层，最佳时机在初信初访。对于诉求无理的信访人来说，尤其如此。这是因为，一方面，一些信访干部认为此类信访人无理取闹，因此采取敷衍态度；另一方面，在诉求不能得到满足的情况下，随着时间的推移，信访人投入了越来越多的时间精力，一些偏执的想法和观念逐渐加深，新旧矛盾交织叠加，化解难度越来越大。本次评估的其中一个案例，信访人因对征地拆迁不服举报违法用地，又因首次举报未得到及时处理，加深了对征地合法性的质疑；在另一个案例中，信访人诉求无理，但乡一级的数次信访答复都简单模糊，没有引用明确

的法律依据，此后信访人对乡政府失去信任，坚持到区、市信访部门信访，"小事不出村、大事不出镇、矛盾不上交"的工作目标未能实现。因此，要从意识和能力两方面加强基层组织建设，促使思想教育工作重心下移、关口前移，将大量信访矛盾化解在初信初访阶段，减少增量。

（六）加强智慧信访建设，以科技手段助力信访工作

在科学技术迅猛发展的当下，充分运用互联网技术和发挥大数据优势在解决当前信访矛盾突出、信访工作方式滞后于群众信访需求的问题，及时发现前端治理中具有普遍性、趋势性的问题，以智能化方式助力信访工作提质增效，是社会发展的大势所趋，国家信访局顺势而为，大力推动信访工作与大数据深度融合的"智慧信访"建设。为此全国多地已经做出了有益的探索，纷纷建设了各具特色的"智能平台"。但从目前工作实践的情况来看，这些平台的主要功能仅限于帮助信访人可以通过网上平台、移动终端等提出信访诉求，信访部门可以通过平台收集到信访人的信息、了解信访案件的程序进度，并可对部分简单的案件进行线上答复等。

相比于信访工作的实际需要和智能技术的发展水平，目前的"智能信访"的功能还停留在最为初级的阶段。如能在现有成果的基础上，进一步挖掘智能平台功能，推动"智慧信访"理念深化实施，将极大地提升信访工作的效率和成效，也能为对信访案例的批量研究提供支持。例如，通过智能平台，在依法分类的基础上，对不同类型的矛盾提取典型案例进行深入分析，总结和提炼规律，再以此指导个案的处理，包括：各类案件有哪些处理建议、备选化解方案；可能涉及哪些职能部门、需要统筹哪些资源；常用法律法规；潜在风险和常见问题等，将这些内容整合于智能信访平台中，并与一线信访工作人员共享，使信访工作人员从案件办理之初就得到百科全书式的智力和专业支持。

结 论

本课题初步探索了以第三方评估的方式推动疑难信访案件化解的工作模式和工作机制；针对疑难信访案件的总体特点和典型案例反映出的突出问题，提出了贯穿政策制定、政策执行、事实还原、法律适用、矛盾化解等各个环节的对策建议，取得了阶段性的成果。

此外，信访问题数量庞大，牵涉到的法律、经济、社会等方方面面的关系错综复杂，根据不同领域、不同群体又往往呈现出不同的特点，本课题研究工作虽然取得了一定成效，但还需要在更广泛的工作实践中针对不同的问题、不同的情况进一步丰富和深入。课题组成员将在下一工作阶段与更多的信访部门开展合作，进一步拓展样本案例数量，深化研究成果，落实和完善第三方评估化解疑难信访案件的工作方法。

北京市电子商务法治环境问题研究

刘 权*

第一章　我国电子商务发展现状及特点

随着经济全球化与区域经济一体化的进一步发展，电子商务作为加强世界各地经济往来的有效手段，也进入了高速发展的时期。"作为 21 世纪迅猛发展的基于网络技术的电子商务，对人类社会之冲击与影响不亚于当年的工业革命。电子商务经济必将成为未来世界知识经济的发展引擎和主要模式。"[1] 由于网络技术的飞速发展和智能手机的广泛普及，再加上我国人口众多、市场庞大、商业用房成本日益上涨，作为数字经济重要形态之一的电子商务经济，相比于世界上其他国家，在我国发展得更为迅猛。

在数字经济时代，党和政府非常重视我国电子商务的发展。党的十九大报告明确提出，要建设"数字中国""网络强国"，这对促进电子商务的深化发展提出了更高的要求。2019 年 8 月国务院办公厅发布的《关于促进平台经济规范健康发展的指导意见》提出，互联网平台经济是生产力新的组织方式，是经济发展新动能，对优化资源配置、促进跨界融通发展和大众创业万众创新、推动产业升级、拓展消费市场尤其是增加就业，都有重要作用。

北京市电子商务属于我国电子商务较为发达的部分，研究北京市电子商务法治环境问题，首先需要深入了解我国电子商务的起源与发展沿革，并掌握我国电子商务的发展特点。

一、我国电子商务的起源与发展沿革

从电子商务发展的 30 多年的历史来看，其主要经历的阶段主要可以归纳为：雏形萌芽与起步发展阶段、低谷瓶颈阶段、发展复苏阶段、大规模发展阶段和新兴稳步发展阶段。

---

* 课题主持人：刘权，中央财经大学副教授。立项编号：BLS（2018）B007。结项等级：合格。
[1] 沈岿等：《电子商务监管导论》，法律出版社 2015 年版，第 10 页。

2018 年 8 月 31 日通过《中华人民共和国电子商务法》（以下简称《电子商务法》），是我国电子商务发展的一大里程碑，我国电子商务发展由此迈入新法治环境。2013 年底正式启动立法；2016 年 12 月 19 日，《中华人民共和国电子商务法（草案）》［以下简称《电子商务法（草案）》］初次审议；2017 年 10 月，《电子商务法（草案）》第二次审议；2018 年 6 月，《电子商务法（草案）》第三次审议；2018 年 8 月 31 日，第十三届全国人大常委会第五次会议上表决通过了《电子商务法》，自 2019 年 1 月 1 日起正式施行。

《电子商务法》不仅使得我国电子商务产业有法可依，也使电子商务行业和实体经济的关系在法律层面上得到明确，同时还对当前在电子商务发展过程中出现的许多问题予以明晰和解决。因此，随着电子商务支撑体系的不断完善、治理体系的不断健全，我国电子商务的发展正在迅速步入一个新兴的、健康有序的发展阶段。

二、我国电子商务的发展特点

（一）电子商务政策与法治环境良好

中国电子商务自发性的取得了蓬勃发展。但是，与其他国民经济产业一样，电子商务的发展与运行也需要良好的政策与法律环境。最初关于电子商务的发展，我国政府采取的是"先发展、后治理、在发展中逐步规范"的监管思路，政策环境相对来说是比较宽松的。从 2013 年开始，我国电子商务的政策环境和法律环境开始走向良好完善的道路。政策法律环境的优化在此时主要表现为四大具体内容：[1] 首先，开始着手起草电子商务的基本法律。其次，积极扶持示范主体和创新活动。再次，进一步改善电子商务基础设施环境。最后，积极保护电子商务消费者权益。

2019 年 8 月国务院办公厅发布的《关于促进平台经济规范健康发展的指导意见》，对电子商务中的平台经济相关内容予以规范，主要内容包括了优化完善市场准入条件，降低企业合规成本；创新监管理念和方式，实行包容审慎监管；鼓励发展平台经济新业态，加快培育新的增长点；优化平台经济发展环境，夯实新业态成长基础；切实保护平台经济参与者合法权益，强化平台经济发展法治保障。

（二）电子商务新模式新业态层出不穷

近几年来，随着互联网技术的不断进步，消费者需求的改变，依托于互联网发展起来的电子商务也发展出了许多新业态、新模式，其中，衍生服务业的产生与发展是极为重要的。目前，衍生服务业主要包括电子商务代运营服务、电子商

---

[1] 商务部电子商务和信息化司《中国电子商务报告（2013）》，第 12 页。

务营销服务、电子商务咨询服务。[1]

电子商务代运营服务[2]主要包括电商平台运营、网站推广、视觉服务、仓储配送、客户服务等电子商务运营托管服务。大量代运营企业伴随着线下企业转型实现了高速发展，具体来说，发展现状主要是逐渐向全程式、细致化的服务模式发展、品牌电商[3]代运营服务市场规模持续扩大。

除了电子商务衍生服务业的发展之外，生活服务业电子商务也逐渐渗透到人们日常生活的各个方面，[4]餐饮、酒店、电影等生活服务业内容占据团购一定的市场规模，打车软件蓬勃发展，网络视频用户规模增加，O2O家政服务业成为热点、旅游电子商务产业迅速发展。生活服务业电子商务不仅细分化程度越来越高，而且，越来越朝向移动端、平台化的方向发展，为线下生活服务业释放更多的"余量价值"，并且借助O2O渠道，实现线上线下的融合发展。

（三）农村电子商务快速发展

发展农村经济一直是国家十分关注的问题之一，近年来电子商务的大规模发展成为农村经济发展的新动力，目前农村电子商务发展现状主要包括七大部分：农村网购市场快速增长、农产品网络销售取得突破并步入快速发展期、农村网商持续发展形成了集聚态势、农资电商步入稳定发展期且商业模式创新力度加大、电商扶贫取得较大进展、电商政策体系基本形成、电商开始进入农村各类服务领域。[5]

（四）跨境电子商务迅速发展

2017年我国跨境电子商务继续保持快速发展态势，跨境电子商务服务业逐步成熟，商品和服务品质进一步提升。从国内环境来看，政策以创造空间、鼓励发展为主，跨境电子商务综合试验区先行先试，总结形成可推广、可复制的经验做法。从国际合作来看，我国积极拓展电子商务发展空间，推动建立双边电子商务合作机制，"丝路电商"成为亮点。[6]其一，2017年，我国跨境网络零售增长迅速、跨境电子商务平台发展良好、跨境电子商务市场日趋成熟。其二，跨境电子商务支撑服务体系越来越完善。其三，跨境电子商务政策环境不断优化。其

---

[1] 商务部电子商务和信息化司《中国电子商务报告（2017）》，第25~29页。

[2] 电子商务代运营服务是为企业提供全托式电子商务服务的一种服务模式，即指传统企业以合同的方式委托专业电子商务服务商为企业提供部分或全部的电子商务运营服务。

[3] 品牌电商是指在电子商务活动中服务商为品牌商提供的部分或全部的电子商务服务。包括IT软件服务、营销服务、运营服务、仓储物流服务、客户服务等。品牌电商服务行业属于服务输出型行业，得益于电子商务快速发展的背景下品牌商拓展电商业务的刚性需求。

[4] 商务部电子商务和信息化司《中国电子商务报告（2013）》，第85~89页。

[5] 李丽、李勇坚：《中国农村电子商务发展：现状与趋势》，载《经济研究参考》2017年第10期。

[6] 商务部电子商务和信息化司《中国电子商务报告（2017）》，第53~63页。

四,跨境电子商务综合实验区发展取得了较大成就。其五,在国际发展方面,跨境电商纳入"一带一路"议题,"丝路电商"成为新亮点。

（五）电子商务支撑体系愈加完善[1]

电子商务支撑服务是确保电子商务活动顺利完成的基础支撑体系,主要包括三大业务类型:电子商务支付服务、电子商务物流服务、电子商务信息技术服务。

1. 电子商务支付服务

根据中国人民银行的数据可知,第三方电子支付在交易中所占比例越来越大。此外,移动支付成为电子商务交易的新型方式。首先,手机网络购物用户规模增长迅速,手机网络购物的使用比例不断提升。其次,移动网络市场规模继续保持高速增长。支付行业也得到一定的规范。随着国内支付市场趋于饱和,"一带一路"建设不断推进,中国支付服务企业加大海外扩张力度,支付服务走向海外发展。

2. 电子商务物流服务

国家邮政局数据显示,2017年全国快递服务企业业务量累计完成400.6亿件,同比增长28%,业务收入累计完成4957.1亿元,同比增长24.7%。

3. 电子商务信息技术服务

新技术不断提升电商信息技术服务水平,同时,网络安全也成为电商信息技术服务业的新"风口"。

（六）电子商务信用体系愈加完善

近年来,我国电子商务信用体系建设总体取得较大进展,[2] 主要表现在:电子商务信用政策法规和标准加快完善;电子商务信用相关政策陆续出台、相关法律、法规逐步完善和实施、电子商务信用规范纷纷出台;电子商务平台企业深入开展信用建设;行业组织加强信用监测;跨境电子商务信用体系建设加快。

第二章　北京市电子商务发展现状

北京是全国电子商务发展较好、起步较早的地区,在"政府推动、企业主导"的共同作用下,电子商务的发展一直保持着良好的增长态势,处于国内电子商务发展的前沿位置。

---

〔1〕 商务部电子商务和信息化司《中国电子商务报告（2017）》,第21~25页。

〔2〕 商务部电子商务和信息化司《中国电子商务报告（2017）》,第65~69页。

一、北京市电子商务较发达，聚集示范效应明显

（一）北京市电子商务发展态势良好

从北京市电子商务近几年发展的总体情形来看，北京市电子商务发展态势良好，网上零售交易额持续增长，在社会消费中的占比较大，是促进经济发展的新动能。

（二）电子商务成为服务北京居民生活消费的新方式

北京市西城区什刹海街道于 2006 年开通了首家电子超市，城东区和平里开通了"181"菜篮子平台覆盖 17 个街道。东城区出台了《东城区全面完善社区商业服务体系实施意见》，到 2015 年年底，东城区基本完成社区商业服务体系的完善升级，实现早餐、菜篮子、连锁超市、便利店、再资源回收、家政、洗染、自助缴费和"一刻钟社区服务圈"等社区商业服务内容的全覆盖，创建全国社区商业示范区。[1] 2017 年已建成 400 余家社区商业"E 中心"，基本实现五环内服务全覆盖。[2] 2018 年全市基本便民商业服务功能城市社区覆盖率达 92% 以上，推动线上线下融合发展，累计建成 83 家"大而全"的社区商业便民服务综合体、200 余家"小而精"的社区商业"E 中心"。

（三）北京电子商务聚集示范效应明显

北京市是首批国家电子商务示范城市之一，2014 年，通州基地注册企业超过 300 家，汇集了 30 余家发展前景良好的电子商务企业，行业特色和聚集态势初步显现。大兴基地拥有各类电商企业 300 余家，电子商务产业链完整，产业综合配套优势突出，2014 年前三季度电子商务网络零售额位居北京市各区县之首。[3] 2015 年年底，北京市有 5 个国家级电子商务示范基地、4 座电子商务特色楼宇、45 家次国家级电子商务示范企业，形成了比较完备的电子商务全产业链体系示范带动作用不断增强。[4] 2017 年示范体系的建设情况是累计培育了 5 个国家级电子商务示范基地、11 家市级跨境电子商务产业园及 65 家国家电子商务示范企业。

二、北京龙头电商影响和带动力日益增强

在北京电子商务快速发展的过程中，涌现出了一大批典型企业，其中很多在全国均处于领先地位。据统计，电子商务交易额前十位企业所实现的交易规模约占总交易规模的 90% 以上，诸如联想等大型骨干企业尽管在数量上只占北京市企业总数的 3%，却完成了全市企业电子商务总交易额的 74%、B2B 销售额的 82%

---

[1] 洪涛、王亚男：《北京电子商务现状、问题与建议》，载《中国市场》2014 年第 11 期。
[2] 商务部电子商务和信息化司《中国电子商务报告（2017）》，第 75 页。
[3] 商务部电子商务和信息化司《中国电子商务报告（2014）》，第 100 页。
[4] 商务部电子商务和信息化司《中国电子商务报告（2014）》，第 100 页。

以及 B2C 的 71%，成为引领中关村及北京市电子商务潮流的排头兵。尽管开展电子商务的企业数量在北京仅为 26.5%，但这些企业却构成了各行业的核心和骨干力量。[1]

三、北京市电子商务创新较强

北京市电子商务的创新发展首先体现在多种电子商务模式创新发展、特色电子商务模式不断创新、技术创新和技术应用相促进。[2] 北京特色电子商务不断涌现，如中国地理标志产品商城是我国第一家地理标志产品商城；龙宝网溯源网成为我国第一家农产品食品安全网站；香蕉皮网站——第一家电子废弃物回收网站，是国家"城市矿产"电子废弃物回收体系建设的绿色通道；此外还有我买网的"双品牌"运营具有特色。其次是创新驱动与总部带动相结合。最后还包括技术创新和技术应用相促进。

2013 年北京市选取京东商城作为试点企业，在电子商务领域重点推进电子发票试点工作。2015 年持续推进电子发票创新应用，截至 2015 年年底，北京市27 家试点企业累计开具电子发票 1.5 亿张，节约发票用纸 90 余吨，有效降低了企业经营成本，提升了节能减排效益，产生了良好的经济、社会和生态效益。[3]

四、北京市跨境电子商务发展迅猛

2014 年 4 月，北京市人民政府办公厅转发《市商务委关于推进本市跨境电子商务发展的实施方案》，成立北京市推进跨境电子商务发展工作小组。2015年，北京跨境电子商务公共信息平台上线运行。2016 年 5 月后又陆续出台了支持跨境电商 O2O 直购体验店、公共信息平台、通关辅助系统、海外仓建设等政策。2016 年 9 月，对天竺综保区园区、北京邮政综合服务园区、中科电商谷园区、马坊物流基地园区、北京 EMS 园区、华商创意中心园区首批 6 家中国（北京）跨境电子商务产业园进行了授牌。2018 年北京成为第三批跨境电商综试区，在《中国（北京）跨境电子商务综合试验区实施方案》中提到坚持科学布局、整体推进，打造"一体两翼多点全平台"[4] 的产业布局。

---

〔1〕 赵弘：《北京市电子商务发展特点与前景展望》，载《现代商业》2009 年第 2 期。
〔2〕 洪涛、王亚男：《北京电子商务现状、问题与建议》，载《中国市场》2014 年第 11 期。
〔3〕 商务部电子商务和信息化司《中国电子商务报告（2015）》，第 128 页。
〔4〕 "一体"指在全市范围内统筹规划和推进中国（北京）跨境电子商务综合试验区建设，突出综合改革试验，加强政策集成创新，促进跨境电子商务行业整体发展。"两翼"指发挥北京首都国际机场和北京大兴国际机场的航空运输优势，加快国际航空枢纽建设，打造便捷高效的跨境电子商务口岸和贸易通道，助力跨境电子商务加速发展。"多点"指进一步优化跨境电子商务监管场所和产业园布局及功能，完善跨境电子商务服务支撑体系，为跨境电子商务营造良好发展环境。"全平台"指完善跨境电子商务线上线下服务平台，培育壮大跨境电子商务综合服务企业、物流服务企业、金融服务企业等市场主体，为跨境电子商务企业提供一站式服务。

五、北京市电子商务线上线下融合发展较好

北京市电子商务发展线上线下融合度不断提高。2015 年北京市电子商务与实体经济融合发展的深度和广度不断拓展。2016 年，京东到家与好居、快客等 2100 家社区便利店合作，通过众包物流为消费者提供超市到家、外卖到家、医药到家等 2 小时快速送达服务。2017 年，线上线下联动主要表现是：支持开设跨境电商 O2O 体验店，提升消费者跨境购物体验，促进消费升级；举办"2017 北京跨境电商消费体验季"活动，培育跨境电商消费热点，促进生活性服务业品质提升，举办"2018 北京跨年促销节"活动，着力打造本市促消费活动品牌，进一步促进线上线下融合发展。[1]

六、北京市电子商务信用体系建设不断加强

北京市电子商务信用体系以政府监管、区县试点、长效机制为重点，以主管领导牵头、相关部门配合协助为工作方式，以培育市场化运作的现代信用服务中介机构为支撑，营造"守信褒扬、失信惩戒"的社会环境为保障的电子商务信用体系，有重点、有步骤地推进电子商务信用体系建设，树立"数字北京""信用北京"的良好形象，引领电子商务健康发展。[2] 成立了全市电子商务促进工作联席会议、网络市场监管联席会议等工作机制，明确了部门分工和职责要求，统筹协调优化本市电子商务发展经营环境；建成了仓市统一的企业信用信息系统平台，电子商务企业信息公示和信用监管体系不断完善；成立了北京电子商务诚信联盟，推广先行赔付机制，行业自律经营能力不断强化。

第三章　北京市电子商务的立法现状、问题及对策

一、北京市电子商务的立法现状

为了促进电子商务的发展，除了市场调节之外，政府规制也是不可或缺的部分。北京是电子商务发展起步较早的地区，有关立法政策也颁布较早，近年来，相关部门为了电子商务的健康发展，同时也是为了对电子商务中的违法行为进行规制，出台了一系列相应的立法与政策，成为助推北京市电子商务发展的有力支撑。

二、北京市电子商务立法存在的问题

（一）电子商务立法理念尚需创新

北京市电子商务立法需要进一步创新治理理念，迫切需要形成权责明晰、透

---

〔1〕 商务部电子商务和信息化司《中国电子商务报告（2017）》，第 76 页。
〔2〕 袁登科、吕廷杰、胡桃：《北京市电子商务信用体系建设探索与研究》，载《生产力研究》2009 年第 18 期。

明高效、监管有力的商品流通规范与促进体制机制，贯彻先进的市场治理理念。商贸流通业新领域、新业态的规范与促进，需要贯彻新的科学发展观，处理好发展与规范的关系。商务立法制度建设中协同监管、信用监管、柔性监管、系统监管等先进治理理念尚需强化。[1]

(二) 电子商务立法空白与立法滞后并存

北京市现行电子商务法律规范与电子商务流通发展的法治保障需求不相适应，某些领域尚无法可依，一定程度上存在立法空白问题。一些重要电子商务领域迫切需要制定相关地方性法规或政府规章。比如现在北京市农村电子商务和跨境电子商务发展迅速、前景良好，但缺乏相应的法规和规章进行统一的引导。此外，北京流通产业促进法也尚未纳入立法规划。[2] 北京流通产业促进、电子商务、生活服务业等重要领域，迫切需要启动立法调研，重视立法规划，推进相关立法。北京流通产业促进立法需要推进，电子商务立法尚需完善，电子商务支撑服务业立法保障体系尚需健全，生活服务业法律制度尚需完善。

三、完善北京市电子商务立法的对策

(一) 革新北京电子商务立法理念与方式

在以电子商务为主要经济形态的互联网时代，政府在进行立法时，应当采用新的立法理念与方式，推广电子决策，使尽可能多的第三方交易平台、卖家、网络消费者直接在线参与到立法中。对于立法，电子商务以其全新的理念和运作方式给行政立法带来了冲击，表现为扩大立法过程的民主性、提高立法内容的灵活性和专业性、确保立法内容的中立性即行政立法内容应严守中立原则、加强立法内容的国际性与兼容性。[3]

(二) 完善北京市电子商务立法规划

1. 做好电子商务领域立法规划工作

针对商务领域立法层次较低、法律效力不强的问题，做好商务立法试点工作。科学编制立法规划，有序推进立法规划实施；把相对成熟的政府规章上升为地方性法规，把具有立法必要性的重要行政规范性文件上升为地方政府规章或地方性法规，完善规则，逐步提高立法层级，完善北京商务地方立法体系。

2. 重视京津冀电子商务立法协同工作

北京市"十三五"规划提出"优化提升首都核心功能、改善居民生活条件、加强生态环境建设、增加公共服务设施"。京津冀立法协同工作对优化区域流通

---

[1] 吴长军：《北京地方商务立法的现状、问题与完善对策》，载《商业经济研究》2018年第17期。

[2] 吴长军：《北京地方商务立法的现状、问题与完善对策》，载《商业经济研究》2018年第17期。

[3] 参见高家伟：《论电子商务与行政法的范围和手段》，载《行政法学研究》2002年第2期，第25~26页。

产业布局至关重要。北京电子商务立法要为疏解首都非核心功能提供法治保障，推动京津冀协同发展。不断加强首都地方立法部门与天津市、河北省地方立法部门之间的协调工作，建立相应的立法协调机制；探索建立京津冀商务立法协同程序与过程。

（三）提升北京电子商务立法的系统性与协调性

北京市电子商务立法的系统性、协调性、全局性尚需提升。电子商务行政管理体制改革尚需进一步深化，电子商务管理体制与体系尚需进一步完善。电子商务流通领域涉及社会经济活动领域广泛，电子商务立法往往涉及商务、发展改革、市场监督管理、质量检验监督、卫生、交通、财政等多个部门，立法协调尚需加强。[1]

（四）加强填补北京电子商务立法空白

北京市电子商务立法要根据"满足立法需要，弥补立法空白"原则，完善电子商务领域相关地方法规与政府规章，营造优良的法治化营商环境。

跨境电子商务亟须专门立法解决。跨境电子商务与一般电子商务之间存在不少区别。在业务环节上，国内电子商务是国内贸易，跨境电子商务实际上是国际贸易，业务环节更加复杂，需要经过海关通关、检验检疫、外汇结算、出口退税、进口征税等环节。在交易风险上，由于不同国家间文化心理、消费习惯、知识产权认知以及法律制度等区别的客观存在，跨境电子商务交易双方信息不对称问题较为严重，容易出现跨境信用、消费维权、纠纷解决和知识产权侵权等方面的风险。在适用规则和立法上，相比于一般电子商务，跨境电子商务需要适用的规则更多、更细、更复杂，包括不同平台的交易规则、国际贸易体系和规则、进出口管制、关税政策和制度等，立法甚至还需要国别之间和国际法律相协调。[2]

（五）重视北京电子商务立法后评估

现有电子商务法律、法规、规章制定实施后需要与时俱进，不断完善。因此，重视立法后评估工作是应有之义。北京迫切需要做好批发、零售、快递、仓储、运输等商务立法后评估和调研工作，健全第三方评估机制，从合法性、合理性、可行性、实效性等维度开展立法后评估，提升立法后评估报告水平；充分考虑立法的必要性和可操作性，促进市场体系建设和发展。

电子商务发展迅速，有关立法必须兼顾现实的需要和将来发展的空间，可以参考国外定期审议制度。很多国家对于电子商务的法律规范设置了定期审议制度，随着形势发展不断调整、修改。例如，美国对于电子商务企业的税收豁免规

---

〔1〕 吴长军：《北京地方商务立法的现状、问题与完善对策》，载《商业经济研究》2018 年第 17 期。

〔2〕 电子商务法起草工作小组编著：《中华人民共和国电子商务法条文研析与适用指引》，中国法制出版社 2018 年版，第 353~354 页。

定了期限，到期进行审查，决定是否延长。还有的国家规定政府采用新的、适用网络需要的公共事务的管理手段和方式，如完善电子政务、改进证据制度、推进网上争议解决程序等。[1]

第四章　北京市电子商务的监管现状、问题及对策

一、北京市电子商务的监管现状

（一）监管主体较为分散

电子商务以互联网作为发展基础，涉及的领域十分广泛，监管主体当然也就比较多。监管依据近几年来也十分庞杂，数量众多，既包括北京市人大、市政府以及市政府各个部门颁布的法规政策；同时，也应当遵守上位法的规定，各上级行政机关为促进电子商务的健康发展，也会实时制定颁布一系列政策法规。所以，在监管过程中，可能会存在多头监管、监管缺位的现象，也可能会出现监管依据相互矛盾的情况。

（二）宽松监管逐渐向严格监管转变

我国电子商务监管模式经历了由宽到严的演变过程。在 2004 年以前，电子商务监管在一定程度上处于空白状态，电子商务的发展完全由"市场"这只无形之手予以调解和规范。但是市场调解是会出现失灵的，电子商务领域也不例外，而且，由于互联网所特有的虚拟性、开放性、跨地域性等特征又使得市场失灵衍生出更为多样化的形态，此外，也由于政府具备相应的监管能力，因此，对于电子商务发展来说，政府监管是有其必要性的。2004 年《中华人民共和国电子签名法》的出台意味着我国政府监管正式进入电子商务领域，也预示着政府逐步加紧的管控机制。

（三）消费者投诉情况增多

最近几年，互联网服务领域投诉持高位态势，北京市消协曾多次接到有关电商随意取消订单的消费者投诉。这种俗称"砍单"的电商投诉，一般涉及消费者人数较多，其性质是电子商务合同成立问题，亟待法律规制。旅游消费作为新消费时代的代表性产业受到社会各界的广泛关注。

二、北京市电子商务监管存在的问题

（一）监管权限界定不清，存在多头监管的情形

根据我国的相关规定，关于我国的电子商务监管的行政制度建设实际上是多头监管、部门联合执行。多头监管导致监管措施缺位和重复的问题并存。很多部

---

[1] 宋建立：《电子商务发展中的若干问题》，载《人民司法（应用）》2018 年第 31 期。

门都对电子商务具有监管权，但不同职能部门之间的分工不明确，会使得该监管的电子商务领域缺乏相应的监管措施，不该监管的电子商务领域却实行了重复的多头监管。在电子商务的某些领域，还存在监管盲区，即存在监管措施缺位的问题。对于某些电子商务，监管措施存在重复现象。这种重复的监管措施既可能来自于同一个监管部门或几个监管部门，也可能来自不同的监管部门。比如互联网药品交易许可证的经营者获取了相关许可有资格开实体药店，但如果要在网上销售药品，还得再次获得互联网销售相关许可，这是一种明显的重复监管。另一种重复监管源于不同部门的多头执法，不同部门对同一事项采取了重复的监管措施。

（二）一些监管措施落后，无法适应电子商务的新发展

电子商务的发展离不开传统经济的土壤，但是其运营模式又与传统经济有很大的不同，所以适用于传统模式的监管手段在处理电子商务引起的社会问题时会存在很多漏洞。现行的网络平台监管水平和范围十分受限，受主观因素的影响较大，智能化水平不高，针对性不强，启动监管程序较为被动，多半需要受侵害的商家或者消费者投诉。在电子商务高速发展的背景下，落后的监管措施很难为网络环境下的安全交易保驾护航。

由于电子商务违法行为普遍存在违法成本低、隐蔽性强、传播迅速、涉案地域广等特点，所以传统的技术监管措施很难对其进行有效的监管，日益显得落后。传统的监管缺乏电子数据搜索分析技术、电子数据取证鉴定技术等先进的电子商务监管应用技术，大大制约了电子商务监管的有效性，从而导致消费者的合法权益得不到有力的保护，违法者的行为得不到应有的惩戒。线下市场的监管注重静态管理，而电子商务不应当仅限于此，而应当采取静态法规范与灵活的动态化措施相结合。

（三）电子商务事中事后监管措施不足

目前我国政府对于电子商务的监管较多地依赖于事前审查，尤其是偏爱设定行政许可。长期以来，我国政府过于重视许可，对许可证产生了过度依赖，甚至往往错误地认为监管就是许可，许可就是监管，所以导致许可性监管过多、过泛。

电子商务交易载体的特殊性，要求极强的技术手段，进行监管配备高科技的信息化设备是前提。互联网的普及率越高，网络安全问题的取证难度也会相应加大，电子取证等高科技手段在我国某些地区还不具备适用条件，降低了取证精确性，加大了取证难度。市场上电商平台众多，平台入驻电商鱼龙混杂，政府尚未形成高效的交易主体信息收集系统制度，政府在采取监管措施之前需要花费大量时间采集主体资料以及交易结果的信息，信息的收集具有被动性和滞后性的特征。加之大量的信息资料全部依靠电商自行提供，取证成功的可能性与电商的诚

信程度紧密相关，所以要求政府主动、准确、及时、完整地掌握被监管主体的所有信息有很大的难度。政府部门仅仅通过举报、信访、专项行动等方式履行监管职能[1]，无法保证电子商务市场的持续发展。

（四）跨境电子商务监管有待加强

跨境电子商务的发展难题日益明显，例如不可回避的通关问题、消费者关注的跨境支付问题，以及跨境交易带来的信用风险上升的问题等，这些都是我国政府促进跨境电商发展是的监管难题。

三、完善北京市电子商务监管的建议

（一）加快机构改革进程，完善数字政府建设

对于电子商务来说，电子商务是一种线上商务，除了快递物流等支撑性服务，电子商务交易的核心过程都是在网上完成。传统的行政组织形态，已无法适应互联网时代电子商务的新特点。"世界范围的电子政务浪潮，正是对新的信息时代变革的回应。"[2] 因此，虚拟化的电子商务客观上要求变革传统的行政组织形态，设立虚拟化的 24 小时在线的数字政府。例如，设立电子行政会议、网上巡查平台、网络警察、在线纠纷解决组织，等等。

就政府部门而言，可以借鉴相对集中行政许可权和相对集中行政处罚权的理念，设置相对集中行政监管权。面对新兴的电子商务领域，不再完全因循既有的监管体制，否则无法满足不同于传统的监管需求。需要适应监管时势调整政府部门设置，建立大部制的思维方式，将若干行政机关分散行使的行政职能集中由一个行政机关行使。

为了更好地服务电子商务的发展，应当加快推动建设高度信息化、全面网络化、深度智能化的服务型数字政府新形态。应当构建大数据驱动的政务管理运行新机制、新平台、新渠道。建立整体推进、政企合作、管运分离的数字政府组织体系，建立整体运行、共享协同、服务集成的数字政府服务体系。不断推进一体化的"互联网+政务服务"体系。

（二）加强电子商务事中事后监管

2019 年国务院发布的《关于加强和规范事中事后监管的指导意见》明确提出，加快构建权责明确、公平公正、公开透明、简约高效的事中事后监管体系。在电子商务实践中，政府偏重于进行事前监管，对很多新兴的电子商务持保守怀疑的态度，设定了大量的事前性监管措施。而在对电子商务的事前性监管措施中，尤以许可性监管为甚。

---

〔1〕 柴跃廷：《电子商务监管主要问题、成因及对策建议》，载《中国市场监管研究》2017 年第 4 期。

〔2〕 姜奇平、汪向东：《行政环境与电子政务的策略选择》，载《中国社会科学》2004 年第 2 期，第 80 页。

应逐步减少许可性监管措施。由于信息的海量性，所以政府不可能对所有的网络产品和服务信息都一一进行有效的事前监管，在电子商务监管中，政府不应当事前主动过多的干预电子商务的发展，而应当以事后性的监管措施为主，此外，由于成熟的市场竞争机制还未建立起来，所以对电子商务的监管，应逐步减少类似于许可证性质的事前性监管措施，而并非一下子放弃所有的事前监管措施。

2019 年国务院办公厅发布的《关于促进平台经济规范健康发展的指导意见》明确要求，应合理设置行业准入规定和许可，放宽融合性产品和服务准入限制，只要不违反法律法规，均应允许相关市场主体进入。

（三）创新监管方式，提升电子商务智能化监管水平

数字经济的突出特点之一是参与者数量庞大，大量的微小企业在电商平台经营，如若按照传统的监管程序，对于平台内的所有商家都进行许可登记，都采用年检以及抽查的方式进行监管，一方面样本数量巨大，对监管人力、物力、财力的成本投入没有上限，工作量大，可操作不强；另一方面，即使投入了可观的监管成本，在数量庞杂的监管对象面前，传统的年检和抽样对整个行业的电商参与者的代表能力有限，且智能化水平较低的监管手段对抽样检测的准确性有较大影响。实施难度大，监管结果可信度低的情况都在提醒我们要更好地发挥政府的作用，积极创新电子商务的监管方式。

2019 年国务院办公厅发布的《关于促进平台经济规范健康发展的指导意见》明确要求，"创新监管理念和方式，落实和完善包容审慎监管要求，推动建立健全适应平台经济发展特点的新型监管机制，着力营造公平竞争市场环境"。应本着鼓励创新的原则，分领域制定监管规则和标准，在严守安全底线的前提下为新业态发展留足空间。

人工智能不仅有利于促进数字经济发展，还有利于政府监管，提高政府监管效率，应不断实现政府监管的智能化。

（四）高度重视电子商务信息安全应用

当前云计算、大数据等信息技术广泛应用，数据已成为一种重要的资源，甚至可以说是重要的生产资料，对企业开展精准营销、精准服务至关重要，直接影响企业核心竞争力，但是，数据的归属权、使用权不明晰，缺乏操作性强的法律法规、成熟的规则和制度。个人、企业、政府在电商数据的收集、处理、使用和共享方面边界模糊，政府获取企业数据困难，企业之间数据交换存在障碍。在我国个人信息保护法、数据安全法还未出台的背景下，应当高度重视电子商务信息安全。

（五）推进电子商务标准制定的科学化与民主化

制定标准是一项很重要的电子商务监管措施，它不仅能有效规范引导电子商

务经营者的行为，而且由于其明确具体，有利于电子商务纠纷的及时有效解决。首先，政府在制定标准时，应当进行科学的实证调查研究，让更多的电子商务经营者、行业协会、网络消费者参与进来。其次，政府不应当垄断标准的制定权，而应当将某些标准的制定完全交给平台、行业协会，也应当让尽可能多的卖家、网络消费者等参与。最后，在改变标准时也应当重视科学性与民主性。

（六）完善电子商务信用监管措施

对于电子商务，应当以信用监管为统领，建立健全长效的信用监管机制，将信用监管贯穿于电子商务的整个发展过程之中。对于电子商务的信用记录，根据信用记录形成的主体不同，应当区别以下几种情形分别对待：第一，由政府形成的信用记录。第二，由平台形成的信用记录。第三，由第三方征信机构形成的信用记录。值得注意的是，对电子商务失信行为的惩戒应该弱化，更应当重视对负面信息的披露，以让相关主体自主进行决策。"一处失信，处处受限"的理念要经受比例原则的检验。

（七）优化跨境电子商务监管

跨境电子商务相较于境内电子商务的运作流程有其特殊之处。跨境电子商务涉及通关、结汇、物流等各环节与境内外的合作密切相关，既要做到各个环节的合理衔接，保障工作效率，又要确保在每个环节的监测上不出现差错，这就需要我们完善针对跨境电商监管的支撑体系，提升跨境电商业务的质量水平和安全系数。

首先，针对跨境电商运营的立法必不可少，研究制定相应的法律规范，以立法的形式明确行业可为与不可为的事项，明确网络服务提供者、电商用户以及政府相关部门的义务与职责，主动为权利的行使划定边界；其次，加强网络平台建设，推动市场建立针对海外消费环境的诚信系统，规范海外交易的渠道，以积极的措施打击海外网络售假行为以及侵犯知识产权的行为；再次，针对跨境电商的通关和支付程序，政府可以制定相应的优化措施，推进通关的便利化，支持跨境支付平台的建立，逐步允许进行结汇试点，促进跨境贸易发展；最后，政府应确定具体的扶持政策，为进行跨境贸易的电商平台以及外贸企业等提供优惠政策，加大配套基础设施的建设力度，引导其良性发展。

（八）推进电子商务的协同共治

习近平总书记曾经指出："随着互联网特别是移动互联网发展，社会治理模式正在从单向管理转向双向互动，从线下转向线上线下融合，从单纯的政府监管向更加注重社会协同治理转变。"[1] 合作治理在如今的互联网时代已成为必须。

---

[1] 习近平：《在中共中央政治局第三十六次集体学习时的讲话》，2016年10月9日。

面对日新月异的电子商务经济，政府应当以有效保障买家、卖家权益为核心，深入推进简政放权、放管结合，按照"鼓励创新、包容审慎"的原则，创新规制平台的模式与手段，不断推进合作治理。

2019 年国务院发布的《关于加强和规范事中事后监管的指导意见》明确提出，加强政府协同监管。加快转变传统监管方式，打破条块分割，打通准入、生产、流通、消费等监管环节，建立健全跨部门、跨区域执法联动响应和协作机制，实现违法线索互联、监管标准互通、处理结果互认。深化市场监管、生态环境保护、交通运输、农业、文化市场综合行政执法改革，在其他具备条件的领域也要积极推进综合行政执法改革，统筹配置行政处罚职能和执法资源，相对集中行政处罚权，整合精简执法队伍，推进行政执法权限和力量向基层乡镇街道延伸下沉，逐步实现基层一支队伍管执法，解决多头多层重复执法问题。

互联网时代网络技术的高度发展，使得平台与政府全方位的合作治理成为可能。2019 年国务院办公厅发布的《关于促进平台经济规范健康发展的指导意见》明确要求，"建立健全协同监管机制"。

总的来说，在发挥市场配置资源决定性作用的前提下，从充分保障电子商务各方主体权益的角度出发，政府应当与电商平台开展良性互动的全方位合作治理。在合作领域上，政府与电商平台双方都应当不断深化，广泛涉及买家权益保障、商家知识产权保护、商业秘密保护、个人信息保护等不同的领域。在合作手段上，应当多运用行政协议等柔性手段，就特定治理事项多与电商平台开展平等协商对话。

值得注意的是，应当防止"政府管平台，平台管用户"这种简单的、极端的规制思路。因为如此一来，一方面可能会使得平台承担过重的义务与责任，从而阻碍电子商务经济的发展创新，另一方面可能使政府轻易甩掉规制包袱、放弃本应承担的义务与责任。

第五章　北京市电子商务的司法现状、问题及对策

一、北京市电子商务的司法现状

（一）北京市电子商务司法公开

相关机构配合法院使用专门的远程视频庭审系统在线审案。北京市于 2010 年 9 月在部分法院全面试行民商事上诉案件远程视频庭审工作。此后，2011 年 5 月 31 日，北京市高级人民法院首次采用远程视频方式公开开庭审理了一起燕城监狱服刑人员的减刑案件；2011 年 12 月 27 日，北京市东城区人民法院远程视频法庭开始试运行。

2013 年 12 月 31 日上午，北京法院审判信息网（www.bjcourt.gov.cn）正式上线。自 2014 年 1 月 1 日起，北京市三级法院统一上网公开裁判文书，并通过北京法院审判信息网，实现部分审判流程、执行信息公开，同时试运行网上立案、电子送达服务。北京法院还同步开通手机等移动终端诉讼信息服务，社会公众可在北京法院审判信息网上通过扫描北京法院诉讼信息服务 App 二维码实现此功能。2014 年 12 月 2 日，北京法院在前期试运行的基础上正式开通 12368 人工语音诉讼服务平台，为社会公众和当事人提供诉讼咨询、联系法官、查询案件、举报投诉、意见建议等各项便捷、高效的一线通诉讼服务。2018 年 8 月 16 日，最高人民法院发布第一批涉互联网典型案例，由北京市法院审理的案件有两个。

（二）北京互联网法院的设立与发展

2018 年 9 月 9 日上午，北京挂牌成立互联网法院。新设的北京互联网法院集中管辖全市辖区内应当由基层人民法院受理的特定类型互联网案件，主要包括：互联网购物、服务合同纠纷；互联网金融借款、小额借款合同纠纷、互联网著作权权属和侵权纠纷；互联网域名纠纷；互联网侵权责任纠纷；互联网购物产品责任纠纷；检察机关提起的涉互联网公益诉讼案件；因对互联网进行行政管理引发的行政纠纷；上级人民法院指定管辖的其他互联网民事、行政案件。对北京互联网法院作出的判决、裁定提起上诉或抗诉的案件，分别由北京知识产权法院和跨行政区划的北京市第四中级人民法院审理。北京互联网法院以"网上案件网上审理"为原则，当事人不需要到法院就可以实现起诉、调解、立案、送达、庭审、宣判、执行等全部或部分诉讼环节的网络化办理。[1]

2018 年 9 月 9 日，随着北京互联网法院挂牌成立，该院电子诉讼平台正式对社会公众开放。据统计，截至 2019 年 9 月 10 日 18 时，该平台总访问量达 20.73 万次，注册用户 586 人，共接到网上立案申请 207 件。"抖音短视频"诉"伙拍小视频"信息网络传播权纠纷成为北京互联网法院受理的第一案。[2]

2019 年 3 月 6 日，北京互联网法院诉前人民调解委员会、诉调对接中心正式成立。北京互联网法院自设立后审理了一大批有影响力的案件。

（三）电子商务在线纠纷解决（ODR）存在一些问题

随着互联网的飞速发展，网络中形形色色的争议也急骤增多。网络空间的虚拟性、管理的非中心化和高度的自治性等特点，使得网络空间争议解决也因此而

---

〔1〕《北京互联网法院挂牌成立，李少平张延昆揭牌》，载 https://www.bjinternetcourt.gov.cn/cac/zw/1536538910784.html，最后访问日期：2019 年 5 月 21 日。

〔2〕《北京互联网法院电子诉讼平台开通后收到立案申请："抖音短视频"维权案成正式受理第一案》，载 https://www.bjinternetcourt.gov.cn/cac/zw/1536582453229.html，最后访问日期：2019 年 5 月 21 日。

具有不同于离线争议的特殊要求。除了公正性之外，效率、成本和便利性也成为电子商务中纠纷解决方式看中的价值。[1]

ODR 并没有一个固定的含义和范围，它包括的是在电子商务环境中，传统的司法机制之外，解决电子商务各种纠纷的方法和模式。[2] ODR 也是建立在不断发展的互联网和互联网技术基础之上的新型纠纷解决机制，因此其自身也面临诸多需要不断解决的问题：管辖权问题、实体法律适用问题、在线仲裁裁决的承认和执行问题、ODR 模式解决争议的效果问题、ODR 的安全性和保密性问题。[3]

（四）互联网法院面临的问题

1. 互联网法院的案件管辖范围问题

互联网法院的案件管辖范围有效解决了当事主体跨区域的问题，但是不可避免地会导致跨区域主体主动选择或规避管辖的冲突，而网络立案对案卷审查的限制客观上进一步加剧这种管辖的控制难度。互联网法院的执行，在互联网领域则需要相关金融、财产权甚至虚拟财产之管理规范与之匹配，如进入现实领域，则又将遭遇与普通法院的连接和其他共同困境。

无论是传统纠纷，还是电子商务争端，诉讼都是最基本的法律救济途径。而一旦进入诉讼程序之后，哪些法院具有管辖权就是首先要考虑的问题。在电子商务环境下传统诉讼管辖面临一定的困境，包括使以"地域"为基础的管辖权标准动摇、使以"行为"为基础的管辖权标准陷入困境。

2. 互联网法院的发展环境问题：安全性风险不容忽视

相比于此前某些法院尝试的"QQ 法庭""微信法庭"被质疑的安全性与严肃性，目前互联网法院独立开发使用的在线审理系统在安全性上明显更有保障，但网上平台的安全风险始终是不可忽视的。首先，各家互联网法院的平台之间是否能够形成数据互通和平台间合作，对于可能发生的恶意攻击和系统故障是否有充分的备用措施和应急预案尚不明确；其次，即使法院方能保障硬件和网络的可靠性，当事人一方的技术设备保障仍不充分，此前互联网法院实践中就曾出现过到了开庭时间被告的网络出现故障，不得已跑到网吧进行开庭，加上再次调试等因素影响，原告和法庭等了一个多小时才把庭开成的情况；最后，账户安全性的问题，电子账户始终存在的被盗用、误操作等风险的救济措施仍不明确。[4]

---

〔1〕 郭鹏：《电子商务法》，北京大学出版社 2013 年版，第 297 页。

〔2〕 姚维振：《电子商务法》，安徽师范大学出版社 2014 年版，第 312 页。

〔3〕 郭鹏：《电子商务法》，北京大学出版社 2013 年版，第 300 页。

〔4〕 叶敏、张晔：《互联网法院在电子商务领域的运行机制探讨》，载《中国社会科学院研究生院学报》2018 年第 6 期。

3. 互联网法院的规范依据和体制机制问题

2018 年 9 月 9 日，北京市互联网法院正式挂牌成立。但是作为一级法院机构，仍然缺少全国人民代表大会的审议表决程序及相关立法规范依据。同时，根据《中华人民共和国人民法院组织法》，一级法院一般设置相应的审判庭和管理机构，但包括互联网法院在内的现实的"专门法院"与所规定的"法院"存在明显差别，规范化、标准化的体制机制相对缺位。[1]

二、完善北京市电子商务司法的对策

(一) 完善法律规范体系，保障电子商务公正司法

完善的法律规范体系，对于保障电子商务公正司法至关重要。完善对电子商务领域的立法，主要目的在于将成熟的市场规则法制化，并且对新萌芽的交易习惯进行合法的引导与管理，使得电子商务行业的发展能够步入正轨，避免不规范的市场行为在发展过程中成为行业的阻碍。针对我国现有的法律规范体系，可以开展电子商务立法的系统研究，将已有内容按照权利义务归属、交易行为要求、政府监管职责、法律责任等进行更加详尽的归类和描述，对于未规范的细节问题可以尽量创立新的条文进行规制，不断完善法律法规体系的完整覆盖程度，做到电子商务交易和监管的各个环节有法可依。

及时制定相关司法文件。司法机关的文件制定也应当及时并具有针对性，及时关注新型案例、新类型的问题，再制定、公布司法文件为司法实践提供一定的参考。北京市高级人民法院可以借鉴之前的经验，并结合现实关于电子商务的发展现状以及诉诸法院的与之相关的争议焦点，对当前北京市关于电子商务的案例进行总结分析，发掘出在之前的文件之中未涉及的新问题并作出对应的解答。

(二) 完善电子商务在线纠纷解决机制

积极运用在线替代性纠纷解决机制，减轻在线诉讼的负担。在电子商务环境下，ODR 是一种便宜、高效、公正的纠纷解决机制，它对电子商务的发展，构筑一个使消费者充满信息的电子商务交易平台具有重要意义。北京市在电子商务发展日新月异之际，应积极采取对策，培育自己的在线争议解决机制。

有针对性的解决在线仲裁与在线调解中的问题。选择在线仲裁与在线调解的主要目的，主要是为了运用相对更简便的方式解决电子商务中存在的纠纷，但这不意味着可以忽视结果的公平公正性。多元化的纠纷解决方式是为了实现公正与效率的统一。因此，关于在线仲裁中存在的管辖权问题的解决以及在线调解中存在的效果问题，都可以参照线下仲裁和调解的相关规制，并结合线上的专属特

---

[1] 樊晓磊：《设立互联网法院是国家治理现代化的重要一招》，载《中国党政干部论坛》2017 年第 23 期。

性，制定有针对性的制度与规则，以更好地保护权益受到侵害的一方的合法权益。

加强保密性和安全性保障。要使 ODR 为人们广泛接受，必须由政府和私人部门合作制定官方标准的以保障信息的安全性和保密性，才能保证消费者能信任该争议解决方式。

（三）完善互联网法院体制机制建设

1. 完善互联网法院的管辖

互联网法院的管辖应当突破区域限制。互联网法院的专门法院特性强调了事物管辖，同时跨区域性特点要求互联网法院的地域管辖应当拓展互联网背景下的协议管辖，尽管互联网法院目前明确规定了对涉网案件的专属管辖，是一定行政区划内的集中管辖，但从长远来看，应当突破区域的限制。管辖权是法院具有审判权的前提，跨行政区域特性下的协议管辖可以最大程度发挥诉讼效率。[1]

2. 完善当事人程序选择权

互联网法院是全景式的诉讼。一方面，互联网法院固然提供了更为效益的诉讼，但在另一方面，在相当长的时间内，亦应当允许当事人具有程序选择权，即作为专门法院审理涉网案件，以提供线上诉讼为主，也应当为当事人提供线下审理。简易程序相对于普通程序，便是在保障公正的基础上，注重效益。这也符合目前推行的繁简分流制度。简易程序适用标准，一是按照案件诉讼标的的金额作为标准，二是以案件所涉法律关系的性质或类型作为标准，三是以当事人的合意作为标准。"网上案件网上审"显然是以案件所涉法律关系或类型作为标准，目前实践中也注意到了复杂案件不宜网上审。[2]

3. 完善类案在线起诉

特定类型纠纷在线结构化起诉案件，按系统要求输入。该条只是规定了起诉的方式可以简便化、格式化，其实，在审理过程中，按照繁简分流的要求"探索实行示范诉讼方式。对于系列性或者群体性民事案件和行政案件，选取个别或少数案件先行示范诉讼，参照其裁判结果来处理其他同类案件，通过个案示范处理来带动批量案件的高效解决"。这也是互联网法院的应有功能，将类案通过示范诉讼等方式予以解决，既明确了类案的解决规则，避免同案不同判，又提高了诉讼效率。

4. 落实和完善举证质证规则

明确了相关平台的配合义务与法院的在线核实、实时固定、安全管理义务，继续辅以严格的责任追究机制以保障这些义务的有效履行。对于风险更大的当事

---

〔1〕 洪冬英：《司法如何面向"互联网+"与人工智能等技术革新》，载《法学》2018 年第 11 期。
〔2〕 洪冬英：《司法如何面向"互联网+"与人工智能等技术革新》，载《法学》2018 年第 11 期。

人自行举证和质证环节，证据应当在庭前提供，经法官在网络审理过程中当庭展示，明确禁止当事人通过摄像头在庭审中展示后再补寄给法官等做法，防止出现造假空间；对方当事人有合理理由对证据提出质疑的，法庭应提供一切可能的手段进行证据验证，包括允许对方实地验证等。[1]

5. 推进智慧法院建设

单纯利用信息技术建成在线法院，并非终极目标，这样的法院仅能实现在虚拟世界再现诉讼的功能，而不能真正减轻法官的负担。我国智慧法院当前的建设重点应当放在如下领域：借助技术手段帮助一审法院筛选不需审判的纠纷、协助一审法官梳理争点、在简单的纠纷中在现有法教义学和判例库的基础上帮助法官预测类似案件的判决内容。换言之，尝试引入电子督促程序、电子准备程序和电子速裁程序，构成未来的改革重点。建成智慧法院（借助数据技术）实现诉讼专业化和进一步减轻法官的负担，智慧法院的建设重点尤其在于借助技术手段实现案件的分层与分流。

---

〔1〕 叶敏、张晔：《互联网法院在电子商务领域的运行机制探讨》，载《中国社会科学院研究生院学报》2018 年第 6 期。

社会建设法治化的理论创新与实践问题研究

邵　晖*

社会建设是任何国家在谋求发展和壮大的过程中，所必须直面的重要问题和内容。党的十八大报告中指出，建设中国特色社会主义，总依据是社会主义初级阶段，总布局是五位一体，总任务是实现社会主义现代化和中华民族伟大复兴。并首次提出了社会主义"五大建设"，即经济建设、政治建设、文化建设、社会建设、生态文明建设等方面的重大部署。可以说，"五位一体"总体布局的提出是马克思主义中国化的理论创新，又是中国特色社会主义实践对马克思主义理论的再发展。此后，党的十九大在全面总结经验、深入分析形势的基础上，从经济、政治、文化、社会、生态文明五个方面，在确认十八大所指定的新时代统筹推进"五位一体"总体布局的战略目标下，作出了新的战略部署。"中国特色社会主义事业的总体布局是五位一体，战略布局是四个全面"[1]。整体来看，"四个全面"是具有内在逻辑关系的有机整体，它包含全面建设小康社会、全面深化改革、全面依法治国、全面从严治党的具体内容。其中，全面建成小康社会是战略目标，而另三个"全面"则是战略举措[2]。"五位一体""四个全面"之间的关系，凸显出在我国未来的发展过程中，需要通过经济建设、政治建设、文化建设、社会建设和生态文明建设的五大建设，来实现全面建成小康社会的发展任务。同时，作为支撑战略目标实现的重要举措，经济建设、政治建设、文化建设、社会建设、生态文明建设的内容也要同全面深化改革、全面依法治国、全面从严治党的举措相匹配和协调，才能共同形成合力。因此，社会建设作为"五位一体"总体布局中的重要内容，进一步来看，社会建设法治化则是"五位一体"总体布局同"四个全面"战略布局的有机结合，便凸显出其在构建中国特色社会主义事业的过程中的关键地位。

---

* 课题主持人：邵晖，北方工业大学研究员。立项编号：BLS（2018）B008。结项等级：合格。

〔1〕《全面落实"五位一体"总体布局各项部署》，载《新华日报》2017年11月6日，第1版。

〔2〕袁久红：《"四个全面"战略布局是新时代治国理政总方略》，载《经济日报》2017年12月11日，第5版。

整体来看，本研究通过理论上的分析和梳理，将社会建设、社会法治化、社会管理、社会治理等概念、内容进行条分缕析的说明和解释，以便在理论上构建中国特色社会主义社会建设法治化的基本理论模式。同时，立足实践，通过选取浙江、深圳、北京等社会建设的具体现实，经过比较和分析，来一方面发现其中存在的问题以及需要如何进行改善，另一方面概括、剥离出其具体的实践操作模式，以便为我国的社会建设提供可资借鉴的理论和实践模板。

一、社会建设法治化的理论研究及拓展

本部分主要分析和探讨社会建设、社会管理、社会治理、社会建设法治化等概念的范畴和内容，以便挖掘中国特色社会主义下社会建设法治化的基本模式。整体来看，我国社会建设法治化的特色性模式，体现为：在设计和构建的理论和实践基础上，植根于"五位一体""四个全面"的基本要求；在内容上，一方面强调社会建设同其他建设，如经济、政治、文化、生态文明等之间的整体互动及统筹发展，另一方面要求社会治理同社会建设之间的有效互动，社会建设的实践应同全面依法治国等目标相契合，从而表现为对中国社会治理背景下的社会建设法治化这一目标的必然诉求；在运行方式和机制上，既突出社会建设中党和国家政府主导、国家同社会和个人合理互动的"一条主线、多维协调"之发展路径，又着力于不但要在国家层面逐步强调管理方式向治理方式、法制塑造向法治主导的改革趋势，而且在社会层面进一步加强社会自主性活动和参与的空间和积极性，从而基本形成以法治为要求、以党和国家为主导、以国家和社会等多元主体为互动的中国特色社会主义社会建设法治化的理论模式。

（一）"社会建设"概念的理论剖析

整体来看，我国当下官方所应用的"社会建设"这一概念和表述深刻地具有中国特色，因此，从理论和实践范畴上来讲，很难寻找同该概念完整对接的西方词语。从西方社会学的发展及其社会实践来看，其衍生出的社会控制、社会政策、社会服务、福利国家等概念，它们所包含的内容和主旨或多或少的都在我国的"社会建设"概念当中有所体现。这说明："社会建设"这一概念，是依托于我国实践所构建出的一种特色型概念和表述，它既富含着世界范围内的理念经验同时，又植根于中国特色的社会主义实践。立足于理论与实践，我们对"社会建设"这一概念的把握，需要从如下几方面展开：

1. 社会建设是什么的问题

对"社会建设"这一概念的理解，基本的认识思路都是从对"社会"这一概念的解读为起始，从而推演到对"社会建设"的剖析和定义。从理论和实践来看，"社会"这一概念包含着广义和狭义的两个基本维度，从而导致"社会建设"也有着对应的两个基本范畴。在广义的范畴上来讲，"社会建设"主要包括经济、政治、文化、生态文明等方面的建设，而从狭义的维度来看，"社会建设"则是指除以上之外的其他内容。

立足于我国的实践过程，在党和国家的官方性文件当中，其并没有给社会建设予以确定和具体的定义，因此，我国"社会建设"这一概念或范畴的具体所指，仍然存在着值得商榷和研究的空间。而进一步来看，虽然在其具体内容或范畴上还存在着寻求厘定的空间，但业界和实务界针对"社会建设"的价值目标及运作机制等方面确有着基本性的共识，从而也基本刻画或框定了"社会建设"的基本框架，从而为分析、研讨及实践"社会建设"的相关理论提供了一定的指引。例如，有学者认为："社会建设的目的是推动社会全体成员对社会福祉、社会结构、社会和谐、社会现代化的谋求，其应该组织那种社会自身的法治规律，采取合理的、有序的行动来逐步渐进推行"[1]。而其他学者则认为："进行社会建设的初衷，就是对人类生活和发展的自发结合体进行构建，只有以对结合体以良好塑造为目标，才是真正意义上的社会建设"[2]。

可以说，我国理论和实践中对"社会建设"这一概念或范畴的认识，体现出认可"社会建设"的价值性目标，强调对"社会建设"正当性维度的维护，突出在"社会建设"的推行过程中应时刻保持着其价值的合理性而不能偏离。此外，围绕价值的合理性基础，在"社会建设"的运行机制或操作原理上体现出对"社会建设"自身价值属性的尊重，如强调重视社会发展或建设的自生性维度以及提倡法治性手段为主来开展社会建设。这些都从整体上刻画了"社会建设"的目标和基本维度。值得注意的是，此种状况也反映出我国的社会建设理论和实践，还过多的停留于理论上的"应然"层面，由于缺乏内容上的准确刻画，从而容易导致实践过程中很难细化具体的操作流程以及准确定位改革内容，这势必会影响到"社会建设"的具体实践化。

2. 社会建设做什么的问题

由于对"社会建设"的具体内容还有着较大商榷的空间，因此，不同学者对"社会建设"应具体做什么，仍然有着不同的观点和认识。整体来看，关于"社会建设"应做什么，有着四种基本主张和认识："一是认为社会管理方式的探寻和改变是社会建设的主要任务；二是认为社会结构的有序构建是社会建设所力求达到的关键内容；三是谋求保障和改善民生是社会建设的核心内容；四是创建一个能动的社会主体，使其对市场、权力及社会秩序予以把控，是社会建设的

〔1〕 陆学艺：《加快社会建设：我国当前和今后的重大战略任务》，载《北京工业大学学报（社会科学版）》2013 年第 2 期，第 52 页。
〔2〕 谢立中：《社会建设的含义与内容辨析》，载《北京大学学报（哲学社会科学版）》2015 年第 2 期，第 98 页。

根本目标"[1]。可以发现，这四种观点分别是从民生福利、运行方式、结构塑造、主体构建几个方面，来塑造社会建设的主要内容。当然，有的学者则从价值目标的维度入手，认为构建社会公平公正和社会道德价值准则等则是社会建设的首要目标[2]。而在官方的表述上，"社会建设"应该做什么，则主要包括改善民生和创新社会管理方式两大主要内容。

可以说，官方对"社会建设"内容的定位体现出立足于民生福利和运行方式的两个维度。进一步来看，则主要是将价值目标和运行体制作为基本的内容。这显然符合有关"社会建设"改革范畴定位的基本思路。

3. 社会建设谁去做的问题

社会建设谁去做的问题，直接决定了社会建设发展过程中的主体定位为谁，进一步来看，它也会深刻影响到社会建设的基本推动路径。在这个问题上，当下的理论界普遍认为，社会主体的多元化参与和承担，是当下社会发展的必然趋势。这是因为现在的社会环境，体现出社会利益、社会诉求的复杂化之状况，仅仅依靠政府单方面的行为，显然已经不能应对此种形式。[3] 而有的学者则更进一步将社会管理予以二元化的拆分，认为其包含政府社会管理和社会自主管理两部分，并认为：在当下的社会管理过程中，一方面是政府依法对社会进行有序调解并提供充足必要的公共服务，另一方面则是社会依照法律和道德进行自身管理和控制的过程，这是两个互为依靠、不能分割的整体过程。从具体实践来看，党的十八大报告中明确提出：要加快形成党委领导、政府负责、社会协同、公众参与、法治保障的社会管理体制。其中，将党委领导、政府负责、社会协同并列出来，一方面强调在社会建设过程中党委和政府的主导作用，另一方面着力指出三者之间的互动协调之重要性。从理论和实践来看，我国当下社会建设的主体应包括党委、国家（政府）、市场（企业）、社会（社会组织）等，应突出党委、国家（政府）的领导和指引作用，同时，强调四者之间的良性互动，发挥各自优势并产生社会建设的最大效用。

4. 社会建设怎么做的问题

社会建设怎么做，关涉到社会建设的发展路径以及具体的操作方式和流程。在这个问题上，有的学者提出加大公共性服务及民生社会事业的发展是核心，为此要逐步加强政府社会建设的作用；有的则认为要注重社会组织的作用，把发展和推动社会组织的发展作为重要目标，以便突出社会力量的参与；有的则强调公

---

〔1〕 陆学艺：《社会建设就是建设社会现代化》，载《社会学研究》2011 年第 4 期，第 3 页。

〔2〕 谭明方：《社会建设：一种基于社会学分析框架的研究》，载《学海》2013 年第 1 期，第 5 页。

〔3〕 岳经纶、邓智平：《论理解社会管理的五种路径》，载《武汉大学学报（哲学社会科学版）》2013 年第 3 期，第 28 页。

共部门和民众之间的互利互信是关键，要提升社会群体参与社会建设过程中的积极性及拓展参与渠道；有的则注重强调在社会建设过程中社会组织中的社会企业的重要性，把它们作为个人在社会中进行交流和互动的重要主体，应强调社会企业在社会建设过程中的责任作用等。而从社会建设的实践来看，主要在于国家和政府在其主导作用的过程中，采取了哪些方式和手段，而这些措施是否得到了应达到的效果。如果并未实现其预设的目标，又应采取哪些具体的改进方式。

（二）社会建设与社会治理之间的理论关联

从理论和实践来看，"社会建设"这一概念，它既是一种社会学理论上的范畴，又是对具体实践的一种回应并承载了特定时间及空间维度中的现实内容。就我国而言，当下所提出和强调的"社会建设"这一概念和表述，其一方面强调落地于我国现实国情及特定场域，而应注意其本身的"中国特色"，另一方面它则是对世界范围内"社会建设"理论和实践的具体吸纳及借鉴。社会建设法治化强调在社会建设的过程中采取法治化的方式或路径，在我国的实践过程中，对社会建设法治化的渐进化理解包含着社会建设、社会管理、社会治理之间关系的分析和解读。

从历史渊源来看，在 1998 年，我党首次提出了"社会管理"这一表述，它出现在《关于国务院机构改革方案的说明》的文件中。立足于理论维度来审视，社会管理从狭义的范畴来看主要是政府职能的主要内容，而从广义的范畴来看，它不仅是政府的社会管理职能，而且还是其他复杂主体及社会自身所参与的管理活动。进一步来看，伴随着国家和社会的二维互动，法治同社会管理之间体现出一种交错互动、彼此推动和联系的关系。虽然在人类发展的历史过程中，曾经存在过没有国家和政府的"初民社会"，但是随着经济、文明、科技等的不断发展，国家和社会的共生互动已成为一种常态。即使许多哲人和智者认为国家是一种"恶"的存在，它包含着时刻侵蚀人的生命、自由等的危险，但是人类社会有序、合理的生存和发展确又无法完全脱离开它。社会管理是国家应予以实现的重要任务，但是对国家权力的合理限定也被列入到其行使国家管理职能的范畴之内。在国家行使管理职能的过程中，法治成为必要的绳索，它是对国家有效统御的重要手段。基于人类对自我生活的价值追求以及法治自身所表现的特殊功能，即法治理念中目的理念和形式理念的所覆盖的内容，法治成为当今世界治理国家和社会的重要选择。这表明社会管理的实现，必然依托于法治的前提，并不能背离法治的基本理念。

十八届三中全会对全面深化改革作出了统筹设计和远景谋划，全会通过《中共中央关于全面深化改革若干重大问题的决定》，从改进社会治理方式、激发社会组织活力等方面全方位部署社会治理体制创新。这是中国共产党第一次以正式文件的形式提出"社会治理"概念，标志着中国共产党社会治理理念的再一次深化。正如 2014 年 3 月 5 日，习近平总书记在参加十二届全国人大二次会议上海代表团审议时的讲话中指出的，"治理和管理一字之差，体现的是系统治理、依法治理、源头治理、综合施策"。整体来看，我国实践中"社会管理"向"社会治理"的转变，突出地表现为对国家和社会治理理念的转变以及对治理方式法治化的强调。传统的社会管理理念突出地强调国家的作用，而忽视国家同社会之间的互动以及社会的自身发展。社会治理则强调需要协同，即协同社会治理。进一步来看，社会管理向社会治理的转向突出地体现出对法治的遵循。社会治理的理念包含着目的理念和形式理念两个层面。一方面社会治理的目的理念，必然包含着对公平、正义等的追求。人类自身谋求幸福的种种价值期许，成为任何社会治理方式得以正当存在的必然前提。套用当下的学术用语，"善治"是社会治理的终极目标。另一方面，社会治理采取如何的组织和运作则是社会治理的形式理念予以说明的问题。世界各国的学者归纳出一个国家和社会达到善治所需要的六方面因素：第一，合法性。它是指社会秩序和权威被自觉认可和服从的性质和状态。第二，透明性。指的是政府信息的公开性。第三，责任性。指的是人们应当对自己的行为负责。公众、公职人员和管理机构由于其承担的职务而必须履行一定的职能和义务。第四，法治。第五，回应。这与上述责任性密切相关，公共管理人员和机构必须对公民的要求作出及时的和负责的反应。第六，有效。主要指治理的效率，一方面是治理机构设置合理，治理程序科学，治理活动灵活。另一方面是最大限度地降低治理成本[1]。这六项无疑是社会治理予以组织和运作的基本要求和内容。同时依照我们对法治理念的阐释，法律的权威性、限制公权力是法治形式理念的最基本范畴。此外，法治的不断实践也会促使政府的透明度和责任性以及政府治理有效性的凸显。可见，在形式理念方面，法治和社会治理之间的组织、运作存在着必然的联合和交集。从理论上来看，法治和社会治理的目的理念都包含着对正义、公平等的追求。在形式理念方面，法治形式理念和社会治理形式理念之间的比较能够表明：社会治理的组织和运作不断需要法治的支撑，而且需要法治的更加完善和健全，这无疑对社会治理的有效和完备具有推动作用。基于理念的思考，社会治理的实现无法脱离于法治之外。

立足于我国的理论和实践，社会建设依托谋求国家和社会的良好有序发展，其中的关键性问题是通过何种方法和手段来达到社会建设的合理化。在实践中，我国社会管理理念向社会治理理念的转向，突出地体现出在社会建设方式上的改变。这体现为一方面脱离传统国家单方面管控的方式，强调国家、社会、个人之

---

[1] 俞可平：《治理与善治》，社会科学文献出版社 2000 年版，第 116 页。

间的共治、共享、共赢，另一方面则要求在管理方式的整体框架和路径上遵从法治的基本原则和要求。因此，社会建设的法治化是社会建设、社会管理、社会治理之间理论和实践动态发展的必然诉求和结果。

（三）社会建设法治化的理论脉络

我国处于重要的发展及变革时期，如何在社会建设的推进过程中以及国家治理的方式上予以更加合理的构建与谋求，是我们需要面对和解决的重要问题，也是实现中华民族伟大复兴的重要保障。"推进国家与社会治理法治化现代化，是马恩、列宁关于'国家治理学说'在当代中国的运用与发展。它对于我国应对大数据时代国际激烈竞争与严峻挑战、实现大国的和平崛起，全面建成小康社会，实现中华民族伟大复兴的'中国梦'，意义重大而深远"[1]。

党的十九大提出了中国特色社会主义事业的总体布局是"五位一体"、战略布局是"四个全面"。其中，社会建设是"五位一体"格局中的重要内容，而全面依法治国则是"四个全面"中的核心要求。从逻辑关系上来看，"五位一体""四个全面"都是推动中国特色社会主义发展的必要内容，彼此之间是互动支撑、整体融合的关系。因此，依托于"五位一体""四个全面"的要求，社会建设同全面依法治国是必然相关的。可以说，社会建设的法治化既是"五位一体""四个全面"相汇聚和融合的具体表现，又是实现中国特色社会主义事业的应有之意。进一步来看，社会建设是一个全面的、系统化的工程，如何对社会予以合理的形塑、推动社会的有序发展，是我们要直面的重要问题。国家是推动社会建设的重要力量，而当下社会的发展和变革，也强调在社会建设的发展过程中，社会自身力量及其他主体的重要性。时下的社会建设，是多方面主体互动参与、有效推动的过程。整体来看，多元主体对社会建设的参与显然应该是一个多元互动、彼此支撑、有序合理的状态。也就是说，国家对社会建设的规划和引导、社会自身对社会建设的自发形塑以及国家与社会之间互动而对社会建设的推动，其都脱离不开对一种良好秩序、有效规范的追求。立足于此，社会建设的展开本身就是一个寻求良好秩序的过程。而良好秩序的维系和建立显然必须立足于法治，法治为社会建设的展开以及国家、社会等力量的参与到社会建设过程中提供了重要的规范性支撑和保障。从我国的实践发展来看，社会管理理念向社会治理理念的转向表明了在社会建设的总体发展过程中设计理念及运作方式的转向，其包含了对社会建设主体、社会建设内容、社会建设的规范性要求等方面的新的认识和探索。其中，社会建设、全面依法治国显然是社会治理理念和实践中所承载的必要内容。社会建设的法治化，蕴含于社会治理的理念当中，而且是其重要的组成

---

[1] 徐汉明：《推进国家与社会治理法治化现代化》，载《法制与社会发展》2014 年第 5 期，第 35 页。

部分。从理论关系及逻辑关系上来看，立足于中国特色社会主义事业这一目标，社会治理是对国家、社会整体向这一目标发展起到引导和支撑作用的重要理念和方式，社会建设、依法治国则是向这一目标前进所必须实现的重要内容。可以说，社会治理理念为社会建设、依法治国提供了重要的方式要求、手段指引。社会建设法治化既是社会建设、依法治国的必然融合，又是社会治理理念及实践的具体呈。

从理论上来看，治理理念的提出立足于在国家、社会进行调控和规制的过程中所贯穿的一定策略、主张及方法，并为我国的国家和社会发展提供现实可行的重要路径。进一步来看，法治是治理理念中的深层次依据和要求，坚守治理理念来推动国家、社会的构建和塑造，其必然包含着对法治精神的遵守。社会建设法治化是恪守中国特色社会主义治理理念下推动社会建设的必要要求，也是必须直面的重要问题。社会建设的理论和实践主要强调：一方面注重国家、社会、个人之间的多元性互动支撑，另一方面突出通过塑造有序合理的秩序来为国家、社会、个人之间的合理性多元互动，提供重要的制度性、规范性的保障。而治理理论所支撑下的国家治理、社会治理及社会建设的法治化，则是指在法治思维、法治方式的引导下，国家的治理者同社会参与者之间的互动谋和，其依托于国家法律与社会规范秩序而构建结构严谨、规范有序、协调互动的经济、政治、文化、社会等全面体系，将资源予以合理优化，实现对社会风险及冲突的有效化解和预防，以便实现良法善治以及国家与社会的良性互动。法治化的治理方式一方面匹配了社会建设的基本思路和主张，另一方面则为社会建设的合理进行提供了重要的路径依据和制度、规范的支撑。整体来看，社会建设的法治化就是谋求国家与社会治理的法治化和现代化。

我国社会建设法治化的理论和实践，同社会治理的法治化及现代化过程密不可分，更是与习近平同志的社会治理法治思想息息相关。党的十八大以来，以习近平同志为核心的党中央运用马克思主义的基本原理及其世界观和方法论，结合我国社会主义初级阶段的基本国情与丰富实践，立足于统筹推进"五位一体"总体布局、协调推进"四个全面"战略布局，为推进社会治理现代化提供了新思路、为实现国家总体安全开辟了新视野，其提出了一整套新的理论体系，形成了内容丰富、体系完整、逻辑严密的社会治理法治理论[1]。可以说，习近平社会治理法治思想的产生发展有着深刻的时代背景。

依托于习近平社会治理法治思想，审视国家和社会治理法治化和现代化的理

---

[1] 张文显：《习近平法治思想研究（上）——习近平法治思想的鲜明特征》，载《法制与社会发展》2016 年第 2 期，第 6 页。

论和实践，对社会建设法治化的理论和实践予以进一步深化和发展，显然需要在理念、路径和方法上予以创新：

第一，社会建设法治化理念的构建与提升。在当下全面深化改革的形势下，要实现观念意识的逐步提升，注重良法善治、责任担当、人权保障等意识的培养和提升，以便为国家治理的现代化发展、"法治中国"的有序构建提供重要的支撑。同时，在改革过程中，要注重经验的累积和升华，逐步构建科学完备的社会主义法律体系，为"法治中国"的建设提供重要的法律与制度保障。

第二，社会建设法治化任务与要求的逐步明确和推进。我国当下的社会发展过程，决定了传统的单纯依靠政府来对社会建设进行管理的手段与模式，已经无法适应社会的发展和变化而处于迟滞的状态。社会建设中的新问题以及社会建设任务的逐步繁复，而社会建设的法治化成为分析和检验国家治理体系与社会建设合理与否的重要标志。这表明提升社会建设的法治化水平，有助于推动社会建设的发展以及规划其合理的运行方式，将社会组织的整体活力予以激发并刺激社会发展的有序进行，从而构建以法治为基准的国家、社会、组织的全方位、互动合作模式。因此，应该对社会建设法治化的进程与任务予以逐步的明确和细分。从我国的实践来看，首先，应明确法治化的理念和方式，即国家、社会、组织、个人都应确定以法律规范为中心的思维逻辑和精神；其次，在国家权力参与社会建设的过程中，应明确法律的内容、方式和程序，以便其权力运行的边界和范畴能够清晰可见；再次，注重社会、组织、个人等权利的法律性确认，保障其在参与社会建设的过程中有着明确的权利性、法律性基础。最后，重视社会建设过程中国家权力同社会权利之间互动机制、程序、方式等法律创立，强调彼此之间的平等关系以及授权性法律的创建。

第三，社会建设法治化的人文、法制、组织等建设的不断加强。废除国家单一管控的模式，强调多元互动、合作共治的意识以及社会大众积极参与与协商民主的精神。注重对社会领域进行立法，加强社会建设过程中相关法律规范的创建和完善。将国家权力、社会权利等彼此运行的边界和机制予以廓清和确立，完成政府在社会建设过程中从管理向服务的转向，为此要将政府的责任范围、权力内容予以进一步明晰。此外，调动社会组织及个人的积极性，明确其权利内容和行使程序，突出以法律和权利为保障前提的多元活动参与机制的建设，从而形成国家与社会合作共治的新格局。

二、社会建设法治化的实践经验

从新中国成立以来，党和政府就十分重视社会建设的发展和推进。整体来看，社会建设的实践是一个不断探索和渐进发展的过程，它深刻地体现出国家和社会在特定时期的具体状况和表现。值得注意的是，伴随着近些年国家在社会建设方略上及国家与社会治理建设手段上的调整，社会建设的法治化实践逐渐丰富起来，这显然为我国的具体研究提供了赖以分析的样本。通过选取我国社会建设发展过程中具有代表性的地方实践来予以具体观察和分析，显然能够使我们更加务实地探讨社会建设法治化的具体过程、特点和现实操作。本文主要选取了浙江省诸暨市的枫桥镇以及深圳市作为考察社会建设法治化实践的具体对象，一方面是这两地区的社会建设及社会建设法治化的实践在全国领域内具有较强的代表性，特别是"枫桥经验"，另一方面是"枫桥经验"的形成和发展整体展现出我国实践过程中，在社会建设的理念、方式、手段上的变化，尤其是当下"枫桥经验"在社会建设法治化的实践中突出地体现出新中国成立以来社会建设的不断探索和发展特点，这对于我们认识和确定中国特色社会主义社会建设法治化的理论与实践更是弥足珍贵而不能忽视的。

（一）"枫桥经验"的发展及内涵

"'枫桥经验'原来是政法系统的一面旗帜，是基层综治工作的典范"[1]。"枫桥经验"形成以来，伴随着国家、社会、经济、政治、文化等方面的不断变革，其包含的理念、内容及操作方式上也经历了不断地丰富和变化。整体来看，它的形成和发展经历了三个阶段[2]。

第一阶段，政治斗争和社会改造的经验。"枫桥经验"的产生初期，属于一种政治斗争和社会改造的经验。第二阶段，社会治安综合治理的经验。从20世纪70年代起，在社会治安工作上，枫桥镇通过发动群众对社会治安予以管理并采取群防群治的方式，这显然创新了社会治安工作的新方式。1978年，枫桥人首先制定了《治安公约》，动员群众遵守社会主义法律制度。1980年以来，枫桥依靠群众，对大量的矛盾纠纷和一般治安问题予以就地消化。1998年，中央政法委对新时期的"枫桥经验"予以肯定，并认为这是新形势下对农村予以稳定的重要经验。整体来看，在此一时期，"枫桥经验"保持了其创立初期的基本精神，即依靠群众为中心，进一步来看，它又具体形成了党政动手、预防为主、化解矛盾、维护稳定、促进发展等策略。以化解矛盾为主要方向确定了新时期"枫桥经验"的发展路径，形成了"矛盾少、治安好、发展快、社会文明进步"的良好局面，为农村稳定和发展创造了新路子。第三阶段，基层民主法治建设的经验。2013年11月，党的十八届三中全会首次改"管理"为"治理"，并将治理提升到"国家治理"的高度，并强调"创新社会治理体制"，要求重点从"改进社会治理方式、激发社会组织活力、创新有效预防和化解社会矛盾体制、健全公

---

〔1〕 卢芳霞：《"枫桥经验"：成效、困惑与转型》，载《浙江社会科学》2013年第11期，第86页。

〔2〕 汪世荣主编：《"枫桥经验"基层社会治理的实践》，法律出版社2018年版，第3页。

共安全体系"四方面创新社会治理体制。社会治安、社会管理、社会治理的转变，表明在社会建设的内容、方式以及理念上的逐步转变，这带动了新时期"枫桥经验"的变化和发展。在这一阶段，枫桥地区在社会管理、社会治理的具体举措上有了新的内容和发展。21 世纪以来，依托平安的社会秩序与良好的自然社会环境，枫桥镇注重新农村建设规划和有序发展，注重经济发展与自然环境的协调，注重本土人与"新枫桥人"的和谐共处。2008 年 8 月，诸暨市委提出了建设"乡风文明、管理民主、邻里和睦、安定有序"的平安和谐新农村目标，发展创新"枫桥经验"，形成了"社会治安好、经济发展快，生活质量高"等时代特点[1]。

整体来看，"枫桥经验"诞生于 1963 年，经过五十余年的变迁和考验，它脱离了其产生之初的阶级斗争色彩，但对其原初的精神内核予以了保持和传承，并不断探索与发展。步入 21 世纪以来，当下的枫桥镇在面对新时期的社会状况，在新农村建设、村民自治、基层民主法治等方面发展出了新的内容和举措。现今的"枫桥经验"体现出一种中国农村基层社会治理的成功经验。它以预防、调节和解决社会矛盾纠纷为切入点，以社会治安综合治理为主要治理技术，以平安创建打造稳定的社会环境为目标，强化镇党委、政府对于村民自治的领导和监督，树立政府权威，加强镇政府与村的联动，通过加强镇党委的领导，加强村级组织和制度建设，以规范的基层社会治理、村民自治为基础，为村镇经济发展提供稳定良好的平台与环境保障，引导新农村的建设与发展，从而初步实现建设和谐社会、追求小康社会的目标[2]。

当下"枫桥经验"的主要内涵包括社会治安的综合治理、"平安乡镇"、多元方式解决矛盾纠纷、基层民主法治建设等方面。可以说，时下"枫桥经验"所承载的内涵表现为：第一，"枫桥经验"的基本精神体现了社会主义法治理念。"枫桥经验"立足于就地教育改造及思想转变，这同法治精神中的依法办事精神并不矛盾，其在尊重法治精神的前提下，又体现出了教育人、帮助人等方面的精神，是社会主义法治理念的具体展现。第二，"枫桥经验"是对法治建设的有效推动形式。"枫桥经验"一方面在党委领导下，充分依靠群众，把发扬民主与依法办事有机统一起来，运用各种有效手段，及时化解人民内部矛盾；另一方面又积极倡导法律之外的社会规范在化解社会矛盾中的作用以及其同法治精神的交错联合效果，这使法治建设的发展并不是简单地国家性行为，而是整体性的参与互动过程。第三，"枫桥经验"发挥了巩固法治建设基层基础的作用。扩大基

〔1〕 卢芳霞：《从"社会管理"走向"社会治理"——浙江"枫桥经验"十年回顾与展望》，载《中共浙江省委党校学报》2015 年第 6 期，第 64 页。
〔2〕 陈善平：《"枫桥经验"：中国基层社会治理的范本》，载《社会治理》2018 年第 6 期，第 18 页。

层民主、完善基层政权和基层群众性自治组织，是发展社会主义民主政治的重要内容，也是法治建设的关键。随着社会的发展，基层群众的市场主体意识、民主法治意识和政治诉求意识明显加强。"枫桥经验"在法治建设中，注重把加强党的领导、人民当家做主和实行依法治理有机结合起来，最广泛地动员和组织群众参与社会事务管理，规范管理行为，共同构建维护社会稳定、推动基层民主法治建设的新秩序，巩固党在基层的执政地位[1]。第四，"枫桥经验"的内在本质与法治建设的要求是一致的。法治建设是政治文明建设的重要内容，法治进步是社会文明进步的重要标志，法治社会也是人们梦寐以求的政治理想。加强法治建设，归根结底是要以人为本，着力提高全面的整体素质，优先发展和健全基层法治。

(二) 深圳市社会建设法治化的经验

整体来看，社会建设包括优化社会结构、改善民生、创新社会治理以及促进社会公正这样四个方面的基本内容[2]。近些年来，围绕这些具体的内容和要求，深圳市在社会建设的整体推进过程中，在全面统筹兼顾的基础上，立足自身实践，有的放矢地针对各方面存在的不足及其有待突破和发展的空间，带动了社会建设、社会建设法治化的有序发展和改革，并形成了一定的经验。

第一，统筹推进社会组织综合监管工作。首先，针对社会组织的发展及综合治理机制中的相关问题予以具体研究。深圳市委政法委牵头起草印发了《关于鼓励和规范社会组织积极有序参与社会治理的意见》，引导和动员社会组织在心理健康、矫治安帮、法律援助、纠纷调处等治理领域开展特色服务。首先，具体指导各区社会建设专项资金向社会治理领域重点投入，市区共培育社会治理重点领域社会组织 188 家。其次，社会建设创新项目培育计划。组织遴选、扶持以心理健康、矫治安帮、法律援助、纠纷调处等领域为重点开展服务的社会组织。加大扶持力度，各责任单位安排相应配套经费，并开展跟踪培育和审计督导。最后，重新修订并着力推进市社会组织综合监管工作联席会议制度落实。认真做好全市鼓励和规范社会组织参与社会治理工作管理办法的草拟、推荐、目录编制等工作。

第二，持续深化社会治理创新。通过牵头推进企业社会责任建设、深圳市民社会心态培育等工作，促进政府和社会、企业多元治理的良性互动。一方面，持续引导促进企业社会责任建设，另一方面，在市级层面，组织开展深圳市青少年群体社会心态课题调研以及研究探索加强社会心理服务体系建设的相关政策

---

[1] 谌洪果：《"枫桥经验"与中国特色的法治生成模式》，载《法律科学》2009 年第 1 期，第 17 页。

[2] 吴忠民：《社会建设概论》，中共中央党校出版社 2017 年版，第 3 页。

建议。

第三，运用大数据创新社会治理模式。一方面，建成了全市统一的社会治理基础数据库。为解决社会管理对象的难题，市委政法委以社会治安综合治理需要为切入点，牵头推动建立了集人口、法人、房屋、空间地理信息于一体的全市统一的社会治理基础数据库。另一方面，探索建立社会治理块数据的标准和应用体系。

第四，统筹推进社会体制改革工作。为落实中央和广东省关于深化改革的各项决策、推动深圳市改革不断取得新成效，深圳市委市政府每年制定相应的改革计划，明确社会体制改革的具体事项。整体来看，深圳市近几年主要的改革任务为：首先，城市管理综合执法体制改革。深入开展"强基础、转作风、树形象"活动，努力打造高素质城管执法队伍；大力开展市容环境综合整治，全面提高城市环境品质；加大公共安全领域热点难点的执法力度，切实回应民生关切问题；坚持改革创新引领，不断增强城市管理治理能力。其次，探索集团化办学模式改革。进行顶层规划和政策引导，出台相关工作方案和指导意见；从政策上进行引导，促进教育集团规范组建，控制集团规模，健全政策引领机制；引导加强集团专业化管理，增强集团依法治校能力。再次，深入推进医保激励引导机制改革。建立健全医保动力引导机制，强化财政投入倾斜机制和价格差异化杠杆机制，推进人事薪酬激励引导机制，建立家庭医生服务定向补助机制。最后，推进养老服务体制机制改革。创新土地政策，保障养老服务业发展空间；鼓励社会资本投资养老服务，激活养老服务业发展活力；推进医养融合发展，强化医疗卫生对养老服务的支撑。

（三）北京市社会建设法治化的经验

党的十九大提出，新时代社会的主要矛盾是人民日益增长的美好生活需要和发展的不平衡不充分的矛盾。围绕中央对于新时代社会主要矛盾的新论述，在党中央、国务院以及市委、市政府的领导下，北京市在社会建设领域，全面落实相关部署，紧紧围绕"四个中心"城市战略定位，统筹推进疏功能、稳增长、促改革、调结构、惠民生、防风险等各项工作，经济建设领域的工作平稳推进，社会建设领域健康开展，取得了新的成绩。在社会治理方面不断完善，并充分展现实际的成效。这体现为：第一，创新社会治理，推进城市治理精细化。北京市深化城市管理体制改革，加强城市基层政权建设。推动城市管理重心的向下位移，加强街道和社会在城市管理中的重要作用，逐步加强公共服务的水平和能力，着力构建具有北京特色的基层管理体制。继续推进政府购买服务，更好地满足人民多样化需求。实施街巷整治，加强城市精细化管理。网格化服务管理水平不断提高。第二，推进社区共治，更好地服务基层居民。政府部门转变思路，积极引导社会力量参与社区治理和服务，在全市形成协商共治新局面。深入推进社区减负增效，建立社区准入制度，完善社区工作清单，推进回归自治功能。对于社区居委会依法履职内容和各类取消项目，将实行清单管理，严格准入制度。加大"一刻钟社区服务圈"建设力度，服务覆盖更多社区居民。

整体来看，北京市在社会建设及社会建设法治化的过程中取得了明显的进步，但其中也存在着相应的问题而亟待解决。在市场经济和信息化时代背景下，现代社会治理需要依靠多元社会主体协同治理，利用现代高新技术充分和居民沟通，调动、引导居民和社会组织参与社会治理，落实"党委领导、政府负责、社会协同、公众参与、法制保障"的社会治理方针。尽管中央文件一再重申，但是政府越位缺位、包揽社会事务的情况还比较多见，社会组织的协同和公众参与没有得到足够的重视。同时，尽管北京市通过枢纽型社会组织建设、社会组织孵化以及政府购买社会组织服务等发展了一批社会组织，社会组织参与社会治理的能力也得到了进一步的提升，然而，社会组织的发展不充分和不平衡的现象还很突出，与人民群众对美好生活的向往很不适应。此外，在社会领域和流动人口方面的党建工作上还较为乏力。根据国家卫计委流动人口监测数据推算，北京的流动人口中党员数量为60多万名。这些流动党员是常住外来人口中的佼佼者，学历高、收入高，打算长期在北京务工经商，但是其中相当一部分脱离了原来的党组织，长期不参加党组织活动，也不缴纳党费，组织意识逐渐淡漠。因此，流动党员的服务管理是新形势下，超大城市基层党建工作的短板。

三、中国特色社会主义社会建设法治化的实践性模式与理论反思

通过选取浙江省诸暨市枫桥镇、深圳市以及北京市社会建设法治化的具体实践，我们整体上对实践中社会建设法治化的基层经验有了比较代表性的理解和认识。首先，从选取对象来看，枫桥地区与深圳的具体情况，突出地反映了我国基层社会建设法治化的具体实践，并且具有典型的范本性价值。其次，这两个地区分别代表了我国传统的基层村镇以及大型的新兴城市，一方面，从差异性来看，二者进行社会建设法治化的现实土壤不同，这就造成面对同样问题所采取的具体解决手段之不同。例如，在社会建设过程中，就普通公民的参与而言，鉴于枫桥镇作为行政级别的最低端，其自身级别、机构的设置相较于市一级别来说则相对直接和简单，采取全面调动、合理统筹的方式来整合资源显然会更加有效，同时也能够更好地串联政府、社会、公众之间的关系。因此，在具体的社会建设法治化过程中，其在具体的方式和手段上所采取的对策显然不同于市这一级别。进一步来看，鉴于具体的管辖范围、行政层级、人口数量等方面的状况，势必会产生一些差异性的问题。对此类问题的应对和解决，从社会建设法治化的推进过程来看，必然会带来"牵一发而动全身"的连锁性效果。这说明：单纯地沿用某种地区所特定的经验和模式，来应对另一地区的实际情况，极有可能出现"南辕北辙""淮南为橘、淮北为枳"的效果，因此需要我们在进行理论认知和辨析的基础上予以具体应对。另一方面，从共同性来看，在社会建设具体构建框架和实施路径上，两者有着基本相同的选择，这说明对社会建设采取法治化的推行方式是基本的路径选择。最后，基于对二者的考察，能够对我国社会建设法治化的实践性经验，归纳出如下的基本特点：

其一，社会建设的实质化内容中蕴含着法治的内核。社会建设实践中的基本内容主要立足于民生和社会治理两部分。改善民生是一个侧重于"如何保障民众的基本生活需求"的问题。无论是从应对风险，还是从保证可持续性发展的意义上讲，一个社会必须大力改善民生，以社会的整体力量来保障每一个社会成员的正常生活，来保障这个社会的安全运行和可持续发展[1]。改善民生，要求解决人们最为重要的基本生存问题、它是政府的基本职责之一、它是对民众基本生存状况的保障、应呈现逐渐增长的趋势。如果说改善民生是社会建设所追求的重要价值目标的话，社会治理则是社会建设为实现改善民生这一目标而自身必须遵循的要件及采取的路径。在我国当下的社会建设实践过程中，为保障社会的良好运行、有序发展，就必须有效推动和创新社会治理。从理论和实践来看，社会治理的发展和创新包含着必要的内容和要求：首先，对社会治理予以创新的目的是通过协调社会各个群体之间的利益关系，积极化解社会矛盾，以充分激发社会活力，实现社会的和谐稳定。其次，社会治理得以创新和发展的关键是依托于法治的基础。再次，立足于法治的基础和前提，社会治理的方式予以创新应当采取刚柔相济、多种社会规范、多种主体和力量有机集合的方法。最后，社会治理的理念内核应立足于公平正义的改善民生。整体来看，社会建设的实践依托于民生和社会治理两部分，社会治理为社会建设的发展奠定了路径、铺平了道路，使其能够在正确的方向上来实现改善民生之目标。进一步来看，法治作为社会治理得以确立的基础，在社会治理为社会建设确定路径的过程中，社会建设的法治化成为其必然的选择。通过治理的手段来有序推动社会建设，要求在社会建设主体上的多元性和平等性、社会建设内容上的公正性与惠民性、社会建设方式上的参与性与互动性，这些都应立足于法治的基础来刻画基本的范畴和维度。

其二，注重社会建设的法治化路径，以治理手段的法治化为依托来推动社会建设逐步展开和渐进向前。法治是对国家、社会进行统管和规制的一种手段和方式。我国从社会管理向社会治理的转型，表明我国在社会、国家规制方式上的转型。社会治理的提出，其本身就是强调对法治的选择和主张。因此，对社会建设

---

[1] 吴忠民：《走向公正的中国社会》，山东人民出版社 2008 年版，第 312 页。

予以构建和塑造，它包含着在方式和路径选择上的法治化要求。从我国社会建设的具体实践来看，法治化的过程要求在国家、社会、政府、公民之间的互动过程中以法律为依据予以调整和规划。进一步来看，它具体化为人民通过法治化的手段来参与政治生活、国家的决策以法治为中心来科学民主地进行、政府在法治的要求下进行服务和决策，等等。可以说，社会建设作为一项繁复的工程，其本身得以合理有序地进行，势必脱离不开法治化的路径。

其三，以党和国家的领导为中心是社会建设法治化得以有序进行的关键保障。社会建设的展开和实践，其本身就是国家和社会、政府和个人之间等多方位活动和整合的过程中。从西方公民社会建设的历史实践来看，它的发生是源于公民个人、社会团体的最初推动而逐步形成的。可以说，近代西方法治国家和社会的形成，脱离不开公民个人、社会团体的贡献。值得注意的是，任何法治国家和社会的有序构建，虽然都是国家同社会、政府和个人之间等多元主体不断有序勾连及推动的必然结果，但西方以公民个人为起点的历史经验，并不具有广泛的普适性基础。从我国的实践来看，社会建设的发展和有序进行，势必应将党和国家的领导作为保障其合理发展的重要基础，这是源于我国具体实践的必然结果。进一步来看，以党和国家的领导为中心来有序推动社会建设，其本身确定了推动和引导我国社会建设、社会治理的主要力量，而并没有忽视和否定个人和社会组织的作用。

其四，社会建设法治化过程中，注重其他社会规范以及社会个人、团体、组织的重要作用。在我国的社会建设过程中，党和国家的领导是推动社会建设的重要依托、而法治化则进行社会建设的必要手段与保障。同时，对其他社会规范的有效挖掘和合理确立，以及社会个人和组织的有序参与，则是保障社会建设更加完备有效的重要保障。也就是说，在我国的社会建设实践过程中，我们除了构建法治化的前提和基础之外，也注重营造社会规范的有序形成和塑造。同时，在推动社会建设过程中，强调国家、政府、社会、个人之间的彼此互动和有效支撑，以便推动社会建设的良性化发展和前行。

进一步来看，立足于具体的实践状况，结合中国特色社会主义社会建设法治化的理论要求，在社会建设法治化的过程中，应继续坚持如下的理念、路径和方式：首先，在法治理念下推动国家与社会之间的有序互动，带动社会建设的全面深入和发展。其次，明晰社会建设法治化建设的基本任务与要求。再次，加快国家与社会有机互动模式下，推动社会建设良性发展的法治建设。复次，注重社会组织的培育和发展。最后，强调国家与社会建设法治化之间的人文环境。进一步来看，如何推动社会建设的法治化进程已然提供了相应的思路和方式，但这些想法是否真正地贯彻到实践当中，同时如何去衡量社会建设法治化的既有实践来为此后的实践提供参照和指引，则是实践过程中亟须考虑的问题。基于理论和实践来构建具体地区社会建设法治化的指标体系，是我们需要逐步考虑的问题。社会建设的法治化指标是要通过具体的数值和名称，来刻画一定地区在某一时段内社会建设的法治化状况。具体来看，社会建设的法治化指标体系应该包括构建指标体系和考核指标体系两方面。值得注意的是，在社会建设法治化指标体系的设计基本原则方面，它应坚持全面性与特色性相结合、主客观相结合、科学与简便相结合、实用性与适用性相结合、可测量与可比较相结合等原则[1]。此外，社会建设法治化的构建指标体系以及考核指标体系的设立，应具备可测度、可操作性、可量化等特点。

此外，社会建设法治化的过程中，应注重围绕其地域状况、职能定位、现实问题，予以更加有的放矢的内容性设置和规定，这体现为：

首先，应重视对法律规范的体系性规划和构建。从社会建设法治化实践来看，近些年围绕社会建设的相关立法呈现出逐年增长的趋势，这体现出在社会建设过程中逐步重视和强调法治规范的作用。同时，相关法律规范的繁多，推动我们应该将社会建设相应立法予以体系化的规划和设定。通过法律整理、法律汇编、法律清理等手段，立足于规范效力之间的位阶性、规范之间的互补与平衡等，保障在社会建设的法律规范设定上体现出体系化，以便为社会建设的法治化构建系统性的规范基础。

其次，应重视法律规范同其他社会规范之间的互动结合。社会建设的法治化过程，要求将社会建设的发展理念和方式通过合法化的手段予以固定和保障。社会建设要求国家、社会、组织、个人的共同参与和支持，多元主体的互动融合需要规范性的支撑。除了国家制定的法律规范之外，道德伦理、社会公约、社会习惯等也是多元主体得以有序参与的重要保障。我国许多地区已经开始推动基层组织创建社会公约的具体实践，这显然一方面填补了相关法律之外规范的空白，另一方面又为法律同其他社会规范之间的融合提供了现实土壤。值得注意的是，北京市社会公约制度的产生是政府主导的一种实践行为，其优势在于能够迅速地填补社会规范相对缺憾的空白，但由于这并不是一定地区自发形成的规范性依据，显然在具体的践行过程中容易出现规范内容无法现实运行的窘境。因此，一方面应重视社会公约确立内容的现实可操作性，另一方面应采取多种手段来配合社会公约的执行以及社会公约同法律规范之间的匹配和融合。例如，在社会公约的执行过程中，应注重基层单位组织、社会大众的积极参与性，强调以调解、疏导为主要手段来执行公约中的内容，而不应采取行政式命令的手段。

---

[1] 徐汉明等：《深化司法体制改革的理念、制度与方法》，载《法学评论》2014年第4期，第33页。

最后，应重视多元主体参与渠道和方式的法律化创建。当下社会建设的发展过程，本质上是排除政府的一元性管理，强调多元性的互动和参与。因此，多元主体的参与渠道和方式的创建是保障社会建设合理发展的根本。从我国当下法律规范来看，社会组织及大众在参与社会建设的权利上已经有了明确的内容和设置，如何将这些权利付诸实践，则是需要具体策划和考量的现实问题。以北京市为例，北京市作为大型城市，其常驻居民及流动人口众多、社会组织繁杂，传统社会管理的模式已然造成政府相应部门负荷增多、也并不适应现实的需求。通过合理的创建参与化的体制，显然也是疏导北京人口众多所产生的许多社会问题之化解渠道和方式。因此，应在进一步明确社会组织和公民相应权利、厘定政府责任和权力边界的基础上，有序地推动参与社会建设渠道和方式的法律化创建。

结　语

整体来看，社会建设法治化是我国"五位一体"总体布局、"四个全面"战略布局整体融合与互动发展的具体展现。中国特色社会主义社会建设法治化的理论内核表现为采取法治化的方式将社会建设的内容和要求予以规范化和系统化，其具体内容体现为把党和国家对社会建设的领导地位、国家和社会之间的合理互动机制对社会建设的保障作用、国家权力的范围和运行边界对社会建设的支撑效果、个人与社会组织的权利内容和行使方式对社会建设的推动力量等予以法治化的规范与引导。从我国实践来看，虽然枫桥、深圳、北京等地区在社会建设法治化的过程中已然取得了丰硕的成果，但仍然存在着一定的问题，其表现为如何立足于自身实践情况来有的放矢的量化社会建设法治化的具体内容以及采行更加合理有效的现实举措。因此，重视围绕社会建设相关法律规范的体系性规划和构建、突出法律规范同其他社会规范之间的互动结合，着力于多元主体参与渠道和方式的法律化创建等是推动中国特色社会主义社会建设法治化实践进程所必须予以关注的重点。

我国社会新的主要矛盾与按劳分配原则的依法调整

林　嘉[*]

一、新时代主要矛盾及按劳分配含义

（一）新时代主要矛盾

自从党的十九大以来，我国步入了新时代。社会主要矛盾由"人民日益增长的物质文化需要同落后的社会生产之间的矛盾"转变为"人民日益增长的美好生活需要和不平衡不充分的发展之间的矛盾"。

人民群众对生活的需要不再是以温饱为目标，从"吃饱"转变至"吃好"是未来的发展方向，人们需要更优质的生活环境、更高等的教育资源、更普惠的社会福利、更全面的社会保障。因此需要改进当前不充分不平衡的发展，继续提高生产力水平，由高速发展转变为高质量发展。改革开放以来，我国经济持续高速发展，GDP 跃居世界第二位。但同时在收入分配领域出现了效率与公平难以兼顾的问题。基尼系数常年停留在 0.4 之上，贫富差距较大。实现共同富裕是我党为之奋斗的目标，经济发展要普惠全民，兼顾收入分配的效率与公平，逐步缩小贫富差距。自中共十八大以来，中国已有 6000 多万贫困人口实现了脱贫。贫困发生率是新中国成立以来的最低水平，扶贫事业取得了决定性的胜利。

不充分的问题体现在发展质量不高，应从原有的粗放型转变为集约型，提升自主创新能力，生态、民生、经济等方面仍需继续完善进步。按劳分配属民生部分，其不充分体现在收入的可持续增长面临挑战，在增长速度换挡、结构调整阵痛、前期刺激政策消化的组合效应的冲击下，就业质量和收入水平受到影响，一些低收入群体难以增加收入。GDP 增长放缓，财政支出不断扩大的刚性需求与满足人民对美好生活的向往和财政负担能力之间的矛盾日益明显。

不平衡的问题体现在经济发展水平不均衡。胡鞍钢曾提出一个中国两种制度四种社会的说法，四种社会包括农业社会、工业社会、服务业社会和知识社会，尽管该观点发表于 2002 年，但依旧符合我国当下的国情。东、中、西部，以及

---

* 课题主持人：林嘉，中国人民大学教授。立项编号：BLS（2018）B009。结项等级：合格。

行业间的不均、城乡差距都属于目前不平衡的发展问题。经济水平的不平衡也会带来按劳分配的不均，地区差异、城乡差距、不同性质企业的分配不均存在于当前的社会之中。按劳分配关系到每位劳动者的切身利益，只有解决好经济发展的不平衡，提升低收入者的薪资待遇，缩小高低间差距，才可以让全体公民共奔小康，共同富裕。

（二）按劳分配

我国收入分配制度历经了数次改革，可以划分为两种分配制度的变革和六个改革阶段。分配制度变革是由单一的按劳分配制度转变为目前实行的以按劳分配为主体，多种分配方式并存的制度。这六个阶段分别是：

第一阶段：新中国成立初期至"文化大革命"前（1951—1965 年）；

第二阶段："文化大革命"期间（1965—1976 年）；

第三阶段：改革开放初期（1978—1992 年）；

第四阶段：社会主义市场经济体制建立初期（1992—2002 年）；

第五阶段：改革完善阶段（2003—2012 年）；

第六阶段：十八大至"新时代"时期（2012 年至今）。

十九大以来"共享"理念成为当下主流，收入分配要兼顾效率与公平。十九大报告中提出"到 2035 年中等收入人群在社会中的占比将明显提升"，为此要做到"保低、控高、扩中"，逐步建立"橄榄型"的社会财富结构。

按劳分配涉及社会财富的初次分配，社会保障关乎社会财富的二次分配，社会保障与按劳分配之间存在着密切的关系。已有研究表明，养老保险金的积累额度与企业和职工养老保险的综合缴费率、工作年限、缴费基数、工资总额和劳动报酬息息相关，且两者之间呈正相关关系。由此可以看出，养老保险金的累计金额直接受到劳动分配的影响。养老保险金的缴费基数的调整对工资也存在重大影响，与能否合理分配劳动者报酬有关。养老保险金缴费率过高，不仅会增加企业和职工的经济负担，还会增加国家的财政负担。养老保险金的缴费率过高与我国的历史遗留问题有关，但根据国务院办公厅印发的《降低社会保险费率综合方案》我国将改革实行多年的企业 20%的养老保险费率，下调至 16%，降费率的同时，费基也相应下调。

二、我国劳动者工资现状及系数分析

(一) 工资现状

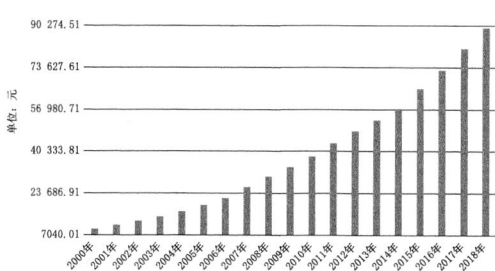

图1 2000—2018年国有单位就业人员平均工资

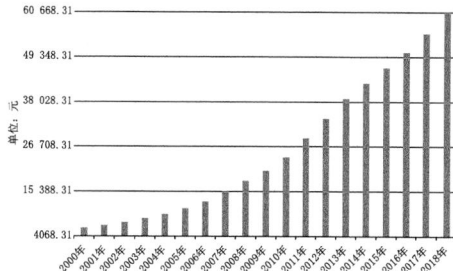

图2 2000—2018年城镇集体单位就业人员平均工资

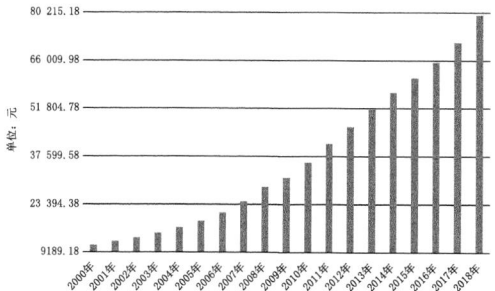

图3 2000—2018年其他单位就业人员平均工资

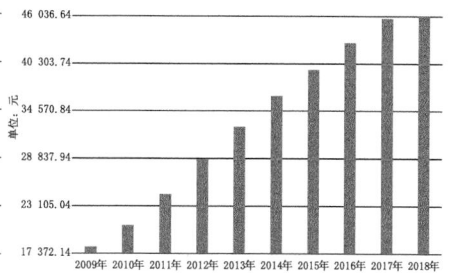

图4 2009—2018年城镇私营单位就业人员平均工资

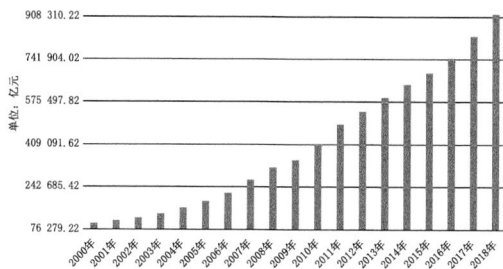

图5 2000—2018年国内生产总值

数据来源：国家数据网。

根据国家数据调查显示，我国国有单位就业人员、城镇集体单位就业人员、其他单位就业人员、城镇私营单位就业人员这四类人员的平均工资在最近十余年中持续增长。其中国有单位就业人员平均工资从 2000 年的 9441 元增加至 2018 年的 89 474 元，增长了 847.7%；城镇集体单位就业人员平均工资由 6241 元增加至 60 664 元，增长了 872.0%；其他单位就业人员平均工资由 11 238 元增加至 79 532元，增长了 607.7%；城镇私营单位就业人员平均工资由 2009 年的 18 199 元增加至 2017 年的 45 761 元，增长了 151.4%。我国 GDP 在近 20 年更是呈几何式增长，由 21 世纪初的 100 280.1 亿元增长至 2018 年的 900 309.5 亿元，增长率达 797.8%。由此可见，随着我国经济的不断发展，人均工资增长速度翻倍，最快的城镇集体单位人均工资增长达 9 倍有余，相对较慢的私营单位也增长了 2.5 倍，城镇集体单位与国有单位就业人员的工资增长倍数接近甚至超过 GDP 的增长率，而其他单位和私营企业就业人员的工资水平增长率则低于 GDP 增长率。

(二) 基尼系数

基尼系数作为衡量居民收入差距的指数对于衡量我国按劳分配的公平程度具有重要参考价值，国际标准中通常把 0.4 作为收入分配差距的"警戒线"。从改革开放初期的相对平均的水平，到 2008 年时一度逼近 0.5，期间经历了属于中国的经济"奇迹"，但与此同时贫富差距的加大成为新的社会问题。2008—2017 年的基尼系数分别为 0.491、0.490、0.481、0.477、0.474、0.473、0.469、0.462、0.465、0.467，依旧常年处于国际警戒线之上。改革开放至今，我国的基尼系数变化趋势可以划分为三个阶段：

第一阶段：1982—1998 年，基尼系数由 0.250 增长至 0.438，增长率达 75.2%，这一阶段的基尼系数增长速度之快的根本原因在于改革开放，在"先富带后富"的思想的指导下，鼓励个体经济、民营经济发展，同时企业与政府的关系也在这一时期开始改革，企业不再由政府包办，而是改为独立核算，自负盈亏。1986 年，劳动合同制的改革打破了计划经济时期的铁饭碗，进一步解放了劳动力，但同时也带来了 20 世纪末的下岗潮，数百万人因企业改革而失去工作，贫富差距在此时期急剧增长平均每年上升 4.7%。

第二阶段：1998—2008 年，基尼系数由 0.438 增长至 0.491，增长率为 5.3%，此次基尼系数的转折原因在于，发端于泰国并蔓延至全亚洲的亚洲金融危机，由此带来的危害包括出口值锐减、货币贬值、通货膨胀、企业倒闭，企业的大面积倒闭一定程度上减少了高收入人群的数量，加之国家实行的宏观调控政策，投资铁路、公路、机场的基础设施建设工程，带动了相关产业链的发展，增加了就业，保障了企业员工的基本收入，在这一时期基尼系数增长速率显著放缓。

第三阶段：2008—2017 年，基尼系数由 2008 年峰值的 0.491 降至 0.467，降幅 2.6%。政府同样采取了加快民生工程建设，采取扩大内需的宏观调控手段，促进了我国经济继续保持增长态势。这一系列措施的实施客观减少了贫富差距的增加。

地区间基尼系数差距：东部地区的基尼系数高于中部地区和西部地区。其原因在于东部地区更早且更好地受益于改革开放的政策，收入分配更加以市场为导向。市场主导的收入分配方式不可避免地会有差异，也就会导致该地区更有可能扩大收入分配差距，因而东部地区基尼系数更高。此外，西部地区的基尼系数并不是三者中最低，对于欠发达地区，市场经济不发达，要素流动存在障碍，那些拥有资源的人，拥有必要信息的人可以充分利用他们的比较优势来赚取超额利润，从而创造更多利润，导致地区收入参差不齐。

行业间基尼系数差距：当下金融行业、垄断行业的基尼系数高于普通工薪阶层行业。这主要是由于高新技术行业的内部工资差距较大，领导阶层年薪远高于普通员工。而对于那些社会性较强而营利性不强的行业基尼系数则较低，例如教育行业、卫生、社会保障和福利业。信息科技行业的基尼系数同样较低，其原因在于信息工程、软件开发等互联网企业大多属于城镇私营企业，各企业间竞争很大，资源配置效率较高，因而行业内部的基尼系数较低。

虽然目前我国整体基尼系数依旧较高，但基本符合库兹涅茨倒 U 型曲线假说。我国基尼系数的三个阶段可以做如下划分：第一阶段基尼系数快速增长，贫富差距逐步拉大，处于曲线的第一时期。第二阶段虽继续增大，但逐渐放缓，于 2008 年达到曲线的转折点。第三阶段，经济开始全面发展，努力逐步缩小贫富差距。党的十八大以后，为促进收入分配制度合理化做出了以下几个方面的努力：第一，提出"保低、扩中、控高"的指导思想，扩大中等收入人群基数，工资收入向低收入人群、一线职工倾斜。第二，实施精准扶贫战略，努力达到共同富裕，贫困人口的减少可以进一步降低我国贫富差距，向理想的"橄榄型"财富分布更进一步。第三，改革和完善国有企业基本工资制度和工资调整机制，并与国有企业的经济利益和劳动生产率挂钩，充分调动国企员工的工作积极性。第四，扩大科研机构和高校的自主权，鼓励万众创新，提升自身人力资本以达到提高工资的根本目的。第五，提高社保二次分配的公平性作用，以城镇职工养老保险为例，统账结合模式充分起到了社保对于个人收入的二次分配调节作用。此外，医疗保险、工伤保险、失业保险也在不断完善，提高社保在二次分配中的公平性。

（三）工资分析

按劳分配在生产资料社会主义公有制条件下，对社会总产品作了各项必要的社会扣除以后，按照个人提供给社会的劳动数量和质量分配个人消费品。为了探究按劳分配的公平合理与否，下面将从劳动者工作时间、地区间工资水平对比、行业间工资水平对比、工资在 GDP 中的占比、工资与 CPI 比值、工资与居民可支配收入比值这六个方面进行分析

1. 工作时间

根据《中国人口和就业统计年鉴—2007》给出的数据，首先，年龄对劳动时间的影响，在 2003—2007 年之间，每周平均工作时间随着年龄的增大而减少，

最高每周平均工作时间在 16~19 岁，每周工作 49.63 小时左右；最低在 65 岁及以上，每周工作 40.70 小时左右。其次，受教育程度对工作时间的影响，在此期间，工作时间较长的为小学、初中、高中学历的劳动者，平均时间为每周 46.88、48.52、46.21 小时；未上过小学、大学本科、研究生及以上学历人员工作时间较短，分别为 43.9、41.58、41.33 小时。最后，不同职业对工作时间的影响，商业服务业人员、生产运输设备操作人员较多，分别为每周 50.23、49.00 小时，专业技术人员、办事人员较少，分别为每周 43.13、42.87 小时。

《中国人口和就业统计年鉴—2012》给出的数据，2007—2011 年期间。首先，在年龄方面，每周平均工作时间依旧是随着年龄的增大而减少，最高的每周平均工作时间 47.45 小时（16~19 岁），最低的每周平均工作时间 34.50 小时（65 岁及以上）。其次，在受教育水平方面，同样呈"橄榄型"分布，工作时间较长的为初中、高中学历劳动者，工作时长每周 47.10、46.53 小时，未上过小学和研究生及以上学历分列两端，分别为每周 38.53、41.18 小时。最后，在从事职业方面，商业、服务业人员（49.55 小时），生产、运输设备操作人员及有关人员（49.15 小时），专业技术人员（43.08 小时），办事人员和有关人员（43.65 小时）。

据《中国劳动统计年鉴—2018》数据显示，在 2012—2017 年间，工作时间仍随着年龄增长而下降，由每周 48.62 小时降至 36.52 小时。在学历方面，初中、高中学历劳动者每周平均工作 48.48、47.20 小时，本科、研究生学历劳动者每周平均工作 42.30、41.50 小时。在从事职业方面，商业、服务业人员（49.10 小时），生产、运输设备操作人员（48.84 小时），专业技术人员（43.56 小时）、办事人员和有关人员（43.72 小时）。

由以上统计年鉴的数据可以看出从 2003—2017 年这十余年期间，我国劳动者在工作时间上既存在着不变的规律，也存在着变化的事情。第一，受劳动者健康、精力、体力等多方面的影响，随着年龄的增长工作时间逐步下降是依旧延续的规律，在具体工作时间上经历了一个由高到低再逐步增加的过程并最终逐步趋于稳定，2003—2007 年各年龄段劳动者平均工作时间由 2003 年的每周 45.4 小时增加至 2007 年的每周 47.26 小时；2007—2011 年各年龄段劳动者平均工作时间为每周 44.06 小时，2008 年最低值，为 43.02；2012—2017 年平均为 45.59 小时，并保持在这个数值上下小幅度波动。第二，劳动者学历也是影响工作时间的重要因素，在此期间保持着"橄榄型"分布，工作时间最久的为初中和高中学历的劳动者，受学历影响这部分人员大多从事的为中低端行业，加班等现象较多，并且需要付出更多的劳动时间来获取相应报酬，而未上过小学的劳动者则仅能从事最低端以及临时工等工作，因此工作时间较低，受过大学以及研究生教育的高素质劳动者大多在高端行业就业，企业用工较为规范，每周工作时间仅比法律规定的标准工时多 1 小时至 2 小时。第三，在职业方面，商业、服务业人员，生产、运输设备操作人员与专业技术人员，办事人员形成鲜明对比，前者每周平均工作时间常年高于后者 5 小时~6 小时，两者也反映了"体力劳动者"与"脑力劳动者"之间的区别。

工资与工时存在密切联系，以按劳分配的视角来分析年鉴给出的工时数据。年龄对按劳分配的影响不大，虽然年轻劳动者的劳动时间远高于年长的劳动者，受到岗位工资、绩效、职称、行政级别等多种因素影响，年龄与工时的负相关关系不能决定工资的多少。但通过观察整体变化可以看出工时经历了一个先上升后下降的过程，2003—2007 年期间正是我国经济蓬勃发展时间，人均工资水平也同步提高，2008 年《中华人民共和国劳动合同法》（以下简称《劳动合同法》）的出台一定程度上抑制了用工时间不规范的现象，同时受到金融危机的影响，工时也在这一年降至最低值。随后在《劳动合同法》的影响下，用工时间也逐步规范，工时开始趋于稳定。学历方面，初中、高中学历工时较长，其从事职业为中低端行业，可能实行综合计算工时制、不定时工时制，虽工作时间较长，但因行业整体发展水平不高，导致工资水平低于学历较高的劳动者。此外，各行业间"脑力劳动者"工时虽短但工资水平却高于工时较长的"体力劳动者"，该原因与上一点相似，受到人力成本、学历、工作效率、劳动价值率的影响。从下图的2017 年各行业城镇单位就业人员平均工资可以进一步验证在行业间工作时间与工资不成正比，服务行业工作时间尽管比高学历技术人员每周多 5 小时~6 小时，工资水平却低 2 倍~3 倍不等。工作时间与工资的不对等存在其合理性，合理之处在于学历较高和从事高新技术产业的从业者需要付出更多的前期准备，积累自身人力资本价值，且自身创造的劳动价值高于简单的"体力劳动者"，理应得到更高的报酬。然而"体力劳动者"的高工作时间低工资状态会拉大贫富差距，新时代按劳分配应解决此方面问题，可以从工作时间规范入手，降低服务业等低端行业的用工工作时间，逐步向 8 小时工作制靠拢，或者可以提高该行业基础工资标准，缩小工资水平的倍数差距，由 2 倍~3 倍差距向 1 倍~2 倍降低。

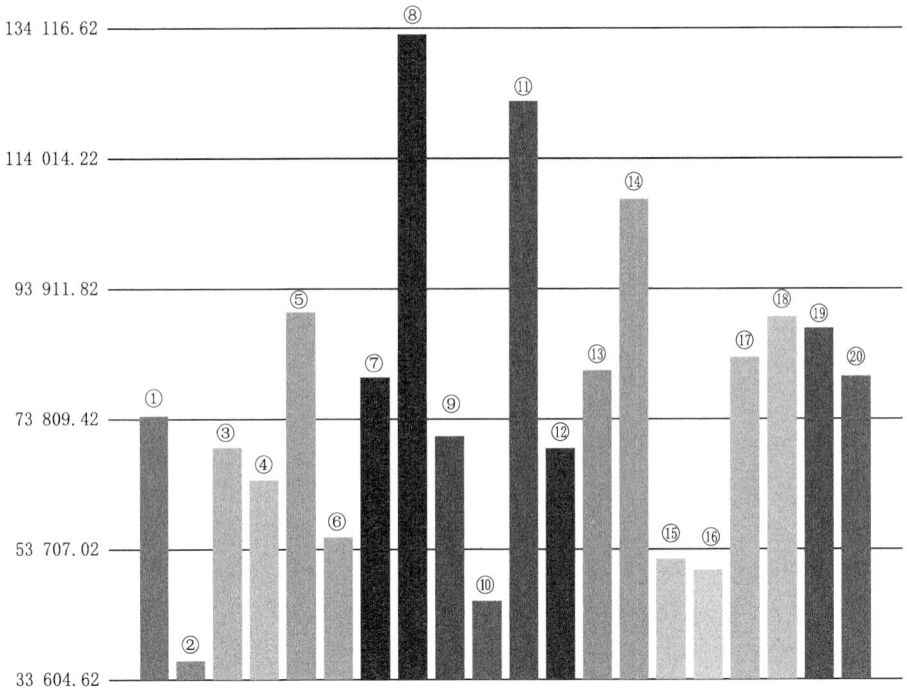

① 城镇单位就业人员平均工资(元)
② 农、林、牧、渔业城镇单位就业人员平均工资(元)
③ 采矿业城镇单位就业人员平均工资(元)
④ 制造业城镇单位就业人员平均工资(元)
⑤ 电力、燃气及水的生产和供应业城镇单位就业人员平均工资(元)
⑥ 建筑业城镇单位就业人员平均工资(元)
⑦ 交通运输、仓储和邮政业城镇单位就业人员平均工资(元)
⑧ 信息传输、计算机服务和软件业城镇单位就业人员平均工资(元)
⑨ 批发和零售业城镇单位就业人员平均工资(元)
⑩ 住宿和餐饮业城镇单位就业人员平均工资(元)
⑪ 金融业城镇单位就业人员平均工资(元)
⑫ 房地产业城镇单位就业人员平均工资(元)
⑬ 租赁和商务服务业城镇单位就业人员平均工资(元)
⑭ 科学研究、技术服务和地质勘查业城镇单位就业人员平均工资(元)
⑮ 水利、环境和公共设施管理业城镇单位就业人员平均工资(元)
⑯ 居民服务和其他服务业城镇单位就业人员平均工资(元)
⑰ 教育城镇单位就业人员平均工资(元)
⑱ 卫生、社会保障和社会福利业城镇单位就业人员平均工资(元)
⑲ 文化、体育和娱乐业城镇单位就业人员平均工资(元)
⑳ 公共管理和社会组织城镇单位就业人员平均工资(元)

图6 2017年各行业城镇单位就业人员平均工资

数据来源：国家数据网。

2. 地区工资对比

表1 2018年全国各省市平均工资

序　号	省　份	非私营单位/元	名义增速/%	私营单位/元	名义增速/%
1	北京	145 766	10.70	76 908	8.70
2	上海	140 270	8.10	57 056	9.60
3	天津	100 731	6.60	—	—
4	浙江	88 883	10.10	52 564	8.90
5	广东	88 636	11.90	58 258	9.20
6	青海	85 379	12.80	28 451	5.10
7	江苏	84 688	8.20	54 161	9.80
8	重庆	78 928	11.30	52 558	4.20
9	宁夏	78 384	11.50	40 536	4.10
10	四川	77 686	11.90	43 352	8.10
11	海南	75 885	12.00	49 541	8.50
12	云南	75 701	9.50	—	—
13	安徽	74 378	14.20	44 964	9.10
14	福建	74 316	10.20	52 930	8.40
15	内蒙古	73 835	10.70	40 018	9.30
16	山东	73 593	8.10	—	—
17	陕西	71 983	10.40	40 783	8.80
18	甘肃	70 695	11.60	39 834	5.70
19	广西	70 606	10.60	39 834	4.50
20	湖南	70 221	10.30	40 175	8.60
21	河北	68 717	9.00	39 512	3.60
22	江西	68 573	11.60	43 733	8.50
23	吉林	68 533	11.50	35 026	5.50
24	辽宁	67 324	10.10	38 269	7.30
25	山西	65 917	9.80	34 535	8.80
26	河南	63 174	13.80	40 209	9.50
27	黑龙江	60 780	8.40	—	—

数据来源：国家数据网。

以 2018 年全国各省市的平均工资为例进行分析，分为非私营单位和私营单位两个大类。非私营单位包括机关事业单位、国企、上市公司等，大中型企业居多，全国最高的 5 个省市是北京、上海、天津、浙江、广东，最低的 5 个省份是吉林、辽宁、山西、河南、黑龙江。北京市非私营单位平均工资高于最低的黑龙江省 2.4 倍，差距巨大，在全国分布上并未呈现典型的"东、中、西"部递减的趋势，北上广等发达城市依旧牢居榜首位置，但东北老工业基地，山西、河南、河北等中部地区反而成为最低值。名义增速方面，势头最猛的是河南、安徽、青海三省，增速最缓的是天津、上海、山东、江苏。在增速上中部和西部地区高于沿海发达城市，与国家政策的倾斜程度有关，继续保持这样的发展趋势可以有效地逐步缩小东西部差距。私营单位平均工资最高的是北京、上海、浙江、广东，最低的是河南、山西、辽宁、吉林。与非私营单位在全国的分布大体相同。增速上，最高的省市是江苏、河南、上海、内蒙古，年增速 9% 以上，最低的是河北、重庆、宁夏、广西，年增速 4% 左右，两者增速相差两倍。全国平均工资上体现了新时代主要矛盾中发展的不平衡，北上广深等城市一直保持着龙头位置，吸引了全国大部分的优秀人才，集结了优质资源，发展水平高于中部和西部地区，非私营企业和私营企业平均工资居于全国前列，反观中西部地区深处内陆，贸易优势落后于沿海地区，得益于"一带一路"国家发展战略，加强与周边国家的贸易往来，经济发展水平逐步提高，人均工资增速开始高于沿海发达城市。国家战略的调整会使全国各省市经济发展水平差距缩小，人均工资倍数差距趋于平衡，改变当前的不充分不平衡的发展。虽然目前省际工资水平存在差距，但也存在进步的地方，2010 年全国 31 个省（自治区、直辖市）中，城镇单位在岗职工工资水平最高省份为最低省份的 2.47 倍，2015 年缩小到 2.45 倍，总体呈降低趋势。

3. 行业工资对比

表 2　2016—2017 年城镇单位在岗职工平均工资

项　　　　目	2017 年/元	2016 年/元	2017 年为 2016 年/%
合　　计	134 994	122 749	110.0
按登记注册类型分			
内　资	128 623	116 189	110.7
国　有	150 622	129 542	116.3
集　体	58 900	59 507	99.0

续表

项　　　目	2017 年/元	2016 年/元	2017 年为 2016 年/%
股份合作	48 406	46 432	104.3
联　营	79 016	73 620	107.3
有限责任公司	110 360	100 753	109.5
股份有限公司	165 066	154 858	106.6
其　他	75 498	56 627	133.3
港、澳、台商投资	154 044	139 643	110.3
外商投资	174 238	162 080	107.5
按国民经济行业分			
农、林、牧、渔业	56 801	52 325	108.6
#农　业	48 613	46 909	103.6
采矿业	102 114	91 144	112.0
制造业	106 160	96 514	110.0
电力、热力、燃气及水生产和供应业	150 046	136 460	110.0
建筑业	101 919	91 301	111.6
批发和零售业	111 102	102 420	108.5
批发业	136 887	127 553	107.3
零售业	75 453	69 313	108.9
交通运输、仓储和邮政业	97 184	90 640	107.2
#铁路运输业	107 459	96 892	110.9
道路运输业	69 340	65 696	105.5
邮政业	98 442	84 876	116.0
住宿和餐饮业	62 930	58 359	107.8
住宿业	69 533	63 471	109.6
餐饮业	57 576	53 993	106.6
信息传输、软件和信息技术服务业	182 914	169 695	107.8
金融业	306 462	288 638	106.2
房地产业	99 415	94 814	104.9

续表

项 目	2017 年/元	2016 年/元	2017 年为 2016 年/%
租赁和商务服务业	120 193	115 053	104.5
租赁业	85 862	82 745	103.8
商务服务业	121 068	115 876	104.5
科学研究和技术服务业	154 537	144 321	107.1
水利、环境和公共设施管理业	89 757	78 957	113.7
居民服务、修理和其他服务业	56 691	52 858	107.3
#居民服务业	63 023	58 444	107.8
教 育	147 565	125 260	117.8
卫生和社会工作	173 742	152 204	114.2
#卫 生	179 510	157 183	114.2
文化、体育和娱乐业	153 377	141 797	108.2
#文化艺术业	121 134	109 627	110.5
体 育	117 780	93 998	125.3
公共管理、社会保障和社会组织	132 156	108 069	122.3

数据来源：《北京统计年鉴 2018》。

根据《北京统计年鉴 2018》给出的 2016 年、2017 年各行业人均工资。登记注册类型划分为内资，港、澳、台商投资和外商投资，内资又包括国有、集体、股份合作、联营、有限责任公司、股份有限公司。港、澳、台商投资和外商投资由于其自身的特殊性，行业平均工资远高于其他企业。排除这两类企业后，平均工资由高到低分别为股份有限公司、国有、有限责任公司、联营、其他、集体、股份合作。最高的股份有限公司人均 165 066 元，最低的股份合作公司人均 48 406 元，两者相差 3.4 倍。按国民行业划分可以分为 36 个行业，通过对比 2016 年、2017 年各行业工资，平均工资最高的行业与最低的行业相同。平均工资最高的 5 个行业是金融业，信息传输、软件和信息技术服务业，卫生，卫生和社会工作，科学研究和技术服务业，最低的 5 个行业是农业，居民服务、修理和其他服务业，农、林、牧、渔业，餐饮业，住宿和餐饮业。金融、信息是时下最热门的两个行业，吸纳了最优质的人才资源和社会资源，创造的社会价值总量也超过其他行业，就按劳分配而论，理应得到更高的工资收入，但可以适当控制，防止过高的溢价工资；卫生行业的工资走高原因在于居民对健康和养老的需求不断提高，新时代人民在追求更高品质的生活。平均工资最低的行业为农业、居民服务业、餐饮业，这些行业中就业的劳动者，入行"门槛"、劳动技能、学历、综合素质均低于金融、信息、科技等技术型劳动者。最高与最低的差距在 2016 年为 6.15 倍，2017 年为 6.30 倍，有继续扩大的趋势，但大部分行业间的工资差距稍有缩小。在按劳分配领域，工资与 GDP 同步上涨，而部分行业间工资差距过大且有持续扩大的现象是应及时止损的，这种不平衡的矛盾与我国新时代"共同富裕"的目标相违背。纵观全国各行业工资，行业间工资差距在呈递减趋势，2017年与 2012 年比较，按行业门类划分的就业人员平均工资最高与最低差距从 3.96 倍缩小至 3.64 倍。

纵向来看可以参考国家统计局数据（见图 7）：

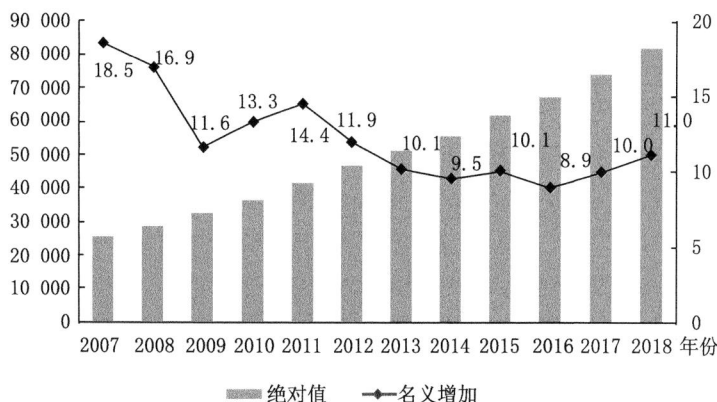

图 7　2007—2018 年城镇非私营单位就业人员年平均工资及名义增速

数据来源：国家统计局。

从具体行业来看，钢铁煤炭等重点传统工业行业劳动者的平均工资增长加快。以城镇非私营单位为例，石油和天然气开采业平均工资增长 18.6%，增幅比上年提高 7.6 个百分点。煤炭开采就业人员平均工资在上年增长 16.3% 的基础上，又实现了 15.8% 的高增长。此外，石油开采、金属冶炼、化学产品加工制造业等工业行业的就业人员工资均增速较快。国家统计局人口和就业统计司副司长孟灿文分析这主要得益于供给侧结构性改革深入推进，使高耗能、高污染行业转型升级加快，企业效益大幅改善。

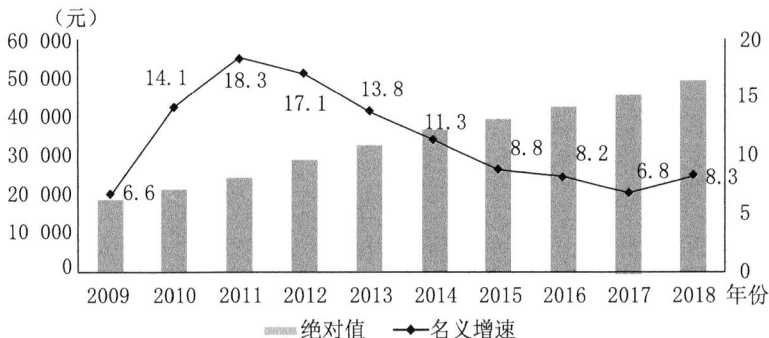

图 8　2009—2018 年城镇私营单位就业人员年平均工资及名义增速

数据来源：国家统计局。

新时代产业结构调整使现今就业形势出现新业态新模式，2018 年商品网上零售额超过 7 万亿元，比上年增长 25.4%，城镇私营单位批发和零售业就业人员年平均工资增长 13.1%，增幅比上年提高 3.7 个百分点。京东、淘宝、美团、滴滴等互联网产业的兴起带动了相关私营就业人员平均工资增长。城镇非私营单位和私营单位劳动者平均工资，虽增速放缓，依然在保持稳步提升。城镇非私营单位就业人员年平均工资比上年增长 11.0%；城镇私营单位就业人员年平均工资同比增长 8.3%，前者增速在大多时候高于后者。在 2018 年，在产业结构调整、促改革、稳增长、改善民生方面成果显著。两类单位就业人员工资与增速差距在逐步缩小，按劳分配得到一定程度改善。

4. 系数对比

针对国家数据给出的四类单位就业人员平均工资分别与人均 GDP、CPI、人均可支配收入进行比值分析。

（1）人均 GDP 比值。2017 年国有单位就业人员平均工资与人均 GDP 比值为 1.37，城镇集体单位比值为 0.93，私营单位为 0.77，其他单位为 1.20。人均 GDP 与人均可支配收入之间的关系实际上反映了劳动者是否分享经济发展的成果。如果人均可支配收入高于人均 GDP，那么劳动者分享的成果就更多，反之则更少。以上四个行业中，由高至低分别是国有单位、其他单位、城镇集体单位、私营单位。说明在国企内工作的劳动者可以分享到更多的社会劳动成果，私营单位劳动者却仅分享到少部分成果。接下来以同一行业不同就业单位为对比，首先是上文中提到的人均工资较高的信息、金融、科技行业。2017 年信息传输、计算机服务和软件业国有单位就业人员平均工资与人均 GDP 比值为 1.39，该行业在城镇集体单位就业人员中此项比值为 1.40，城镇私营单位 1.18，其他行业 2.31；金融业的四类企业数值分别为 1.84、1.68、0.88、2.17；科学研究、技术服务和地质勘查业四项数值 1.67、1.27、0.98、1.97。农、林、牧、渔业四项数值 0.60、0.74、0.57、0.74；居民服务和其他服务业 1.04、0.77、0.64、0.79；住宿和餐饮业 0.85、0.75、0.62、0.76。综上数据分析，国有单位信息、金融、科技行业的人均工资与人均 GDP 比值均高于全年各行业整体平均工资与人均 GDP 比值，而农业、服务业、餐饮业则全部低于平均值。城镇集体单位的信息、金融、科技行业的此项比值同样都高于整体均值，农业、服务业、餐饮业依旧全部低于整体均值。在城镇私营单位和其他单位中也具有同样的规律。通过这个规律可以看出同上文中提到的相同的结论，当下热门的高新技术产业可以比服务业等低端行业获取到更多的社会财富成果。此外，以时间轴来看，从 2000 年至 2018 年，国有单位人均工资与人均 GDP 比值从 1.18 增至 1.38，城镇集体单位从 0.78 增至 0.93，城镇私营单位从 2009 年的 0.69 增至 2017 年的 0.77，其他单位从 2001 年的 1.42 降至 2018 年的 1.23。可以看出除了其他单位外，其他三类单位，在近十几年中均得到了不同程度的上涨，最高与最低之间的倍数差距在逐渐缩小，可以同步共享我国经济持续发展的成果，但在分配上依然存在着不均的现象，国有单位依旧是最好的一类单位，城镇集体和私营单位的分配比例需提高，以缩小差距。

（2）CPI。CPI 通常被用作通货膨胀水平的重要指标。通过平均工资与 CPI 的对比，可以观察工资的上涨幅度是否超过货币通胀的速度，有效检验工资的上涨仅为"名义"上的增加，还是实际上增强了劳动者工资用于消费的能力。

我国近 20 年 CPI 持续增长，在 2008 年之前保持着低水平低增速，常年保持在每年 1% 的增速，2007 年激增至 5%，2008 年达到峰值 6%，2009—2011 年间经历了不稳定波动后，于 2012 年至今保持在每年 2%～3% 的增速。2017 年国有单位就业人员平均工资增幅 12%，涨幅与 CPI 的比值为 5.91；城镇集体单位就业人员平均工资增幅 9%，与 CPI 比值为 4.67；城镇私营单位就业人员平均工资增幅 7%，与 CPI 比值为 4.10；其他单位就业人员平均工资增幅 9%，与 CPI 比值为 4.40。

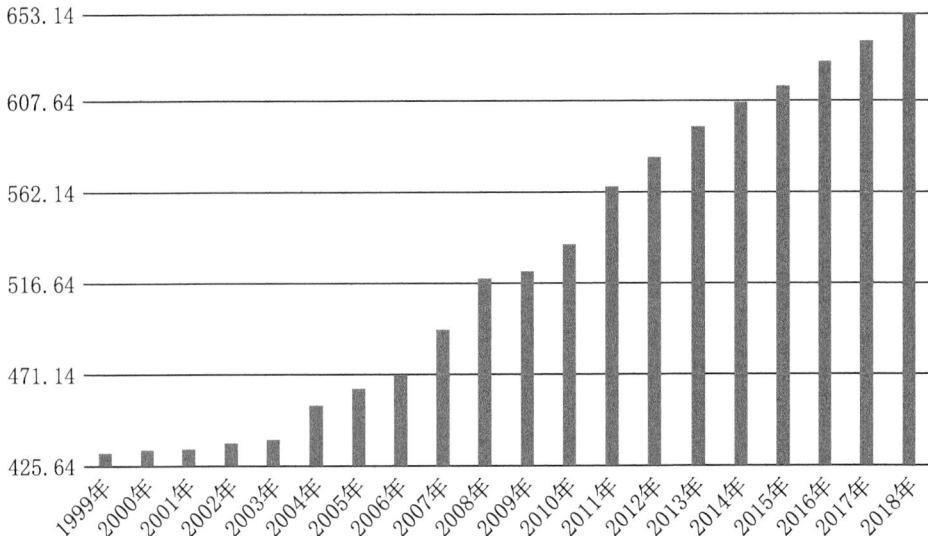

图 9　1999—2018 年居民消费价格指数（1978＝100）

数据来源：国家数据网。

接下来将上述六个行业的人均工资增幅与 CPI 增幅进行对比。2017 年农、林、牧、渔业国有单位就业人员平均工资涨幅 9%，与 CPI 涨幅比值为 4.26、城镇集体单位两项数值为 8%，3.98、城镇私营单位数值为 9%，4.75、其他单位为 11%，5.43；住宿和餐饮业国有单位就业人员数值为 8%，4.11、城镇集体单位为 7%，3.27、城镇私营单位为 6%，3.13、其他单位为 5%，2.57；居民服务和其他服务业国有单位两项数值为 14%，6.84、城镇集体单位为 6%，2.95、城镇私营单位为 7%，3.62、其他单位为 5%，2.35；信息传输、计算机服务和软件业国有单位两项数值为 7%，3.46、城镇集体单位为 54%，27.06、城镇私营单位为 11%，5.38、其他单位为 8%，3.85；金融业国有单位两项数值为 7%，3.43、城镇集体单位为 11%，5.47、城镇私营单位为 4%，1.91、其他单位为 3%，1.47；科学研究、技术服务和地质勘查业国有单位两项数值为 11%，5.65、城镇集体单位为 12%，6.14、城镇私营单位为 6%，3.05、其他单位为 11%，5.49。

综合以上数据，这六个行业不论是劳动密集型产业还是高新技术企业就业人员平均工资涨幅均高于 CPI 涨幅，但行业间的不同以及企业所属性质的不同都导致各岗位平均工资涨幅大小不均。农、林、牧、渔业就业人员四类企业平均工资涨幅在 9% 左右，涨幅比值高于 4.0；住宿餐饮业工资涨幅四类企业呈递减趋势，平均增幅 6.5%，涨幅比值 3.0 左右；服务业除国有单位略高外，其他三类企业涨幅 6% 左右，涨幅比值 3.0；信息行业除城镇集体单位激增外，另三类企业涨幅 8.6%，涨幅比值 4.0 左右；金融业平均增长 6%，涨幅比值均值 3%；科技行业涨幅 10%，涨幅比值 5%。劳动密集型行业的工资增长幅度仅能部分高于或者持平于高新技术行业，加之低端行业工资基数远低于高端行业，在当下的工资增长机制下很难缩小各行业间的差距，甚至有进一步拉大的风险。这六类行业不同性质的单位与同性质的单位做对比可以看到有进步的一面，国有单位三类低端行业虽未高于整体国有单位工资涨幅，但比三类高端行业平均涨幅更大；城镇集体单位三类低端行业均低于整体，而三类高端行业则均高于整体涨幅；城镇私营单位三类低端行业略高于整体涨幅，三类高端行业略低于整体涨幅；此外，其他单位方面，六类行业大多略低于整体涨幅。在工资分配上，城镇集体单位对于缩小收入差距的贡献最小，私营单位则很好地做到了逐步缩小高端行业与低端行业的工资，国有单位虽对于抑制收入差距拉大有一定贡献但应进一步规划不同行业间合理的工资增长机制，在制定合理的按劳分配制度中起到模范带头作用。

（3）人均可支配收入比值。2017 年人均可支配收入与国有单位就业人员平均工资比值为 0.32，城镇集体单位比值为 0.47，城镇私营单位为 0.56，其他单位为 0.35。以时间发展的角度来看，国有单位在 2014—2018 年期间，由 0.35 降至 0.31；城镇集体单位在 2013—2018 年期间，由 0.47 降至 0.46；城镇私营单位在 2013—2017 年之间基本稳定在 0.56 左右；其他单位在 2013—2018 年间，维持在 0.35～0.36 之间。在近几年中，国有企业和城镇集体单位此项数值有小幅度下降，城镇私营和其他单位基本稳定。四类企业间，城镇集体单位和私营单位的工资转化成可支配收入的数值最高，在 0.5 左右，国有和其他单位在 0.3 左右。

接下来对比上述六个行业。2017 年人均可支配收入与国有农、林、牧、渔业单位就业人员平均工资比值为 0.72、住宿和餐饮业 0.51、居民服务和其他服务业 0.42；信息传输、计算机服务和软件业 0.31、金融业 0.23、科学研究、技术服务和地质勘查业 0.26。城镇集体农、林、牧、渔业单位 0.58、住宿和餐饮业 0.58、居民服务和其他服务业 0.56；信息传输、计算机服务和软件业 0.31、金融业 0.26、科学研究、技术服务和地质勘查业 0.34。城镇私营单位农、林、牧、渔业 0.75、住宿和餐饮业 0.70、居民服务和其他服务业 0.67；信息传输、计算机服务和软件业 0.36、金融业 0.49、科学研究、技术服务和地质勘查业 0.44。此外，其他单位农、林、牧、渔业 0.60、住宿和餐饮业 0.55、居民服务和其他服务业 0.52；信息传输、计算机服务和软件业 0.18、金融业 0.19、科学研究、技术服务和地质勘查业 0.22。综合以上四类企业中的六种行业的比值，信息、金融、科技行业在四类企业中均低于整体比值，相反农林牧、住宿餐饮、服务行业均高于整体平均值，也就是对于高新技术行业工资每增长一个单位对于人均可支配收入的增加作用低于劳动密集型行业，两类差距大的另一个原因是因为低端行业的平均工资基数低，高端行业的平均工资基数大，因此两大类行业间的比值差距较大，只有逐步缩小这个比值的差距才能构建更加合理的按劳分配制度。

三、问题分析及解决途径

（一）不同行业、不同省市间差距

通过上文中对工资现状，基尼系数，平均工资与人均 GDP、CPI、人均可支配收入的对比分析我们可以看出目前我国工资在不同行业间的差距较大，最高人均工资值与最低人均工资之间存在 5 倍~6 倍的差距。在企业从属性上，国企单位、城镇集体、城镇私营单位人均工资依次递减，国企改革需要继续深化。在不同省市间，北上广深等一线发达城市占据高位，中部地区次之，东三省及西部地区则处于低水平，省际间存在较大差距。

1. 劳动关系影响

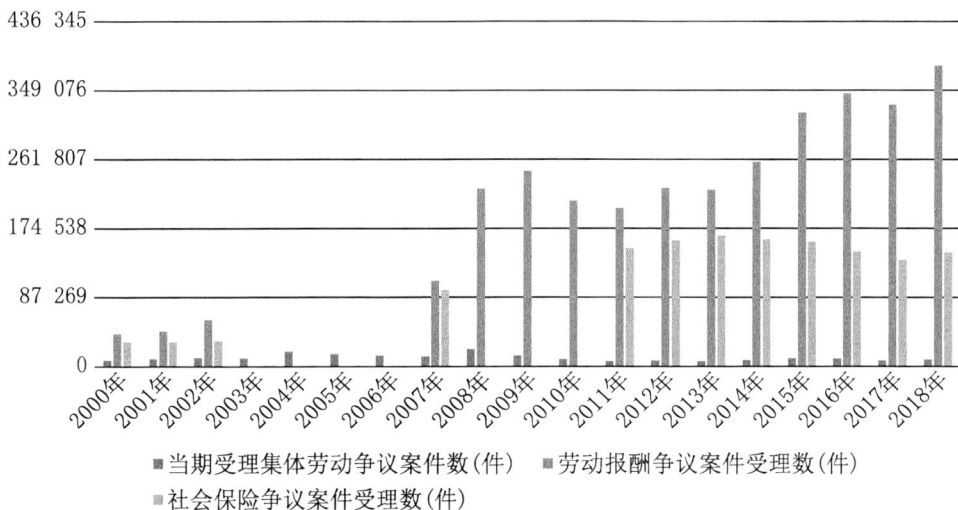

图 10　2000—2018 年部分劳动争议案件数

数据来源：国家数据网。

有关劳动者工资的不公待遇或违法现象，可以通过法律途径得到解决。根据上图中的数据可以直观的看出劳动报酬争议、社会保险争议案件均在 2008 年后激增。三类争议中，劳动报酬涉及劳动者最直接的切身利益，关乎按劳分配在初次分配的公平性，争议数量在 2008 年后波动式增长，2016 年达到峰值 345 685 件。社会保险关乎劳动者二次分配的利益，随着劳动者法制意识的增强，有关社会保险的利益争议也在逐渐增长。

2. 解决途径

要解决我国当下新时代按劳分配中存在的不充分不平衡的矛盾，可以从多方

面入手，包括持续优化税收结构，实行全面综合征税、先富带动落后，并加大对落后地区及低收入人群的转移支付，继续深化国有企业改革等。本文从构建和谐劳动关系入手，充分发挥工会和集体协商的作用，为劳动者建立起合理的工资增长机制。根据西方经济学家对于集体谈判模型的实证研究，结果表明集体谈判对工资增长和构建和谐的劳资关系具有积极影响，并且具备强有力的集体谈判机制（包括工会和雇主组织）的国家，其收入分配的差距也较小。通过增加低端劳动力的工资水平，工会密度对平等产生了影响。在某些国家，工资差距扩大了，工资的份额下降了，部分原因是工会会员人数的减少和集体谈判的覆盖面的减少。上述现象多出现于转型中国家。中国现在正处于社会主义新时代，社会主要矛盾已经发生转变，十九大以来我国继续深化改革开放，转变经济发展形式，符合转型国家的条件，增加工会会员，建立合理的企业集体谈判制度将有助于缩小工资差距。

处理好集体协商对工资分配、工资增长机制有如下几个方面的做法。

第一，将工资集体协商纳入地方党政规划。在北京市政协十三届二次会议上，北京市总工会向大会提交团体提案，提出了当下本市在集体协商中存在的问题，并建议加快专项立法，争取在 2019 年立法计划中的力争完成项目。

第二，推动建立劳动关系三方调节机制完善。根据《中共北京市委、北京市人民政府关于进一步构建和谐劳动关系的实施意见》，明确规定了要切实保障劳动者获得自身报酬，享受社会保险待遇。同时要促进产业园区和产业体系建设，建立和完善根据实际需要协调劳资关系的三方机制。在集体协商三方机制中，要划分清政府、企业、劳动者的职责。政府要扮演好"监督者""调节者"的角色，而非"主导者"。

第三，实行"彩虹计划"，开展集体协商要约行动。"彩虹计划"的核心是根据行业特点依法开展集体工资谈判，目标是"区域对话，行业对话，企业谈论增长"。北京市在 2012 年开始试点工作，首先确定了 55 家工资集体协商试点单位，试点单位集中在楼宇、商业街、社区、村、工业区、小企业密集区内，其中区域性试点 32 个，行业性 23 个。所有社区、街道、开发区应培训一组企业，行业和区域集体协商作为典型代表，发挥典型示范作用。充分利用各种宣传手段宣传"调价谈判"和"通过协商解决劳资矛盾"的观点，树立协商和民主意识的观念；宣传集体企业开展集体谈判的实际成果，增进对集体谈判制度的认识，消除误会，树立共识。

第四，开展区域性、行业性工资集体协商。北京市方面，工会联合会探索了近年来大量非公有制企业，中小企业和新兴产业谈判的难点，探索了实现该产业集体谈判的途径，并不断增强了吸引力和工会的凝聚力。《北京市工会深入推进集体协商行动计划（2015—2018 年）》明确规定，各行业的工会应在工会联合会和行业协会之间建立协商机制。根据行业特点，重点是根据行业工作标准，工资，劳动定额等，确定行业劳动标准和工资标准，并形成行业集体合同；协调区工会指导行业国有企业，在行业集体合同的基础上进行二次协商。

第五，工会组织加强对劳动者的培训和帮助，建立工资协商指导员队伍。目前全国已有江苏、河北、上海、辽宁、吉林、黑龙江、福建、山西、山东、广东等省市建立了工资集体协商专业指导员队伍。北京市从 2011 年开始正式建立了"工会工资协商指导员专业队伍"。这些工资集体谈判指导员主要是从工会，企业协会，企业主管部门和各级企业协商代表中选拔的。经过培训和考试合格，取得了北京市劳动和社会保障局颁发的资格证书，并为企业进行工资核算，以集体谈判工作为指导。

在总结和肯定北京市推进企业建立工资集体协商机制的经验中，我们通过召开专题座谈会发现，按照劳动关系依法调整机制要求，不断适应市场条件下企业分配机制原则的企业，集体协商发挥着良好的作用。如北京奔驰汽车有限公司（以下简称"北京奔驰"），公司工会下设工会办公室、8 大专业委员会、21 个基层分会，公司现有在岗员工近 13 000 人，工会会员入会 98.7%。工会持续"我的工会我的家 2.0"品牌，本着"以员工为本，服务基层、服务一线、服务员工"的工作宗旨，充分发挥"维护、创新、凝聚、服务"四大职能，紧密结合合资企业实际，持续打造和谐劳动关系，全面助推企业快速发展。

北京奔驰工会将维护职工合法权益作为基本的责任，坚持职工代表大会制度，坚持平等协商、集体合同制度，全面推进企业民主管理。具体工作如下：

第一，坚持职代会制度，促进企业民主管理。工会每年定期召开会员（职工）代表大会，听取企业生产经营情况，审议涉及职工切身利益的规章制度或重大事项方案，组织职工参与公司的民主决策、民主管理和民主监督。

第二，坚持工资集体协商，维护职工合法权益。根据人社部颁布的《工资集体协商试行办法》，工会与公司行政每年开展一次工资集体协商，主要内容包括：员工年度平均薪酬水平及其调整幅度；员工激励机制；员工奖金、津贴、补贴等分配办法等。为更好地维护职工权益，有效地达到协商效果，工会在协商之前，充分了解国家上一年度的最低工资标准，社会的 CPI 的增长，全国汽车行业工资的平均增长，北京市公布的工资指导线以及北汽集团相应的数据作为参考依据，提出有力的工资增长数据。

第三，建立完善集体合同制度，力争做到有章可循、有法可依。北京奔驰始终将集体合同的签订、执行和检查作为工会重点工作之一。2007 年、2012 年北京奔驰分别签订了第一期、第二期《集体合同》。2017 年，结合北京奔驰进入新的发展时期特点，公司工会主动作为，通过发放调研问卷、召开座谈会、基层实地调研等多种方式，了解广大职工特别是一线职工诉求，经公司集体合同协商小组半年多的反复协商和完善，北京奔驰工会与公司行政方签订了第三期《集体合同》，将员工劳动报酬、工资集体协商及员工保险、福利、工作时间、休息休假等内容增补到《集体合同》中，使之更加法律化、制度化。

第四，建立工会主席与外方总裁定期会晤机制。工会主席与外方总裁每季度进行一次会晤，双方就企业经营管理重大决策、涉及员工整体利益等重要事项，在平等协商的基础上进行通报和交流，旨在促进公司快速发展、维护员工合法权益。

第五，建立管理层与员工代表定期沟通机制。定期召开员工代表与 CEO 沟通会，持续畅通管理层与基层职工代表沟通渠道，职工代表对涉及公司发展的重大战略问题进行源头参与，并提出合理化意见和建议。

北京奔驰工会作为合资企业工会，一直以来坚持贯彻集体协商制度，特别是近几年来，呈现以下几个新特点：

第一，随着企业的不断发展，在集体协商中不断强化集体合同执行情况检查力度，提高集体合同落实质量。坚持进行年度检查，及时发现问题、解决问题。

第二，在考虑员工工资水平递增与企业经济效益相适应的同时，工会也高度关注员工福利水平的提升，不断完善员工福利增长机制。

第三，通过贯彻集体合同，畅通员工职业成长通道。

第四，持续加强工会各专业委员会和公司相关部门的横向沟通和密切合作。

通过座谈会和我们调研也看到许多企业（及企业集团），虽然建立了集体协商机制并开展了工资协商，但不仅工资协商质量低，基本上很难发挥其调整企业按劳分配的作用，而且也直接影响着广大职工对开展集体协商工作的信心和参与的积极性。

分析其问题及原因，我们认为有两点值得引起思考：一是这些外资企业长期以来工会组织建设过于薄弱，大多数企业工会没有设立专职工会干部编制，使工会组织自身工作的稳定性和持续性发挥作用受到重要影响。企业工会工作重点往往忙于一般企业行政愿意看到的职工文化体育活动、健身活动等，就已经占了这些兼职工会干部业余时间从事为职工服务的精力，所以单独推动这些企业由工会与企业行政协商谈工资分配是非常有难度的。二是外资企业在中国的发展随着竞争的激烈，在劳动力资源管理及企业劳动关系调整中都加强了法务部门设立或聘请劳动方面的专业律师协助企业强化人力资源管理，开展工资协商的法律依据及企业外部环境对推进这项机制的关注度，都对企业工会与行政业务部门"实力对比的差距"越发明显下，如何代表广大职工利益推进集体劳动关系机制落实到位提出了挑战，更是企业工会面临的一个突出问题。

北京市三条文化带整体保护利用法律问题研究

李倩茹*

十九大报告中明确提出了要加强文物保护利用和文化遗产保护传承。随着国际文化遗产保护区域化趋势的加强，北京文化遗产保护工作也迈入了新时代，由单体文物的保护发展到全市域内的文物整体保护，综合考虑历史文化景观与自然生态环境的结合，并且涉及推动京津冀区域的社会经济发展。

一、三条文化带整体保护利用的现状及问题

随着国际文化遗产保护区域化趋势的加强，北京文化遗产保护工作也迈入了新时代，由单体文物的保护发展到全市域内的文物整体保护，综合考虑历史文化景观与自然生态环境的结合，并且涉及推动京津冀区域的社会经济发展。

（一）三条文化带整体保护利用理念的演进

京津冀三地地域相连、文脉相亲，因此需要在区域协同的基础上，实现历史文化遗产连片、成线整体保护，进而推动三地在文化、环境、旅游等方面的深度融合。

1. "三条文化带"整体保护利用理念的初步提出

三条文化带最早是由北京市文物局提出的文物保护工作概念。2015 年上半年，北京市文物局提出北部长城文化带、东部运河文化带、西部西山文化带文化遗产整体保护思路。2015 年 11 月，《中共北京市委关于制定北京市国民经济和社会发展第十三个五年规划的建议》明确提出制定实施北部长城文化带、东部运河文化带、西部西山文化带保护利用规划。2016 年 6 月 13 日《北京市 "十三五"时期加强全国文化中心建设规划》提出"两轴、两核、三带、多点"的历史文化名城保护格局，其中的"三带"是指北部长城文化带、东部运河文化带、西部永定河—西山—大房山文化带。

2. "三条文化带"整体保护利用理念的正式确立

2017 年 6 月 19 日，蔡奇在《更加紧密团结在以习近平同志为核心的党中央

* 课题主持人：李倩茹，北京联合大学讲师。立项编号：BLS（2018）B010。结项等级：合格。

周围 为建设国际一流的和谐宜居之都而努力奋斗》中提出统筹长城文化带、大运河文化带、西山永定河文化带建设。2017 年 9 月《北京城市总体规划（2016年—2035年）》中"三条文化带"的文字表述第一次出现，是指大运河文化带、长城文化带、西山永定河文化带。至此，"三条文化带"的名称和保护范围正式确立起来。

3. "三条文化带"整体保护利用理念的逐步落实

2018 年北京市政府工作报告将三条文化带在此被简称为"三带"，成为"一核一城三带两区"中的重要组成部分。2019 年北京市政府工作报告再次提出要聚焦"一核一城三带两区"，提升城市文化品质，展现开放包容自信的大国首都人文形象。

（二）三条文化带整体保护利用的研究现状

1. 三条文化带整体保护利用的国内相关研究及述评

三条文化带高度凝练了北京老城以外的文化遗产，与老城中轴线形成对应关系，学术界对三条文化带的相关研究也在不断深入，形成了以下四个主要研究方向：

（1）三条文化带历史文脉研究，主要从历史、考古、文化等角度深入挖掘北京历史文化名城的历史文脉传承。

（2）三条文化带文物保护研究，主要从城市地理、城市规划、遗产保护等方面研究三条文化带的文物保护问题。

（3）三条文化带的京津冀协同发展研究，主要集中于长城文化带、大运河文化带的区域协作、旅游发展、产业转型升级等方面。

（4）三条文化带文化传承和文化创新研究，主要关注三条文化带文化传统的传承、保护和创新问题。

对三条文化带的研究涉及历史、考古、规划、地理、区域经济等多个学科领域。然而，对于三条文化带整体保护利用中涉及的法律问题的研究则关注不足。

2. 三条文化带整体保护利用的国外相关研究及述评

国外的历史文化遗产保护起步相对于我国较早，相关研究也较为成熟，主要有以下两个方面：

（1）运河的保护开发研究，如对法国的米迪运河、英国的庞特基西斯特水道桥与运河、加拿大里多运河等的文化遗产保护、利用、管理等的研究。

（2）历史文化遗产保护研究，美国、英国、法国、日本等发达国家，历史文化遗产保护经历了从对单一历史建筑物"博物馆式"的保存，到对更广泛的具有历史文化意义的普通遗产的保护关注，再到对居民生活着的历史性场所——历史街区、自然遗产地等的保护过程，期间历史文化遗产保护的内涵逐步扩展。

国外的历史文化遗产保护的法律制度、管理制度、财政保障制度较为成熟，为我国文化遗产保护提供有益的借鉴。

（三）三条文化带整体保护利用中面临的法律问题

1. 三条文化带整体保护利用的相关法律法规

我国对文物保护工作历来非常重视，在文物保护和文化遗产保护方面进行了大量的立法工作，先后颁布了《中华人民共和国文物保护法》（以下简称《文物保护法》）、《中华人民共和国文物保护法实施条例》（以下简称《文物保护法实施条例》）、《历史文化名城名镇名村保护条例》等法律文件，文物保护法律法规体系已经基本确立。

（1）长城文化带保护利用的法律法规。《长城保护条例》等法律法规为长城保护提供基本法律依据。2003 年，国务院有关部门联合发布了《关于进一步加强长城保护管理工作的通知》，就长城保护管理工作作出全面部署。与《长城保护条例》相配套，国家文物局出台了一系列指导意见和规范文件。同时，长城所在地各省（区、市）均针对本地区实际情况，自 20 世纪 90 年代以来陆续制定出台了一系列长城保护地方性法规规章和规范性文件。

（2）大运河文化带保护利用的法律法规。目前仅有 2012 年 8 月文化部颁布的《大运河遗产保护管理办法》（以下简称《大运河管理办法》）。《大运河管理办法》作为国家层面大运河遗产保护管理唯一的专项法规，仅为部门规章级别，法律效力较弱。而大运河遗产的保护管理又涉及多部门、多行业，仅通过部门规章难以协调相关部门、理清各自权责。所以，制定更高级别的大运河专项法律法规。完善的大运河法律保护体系，还需要地方性法律法规作为重要补充。目前，大运河地方性法律法规的建设仍不完善，仅有 9 个地方性法律法规。

2019 年 5 月，中共中央办公厅、国务院办公厅印发了《大运河文化保护传承利用规划纲要》（以下简称《大运河规划纲要》）。为贯彻落实《大运河规划纲要》，加强跨地区、跨部门协作，国务院批准由建立大运河文化保护传承利用工作省部际联席会议（以下简称"大运河联席会议"）制度。

（3）西山永定河文化带保护利用的法律法规。西山永定河文化带整体保护起步较晚，2017 年才最终确定文化带的保护内容和范围。因此相关保护利用的法律法规仍处于研究制订阶段。

2017 年 3 月，国家发展改革委、水利部、国家林业局联合印发《永定河综合治理与生态修复总体方案》；同年 4 月，北京市颁布《北京市永定河综合治理与生态修复实施方案》。2019 年北京市文物局颁布了《北京市西山永定河文化带保护发展规划》，依据这一规划北京市各区分别研究制定、颁布本区的西山永定河文化带保护发展规划。

2. 三条文化带整体保护利用中面临的法律问题

对三条文化带进行整体保护利用，涉及历史遗留问题繁多，产权关系纵横交错，法律问题纷繁复杂，较为突出的表现在以下三个方面：

（1）三条文化带整体保护利用中文物腾退保护法律问题。三条文化带中文物资源丰富，对这些文物进行保护利用的前提是将处于不合理使用状态中的文物进行腾退，有针对性地开展修缮、保护工作。近年来，北京启动了较大力度的文物腾退保护行动计划，成绩斐然。

不合理使用文物的腾退是保护北京历史文化遗产的应有之义和必由之路。随着北京历史文化名城保护工作的进一步推进，未来北京文物腾退的后续任务将更加艰巨。从法治保障的角度研究北京文物腾退问题，对现有司法判例进行分析、总结，对进一步推动北京文物腾退保护行动计划，促进三条文化带整体保护利用工作的规范化、制度化具有重要意义。

（2）三条文化带整体保护利用中北京文化产业发展法律问题。三条文化带整体保护中，保护是应有之义，利用是发展方向。这里的利用，是指文化遗产的合理利用。要从全国文化中心建设中文化遗产合理保护的现状出发，以法律视角切入分析，并从制度设计的角度提出解决方案；为文化遗产的创新利用提供制度支撑，促进以传统文化为基础的文化创意产业，旅游产业的开发和利用。

（3）三条文化带整体保护利用中京津冀协同法律问题。京津冀三地地缘相近，文脉相通。三条文化带建设的整体保护利用离不开京津冀协同发展，扩展三条文化带的空间尺度，依靠京津冀地区腹地构建全国文化中心。要实现上述目的需要在政策、法规层面协调一致，协同建设法律制度，共同推进三条文化带的整体保护利用。

二、三条文化带整体保护利用中北京文物腾退保护法律问题

近年来，北京启动了较大力度的文物腾退保护行动计划，成绩斐然。特别是在文物腾退中开创了司法保障的工作模式，取得了良好效果，形成了宝贵的经验。随着北京历史文化名城保护工作的进一步推进，未来北京文物腾退的后续任务将更加艰巨。从法治保障的角度研究北京文物腾退问题，对现有司法判例进行分析、总结，对进一步推动北京文物腾退保护行动计划，促进北京文物保护与利用工作的规范化、制度化具有重要意义。

（一）北京文物腾退司法裁判现状

在中国裁判文书网以"文物"和"腾退"为关键字，对北京市各级人民法院的裁判文书进行搜索，得到裁判文书 151 件。[1] 通过手动排除不相关搜索结果，得到北京文物腾退相关裁判文书总计 90 件，其中民事判决书 80 件，民事裁定书 5 件，行政诉讼文书 5 件。

---

〔1〕 中国裁判文书网：http://wenshu.court.gov.cn/，最后访问日期：2019 年 7 月 13 日。

1. 案件审理年度分布情况

按裁判日期对搜索结果进行汇总，2013 年 1 件，2014 年 10 件，2015 年 18 件，2016 年 23 件，2017 年 10 件，2018 年 22 件，2019 年 6 件。案件数量相对平稳，维持在每年 10~20 件的水平（表1）。[1] 对比同期北京市文物腾退的工作情况可知，实践中仅有极少比例的文物腾退纠纷进入了司法审判程序。[2]

2013 年 12 月 10 日西城区人民法院审理的"丛某某与民族大世界商场房屋租赁合同纠纷一审案"[3]，是目前在中国裁判文书网上搜索到的第一例北京市文物腾退的判决书。此后至 2015 年，北京市的文物腾退诉讼主要集中在使用文物用于经营的领域。涉及"国立蒙藏学校旧址"[4] "白塔寺"[5] 等文物及周边建筑物。

自 2016 年起，在沈家本故居[6]的腾退保护中，北京开始使用司法手段解决涉及文物保护的直管公房腾退问题。"北京宣房投资管理公司与刘某某房屋租赁合同纠纷一审案"[7] 为其中的第一例裁判案件。

表 1　裁判文书审理年度分布表

审理年度	数　　量
2013	1
2014	10
2015	18
2016	23
2017	10

---

[1] 其中 2019 年案件数为截止到 7 月 13 日数据。

[2] 以西城区为例，2017 年西城区启动 15 项文物腾退项目，共腾退居民 402 户，腾退比例 86%。2018 年，西城区启动的 6 项文物腾退项目，共签约 87 户，完成比例 96%。京报馆、五道庙、朱家胡同 45 号茶室、庆云寺等一批文物建筑实现清零。

[3] 北京市西城区人民法院，案号：（2013）西民初字第 20778 号。

[4] 国立蒙藏学校旧址位于西城区小石虎胡同 33 号，为 1913 年中华民国政府蒙藏院在此开办蒙藏学校旧址。2006 年由国务院公布为全国重点文物保护单位。

[5] 白塔寺即妙应寺，位于西城区阜成门内大街 171 号，是北京现存最古老的藏传佛教寺院，是典型的汉藏结合式寺院，其白塔是北京早期覆钵式塔的代表性建筑。1961 年由国务院公布为全国重点文物保护单位。

[6] 沈家本故居位于西城区金井胡同 1 号，原为清代兴建的浙江归安会馆旧址，"庚子事变"时会馆被拆毁。清光绪二十七年（1901 年），沈家本进京赴任时购为私宅并重建。1990 年由原宣武区人民政府公布为宣武区文物保护单位。

[7] 北京市西城区人民法院，案号：（2016）京 0102 民初 312 号。

续表

审理年度	数　量
2018	22
2019	6

2. 裁判文书案由分布情况

按案由对搜索结果进行汇总，在85件民事案件中，包括合同纠纷66件，涉及案由有房屋租赁合同纠纷、合同纠纷、租赁合同纠纷、房屋买卖合同纠纷、确认合同无效纠纷、房屋拆迁安置补偿合同纠纷；物权纠纷17件，涉及案由有返还原物纠纷、排除妨害纠纷、占有物返还纠纷、物权保护纠纷、恢复原状纠纷；侵权纠纷2件，涉及案由为财产损害赔偿纠纷。在5件行政案件中，包括行政复议2件，行政其他2件，行政强制1件（表2）。

在搜索结果中，合同纠纷与物权纠纷案件共计83件，占全部案件的92%，是文物腾退司法解决的主要途径。此外，值得注意的是，其中行政诉讼案件和财产损害赔偿纠纷案件原告均为被要求腾退的文物使用人（以下简称"被腾退人"），并且全部被法院驳回起诉（或上诉）。

表2　裁判文书案由分布表

民事案由		案件数	行政案由	案件数
合同纠纷	房屋租赁合同纠纷	56	行政复议	2
	合同纠纷	3	行政其他	2
	租赁合同纠纷	2	行政强制	1
	房屋买卖合同纠纷	2	—	—
	确认合同无效纠纷	2	—	—
	房屋拆迁安置补偿合同纠纷	1	—	—
物权纠纷	返还原物纠纷	8	—	—
	排除妨害纠纷	4	—	—
	占有物返还纠纷	3	—	—
	物权保护纠纷	1	—	—
	恢复原状纠纷	1	—	—
侵权纠纷	财产损害赔偿纠纷	2	—	—
总　计		85	总　计	5

3. 裁判文书裁判结果分布

按案由裁判结果对搜索结果进行汇总，一审 47 件案件中，有 39 件的诉讼请求得到了法院的支持或部分支持。这些案件的原告均为文物的产权方或管理方（以下简称"腾退人"），有权要求文物使用人腾退。其余 8 件案件的诉讼请求被法院驳回，其中 7 件案件的原告为被腾退人，1 件案件的原告为腾退人。[1]

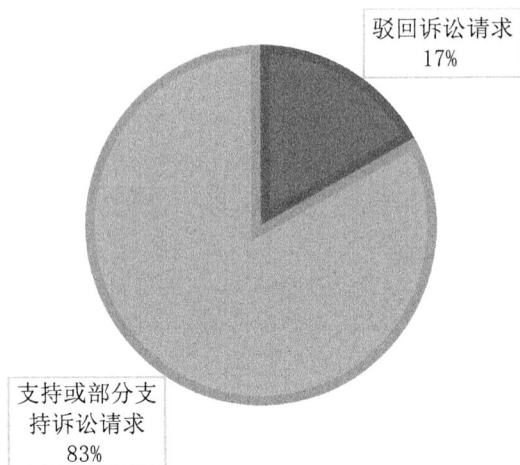

驳回诉讼请求
17%

支持或部分支持诉讼请求
83%

图 1　一审案件裁判结果比例图

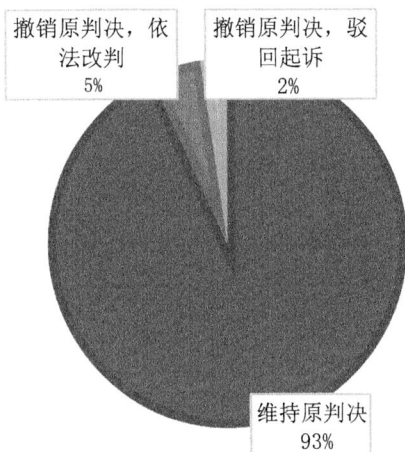

撤销原判决，依法改判
5%

撤销原判决，驳回起诉
2%

维持原判决
93%

图 2　二审案件裁判结果比例图

---

〔1〕 北京市西城区人民法院，案号：（2015）西民初字第 15985 号。本案原告之后另行起诉，一审［北京市西城区人民法院，案号：（2016）京 0102 民初 21508 号］、二审［北京市第二中级人民法院，案号：（2017）京 02 民终 4903 号］均获得法院支持，实现腾退。

二审（含再审）43件案件中，有40件驳回上诉，维持原判决；2件因一审后案件事实发生变化，认为一审适用法律无误，并针对事实变化部分撤销了部分一审判决，进行了改判；[1] 1件因二审法院认为不属于人民法院审理范围，撤销原判决，驳回起诉；[2]

4. 案件审理法院分布情况

按审理法院对搜索结果进行汇总，其中西城区人民法院34件，第二中级人民法院30件，东城区人民法院5件，第一中级人民法院5件，高级人民法院4件，海淀区人民法院4件，第三中级人民法院3件，怀柔区人民法院、密云区人民法院、门头沟区人民法院、通州区人民法院、第四中级人民法院各1件（表3）。

在北京市所有基层法院中，西城区人民法院审理的文物腾退相关案件最多，其次分别是东城区人民法院、海淀区人民法院。依据目前中国裁判文书网上公布的文书情况，丰台、大兴、房山、昌平、延庆、朝阳、平谷7个城区暂无相关案件。案件主要集中在北京老城，区域分布与目前北京市"一核一城三带两区"文化中心建设工作中，以历史文化名城保护为根基，建设好三条文化带的推进状况是一致的。

表3 裁判文书审理法院分布表[3]

一审法院	案件数	二审法院	案件数
西城区人民法院	34	第二中级人民法院	30
东城区人民法院	5		
海淀区人民法院	4	第一中级人民法院	5
门头沟区人民法院	1		
通州区人民法院	1	第三中级人民法院	2
怀柔区人民法院	1		
密云区人民法院	1		
第三中级人民法院	1	高级人民法院	4
第四中级人民法院	1		

---

[1] 北京市第二中级人民法院，案号：（2019）京02民终5841号，（2016）京02民终9764号。

[2] 北京市第二中级人民法院，案号：（2017）京02民终2498号。

[3] 本表中一审法院与二审法院的关系是依据二审法院的管辖范围进行了对照，限于法院公开裁判文书的范围，表中一审法院与二审法院所审理的案件并非完全一一对应关系。例如：北京市高级人民法院审理的4件案件中除表2中所列二审案件2件外，还有1件申诉案件，1件第四中级人民法院审理的案件，案号：（2018）京04行初1456号，暂未在裁判文书网上公开。

（二）北京文物腾退的法律问题

1. 文物腾退正当性充分而法律依据不足

我国《文物保护法》第 7 条规定，"一切机关、组织和个人都有依法保护文物的义务。"对处于危险中的文物进行保护，采取必要的保护措施，是法律明确规定的义务，具有充分的正当性。然而，文物腾退是否属于保护文物的必要手段，《文物保护法》并没有明确规定。

（1）《文物保护法》对历史遗留问题缺乏关注。我国《文物保护法》立法的立足点是已经被核定为文物保护单位的不可移动文物的原状维持和障碍排除。侧重于规制"增量"的文物妨害行为。其适用的典型情境是，不可移动文物在使用过程中，出现了妨害行为，此时行政管理部门有权制止妨害行为的继续，并可依据《文物保护法》第 64 条至第 69 条的规定追究行为人相应的行政法律责任和刑事法律责任。而对于历史原因形成的对文物不合理使用情形，即"存量"的妨害行为，《文物保护法》没有明确的规定。

在《文物保护法》的立法框架下，国务院颁布的《文物保护法实施条例》《历史文化名城名镇名村保护条例》和北京市颁布的《北京市实施〈中华人民共和国文物保护法〉办法》《北京历史文化名城保护条例》等法规均存在对历史遗留问题关注不足的问题。

（2）文物腾退缺乏明确标准。《文物保护法》的第 21 条和第 26 条确立了不可移动文物保护的"不改变文物原状原则"。然而何为"原状"？何时之"状"为"原状"？法律没有明确规定。进而言之，何为"改变文物原状"？"改变文物原状"至何种程度需要腾退？

不改变文物原状原则的出发点是为了保护不可移动文物的历史风貌，保护建筑物承载的历史信息的真实性和相对完整性。但是由于对上述问题缺乏明确规定，给文物保护的实际工作造成了一定的困难。只有在明确确定"文物原状"的标准后，才能切实贯彻"不改变文物原状"原则，并根据标准判断"改变文物原状"的程度，以之为依据，启动包括文物腾退在内的文物保护行动。

2. 文物腾退中行政强制措施有限

文物腾退作为行政主导的行为，由于尚处于探索阶段，相关管理部门缺乏有效的行政强制措施。腾退文物建筑，"腾人留房"，成为文保工作中最难啃的骨头。

（1）腾退并非文物使用人的法定义务。《文物保护法》第二章为"不可移动文物"，其中第 19 条对影响文物保护单位安全及其环境，第 21 条对文物的修缮、保养，第 23 条对文物的用途，第 26 条对危害文物保护单位安全、破坏文物保护单位历史风貌的建筑物、构筑物分别进行了规定，但是并没有直接涉及文物腾退的相关内容。

需要注意的是《文物保护法》第 21 条确定了国有不可移动文物使用人和非国有不可移动文物所有人负有对国有不可移动文物的修缮和保养义务。因此，根据现行法律法规，不可移动文物的所有人、管理人、使用人均不负有腾退文物，即放弃文物使用权的义务；同时，未履行管理、维护、修缮的义务，也并不会导致腾退文物，即丧失文物使用权的后果。因此，腾退文物并非文物保护法律法规规定的文物使用人的法定义务，亦非文物保护法律法规规定的不履行文物保养修缮义务的法定结果。

（2）文物腾退不适用房屋征收。按照《国有土地上房屋征收与补偿条例》第 8 条的规定，文物保护属于"为了保障国家安全、促进国民经济和社会发展等公共利益的需要"的征收情形之一。但是，目前北京市的大部分文物所有权形式为国有，作为使用人的居民或单位不具备所有权，不具备被征收人的主体资格，因此无法适用房屋征收。

同时，北京市近期的文物腾退是基于文物保护或者历史街区保护启动的，采取的是"腾人不拆房"的方式，不属于房屋拆迁改造项目或基本建设项目。因此，腾退补偿标准与拆迁补偿标准存在一定差异，低于部分被拆迁人的心理期待。在搜索到的案例中，部分被拆迁人提出希望按照拆迁进行补偿，其中还有少数被拆迁人提起了行政诉讼。

因此，以腾退的方式对文物建筑和历史文化街区进行保护，一方面文物管理部门存在行政强制力有限，推进较为困难的问题；另一方面造成部分被腾退人对补偿标准的期待难以实现，拒不配合，给腾退带来了困难。

3. 文物腾退司法保障具体操作尚待完善

（1）文物腾退司法保障适用范围有待拓展。目前北京市通过司法方式保障文物腾退工作的推进，案件主要集中在西城区，其他城区仅有个位数的零星案件。这一方面与北京市较大比例的文物建筑和历史街区主要集中分布在老城区，即西城区和东城区有关；另一方面也说明，使用司法手段目前还未成为北京文物保护工作的常态。

通过调研发现，形成这一状况的原因主要有以下两点：

其一，文物腾退需要强大的行政支持。解决文物腾退的关键问题在于大规模财政资金的支持。文物腾退工作是城市规划、历史街区保护等整体工作中的一个环节，虽然主要是由城市规划管理部门和文物保护管理部门主导的工作，但也需要相关行政管理部门的强有力的支持。在涉文物腾退的司法案件中，腾退人为被腾退人提供必要的置换住房或经济补偿也是法院判决腾退的必要条件。如"倪某某等与宣房公司返还原物纠纷二审案"[1] 中，腾退人提供的"在本区区域范围内，且总使用面积优于涉案房屋的平移房屋"是法院支持腾退人诉讼请求的重要依据。

其二，文物保护工作长期以来形成的路径依赖。一直以来我国的文物保护工作主要依靠行政管理部门推进，形成了较为成熟的经验和做法。但是文物腾退工作是新时期文物保护工作的新探索，是在我国合同和物权法律制度已经较为完备成熟的背景下进行的，具有不同于以往在拆迁征用中进行文物保护的做法的新特点。在涉及的司法案件中，案由为合同纠纷和物权纠纷的案件数量合计占全部案件数量的 97.6%，即为一个有力的佐证。

（2）对文物腾退法律关系的理解尚待深入。由于通过司法的方式保障文物腾退是文物保护工作的新探索，因此在实际操作中存在腾退人对相关法律关系理解不到位，采取的诉讼策略不够精准，导致败诉的情况。如"宣房公司与张某都等房屋租赁合同纠纷一审案"[2] 中，原告宣房公司依据与被告张某都等，于 2013 年 12 月 17 日签订的《西城区仁寿路、板章路房屋排险解危和文物保护腾退协议》（以下简称《腾退协议》）诉请法院确认 2010 年 9 月双方签订的《公有住宅租赁合同》解除。在原告 2013 年 12 月 12 日作出的《西城区仁寿路、香厂路房屋排险解危和文物保护腾退工程补偿安置方案》规定：被腾退人于签订《腾退协议》之日起 7 日内应搬家交房，否则所选安置房屋及已经办理的房屋腾退安置手续终止，协议无效。

宣房公司在调整诉讼策略后重新起诉张某都，得到法院支持[3]，2017 年 2 月 27 日判决诉讼双方《公有住宅租赁合同》解除，被告 3 日内腾空房屋，平移至原告提供的房屋租住。后被告提起上诉，2018 年 1 月 2 日二审法院判决驳回上诉、维持原判。[4]

本案历时 4 年余，历经 5 次诉讼，最终实现腾退，消耗了大量时间、精力。是一起比较典型的由于腾退人采取的诉讼策略出现偏差，导致提出的诉讼请求依据不足被驳回，需要调整诉讼请求，另行起诉的案件。因此，加强腾退人对相关法律关系的理解与把握，总结和完善实践工作中的经验是司法保障文物腾退工作中需要进一步深入解决的问题。

三、三条文化带整体保护利用中北京文化产业发展法律问题

在三条文化带整体保护中，保护是应有之义，利用是发展方向。这里的"利用"，是指文化遗产的合理利用。要从全国文化中心建设中文化遗产合理保护的

〔1〕 北京市第二中级人民法院，案号：（2016）京 02 民终 9764 号。

〔2〕 北京市西城区人民法院，案号：（2015）西民初字第 15985 号。

〔3〕 北京市西城区人民法院，案号：（2016）京 0102 民初 21508 号。

〔4〕 北京市第二中级人民法院，案号：（2017）京 02 民终 4903 号。

现状出发，以法律视角切入分析，并从制度设计的角度提出解决方案。

（一）文物合理利用中面临的问题

1. 《文物保护法》中的文物合理利用

（1）立法中的"文物合理利用"。2002 年修订的《文物保护法》，首次规定了"保护为主、抢救第一、合理利用、加强管理"的文物工作 16 字方针。此后，我国的文物保护法律在保护、抢救和管理方面不断完善，但"合理利用"方面的制度和措施则举步维艰。

2018 年 9 月《十三届全国人大常委会立法规划》将文物保护法（修改）列入"条件比较成熟、任期内拟提请审议的法律草案"第一类项目。同年 10 月印发的《关于加强文物保护利用改革的若干意见》提出，文物合理利用不足、传播传承不够，让文物活起来的方法途径亟须创新；支持社会力量依法依规合理利用文物资源，提供多样化多层次的文化产品与服务。文化遗产的合理利用再次成为文物保护立法工作的研究重点。

（2）北京的"文物合理利用"。党的十八大以来，中央明确了北京作为全国文化中心的城市战略定位。近年来，北京在文化遗产利用方面进行了多种类型、具有领先意义的探索。对全国文化中心建设中文化遗产合理利用的具体实践进行深入调研，研究文化遗产合理利用中的法律问题，对发挥首都示范带头作用，辐射京津冀，进而推动全国的文物合理利用相关实践和立法具有积极作用。

加强文物合理利用，对传承和弘扬中华民族优秀传统文化、提升文化自信、增强民族凝聚力，具有重要意义。然而，目前学术界对文化遗产合理利用所涉及的基本问题，如"何为合理利用""为什么利用""利用什么""如何利用""谁来利用"等，虽然进行了一定程度的探索，但尚未达成共识。

2. 国际上的文物合理利用理念

在国际范围内，对于文化遗产保护领域各国学者达成了一定的共识，并形成了一系列相关国际文件，主要经历了从 1964 年国际古迹遗址理事会（ICOMOS）的《威尼斯宪章》到 1972 年联合国教科文组织（UNESCO）的《保护世界自然与文化遗产公约》的发展过程。

期间从文化遗产保护的"纪念性"（Monumental）视角，逐步转向为"人类文化学"倡导的多样性的概念；保护视野从"欧洲中心"转变为"全球均衡"；遗产外延从"历史古迹"（Historic Monument）转变为"文化意义"（Cultural Significance）；技术准则从"单一普适"趋向于"多元具体"；保护模式从"技术核心"拓展到"综合管理"。

随着国际文化遗产保护的理念转型完成，国际学术团体相继提出了新的保护方法和模式，主要包括 ICOMOS 的突出普遍价值（Outstanding Universal Value，

OUV) 研究报告所建立的价值体系、美国盖蒂保护研究所（Getty Conservation Institute, GCI) 的以价值为核心的保护规划、欧洲遗产保护研究与可持续发展的遗产管理政策。

上述成果，对各国文化遗产保护行动产生了深刻的影响。历史文化遗产保护理念从单纯保护走向保护与利用并重；保护模式从民间自发活动转向政府主导、社会参与，进而向法制化、规范化的方向演进。

3. 我国文物合理利用中面临的问题

我国对文化遗产保护工作一直非常重视。在法律体系构建方面，颁布了《文物保护法》《世界文化遗产保护管理办法》等法律法规。同时，文化遗产保护的理念和研究也在不断深入，文化遗产合理利用成为学界新的关注点。在文物合理利用中文化相关产业的发展是一个亟待解决的问题，目前在理论上主要存在以下观点：

（1）文化遗产保护与合理利用。吴必虎（2017）认为旅游活化利用通过渐进的、沟通的、网络的方法和手段，促使地方发展机制和现代发展动力有机融合，现行法律体系对村落发展和旅游活化存在多方面不当制约，有待调整。张舜玺（2015）认为文物利用领域的问题较为复杂，应在《文物保护法》中增设文物利用的指引性规则。陈彬彬（2018）提出了不合理使用的文物建筑进行腾退的解决方案和思路。李雨芊（2018）认为目前开发利用文物的过程中面临着主体模糊、利用方式的具体操作规则不清晰、责任追究乏力等困境，需要对文物利用进行法律规制。

（2）文化遗产保护利用与可持续发展。李伟芳（2019）提出文化遗产作为"人为环境"的要素，在立法保护中应体现可持续发展的价值理念。侯玉霞（2018）认为传统文化保护与发展中要具有文化自信和文化自觉，处理好非物质文化遗产保护与乡村振兴的关系。李涛（2018）、刘春荣（2018）、刘冬（2018）、杨云（2018）分别结合地方立法、少数民族文化、传统戏剧文化、茶文化遗产景观，从不同角度关注文化遗产保护的地区立法建设，提出在文化自信的基础上，创造性的通过法律规制处理地方文化遗产保护问题。

（3）文化遗产保护法与私法。范朝霞（2018）认为现行《文物保护法》与《中华人民共和国物权法》相脱节，过于强调对文物的公法管制，忽视了私法手段，应以私法方式突出文物的价值，达到文物公法管制与私法规制并重、保存与利用并重的目的，充分展现其历史文化价值。王云霞（2015）认为我国文物立法应明确对私人所有权限制的补偿，对受偿主体、补偿范围和补偿方式做出规定，引导所有权人更加科学、合理地利用文物，平衡公益与私益，实现文物保护和私权保障的双赢。黄哲京（2018）认为知识产权是文化遗产资产的重要组成部分，对其保护和利用更是文化遗产管理的重要内容，需要加强对文化遗产知识产权分类、特征与功能、保护与利用关系的研究。

目前国际、国内文化遗产保护方面积累了较为丰富的成果，法律制度体系已经基本确立，对文化遗产合理利用的相关研究顺应了国内外文化遗产保护的研究发展趋势，符合新时代中国特色社会主义文化遗产保护的新实践，需要加强多学科、深层次的学术研究。

（二）文物合理利用下北京文化产业发展法律问题

三条文化带的发展规划并非仅限定在各自的区域内，而是要深入到整体历史的挖掘、遗址遗迹的留存，以及对传承精神的发扬上。

1. 三条文化带文化产业发展有待立法支持

（1）缺乏对文化带开发利用的法律法规。目前在文物保护领域，我国已经建立了比较完备的文物保护法律法规体系，先后颁布了《文物保护法》《文物保护法实施条例》《历史文化名城名镇名村保护条例》等法律文件。

在三条文化带中，长城文化带有《长城保护条例》及一系列行业标准、指导意见和规范文件。北京市有《北京市长城保护管理办法》，河北省有《河北省长城保护办法》等地方政府规章及文件。大运河文化带有《大运河管理办法》，西山永定河文化带有《永定河综合治理与生态修复总体方案》。这些现行法规和文件多侧重于文化遗产和生态环境的保护，对相关区域的发展关注不够。

（2）文化产业发展规划需要立法支持。2019年文化和旅游部、文物局颁布了《长城保护总体规划》；中共中央办公厅、国务院办公厅印发了《大运河文化保护传承利用规划纲要》；2019年北京市文物局颁布了《北京市西山永定河文化带保护发展规划》。这些规划文件开始关注到相关区域的文化产业发展和文化旅游融合问题。

三条文化带的建设，目前尚缺乏统一的机构总体协调。目前大运河联席会议制度是这方面一个有益的尝试。北京三条文化带的建设需要严格依照各自规划，在文物合理利用的指导下，适时推进相关立法，将文化带的整体保护利用和文化遗产的保护传承利用通过立法进一步确立。

2. 三条文化带中文旅融合法律措施有限

（1）保护理念转变需要法律相应调整。在三条文化带整体保护利用中，文化带的内涵大大超出以往保护的范围，不仅包括自然资源、还包括区域内的历史遗迹、文化传统。其中文化传统属于"活"的文化，需要在当地居民日常活动、生产活动、节庆活动等过程加以传承和发展。目前自然资源保护的相关法律制度较为完备，在文化带保护中如何处理文化保护和自然资源保护的关系，如何在保护环境的同时保证当地居民正常的生产生活，保障文脉的传承，并通过政策法规的形式实现上述目的，也是文化带保护中需要深入研究的内容之一。

（2）管理体制改变需要法律相应调整。2018年组建的文化和旅游部，是对我国文化事业、文化产业发展和旅游资源开发管理体制重大调整。具体到文化遗产合理利用方面，需要处理好立法中文旅融合问题，在对文化遗产合理利用的前提下发展旅游产业。对于三条文化带的文旅融合问题，目前法律解决机制严重不足，主要依靠行政管理部门推动。

3. 文化创意产业知识产权保护亟待加强

三条文化带整体保护利用，除了要保护好文化遗产，文化传统，还要通过制度建设促进传统文化焕发活力，实现合理利用，造福当地百姓。

（1）文化创意产业的发展需要加强知识产权保护。大力发展当地文化创意产业，促进当地产业升级，传承当地文化传统是三条文化带合理利用的发展方向之一。三条文化带大部分地处远郊区县，居民受教育程度相对较低，知识产权保护意识不足，文化创意能力有限。

需要在北京市区文化创意产业发展的经验上，考虑到各文化带内的具体情况，予以政策和法律支持，鼓励文化创意产业发展，实现区域内业态升级，改善当地居民生活条件，在发展中保护文脉传承。通过法律制度的构建，促进文化带区域内文化创意产业差异化发展。

（2）传统文化文创产品亟待知识产权保护。在现行的法律中，我国对传统文化，特别是非物质文化遗产、传统手工艺等的保护程度不高，具体表现在对传统的技术和手法的保护上没有统一的意见和措施，缺乏具体的保护内容以及保护形式的制度规范。目前在三条文化带的知识产权保护方面，还存在着对以传统文化为基础，特别是以非物质文化遗产为基础的文化创意产品保护不足的情况。

四、三条文化带整体保护利用中京津冀协同法律问题

"三条文化带"有利于京津冀协同发展，成为连接京津冀文化遗产整体保护的纽带。

（一）京津冀协同下的三条文化带整体保护利用

三条文化带作为北京历史文化名城保护体系的重要内容，高度凝练了北京老城以外的文化遗产，对于建设北京全国文化中心、满足人民对美好生活的需要，起到关键的支撑作用。

1. 三条文化带在京津冀的历史与未来

北京都城地位是三条文化带形成的决定性因素。每个朝代都在推进营造运河、西山和长城的历史文化景观，文化层层累积，便形成了文化相连的带状区域。[1]

---

〔1〕 王长松：《北京三个文化带的文化精髓与保护传承创新》，载《人民论坛》2017年第34期，第128~129页。

从三条文化带整体保护利用的现实来看，三大文化带地缘相接、文脉相通，具有很强的协调性和整体性，为京津冀文化旅游协同发展搭起了平台。[1]

2. 三条文化带整体保护利用的规划

三条文化带分居北京市的北部、西部和东部，中间由北京城区相隔离，呈现"带状发展、点状分布"的空间特征，具有丰富的文化内涵。《北京城市总体规划（2016年—2035年）》中，对三条文化带的地理分布和保护重点进行了具体规划，充实了三条文化带的外延。

（二）三条文化带整体保护利用京津冀协同法律问题

三条文化带建设的整体保护利用离不开京津冀协同发展，扩展三条文化带的空间尺度，依靠京津冀地区腹地构建全国文化中心。要实现上述目的，目前在法律制度方面还存在着以下问题：

1. 立法权限限制导致立法难以协同

目前在京津冀协同立法方面还存在着以下冲突：

（1）文化带整体保护利用需要协同立法。三条文化带建设的整体保护利用离不开京津冀协同发展，扩展三条文化带的空间尺度，依靠京津冀地区腹地构建全国文化中心。要实现上述目的需要在政策、法规层面协调一致，协同建设法律制度。三条文化带的工作目标，文物保护工作领域内由文物单体保护向区域保护理念转变的体现。三条文化带需要突破行政区划的限制，寻求京津冀三地在立法层面的协同。

（2）现有京津冀协同立法范围有限。为了解决立法权限限制，2015年京津冀三省市人大常委会分别通过了《关于加强京津冀人大立法工作协同的若干意见》（以下简称《立法协同意见》）。根据《立法协同意见》，三地又相继出台了《京津冀人大立法项目协同办法》《京津冀人大法制工作机构联系办法》等，建立了京津冀立法协同的工作框架。

从京津冀人大立法工作联席会议制度建立后的立法工作情况来看，联席会议制度主要在立法计划和三省市重要法规的立法工作方面进行协调交流，由于行政区划的隶属不同，三地实际情况和立法水平不一，三地分别出台的法律文件仍然存在立法节奏不合理、内容不协调、立法主体形式等不明确等问题。[2] 这些问题限制了京津冀三地立法的深度协同，难以满足三条文化整体保护利用的需求。

2. 经济发展差距导致执法能力参差

三条文化带整体保护利用要求改变原来对于文化遗产的单向管理思维，创新

---

[1] 北京三大文化带产业地图，载北京商报网：http://www.bbtnews.com.cn/2018/0803/256615.shtml.

[2] 杨晖、贾海丽：《京津冀协同立法存在的问题及对策思考——以环境立法为视角》，载《河北法学》2017年第35期，第107~119页。

国家文化遗产治理体系。

（1）京津冀协同执法管理的现状。三条文化带的整体保护利用事关首都北京乃至整个京津冀地区的发展，北京在制定实施三条文化带保护利用规划，也充分考虑到要构建整体保护格局，推进区域文化遗产连片、成线保护利用，挖掘区域文化遗产整体价值。

①长城文化带三地协同现状。2015 年，北京市、天津市、河北省三地文物主管部门签订了《京津冀三地长城保护工作管理框架协议》，共建三省（市）长城保护协调机制，开展长城联合执法巡查。[1]

②大运河文化带三地协同现状。2017 年，北京市通州区、天津市武清区、河北省廊坊市签订的《推进通武廊战备合作发展框架协议》，提出三地联手开展大运河保护开发。通过堤岸整修、河道治理、水体改善，探索大运河京津冀段旅游性通航。

③西山永定河文化带三地协同现状。京津冀三地在西山永定河文化带的协同主要体现在以下两个方面：一是永定河流域的治理。二是永定河流域的文化交流。

（2）京津冀协同执法的现实困境。由于历史等方面的原因，京津冀三地发展的并不平衡，在政治经济地位上存在较大的差距。

①政治地位差异引起的执法困境。北京是全国的政治中心。天津作为直辖市，紧邻北京，有着重要的军事地位和政治地位，虽不及北京，但远高于河北。这种政治地位的悬殊，使得京津冀在协同执法的过程中，河北很容易处于被动和从属地位，影响执法的公正性。[2]

②经济地位差异引起的执法困境。京津地区的经济发展相较于河北而言有着巨大的优势，河北地区的经济水平远落后于京津地区。2018 年，北京、天津、河北人均可支配收入分别为 62 361 元、39 506 元和 23 446 元。这种经济发展不平衡、经济实力不对等，给京津冀协同执法工作带来挑战。在三地协同执法中，同样的执法行动，同样的执法成本对于当地财政而言，显然具有不同的意义。特别是在三个文化带在河北境内部分，多数为相对贫困地区，行政级别多为县级，与京津的协同执法的执法成本对于当地财政会造成较大的负担。

③地方法规冲突引起的执法困境。京津冀协同执法目前处于一个相互协商相互配合的状态，并没有长期的协同执法机制，也没有统一的协同执法程序。没有统一的机制和规则就容易引发争议，过多的协商和请示就会影响执法效率。所以

---

[1] 京津冀将联手推进长城保护利用，载中国经济网：http://www. ce. cn/culture/gd/201509/07/t2015090 7_6412553. shtml.

[2] 郭雅雯：《促进京津冀协同执法》，载《人民论坛》2019 年第 15 期，第 84~85 页。

建立起统一的协同执法机制，遵守统一的执法程序非常重要。[1]

3. 司法管辖限制导致司法协作有限

（1）京津冀司法协作取得的成果。目前，京津冀三地在立案、审判、执行等领域广泛开展司法协作，并取得了一定的进展。2019年6月，京津冀三地高级人民法院签署合作协议，向着构建全方位协作体系、统一司法裁判标准、建立资源共享和工作联动机制的目标迈进。

（2）京津冀司法协作面临的困境。京津冀三地在司法协作方面虽然做了大量工作，也取得了一定进展，但是除各地的特殊情况外，总体上未超出《最高人民法院关于为京津冀协同发展提供司法服务和保障的意见》的范畴，特别是该意见出台后形成的文件，同质化现象比较严重。[2] 京津冀法院要深化司法协作一体化建设，建立与区域协同发展相适应的审判资源配置和司法供给模式。要完善跨域立案机制，深化跨行政区划案件管辖制度改革，推动专业性较强案件集中管辖，探索实现区域一体执行，促进培育区域竞争优势，推进京津冀全面深化改革和扩大开放。

五、北京三条文化带整体保护利用法治保障路径

（一）北京三条文化带整体保护利用文物腾退法治保障路径

1. 进一步明确文物腾退的法律依据

北京市对文物保护工作历来非常重视，依据《文物保护法》《文物保护法实施条例》《历史文化名城名镇名村保护条例》《国务院关于进一步加强文物工作的指导意见》等法规政策，北京市先后颁布了《北京市实施〈中华人民共和国文物保护法〉办法》《北京历史文化名城保护条例》《北京市人民政府关于进一步加强文物工作的实施意见》等地方性法规政策，对文物采取保护措施具有充分的法律依据。《文物腾退》的落实，一方面需要相关行政部门的积极推进，另一方面也需要有相应的法律法规进行明确规范。通过完善相关政策法规，处理好以下两个问题：

（1）文物腾退政策要兼顾历史和现实状况。对文物进行腾退是文物保护工作的重要内容，同时也是城市规划、城市管理、环境整治、改善人居环境的一部分，涉及北京非首都功能疏解、棚户区改造、历史文化街区保护等各方面的工作。

2019年北京开始尝试的"申请式退租、申请式改善、共生院"模式解决历史街区的直管公房腾退修缮问题，是这方面的有益探索。但对于文物建筑的腾退

---

〔1〕 郭雅雯：《促进京津冀协同执法》，载《人民论坛》2019年第15期，第84~85页。

〔2〕 梁平：《京津冀司法协同治理的模式转型》，载《河北法学》2019年第11期，第62~71页。

保护还需要进一步细化工作机制，对于具有特殊历史价值，不适宜共生院改造的文物建筑；对于单位占用，用以办公使用的文物建筑，均需要在兼顾历史和现实的基础上，出台有针对性的腾退保护政策。

（2）建立文物使用退出机制。文物建筑的腾退保护与历史街区直管公房的腾退修缮密切联系，又有所区别。北京有相当一部分文物建筑即地处历史街区，同时又作为直管公房使用。在历史街区直管公房尝试使用"申请式退租、申请式改善、共生院"模式后，在区域内大部分居民同意选择复管的前提下，居民可以自主决定申请选择退租、改善或者共生。

北京市对于文物建筑的保护修缮制定了明确的标准，也明确规定了主管部门，但是对于文物腾退目前尚无明确的法律依据。需要在现有法律法规的基础上，进一步明确文物腾退标准，界定何种情况下需要采取腾退的方式进行保护，明确配合腾退是不可移动文物的所有人、管理人、使用人的义务。条件成熟时，可以建立文物使用评级制度，对不合理使用情况严重的，探索建立文物使用退出机制。

2. 坚持通过法律途径解决文物腾退问题

在北京文物腾退工作中，东城区采用了"协议腾退+民事诉讼"司法实施途径，西城区探索形成了"主体尽责、依法维权、合理腾退、司法保障"的工作模式。这些做法突破了以往文物管理和征收的单纯行政手段，采用了协议、诉讼等民事法律手段，均取得了良好效果。

（1）坚持完善民事法律途径。近年来北京的文物腾退工作较为克制的使用了行政手段，主要通过协商、协议的方式进行腾退。虽然行政强制措施的不足带来了腾退工作推进困难，进展不快的问题。但是，这恰恰较为充分地体现了法治精神，体现了对文物使用人权利的尊重。

（2）探索多元化司法解决途径。多元化纠纷解决机制的良好运转需要调动、整合各种社会资源以及对接、协调各种纠纷解决途径。在处理三条文化带文物腾退相关纠纷中，研究建立多元化纠纷解决机制，采取使用权置换的方式，引入检察监督和公益诉讼，分类解决文物腾退问题，有利于化解社会矛盾，实现文物腾退，进而适时进行修缮、保护的目的。

3. 制订文物腾退法律工作指引

（1）深入研究文物腾退法律关系。目前北京市通过法律途径解决文物腾退工作方面取得了一定的进展，特别是不可移动文物相对比较集中的西城区和东城区总结出一批切实可行的工作经验，形成了比较成熟的腾退工作方案。因此，有必要对目前腾退工作进行深入研究，理清文物腾退中的各类法律问题，并建立相应的工作机制，以保证文物腾退工作的有序进行。

（2）制订文物腾退法律工作指引。根据现有的工作经验，研究制订适用于文物腾退的诉讼和非诉讼法律业务的工作指引。实现文物腾退纠纷的快速解决机制，避免因法律关系理解偏差导致工作进度滞后的现象。

（二）北京三条文化带整体保护利用文化产业发展法治路径

1. 推进三条文化带文化产业发展相关立法

（1）坚持文化遗产合理利用的指导思想。在三条文化带的立法中要坚持文化遗产合理利用的立法指导思想。文化遗产合理利用，是新时代文化遗产工作的新探索，是全国文化中心建设的重要支撑。以习近平新时代中国特色社会主义思想和习近平关于文化遗产系列重要论述精神为指导，坚持以人民为中心，坚持新发展理念，坚持社会主义核心价值体系，统筹推进文化遗产保护利用传承。

（2）加强文化遗产开发利用方面立法。文化遗产合理保护是文化遗产保护方面的新尝试，新探索，对相关领域提出立法建议。一方面需要要在现有上位法的框架内进行，另一方面要在大量实地调研的基础上，展开学科交叉、行业交叉、部门交叉的研究。对现行文化遗产保护的法律法规、行政规章进行梳理，遵循文化遗产合理利用立法的保护为前提原则、合理性利用原则、可持续发展原则、全面法治化原则。改进目前文化遗产保护法律制度重保护、轻利用的现状。

2. 依法促进三条文化带文旅融合

（1）积极推进文旅融合相关立法。2019 年 6 月文化和旅游部公布《文化产业促进法（草案征求意见稿）》，将在法律层面打通文化产业、文化事业及相关产业融合之路。草案主要从提升旅游的文化内涵、拓宽文化的传播途径两方面作出规定。

（2）清理整合现行立法促进文旅融合。国家鼓励和支持依托旅游资源创作生产丰富多彩的文化产品，提升旅游的文化内涵，推动文化产业与旅游业深度融合。要加强文化和旅游领域政策、法规、规划、标准的清理、对接、修订等工作。

3. 加强文化创意产业知识产权法律保护

（1）加强传统文化知识产权保护。知识产权法的确可以在一定程度上对传统文化以及相关文化创意产品进行保护，但是这种保护还存在一些问题和局限有待完善。现有的知识产权保护法律具有极大的局限性，对以传统文化为基础的文创产品的保护明显不足。因此，为传统文化文创产品寻求知识产权保护，使其在现代发展中的经济利益与财产价值得到应有的保护，是推动传统文化在现代发展中永葆活力的关键因素。

（2）探索文创产品创意保护。由于文创产业的核心在于创新创造，文化资源产权授权后，被授权主体往往依据授权合同、授权对象的不同，对授权标的物进行相应的创意设计后再应用于产品，存在授权标的物融入授权产品的标的物文化价值再创造过程。由此所生权益也存在相应的权益维护问题。只有为权利人的创新成果提供了专有垄断的合法保护，才能更为有效地保障文创产业价值链运转。

（三）三条文化带整体保护利用京津冀协同法治路径

1. 继续深入京津冀立法协同

三地人大及其常委会在推进协同立法上取得丰硕成果，积累了有益经验。京津冀协同立法取得的成绩十分显著，但是也存在一些问题亟须解决。

（1）坚持求同存异的指导思想。京津冀协同发展重大国家战略赋予三地不同的功能定位，既要加强三地之间顶层设计、制度安排、协调联动等趋同性，也应看到三地之间经济社会发展差异，按照《京津冀协同发展规划纲要》（以下简称《规划纲要》）的要求，围绕疏解北京非首都功能这一核心，在三条文化带整体保护利用中选择关联度高的重要立法项目协同工作，既要满足了协同需要，又要照顾彼此关切实现三地共赢。

（2）深入推进三地协同立法。三地人大常委会要建立工作机制，不断完善立法协同的顶层设计。坚持完善联席会议机制、协商沟通机制、立法规划计划协同机制、法规清理常态化机制、学习交流借鉴机制。在区域协作、构建联合执法机制、加强数据共享和平台建设、加强科技合作等方面体现协同要求。

2. 建立可持续执法协作模式

京津冀三地既是独立的个体，也是紧密联系的整体，三者在三条文化带整体保护利用中涉及的协同执法问题不可避免。

（1）完善协同执法机制和执法程序。京津冀协同执法涉及三地的不同执法部门，一方面，需建立统一的协同执法机制，设置协同执法机构，形成固定的工作模式，统一领导和协调协同执法中的问题。另一方面，需建立统一的执法程序，严格按照法律规定执法，不得超越法律的边界。

（2）探索建立执法补偿机制。由于行政层级的差异，在协同执法中河北省的相关执法部门处于相对较低的行政层级，导致在执法协作中河北省的执法部门资源调配能力、统筹能力相对较弱。因此有必要建立执法补偿机制，通过人力、物力、财力等方面的支持，依靠制度弥补河北省执法力量的薄弱。

3. 进一步探索跨区域司法协作

区域司法协作是司法工作在京津冀地区的全新探索和尝试，也是我国司法体制改革的重要组成部分，更是三条文化带整体保护利用工作在司法领域的发展和突破。

（1）建立京津冀法域共同体。在京津冀区域进行司法协作具有一定的特殊性，需要以《规划纲要》为统领，综合考虑中央及各部门以及京津冀三地各层级各部门所制定的制度规范体系。京津冀司法协同需要突破司法工作，建立京津冀法域概念。

（2）探索跨行政区划司法体制改革。党的十八届四中全会通过的《中共中央关于全面推进依法治国若干重大问题的决定》提出了许多法治创新措施，其中司法改革方面的一个重要举措就是"探索设立跨行政区划的人民法院"。在京津冀三地建立跨行政区划人民法院条件尚不完备时，可以尝试探索审理文化带相关案件的专门人民法院。

产业规划与首都生态文明建设相互协调研究

周　珂[*]

一、北京市现阶段产业结构现状分析及发展路径

产业发展是广大人民群众生存之基础，而美好的生态环境则是提高广大人民群众生存质量的根本保障。新时期，产业在高质量发展的同时，人们在对美好生活的向往过程中更加注重对美好环境质量的需求。经济发展是在一定环境中进行的，如果环境变得恶化，就不利于或制约经济发展，甚至给人们带来灾难性后果。因此，产业发展必须实现与生态环境相协调。随着经济的快速发展和科学决策意识的增强，北京市各级政府、产业园区、企业越发认识到产业发展规划的重要性，不断投入大量人力、物力编制产业发展规划，以规划科学合理的产业体系，加大项目招商力度，从而推进了产业园区建设和发展，带动了整个经济的全面增长。产业发展规划的编制对国民经济和社会发展意义重大，是推进经济转型升级的重要手段，对于优化生产力布局、构建现代产业体系、提升经济综合竞争力具有重大意义。

2018 年，北京市全年实现地区生产总值 30 320 亿元，按可比价格计算，比上年增长 6.6%。其中，第一产业增加值 118.7 亿元，下降 2.3%；第二产业增加值 5647.7 亿元，增长 4.2%；第三产业增加值 24 553.6 亿元，增长 7.3%。三次产业构成比例是 0.4∶18.6∶81.0，和 2016 年的 0.5∶19.2∶80.2 相比，第一产业增加值比重下降 0.1 个百分点，第二产业比重下降 0.6 个百分点，第三产业比重增长 0.8 个百分点；和 2017 年的 0.4∶19.0∶80.6 相比，第一产业比重未变化，第二产业比重下降 0.4 个百分点，第三产业比重增 0.4 个百分点。从总体上讲，北京市近几年来产业结构处在不断优化过程中，第一、二产业比重下降、第三产业呈现不断上升的状态。

在第一产业中（2018 年和 2017 年数据基本未变化，故用 2017 年数据），北

---

* 课题主持人：周珂，中国人民大学法学院教授。立项编号：BLS（2018）B011。结项等级：合格。

京市农林牧渔总产值为 308 亿元，较 2016 年的 338 亿元下降 8.8%。其中：种植业 129.8 亿元，较 2016 年的 145.2 亿元下降 10.6%；林业 58.8 亿元，比 2016 年的 52.2 亿元增长 12.7%；渔业 9.6 亿，比 2016 年的 9.2 亿增加 4.1%；牧业 10.1 亿元，比 2016 年的 12.3 亿元减少 17.4%；农村服务业 8.7 亿元，比 2016 年的 8.7 亿元减少 0.6%。农村户数 216.7 万户，比 2016 年的 232.6 万户减少 6.9%；农村人口 566.6 万人，比 2016 年的 612.6 万人减少 7.5%。2017 年，在京郊乡镇村从业人员为 352.2 万人，比 2016 年的 385.9 万人减少 8.7%；在乡镇村从事农林牧渔业从业人员 48.3 万人，比 2016 年的 51.2 万人减少 5.6%。2017 年京郊农业机械总动力为 133.5 马力，比 2016 年的 144.4 马力减少 7.6%；2017 年化肥使用量 8.5 万吨，比 2016 年的 9.6 万吨减少 11.4%。2017 年，北京农村种植业在几乎所有的指标都在减少的情况下，用电量却达到 615 077.9 亿度，比 2016 年的 547 099.3 亿度增长 12.4%。从以上数字分析可以作出如下判断：一是随着农村城镇化建设的深入发展，北京农村一定比例的住户变为城市住户、农民变为市民；二是农村林业和渔业的发展以及农业机械总动力和化肥的用量下降进一步改善了生态环境条件；三是以服务业为主的农村第二、三产业有了进一步的发展，农村人均收入得到稳步提高。全市农业观光园 1172 个，实现总收入 27.3 亿元。民俗旅游实际经营户 7783 户，实现总收入 13 亿元。设施农业和种植业分别实现收入 51.7 亿元和 12.4 亿元。全年实现农林牧渔业总产值 296.8 亿元，下降 3.7%，但劳均产值却由 2016 年的 33 633 元，增加到 2017 年的 34 192 元，增加 559 元。

全市列为城市功能拓展区的朝阳区、海淀区、丰台区、石景山区第一产业平均下降 4.4%；列为城市发展新区的房山区、通州区、顺义区、昌平区、大兴区第一产业平均下降 10.7%；列为城市生态涵养区的门头沟区、怀柔、平谷区、密云区、延庆区第一产业平均下降 6%。北京市 2017 年在第一产业比重下降、产值连续下降的同时，但各区林业产值增长势头不减，在新一轮百万亩造林工程拉动下，全市林业产值比上年增长 61.7%，林木覆盖率达到 43%已接近"十三五"规划 44%的水平。其中朝阳区增长 13.6%；丰台区增长 45.5%；门头沟区增长 61.3%；房山区增长 10%；大兴区增长 7.4%；通州区增长 31.9%；昌平区增长 13.9%；平谷区增长 36.6%；延庆区增长 11.6；怀柔区增长 45.6%，使全市生态环境得到了较大程度的改善。[1] 较 2017 年增长 4.7%，其中东城区、丰台区、顺义区和平谷区出现负增长。由此可以得出如下结论：北京市第一产业发展成效显著、结构调整趋于优化。

---

〔1〕 参见 2016 年、2017 年、2018 年《首都国民经济和社会发展统计公报》。

全市 2018 年全年实现工业增加值 4464.6 亿元，按可比价格计算，比上年增长 4.5%。其中，规模以上工业增加值增长 4.6%。在规模以上工业中，国有控股企业增加值增长 6.4%；股份制企业、外商及港澳台企业增加值分别增长 2.1% 和 3.7%；高新技术制造业、战略性新兴产业增加值分别增长 13.9% 和 7.8%。规模以上工业实现销售产值 18 876.7 亿元，增长 3.7%。其中，内销产值 17 654.8 亿元，增长 2.6%；出口交货值 1221.9 亿元，增长 21.0%。从第二产业发展情况看，传统制造业和加工业实现平稳增长，转型升级的高新技术制造业、战略性新兴产业实现高质量发展。

全市 2018 年第三产业结构进一步优化，全年高技术产业实现增加值 6976.8 亿元，按现价计算，比上年增长 9.4%；占地区生产总值的比重为 23.0%，比上年提高 0.2 个百分点。战略性新兴产业实现增加值 4893.4 亿元，按现价计算，增长 9.2%；占地区生产总值比重为 16.1%，比上年提高 0.1 个百分点；信息产业实现增加值 4940.7 亿元，按现价计算，增长 14.3%；占地区生产总值的比重为 16.3，比上年提高 0.9 个百分点（高技术产业、战略性新兴产业、信息产业三者有交叉）。全年实现新经济增加值 10 057.4 亿元，按现价计算，比上年增长 9.3%，占全市地区生产总值的比重为 33.2%，比上年提高 0.4 个百分点。每万人口发明专利拥有量为 111.2 件，比上年增加 16.6 件。

全年中关村国家自主创新示范区高新技术企业实现总收入 5884.19 亿元，增长 11.0%；其中实现技术收入 1062.94 亿元，增长 13.4%；全市高技术服务业固定资产投资增长 18.9%，增速比上年提高 1.5 个百分点。服务性消费占市场总消费的比重为 53.8%，比上年提高 2.5 个百分点。

全年水资源总量 36.6 亿立方米，比上年增长 22.8%。年末大中型水库蓄水总量 34.3 亿立方米，比上年末多蓄水 6.4 亿立方米。年末平原区地下水埋深为 23.03 米，比上年末回升 1.94 米。全年总用水量 39.1 亿立方米，比上年下降 1.0%。其中，生活用水 15 亿立方米，增长 2.0%；生态环境用水 12.5 亿立方米，增长 2.5%；工业用水 3.1 亿立方米，下降 8.8%；农业用水 4.2 亿立方米，下降 17.6%。全市产业发展总用水量降为 39.5 亿立方米，已小于"十三五"规划 43 亿立方米的水平。

全年接待国内旅游者 3.1 亿人次，比上年增长 4.6%。国内旅游总收入 5556 亿元，增长 8.5%。接待入境旅游者 400.4 万人次，增长 2.0%。其中，外国游客 339.8 万人次，增长 2.3%；港、澳、台游客 60.6 万人次，增长 0.1%。旅游外汇收入 55.2 亿美元，增长 7.5%。国内外旅游总收入 5921 亿元，增长 8.3%。全年经旅行社组织的出境游人数 510.9 万人次，下降 0.1%。

从全市第一二三产业比重看得出，经过多年的产业结构调整，目前已趋于合理。2018 年第三产业比重已超过 80%，已提前实现"十三五"规划制定的目标。以 2017 年北京市统计数据为依据，当年加工制造业产值 42 740 027 万元，增长 5.4%，在总产值当中占比 15.2%；建筑业 11 407 598 万元，增长 1.5%，占比 0.04%；批发和零售业 24 868 001 万元，增长 6.7%，占比 8%；交通运输、仓储邮政 12 084 003 万元，增长 12.1%，占比 4.3%；信息和餐饮业 4 138 102 万元，增长 1.9%，占比 1.4%；金融业 46 553 699 万元，增长 7.1%，占比 16.6%；房地产业 17 662 003 万元，增长-1.6%，占比 0.6%；租赁与商务服务业 19 355 000 万元，增长 3%，占比 6.9%；科学研究和技术服务业 28 591 998 万元，增长 10.7%，占比 10%；水利环境和公共设施管理业 2 259 902 万元，增长 10%，占比 0.8%。；居民服务、修理和其他服务业 1 713 000 万元，增长 2.8%，占比 0.61%；体育 13 347 999 万元，增长 8.3%，占比 0.48%；卫生和社会工作 6 960 000 万元，增长 7.4%，占比 0.25%；文化、体育和娱乐业 5 980 899 万元，增长 2.5%，占比 0.21%；公共管理、社会保障和社会组织 8 969 000 万元，增长 6.9%，占比 0.32%。从以上统计数据分析，在国民总产值当中占比在 8% 以上的行业为：一是科学研究和技术服务业；二是加工制造业；三是批发和零售业；四是金融服务业业；五是旅游服务业。从这五个行业来看，加工制造业增加值在首都的经济发展中占比最大，但增长趋缓；科学研究和技术服务业在首都的经济发展中增幅最大，后发优势明显；而旅游服务业发展潜力和空间最大。因此，首都今后在制定产业规划过程中，要把旅游服务业摆在更加突出位置，在加快和促进各业稳步发展同时，采取积极有效措施推进文化旅游服务业加快发展。[1]

北京作为中国的首都、作为中国历史文化名城，以旅游服务为重点的第三产业的优势尤为明显。旅游业随着我国的经济发展已经在快速增长的道路上飞驰了 10 余年，除了 2003 年非典及 2008 年亚洲金融危机，北京市旅游增速基本保持在 10% 左右，与全市的经济发展速度基本匹配。但是自 2018 年中美贸易战以来，中国经济开始暴露自身经济过热带来的一系列问题，而中美的贸易战加速了这一进程。2018 年第一季度 GDP 增长率 6.9%，第二季度 GDP 增长率 6.7%，第三季度 GDP 增长率 6.5%，第四季度 GDP 增长率 6.4%。经济增速放缓，就业率也在下降，各公司的裁员此起彼伏，民企的破产潮流也如约而至。根据智联招聘 2018 年第二季度、第三季度《中国就业市场景气报告》显示招聘需求同比下降 27%。2018 年 12 月 5 日，国务院印发的《关于做好当前和今后一个时期促进就业工作的若干意见》，也在侧面反映出当前的裁员潮。

历来旅游发展与经济发展之间具有一定的滞后性，经济发展放缓，2018 年

---

〔1〕 数据来自《2018 年北京市国民经济核算年度统计资料》。

的经济增速放缓,可支配收入减少,必然反映在消费上。制造业的寒冬率先到来,然后是其他产业领域,2019 年将会轮到消费领域,而旅游正是其中重要的一块。旅游产业寒冬将至,处在行业里的企业及个人需要为度过这场寒冬而做准备,激进的投资与大规模的扩张,敌不过资金链的安全,风险与机会并存时多看看风险。另外,旅游行业利润下降成必然,行业加速迭代在旅游人数增速放缓的同时,旅游人均消费的下降也成趋势。2015 年全国旅游总人数 40 亿人次,旅游总收入 3.42 万亿,旅游每人每次平均消费 855 元;2016 年全国旅游总人数 44.4 亿人次,旅游总收入 3.94 万亿,旅游每人每次平均消费 887 元;2017 年全国旅游总人数 50.01 亿人次,旅游总收入 5.4 万亿,旅游每人每次平均消费 1080 元。2017 年前都是人次与每人每次平均消费均大幅增长的局面,但是 2018 年以来的经济放缓,必然会影响到旅游人均消费,这一点在 2018 年的十一黄金周旅游消费上就可以充分看出来。2019 年旅游增速放缓、旅游人均消费降低,而新增旅游景点景区、新建旅游项目却并未减少,这种情况必然带来 2019 年各景区旅游人数的摊薄以及旅游行业的利润下降。景区的利润下降,既来自于景点景区的数量增加,旅游者人数的摊薄,也来自于市发展改革委 2018 年 10 月以来实施的景点景区门票下降政策,门票价格平均 10% 左右的降幅,将已有景点景区本已微薄的利润再次降低,可以预见 2019 年景点景区类旅游上市公司的年报将会更加难看。

近年来,酒店业受到民宿业的冲击,其利润下降已成定论,五星级酒店在 2016 年、2017 年整体逆势扭亏,反映了 2015 年以来的消费升级趋势。旅行社的利润受到进一步的挤压,天猫飞猪“双十一”的线路预售已经将国内线路的利润压到最低,加上旅行社还要向电商付佣金及推广费,国内旅游这一块的利润几近于零。而国际旅游方面,随着自由行的流行,旅行社在东南亚市场的团队游已经没落,南太平洋的澳纽线团队游也在衰落,北美、欧洲、中东非等新兴市场自由行的比例也在迅速增加,进而取代旅行社的团队旅游,目前旅行社的机票酒店景区门票等业务已经被在线旅游电商大幅取代,未来团队游的减少,将会使旅行社的空间进一步压缩。类似中国国旅这样有免税店等重资产的、港中旅及中青旅等早已转型,地产及其他重资产领域的企业旅行社业务将日益式微,而没有转型的中小型旅行社将愈发生存艰难。2019 年是旅游行业的迭代之年,原有的支撑旅游行业的三大产业都面临着生死危机,景区受到旅游者人数增长迟缓及人均消费降低的影响,加之景区门票降价而艰难维持,酒店业持续受到经济不景气与人力成本持续上升的影响冲击,旅行社则是原有业务范围不断变窄及利润不断降低的双重影响,在 2019 年旅游企业的生存将更加艰难。[1]

---

[1] 参见中南产业研究院《2018—2023 年北京旅游产业市场现状及前景调查报告》。

乡村旅游项目迟滞，旅游规划行业下行成必然。2016 年、2017 年是特色小镇年，2018 年是乡村振兴年，大量的政策资金、政策优惠及社会资本涌向乡村振兴领域，与特色小镇上可以选择不同产业并通过地产、文旅、产业等多种形式变现不同，乡村振兴的投资领域少，可变现的路径更少，因此，可以推算的是乡村振兴多渠道进入资金广博的同时，对应的是产出渠道的匮乏，农产品由于其季节性、周期性以及市场局限性和附加值并不高情况下，乡村旅游就成了为数不多的可选择路径了。

文旅融合必然是今后的大趋势。因为从文化产业来看，中国 2017 年的文化产业占 GDP 比重约为 5%，北京市文化旅游占 GDP 的 11.7%，该数据与美国占比 20% 相差 8.3 个百分点。文化输出方面，中国的占比却是大大落后于国家经济排位，《2017—2022 年中国文化创意市场发展前景预测及投资战略研究报告》指出，2017 年全球文化创意产业的市场份额，美国占市场总额的 43%，欧洲占34%，亚洲、南太平洋国家占 19%（其中日本占 10% 和韩国占 5%），中国和其他国家及地区仅占 4%。这个差距如此巨大，也为文化产业融合旅游发展提供了更大的空间，因为旅游是我国文化输出最稳定的渠道。

文旅的融合为文化产业找到了很好的推广渠道与消费市场，为旅游产业找到了内容生产的源头，未来在文旅产业链条上，前端打通了内容生产，中后端有文化企业、旅游企业进行产业布局与衍生产品生产，形成良好的闭环，这是一个风口所向。2019 年的文旅融合，将从最基本的景区文化产品与文化推广开启，故宫文化在岁末很好地为文旅发展上了一课，在景点景区文化挖掘、文化与市场对接、文化产品设计、文化社群营造等方面都做出了非常有益的探索，未来这一块的市场还很大，紧缩于文化内部与龟缩于旅游行业的人们需要联手来开拓市场了。文化项目的活化、IP 的创造与传承将成为今后文旅融合的重要领域。[1]

二、制定产业发展规划必须解决好生态环境保护方面的关键性问题

北京市近年来产业发展取得长足的进步，但存在的问题是不可忽视的。

一是产业布局雷同造成过度竞争和资源浪费。以汽车工业为例，汽车工业因其与其他产业发展之间的关联度高、利润大，对相关产业发展带动力强的特点，因而在全国各大城市均把汽车制造业作为支柱产业发展，造成产业布局雷同，企业之间过度竞争而导致资源浪费，北京市也是如此。汽车行业发展像一把双刃剑，在它促进相关产业发展给人们带来财富和给人们生活带来极大方便的同时，也给城市以及环境带来了各种各样的问题。汽车数量的快速增长以及交通基础设

---

〔1〕 国务院办公厅：《进一步激发文化和旅游消费潜力 发展假日和夜间经济》，载中国政府网，最后访问日期：2019 年 8 月 23 日。

施供给不足使得北京市交通越加拥挤，堵车现象时时发生，交通安全事故发生频率增大。[1]

二是节能减排还有待进一步强化。北京是全国机动车保有量最多的城市，目前可达 600 多万辆机动车排放，占到北京雾霾总量的 30% 左右，大量汽车尾气排放造成严重的环境污染。由于汽车排放使人的呼吸系统受损严重，也是生成二次污染的主要原料。"十二五"以来政府主要采取严控增量排放、增加新能源车等措施，取得了遏制污染增长的效果。推进大气污染治理，抓好节能减排工作任重而道远。首先，要把推进节能减排、促进大气污染治理作为各级干部选用的重要内容，对工作业绩突出的干部要优先提拔使用，对工作责任落实不力的干部要进行问责。首都生态文明建设压力很大，大气治理是其中压力最大的工作。调整交通结构将成为下一步的发力重点，比如：提高各行业特别是物流、快递、邮政等更换新能源车的比例，还要把部分物流的车辆运输改成铁路运输。此外，出行方式上，北京市应继续发力，不断优化绿色出行的供给，改善绿色出行条件。经过多年努力，出行条件有了很大变化，但是很多人还是愿意开小车、图方便。若能实现科学调度，公交准时、地铁舒适、最后一公里方便了，市民自然愿意选择绿色出行。这方面还要继续加大宣传教育力度，提高市民保护生态环境重要性的认识。其次，要加强精细化管理，严控超标排放车辆。2018 年，全市人工检查重型柴油车辆 200 多万次，处罚 30 多万辆车，也制订了黑名单制度，通过对超标车辆停办进京证的方式，遏制超标车辆进京，但是对于过境超标的重型柴油车还缺乏有效的管理，下一步应通过制度创新，加强精细化管理，制订出有效合理的法律法规。

三是环境噪声污染带来的严重污染必须引起高度重视。随着城市经济建设的不断发展，城市化进程的不断加快，机动车保有量的不断增加，环境噪声问题日益凸显。噪声污染和空气污染以及水的污染是当代三种主要污染。噪声污染是一种物理污染，是能量的散播，声源停止，噪声污染就没有了。噪声虽然对人有干扰，但人也不能生活在毫无声息的环境中。人并不希望把声音完全消除而是要适当地控制。以前总认为噪声虽有干扰，但并不像水污染和空气污染一样影响严重，其实不然，随着科学研究的深入，更多的研究成果指出噪声带给人和环境的危害是持久和严重的，环境噪声污染会对人体产生全面的、连续的甚至是致命的危害。环境噪声污染与化学污染不同，化学污染只有在产生后果后才引起人们的注意；噪声污染则不然，它日益严重，几乎影响到城市全体居民，每一个人都直接感觉到它的干扰。因此，噪声污染是收到的抱怨或投诉最多的污染源。根据环

---

[1] 参见李伟：《新时代生态文明建设与污染防治》，载《新经济导刊》2018 年第 9 期。

保部发布的《2017 年中国环境噪声污染防治报告》，2016 年，全国各级环保部门共收到环境噪声投诉52.2 万件（占环境投诉总量的43.9％）。其中，工业噪声类占10.3％，建筑施工噪声类占50.1%，社会生活噪声类占36.6％，交通运输噪声类占3.0％。

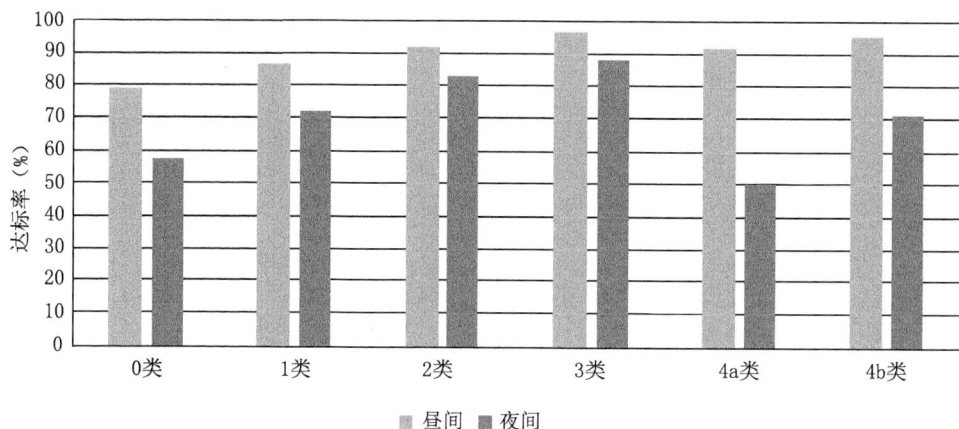

图1　各类功能区昼间监测点次达标率均高于夜间

　　3 类功能区（即工业、仓储物流区）昼间/夜间点次达标率在各类功能区中最高；4 类功能区（即交通干线两侧区域）夜间点次达标率在各类功能区中最低。全国声功能区噪声监测达标情况还有待提高，尤其是夜间噪声。噪声污染作为一种看不见、摸不着的存在，对我们造成的影响不容忽视。

　　近年来，随着人民群众对美好生活需求的增加，环境噪声的治理工作越来越引起相关部门的高度重视。习主席在十九大报告中也指出："必须坚持节约优先、保护优先、自然恢复为主的方针，形成节约资源和保护环境的空间格局、产业结构、生产方式、生活方式，还自然以宁静、和谐、美丽。"要实现宁静，就要对环境噪声进行科学的控制。以建筑施工噪声为例，多半是由于夜间施工、赶工期现象的普遍存在所致。随着城镇化规模的扩大和进程的加快，交通噪声已成为城市区域内主要噪声源。由于长久以来对噪声问题的忽视，在产业规划中没有环境噪声控制的相关条款和环境噪声分别由公安、城管和环保部门多头管理现状必须改变。

　　目前，我国对环境噪声的评价和分析分属环保部门和职业卫生部门按照不同的标准和规范来评价和分析。由不同的职能部门来评价和考察在某些场景是合适的，比如工作环境的噪声与从事特定工作的人群健康会发生密切联系，但有些场景却介于两种评价体系之间。比如交通噪声，既对环境噪声影响，也会对暴露在交通噪声环境下对个体产生健康损害。因此，有必要借鉴国外先进的噪声管理和法规方面的实践经验，将交通噪声对环境及人体健康的影响评价置于统一的规范体系里去，这样可以有助于在保护和建立安静环境的同时，加强对人体健康的保护，真正实现保护环境和人体健康的双重目的。

四是发展电动汽车生产值得重视的问题。为鼓励电动汽车产业发展，国家专门出台了优惠补贴政策，使电动汽车以及动力电池产业得到迅猛发展。但从目前情况下看，补贴政策不宜再延续，不久将会取消。现在电动汽车以及动力电池产业市场化的进程已经开始，电动车的发展开始进入新的起点。发展什么样的动力电池，决策尤为重要。要以提产品高安全性和坚持节能减排为宗旨，实行积分与节能减排挂钩，进一步与纯电动车里程脱钩；纯电动车要实现微小型化，鼓励发展低速车；电池价格应由市场来确定；要发展增程式技术，发展充电快、价格低廉的磷酸铁锂电池。

总之，在制定产业规划中，要注重与生态文明建设相协调，一要进一步加快城市及周边地区林业发展，使其在优化城市生态环境中发挥应有作用；二要准确把握市场形势，切实实现节能减排目标；三要把噪声污染和低频震动给市民带来的危害降低到最低程度。减振降噪工程在规划中应当体现；四要有效控制城市二、三产业的发展带来的污染排放问题；五要防范建筑业发展中粉尘污染；六要注重城市节水、污水处理及垃圾分类、无害化处理；七要抓好高新技术产业发展产生的辐射等对人体健康有害因素的控制。

三、制定好产业规划的原则和建议

进入新时代，随着首都公民对美好生活向往需求的增加和对生态文明建设的重视以及享受美好环境的需求水平不断提高，这就要求我们从更高层面入手来制定好我们的产业发展规划，以实现产业发展与生态文明建设相协调的目标。

"绿水青山就是金山银山"。新时期首都生态文明建设能否再上新台阶，进一步满足人民群众对美好生活的向往尤其是对美好环境的需求，则必须科学编制北京市山水林田湖草修复计划，制订切实可行的实施规划。生态文明建设还得落到规划上。生态环境建设应该综合治理，统筹山水林田湖草系统，规划其实是根本、并且规划要先行，切实抓好规划的落实。2020年是北京实施"十三五"规划的最后一年，也是制定"十四五"规划的一年，要以此为契机，把生态文明建设内容也纳入其中。生态是体系，生态环境必须综合治理。山水林田湖草是一个整体的体系，绝对不是单做哪一项就能改善环境的，只有把它们和大气条件结合，进一步加大生态环境治理力度，在大气治理保持一定水平基础上，加大水、土、环境噪声、震动、辐射等治理力度，才能提升生态文明整体水平，才能使人民群众享有好的环境。结合首都发展的实际，统筹城乡发展，推进郊区城市化进程，实现城区与郊区的统一规划；统筹区域发展，协调好京津冀地区以及北京城区与郊区、南城与北城、平原地区与山区的发展规划，积极推动区域协调发展；统筹经济与社会发展，规划好产业与社会事业发展的空间布局；统筹人与自然和谐发展，协调好人口、资源和环境的规划配置；统筹国内发展和对外开放的要求，提高北京市现代化、国际化水平。

要贯彻更大程度地发挥市场对资源配置的基础性作用的原则。发挥城市总体规划在城市发展中的宏观调控和综合协调作用，突出政府社会管理和公共服务职能，高度重视科技、教育、文化、卫生、体育、社会福利等社会事业的发展；把握尊重城市历史和城市文化的原则。坚持社会主义先进文化的前进方向，保护古都的历史文化价值，弘扬和培育民族精神，全面展示北京的文化内涵，形成融历史文化和现代文明为一体的城市风格和城市魅力；贯彻建设资源节约型和生态保护型社会的原则。处理好经济建设、人口增长与资源利用、生态环境保护的关系，正确处理城市化快速发展与资源环境的矛盾，充分考虑资源与环境的承载能力，全面推进土地、水、能源的节约与合理利用，提高资源利用效率，实施城市公共交通优先的发展战略，形成有利于节约资源、减少污染的发展模式，实现城市可持续发展。

要在巩固首都各项事业取得的巨大成就，保持经济社会发展和城市建设等方面在全国的领先地位，是北京在国家重要战略机遇期内实现持续、快速、健康发展的良好基础和重要保障。

土地、水、能源等自然资源的节约与合理利用是保障北京城市可持续发展的前提条件，城市发展规模应严格控制在土地和水资源的合理承载能力之内。生态环境承载能力是制约北京城市发展的重要因素，北京城市发展规模和空间布局的确定必须充分考虑环境与生态的现实状况和发展目标。北京所在的京津冀地区是我国经济社会发展的重要区域。京津冀地区的整体发展将为北京城市持续快速发展提供支持，尤其京津城镇发展走廊是未来京津冀区域城镇协调发展最重要的地区，是确定北京未来城市发展主导方向的重要因素之一。[1]

城市空间资源的合理利用是城市发展的重要基础。北京西部、北部的山区（包括浅山区）应控制大规模的人口和产业集聚，东部和南部平原地区是城市发展的主要方向。要按照中央对北京做好"四个服务"的工作要求，强化首都职能；以建设世界城市为努力目标，不断提高北京在世界城市体系中的地位和作用，充分发挥首都在国家经济管理、科技创新、信息、交通、旅游等方面的优势，进一步发展首都经济，不断增强城市的综合辐射带动能力；弘扬历史文化，

---

[1] 刘长松：《"十三五"规划时期生态文明建设的新思路——兼评〈中国的环境治理与生态建设〉》，载《鄱阳湖学刊》2015 年第 6 期。

保护历史文化名城风貌，形成传统文化与现代文明交相辉映、具有高度包容性、多元化的世界文化名城，提高国际影响力；创造充分的就业和创业机会，建设空气清新、环境优美、生态良好的宜居城市。创建以人为本、和谐发展、经济繁荣、社会安定的首善之区。

北京是中央党政军领导机关所在地，邦交国家使馆所在地；国际组织驻华机构主要所在地，国家最高层次对外交往活动的主要发生地；国家主要文化、新闻、出版、影视等机构所在地；国家大型文化和体育活动举办地，国家级高等院校及科研院所聚集地；国家经济决策、管理，国家市场准入和监管机构，国家级国有企业总部，国家主要金融、保险机构和相关社会团体等机构所在地，高新技术创新、研发与生产基地；国际著名旅游地、古都文化旅游，国际旅游门户与服务基地；重要的洲际航空门户和国际航空枢纽、国家铁路、公路枢纽。按照国家实现现代化建设战略目标的总体部署，在全面推进首都各项工作，努力在全国率先基本实现现代化，构建现代国际城市的基本构架的同时，到 2020 年左右，力争全面实现现代化，确立具有鲜明特色的现代国际城市的地位；到 2050 年左右，建设成为经济、社会、生态全面协调可持续发展的城市，进入世界城市行列。

经济发展：一是坚持以经济建设为中心，走科技含量高、资源消耗低、环境污染少、人力资源优势得到充分发挥的新型工业化道路，大力发展循环经济。注重依靠科技进步和提高劳动者素质，显著提高经济增长的质量和效益。二是坚持首都经济发展方向，强化首都经济职能。依托科技、人才、信息优势，增强高新技术的先导作用，积极发展现代服务业、高新技术产业、现代制造业，不断提高首都经济的综合竞争力，促进首都经济持续快速健康发展。加快产业结构优化升级，不断扩大第三产业规模，加快服务业发展，全力提升质量和水平。深化农业结构调整，积极发展现代农业，促进农业科技进步。

要全面推进人口健康发展。不断优化人口结构，提高人口素质，加强人口管理和服务。完善社区服务体系，改善人居环境质量。大力发展社会主义文化。牢牢把握先进文化的前进方向，促进文化事业的全面繁荣和文化产业的快速发展，满足人民群众精神文化需求，促进人的全面发展。积极促进社会公平。健全社会保障体系，关注弱势群体，缩小贫富差距，促进社会保障事业社会化，改善创业环境，建设完善的社会事业体系，推动社会均衡发展。

积极推进环渤海地区的经济合作与协调发展，加强京津冀地区在产业发展、生态建设、环境保护、城镇空间与基础设施布局等方面的协调发展，进一步增强北京作为京津冀地区核心城市的综合辐射带动能力。

加强与以天津港为核心，京唐港（王滩港区、曹妃甸港区）、秦皇岛港共同组成的渤海湾枢纽港群海洋运输体系的协调，建立以北京为核心的区域高速公路和铁路运输体系，以北京首都机场为枢纽的区域航空运输体系，形成陆海空一体、国际国内便捷联系的区域交通网络。在京津冀城镇群的核心地区形成以京津城镇发展走廊为主轴，京唐、京石城镇发展走廊和京张、京承生态经济走廊为骨架的区域空间体系，实现区域统筹协调发展。

生态环境发展要以生态健康为目标，确保生态安全。加强区域生态环境联合建设和流域综合治理，建立稳定的区域生态网络，特别是与河北、山西、内蒙古合作，加强燕山、太行山山脉生态屏障建设。加强平原地区生态林地的保护和建设。划定限制建设地区，有效保护森林、河湖、湿地等生态敏感地区，积极进行绿化隔离地区、森林公园、生态廊道、城市公共绿地等生态环境建设严格执行环境排放标准。控制大气、水、噪声和固体废弃物污染，加强重点污染源的监督与管理。优化能源结构，节约使用能源。

城市空间和区域要协调发展。加强北京与京津冀地区，特别是与京津城镇发展走廊及北京周边城市的协调，构筑面向区域综合发展的城市空间结构。

市域战略转移。逐步改变目前单中心的空间格局，加强外围新城建设，中心城与新城相协调，构筑分工明确的多层次空间结构。旧城有机疏散。加强历史文化名城保护，逐步疏解旧城的部分职能，构筑与世界文化名城相适应的空间结构。[1]

要打破城乡二元结构，有效引导城镇化健康发展，构筑城乡一体、统筹协调发展的格局，是北京全面建设小康社会，率先基本实现现代化的必然要求；是促进"三农"问题解决，促进农村繁荣、农业发达、农民富裕的根本出路；是改善生态环境，集约利用土地资源，拓展城市发展空间的客观需要，与城市空间布局和产业结构调整相适应，逐步形成分工合理、高效有序的网络状城镇空间结构。加强农村居民点的整合，改善生态环境，提高公共设施和基础设施服务水平，推动产业向规模经营集中、工业向园区集中、农民向城镇集中。按照统筹规划、分类指导、突出重点、示范带动的原则，依托高速公路和重大基础设施，建设设施配套、环境优美、各具特色的城镇，促进小城镇从数量型向质量型转变。扩大小城镇规模，优先发展重点镇。适当归并、重新整合，选择区位条件优越、发展基础好、潜力大的建制镇作为重点镇，形成聚集效益和区域竞争优势。针对中心城周围、新城周围、山区小城镇不同的基础条件、资源状况和发展水平，制定分类指导的发展规划和政策。引导和鼓励经济联系紧密、资源互补的城镇进行协作和联动发展，形成重点镇带动一般镇、平原镇带动山区镇、小城镇带动农村

---

〔1〕 赵展慧等：《首个跨省市的区域"十三五"规划印发：协同京津冀 三地一盘棋》，载《人民日报》2016年2月16日，第2版。

的发展格局。合理确定和强化小城镇的产业依托，发挥比较优势，与国家级、市级开发区形成分工合理的产业梯次结构。小城镇产业发展应以解决农民就业为主要目标，发展符合大城市郊区特点的劳动密集型、都市型工业和第三产业。统筹协调小城镇的经济社会发展与生态环境保护和建设，加强小城镇环境综合整治，努力改善小城镇生态环境质量。加快小城镇教育、文化、卫生、体育等社会事业发展，改善人居环境，逐步缩小城乡社会事业发展水平的差距。加强城乡一体的公共交通体系和市政基础设施建设，改善投资环境，引导小城镇集中发展，切实改善小城镇的生产生活条件。[1]

对于村镇建设要坚持统一规划、集中紧凑建设的原则，促进农村人口的就业和居住向小城镇、中心村集中。将中心村建设成为具有地方特色、环境优美、布局合理、基础设施和公共服务设施完善的现代化农村新型社区。积极推进村庄整合及迁村进镇。通过对分散农村居民点的拆迁、合并、改造，扩大中心村规模。集约利用土地，规划农村人均建设用地严格控制。采取多种措施，加快搬迁山区生存及发展条件恶劣的村庄。积极推动农村居民点的基础设施配套建设，逐步建立符合农村居民点经济社会发展水平的基础设施服务体系。

城镇化是一个长期、复杂、动态的过程，应以循序渐进、因地制宜为原则，合理把握城镇化进度，制定综合性的配套政策，积极稳妥地推进。要以维护好、实现好、发展好农民的根本利益为前提；改革土地征用制度，逐步完善失地农民的安置补偿政策，建立和完善农村社会保障体系，切实解决农村的就业和社会保障问题；建立适应市场经济条件下有效配置城市资源的经营模式，建立健全建设用地供应宏观调控机制，大力推进土地储备和一级开发，积极稳妥地推进农村集体建设用地的合理流转，依据国家财税改革的政策，适时研究制定相关的配套措施，拓宽小城镇建设和村庄建设资金的来源；统筹考虑城市建设用地扩展和耕地保护，加大土地整理力度，通过退宅复耕和归并零散农田，维持耕地的动态平衡，促进农业规模化和产业化；积极推进户籍制度改革，促进农民到城镇由流动就业向稳定就业转化；加强农民的教育与就业培训，增强农民的就业能力。

首都生态文明建设和发展，必须树立人与自然的和谐理念是生态文明发展的内在要求。在我们制定首都产业发展规划中，必须充分地考虑我们气候环境对这个城市的适应性、风险性和影响性，能够更加合理的布局城市功能和优化空间结构，使我们能够科学划定生态红线，科学控制城市增长边界，这里面我们借鉴发达国家特别是欧美国家好的做法，让我们城市的硬件，也就是说我们的空间布局

---

〔1〕 刘长松：《"十三五"规划时期生态文明建设的新思路———兼评〈中国的环境治理与生态建设〉》，载《鄱阳湖学刊》2015 年第 6 期。

更加通风透气，防止未来出现新的城市病。为编制好首都"十四五"产业发展规划，使之与生态文明建设相协调，提出以下建议：

第一，要发挥我们气候生态补偿作用，在规划中更加注重保护建设新鲜的空气、冷空气生成区域。把新鲜空气、冷空气生成源空间分布更加合理。新鲜空气、冷空气生成源是自然的东西，怎么把这个新鲜空气、冷空气生成区域得到保护，是需要我们特别重视的。人们关注到通常小风的条件下大气污染和热导向会加剧，空气交换条件改善尤为重要，城市的冷空气气流是驱动空气交流的关键因素。因此，城市新鲜空气区域又是降低冷空气污染浓度重要的来源。所以，我们在产业发展规划中应该保护与建设新鲜空气生成源，特别像郊区大片林地、大型绿化区包括公园等还有就是我们草地、耕地、山坡、林地等，开展冷空气生成源地和冷空气通道以及冷空气汇集的生态现状评估并加以保护。在规划中应该树立这样的理念。

要把保护与建设通向我们中心核心区的城市通风道作为我们规划的重要措施。城市通风道是冷空气和新鲜空气生成的、与城市中心区连接的纽带也是个通道，也是城市空气交换系统中重要组成部分。所以北京周边的空间功能布局要利用好南北、东西走向和廊道，建筑物结构一定要构建互相连通的廊道，避免断头和结点的阻碍，需要我们进行设计。在规划建设中，应避免在郊区形成的气流被高层建筑物阻碍。北京西山、燕山都是产生冷空气的冷源地。利用山风把这些新鲜的冷空气引入到六环，让山风进城有利于空气交换，减少空气污染。因此，要严格限制在山区与平原交界处或者平原十公里地带里面搞地面硬化的建筑，严格限制山坡建设用地。

要进一步形成基于气候环境承载力考虑的城市开发设计分区管理的机制，减缓和避免重污染天气不利的影响。为此，应该建立自然通风的评估机构和平行论证机制，其中包括气候环境承载力的背景分区评估机制，城市开发与城市建设设计项目的气候环境评估筛选机制，以及我们对当地气候的适应性、风险性、影响性的评估机制，从而构建起基于整个城市气候环境通风开发设计的分区管理机制。要把城市一环加一环的环境变成森林拥抱城市，使城市拥有森林的空间，这个应该从疏解功能中，迁移企业和事业单位的空间中，很好地把森林生态系统建设起来。这是把我们经济、政治影响力更好地推向华北地区，为他们的发展做出一些贡献，实现多赢的战略部署。[1]

第二，维护和发展好北京山区和平原林木建设，扩发北京市生态建设面积，

[1] 《"十三五"规划编制公众建言会》，由市发展和改革委主持（王迎春、王金南、尹伟伦、李其军、李保国、佟立志、闵庆文、周志军、赵彦伟、姜鹏明、耿小勇、谢高地、潘晓军等专家参会）。

使其在生态方面发挥应有的作用。北京市生态林质量不高，城区根本没有森林，郊区和山区森林是绿得起来但长不起来，一片片"小老头"树比比皆是，几乎没有生态森林的系统，只能顶多算绿色系统。因此，林木管理一定要加强，要调整森林结构包括密度、发挥生态潜力。要加强这方面的投入，加强科学抚育和管理。与此同时，要抓好平原造林，使北京生态系统得到良好的保障，发挥其屏障作用。

要恢复中心城区水系结合：非首都核心功能的疏解，恢复被填埋和压盖的河湖。水资源应用与生态建设密切相关。虽然南水北调已经到京，但水资源利用的主题还是关键的内容，因为没有水就没有生态，发展需要水、建设更需要水。一个流域，上游的用水会对下游产生重大的影响。所以京津冀一体化也利于北京这个地区生态文明建设，必须把生活、生态用水协调起来。要进一步压缩农业用水，北京地区农业发展的模式，建议不应该大力提倡发展设施农业，因为它消耗水很多，特别是水源地的上部，优质的水源灌溉，而应该大力发展雨养农业，应该把各地水资源用于城市建设和保证生态建设用水。

要实现"水资源、水环境、水生态、水景观、水文化"五位一体的北京市生态文明建设。要进一步搞好水资源的管理，完成节水体系的构建。南水北调来京，使水资源形势得到一定的缓解，要理顺调水关系。要高度重视回用的中水以及续存雨水的问题，完善多水利用。要实现优水优用，劣水劣用，实现用水"零增长"，以缓解水生态的压力。在水污染治理环境方面要加强执法，加强大力惩罚偷排、漏排情况，尤其是城乡接合部还存在污水直排现象要尽快遏制住。要加快农村污水治理设施的建设，对于黑臭水体，要花大力气治理，实现城乡治理和运营机制一体化。

第三，要加强生态文明建设的量化评价，从水、森林、空气各个角度来进行建言，天蓝、地绿、水清是我们对生态环境的直观理解。但是，生态文明应该是有更高层次的目标，它不仅仅是一种环境现象，应该是一种秩序，是一个良性的循环。明确生态文明建设的近期和中长期目标，制定现阶段可量化、可实现、可评价的体系，让大家都知道生态文明到底长什么样子，如何评价是否达到了生态文明建设的阶段性成果，同时明确生态文明建设的主要内容和任务，主攻方向，增强社会各主体对生态文明建设的信心，生态文明建设的评价结果和量化的指标体系可以为进一步建设提供量化依据，有利于增强生态文明建设的可操作性，使生态文明建设更好的落到实处。

第四，要营造良好的生态文明建设氛围。生态文明工作是把北京周边都建设成为环境优美、生态良好的家园，使所有在这个环境居住和使用这个环境人的共同期待，大家都有共同的义不容辞的责任。政府环境部门定期向社会发布生态文明建设的进程、任务和改进方向，让大家自觉地遵守秩序，增强公众建设生态文明的自觉性、紧迫感、形成良好的社会氛围，为推进生态文明建设工作提供舆论导向，对公众宣传生态文明的理念，让大家有一定的参与权和监督权，提高大家投身建设的一个责任意识和参与意识，形成全社会、各主体所有人都关心支持和参与建设生态文明形成强大的合力。

要打造一个环首都的国家公园以及环首都的生态屏障区。利用现有的森林公园、湿地公园以及自然保护区这样已有的架构再加上相当部分的农田。农业在生态中的功能是一个不能忽视的问题，要消除生态建设就是森林植被建设、森林植被建设就是植树造林这样一种片面的认识。其实在北京地区以及北京周边的地方水资源短缺的情况下，还应该重视其他生态系统的服务问题。要肯定"稻田也是湿地，菜园也是绿地，果园也是林地"观点。我们应该强化农业生态服务的功能，不能简单地把农业当成一个农产品生产来看待。要以"美丽乡村建设、循环生态农业的发展"和目前重要农业文化遗产的保护作为切入点，在首都生态圈范围之内打造我们农业的生态自然的、循环的节水和文化景观的农业的有机结合，通过农业发展来发挥它的生态功能，有利于区域的生态承载力。[1]

第五，要进一步提高资源能源的利用效率。要进一步提高能源、资源的利用效率，注重源头控制、过程监管，能源利用的合理比价、优质能源高效利用，建设环保监管，这是我们进一步应该加强的重点领域，完善能源资源，产品价格和税费的政策，充分应用合同能源管理、促进能源利用方式的变革，形成合理控制能源消费的长效机制，加强舆论引导和宣传教育培育全社会节约用能的消费意识；实行差别化的用能政策，引导各类群体形成理性、节俭、低碳的生活方式。

实现生态环境治理能力现代化。制定北京市生态文明建设总体规划，量化阶段性目标，将治理重点集中在城乡接合部和郊区农村，完善治理体制加强统筹规划，进一步厘清环保部门的职责，强化其跨行业的协调功能，给予街、镇层面环保机构充分的保障，强化市场作用，吸引社会力量参与环境污染治理，培训第三方监测。评估和治理机构加强环保形成衔接，还要强化日常执法监督和专项监督，等等，这是一个环境治理方面的问题，需要切实得到加强。[2]

第六，提高生态文明建设水平。进一步扩大绿化美化面积，加大全市绿化美化力度，在城区应该"见缝插针"提高小区绿化、美化水平，巩固百万亩平原造林成果，加强管理建立机制，在二道绿隔地区摸索出城区的经营管理模式，提

〔1〕 赵展慧等：《首个跨省市的区域"十三五"规划印发：协同京津冀 三地一盘棋》，载《人民日报》2016年2月16日，第2版。
〔2〕 《"十三五"规划编制公众建言会》，由市发展和改革委主持（王迎春、王金南、尹伟伦、李其军、李保国、佟立志、闵庆文、周志军、赵彦伟、姜鹏明、耿小勇、谢高地、潘晓军等专家参会）。

高公共绿地附加值，真正让它发挥绿化、休息、降噪、适氧的生态作用，同时加大对农民的补偿力度。使农民真正的在土地上实行再就业，达到地不离人、人不离村，特别是山区要提高对造林的补偿额度，达到山区与平原平衡的水平。同时，鼓励山区农民栽种果树等经济作物，加强技术支持和管理，提高其绿化效果，农民也增加一定的收入。要继续完善山区生态补偿机制，加大对山区农民的补偿力度，使山区造林和平原造林补偿标准尽可能保持一致。

第七，要加强湿地科学研究和湿地科学普及工作。要树立海绵城市的理念，要控制不透水铺面，加强雨水蓄水的建设，这样既可以提供补充水源，同时给我们提供城市的景观。目前水生态建设遇到的最大的问题是雨水蓄不住，一旦下雨就形成地表径流了，要通过各种手段使雨水形成循环。2013 年 12 月份总书记在北京提到了建设海绵城市的理念。之后，建设部率先提出了海绵城市建设指导指南，同时财政部、建设部、水利部三部委拿出来几百亿的资金进行了全国的海绵城市的推广和建设，截止到 2015 年全国已经有 16 个城市在全面的开展海绵城市的建设工作。海绵城市在缓解城市内涝、缓解水资源紧缺、缓解城市水污染、改善大气污染这方面都能起到重大的作用。有大量雨水汇进森林公园里面，周边的植物，周边的生态、苗、湿地使之功能大量显现。海绵城市是个非常好的方式，海绵城市提出构建从机制上以市领导为主导的领导小组，它把整个的园林、建设、水务、市政进行了联动，形成非常重要的机制，这个机制正好打破了我们原有部门之间的这种不畅的障碍。北京市是在国内最早进行雨洪利用的，雨水资源年均有几十个亿立方米，这个重要的资源一定要把它充分的利用起来，利用海绵城市建设这个契机重塑一个山水林田湖的新的城市格局。

第八，完善法律法规建设，使生态环境建设得到法律保障。随着 2020 年冬奥会落户北京和张家口，现在北京的生态环境建设还有一些问题亟待改善，比如生态保护和环境治理相关的立法不到位造成违法成本低；有部分市民共同参与、共同建设、共同监督的这种积极性不高。建议一是开辟微信平台助力环保执法，让老百姓发现环境污染行为之后用微信拍照上传照片。微信平台和执法平台互通，查处后还向举报者反馈甚至用红包的形式奖励。这种平台有利于便捷高效地调动市民的积极性，未来的环境保护以及环境执法要充分利用像微信这种公众使用率非常高的平台，可以有效解决老百姓对于生态文明建设以及环境保护这种参与力度，积极性不高或者不方便的一些问题。二是建议利用"大数据"、"物联网"还有云计算等互联网技术，建议覆盖北京京津冀生态资源预警与保护的监测系统。比如在重点工业区、垃圾填埋厂等重点污染源地设置专项监测站，定期发布这些数据，以便让公众更好地参与生态环境的建设。前不久国务院也刚刚发布了《关于积极推动互联网+行动的指导意见》，其中第 10 项就是互联网+绿色生态，里面重点强调了加强资源环境动态监控和大力发展智慧环保，只要我们以更加开放创新的心态去做好工作，然后增加市民在环境保护中的参与感、体验感，利用更多的新媒体去做好工作，群策群力，调动更多人的力量参与生态文明建设与环境保护。三是借助"互联网+"，北京和周边省市也可以做到环境动态监测信息的共享，更好地推动生态文明建设和可持续发展。

北京市教育立法的现状与发展研究

李 昕*

第一章　学前教育的立法现状

北京市人大常委会 2001 年制定了《北京市学前教育条例》。虽然近年来北京市学前教育取得了长足发展，基本实现了普及学前三年教育，但总体上看，学前教育仍是北京市各级各类教育中的薄弱环节。2010 年以来，中央政府在宏观层面调整了对学前教育发展的政策定位，更加强调政府在学前教育发展中的职责和义务。北京市的学前教育在政策层面也进行了相应的调整，这种调整有必要在地方立法上有所反映。本项研究即基于学前教育政策的调整，力图从法律的角度确定政府在学前教育发展中的基本职责，为本市学前教育立法的完善提供借鉴。

一、北京市学前教育存在的问题

（一）学前教育资源的供需矛盾

按照 2017 年的统计数据，截至 2017 年年底，全市共有幼儿园 1604 所，共计收托儿童 445 535 人（共 15 810 个班）；教职工总数为 69 100 人，其中专任教师共 37 903 人。在总数中，民办幼儿园共 664 所，在园幼儿 160 478 人，教职工 29 080 人，专职教师 13 815 人。[1] 单纯从数量而言，目前全市学前教育总体上出现了供不应求的情况，难以有效满足学龄前儿童入园的需要，局部地区入园难的矛盾较为突出。由于人口出生高峰、外来人口大量涌入以及家庭育儿观念转变等多重因素叠加，社会入园需求急剧攀升，学前教育学位资源供给紧张，社会出

＊ 课题主持人：李昕，首都师范大学教授。立项编号：BLS（2018）B012。结项等级：优秀。

[1]《2017—2018 学年度北京教育事业发展统计概况》，载北京市教育委员会官网：http://jw.beijing.gov.cn/xxgk/ywdt/ywsj/201804/t20180404_41205.html，最后访问日期：2018 年 10 月 28 日。按照北京市人民政府副市长王宁在一份报告中提供的数据，"到 2017 年底，全市经审批的幼儿园数量达到 1957 所，教职工约 7 万人，专任教师近 4 万人，在园儿童数量超过历史最高点水平，达到 44.6 万人。"王宁：《关于"落实学前教育三年行动计划完善学前教育公共服务体系建设"议案办理情况暨学前教育供给保障情况的报告》，载《北京市人民代表大会常务委员会公报》2018 年第 3 期，第 34 页。

现"入园难"问题。根据市卫计委（现卫生健康委）提供的 2015 年至 2017 年实际出生人口数，到 2020 年，北京市户籍适龄儿童有 45.5 万人，非户籍适龄儿童有 28 万人，而按照教育部要求的 85% 的入园率来测算，北京市仍将面临约 17 万个学位缺口，学前教育仍然面临资源供给不足的问题。[1]

（二）政府作为学前教育责任的第一承担者的地位未能体现

按照 2012 年的统计，全市共有独立法人的幼儿园 1305 所，另有 302 个分园，共计收托儿童 31.1 万人。其中教育部门办园 356 所，收托幼儿 10.8 万人；集体办园 222 所，收托幼儿 3.1 万人；其他部门、企事业及部队办园 219 所，收托幼儿 7.2 万人；民办园 508 所，收托幼儿 10 万人。可见，至少在数量上，当前教育部门所办幼儿园仅承担了三分之一的责任，社会力量办园则承担了三分之二的责任。在财政资金投入上，目前财政经费也主要投入于教育部门所办幼儿园，对社会力量所办幼儿园的投入上却很有限，特别是对民办幼儿园的投入更是极少。目前，街道、乡镇办园存在体制不顺畅，财政投入少，设备不足，编制少，人员归属不清等问题。街道幼儿园虽然也属于政府办园，但由于政府对街道幼儿园的投入少、编制少、设备不足，街道办事处不愿意背负幼儿园退休职工的庞大医疗费用，致使街道幼儿园数量逐年减少，学前教育资源严重流失。

（三）学前教育均衡性不足

在《北京市学前教育条例》实施的过程中，学前教育均衡性仍有不足，学前教育平等权问题仍需进一步落实。①城区和远郊区县幼儿园在空间布局、办园条件、教育质量等方面存在明显差异。大部分优质学前教育资源都集中在城区，特别是城区的示范园和一级一类幼儿园中。这些幼儿园受到教育行政部门的大力扶持，有充足的经费支持，而地处郊区尤其是农村的幼儿园，由于教育经费不足，教育教学条件、教师待遇和进修机会都相对匮乏。②不同性质的幼儿园之间差距也较为明显。由于目前本市财政投入的学前教育经费只能保障教育部门办园，其他类型幼儿园办园经费大多需要由举办者自行负担。部分企事业单位及街道办园由于缺少稳定的经费投入，所执行的收费标准又偏低，其收入仅能勉强维持幼儿园的运转，缺少必要的发展经费，校舍条件难以改善、教育教学设备难以及时更新、教师收入难以保障、教育质量难以提高，形成恶性循环。③民办幼儿园在教师培训、职称评定等方面还没有完全享受与公办幼儿园教师的同等待遇。

二、北京市学前教育立法的修改方向

《北京市学前教育条例》制定较早，已不能适应当前学前教育的规范和发

---

〔1〕 王宁：《关于"落实学前教育三年行动计划完善学前教育公共服务体系建设"议案办理情况暨学前教育供给保障情况的报告》，载《北京市人民代表大会常务委员会公报》2018 年第 3 期，第 34 页。

展。《北京市学前教育条例》的修改应当注重如下几个方面的内容：

（一）明确学前教育的公益属性

学前教育的公益属性是世界趋势。《国家中长期教育改革和发展规划纲要（2010—2020 年）》《国务院关于当前发展学前教育的若干意见》指出，学前教育是终身学习的开端，明确学前教育是国民教育体系的重要组成部分，是重要的社会公益事业。办好学前教育，关系亿万儿童的健康成长和千家万户的切身利益，关系国家和民族的未来。这是对学前教育性质的明确定位。

（二）明确普惠性是发展学前教育的重要任务

《国家中长期教育改革和发展规划纲要（2010—2020 年）》确定的学前教育发展目标是：积极发展学前教育，到 2020 年，普及学前一年教育，基本普及学前两年教育，有条件的地区普及学前三年教育。2010 年《国务院关于当前发展学前教育的若干意见》提出"发展学前教育，必须坚持公益性和普惠性，努力构建覆盖城乡、布局合理的学前教育公共服务体系，保障适龄儿童接受基本的、有质量的学前教育"。

（三）建立政府主导、社会参与、公办民办并举的办园体制

《国家中长期教育改革和发展规划纲要（2010—2020 年）》确定了"建立政府主导、社会参与、公办民办并举的办园体制。"提出"大力发展公办幼儿园，积极扶持民办幼儿园"。为此，《北京市中长期教育改革和发展规划纲要（2010—2020 年）》确立"到 2020 年，公办幼儿园数量达到总数的 50% 以上。采取政府购买服务等方式支持民办幼儿园提供优质平价服务"的具体目标。因此必须调整《北京市学前教育条例》所确立的将社会力量办学确定为举办学前教育机构的主体，将政府举办的学前教育机构定位在提高教育质量方面的示范和引导作用的旧体制，明确政府在发展学前教育事业中的主导地位。

（四）遵循幼儿发展规律的原则

针对目前普遍存在的幼儿园教育小学化的现象，应当将遵循幼儿发展特点作为实施学前保育、教育的基本原则，并以专门条款的形式加以规定，以确定其在学前教育中的指导方针地位。

（五）明确平等、公平是发展学前教育的基本原则

将保障幼儿受教育的机会平等，缩小城乡之间、区域之间学前教育发展的差距，实现各类性质学前教育办学主体的平等发展确定为立法修改的指导原则，并具体化为政府的义务。

第二章　义务教育中的立法现状

享受基本公共服务是公民的基本权利，保障人人享有基本公共服务是政府的

重要职责。就目前而言，北京市的义务教育立法呈现出规范性文件位阶不高的特征，往往针对具体问题出台相应政策，使得义务教育有关制度政策导向的情况比较突出。本文将结合北京义务教育的发展实际，就义务教育阶段北京市政府的职责履行提供建议，并就本领域地方立法聚焦的重点问题作出关注。

一、北京市义务教育地方立法现状

2006 年《中华人民共和国义务教育法》（以下简称《义务教育法》）修订以后，北京市修订了《北京市实施〈中华人民共和国义务教育法〉办法》。与此同时，《北京市实施〈中华人民共和国残疾人保障法〉办法》《北京市实施〈中华人民共和国民办教育促进法〉办法》，以及《北京市未成年人保护条例》等地方性法规中均就涉及义务教育的有关内容进行了规定。

在义务教育保障方面，近年来，北京市教育委员会与北京市人民政府教育督导室、北京市财政局、北京市民族事务委员会等单位相继制发了《关于进一步加强控辍保学提高义务教育巩固水平的通知》《关于调整基础教育学校生活补助标准等政策的通知》《关于完善义务教育阶段"三免两补"等政策的通知》《北京市支持乡村学校发展若干意见》《关于进一步完善城乡义务教育经费保障机制实施方案》等规范性文件。

总体而言，北京市作为义务教育实施较好的地区，已经通过规则的立改废将义务教育阶段政府职责更好地落实于一些前瞻性的领域，比如，2017 年，北京市教育委员会发布了《关于推进中小学章程建设的意见》。此外，北京市还针对北京的实际情况发布了一些具有针对性的规范性文件，比如北京市教育委员会、北京市财政局颁布的《关于进一步做好来京务工人员随迁子女在京接受义务教育工作的意见》等。不过，北京市的义务教育立法仍呈现出法律位阶不高、政策性突出的问题。往往针对具体问题，出台相应政策，政策导向可能削弱法治的刚性。

二、北京市义务教育的发展情况

截至 2015 年年底，全国 1302 个县（区）通过督导评估认定，完成 2015 年目标的 68%，完成了 2020 年目标的 47%。其中以北京市在当年已整体通过国家教育督导委员会的均衡评估。

（一）义务教育均衡化取得了显著的成绩

2015 年国务院教育督导委员会派出督导检查组对北京市的 16 个区县进行了实地督导检查，共随机抽查学校 231 所，其中小学 122 所，初中 53 所，一贯制学校 31 所，完全中学 25 所。在随后发布的《对北京市 16 个区县义务教育均衡发展督导检查反馈意见》中，国务院教育督导委员会指出：①在义务教育的基本办学标准方面，北京市结合实际，制定了义务教育学校办学基本达标的评估体系，包括专用教室配置、专用教室管理与使用、计算机配置、校园网建设、生均教学仪器设备值、生均图书册数 6 个指标。督导检查组对 16 个区县的相关指标进行了核查。核查结果：学校基本达到了义务教育的办学标准。②在义务教育的校际间均衡状况方面。义务教育校际间均衡状况的评估，以生均教学及辅助用房面积、生均体育运动场馆面积、生均教学仪器设备值、每百名学生拥有计算机台数、生均图书册数、师生比、生均高于规定学历教师数、生均中级及以上专业技术职务教师数 8 项指标，分别计算小学、初中综合差异系数。核查结果是：16 个区县的小学、初中综合差异系数均达到了国家标准。③区县政府推进义务教育工作情况。县级人民政府推进义务教育均衡发展工作的评估，主要从入学机会、保障机制、教师队伍、质量与管理四个方面 17 项指标进行，省级可适当增加指标。北京市根据实际，在实施办法中增加到 21 项指标，且要求量化总分达 90 分以上。核查结果：16 个区县政府推进义务教育均衡发展工作得分均在 93 至 98 分之间，达到了国家规定要求。

（二）义务教育均等化仍有一定差距

一是义务教育优质均衡发展的统筹推动力度不足。截止到 2016 年 6 月，全市仅有 4 个区以区政府的名义制发了区域推进义务教育优质均衡发展的实施意见。部分区实现区域教育优质均衡发展的影响因素和推进举措，缺乏系统分析、顶层设计和统领统筹。[1]

二是城乡教师资源配置不均衡。根据《中国统计年鉴（2017）》分地区普通小学、普通初中情况[2]，北京市的城乡教师资源配置数量差距明显，且城乡教师水平不一，也一定程度存在学科教师不配套现象。

三是城乡办学条件差异仍较大。表现为农村生均教育教学设施配置水平较低。据 2016 年北京市人民政府教育督导室统计，远郊城镇地区部分学校生均占地面积和生均建筑面积不达标。部分学校普通教室和专业教室不达标。生均运动场地不足情况比较严重[3]。

（三）义务教育阶段"就近入学""自主择校"等机会平等问题值得关注

在基本解决了适龄儿童和少年有学上的问题之后，对义务教育入学机会平等的关注就成为一个十分迫切的问题。有关义务教育入学机会平等的问题又集中体

---

〔1〕《北京市 2016 年中小学办学重点领域情况督导报告》，载北京市人民政府教育督导室官网：http://www.bjjydd.gov.cn/zwgk/ddbg/201706/t20170607_19904.html，最后访问日期：2018 年 1 月 23 日。

〔2〕《中国统计年鉴（2017）》，载中华人民共和国国家统计局官网：http://www.stats.gov.cn/tjsj/ndsj/2017/indexch.htm，最后访问日期：2018 年 1 月 7 日。

〔3〕《北京市 2016 年中小学办学重点领域情况督导报告》，载北京市人民政府教育督导室官网：http://www.bjjydd.gov.cn/zwgk/ddbg/201706/t20170607_19904.html，最后访问日期：2018 年 1 月 23 日。

现在对"就近入学"和"自主择校"两个问题的平衡之上。

一方面,"就近入学"作为一项基本的义务教育入学制度,它指义务教育阶段的适龄儿童有权在自己的户籍所在地和规章规定的服务半径内接受法定的义务教育。《义务教育法》第 12 条规定,政府应当保障适龄儿童、少年"就近入学"。"就近入学"的实质和目的在于方便适龄儿童、少年就学,保障其享有平等地接受教育的权利。另一方面,在教育实践中,由于经济因素、社会因素、历史因素等差异而导致教育资源的分布不均,使得由此引发的择校之风屡禁不止,同时也带来了高额择校费、学区房价格飙升等一系列问题。

"就近入学"在法理层面的本意是实现适龄儿童和少年入学的公平性和方便性,意味着受教育者应当在法律规定和保障的服务半径内享受义务教育,同时防止其他因素阻碍受教育者获得义务教育的权利,但是,当义务教育普及率和巩固率达到较高水平之后,对教育公平的追求则更多地体现在对"高质量"和"高水平"义务教育的普及上,人民群众的教育利益诉求也转向了较高层面的要求。

从"就近入学"与"自主择校"的关系来说,"就近入学"所要实现的公平是建立在通过对受教育者"自主择校"权限制的基础之上。不过,实施"就近入学"需要一定的条件,需要一个实践过程。首先,目前的"就近入学"政策以户籍所在地决定所上学校,对于适龄儿童来说并非真正的教育机会均等。由于父母户籍所在地教育质量的差异,办学水平参差不齐,"就近入学"只能保证最低条件下的入学机会平等,而学生往往很难获得同质的教育内容。其次,要保证"就近入学"的有效实施,就需要解决好学校间差距过大的问题。教育资源的有限性不可避免地使人们关注优质教育资源配置的有效性和公平性。"自主择校"借助市场因素有着自身的积极意义,但使得在竞争中校际间的差距越拉越大,把优质教育资源与普通教育资源的供需矛盾对立起来,这就在一定程度上妨碍了义务教育的普及与提高。

(四)保障"流动人口"接受义务教育存在制度困境

随着城市规模的不断扩大和人口增长的周期性变化,以及城市资源与环境压力的增大,北京市义务教育面临着供需失衡,瓶颈制约等诸多问题,困难与挑战重重。2014 年起,北京市依据《义务教育法》,结合首都功能定位和经济、资源特点提出了非本市户籍适龄儿童少年接受义务教育证明证件材料审核要求,即通常说的"五证",目的是在教育资源相对紧张的前提下,依法保障进城务工人员随迁子女接受义务教育的权利,并公开、规范工作程序。

从有关制度实施的情况来看,尽管非京籍学生坚持了严格的"五证"审核制度,但与京籍学生只能"按区教委划定的学校服务片参加学龄人口信息采集,免试就近入学"相比,非京籍学生在实际入学方面享有一定灵活性。目前仅义务教育阶段，非京籍学生已达到 41%，加剧了义务教育入学竞争的激烈度和各种社会矛盾。

《北京市"十三五"时期教育改革和发展规划（2016—2020 年）》指出，北京市将减少教育对外来人口的吸引，发挥教育在首都人口调控中的积极作用。巩固义务教育阶段学生就近入学，化解向中心城区流动的压力。严格规范义务教育阶段非北京市户籍适龄儿童入学工作，坚持"五证"审核。支持民办义务教育阶段学校在远郊区办学，接收非北京市户籍适龄儿童接受义务教育。为此，北京市从入学条件、申请渠道、中考限制等多个方面采取了限制措施。基于义务教育公平性的特点，保障流动人口同本市人口接受同等教育是制度化的刚性要求。如何化解疏解外来人口同义务教育均衡化发展的冲突，是北京市在接下来的义务教育工作中解决的重点问题。

第三章 民办教育的立法现状

改革开放以来，我国民办教育取得了长足发展，经历了从无到有、从小到大、从弱到强，从"拾遗补阙"到"不可或缺"的地位变迁，成为我国教育事业的重要组成部分和教育改革的重要力量。经过多年的探索，民办教育的相关制度在积极探索与变革中不断建立健全，最新修订的《中华人民共和国教育法》（以下简称《教育法》）、《中华人民共和国高等教育法》（以下简称《高等教育法》）、《中华人民共和国民办教育促进法》（以下简称《民办教育促进法》）、《中共中央 国务院关于学前教育深化改革发展的若干意见》等教育法律体系对多元办学体制进行了确认，标志着我国民办教育进入分类管理的新阶段，民办教育的发展将在分类管理的框架之下进行制度创新。

一、分类管理背景下民办教育法律制度落实面临的困境

民办教育本身的复杂性、多样性、诉求多元化特点，加之分类管理改革本来涉及理论探索、制度设计、法律修订、社会环境营造等诸多因素，决定了这一改革势必遇到各种各样的难题。[1]

（一）法律体系供给不足

1. 民办教育法律体系尚不完善

现有教育制度体系是由法律、行政法规、部门规章、地方性法规和地方政府规章等规范性文件共同组成的，各自之间只有相互衔接才能充分发挥管理作用，目前国家层面的顶层设计尚缺乏与新法相配套的行政法规。

---

[1] 范绪峰：《民办学校分类管理改革难在哪》，载《教育发展研究》2015 年第 Z1 期。

2018 年 4 月，教育部公布《中华人民共和国民办教育促进法实施条例（修订草案）（征求意见稿）》（以下简称《征求意见稿》），《征求意见稿》与对既有的《中华人民共和国民办教育促进法实施条例》内容做了较大范围的调整，对 31 个原条文进行了修改，新增 19 个条文，删除 8 个条文，同时调整了章节结构，将第二章并入第三章，新增教师与受教育者、管理与监督两章；从加强民办学校党的建设、改善和明确支持措施、完善民办学校设立与审批制度、规范民办学校办学行为和内部治理、规范教育培训机构、维护举办者合法权益、强化教师权益保障和健全监督管理机制等方面对上位法进行了细化。2018 年 8 月，司法部公布《中华人民共和国民办教育促进法实施条例（修订草案）（送审稿）》（以下简称《送审稿》），《送审稿》对《征求意见稿》内容做了部分调整，对 29 个条文进行了修改，新增 2 个条文，在章节结构上与征求意见稿变动较小。主要变动集中于集团化办学、在线教育、关联交易、公办学校参与民办学校办学等相关内容。

受《送审稿》的影响，《送审稿》公布后交易的第一天，港股与美股教育板块均出现不同程度的下跌，其中，港股教育板块出现集体性暴跌，宇华教育、新华教育、枫叶教育等教育上市公司紧急发布公告，意图维持市场信心。虽然市场出现的恐慌情绪与股市的波动根源于市场各方对于《送审稿》的误读，但也强烈的折射了民办教育市场各主体对于国家层面民办教育法律法规的关注，法律法规的缺失带来的不确定也会给民办教育市场带来强烈的影响。

2. 相关法律需要协调

《民办教育促进法》确认了营利性民办教育的合法地位的同时，亦规定营利性民办学校的办学结余、清偿债务后的剩余资产依照《中华人民共和国公司法》（以下简称《公司法》）等有关法律、行政法规的规定处理，由此可知，营利性民办学校的审批设立、组织运行、监督管理等除了要依据《民办教育促进法》外，还要执行《公司法》有关规定，面临着一些法律政策的衔接问题。比如，营利性民办学校的名称，按照《公司法》第 8 条的规定，必须标明"有限责任公司"或者"股份有限公司"的字样，这将对学校的社会形象、办学行为和证书发放等造成一定影响。[1]此外，营利性民办学校的治理结构与公司法规定的治理结构也存在差异。

根据教育部等五部门关于印发《民办学校分类登记实施细则》第 7 条的规

---

〔1〕 工商总局、教育部于 2017 年 8 月 31 日下发《关于营利性民办学校名称登记管理有关工作的通知》（工商企注字〔2017〕156 号），在强调"其名称应当符合公司登记管理和教育相关法律法规的规定"的同时，提出可以使用"省略学校的公司组织形式"的"简称"，但"仅限用于学校牌匾、成绩单、学位证书、学历证书、招生广告和简章"。

定：正式批准设立的非营利性民办学校，符合《民办非企业单位登记管理暂行条例》等民办非企业单位登记管理有关规定的到民政部门登记为民办非企业单位，符合《事业单位登记管理暂行条例》等事业单位登记管理有关规定的到事业单位登记管理机关登记为事业单位。而根据《事业单位登记管理暂行条例》第2条的规定，事业单位是指国家为了社会公益目的，由国家机关举办或者其他组织利用国有资产举办的，从事教育、科技、文化、卫生等活动的社会服务组织。与《民办教育促进法》中国家机构以外的社会组织或者个人，利用非国家财政性经费，面向社会举办学校及其他教育机构的活动存在矛盾。

（二）营利性民办教育法律制度设计不足

一是对于营利性民办教育的概念与类型未有明确的厘定。《民办教育促进法》之中出现了三个概念：营利性民办学校、营利性民办教育机构和营利性民办培训机构，而在目前出台的中央立法及配套政策中难觅到对于上述概念的界分，也未有对于营利性民办教育形态的具体表述。虽然新近出台的《国务院办公厅关于规范校外培训机构发展的意见》（国办发〔2018〕80号）作为我国第一个国家层面规范校外培训机构发展的系统性文件，它具有里程碑式的意义，而其所针对的对象主要是基础教育阶段学校之外的培训机构，尚不能涵盖所有的民办培训机构。

二是缺失对营利性民办教育的投融资及风险防范制度的设计。营利性民办教育是资本与教育的结合，资本的到来既重塑了教育行业、教育产业结构，同时也引发了一些新问题——毕竟不同类型的资本是带着不同的预期进入到教育领域之中。面对当下的各种教育投融资的形式，特别是各类教育机构通过可变利益实体（Variable Interest Entities，VIE）海外上市的风潮，如何防范营利性民办教育的运行风险，以及建立何种的风险防范机制，尚未有精良的制度设计。

二、分类管理背景下北京市民办教育地方立法现状

改革开放以来，北京市民办教育的发展取得了长足的进步，截至2019年3月，根据北京市教育委员会官方网站公布的2018—2019学年度北京教育事业发展统计概况可知：北京市共有各级各类民办学校957所，毕业生7.47万人，招生9.72万人，在校生30.29万人，教职工5.61万人，包括专任教师2.82万人。[1] 从学校数量、在校生规模和教职工数来看，北京市民办教育已经成为北京市教育事业的重要组成部分，北京市民办教育的发展有效地丰富了首都教育服务供给，为创新教育体制机制作出了一系列探索和尝试，为满足首都群众多样化教育需求做出了积极贡献。

---

〔1〕《2017—2018学年度北京教育事业发展统计概况》，载北京市教育委员会官方网站：http://jw. beijing. gov. cn/xxgk/ywdt/ywsj/201804/t20180404_41205. html，最后访问日期：2018年10月30日。

相较于民办教育的快速增长，北京市民办教育的地方立法较为滞后。2002年《民办教育促进法》出台后，2006年北京市颁布《北京市实施〈中华人民共和国民办教育促进法〉办法》。2018年1月，北京市教育委员会发布《关于加强北京市民办非学历教育机构管理工作的若干意见》，该意见明确北京市教育委员会将研究制定鼓励民办非学历教育机构转型发展、有序退出的配套政策，结合首都城市战略定位，按照中央和北京市疏解非首都功能和促进民办教育健康发展的要求，决定不再新审批民办非学历高等教育机构，推动现有机构从城六区向郊区转移，鼓励部分机构转型为民办幼儿园。2018年4月，北京市教育委员会、市民政局、市人力社保局和市工商局联合公布《校外培训机构专项治理行动实施方案》，该方案明确了本次治理行动主要有三大任务，即治理行业乱象、规范办学行为、消除安全隐患。2019年2月14日，北京市教育委员会发布《北京市普惠性幼儿园认定与管理办法（试行）》。其中就普惠性幼儿园的认定、保障、管理及相关要求等四个方面做了相应的规定。依据《北京市第三期学前教育行动计划》，本市将构建以公办幼儿园和普惠性民办幼儿园为主体、公办民办并举的多种形式的学前教育公共服务体系，推进学前教育普及普惠安全优质发展。可见，目前北京市的地方立法以规范性文件为主，政策性强且层级较低，而且治理的重点虽然指向了民办教育培训机构，但是对于新法新政之下民办教育学校分类管理的相关制度尚未及时跟进。

三、北京市民办教育地方立法聚焦的重点问题

具体而言，北京市地方立法还应在以下方面有所作为：

一是关注民办教育的市场准入制度。《民办教育促进法》已经对民办教育的准入领域、准入方式、准入条件、准入程序、准入标准进行了规定，具体到地方而言，立法的空间重点在于在国家标准的基础之上地方标准的建立与完善，特别是针对营利性民办教育市场准入制度的关切，标准的高低，意味着营利性民办教育市场主体进入市场门槛的高低，因此，新法实施后，营利性民办学校作为一种新的市场主体，应当从准入的层面完善营利性民办学校发展的激励制度，给营利性民办学校的发展创设积极宽松、公平有序的政策环境。

二是关注营利性民办教育培训机构的治理。北京市民办教育机构数量庞大、种类繁多，覆盖领域广泛，经营范围类别也五花八门，如文化咨询、教育咨询、技术服务、中介服务、学生课外辅导服务等，而目前在市场上活跃的民办教育培训机构普遍未经教育部门或者人社部门批准，而直接在工商行政管理部门登记，多属于无证经营的情形。北京市民办教育机构的发展现状为有效的监管带来难度，也为民办教育新政的落实带来了挑战，未来应从以下方面促进其规范发展：第一，全面把握现存民办教育机构数量、类型及经营范围，可以参考已公布的

《征求意见稿》第 15 条的规定确定民办教育机构的分类标准。第二，在民办教育分类标准确定的基础上，开展分类规制，特别是明确属于教育行政执法的主要对象，即以从事针对中小学学生以升学为目的，与课程辅导有关、进行课业培训的民办培训机构。此类教育培训机构干扰与冲击了公办学校的教学秩序，冲击了课堂教学内容，并影响了公立学校教师的执业行为，应当予以重点监管。第三，应当根据最新出台的中央文件，明确规范校外培训机构的主要目的，在此基础上合理界定教育部门的监管范围。根据教育部办公厅等四部门联合发布了《关于切实减轻中小学生课外负担开展校外培训机构专项治理行动的通知》，对校外培训机构进行专项整治的重点在于以下两点：①治理无资质和有安全隐患的培训机构，把确保学生安全放在首要位置。对存在重大安全隐患的校外培训机构要立即停办整改；②治理数学、语文等学科类超纲教、超前学等"应试"培训行为，把减轻学生校外负担放在最突出位置。

三是切实转变政府职能，创新民办教育管理方式。在教育变革的时代，切实促进政府职能转变，厘定政府、市场与社会职责边界，以有效的制度创新激发各主体发展教育的积极性，构建促进我国教育健康、可持续发展的治理体系是一个重大的时代命题。地方民办教育立法应当深入推进"放管服"改革，将清单式管理引入民办教育治理，按照"法定职责必须为、法无授权不可为"原则，在教育系统全面实行权力清单、责任清单负面清单制度[1]，建立规范、精简和高效的教育行政审批流程，创新行政管理方式，改进和提升教育管理服务质量。

四是强化行业组织自律作用。鼓励和支持各类民办教育行业协会、社会中介机构及其他非营利性联盟组织，参与民办教育共同治理，维护民办教育行业秩序，强化民办学校自我约束能力。[2]

五是关注民办教育投融资制度及风险防范的制度设计。资本推动下的民办教育大爆发，势必对原有的民办教育生态产生冲击，面对分类管理的顶层设计，地方立法一方面应当为资本进入教育领域提供引导机制与政策保障，畅通民办教育投融资的体制机制；另一方面应建立健全因投融资引发的办学风险进行制度防范，如建立健全民办教育办学风险预警机制、建立健全民办教育状况监测机制，对民办教育关联交易的公开化、透明化、规范化进行规制，实施信息强制披露制度，此外针对教育投融资过程中的失范行为，监管部门应加大执法力度并实施违规失信的惩戒机制等。

---

[1] 《在教育系统全面实行权力清单、责任清单、负面清单制度》，载《上海法治报》2016 年 11 月 7 日，第 A04 版。

[2] 董圣足：《新政之下地方民办教育制度调适与创新的若干思考》，载《浙江树人大学学报（人文社会科学版）》2017 年第 2 期。

第四章 职业教育的立法现状

百年前，师夷长技以制夷，我国机器制造业严重缺乏，今天我们俨然成为"世界工厂"。每一个城市，从地方到中央，都紧缺合格的技工。按照经济学上的供需理论，如果技工紧缺，那么人们应该争相报考中职、高职学校。但社会调查显示大多数中职、高职学生是因为没能考上普高、没能考上本科才选择职校。供需理论在这里是失效的，所以职业教育不能市场化，相反，政府应该发挥好其管理职责。大的方针是在国务院领导下，分级管理，地方为主，政府统筹；具体而言，政府的首要职责是协调、经费扶持、教育质量监管和规范立法。

一、职业教育中政府立法职责的问题

1996 年《中华人民共和国职业教育法》（以下简称《职业教育法》）的颁布距今已经 20 多年，中国的职业教育已经发生了翻天覆地的变化，全国共有1.33 万所职业院校，基本达到高职院校布局遍及每个城市、中职学校布局遍及绝大多数县区；职业院校开设近千个专业、拥有近 30 万个专业点，基本覆盖了国民经济各个领域。仅 2010 年以来，我国共颁布 100 余份有关职业教育的政策文件，21 世纪以来，德国、美国、英国纷纷修订职业教育法，我国的《职业教育法》亟须修改。

（一）教育政策性文件急剧增加

表 1 职业教育宏观政策文件

序　号	文件名	文　号	颁布主体
1	关于加快发展现代职业教育的决定	国发〔2014〕19 号	国务院
2	现代职业教育体系建设规划（2014—2020 年）	教发〔2014〕6 号	教育部等 6 部门
3	关于推进学习型城市建设的意见	教职成〔2014〕10 号	教育部等 7 部门
4	关于加快推进职业教育信息化发展的意见	教职成〔2012〕5 号	教育部
5	关于加快发展面向农村的职业教育的意见	教职成〔2011〕13 号	教育部等 9 部门
6	关于推进高等职业教育改革创新引领职业教育科学发展的若干意见	教职成〔2011〕12 号	教育部
7	关于推进中等和高等职业教育协调发展的指导意见	教职成〔2011〕9 号	教育部
8	关于加强职业培训促进就业的意见	国发〔2010〕36 号	国务院
9	中等职业教育改革创新行动计划（2010—2012 年）	教职成〔2010〕13 号	教育部、人力资源和社会保障部

2010 年以来，我国共颁布 101 份有关职业教育的政策文件，依据政策内容，除去日常管理的通知文件（65 份），基本可以划分为宏观政策（9 份）、学校管

理（15 份）、专项文件（12 份）三个类别。

其中 2010 年颁布的政策文件为 29 份、2014 年为 23 份，基本上平均每月颁布两项政策文件，是"十二五"期间密集颁布职业育政策文件的关键政策期。国务院、教育部联合其他部门、教育部颁布的政策文件分别为 2 份、13 份、86 份，分别约占政策文件总数的 2%、13%、85%，建设现代职业教育体更多地成了教育部门的事务。

（二）学校管理的文件

2010 年和 2014 年为职业教育学校管理政策文件颁布最为密集的两个年份，分别颁布 6 份和 5 份政策文件（见表 2）。2010 年有关职业教育学校管理的政策文件主要涉及中等职业学校设置标准、学校管理规程、学校专业目录、学生学籍管理办法、班主任队伍建设和发展、校园文化建设等，基本涵盖中等职业学校建设的关键性政策问题。2014 年有关职业教育学校管理的政策文件主要涉及教育行业标准、现代学徒制试点、中等职业学历教育学生学籍管理办法、中等职业学校学生管理系统、中等职业学校德育大纲等，囊括了职业学校建设的内部管理制度。从颁布主体来看，以教育部为主，总计 13 份，约占整个政策文件的 87%；教育部联合人力资源和社会保障部颁发 2 份，约占 13%。

表 2　职业教育学校管理政策文件

序　号	文件名	文　号	颁布主体
1	职业院校数字校园建设规范	教职成函〔2015〕1 号	教育部
2	中等职业学校德育大纲（2014 年修订）	教职成〔2014〕14 号	教育部
3	《职业院校护理专业仪器设备装备规范》等五项教育行业标准	教职成函〔2015〕14 号	教育部
4	中等职业学历教育学生学籍电子注册办法（试行）	教职成〔2014〕12 号	教育部
5	关于开展现代学徒制试点工作的意见	教职成〔2014〕9 号	教育部
6	关于做好全国中等职业学校学会说呢过管理信息系统建设工作的通知	教职成函〔2014〕6 号	教育部
7	全国职业院校技能大赛三年规划（2013—2015 年）	教职成函〔2013〕1 号	教育部
8	关于进一步完善职业教育教师培养培训制度的意见	教职成〔2011〕17 号	教育部
9	关于充分发挥行业指导作用推进职业教育改革发展的意见	教职成〔2011〕6 号	教育部
10	关于加强中等职业学校班主任工作的意见	教职成〔2010〕14 号	教育部、人力资源和社会保障部

续表

序　号	文件名	文　号	颁布主体
11	中等职业学校设置标准	教职成〔2010〕12号	教育部
12	关于加强中等职业学校校园文化建设的意见	教职成〔2010〕8号	教育部、人力资源和社会保障部
13	中等职业学校学生学籍管理办法	教职成〔2010〕7号	教育部
14	中等职业学校管理规程	教职成〔2010〕6号	教育部
15	中等职业学校专业目录（2010年修订）	教职成〔2010〕4号	教育部

（三）我国未来职业教育法的修订方向

可见，《职业教育法》到了修订的时候，教育部政策法规司2018年工作要点把《职业教育法》的修订提上了日程。

1. 明确职业教育的法律地位

职业教育长期以来被误认为是学历教育的某种层次，而非相对于普通教育的一种独立的教育类型，导致部分职业教育机构片面追求学历升格，偏离了职业教育的职业性和就业导向，不利于就业机构的优化。

《中华人民共和国宪法》（以下简称《宪法》）第19条第2款规定："国家举办各种学校，普及初等义务教育，发展中等教育，职业教育和高等教育，并且发展学前教育。"为此，应在修订《职业教育法》时，明文确定职业教育是国家的教育类型之一，和普通教育同等重要，不是普通教育系统内的层次教育。在德国《职业教育法》是职业教育的基本法，而并非《教育法》的子法。

2. 立法应保障校企合作制度

校企合作、工学结合、顶岗实习等政策规范在《职业教育法》中没有明确规定，使其成为缺乏法律法规指引和约束的"自愿行为"。职业院校与企业合作的层次、深度不够，主要表现为假象合作、被动合作和牵制性合作。实习过程中实习生与企业之间的法律关系、学生权益、劳动报酬、劳动安全、劳动保障等规定缺失。同时，学校、企业、学生等主体之间的权利、义务和责任，也没有程序法规定。校企合作无法可依、无章可循；学生实习的安全责任分担机制不健全，企业难以承担其风险，成为制约我国职业教育发展的瓶颈。

3. 健全职业教育责任制度

现行《职业教育法》的责任条款内容太少，不能有效地对违反职业教育法定义务或不当行使权利的人或机构予以处罚。因此在修法时应设立专门的法律责任章节，对违反《职业教育法》的行为做出详细、明确的处罚规定，尤其要对目前难以划分责任关系的行为做出具体规定。设立专门的职业教育监察机构，规定其监督与执法的具体职责、任务与手段等，构建职业教育监察体系，解决《职业教育法》实施过程中的监督、执法缺位问题。理清职业教育管理体制不顺的问题，使职能部门在规定的职责范围内，依法行事，并使监督结果与职能部门有关机构与人员的发展、奖惩相挂钩。

三、北京市职业教育立法修法展望

总体而言，目前职业教育的地方立法滞后，不能满足现实需求。20 多年前，全国人大为了建设社会主义市场经济，颁布了《职业教育法》。但是 20 多年过去了，时代和社会发生了很大的变化，特别是《中国制造 2025》的出台，到 2025 年迈入制造强国行列。无论是中央还是地方都需要立新法修旧法以适应社会。

（一）北京市职业教育地方立法现状

1996 年全国人大常委会颁布了《职业教育法》，相应地，1997 年北京市人大颁布《北京市实施〈中华人民共和国职业教育法〉办法》；2014 年国务院发布《国务院关于加快发展现代职业教育的决定》，相应地，2015 年北京市人民政府颁布《北京市人民政府关于加快发展现代职业教育的实施意见》；2016 年北京市教育委员会颁布《关于印发〈提升中职学生职业素养指导意见〉的通知》。北京市已有的三个立法性文件中，比较切合当今职业教育现状的是《北京市人民政府关于加快发展现代职业教育的实施意见》，针对北京市的职业教育，该实施意见有如下规划：

第一，到 2020 年，中职教育在校生规模 6 万人左右，专科层次高职教育在校生规模 10 万人左右，高职与本科衔接职业教育在校生规模 1 万人左右，应用型本科层次和专业学位研究生达到一定规模。职业院校每年完成从业人员技术技能培训 50 万人次以上。

第二，到 2020 年，校企深度合作的职业教育集团达到 15 个左右；对接产业优化升级，建设 100 个精品特色专业（点）；对接企业人才需求，建设 100 个校企合作。

第三，到 2020 年，建成 10 所左右国际先进水平的职业院校和一批骨干专业，形成具有国际竞争力的人才培养高地。建设一支高水平、国际化、专兼结合的"双师型"教师队伍，"双师型"教师占专业课教师的比例达到 80% 以上。

2018 年 4 月 12 日，北京市教育委员会，北京市发展和改革委员会、北京市财政局、北京市人力资源和社会保障局、北京市人民政府教育督导室，关于印发《北京职业教育改革发展行动计划（2018—2020）》，主要目标是，到 2020 年，全市职业教育规模结构更加合理，院校布局和专业设置与首都经济社会发展更加契合，现代职业教育和培训体系基本形成，职业教育发展环境更加优化，职业院校办学能力和贡献力更加显著，形成职普相互融通、成教充分融合、学段衔接贯通、校企协同育人的职业教育发展新局面。

（二）北京市职业教育地方立法修法的重点

上述《北京市人民政府关于加快发展现代职业教育的实施意见》和《北京职业教育改革发展行动计划（2018—2020）》为北京市职业教育的发展指明了方向。当然，北京也需要借鉴其他省市的立法经验。上海、天津等地早在十多年前就颁布了《职业教育条例》，北京市除了在1997年根据《职业教育法》制定了一部《北京市实施〈中华人民共和国职业教育法〉办法》之外，二十多年来，针对职业教育，北京市除了上面三个立法性文件和一个政策性文件外，目前还没有专门的《职业教育条例》。广东省在2018年5月31日也通过了《广东省职业教育条例》。依据中央的立法趋势，结合北京市职业教育的规划，在借鉴其他省市的基础上，北京市的地方立法重点在以下几方面：

第一，需要进一步明确政府职责。省人民政府应当统筹发展全省各级各类职业教育，优化职业教育结构和布局，推动职业教育协调发展。县级以上人民政府应当将发展职业教育纳入国民经济和社会发展规划，履行发展职业教育职责，依法加强职业教育督导工作。

第二，健全职业教育体系。《中国制造2025》明确规定，高等职业学校教育包括专科、本科和研究生层次教育。研究生层次的职业教育可以由普通高等学校实施。这个文件极大地丰富了职业教育体系，把职业教育提升到了研究生层次。中等职业学校教育由中等职业学校实施；高等职业学校教育包括专科、本科和研究生层次教育，根据需要和条件分别由高等职业学校和普通高等学校实施。其他学校按照教育行政部门规定的标准和程序，可以实施相应层次的职业学校教育。

第三，完善校企合作机制。目前，校企合作无法可依、无章可循；学生实习的安全责任分担机制不健全，企业难以承担其风险，成为制约我国职业教育发展的瓶颈。这方面可以借鉴《广东省职业教育条例》，其对校企合作的实施方式、监管和责任做了具体规定。

第四，关于高考"单一指挥棒"的问题。目前，高考成了"单一指挥棒"，绝大多数青年都试图把"高考—上大学"当成自己唯一的路，千军万马挤独木桥，只有从桥下摔下来才会选择职业教育。这造成了大量时间和资源的浪费，因为并不是每一个人都适合走"高考—大学"之路，如果提前分流的话，就不至于在高考上浪费大量时间。并且，当大学生越来越多时，大学毕业生就面临竞争和"毕业即失业"的问题。所以，要提前分流，让青年有更多的选择，而不是单一地选择高考。

但是，解决提前分流的问题，解决高考"单一指挥棒"的问题不是靠论证，而是靠实践。只要在实践中提升了职业教育的认可度，提前分流的问题就解决了。因为提前分流的前提是自愿选择，如果职业教育没有好教学质量和前景，青年是不会选择就读职业教育，所以，一方面要完善校企合作，提升职业教育的教学质量，另一方面，政府需要协调信息，既要协调职业教育与高等教育的课程设置与人员比例配置，又要协调职业教育内部的专业设置。要完全以就业市场为取向，通过对历年的就业信息的大数据分析，来判断明年的专业人员的分配计划，以避免市场的盲目性保证青年们在全面分析信息的基础上做出正确的选择。

第五，完善职业学校教师资格标准、教职工编制标准、教师企业实践、集团化办学等制度；制定政府购买职业教育培训的政策；完善职业学校学生资助政策；制定鼓励社会捐赠的优惠政策等。

第五章　家庭教育的立法现状

一、政策与立法储备

中央层面首次提出家庭教育立法是 2010 年 7 月中共中央、国务院印发的《国家中长期教育改革和发展规划纲要（2010—2020 年）》，纲要要求按照全面实施依法治国基本方略的要求，加快教育法制建设进程，完善中国特色社会主义教育法律法规。根据经济社会发展和教育改革的需要，修订教育法、职业教育法、高等教育法、学位条例、教师法、民办教育促进法，制定有关考试、学校、终身学习、学前教育、家庭教育等法律。加强教育行政法规建设。各地根据当地实际，制定促进本地区教育发展的地方性法规和规章。纲要充分体现了党和国家对家庭教育立法的高度重视。近几年的全国"两会"和地方"两会"，一直有人大代表和政协委员不断提出建议与提案，呼吁家庭教育立法。2010 年底全国妇联、教育部成立家庭教育立法调研工作组和专家组，启动家庭教育立法工作。2011 年 7 月 5 日，全国妇联、教育部、中央文明办、全国人大内务司法委员会等有关部门领导和相关领域的专家在京召开家庭教育立法调研工作第一次会议，启动了立法调研课题项目。立法项目课题组分别在湖北、云南、广东三省采取典型抽样、问卷调查、小组访谈等方式进行了立法调研，拟定了家庭教育法建议稿。项目于 2012 年年底完成，形成了家庭教育立法调研报告。2014 年 6 月全国妇联在北京举行了家庭教育立法课题研讨会，提出了推动家庭教育立法进程，年内完成立法建议稿的要求。2015 年 4 月全国妇联在重庆召开推进家庭教育立法工作座谈会，要求在已开展家庭教育立法调研和专家建议稿的基础上，年底前拟出家庭教育立法建议稿。

目前，已建立了由全国妇联牵头负责，教育部等相关部门配合参与的家庭教育立法工作机制，并已形成家庭教育促进法专家建议稿。全国人大教科文卫委员会将适时开展立法前期调研和论证工作，进一步推动家庭教育立法进程。2015

年 3 月，十二届全国人大三次会议上，又有陈秀榕等 32 位代表提出了 1 件关于制定家庭教育促进法的议案。2015 年 12 月全国人大教科文卫委员会在议案处理报告中认为，目前，已建立由全国妇联牵头负责，教育部及相关部门配合并共同参与的家庭教育立法工作机制。教科文卫委员会也将对议案提出的立法可行性、必要性及具体建议进行研究，开展前期立法调研和论证工作，积极推动家庭教育立法进程。2016 年 3 月全国"两会"期间，全国妇联向全国政协十二届四次会议提出了《关于将制定出台〈家庭教育促进条例〉纳入国务院法制办立法规划的提案》。

二、立法现状

（一）我国法律规范中有关家庭教育的规定

新中国成立以来，我国先后有 2 部法律规范涉及家庭教育［《宪法》、《中华人民共和国婚姻法》（以下简称《婚姻法》）］、3 部直接使用"家庭教育"的表述［《教育法》、《中华人民共和国未成年人保护法》（以下简称《未成年人保护法》］、《中华人民共和国反家庭暴力法》（以下简称《反家庭暴力法》）。涉及家庭教育的法律最早见于 1950 年 5 月中央人民政府委员会颁布的《婚姻法》，其第 13 条第 1 款规定，"父母对于子女有抚养教育的义务"。1980 年 9 月全国人大常委会对 1950 年《婚姻法》作了进一步补充，在原条文基础上增加了两条，第 17 条"父母有管教和保护未成年子女的权利和义务"；第 29 条"离婚后，父母对于子女仍有抚养和教育的权利和义务"。1982 年《宪法》首次在"公民的基本权利和义务"中规定："父母有抚养教育未成年子女的义务"。这是与家庭教育相关的条文首次写进中国宪法，标志着家庭教育被正式纳入宪法框架，有了国家根本大法的法律地位。

1995 年制定的《教育法》在法律中首次提出"家庭教育"概念。该法在第 49 条第 2、3 款中规定："未成年人的父母或者其他监护人应当配合学校及其他教育机构，对其未成年子女或者其他被监护人进行教育。学校、教师可以对学生家长提供家庭教育指导。"这些内容不仅规定了父母教育子女的家庭责任，而且明确了学校与老师对家庭教育的指导义务。1991 年 9 月制定的《未成年人保护法》在 2006 年 12 月修订时，增加了家庭教育的内容（第 4、6、11 条），同时，增加规定："父母或者其他监护人应当学习家庭教育知识，正确履行监护职责，抚养教育未成年人。有关国家机关和社会组织应当为未成年人的父母或者其他监护人提供家庭教育指导"（第 12 条）。这些规定明确了家长的义务以及国家、社会参与家庭教育的义务，以及家庭教育的打定内容，提升了家庭教育的法律地位。2015 年 12 月制定的《反家庭暴力法》第 12 条规定："未成年人的监护人应当以文明的方式进行家庭教育，依法履行监护和教育职责，不得实施家庭暴力。"

这些规定对父母如何履行职责、当好家长明确了法定责任，并对国家机关、学校、社会组织推进家庭教育工作提出了明确要求。

（二）地方立法的探索

经中共中央、国务院审议通过的《国家中长期教育改革和发展规划纲要（2010—2020 年）》，在第二十章中明确提出："制定有关考试、学校、终身学习、学前教育、家庭教育等法律。"全国妇联、教育部等七部门制定的《关于指导推进家庭教育的五年规划（2011—2015）》提出："推进家庭教育法律政策完善，促进家庭教育立法取得实质性成果。"

十多年来，家庭教育地方立法的先行实践，为家庭教育立法积累了经验，奠定了基础。2001 年 7 月至 2003 年 12 月，上海市妇联、市家庭教育研究会在市人大教科文卫委员会和市教委的指导下，以课题研究方式立项研究家庭教育立法。研究工作历时两年半，形成了 10 项研究成果，包括《上海市家庭教育条例》的基本框架和重要条款的研究、草案建议稿及草案起草说明等。深圳市 2007 年完成了《深圳市家庭教育条例》草案讨论稿。2011 年 1 月上海市人大常委会通过了《上海市终身教育促进条例》，条例吸纳了家庭教育立法工作成果，一是将家庭教育纳入终身教育范畴；二是明确教育行政部门是终身教育的主管部门；三是明确妇联会同教育行政部门指导和推进家庭教育。2014 年通过的《河北省终身教育促进条例》《宁波市终身教育促进条例》也参照上海作了同样的规定。2015年以来，贵州、天津、吉林、山西、辽宁鞍山、山东青岛、浙江杭州、浙江宁波等也相继启动了家庭教育立法工作。贵州省人大常委会将家庭教育纳入 2015 年、2016 年立法计划调研项目。2016 年 2 月 24 日新疆政府法制办公室在官网上公开征求《新疆维吾尔自治区父母培养和教育子女责任办法（征求意见稿）》意见，该办法或将作为省级政府规章颁发。该办法基本上就是家庭教育方面的规范性文件，分为总则、父母与未成年子女、促进与保障、法律责任、附则共五章 36 条，明确并强化了父母的家庭教育主体责任、细化了家庭教育的行为、内容、工作机制等。重庆市 2013 年将家庭教育立法列入四届人大常委会立法规划审议项目，2015 年列入立法计划预备项目，2016 年列入了立法审议项目。

第六章　特殊教育的立法现状

一、残疾人教育

目前，北京市义务教育阶段的特殊教育已形成随班就读为主、特殊教育学校为骨干、送教上门为补充的发展格局。截至 2013 年，北京市共有特殊教育中小学校 22 所，在校生 2988 名，（其中 285 名重度和多重残疾学生接受送教上门服务），另有 5682 名残疾学生在全市 1093 所普通中小学随班就读。[1] 首先，根据 2015 年"北京市残疾人基本状况与需求专项调查"数据显示，随班就读学生占全部入学残疾学生的 59.4%，随班就读成为残疾学生接受教育的主要形式。其次，自 1985 年以来，北京市特殊教育学校数量也在逐渐增加，各区县教育行政部门依托当地的特殊教育学校建立特教中心，开展随班就读的师资培训和巡回指导工作。从"十五"到"十二五"期间，特殊教育学校的入校学生人数不断增加，说明不同残疾类型的残疾人的教育需要有差别，尤其是言语残疾和精神残疾儿童更愿意选择特殊教育学校就读。最后，在未进入教育机构的学龄残疾儿童的教育需求调查中，近 70% 的残疾儿童选择"送教上门"，其中需求量最大的是多重残疾，其次为智力残疾、肢体残疾和视力残疾。北京市残疾人福利基金会于 2009 年在全市范围内启动扶残助学、送教上门志愿服务项目。2013 年北京市颁布《北京市中小学融合教育行动计划》进一步要求"对义务教育阶段不能入校就读的重度和多重残疾儿童实施送教上门"，力争各类残疾儿童义务教育入学率达 99% 以上，实现残疾儿童"普九"目标。

在非义务教育阶段，北京市从 1988 年开始开展对残疾幼儿进行学前教育，在 2004 年之前主要依靠民办机构提供学前特殊教育，从 2005 年开始，北京市陆续建成 37 个学前儿童特殊教育示范基地，确保了全市每个区县都有特殊学前儿童随班就读，这些学前特殊教育示范基地为残疾幼儿提供一个康复训练、行为矫正的场所。高级中等特殊教育阶段，北京市一些特殊教育学校设有高中部和职高部，前者的教育目标定位于为残疾人高等教育输送生源，其课程设置和教材选择定向性很强，基本属于应试教育；后者的教育目标在于为残疾人提供职业教育，进行技术培训。在高等教育领域，北京联合大学特殊教育学院是北京唯一的一所残疾人高等教育机构，也是我国第一所相对独立的综合性特殊教育学院。此外，因为法律规定，高校在录取招生时不得基于残疾原因拒绝招录符合标准的残疾考生，残疾人也可以通过高考选拔进入普通高校接受高等教育。

二、工读教育

截至 2018 年，北京市共有 6 所工读学校，设立 31 个班级，在校生人数 618 名，教职工 270 人，其中专任教师 204 人。从我国工读教育创办以来，工读学校对预防和减少青少年犯罪，加强社会主义精神文明建设，保持社会安定，贯彻国家教育方针等方面起到了一定积极作用。但是工读教育发展至今，也出现了许多问题。

第一，对工读学生的"标签化"是一种教育歧视。由于工读学校办学模式和

[1] 北京市人民政府办公厅《北京市中小学融合教育行动计划》，京政办函〔2013〕24 号。

办学性质的原因，在工读学校就读的学生容易被社会贴上标签，受到社会的排斥和歧视。工读教育虽然保障了"问题学生"暂时的受教育权利，但不是一种持续的教育过程。因为我国大部分工读学校采取的是封闭管理，学生多是吃住在学校，根据学校的有关规定，在特定的时间自由活动，这种相对封闭的环境虽然阻断了他们在社会上的不良交往，但同时也减少了工读学生与社会正常接触的机会，被社会环境所隔离，削弱了他们以后进入社会的生存能力。

第二，工读学生差异性大，个体不能得到充分的发展。工读学生的个体差异性大，工读学校的管理、课程设置、师资等方面还不能完全满足工读学生的需求，不能促进他们的充分发展。由于工读学生进校前文化基础薄弱，学习成绩普遍较差。目前工读学校的课程设置缺少特色性，多是知识性、统一性的，而且在管理上过于死板，工读学生的一切都在老师的监管之下，这种过于严格的监督管理不利于工读学生身心健康的发展，忽视了工读学生的差异性，不利于工读学生的个体充分发展。

第三，工读学生的心理问题的不到及时解决。北京市朝阳工读学校曾对5000多名普通学校学生和工读学生进行心理测试发现，工读学校的学生大部分有相当程度的心理障碍。[1] 全国大部分工读学校没有配备心理咨询教师，大部分工读学生的心理健康咨询几乎处于空白，这对于工读学生心理健康发展非常不利。

---

〔1〕 郝均倩、冯维：《全纳教育背景下对我国工读教育的思考》，载《重庆电子工程职业学院学报》2009年第 5 期。

北京市《电影产业促进法》实施方案研究

刘 毅[*]

一、产业规范方面

电影产业的发展需要有良好大环境，在良好的政策和体制机制之下，电影产业才能更加平稳的发展，才能生产更多符合人民需求、反映时代面貌的优秀作品、经典作品。电影产业规范的建立健全，首当其冲的，就是制定好相应的体制机制，打造出具有号召力、具有执行力、符合时代特点，且具有北京特色的平台机制，使得电影从业人员和相关电影企业和其他机构能够充分调动积极性，为电影产业和电影艺术的发展提供良好政策和体制机制基础。

根据《中华人民共和国电影产业促进法》（以下简称《电影产业促进法》）的相关条款，具体而言，产业规范的内容可以分为管理规范和相关的政策支持两个方面。管理规范方面，包括了行业组织的自我管理，以及对电影全产业各方面的规范化管理。同时，政策支持方面，对于电影产业应当制定相应产业规划，给予适当的政策倾斜，以推动其进一步发展。根据相关法律法规及北京市电影产业的具体实际，共总结以下六个方面的问题，分别进行分析并给出建议。

问题1：规范北京市电影行业组织并促进形成行业自律规范

电影行业秩序的建立要从自身做起，电影行业组织作为电影从业者自己的组织，其成员都是电影产业一线的工作人员，对于电影产业中的相关问题更为了解，其制定的相关规范更加容易切中问题要害，更能够真正解决实际问题；另一方面，在具体实施时，其制定的相关规范也更容易落地施行和推广。所以，电影行业组织应当在思想道德和产业技术标准等方面制定相应的规范和标准，整肃产业风气，提高产业水准。作为产业平台，也应当发挥平台作用，积极推动中国电影的国际化发展与推广。

---

* 课题主持人：刘毅，北京市影视娱乐法学会常务副会长兼秘书长。立项编号：BLS（2018）B013。结项等级：合格。

建 议

北京市作为首都和国家的文化中心，本身具有深厚的文化底蕴和良好的文化产业发展环境，电影行业组织群集，更有众多的电影相关业者。因此，应当对于电影相关行业组织进行适当的引导和支持，更好地推动电影及相关产业的有序发展。

具体而言有三个方面的建议：

(1) 强化管理：一方面，要发挥行业组织的平台作用，加强电影行业组织对电影从业人员和电影相关企业和组织的管理。通过赋予行业组织部分职能，使行业组织有相应资质对相关人员和企业、组织的从业资质和职业操守等内容加以考核和管理。这样，能够树立良好的行业风气，规范行业秩序，提升电影行业从业人员水准。同时，也使行业组织真正起到纽带作用，为形成良好的行业自律提供具有可操作性的规范。另一方面，要做好对行业组织自身的规范化管理，通过制定规范化的审核和检查机制，督促行业组织真正发挥其应有的作用，避免出现行业组织"在其位不谋其政"的现象出现，让行业组织真正成为推动电影产业发展、电影艺术进步的一大助力。

(2) 构建规范：在遵守国家法律法规和相关规范性文件的前提下，鼓励行业组织对行业各个方面制定出具有专业水准的规范，并进行推广和施行。这些规范包括编剧、导演、电影技术、电影"服化道"、电影发行放映、电影投融资等在内的各个方面的内容，由电影行业组织召集相关的专业人员，根据行业现状作出有针对性的评估，并制定出科学的规范标准，形成行业内部的规范化操作准则，避免出现行业乱象。在相关规范的制定和推广方面，不仅要行业组织自身发动积极性，政府层面也应当给予适当的政策支持及财政支持。

(3) 重点扶持：电影的发展需要新生力量和多样化的作品呈现，应当以电影行业组织为平台，组织设立相应的扶持基金，支持相关题材电影的发展。通过有针对性地开展相应的扶持计划，支持青年导演，扶持电影新生力量。同时，借助行业组织的社会影响力，积极组织各种电影节（展），扩大中国电影的国际影响力，也促进中外电影产业合作。

问题2：电影档案管理

电影档案是记录电影产业发展轨迹的重要资料，也是电影教育与文化艺术推广的重要介质，对电影档案管理不仅要做到妥善保存，更要积极有序地进行推广和开发工作，让电影档案发挥其应有的作用。

建 议

电影档案资料的相关工作，不仅是简单的收集和管理，还应当对相关电影资料加以保护和展示，做好研究、教学和普及等方面的工作，发挥电影档案资料的价值。

具体而言，有以下几方面的建议：

（1）鼓励组织、个人向电影档案机构的捐赠，并维护好电影档案资料捐赠者的合法权益。电影档案机构的资料来源很大一部分需要依靠捐赠，而对于捐赠者合法权益的妥善保护，是电影档案事业发展的重点之一。在现行法律框架之下，在电影档案捐赠中做好相关的权利分配，针对不同的资料类型、捐赠者的不同情况等综合评估，制定多样化的权利分配方案，并制定出规范化的捐赠流程，更好的保护捐赠者的合法权益。

（2）鼓励组织和个人对电影档案的保护。电影档案的保护不仅仅局限于官方的档案馆，对于一些具有相应专业能力和经营实力的民间机构，也应当鼓励其从事电影档案事业。对于民间电影资料馆的建设提供相应的政策和行政支持，在保证相关机构具有保存和管理电影档案的条件和能力的基础之上，应当减少不必要的审批，给电影档案事业以更宽松的发展空间。

（3）鼓励组织、个人对电影档案资料的利用。电影档案不能只是尘封在仓库中，而是应当充分的加以利用。政府要对电影相关资料的研究、教育、普及等利用工作提供便利条件，包括政策和程序方面的支持。对于电影资料的利用，应当鼓励社会组织和个人参与其中，鼓励包括商业化运营在内的多种方式，对电影资料进行有效的利用，发挥其真正价值。通过档案资料网络信息平台公开和规范化的档案查阅利用制度规范等方式，为电影档案资料的利用提供便利条件，发挥档案材料的价值。

问题3：发行企业和影院的电影销售收入统计

电影产业中，票房收入往往是评价一个电影作品的重要标准，同时也影响到电影的口碑和商业运营甚至是电影公司的股价等多方面因素。而在电影销售收入的统计中，却存在着虚报瞒报等各种乱象。对于电影票房的科学、客观的统计，是规范电影市场秩序的重要一步。为规范电影行业的此种乱象，在标准制定和执法监督体制机制的构建等多方面都应该发力，全面规范电影销售收入统计，以营造良好的电影市场秩序。

建 议

对于电影从业者的偷、漏、瞒、虚报票房收入行为，要从政策法规、制度规范和政府执法三个方面进行治理。

(1) 政策法规：通过相关的法规和制度明确相关权责，要做到权责分明，不但要明确销售数据上报者的义务，更要明确相关检查审计工作部门的职责。要规定电影从业者如实上报销售收入的义务，同时将电影院和点播影院等都全面纳入销售收入统计的范围内，明确各自上报收入的责任内容和范围，并明确规定惩罚的标准和机制。在法律制度层面明确各自的责任和义务。另一方面，要强化检查管理部门的执法能力和素养，对于存在问题的电影票房数据要及时查处，防止造成恶劣的社会影响，扰乱电影市场秩序。

(2) 制度规范：票房收入的计算方法需要有一定之规，统一相应标准。制定科学、明确的电影销售收入统计机制，引进先进的票房统计技术和管理方式，做到精细统计、科学统计。统一统计方式方法，以避免统计中出现统计结果混乱的现象出现，更好地对电影销售收入作出明确的计算。同时，应当做好电影销售收入数据的信息发布工作，做到全面、准确、公开、透明，以加强社会的监督，更好的避免出现作假的情况。

(3) 政府执法：政府相关部门的执法不仅能够查处不法行为，更能对电影票房统计行业产生威慑力，有助于营造健康的电影产业市场秩序。相关部门要强化执法队伍建设，加强对电影从业者票房收入的行政监管，对存在虚报瞒报等情况的电影从业者依法进行处罚。电影票房统计结果进行专项的整治工作，并依法作出处罚，同时要制定常态化的执法机制。对于复杂的问题，要积极联合相关部门，联合执法，把问题真正解决。

问题4：电影活动的日常监督管理

电影产业所涉及审批、拍摄、发行等各方面的问题比较多样化，对于电影产业中所产生的相关问题，需要建立健全相应的常态化解决机制，使得电影从业者有问题能够及时反映，也能够及时得到解决，为电影产业的发展提供一个良好的解决问题的出口和纠纷解决机制，这也是建设服务型政府的应有之意。在解决问题的同时，电影主管部门也应当主动的对电影产业各个方面进行主动的监督和管理，发挥能动性，防患于未然，为电影产业的繁荣与发展保驾护航。

建 议

对于电影日常监督管理，应当在北京市电影局建立相应的体制机制，处理对违反电影相关法律规定的行为举报和投诉等事务，对相应问题进行核实和答复。对内，要做好分工，做到问题分流处理，制定高效的问题处理机制，也要组建具有专业性的队伍，增强自身的队伍能力，提高政府服务社会的水平。另一方面，要对相关违法违规行为进行统计和公布。对于相关电影从业者的违法违规行为，应当记入信用档案，并向社会公布，以规范市场秩序。

对外，要尽量设置"一站式"的问题处理机制和平台，简化相关的手续和流程。方便电影从业者反映问题，减少解决问题的成本。同时，与相关的执法机关紧密配合，对于本部门职权以外的电影相关问题，要酌情积极与其他机关配合，依法处理相关违法违规行为。

问题5：将电影产业发展纳入市级国民经济和社会发展规划

北京作为国家的文化中心，发展和繁荣电影产业是城市发展定位的题中之意，电影在当今时代是重要的文化艺术创作和传播的载体，更是能够极大带动社会经济发展的产业之一。在国家政策层面，应当给予电影产业相应的政策支持。将电影产业发展纳入国民经济和社会发展规划，不仅符合北京的城市定位，更是丰富城市文化内涵、推动城市产业经济发展的重要一步。同时，在整体规划制定的基础之上，相关具体政策的制定也应当及时得到落实。

建　议

将电影产业的相关发展纳入到北京市的国民经济和社会发展规划当中，同时丰富和细化对电影产业的总体规划和布局。北京市作为中国的文化中心，按照全国文化中心建设"一核一城三带两区"总体框架，瞄准建设发展具有国际影响力和首都特色的影视之都的总体目标，不断推动北京电影业与世界一流水平接轨。电影产业作为文化产业中的重要组成部分，对电影产业的发展是北京城市发展规划中不可或缺的一部分。在文化方面和社会经济方面，电影产业都具有极高的价值。

具体而言，在电影产业发展方面，应当结合北京的影视文化资源优势，在产业政策方面给予扶持，鼓励和推动电影精品，扶持和培育优秀的电影制作发行放映企业。营造良好的电影产业发展环境，加强培养和引进优秀的电影人才。在电影文化创作方面，应当积极鼓励和支持电影从业人员的创作，打破创作人员身上的体制机制桎梏，充分调动创作者们的积极性和创造性，打造有中国文化特色、有新时代风韵的优秀电影作品，推动电影的国际影响力。

二、创作摄制方面

电影的创作和摄制是电影艺术和电影产业的核心部分，电影的创作摄制直接影响着电影作品（产品）的质量，对于电影创作摄制方面的相关支持和改进，也是提高中国电影质量，推动中国电影产业长足进步，提升中国电影在世界范围内的地位的关键。

具体而言，首先，应当提高电影相关技术的研发，电影摄制的技术是电影多样化发展的基础。其次，应当向相关创作及从业人员设置奖项，健全体制机制，激发从业人员的创造力，奖励优秀从业人员的突出贡献。另外，要加强创作摄制过程中的安全保障，保障拍摄过程中的安全，并减少拍摄活动对公共环境的负面影响。最后，还应当积极推进与境外的合作，鼓励中国电影人以世界眼光进行创作，进一步提高中国电影产业的国际影响力。结合相关法规和实际情况，共总结出以下九个方面的问题，并进行相应的分析及建议。

问题1：鼓励电影技术的研发、应用，制定并完善电影技术标准，构建以企业为主体、市场为导向、产学研相结合的电影技术创新体系

电影技术经历了从无声到有声、黑白到彩色，二维到三维的演进，技术在电影产业中占的比重愈发重要，电影技术的研发不仅需要投入资金，更需要专业的科研人员。在实用层面上，需要有权威的标准对相应的技术进行统一，才能更好地推动技术的应用。因此，电影技术的研发和应用需要产学研共同发力，共同研发并制定相应标准，以推动电影技术的长足进步。

建　议

电影的发展需要技术的支持，在技术研发和标准制定等方面需要制定相关的政策进行支持。

（1）电影技术标准的制定。在参照国家相关标准的基础之上鼓励创新和发展，对新技术的应用，要及时进行科学评估，调整相应的技术标准以适应技术的发展，提升电影质量，满足大众对电影放映技术的要求。

（2）电影技术的研发。要鼓励高校和电影相关技术企业进行电影技术创新，通过设立专门的研究中心、设立合作研究项目等方式推动电影技术的研发。可以设置专项资金来鼓励电影技术的创新研发。同时要做好评估和监督工作。

（3）电影新技术和新标准的应用。对于电影新技术、新标准，要鼓励技术创新者和标准制定者将新技术应用到产业当中。通过学校、企业和相关实验室以及政府有关部门的全面系统的合作，推动电影新技术、新标准的应用。

问题2：与电影有关的知识产权法律保护

知识产权的保护是电影产业保护的最重要的一道屏障，电影产业经营的核心就是电影的知识产权，只有实现了对电影知识产权的全维度的适当保护，才能真正使得电影产业全产业链的积极性调动起来。电影知识产权的法律保护一方面要完善法律制度，细化相应的规定，做到有法可依。另一方面更重要的是要建立起有威慑力更有执行力的执法队伍，设立常态化的纠纷解决机制，使得电影相关知识产权保护更加顺畅，降低电影创作者的维权成本。

建　议

电影相关的知识产权涉及剧本、音乐及电影本身的著作权，以及电影相关的商标，甚至涉及电影中相关元素的外观设计专利等内容。鉴于电影相关知识产权类型的多样性，对于电影有关知识产权的保护，不仅要更全面的完善相关法律制度，更应当做好相关侵权行为的处罚，提高从业者知识产权法律保护意识，同时对电影相关的产品开发提供更好的法律保护，以鼓励其健康发展。

（1）明确知识产权执法部门的相关职责，将电影知识产权执法纳入权力清单。通过电影知识产权保护相关的专项行动或者设立专门的电影相关知识产权执法部门，提高执法专业性和针对性，来更好地查处电影有关知识产权侵权行为。另外要建立常态化的体制机制，使执法者有章可循，投诉者和受侵害者有路可走。

（2）强化电影从业人员的知识产权法律意识。加强电影知识产权的相关法律普及工作，通过专题会议、专项培训、典型案例公示等各种方式，强化电影从业者们对于电影知识产权保护的重视。使执法机关与从业者在保护电影知识产权方面形成合力。

（3）鼓励电影相关衍生产品的开发。电影衍生产品的开发涉及著作权、商标权、专利权等多种类型的知识产权。应当在相关权利保护方面形成体系化的体制机制，全方位地为电影相关衍生产品的开发提供法律保障。在此基础之上，通过简化行政审批手续，提供更多更全面的便捷服务，来鼓励电影从业者对电影衍生产品的开发。

另外，可以通过对电影衍生产品设立相关的精品奖项评比等活动，来激发电影从业者开发电影衍生产品的积极性。

问题**3**：建立健全北京市的电影评价体系并制定对于优秀电影及产业的奖励办法

对于优秀电影作品及对电影产业做出突出贡献的个人或者组织进行评价和奖励，不仅能够更好的激发电影从业人员的积极性，更对电影产业的发展具有一定的导向作用。在建立健全相关奖励和评价机制时，需要相应的专业团队，也需要相关的政策和资金支持。

建　议

电影评价体系不仅是对电影质量的认定，更是对电影从业者的认可和激励。

电影评价具有很高的专业性，电影评价体系的建立需要建立相应的体制机制，也需要组建专业评审团队，同时也需要提供相应的资金支持。

（1）电影评价不应当仅囿于票房或其他某个方面的因素，而是要建立起全面的评价体系，涵盖电影产业的多个要素，对电影整体进行评价，从而推动电影产业各个层面的进步和发展。同时，不仅要对作品进行评价和奖励，更要对优秀的、对电影事业有突出贡献的从业者进行奖励，鼓励和培育电影人才。

（2）电影评价需要建立科学严谨的评价体系，引进先进技术和经验，建立更加科学、合理的评价体系，避免过分强调票房、点击率等单方面因素。另外，可以通过引入大数据分析、建设专业电影智库等方式，提升电影评价的科学性和专业水准。

（3）统筹协调奖励办法。对于优秀的电影作品和电影从业者，可以通过相应的基金，设立奖项等方式，进行奖励。对于奖项设置，资金使用方式以及奖项的评判标准等内容要建立起科学的、规范化的机制。同时，要及时、准确地公布评价信息，在宣传和提高电影产业社会影响力的同时，也让社会对评价结果进行适当监督。

问题4：参加、举办境内外电影节（展）方面的管理办法

中国电影参加外国电影节（展），不仅代表着中国文化在世界舞台上的展示，更是对中国文化艺术的推广和宣传，是中外文化交流的重要部分。相关参展的管理应当简化非必要的行政程序，促进中外电影文化艺术的交流。同时，也要进行必要的筛选，保证参展作品的质量和水准。另外，对于优秀的电影作品，可以进行相应的宣传和支持，扩大中国优秀电影作品在国际的影响力。

建 议

电影节（展）的成功举办需要各方面力量的共同配合，因此，主管部门需要制定全方位的管理办法，为电影节（展）的顺利开展提供保障，提高电影的影响力，为电影产业的繁荣提供支持。

（1）安全保障方面。电影节（展）作为群众性活动，需要必要的安全措施，需要制定相应的管理办法。有关主管部门在电影节（展）举办之前应当对于活动相关情况及配套设施进行审查，在活动中，要进行及时的检查，对于违反相关安全规定的从业者进行相应的处罚。同时，还要制定相应节（展）的安全应急措施，形成全面的安全保障体系，应对突发情况，把安全风险降到最低。

（2）评审审查方面。对于电影节（展）的质量和水平，要进行适当的把关。对于进入电影节（展）的电影作品和相关的从业者要进行适当的评估和筛选，在专业水准上和思想道德方面，要满足最低的要求，不能违反法律法规强制性规定的作品选入电影节（展）。在电影艺术专业评价方面，可以通过建立专业的评审专家队伍，做好电影作品的征集、筛选和评审工作。要制定相应的体制机制，使相关电影节（展）活动的举办制度化、规范化。

（3）推广宣传方面。国内电影节（展）的举办，要做好相关的宣传支持工作，通过官方信息公布，组织相关推介和发布，提高相关电影节（展）的影响力。同时，提供财政支持，为电影节（展）提供适当支持。对于参加国外电影节（展）的作品，在评估的基础之上，对优秀作品提供相关的支持，通过设立相关项目，推动中国优秀电影作品的海外推广，提高中国电影的国际影响力。

问题 5：制定北京市关于电影摄制过程中环境保护、文物保护、风景名胜保护及安全生产管理办法

电影摄制应当首先保证拍摄过程的安全以及对社会公共环境的最低伤害。对于电影拍摄的安全标准，以及拍摄的审批等手续，应当遵守各个地方及不同风景名胜等单位的具体规定。同时，也要制定统一的配套制度，制定相对统一的标准，在保障安全的同时为电影摄制提供必要的便利和帮助。

建 议

电影拍摄过程中保护环境、文物、风景名胜需要多部门共同协调，对相关问题要制定具体规定，明确各自职权，形成相应的审查、监管、执法体制机制，组建相应的工作队伍，尽量减少电影摄制过程对环境和文物、风景名胜的影响。

（1）对于环境保护。生态环境保护是社会发展过程中必须重视的重要问题，在电影产业发展过程中，也应当坚决保护好生态环境。对于可能对生态环境造成不利影响的电影项目，要做好评估和审批工作。相关主管部门要制定评估、处罚标准，以及检查、处罚的机制，明确电影摄制过程中应当达到的环境保护标准，明确摄制过程中对影响环境的认定标准，与环境保护主管部门联合执法，通过主动检查、接受举报并进行审查等方式，发现并处罚电影摄制过程中对环境的破坏行为。

（2）对于文物保护。文物保护包括物品和建筑两个方面，文物的毁损大多不可逆，也是对中国历史文化的破坏，因此要严格管理和控制。就电影拍摄过程而言，可以参照现有管理办法，结合北京丰富的文物资源情况，针对电影拍摄和制作过程中独有的特点，制定更加详尽的管理办法。应当明确对文物物品及文物建筑等不同类型文物的保护方式，制定严格的借用、使用文物拍摄电影的审批规范，加强对文物的保护。对于可以用道具或特效等形式代替的情况，应当尽量使用道具或特效等形式代替，尽量减少对文物的使用，减少对文物保护的负面影响。

（3）对于风景名胜的保护。按照建设部相关文件的精神，对于风景名胜的影视拍摄活动，必须进行认真评估和论证，并提出拍摄实施方案和针对风景名胜的保护方案，按"风景名胜区内重大建设项目选址"的行政许可程序进行申报。在日常工作中，应当由相关管理部门进行检查，对违规拍摄或批准拍摄的行为进行查处，另外，风景名胜内部管理机构也应当开展自查，严格审查电影拍摄对风景名胜的影响程度。

问题6：承接境外电影相关业务

在全球化的进程中，电影生产的产业链也有全球化分工的趋势，中国承接境外电影相关业务，在电影产业中参与到全球分工之中，对中国电影产业具有促进作用。但是，对于电影产业而言，因为其作为文化产品的特殊属性，对于生产内容需要进行一定的限制和管控，但这种管控也应当控制在适当的限度之内，同时也应当附带有相应的惩罚机制。

建　议

中外合作拍片是电影产业国际化发展的一个反映，承接境外电影相关业务对于国内电影产业发展也有着良好的促进作用，因此，在审查的基础上，更要提供宽松便捷的服务。对于承接境外电影洗印、加工、后期制作等业务的组织或个人应当设置明确的备案办法和流程，建立网络备案的便捷渠道，将备案材料和流程进行公示，做到便民利民，为相关从业者的备案更好的服务。

同时，参照《电影产业促进法》有关条文，明确规定对相关违法行为的认定标准，制定相关处罚标准，建立健全配套的处罚体制机制。对于违反法律法规强制性规定的行为，应当进行相应的处罚。

问题7：中外合作摄制电影等方面的管理

中外电影产业各有优势，不论是技术方面还是内容方面，合作摄制都对电影文化的交流与融合具有推动作用。在电影产业层面上，通过中外合作，可以更好地实现文化产业的对外发展，是中国电影产业走向世界舞台的重要方式之一。因此，在这方面，应当做好相应的管理，简化非必要的审批，支持中国电影产业"走出去"。

建　议

对于中外合作摄制电影的鼓励和管理，需要在行政审批、投融资政策等方面进行相应的支持。

（1）在行政审批方面。对于中外合作摄制电影项目，要减少不必要的审批程序，尽量做到程序简化。通过简化程序、网络信息平台公开等相关措施减轻合作摄制电影项目的行政审批负担，同时加强社会监管，做到公正透明。在行政审批方面，因为中外合作电影项目往往涉及国际投融资的相关内容，在金融方面的政策也应当给予适当的倾斜，为中国对外投资电影项目提供良好的政策环境和便利条件。

（2）跨境电影合作摄制中，投融资相关内容需要制定支持政策，满足相应的用汇需求。针对中国在境外关于合作摄制的投融资，提供相应的用汇保障，出台配套的支持政策，鼓励和推动中外在电影摄制方面的合作。

问题 8：制定北京市电影剧本（梗概）备案、电影片管理办法

电影剧本由审查制改为一般题材梗概备案制后，只要符合《电影产业促进法》第 16 条相关规定，电影主管部门便可出具备案证明文件，电影即可正式进入立项拍摄环节。行政审批的简化体现了政府管理方式的转变，由事前监督转变为事中及事后监管，有利于减少电影拍摄前的不确定因素，提高电影创作人员的创作热情，激发电影市场的潜力与活力。

重大题材及特殊题材影片内容具备敏感性与特殊性，因此仍应保留剧本审查制，禁止影片含有违反宪法确定的基本原则、危害国家安全、危害社会公德等内容，抑制或阻止不良与有害作品的制作和传播，树立电影行业的清风正气。

建　议

急需颁布此类型的相关文件。按照《电影产业促进法》《电影管理条例》《电影剧本（梗概）备案、电影片管理规定》及国家电影主管部门的相关规定并结合本市电影发展的实际情况和借鉴其他地区优秀的电影管理经验制定出一部属于北京市自己的电影剧本（梗概）、电影片管理的文件。

（1）文件一定要明确电影剧本（梗概）备案的目的、意义、适用范围、承办机关、备案所需材料、程序、结果、救济方式等，行政手段要体现简政放权。

（2）文件对于电影片管理应当对普通电影题材和涉及重大题材或者国家安全、外交、民族、宗教、军事等方面题材的电影片区别管理。

（3）文件对于一般电影题材的审查一定要突出自己的地方特色，简要不必要的程序，提高行政效率，助力电影文化的多元发展。而对于涉及重大题材或者国家安全、外交、民族、宗教、军事等方面题材的电影片的初审环节一定要严于国家标准，并对于有问题的地方应当对于制片单位批评指正，对于问题严重的应给予适当处罚，如果对于难以处理的复杂事项可以请示或经同意交由国家电影主管部门进行处理。

问题9：制定北京市的电影审查制度的规范文件

电影除在商品经济中起到重要作用外，同时也是文化传播、历史传承的重要工具。电影摄制应当遵守我国宪法的相关规定，不得强制公民信仰宗教或者不信仰宗教，不得歧视信仰宗教的公民和不信仰宗教的公民，不得在影片中展示利用宗教进行破坏社会秩序、损害公民身体健康、妨碍国家制度的活动。同时，任何人在未经授权的情况下，不得擅自在电影中暴露他人隐私，侮辱、诽谤他人，贬损他人人格，破坏他人名誉。

《电影产业促进法》通过法律的形式确定省级人民政府电影主管部门享有电影审查权，同时也是对原国家广电总局之前颁布的一系列文件的呼应与确认。同时，法律直接省去原国家广电总局的复审程序，将审查期限统一规定为三十日，从而大大减少了电影上映的不确定因素，在电影审查的具体标准和程序上进行了完善，要求向社会公开征求意见并组织专家进行论证以及向社会进行公布。

建 议

制定电影审查方面的规范文件主要从程序上、内容上、技术上三处着手进行，程序上主要是指已摄制完成但还未取得公映许可证之前或已取得公映许可证但由于情节和片名等变更后需要重新审查的一系列审查程序。

（1）程序上首先要明确审查机关、审查期限、电影制作单位需要提交的各项实物和材料、审查结果、解释机关、救济途径、实施日期等。如果该电影片在摄制、题材等问题上涉及其他机关单位交叉管理，那么审查程序上一定要明确区分各审查单位职责划分，避免行政手续重复，浪费行政资源，增加送审单位负担；要做到高效行政，审查结果公平公正，由某一部门统一送达审查结果，明确救济途径。

（2）电影片的内容审查上一定要以《电影产业促进法》《电影管理条例》中关于规制电影内容，为整体框架进行细化或者设置更为严格的补充，内容在正确的政治立场下提倡创作思想性、艺术性、观赏性统一，贴近实际、贴近生活、贴近群众，有利于保护未成年人健康成长的优秀电影。大力发展先进文化，支持健康有益文化，努力改造落后文化，坚决抵制腐朽文化。

（3）在电影技术审查上要按照《电影产业促进法》《电影管理条例》《电影剧本（梗概）备案、电影片管理规定》以及国家电影主管部门的相关规定严格执行，也可以设置严于、优于国家标准的标准。

（4）创建属于北京市独创的专家评审机制。北京市电影主管部门应对每一部电影片组织专家评审活动，专家配置应主要来源于高校、政府行政机关、电影行业内人士等。专家主要应该从影片的政治立场、文化教育意义、演员的德艺双馨、影片的选材、影片的知识产权法律问题、影片的资金投入等方面进行综合评估。同时要满足《电影产业促进法》的要求，进行电影审查应当组织不少于五名专家进行评审，由专家提出评审意见。法人、其他组织对专家评审意见有异议的，北京市电影主管部门可以另行组织专家再次评审。专家的评审意见应当作为作出审查决定的重要依据。

三、发行放映方面

电影发行是指电影片的出售、出租活动，是影片发行企业的业务。电影放映是指将电影影片上记录的形象和声音，通过技术手段予以还原表现出来。其中，区分电影的固定放映与流动放映是本部分的基础，两者在主体、条件和取得资格的方式上有所不同。本部分在《电影产业促进法》中具有基础性地位。一方面电影发行、放映是电影创作、摄制之后投入市场的必然阶段；另一方面本部分许多规定本身也回应了我国电影产业面临的种种挑战。

问题1：电影发行、放映活动及主体的管理

从事电影发行、放映活动客观上需要从业主体具备一定的专业人员、技术条件及专业设备等；行政机关提高审批效率，规范行政许可行为，推动电影产业健康发展具有现实的积极意义；保留许可证制度，强调电影发行与放映的准入机制，保证电影主管部门对从事电影发行、放映活动的有效监管；因此，对电影发行、放映活动的管理仍有必要实施行政许可制度。采用备案制度的电影流动放映有助于鼓励个人参与电影活动，以更好地满足广大人民群众的观影需求。

建 议

发行、放映阶段是整个电影活动中重中之重的一环，制定一部关于规制发行放映活动及主体的全面性的官方文件对于具有庞大电影市场需求的北京有着重大意义。

（1）文件要明确电影发行、放映的管理机关，电影发行企业人员的准入标准，发行企业的资金条件；企业或个体从事放映活动中从业人员的准入标准、放映场所标准、放映技术标准以及放映设备标准等。

（2）文件要明确负责电影发行放映活动的管理机关的行政许可的相关事项，为体现高效便民的基本原则，受理期限上可以适当在法律规定的基础上进行延长。

（3）文件要明确电影发行放映的备案工作。

（4）文件要明确推动深化院线改革，改变目前院线数量过多、部分院线规模过小、经营管理水平不够高、一些院线的控制力不强等问题。还要包括加强院线和影院管理的相关措施，比如年审制度、退出机制等。

（5）文件要给予互联网售票指导意见，主要是要解决几个关键的问题：手续费问题的合理标准；发行问题的合理边界；大数据的应用规则等，旨在让电商更好地发挥作用，更好地服务电影产业。

（6）文件在发行放映管理上要将加强市场管理，偷漏瞒报、注水票房、恶意技术锁场、盗录盗播、放映质量以及最近出现的不公平的竞争手段纳入市场监管范畴。

（7）文件要更加关注影院建设的布局问题并给出指导意见，城市中各地区影院发展不均衡，在繁华商业区扎堆的情况比较严重，竞争激烈的问题也日益突出。

问题 2：保障国产电影放映

目前，随着中外电影交流的逐渐深入，保护国产电影十分有必要。相较于国产电影，好莱坞电影在投融资、摄制、发行等方面均享有巨大优势，这是不可否认的事实。只有采取适当的措施加强扶持，国产电影才能在外国电影的巨大冲击下，保有充分的发展空间，逐渐壮大。

建 议

北京市应该起到带头模范作用，应出台相关文件保障国产电影在北京市场的地位，规定影院应给国产电影安排较多的场数，将其安排到较好的时间和档期，文件所规定的要求可以适当严于《电影产业促进法》规定的年放映总时长。

对于影院以及从事流动放映活动的企业、个人，北京市可以制定一部关于电影放映质量的官方规定，鼓励从视觉、听觉甚至是触觉层面高于国家的质量标准，一方面要求放映电影的设施、设备高于国家质量标准，另一方面要求电影放映者熟悉电影放映设施、设备的工作原理、操作流程，确保最终达到高质量放映。对于高标准的影院以及从事流动放映活动的企业、个人应给予相应表扬或是奖励。

问题 3：电影放映设施、设备

电影院的设施是指放映电影而建立的机构、组织、建筑等，电影院的设备以及用于流动放映的设备是指可供电影放映中长期使用，并在反复使用中基本保持原有实物形态和功能的生产资料和物质资料的总称。电影放映技术是指电影放映的方法及方法原理。

计算机售票系统是指利用高科技产品条形码作为通行电子门票，结合电子技术、条形码记录技术、单片机技术、双机热备技术、自动控制技术、无线传输技术、精密机械加工技术及计算机网络技术、加密技术等诸多高科技技术，从而实现了计算机售票、检票、查询、汇总、统计、报表、防伪等各种门票通道门禁控制管理功能的电子系统。

建　议

（1）保障北京市院线电影放映设施、设备符合国家标准甚至高于国家标准，从而保障电影放映质量。一方面，检测部门和技术监督部门对于放映设施、设备的标准是否进行有效彻底的实施；另一方面，电影行业从业人员是否知道或熟悉该标准。

（2）可以制定北京市电影院票务系统（软件）管理实施细则。一方面，建立计算机售票系统，是规范、检测、管理、监督电影院售票活动的必然要求，也是实现电影院售票现代化、高效化的良好途径；另一方面，安装计算机售票系统也是《电影产业促进法》第34条统计真实票房的基本要求。

问题4：禁止盗录电影及影院广告放映的管理

网络技术的不断提升和覆盖人群的不断增加以及网络非法传播平台层出不穷，使得我国对电影版权作品的保护具有一定的难度，而枪版电影的不断涌现和广泛传播是长久以来的顽疾之一。《电影产业促进法》关于禁止盗录的规定明确了影院工作人员对现场侵权行为的直接阻却权，从而通过电影工作人员的现场处置和管理，将著作权保护落到实处。

影院电影放映之前的一段时间内播放公益广告是增强公益广告影响力的一个重要途径，亦是传播社会主义核心价值观，倡导良好社会风尚，促进公民文明素质和社会文明程度提高，维护国家和社会公共利益的重要渠道。

电影内容的连续播放时段内插播广告会对观众的观影体验大打折扣，不利于对观众观影权益的保护，本法在广告放映管理的规定中明确了保护观众的观影感受，从法律层面杜绝电影放映中滥播广告的乱想。

建　议

（1）出台北京市关于打击影院盗录行为以及映前广告管理的相关文件。

（2）文件要明确界定何种行为属于盗录，并根据行为人的行为、情节、造成结果、悔过程度等综合考量再决定做何处罚。充分赋予影院工作人员对于禁止影院电影侵权行为的权利以及保障影院工作人员的人身权利。

（3）关于映前广告管理，政府要积极引导，鼓励放映公益广告，禁止映中插播广告。

四、支持保障方面

本部分是关于对电影产业的支持和保障的内容，主要从财政、税收、优惠、人才培养、政府监管等角度进行分析论述。

首先，国家支持创作、摄制各类优秀国产影片，地方政府对电影创作、摄制提供必要的便利和帮助；其次，在财政、税收、土地、金融、用汇等方面对电影产业采取优惠措施，激励资本投入、降低运作成本；再次，国家积极扶持电影科技研发、公益放映、人才培养、境外推广等事业发展，为电影产业发展夯实工业基础、培育人才梯队、拓展电影市场空间；最后，明确政府对电影市场的监管义务，规范电影市场秩序，促进电影产业健康有序发展。

问题1：农村地区、特殊人群以及少数民族电影服务保障

农村电影规定是农村文化建设的重要组成部分，而扶持农村电影公益放映又是加强农村电影工作的政策措施之一。

影视教育模式已经成为我国教育规划体制内对于未成年人进行教育的一种重要手段，因此，选择、推荐有利于未成年人健康成长的和爱国主义类型的影片并支持未成年人免费观看是实现影视教育方式的一个重要途径，也是一项重要内容。为了满足和保障未成年人、老年人、残疾人、城镇低收入居民以及进城务工人员等特殊人群的观影需求和观影权益，《电影产业促进法》首次明确鼓励企业和个人为其提供观影上的便利。

少数民族电影是中国电影的重要组成部分。对进一步维护边疆稳定、增进民族团结、提升国家认同感、推进少数民族地区经济社会的全面协调发展，起到关键性作用。

建 议

（1）北京市政府应将农村电影公益放映纳入农村公共文化服务体系建设规划，由政府出资建立完善农村电影公益放映服务网络，统筹保障农村地区观众观看电影的需求。

（2）北京市教育和电影主管部门共同推荐有利于未成年人健康成长的电影，并采取措施支持接受义务教育的学生免费观看。

（3）为鼓励电影放映者采取多种措施，北京市政府可以出台奖励性补助政

策，为未成年人、老年人、残疾人、城镇低收入居民以及进城务工人员等观看电影提供便利。

（4）为维护消费者合法权益，明确了电影从业主体的法律责任。如电影院的电影放映质量保证责任、广告播放时间限制和观众安全健康保障责任等。北京市电影主管部门应出台相应文件禁止电影发行企业、电影院等主体通过制造虚假交易、虚报销售收入等不正当手段，欺骗、误导观众以及文件应当确立对有上述行为的企业、影院进行行政处罚的规则。

（5）鼓励、支持少数民族题材电影创作，对少数民族题材优秀电影创作给予政府奖励，在各项行政审批环节给予相应照顾政策，加强电影的少数民族语言文字译制工作，统筹保障民族地区群众及少数民族群众的观影需求。

问题2：加大电影产业专项资金、基金的投入

在国家政策鼓励、居民收入增加、消费习惯形成等因素的共同作用下，近年来电影的观影人次、票房和相关收益都呈现快速上升趋势，电影项目盈利能力不断提升，中国电影投资环境越来越好，除传统来自电影制片企业（包括国企和民企）的资金外，来自地产、信托、产业资金、互联网等行业的实力雄厚的企业，或信贷投入，或投资电影项目，或并购重组电影企业，或投资影院建设，兴起前所未有的投融资热潮。电影产业现有的热度，与国家的引导和支持是分不开的。

建　议

（1）谨慎取消文化（电影）产业发展专项资金，要按照资金与基金并重、补投结合的原则适当保留一定比例的文化产业发展专项资金。

（2）突出社会效益的政策导向。坚持把社会效益放在首位作为文化（电影）产业发展专项资金、基金的政策目标、投放原则和绩效评估标准。改进项目评审和绩效评估，在专项资金、基金的项目申请标准和评审标准上适当淡化经济效益指标，强化维护市场竞争、带动社会就业、促进公共文化服务等社会效益指标。

（3）原创性的内容和作品的创作生产、创意设计、人才培训等，专项资金、基金要加大投入。

（4）文化（电影）产业发展专项资金、基金普遍按财务周期固定静态投放，与文化产业项目周期及动态需求存在不匹配。应针对受助项目的动态需求实行动态扶持。

（5）在继续直接扶持的基础上，专项资金、基金应以间接扶持方式，加大对有关宣传推介平台建设、市场环境优化、促进文化（电影）消费等领域和环节的扶持。

（6）应针对不同的企业和不同的项目采取多元化的资金、基金扶持政策。

（7）在保证必要的项目补贴、奖励资金等基础上，文化产业发展专项资金应按照"由补改投""资金改基金"的思路，加快向产业投资基金转变，并推动市场化、商业化扶持。

（8）改进文化（电影）产业发展专项资金、基金项目申报手续烦琐、审批科学性不高等问题。

（9）加强资金、基金使用监管。继续做好财政支出绩效评价，组织审计部门对专项资金进行绩效审计，开展独立的第三方绩效评估，加强对专项资金、基金合法合规性的监督检查，并及时公开绩效评价、绩效审计和绩效评估结果，接受社会监督。

（10）在资金、基金使用上要加强与税收、金融以及行政管理等手段或工具的组合运用。

（11）推进政务公开、接受社会监督，促进专项资金、基金的政策制定和资金的预算、分配、管理使用公开透明。

问题 3：电影产业必要的税收优惠政策

电影产业的繁荣发展离不开政府税收政策的促进和扶持。但目前我国电影产业所承担的税负，在一定程度上制约了电影产业的发展。《电影产业促进法》授权国务院财税主管部门制定减税、免税、优惠税率等税收优惠政策，有利于从整体上减轻电影产业从业主体的税负。不仅如此，电影产业的税收优惠能使投资者降低投资成本与风险，创造良好的投资效益，由此会带来示范效应，引导更多的社会资金流向电影产业。

建　议

由于税收法定原则，北京市政府一定要严格按照国家关于文化（电影）产业税收优惠政策的相关文件实施部署，应该制定相应实施细则已保证完全将国家政策落实到位，在不违反法律和上级机关关于税收优惠要求的框架内，可以适当探索一些新路子，激发电影产业活力，为北京的文化（电影）产业的多元发展助力。

问题 4：影院的建设和改造

平衡地区发展差异，让广大民众共享改革发展成果一直是我国社会主义建设的基本目标，《电影产业促进法》关于影院建设和改造的保障内容，为合理布局和推动各地的影院建设和改造，完善各地的公共文化服务体系，奠定了法律基础。

建 议

（1）北京市政府应当依据人民群众需求和电影市场发展需要，将电影院建设和改造纳入国民经济和社会发展规划、土地利用总体规划和城乡规划等。

（2）继续进一步支持影院的建设和改造，鼓励企业积极投资建设电影院，北京市电影主管部门及有关部门对投资建设电影院提供审批便利，对影院选址分布加强规划指导。

（3）鼓励电影院积极采用先进技术，对放映环境和设备设施进行升级改造，提高放映质量。

（4）对新建或改扩建并加入城市院线的乡镇电影院给予资助。

（5）开展电影院星级评定工作，引导电影院提升建设质量和服务水平。

问题 5：对电影产业提供必要的金融服务支持

电影作为聚合众人智慧劳动的作品，不论是前期拍摄制作，还是后期宣传发行都需要巨额的资金支持，缺乏资金支撑的电影犹如无源之水，无本之木。《电影产业促进法》除沿袭保留部委文件提出的鼓励信贷融资、合理确定贷款期限利率、拓宽融资渠道等政策之外，还创造性地提出鼓励保险机构依法开发适应电影产业发展需要的保险产品，鼓励融资担保机构依法向电影产业提供融资担保，鼓励开展与电影有关的知识产权质押融资业务，同时，还规定国家鼓励金融机构为改善电影基础设施提供融资服务。

建 议

（1）北京市政府应建立统一权威的版权价值评估标准，助力专业电影金融团队及第三方机构健康快速成长，建立版权资产的变现、流通市场。

（2）应出台相应文件严格打击网络盗版等行为，为电影产业健康发展提供优良的生态环境，维持健康持续的电影产业的价值链条，减少投资回报的不确定性，降低甚至消灭电影金融投资风险。

（3）政府鼓励直接投资、上市融资、证券化融资、电影基金融资、股权协议等多元化融资模式。鼓励行业探索出一条行之有效的融资模式。鼓励由券商发起电影产业基金，吸收民间和企业资本，来满足电影产业发展的资金需求。政府可以成立知识产权管理公司，将电影企业的知识产权专利使用费作为发行证券的原始资本，再将发行知识产权证券化的部分盈利返还给知识产权拥有者，以此为其提供资金支持。

（4）鼓励各类金融机构颁布一系列政策支持电影产业发展，如鼓励商业银行加大对中小电影企业信贷支持力度，将对中小电影企业的贷款力度作为银行向其提供优惠利率再贷款的衡量标准。鼓励各金融机构不断开发适用于电影产业的信贷产品和服务。如"共同成长合作贷款"、电影发展保险、向电影产业链企业提供低息融资等。

问题 **6**：电影人才扶持计划

任何产业的繁荣发展归根结底都离不开人，人才是发展的活力源泉。电影产业更是如此，要进一步激发电影市场的活力、提高电影产业的发展水平，就要培养电影产业所需要的人才。《电影产业促进法》首次以法律的形式规定国家层面的电影人才扶持计划，显示国家对电影产业人才问题的客观判断以及勃勃雄心，而且将学历教育、职业教育和其他教育机构、培训机构的人才培养融为一体，体现了国家鼓励人才培养，并重视采用多种方式、积极培养电影产业各专业、各层面人才的思路。

建　议

北京市政府应支持鼓励本行政区域内的高等院校开设与电影相关的专业课程，鼓励培养导演、编剧、制片、摄像、录音、美工、影视技术等专业型和复合型人才。鼓励聘请国际、国内影视业知名专家、学者授课，把握影视产业发展的前沿动态；鼓励知名高校举办研修班，学习国内同行的先进理念和运作模式。北京市政府可以建立"北京市电影人才培育计划"，选拔符合条件的影视人才并投入一定培育资金开展境外培训，开拓国际化视野和全球化思维，使之熟悉了解电影行业国际通行规则，学习借鉴国外在内容策划创意、新媒体技术运用、影视制作、版权贸易等方面的成功经验，加快北京市影视行业走出去步伐，推动产业发展和提升海外影响力。

问题 **7**：优秀电影的境外推广

国产优秀电影的境外推广，从国家战略的层面来说，是贯彻中国文化"走出去"战略的重要组成部分。文化"走出去"战略，是指通过开展多种形式、多种层次的对外文化交流活动，将我国具有竞争力的文化产品，推入国际文化市场，深入参与国际闻名的对话与切磋，把中华文化的理念和精髓传播至世界各地，提高我国文化产品在世界市场上的所占份额，在获得出口和投资收益的同时，通过文化产品这个良好的载体，增进国际社会对中国的了解和认识，提升中国的国家形象和文化软实力。实现社会主义文化大发展大繁荣，必须大力实施文化"走出去"战略，加强国际文化交流，在与不同文化的碰撞和交融中彰显力量、丰富内涵、创新发展。

建 议

（1）充分发挥政府作用，大力加强影视节目海外营销和宣传推广力度。如组建海外节目营销网络和专业化队伍；加强与境外频道代理机构、运营商和各类传媒公司的合作；统一规划、合理布局，在海外建立营销点，逐步建立起全球营销网络；招募和培育了解海外市场、熟悉落地和销售业务的专门人才。出台相关政策鼓励优秀的本土影片出口。

（2）加强电影制作、电影营销、电影策划、电影技术人员的培养工作，优化有关高校的专业设置，推动从业人员的资格准入制度。

（3）培养汉语文化市场，大力宣传中国文化。如以政府名义举办中国文化主题活动，深化影片衍生产品开发等。

（4）电影需要明确的市场定位，由于文化的差异，本土电影应该避免原生态的叙事方式，避免用国外普通观众不易理解的历史元素、地域元素、文化元素作为故事的因果逻辑环节。

（5）政府应指导本土电影的内容包括中华文明能够绵延数千年不断的进程中所蕴藏的生命力，以及新鲜的民族价值指向。

（6）政府鼓励加强电影的合作拍摄。

（7）政府要探索合理的营销策略和发行渠道，建立像好莱坞六大电影公司那样规模的发行公司，提高整体竞争力，实现本土电影真正地"走出去"。

（8）合理利用电影节。

（9）培养一流的电影营销人才，聘用海外优秀销售人员，组建国际版权队伍。

（10）组织参加有较大影响的国际影展，在重点国家和地区举办电影节（展）活动，资助国产影片字幕语言翻译等。

问题 8：制定对支持电影产业发展的社会力量的优惠政策

根据我国相关法律，所谓"社会力量"是指除政府之外的企业事业组织、社会团体及其他社会组织和公民个人。《电影产业促进法》鼓励社会力量以捐赠、资助等方式支持电影产业发展并给予优惠，但是以高度概括的方式表达了国家的态度，并未明确指出何种优惠。

建 议

（1）政府要进一步拓宽电影产业民间投资的领域和范围，可通过项目补助、贷款贴息、保费补贴、绩效奖励等方式给予资金扶持。

（2）政府要为民间资本投资电影产业创造良好政策环境。要大力宣传国家关于鼓励、支持和引导非公有制经济发展的方针、政策和措施。大力解读国家针对电影产业出台的一系列优惠和扶持政策。大力推广民间资本在繁荣文化、促进电影产业发展、调整电影产业结构等方面的积极作用。同时，要加大力度落实国家鼓励和引导民间资本进入电影领域的各项政策措施，加大财政、税收、金融、用地等方面的扶持力度，形成民间资本进入电影产业领域的政策保障机制。继续扩大文化领域 PPP 模式的推广范围，全面理解和认真贯彻落实政策，细化制定符合当地电影产业建设发展实际的具体措施，积极引导民间资本进入电影产业领域。

北京市养老机构管理困境与法律对策

陈洪忠*

我国是世界上老年人口最多的国家，截至 2018 年年底，我国 60 周岁及以上人口达到 2.4949 亿人，占总人口的 17.9%；其中 65 周岁及以上人口 1.6658 亿人，占总人口的 11.9%。我国老龄化速度较快，从 1999 年进入人口老龄化社会[1]。到目前，老年人口在 20 年间已增长了一倍，并且在持续增速加大。随着失能、部分失能老年人口的大幅增加，老年人的医疗卫生服务需求、生活照料需求和法律服务保障需要，与社会供应能力和专业质量之间的矛盾越来越显著。作为首善之区的北京，由于医疗资源相对优厚，机构养老的吸引力很高，加上本地老年人口占比高达 25%[2]，还有数量可观的投奔子女进京的老年人，流动人口中的老年人，一方面养老机构的数量和养老床位的数量都相对较大，另一方面，一床难求现象也更加突出。同时，养老机构的内部管理困境凸显，法律解决途径亟待加强研究。

一、"住养老人意外"引发案件的法律破解途径

"住养老人意外"，是指与养老机构签订养老服务合同入住养老机构的老年人因意外摔倒、坠床、坠梯、坠楼、噎食、走失等事件导致的老年人死亡或者伤残的情形。

（一）住养老人意外引发案件的现状

因年纪很大而寿终，是人生的正常归宿。其中有一种寿终会被认为是几世修

---

* 课题主持人：陈洪忠，北京老龄法律研究会会长。立项编号：BLS（2018）B014。结项等级：合格。

[1] 按照联合国传统标准，一个地区 60 岁及以上老人达到总人口的 10%，或 65 岁及以上老人占总人口的 7%，即该地区视为进入老龄化社会；当前两个比例达到 20%、14% 视为进入老龄社会；当前两个比例达到 30%、20% 视为进入超老龄社会。我国除了西藏、新疆、云南、内蒙古等几个少数民族人口较多地区，大部分地区都早已进入了老龄社会。

[2] 北京市老龄办发布北京老龄事业发展和养老体系建设白皮书显示，截至 2017 年年底，全市 60 岁及以上户籍老年人口约 333.3 万，占户籍总人口的 24.5%，户籍人口老龄化程度居全国第二位。预计到 2020 年，北京市户籍老年人口将超过 380 万，常住老年人口将超过 400 万。

来的福分，上午还能力所能及地劳动，摔一跤或者吃饭间突然离世，没病、没罪、没落床，往往会因为福寿兼备被称为喜丧。但是，如果老人意外情况发生在养老机构，造成住养老人死亡或者伤残，养老机构被起诉至人民法院，情况就大不一样了，有媒体以"一个老人倒下击倒一个院"来形容住养老人意外给养老机构带来的经营风险。

1. 典型案例[1]

案例 1：2018 年 9 月 28 日，朝阳区人民法院对沈宏诉北京市朝阳区观音堂养老院生命权、健康权、身体权纠纷一案作出判决，观音堂养老院需赔偿共计103 万余元。被告观音堂养老院不服判决提出上诉，2018 年 11 月 19 日，北京市第三中级人民法院裁定驳回上诉，维持原判。

法院判决认为：公民的人身权利受法律保护，侵害他人身体，给他人造成损害的，侵害人应承担相应的民事责任。沈宏的前妻刘宝华与观音堂养老院签订养老服务合同，约定沈宏入住观音堂养老院，由观音堂养老院为沈宏提供养老服务。双方在签订合同前，根据沈宏的体检报告对其身体状况进行过综合评测，认定其属于生活完全不能自理的老人，需要实施全护。沈宏在入住观音堂养老院期间，观音堂养老院对其负有全面的看护责任。观音堂养老院履行看护责任时，未能尽到足够的关注义务，是沈宏摔伤的主要原因，观音堂养老院应对沈宏因此遭受的相关损失承担赔偿责任。考虑到沈宏自身患有疾病，亦是此次事故发生的诱因，且相关疾病也会导致损害后果的加重，沈宏亦应自行承担部分损失。截至2017 年 9 月 22 日之前，观音堂养老院需赔偿 103.78 万元。

案例 2：2017 年 6 月 30 日，北京市房山区人民法院对张玉敏诉北京万科幸福家养老服务有限公司等健康权纠纷一案作出民事判决。

法院认定原告系在被告工作人员协助出门的过程中，由于工作人员返身关门，原告站立不稳从而摔伤。法院认为，依据原告与二被告签订的合同，二被告对原告负有特定的陪护义务。二被告未能履行该义务导致原告受伤，构成违约，同时也属于重大过失侵权。因当事人一方的违约行为，侵害对方人身、财产权益的，受损害方有权选择依照合同法要求其承担违约责任或者依照其他法律要求其承担侵权责任。判决被告万科幸福家养老服务有限公司、幸福汇置业有限公司赔偿原告张玉敏医疗费等共计 187 028.06 元。

案例 3：2018 年 1 月 31 日，北京市第三中级人民法院对北京市顺义区社区服务总中心与王淑珍服务合同纠纷一案作出终审裁定。

---

[1] 本章的 6 个案例均选自近两年北京法院审结的案件，相对同期全国类似案件，北京住养老人意外导致伤残的比例较大。

法院认为：根据《中华人民共和国合同法》的规定，当事人应当按照约定全面履行自己的义务，并且在因一方当事人的违约行为，侵害对方人身、财产权益的，受损害方有权选择依照本法要求其承担违约责任或者依照其他法律要求其承担侵权责任。顺义社区中心应依据合同约定，对被服务人员提供安全、舒适的养老环境，并提供专业的养老服务。现顺义社区中心在对王淑珍认定为"生活完全不能自理的老人"，即王淑珍提供养老服务的过程中，未能提供合同约定的"专业""安全"的服务，导致王淑珍受伤。故顺义社区中心应承担违约所带来的相应责任，即赔偿王淑珍因受伤所造成的合理损失。判决社区服务总中心赔偿王淑珍各项损失共计 112 435.47 元。二审法院判决驳回上诉，维持原判。

案例 4：2018 年 12 月 11 日，北京市第三中级人民法院对北京市朝阳区劲松老年家园与高智力等生命权、健康权、身体权纠纷一案作出终审判决。

法院认为，行为人因过错侵害他人民事权益，应当承担侵权责任。宾馆、商场、银行、车站、娱乐场所等公共场所的管理人或者群众性活动的组织者，未尽到安全保障义务，造成他人损害的，应当承担侵权责任。本案中，高某及高杰、高智力、高智慧、高静等与劲松老年家园签订服务合同，约定高某接受劲松老年家园提供的养老服务，高某按照约定的标准向劲松老年家园支付服务费用。劲松老年家园不仅应当提供符合约定的养老服务，作为收取服务费用的养老服务经营单位，亦应对高某承担法定的安全保障义务，保障高某在接受养老服务期间的人身安全。法院认为由劲松老年家园承担 50% 的赔偿责任为宜。一审判决劲松老年家园赔偿高杰等 202 910 元。二审法院判决驳回上诉，维持原判。

案例 5：2017 年 10 月 13 日，北京市丰台区人民法院对杨金程、杨金生、杨金花与被告北京市丰台区右安门翠林敬老院生命权、健康权、身体权纠纷一案作出判决。

法院认为，被侵权人有权请求侵权人承担侵权责任。杨金花将李世梅送入翠林敬老院，根据双方的约定，翠林敬老院对李世梅具有照料的义务。李世梅在敬老院摔伤，关于摔伤的原因，由于李世梅处于翠林敬老院的照料之下，翠林敬老院负有举证义务，但其未就此举证，本院认定其未尽到充分的照料义务，应对李世梅的摔伤结果承担赔偿责任。关于李世梅摔伤骨折与死亡后果之间是否存在因果关系，双方均不申请鉴定，由于李世梅年纪较高且身患多种疾病，其送医时已诊断为肺部感染，其最终因肺部感染死亡，主要为自身疾病发展的结果。但摔伤骨折将不可避免的导致其身体机能下降影响其康复并加重其病情发展，故本院根据李世梅的摔伤后果、身体状况、死亡原因，酌定由翠林敬老院承担 40% 的赔偿责任。判决北京市丰台区右安门翠林敬老院赔偿杨金程、杨金生、杨金花医疗费 13 824.11 元、死亡赔偿金 105 718 元、丧葬费 17 007.6 元、精神损害抚慰金 4

万元。

案例6： 2017年6月12日，北京市昌平区人民法院对李惠敏等诉北京大兴区庞各庄镇社区社会福利中心等生命权、健康权、身体权纠纷医案作出民事判决。

法院认为：公民享有生命健康权，侵害他人人身的，应当承担侵权责任。孟昭田死亡的原因系脑出血，而非本次摔倒直接造成。根据医院的诊断记载可知孟昭田摔倒属于医院判断诊治的重要因素，据此可推知孟昭田摔倒与脑出血存在一定的关联性。原告孟昭田患有老年痴呆，属于限制行为能力人或者无民事行为能力的老人，被告千禾养老公司应提供妥善的照料服务。本案中，孟昭田入住后在接受被告千禾养老公司工作人员洗脚服务中，操作不当，致使孟昭田摔倒，被告千禾养老对此显然存有过错，应承担相应的赔偿责任。本院综合考虑上述因素，酌情确定被告千禾养老公司承担40%的民事责任，原告承担60%的民事责任。判决被告北京千禾颐养家苑养老服务有限责任公司赔偿原告李惠敏、孟宪京、孟宪文医疗费等共计133 469.66元。

2. 住养老人意外摔倒事件现状

（1）住养老人意外事件的处理概况。从对北京市50家养老机构[1]的走访调查看，住养老人因意外摔倒、坠床、坠梯、坠楼、噎食、走失等导致死亡或伤残的比例每年不足0.2%。越是大型养老机构，事故发生率越是相对较低。比如一家有1000名左右住养老人的福利中心，近十年来发生了12起老人摔倒、坠床、噎食等意外事件，均得到了很好的解决，没有发生过被起诉到人民法院的情形。

在事故发生后，养老机构基本都能够采取积极救助措施、及时通知监护人或家属、第一时间表示道歉，事后有40%左右的养老机构得到了老人家人的谅解，没有给养老机构带来财产损失；有40%左右住养老人家人提出了异议，在养老机构做出一定补偿后得以了结，对养老机构正常经营没有产生明显影响；剩下20%左右的老人或其家属将意外归责于养老机构，积极主张索要赔偿，其中一半在养老机构作出较大财产补偿或者补偿承诺后接受了协商解决；另一半则起诉至人民法院请求依法判决，前述案例即属于此类情形。

（2）养老机构的法律准备普遍不足。在养老服务合同方面，养老机构多半使用市民政局网站上的合同范本，其中约定住养老人意外免责条款有的与法律规定不合，有的与主要合同条款相矛盾，在案件审理中多半会被认定为无效。

在法律服务方面，超过80%养老机构没有聘请常年法律顾问，即使有的聘请

---

[1] 北京养老行业协会的会员单位中有300余家养老机构，经过广泛征询意见，该50家养老机构同意并配合了本项目的调研活动。

了律师，过半数的服务律师对于老年人意外案件的代理没有经验或没有经过专业培训，难以有效应对事件的诉前处理，在法庭上其应诉策略也难以较好维护养老机构的合法权益。

在调查中发现，养老机构往往证据意识不够强，除了规范化管理制度要健全外，对涉意外事件老人的尽心注意义务的个性化证据积累十分欠缺，有的证据证明力明显较弱，在法庭上表现十分被动。

（3）有关住养老人意外案件审理的司法环境急需改善。人民法院审理该类案件，因为法官对养老机构服务行为是否达到尽到足够注意义务的标准缺少法律依据，一般不得不对养老机构做出很不利的判决，多数案件看上去有失公平正义的法治原则。多数法官会尽力说服双方调解结案，相对而言，对于养老机构，庭上或者庭外调解结案的结果普遍要好于判决的结果。

（4）责任保险的依靠不容乐观。除了养老机构的管理者或者从业人员，很多人都会问，能否通过上保险来规避责任风险？保险公司都是市场运作，老年人体弱、身体平衡能力差、疾病多发，意外摔倒这种风险显而易见，导致相关责任险保费高，赔付金额有限。从案件事实情况看，养老服务责任险的最高保额一般为 20 万元以下（2019 年有的保险公司已将最高保额提高至 30 万元），无法避免因此可能带来的倒闭命运。

有的保险公司经常找理由拒绝责任保险理赔。如未经法院判决养老机构构成侵权的，无论养老机构赔付了多少钱，保险公司都以不能确定系侵权责任发生，而拒绝保险理赔。

（二）住养老人意外事件的法律破解

1. 相关案件的司法审判应当实现公平正义

根据《最高人民法院关于民事诉讼证据的若干规定》第 10 条的规定，已为人民法院发生法律效力的裁判所确认的事实，除了当事人有相反证据足以推翻的，当事人无须举证证明。司法裁判亦有引领社会价值的功能，人们本应从一个个案例中，体会到公平正义。人民法院相关案件判决对养老机构责任的认定，无疑会对全社会处理住养老人意外事件起到引导和标杆作用。

（1）人民法院的裁判现状。如果老人在养老机构发生了意外摔倒、坠床、坠梯、坠楼、噎食、走失等导致死亡或伤残的事件发生，当事老年人或者家人或者监护人以生命权、健康权、身体权纠纷等事由诉至人民法院，因为养老机构有提供生活照料、膳食、清洁、娱乐休闲等约定的服务保障义务，而生活照料一般都应该包含安全保障，除了极个别事件中养老机构能够证明系住养老人自身违约造成意外事件发生，或者可以证明完全系个人疾病所致以外，尽管一些养老机构能够证明养老行为完全符合规范，养老服务行为也完全满足了合同约定，但在判断涉事养老机构在给住养老人提供服务中是否尽到了足够注意？是否达到了法定的免责条件？一直缺少法律依据，法院几乎全部判决养老机构承担不等比例的侵权赔偿责任。

（2）法院在该类案件判决的公平正义如何实现？在此类案件裁判中，法官目前还没有法律依据可以判决无辜的养老机构不承担侵权责任。比如在案例4中法院判决认为："劲松老年家园虽然是收取服务费的提供养老服务的机构，但亦具有一定的公益性，承担了一定的社会责任，养老服务自身的性质和内容决定了其较高的风险性，故对养老服务的标准不应要求过苛。"但是，仍然不得不判决劲松老年家园承担50%的侵权赔偿责任。

从目前情况看，法院在审理发生在幼儿园、学校、养老机构的意外摔伤案件中，裁判原则没有明显差别。但是，老年人和未成年人摔伤后果、治愈概率大多是差别巨大，本应当区别对待。

追求公平正义，是中国特色社会主义法治始终遵循的重要原则，对养老机构有失公平正义的司法短板必须得到改变。养老机构在提供养老服务过程中尽到了合理的注意义务，尽管住养老人发生了意外事件，人民法院也应当依法判决养老机构不承担侵权赔偿责任，从而尽快形成一系列可作为依据的指导性判例，这正是我国社会主义法治精神所追求的应有之义。

（3）发布判断正当防卫指导性案例的做法可以借鉴。2018年12月18日，最高人民检察院下发的第十二批指导性案例，从而通过例举划出了法律定性的界限。指导性判例作为成文法之外的补充法律依据，正当防卫的罪与非罪界线的划分逐渐清晰，许多正当防卫无罪案件的评判也就有了裁判准绳，使人们关注的多起正当防卫案件因此彰显了公平正义，社会反响超赞。

如何出台住养老人意外案件审判的指导判例？住养老年人意外事件的发生往往具有突发性，存在个案之间差异很大的特点，与"正当防卫"的判断一样，很难以成文法一步到位予以规范，所以公布不同情形下指导判例方式指导人民法院的以后裁判，引导和积累社会共识，具有重要意义。

2. 如何防范住养老人意外风险

（1）要签订严谨合法的养老服务合同。

（2）养老服务行为要实现标准化。

（3）社会有必要为养老机构配备专业的法律服务人员。

（4）增加养老机构的责任保险保障。

3. 住养老人在意外事件中的权益保障

（1）修法扩大基本医疗保险范围。根据《中华人民共和国社会保险法》第30条第1款第2项规定，应当由第三人负担的医疗费用不纳入基本医疗保险基金支付范围；医疗费用依法应当由第三人负担，第三人不支付或者无法确定第三人的，由基本医疗保险基金先行支付。基本医疗保险基金先行支付后，有权向第三人追偿。老年人居家生活也容易发生跌倒等意外，因不会被认定为赡养人侵权，无疑都属于基本养老保险支付的范围。而老年人在养老机构摔倒，法院一旦判决由养老机构对住养老人承担侵权责任，目前养老机构就需要依法承担相应的医疗费用，即使医保基金先行支付了医疗费，仍可以依据社会保障法向养老机构进行追偿。

（2）扩大高龄老年人医疗费用补助范围。发生意外导致伤残的老年人，无疑更加弱势。对于年满65岁的老年人，包含养老机构住养老年人在内，因意外致伤一定等级（如三级）以上致残的后续治疗费用，也应当规定由政府给予全部或者适当比例补助

（3）引导和鼓励老年人意外致残的慈善基金建设。我们应当制定地方法规或者出台相应政策，引导社会建立起住养老人意外致残慈善基金，以解决住养老人意外事件中致残的康复难题，也促进了养老机构的健康发展。

二、住养老人互相伤害造成死伤引发案件的法律破解途径

近几年来，养老机构的住养老人因为爆发冲突而出现的意外事件也不少见，也是北京养老机构管理中不容忽视的法律难题之一。

（一）住养老人互相伤害造成死伤案件的现状

有的老年人心理衰老、性格变异，社交能力逐渐减弱，自我封闭性增强，遇事固执过敏，急躁易怒，情绪波动大。有的老年人患有精神疾病，争执过后总想不开，过不去心里的坎，导致争执越来越严重而大打出手。

1. 典型案例

2010年2月19日夜，河南泌阳县板桥镇敬老院五保老人胡某精神病发作，手持菜刀先后将敬老院里5名住养老人杀害。又如2014年黑龙江老人被割睾丸事件，就是由养老院内入住老人所为。再如一篇《一耄耋老人入住敬老院十余天后被室友殴打身亡，敬老院称伤害行为免责》的报道，法院认为，养老院对老年人负有看护责任，对行凶老人精神状况有充分了解，应当履行高度关注的义务，但养老院并未采取相应措施，故判决养老院与行凶老人承担连带责任……可见，住养老人故意伤害他人的案件并不少见，法律破解途径急需研究开拓。

案例1：2017年8月20日，北京市昌平区人民法院对陈某1等诉刘某7等生命权、健康权、身体权纠纷一案作出判决。

法院认为，公民的生命权、健康权、身体权依法应当受到保护。行为人因过错侵害他人民事权益，应当承担侵权责任。侵害他人造成人身损害的，应当赔偿医疗费、护理费、交通费等为治疗和康复支出的合理费用，以及因误工减少的收

入。造成残疾的，还应当赔偿残疾生活辅助器具费和残疾赔偿金。造成死亡的，还应当赔偿丧葬费和死亡赔偿金。被告刘某7与受害人刘某9同住一个房间，二人发生矛盾后，被告刘某7未能冷静对待，未采取正确的途径予以解决，而是采取过激行为持械对刘某9进行殴打，致使刘某9创伤性失血性休克死亡，对于刘某9的合理损失，刘某7应承担相应的赔偿责任。公共场所经营者、管理者对消费者、潜在消费者或者进入公共服务场所的其他人的人身、财产安全，依法承担免遭侵害的义务；未能尽到安全保障义务，造成他人损害的，应当承担侵权责任。本案中，被告敬老院作为事发地的经营者、管理者，有为接受服务的老人的人身、财产提供安全保障的义务，尤其是针对脾气暴躁、与他人发生过肢体冲突的老人，更应采取不同于普通老人的管理措施，由于敬老院存在管理上的疏漏，致使刘某9身体遭到严重侵犯，且敬老院未严格执行夜间巡视制度，未及时发现侵权行为并予以制止，导致损害结果的发生，对此敬老院存在过错，应承担相应的补充赔偿责任。本院认为以刘某7承担70%的责任、敬老院承担30%的责任为宜。判决被告刘某7赔偿原告陈某1、刘某2、刘某3、刘某4、刘某5、刘某6死亡赔偿金等共计265 223.7元；被告北京市昌平区南口镇敬老院赔偿113 667.3元。

案例2：2017年11月23日，北京市海淀区人民法院对吴圣国等诉北京市海淀区上庄镇敬老院等生命权、健康权、身体权纠纷一案作出一审判决。

法院认为，公民的生命权、健康权、身体权受法律保护。本案中，一方面，耿某某虽因不具备刑事责任能力和受审能力而未能通过刑事审判程序被定罪量刑，但根据公安机关的现场勘查和勘查物鉴定结论、公安机关对相关人员所做询问笔录、耿某某与吴立功共居一室且吴立功长期卧床、肢体偏瘫、言语受限的状态等足以认定，吴立功系耿某某用木制拐杖致伤，耿某某系直接侵权人。根据海淀公安鉴定中心的尸检报告，吴立功死亡的主要因素是外伤后脑梗死、严重的肺部感染致多脏器功能衰竭，而上述状况系由其生前所受严重外伤引起，吴立功的基础性疾病只是其死亡的次要因素，故本院据此认定耿某某就吴立功的死亡负有主要责任并酌定其责任比例为80%。耿某某经鉴定虽不具备刑事责任能力和受审能力，但就其对吴立功的侵权行为造成的损害后果，其仍应依法承担相应的民事赔偿责任。另一方面，被送养人耿某某伤害被送养人吴立功的事件发生在上庄敬老院内，而上庄敬老院对被送养人依法负有安全保障义务、对潜在的危险和可能造成老人伤害的情况有告知和警示的义务；但上庄敬老院安全意识不足、对耿某某所使用的具有安全隐患的木制拐杖未给予应有的注意，对于吴立功、耿某某所在的、有八十余名老人居住的区域仅安排3名工作人员轮流进行间隔长达2小时的夜间巡视，导致不能及时发现和制止耿某某实施侵权行为，且上庄敬老院在发现吴立功受伤后也未及时采取救治措施、延误了吴立功的治疗，亦应承担相应的民事赔偿责任，酌定上庄敬老院的责任比例为10%。判决耿某某赔偿吴圣国、吴圣法、吴圣全、吴吉玲、吴圣宝护理费等共计192 468元；上庄镇敬老院赔偿共计27 808.5元。

案例3：2018年11月29日，北京市朝阳区人民法院对孙宝连与张淑玲等生命权、健康权、身体权纠纷一案作出民事判决。

法院认为，根据《中华人民共和国民事诉讼法》的规定，当事人有答辩、举证和对对方提交的证据进行质证的权利。本案中，张松年、张淑玲、张松平、馨兰之家公寓经本院合法传唤，无正当理由未出庭应诉，视为其放弃举证、质证的权利，不影响本院依据查明的事实依法作出判决。行为人因过错侵害他人民事权益，应当承担侵权责任。无民事行为能力人、限制民事行为能力人造成他人损害的，由监护人承担侵权责任。监护人尽到监护责任的，可以减轻其侵权责任。有财产的无民事行为能力人、限制民事行为能力人造成他人损害的，从本人财产中支付赔偿费用，不足部分，由监护人赔偿。宾馆、商场、银行、车站、娱乐场所等公共场所的管理人或者群众性活动的组织者，未尽到安全保障义务，造成他人损害的，应当承担侵权责任。因第三人行为造成他人损害的，由第三人承担侵权责任；管理人或者组织者未尽到安全保障义务的，承担相应的补充责任。本案中，张松年将孙宝连推倒造成孙宝连受伤，其应当对孙宝连承担侵权责任，因张松年属于无民事行为能力人，张淑玲、张松平作为其监护人未尽到监护义务，且均未到庭应诉，本院无法查清张松年本人是否拥有财产，故张淑玲、张松平应承担相应的侵权责任。馨兰之家公寓作为养老机构，孙宝连在其护理期间受伤，馨兰之家公寓明知张松年可能实施伤害其他老人的行为，仍未对其加强监管，故应当认定其在孙宝连受伤事件中未尽到安全保障义务，应在一定范围内承担相应的补充责任。具体的责任比例，本院根据其过错程度及事发后垫付有关费用的情况酌情确定。孙宝连在诉讼过程中死亡，其继承人孙士海、孙士河、孙秀平作为当事人承担诉讼，孙宝连已经进行的诉讼行为对本案三原告有效。判决被告张淑玲、张松平赔偿原告孙士海、孙士河、孙秀平医疗费2万元、住院伙食补助费2900元、护理费1万元、交通费200元、营养费8000元、残疾赔偿金57 275元、精神损害抚慰金1万元；在被告张淑玲、张松平不能履行或不能完全履行本判决第一项的赔偿义务时，被告北京市朝阳区馨兰之家老年公寓在上述第一项赔偿责任20%的范围内对原告孙士海、孙士河、孙秀平承担补充责任。

2. 住养老人之间故意伤害事件现状

老年人大多数表现成熟、善良、乐于助人，老人们住在一起搭伴养老，彰显了和谐景色。但随着年龄的增长，老年人容易出现精神缺陷和失智情况，有的老人变得急躁易怒，情绪波动大，动辄骂人、大打出手，有精神缺陷的老年人在精神病发作时还很可能会给其他老年人带来严重的人身伤害。住养老人之间故意伤害致使一方老人死亡或伤残事件的发生概率虽然较小，但是给养老机构带来的经营风险也是比较大的。养老院中的房间很多都是两人间或三人间，由于生活习惯的不同，有的住养老人之间还会存在利益摩擦，相处不融洽会导致纠纷，也给伤害事件发生留下隐患。

随着老龄化程度的快速发展，养老机构不得不承担起应有的社会责任。然而，送老人去住养老机构，这与传统的家庭养老、"养儿防老"的观念不相符合，一旦老人在养老机构受到虐待，养老机构受到的社会舆论压力也较大。比如在案例2中，原告当庭陈述："事发前，我们家庭和睦，吴立功被打致死事件给我方造成了巨大的精神损害，导致家族成员认为吴圣国、吴圣全不孝、对二人有所埋怨、断绝往来，这个情况至今都未改善。"

在走访调查养老机构的管理问题时，对发生住养老人故意殴打他人造成伤残的事件养老机构大部分管理者仍然缺少认真思考和必要的防范准备。

从表面上看，住养老人故意殴打他人造成了伤残的严重后果，应当由实施伤害行为的老人承担法律责任。但是，被伤害的住养老人系与养老机构签订服务协议的服务对象，其人身安全保障也是合同约定的明确义务，因伤害事件发生在养老机构，又在养老服务合同有效期之内，如果因此被起诉至法院，养老机构又不能证明自己尽到了足够安全保障义务，也是需要承担过失侵权责任判决部分赔偿的。

从我们的调查情况看，对于住养老人之间的故意伤害事件，养老机构的防范机制、证据保全、危机处理等，都需要引起重视和加强。

（二）住养老人之间故意伤害事件的法律破解

在案例1中，昌平区南口镇敬老院在法庭上辩称："被告敬老院作为非营利性民办公助养老机构，在国家已进入人口老年化的今天，提供服务已如履薄冰，如再被他人无端诉讼以索要不法之财，不但有违市场经济的基本原则，也必将最终损害国家的养老事业。"对住养老人故意伤害案件审理坚持公平正义标准，对养老机构的可持续健康发展关系重大，老龄法律研究部门应当积极促进。

《中华人民共和国侵权责任法》第37条规定，宾馆、商场、银行、车站、娱乐场所等公共场所的管理人或者群众性活动的组织者，未尽到安全保障义务，造成他人损害的，应当承担侵权责任。因第三人行为造成他人损害的，由第三人承担侵权责任；管理人或者组织者未尽到安全保障义务的，承担相应的补充责任。为了避免养老机构承担补充责任，或者减少养老机构的补充责任，以免影响到养老机构的经营，同防范住养老人意外风险一样，养老机构的养老服务行为一定要实现标准化，日常管理中需要有专业的法律服务，还要增加养老机构的责任保险保障，建立应急机制等。

1. 在养老服务合同条款的设计中要对住养老人故意伤害事件防范有周密的规定

签订合法有效的合同条款，是养老机构避免住养老人故意伤害事件发生的必要准备。

在案例3中，2012年1月6日，馨兰之家公寓与张淑玲签订"补充协议"，内容为根据张松年近期的情况，院方担心其对院里的老人造成人身伤害，院方要求张松年退院，家属不同意，如果以后张松年对院里的老人造成伤害致残或致死，产生的一切后果由家属承担，院方不承担任何责任。虽然馨兰之家公寓被不幸言中，但正是注意到了张松年老人的危险性，因为这份补充协议的存在，最终法院只判决："在被告张淑玲、张松平不能履行或不能完全履行本判决第一项的赔偿义务时，被告北京市朝阳区馨兰之家老年公寓在上述第一项赔偿责任百分之二十的范围内对原告孙士海、孙士河、孙秀平承担补充责任"。从案例1、案例2的判决结果看，如果没有这份补充协议的约定，馨兰之家公寓承担的就不只是在行为人赔偿不能时的补充责任了。而且正相反，如果案例3中没有这份补充协议，在法庭上，张松年曾推到过其他老人的事实会使养老机构未尽注意义务成为重要事实，判决侵权过失程度就会被明显加大，案例1判决养老机构承担30%的责任就是一个恰当实例。

在合同条款设计上，对于合住老人，应当明确告知合住老人有可能发生纠纷和互相伤害事件，要明示选择权，对于不同的入住标准，服务范围、费用界限均要明晰。养老机构是否尽到了足够安全保障义务，合同条款的设计非常重要。

2. 管理机制要健全，养老服务行为要尽可能标准化

在案例1中，敬老院辩称："敬老院与原告之间仅存在合同关系，被告敬老院与其他被告（指行凶老人）并无共同侵权行为，被告敬老院不应承担任何连带责任。原告与敬老院签订入住托养协议书，双方建立了服务合同关系，敬老院对原告未实施任何人身侵害，双方仅存在服务合同关系。刘某7对被害人刘某9实施的故意伤害行为属于刑事犯罪行为，依法应由公安机关侦查，原告可依法向被告人提起刑事附带民事赔偿，在被告人刘某7被确认为限制刑事责任能力人的前提下，原告可向刘某7的监护人主张权利。"但是，案例1的法院审理查明，敬老院的工作人员表述，刘某7之前和叫郑某的老人同住306号房间，两人因矛盾打架，刘某7将郑某打伤，刘某8赔偿郑某损失并道歉，敬老院怕两人还打架，将郑某调到其他房间；郑某本人亦表述，其与刘某7同住306房间，刘某7脾气暴躁，二人在聊天过程中刘某7脾气上来吵过两次架，第三次因琐事二人动手打架，郑某被刘某7打伤后，被敬老院调到其他房间……南口镇敬老院对此并没有引起重视，法院判决认为："本案中，被告敬老院作为事发地的经营者、管

理者，有为接受服务的老人的人身、财产提供安全保障的义务，尤其是针对脾气暴躁、与他人发生过肢体冲突的老人，更应采取不同于普通老人的管理措施，由于敬老院存在管理上的疏漏，致使刘某9身体遭到严重侵犯……应承担相应的补充赔偿责任。"

住养老人故意伤害他人，行为人固然依法应当承担相应责任，但是养老机构如果不能明自己在管理中尽到了足够注意，判决养老机构承担过失侵权责任，负担少部分赔偿是必然的。在案例1、案例2中，法院判决养老机构分别承担30%和10%赔偿责任，在案例3中判决的20%补充责任，都是源于此。

养老机构应当根据标准化规则，对实际的或潜在的问题制定标准化行为规范，并且在养老服务中严格执行标准，这是法院裁判养老机构是否尽到了足够注意的重要事实依据。

3. 专业的法律服务是避免承担侵权责任的重要渠道

养老机构的经营活动涉及住养老人日常生活的方方面面，与市场相关领域的交往大多需要法律智慧的帮助，许多法律问题还是养老机构与社会交往中所特有的。

在案例1中，行为人刘某7之前就曾经与和同住的郑姓老人发生矛盾打架，刘某7将郑某打伤，敬老院怕两人还打架，将郑某调到其他房间。可见，该惨案发生并非毫无兆头，敬老院因此承担了较大赔偿责任。如果敬老院有日常的专业法律服务，或者管理者有一定的风险防范意识，采取必要的法律措施以防万一，保全好相关证据，该案的审理结果可能就会大不一样了。

4. 加强养老机构的责任保险保障

住养老人意外风险防范和住养老人故意伤害他人造成的经营风险，也同样需要加强责任保险的制度设计和保障。

三、养老机构意外失火引发案件的法律破解途径

"水火无情"，住养老人失火对养老机构是更加无情，养老机构的火灾事故风险也应当加强防范。

（一）养老机构火灾事故风险的现状

从全国范围来看，北京地区养老机构火灾事故发生率相对较低，但也并不是没有，重要的是，一旦发生，后果非常严重。如2015年中国特大火灾之一的鲁山火灾事故：2015年5月25日，河南省鲁山县城西琴台办事处三里河村的一个老年康复中心发生火灾，起火原因是电器线路接触不良温度过高，导致附近的易燃物起火，事故发生前有常住老人130人左右、工作人员25人，火灾造成39人死亡，大多数是老年人。

1. 典型案例

2015年6月，王某的父亲入住密云区某社会福利中心。同年8月4日，在社会福利中心，王某父亲居住的卧室发生火灾，老人不幸身亡。经当时密云县公安消防支队出具的火灾事故认定书确定，起火原因系遗留火源所致。王某认为，父亲与被告社会福利中心签订托养协议，形成了托养的法律关系，被告应当提供相应的照顾、护理服务，但被告并没有尽到其应尽的保障义务，也没有按照规定安装报警及消防设施，对父亲的死亡负有责任。社会福利中心辩称，老人入住时是按完全自理入住的。火灾发生后事故认定书认定是因遗留火源导致火灾发生。老人所住屋内没有任何电器，遗留火源的情况就是吸烟或是自己玩火遗留的火源。社会福利中心认为，老人本身也有吸烟的习惯，所以才导致火灾发生。福利中心工作人员曾明确表示并释明室内不可以吸烟，已尽到相关的义务，因此老人的死亡与福利中心没有任何关系，拒绝赔偿……我们没有发现该案裁判文书，可能是调解结案的。

2. 养老机构失火等安全事故的赔偿原因

从全国各地养老机构发生此类事故的原因看主要有以下几个方面：

（1）养老机构设施方面存在安全隐患。因部分养老机构使用的房屋为后期改造，存在电线线路老化、房屋耐火等级低、疏散通道不足、消防用水设计不规范等问题，还有护理设备、洗浴设备、辅助设备等服务设施电器也存在隐患，一旦出现失火事故造成住养老人的伤害，养老机构不能证明无过错的，应当承担全部责任。

（2）用火、用电、用煤气过程不规范。养老机构内存在工作人员或住养老人使用大功率电器、烧火等情况，老年人在老年痴呆症的前兆期里常出现容易忘事，常发生忘记关火等情形，增加了养老机构意外事故发生的风险。养老机构即使有大量证据能证明自己没有过错，有的也会被判决承担部分责任。

（3）住养老人吸烟。烟火为发生火灾意外事故的隐患之一，老年人在养老机构内吸烟也是导致养老机构意外事故发生的重要原因，尤其是未熄灭的烟头容易点燃易燃易爆物品。住养老人违规吸烟引起火灾造成自己或他人伤残、死亡的，养老机构也需承担部分责任。

（4）管理不善。养老机构管理人员消防安全意识淡薄，没有定期对机构内生产生活用电、用火等方面进行安全检查和监控。如果起火原因不明，养老机构需要承担全部责任。

（二）养老机构失火等安全事故的法律破解

火灾一旦发生就后果严重，它不仅会给养老机构带来财产方面的较大损害，如果住养老人在火灾中被烧伤致残、致死，养老机构一般还要承担侵权赔偿责任。

1. 要确保养老机构设施符合法定标准

养老服务设施的新建、改建、扩建必须严格遵循国家法律法规、行业标准和规范的要求。按照《中华人民共和国老年人权益保障法》提出的安全、便利、舒适的老年人宜居环境要求，参照《养老机构安全管理》《老年人照料设施建筑设计标准》《城市道路和建筑物无障碍设计规范》《老年人建筑设计规范》《老年养护院建设标准》等标准和要求，养老机构新建、扩建和改建都要满足各项规定标准，符合消防、安全等功能要求。

生活用房在安全疏散与紧急救助方面设计要做到具有畅通的安全疏散通道和紧急送医通道，具有完善的通风供暖、电气照明、防火喷淋等建筑设备。智能化系统要满足监控装置、防火报警和灭火装置可覆盖老年人照料设施建筑以及室内活动场地。

在服务设施方面，按照《养老院服务质量大检查指南》的要求，在已建成投入使用的养老服务设施中，老年人床头、使用的厕所安装呼叫装置，对养老机构内的消防器材、用电产品、燃气设备、特种设备、房屋建筑、安全标志和监控设备等需要进行严格的定期漏洞检查。要在落实临时性防范措施的基础上，加紧改造，确保符合安全规定，对于许可手续不全的，要加快补办，确保合法。

2. 要加强火灾风险防范法律意识

在养老机构与住养老人建立了合同关系以后，一旦发生火灾导致了诉讼，养老机构很可能会被法院认定未给住养老人提供安全的居住环境及事后未能及时救助，认定养老机构违反养老服务协议的约定，从而判决养老机构承担责任。加强火灾风险防范法律意识，不仅体现在管理、服务方面要规范，平时更要注意保全相关证据线索材料。

我国合同法对违约责任的归责原则适用的是严格责任原则，即无过错责任原则，在该原则下，合同一方当事人只需向法庭证明对方没有履行合同义务的事实，即证明对方未履行或者履行不符合合同约定或法律的规定即可，而不要求守约方证明违约方对于不履行有过错。养老机构必须依约定为住养老人提供安全健康的居住、膳食及生活照料服务，这需要在法庭上列举系列有效客观证据予以证明。住养老人在托养期间发生火灾致伤或致死，如果被告养老机构不能提供充分的证据证明发生的该意外事件与其无关，法院判决养老机构承担赔偿金等损失是必然的。

如 2016 年 5 月 10 日辽宁省大连市某养老院发生一场火灾，火灾造成住养老人杜某某烧伤，杜某某被送医治疗，于第三天经抢救无效死亡。杜某某半身不遂行动缓慢，其房间东南角的床位上部床垫严重烧毁，床头表面有炭化痕迹，该床位下方的木质床上部有部分炭化痕迹，基本保持完好，并且该床位周边未发现电器线路以及插座。火灾事故认定书记载，此起火灾起火部位为某养老院 826 房间内东南角床位处，起火原因排除自燃、电气（电器）线路等引发火灾的可能，不排除用火不慎和遗留火种引发火灾的可能。杜某某有吸烟习惯，但是其身上没有烟，厨师李某证明说杜某某家属给过他 20 块钱让其给杜某某 4 盒红梅烟，让他每天抽几根烟。法院判决认为：当事人应当全面履行合同义务，同时公民的生命健康、财产权受法律保护。被告某养老院作为死者杜某某入住的机构，理应为养员提供安全的居住环境，避免危险事故的发生。现杜某某在入住养老院期间意外死亡，养老院未提交相关证据证实系杜某某自焚或者其他原因导致火灾的发生，应当承担相应赔偿责任。判决被告某养老院给付继承人 2 名原告死亡赔偿金、丧葬费、医疗费、护理费、救护费、交通费共计 701 107.8 元，并另外承担 11 013 元诉讼费。

从以上案例的判决结果来看，杜某某在床上吸烟引起的火灾的可能性大，但因为养老机构举证难度太大，火灾责任认定对养老机构更加"无情"，所以防范火灾的发生应是养老机构管理中的重中之重。

京津冀协同监管体系下食品欺诈规制研究

孙 颖*

一、研究背景与意义

(一) 课题研究的背景

课题研究主要基于以下五个方面的背景：第一，京津冀协同发展是习近平总书记直接推动的重大国家发展战略；第二，京津冀协同发展在食品安全治理领域稳步推进；第三，食品安全关系中华民族未来、是新时代的重大任务；第四，食品欺诈是食品安全治理工作中的重点与难点；第五，京津冀协同监管下首都优势和引领作用显著。

(二) 课题研究的意义

本课题研究意义有三：首先，有利于减少食品欺诈，推进食品安全治理工作；其次，有助于完善京津冀协同监管机制，提升协同监管的水平；最后，有助于以点带面，推进食品安全治理目标的实现。

二、食品欺诈的规制及路径选择

(一) 域外规制与路径选择

1. 域外食品欺诈的历史

食品欺诈自古有之，在西方，罗马时期便存在着葡萄酒中添加铅以增加甜度的事情，只是随着科技发展的同时，产生了更多新式的造假手段和食品欺诈类型。1820 年德裔英国人弗雷德里克·阿库姆（Frederick Accum）的《论食品掺假和厨房毒药》一书出版，引发英国巨大反响。在美国，时任农业部化学局（食品与药品管理局前身）局长的哈维·威力（Harvey Wiley），不断向国会施压，促成了美国 1906 年的《联邦纯净食品药品法》和《联邦肉类检查法》的通过。

近几年以来，即使技术检测手段在不断进步，但是食品欺诈事件也没有得到完全遏制，并不断发展出新的形式，因此，反食品欺诈的法律也需要适应现实问题，不仅仅是通过技术手段，同样需要通过更加严密的法律规制与行政监管措施

---

* 课题主持人：孙颖，中国政法大学教授。立项编号：BLS（2018）B015。结项等级：合格。

对食品欺诈进行规制。

2. 食品欺诈的概念、类型和特点

目前国际上对食品欺诈尚未有统一的概念，因此各国依据自己的基本国情和司法实践对该概念也有不同的理解。但基本形成了一种共识，即经济利益驱动型的食品掺假（Economically Motivated Adulteration，EMA）是食品欺诈的重要类型。

在美国药典委员会（The United States Pharmacopieial Convention，USP）的定义中，经济利益驱动的食品掺假是指卖方以欺诈手段添加虚假物质或者去除或替代真实物质，但不告知买方，以谋取经济利益。[1] 对于食品欺诈的概念，主要有以下几种观点：食品欺诈是一个集成概念[2]、经济利益驱动型的掺假或者替代[3]、强调食品欺诈的故意欺骗的属性、广义上理解为受到经济利益驱动在食品成分或者包装上欺骗消费者[4]等。关于食品欺诈的具体类型，在美国药典委员会将其分为了替代、添加与剔除三种类型。

通过对食品欺诈有关概念和类型的分析，可以发现国际上的食品欺诈主要有如下特征：历史性和全球性；多样性、复杂性和规避性；动机性和严重性。

3. 食品安全和食品欺诈立法情况

（1）欧盟。欧盟的食品安全法规自 2000 年出台的《食品安全白皮书》后，便致力于构建一个全面的食品安全法规框架。于是在 2002 年通过了第 178/2002 号法规，即《通用食品法》，通过一系列新设立的法律模式和手段并成立欧盟食品安全局，构建了一个系统性的食品安全保护维度。此后，欧盟还制定了许多法规和指令，健全了细化的整合规则框架，包括"一揽子卫生规则"和其他横纵向规则，共同形成了一个多中心的规制体系。

在食品欺诈方面，《通用食品法》中没有进行专章的规定。主要是通过欧盟委员会官方认可一些"欧洲标准制定组织"，如：欧洲标准化委员会（CEN）、欧洲电子技术标准制定委员会以及欧洲信息标准制定机构以及一些国家标准制定组织，用以协调食品相关标准和法律，消除贸易壁垒，增强市场透明度和降低市场的不对称性，防止食品欺诈的发生。在这其中，欧盟食品安全局发挥了重要作用。

---

〔1〕 USP：Food Fraud Mitigation Guidance，https：//www.usp.org/sites/default/files/usp/document/our-work/Foods/food-fraud-mitigation-guidance.pdf.

〔2〕 Spink John，Moyer Douglas C.，Defining the Public Health Threat of Food Fraud，*Journal of Food Science*，2011，76（9）：157-163.

〔3〕 National Center for Food Protection and Defense：A quick guide to food terminology，http：//foodprotection.umn.edu/news/post/food-thought-guide-food-terminology.

〔4〕 李丹等：《国内外经济利益驱动型食品掺假防控体系研究进展》，载《食品科学》2018 年第 1 期。

在食品标签标识方面，通过第 1699/2011 号法规强制规定：标签和所用方式不能在产品质量、配料、原产地、性质、工艺等欺骗消费者，同时禁止暗示也不得宣传其具有药用治愈功效。

（2）英国。英国在理查德一世（1189—1199）统治时期颁布了《面包和麦酒法令》（Assize of Bread and Ale）。该法令为全国性法律，但是缺少对违法者的惩罚措施。

直到根据编年史家马修·帕里斯（Matthew Paris，1200—1259）的记录，在 1202 年，约翰王所颁布的《面包法令》中才有具体的处罚措施。

此后中央政府制定的《面包和麦酒法令》仍处于不断完善之中，在这些法令（ordinances）中最重要的当属亨利三世于 1266 年颁布的《面包和麦酒法令》，详细规定了面包价格、生产成本和对违法者的处罚措施。[1]

近现代，英国 1875 年颁布了专门的食品监管法律《食品与药品销售法》（Act of Sale of Food and Drugs. 38 & 39 VICT. CH 63. 1875），其中第 3 条便是对于食品掺假的禁止性规定："任何人不得使用，也不得命令或允许他人使用于健康有害的物质对任何种类的、即将出售的食品进行掺杂、染色、污染或掺入粉末。"[2]

（3）美国。19 世纪末 20 世纪初，美国的食品药品安全以及掺假暴利行为盛行，其出口到欧洲各国的猪肉等食品曾遭到各国的联合抵制。在各方利益的博弈下，1906 年 6 月 30 日，美国通过了第一部《联邦纯净食品药品法》，当天，还通过了《联邦肉类检查法》。1933 年，食品和药品管理局建议彻底修正已过时的 1906 年出台的《联邦纯净食品药品法》。

2011 年美国食品药品监督管理局（FDA）颁布了《食品安全现代化法案》，该法案还提出要加强食品故意掺假行为的预防，该法第 106 节内容是关于防范蓄意掺假。

2012 年 4 月 17 日至 19 日，美国的年度"食品安全峰会"在华盛顿召开了第 14 届年会，会议的一个重要议题是如何打击食品欺诈和经济动机掺假。

2013 年 12 月 24 日，FDA 延期发布了法案要求的防范蓄意掺假的法规《防范蓄意掺假的集中缓解策略》草案，该法规中所指的蓄意掺假行为有多种形式。

4. 规制食品欺诈的法律及制度设计

（1）完善具体且多层次的法律规制系统。美国在 1938 年制定了《联邦食品、药品和化妆品法案》（Federal Food, Drug, and Cosmetic Act, FD&C Act），对

---

〔1〕 徐浩：《中世纪西欧工业管理研究——以消费者、雇主和雇工权益为中心》，载《史学理论研究》2015 年第 1 期。

〔2〕 Fallows, Stephen J., Food Legislative System of the UK, Butterworths, 1988, p. 33.

一些食品的相关基础概念作了规定。该法案是美国食品方面法律规定的基础，后来的法案都是以此为模板产生的。

在 2011 年的《食品安全现代化法案》（Food Safety Modernization Act，FSMA），对原有的《联邦食品、药品和化妆品法案》进行了大量的修改，加强了 FDA 的管理权限，提出了要对掺假食品进行严格的防范。除此之外，美国法典（U. S. CODE）的第九章第四部分也涉及了食品方面的法律规定，针对食品掺假伪劣食品进行规制。

2015 年 9 月，FDA 颁布了食品现代化法案的控制预防规定，该规定明确要对食品危害进行分析、对过程进行监管并对问题食品进行召回，扩充了对食品问题的预防体系。

未来食品安全法律的发展趋势是在不破坏原有体系适用的原理、义务和概念的基础上，提升管理的协调性，包括强化一般性的、指导性的法规和标准，削减不必要的重复的具体性的法规和标准。

（2）严密且多方参与的监管模式。美国并不是不存在食品欺诈问题，之所以影响比较小，主要是因为监管体系严密、迅速和有效。在联邦政府之下设立美国农业部食品安全检验局（FSIS）、美国卫生部下设的 FDA 以及美国国家环境保护署（EPA），分别对农业产品、进口、国产食品以及食品的相关产品和杀虫剂进行监管，除此之外，设立一些政府机构的辅助机构，进行专业化的检测工作，这些政府部门分工得当，专业化程度高，能够迅速地应对各种食品问题。

除美国外还有许多国家也采用了众多相关政府部门参与、联合院校和科研机构力量的监管模式，如：加拿大在 1997 年便将原来分属多个部门的食品监管职能集中，提升预防控制食品掺假的专业化执法水平，在农业部中设立了食品安全监督机构即加拿大食品监督署，统一负责农业投入品监管、产地检查、动植物和食品及其包装检疫、药残监控、加工设施检查和标签检查等。而英国的食品标准署不仅监测着市场上的各种食品，还将触角延伸到食品产地。

除政府监管之外，也有一些国家充分发挥了社会力量的灵活性，吸纳了企业自检和消费者参与。

（3）全面而多方位的预警监测系统。在事后监管之外，多数国家都强调对食品安全的全面防范和管理，即从源头上控制、预防和减少食品的安全风险。首先是风险评估机制，德国、法国和意大利三国及欧盟先后建立了风险评估机制，成立了不隶属于任何政府部门的专门机构。其次是产品信息备份，日本农协下属的各地农户，必须记录米面、果蔬、肉制品和乳制品等农产品生产者、农田所在地、使用的农药和肥料、使用次数、收获和出售日期等信息，一旦出现问题，通过查询"身份证"号码就能追溯到该产品的生产和流通信息。

（4）来源广泛的数据库技术支持。美国利用网络数据库的优势，将曾经发生过的食品欺诈事件公布到网站，向全社会进行公开。USP 建立了食品欺诈数据库（Food fraud database，FFD），该数据库是一个收集了数千种掺假成分和相关记录的公共数据库，数据来源于科学文献、媒体出版物、监管报告、司法记录等来自世界各地的食品掺假信息。[1]

除此之外，由美国国土安全部（United States Department of Homeland Security，DHS）下设并受明尼苏达大学管理的食品保护和防御国家中心（NCFPD）[2] 创建了 EMA 数据库。[3] 这个数据库是按照事件进行分类的，比如我国的"三聚氰胺"事件在该数据库中作为一个事件存在。但同时该数据库仅仅允许授权用户访问。此外，NCFPD 还在开发一种 EMA 易感性数据库，数据库中包含美国药典委员会的《食品化学法典》中有关 EMA 易感性评估的文献。[4]

在欧盟方面，根据通过对第 178/2002 号法令建立了一个食品和饲料快速预警系统（Rapid Alert System for Food and Feed，RASFF）网络，[5] 该系统中包含掺假和欺诈这个预警类别。[6]

以上通过技术手段搭建的数据平台能够通过既有的过往数据，以一种系统化的方法协助判断食品是否处于一种较大的欺诈风险当中，帮助相应行业和食品从业者有效保证食品的真实性，降低食品欺诈风险。

（二）我国食品欺诈规制现状及路径选择

1. 我国食品欺诈历史以及现状

在中国，宋代士大夫袁采的《袁氏世范》就记载了当时市场上的食品欺诈问题，"以物市于人，敝恶之物，饰为新奇；假伪之物，饰为真实。如米麦之增

---

[1] Johnson R. Food fraud and "Economically Motivated Adulteration" of Food and Food Ingredients, http://fas. org/sgp/crs/misc/R43358. pdf.

[2] 食品保护和防御国家中心（National Center for Food Protection and Defense，NCFPD）是美国国土安全部（United States Department of Homeland Security，DHS）下设的一个卓越科技中心，该中心是一个联合了 140 多位专家的系统网络工程。这些专家分别来自院校、制造商和政府部门，均从事前沿食品安全保障的相关研究。NCFPD 的主要工作由明尼苏达大学负责，中心任务是通过研究和教育维护国家食品系统的安全。

[3] United States Department of Homeland Security：National Center for Food Protection and Defense（NCFPD）-A DHS Science and Technology Center of Excellence, https://www. dhs. gov/sites/default/files/publications/National%20Center%20for%20Food%20Protection%20and%20Defense-NCFPD. pdf.

[4] Johnson R. ：Food Fraud and "Economically Motivated Adulteration" of Food and Food Ingredients, http://fas. org/sgp/crs/misc/R43358. pdf.

[5] B. Krisztina, H. Zsolt, B. Peter, Rapid alert system for food and feed（RASSFF）in the European Union, https://www. researchgate. net/publication/283474411_Rapid_alert_system_for_food_and_feed_RASFF_in_the_European_Union.

[6] 李丹等：《国内外经济利益驱动型食品掺假防控体系研究进展》，载《食品科学》2018 年第 1 期。

湿润，肉食之灌以水"，"鸡塞沙，鹅羊吹气，卖盐杂以灰"。

近年来，在 2010—2015 年《每周质量报告》的食品欺诈及其类型的统计情况中，共计 225 期节目，其中，有关食品问题的节目共计 42 期，占总数的 19%；而食品欺诈就有 38 期，在食品问题节目中所占比例高达 90.5%。[1] 同时，仅 2014 年 7 月至 2015 年 12 月一年多的时间内，在质检总局进出口食品安全局对外通告的不合格进口食品中，可直接判定为食品欺诈的通告所占的比重就高达 41%。

由此可见，在我国目前食品生产和消费的领域，无论是进口食品抑或是国产食品中，均存在较为严重的食品欺诈问题。更不用说近几年频发的各类食品安全事件，其中多有涉及食品欺诈，比如 2018 年焦点访谈报道的有机食品乱象、2015 年"僵尸肉"事件、2015 年上海特大假奶粉事件、2014 年台湾地区地沟油事件以及每年均有报道的冒充名酒和激素大闸蟹等。

2. 食品欺诈的概念、类型和特点

（1）食品欺诈的概念。对比国外对于食品欺诈概念无统一认识的情况，国内对食品欺诈同样尚未有专门的定义。"食品欺诈"由"食品"和"欺诈"两个词组成，遵循基本的语词习惯，我们在解释"食品欺诈"时，有两种选择，一种是将其解释为"欺诈"在"食品"领域的适用，另一种是赋予"食品欺诈"独有的含义。

最高人民法院《关于贯彻执行〈中华人民共和国民法通则〉若干问题的意见（试行）》第 68 条对当事人欺诈行为界定为"一方当事人故意告知对方虚假情况，或故意隐瞒真实情况，诱使对方当事人做出错误意思表示的，可以认定为欺诈行为"，此为"民事欺诈"概念。

而《中华人民共和国产品质量法》（以下简称《产品质量法》）规定，在产品掺杂、掺假、以假充真均属质量欺诈的违法行为。

此外，2015 年国家工商行政管理总局颁布的部门规章《侵害消费者权益行为处罚办法》列举了十种经营者欺诈消费者的行为。同时在第 6 条规定经营者向消费者提供有关商品或者服务的信息应当真实、全面、准确，不得作虚假或者引人误解的宣传行为，并举例列举了八种虚假或者引人误解的宣传行为。

虽然《中华人民共和国食品安全法》（以下简称《食品安全法》）中未直接规定食品欺诈的类型，但通过规定生产者的责任和义务、食品生产标准和风险控制系统来保障食品安全。

而在 2017 年 2 月国家食品药品监督管理总局发布的规范性文件《食品安全欺诈行为查处办法（征求意见稿）》中，将食品欺诈的概念表述为"食品安全

〔1〕 袁婷，陈原：《我国食品欺诈模式及其治理分析》，载《食品安全导刊》2016 年第 9 期。

欺诈"。将其定义为"行为人在食品生产、贮存、运输、销售、餐饮服务等活动中故意提供虚假情况，或者故意隐瞒真实情况的行为"。与民事欺诈的概念相比，只要欺诈行为人有故意实施欺诈行为并有导致他人误解上当的可能性就构成食品安全欺诈。

（2）我国食品欺诈的类型。关于食品欺诈的分类，在我国食品安全执法工作中，进出口食品安全局主要依据 2014 年国家卫生和计划生育委员会颁布的《食品添加剂使用标准》（GB 2760-2014）对食品进行检验检查，侧重于检查食品进出口过程中的非法添加这一种食品欺诈类型。

《食品安全法》中未直接规定食品欺诈的类型，而是通过规定生产者的责任和义务、食品生产标准和风险控制系统来保障食品安全，没有对各种可能引起食品安全的问题进行细化分类。

而在 2017 年 2 月国家食品药品监督管理总局发布的规范性文件《食品安全欺诈行为查处办法（征求意见稿）》中的"食品安全欺诈"，除包括针对消费者的食品欺诈类型，还囊括了申请、检验检疫、报告过程中的信息欺诈。因此，可以认为，"食品安全欺诈"较"食品欺诈"外延更广，涵盖可能涉及食品安全，但是非直接面向消费者的食品监管领域的不真实陈述问题。

（3）食品欺诈的特点。通过对上述我国的食品欺诈的概念和类型的分析，可以发现在我国食品领域，食品欺诈仍呈现多发态势。我国的食品欺诈主要具备以下的特点：第一，食品欺诈问题多发且严重；第二，在法律规范层面，除共性的要求行为人主观意图，还将非法添加、故意隐瞒或者提供虚假信息等纳入食品欺诈的范围内；第三，尽管在立法中还囊括了从农场到餐桌的食品生产各个环节，但是在实际执法过程中对于食品欺诈的监管主要仍将重点放在流通环节。

3. 食品欺诈规范体系

我国有关食品欺诈的专门性文件有国家食品药品监督管理总局 2017 年《食品安全欺诈行为查处办法（征求意见稿）》，但该办法至今仍未颁布正式文件。其余有关食品欺诈具体类型的规定散见在《中华人民共和国消费者权益保护法》（以下简称《消费者权益保护法》）、《食品安全法》、《产品质量法》、《中华人民共和国农产品质量安全法》、《中华人民共和国食品安全法实施条例》（以下简称《食品安全法实施条例》）、《中华人民共和国反不正当竞争法》（以下简称《反不正当竞争法》）、《中华人民共和国广告法》（以下简称《广告法》）等法律法规当中。下文中将针对法律适用进行具体分析。

在《食品安全法》中，第 34 条规定了禁止生产经营的食品类型，其中涉及食品欺诈的包含掺假掺杂、标签标注信息虚假不全、营养成分与所称不符等类型；第 49 条规定了食用农产品生产者不得进行食品欺诈，进而非法使用有毒化肥农药等；第 55 条规定了餐饮服务提供者不得明知存在食品欺诈而进行加工生产，否则也将承担责任；第三节专章规定了有关食品标签、说明和广告应当符合相关规定；第 123 条规定了针对第 34 条的食品欺诈以及其他危害食品安全的生产者的责任问题。

在国家食品药品监督管理总局的规范性文件《食品安全欺诈行为查处办法（征求意见稿）》中，扩大了食品欺诈的具体类型和范围，主要内容规定为：首先，明确了概念，表述为"食品安全欺诈"。其次，具体列举了十类食品安全欺诈行为。最后，关于法律责任，对于有食品安全欺诈行为的食品生产经营者，除规定相应的罚款，还将给予信用惩戒，将其记入食品安全信用档案，情节严重的列入食品药品安全"严重失信名单"。

此外，从 2017 年 7 月到 2018 年国家食品药品监督管理总局陆续下发了三个包括《国务院食品安全办等 9 部门关于印发食品、保健食品欺诈和虚假宣传整治方案的通知》（食安办〔2017〕20 号）在内的宣传整治通知，最高人民检察院也下发了《关于加大食药领域公益诉讼案件办理力度的通知》。

在《食品、保健食品欺诈和虚假宣传整治方案》中，明确了五大类治理内容，同时，严格责任落实，加强涉及食品的各环节执法。在该工作文件发布后，各个地方也发布了具体的工作方案。2018 年 3 月国家食品药品监督管理总局又公布 10 起食品保健食品欺诈和虚假宣传典型案例，主要公布了非法添加、虚假标注生产日期、无许可证销售三类食品欺诈典型案例。

三、食品欺诈京津冀协同监管的现实基础

（一）食品欺诈规制的现状

从 2017 年 7 月开始，国务院食品安全办、工业和信息化部、公安部、商务部、工商总局、质检总局、新闻出版广电总局、国家互联网信息办公室等部门开展食品、保健食品欺诈和虚假宣传整治工作，该整治工作共历时一年半。截至 2019 年 2 月，各地各级市场监管部门共查处案件 5.8 万余件（其中普通食品虚假宣传案件占比达 94% 以上），累计货值金额 33.2 亿元，配合公安机关抓获犯罪嫌疑人 1.3 万余名，陆续公布 4 批 34 起典型案件。[1]

（二）京津冀在食品安全领域的协同监管基础

京津冀三地在食品安全领域的合作早已展开，并且形成了一定的工作机制和文件性的工作成果。

2016 年，北京市政府办公厅发布了《北京市食品药品安全三年行动计划

---

〔1〕 中国法学会食品安全法治研究中心、中国人民大学食品安全治理协同创新中心：《2018 年食品安全法治十大事件》，载 https://baijiahao.baidu.com/s？id=1633100157869990362&wfr=spider&for=pc.

（2016—2018 年）》，计划中的重点任务之一就是推进京津冀一体化监管。该文件明确提出未来三年将实现京津冀食品药品日常监管信息共享，跨区域打击食品药品违法犯罪行为。

同年，为了推进食品药品安全协同监管，京津冀食品药品安全监管部门成立了"联动协作领导小组"，并建立了"联席会议"制度。签署了"1+5"的合作协议，包括一个大的总揽性协议，即《深化京津冀食品药品安全区域联动协作机制建设协议》；以及在食品领域全产业链追溯、药品生产监管、食品案件稽查联动、药品检验、市场流通环节畜产品质量安全五个方面的具体合作协议。

2017 年 7 月 7 日上午，京津冀食药安全区域联动协作第二次联席会议在津召开，三地食品药品监管部门共同探讨解决食品药品生产流通领域监管工作中的重点、难点、热点问题。共同签署了《京津冀食品生产监管协作联动机制合作协议》。2017 年 11 月 27、28 日京津冀三地政府就共建"京津冀食品和农产品质量安全示范区"签署了合作协议，旨在构建从"农田到餐桌"全过程食品和农产品质量安全协作治理体系。[1]

在农业生产方面，2015 年 4 月，北京市农业局、天津市农村工作委员会、河北省农业厅便联合印发了《关于建立京津冀一体化农作物品种审定机制的意见》（以下简称《意见》），建立京津冀一体化品种审定机制。[2] 三地还联合设立了"京津冀农产品质量安全联合实验室"，提高了京津冀农产品质量安全风险评估的技术水平。

在餐饮物流方面，2018 年，三地多个政府部门共同组织制定 8 项京津冀冷链物流区域协同标准，在京津冀区域内发布实施。该标准是国内首部京津冀冷链物流区域协同标准。[3]

2018 年 6 月 26 日上午，北京市社会科学院、社会科学文献出版社在京发布《北京蓝皮书：北京公共服务发展报告（2017—2018）》。该蓝皮书介绍，2017 年北京与天津、河北签署《京津冀跨区域重大活动食品药品安全服务保障协作制度》，该协议目标是确保重大活动食品药品安全万无一失。三地还共同签署《食用农产品产销衔接合作协议》，统一监管标准。[4]

---

〔1〕 北京市人民政府、天津市人民政府、河北省人民政府：《共建"京津冀食品和农产品质量安全示范区"合作协议》，载《中国食品药品监管》2017 年第 12 期。
〔2〕 《京津冀建立一体化农作物品种审定新机制》，载《农民日报》：http://www.cnr.cn/zgxc/gundong/20150518/t20150518_518578726.shtml.
〔3〕 《京津冀冷链物流区域协同标准发布》，载《中国质量报》：http://www.chinawuliu.com.cn/zixun/201804/13/330237.shtml.
〔4〕 施昌奎主编：《北京蓝皮书：北京公共服务发展报告（2017—2018）》，社会科学文献出版社 2018 年版。

但同时也应看到，京津冀三地在食品安全协同监管领域的各种合作侧重于概括式监管和工作体系构建，缺乏对于食品安全的重点问题，特别是食品欺诈的突出强调，也未对其进行特别规范。

四、京津冀协同监管样本——通州、武清、廊坊食品安全跨区域合作

"通武廊"虽地处"京津冀"三地，但位置毗邻，人员与经济交流频繁，可视为京津冀协同发展的一个小型缩影。同时目前通州作为北京的城市副中心得到大力发展，不但承接了许多非首都功能，而且带动了天津武清区、河北廊坊市的发展，具有地区典型性，对于京津冀协同监管的借鉴意义巨大。

（一）已有工作成果

1. 协议成果

在 2017 年 5 月，签订名为《通州 武清 廊坊食品药品安全跨区域合作协议》的协议，该协议有利于实现京津冀协同发展的战略要求，共筑京津冀食品药品安全屏障，营造良好的市场生态环境。由三地食品安全委员会和市场监督管理局局长共同签署。由一个框架性协议《北京市通州区、天津市武清区、河北省廊坊市深化京津冀食品药品安全区域联动协作机制建设协议》和三个具体制度性协议构成，三个具体制度性协议分别名为《"通武廊"食品药品安全区域联动议事协调制度（试行）》《"通武廊"食品药品安全区域联动信息通报制度（试行）》《"通武廊"食品药品安全区域联动应急执法协作实施方案（试行）》。

2018 年 7 月，在通州召开的"通武廊"食品药品安全工作联席会上，建立了"通武廊"食药微信群，通州区食品安全委员会办公室对北京冬奥会"区域协作、基地保障、全程监管"食品安全动员部署大会筹备情况进行了简要介绍。

2018 年 11 月，在天津市武清区召开了"通武廊"三地食品药品安全交流会上，三地食品药品监管部门分别通报了 2018 年以来三地食品药品抽样检验情况、风险监测情况，对三地《食品应急预案》和国家食品安全示范城市创建过程中的"三小"治理经验进行了交流。签署了《"通武廊"地区食品安全检验检测结果互认互通协议》重要协议和《"通武廊"三地药品检验互认纪要》。

2019 年 5 月 19 日，在廊坊举行的第二届"通武廊"产业协同创新发展恳谈会上，"通武廊"共同发布了 2019 年重点合作事项，在其中的市场监管协同领域，将要探索建立三地食用农产品产销准入规范，共同制定重大活动食品安全保障规范标准，互认食品检验机构出具的检验报告。

2. 执法成果

北京市通州区执法成果：2018 年度通州区市场监督管理局共检查食品保健食品生产企业 529 家次，检查食品保健食品经营企业 6390 家次，出动人员 12 766 人次，其中未经许可或许可证过期立案 7 件，罚没款共计 72 万余元。查办涉及食品类违法广告事件罚没款 13 000 余元。同时深化行刑衔接工作，与公安部门展开了密切的配合。在 2018 年度共开展了四次的集中打击行动，捣毁白酒类的商品制假窝点 21 个，查处白酒类商标侵权案件 46 件，其中 17 件已移送了公安部门，总共涉案金额超过了 250 万元。

天津市武清区执法成果：从 2017 年至 2019 年 4 月，两年多的时间里，立案查处食品领域相关违法犯罪案件 138 件，罚没款达 739 万余元，在所有查处的案件中，食品欺诈类的案件有 8 件，占查处案件总数的 5.80%，涉及的案由均以传统的"虚假标注生产日期、虚假标注产地"为主，个别案件涉及广告类虚假宣传。

河北省廊坊市执法成果：食品保健食品欺诈和虚假宣传专项治理行动以来，各级各部门累计出动执法人员 1.5 万余人次，检查各类食品生产经营企业 14 378 家次，检查各类保健食品生产经营企业 3093 家次；受理食品类投诉举报 3501 件，保健食品类 108 件，其中涉及欺诈虚假宣传的举报共 55 件，回复率、办结率达到 100%。[1]

（二）通武廊合作存在的问题

1. 协议的不完善之处

（1）协调议事机制。根据协议内容，三地成立食品药品安全联动小组，定期召开联席会议，并下设联络部门负责组织协调日常工作，规定联动协作小组每年召开两次会议。联动协作小组在三地之间进行轮值，周期为一年。就会议召开而言，议事协调制度侧重于根据当年实际情况灵活机动地安排时间召开会议。一方面，这种安排适应食品安全执法的现实工作需要；但同时另一方面，当各地方监管部门在某年实际工作繁重堆积时，可能无法满足当年两次会议召开的要求。因此，针对此问题，可以大致安排会议时间，比如将年初的 1 月与年中的 7 月的第一个周一作为会议召开或者会议召集联络的具体时间，这样，即使联席会议不能立即召开，也可以确保每年至少定期两次的联络频率。

就议事范围来看，目前已形成了机制建议、发展规划等全局性、概括式的议事内容，主要突出了机制建构与工作方法的概观式设计，但规定的过于简略概括，内容没有贴近"通武廊"实际食药执法中三地需要协同和如何协同的问题。同时也可以看出该议事范围更多的是针对第一次会议而制定，未能在总结"通武廊"食药监管的工作成果与不足之上进一步细化，因此在实际操作中可能存在着难以继续深入的问题。

就每次的会议成果而言，也仅规定轮值地负责准备、组织、记录、纪要和文

---

[1] 数据来源自"通武廊"食品欺诈治理研讨会三地监管部门所提供的实地调研资料。

件印发、资料整理、存档等，督办也是由轮值地负责，但是实际操作中必然涉及三地各自具体执法的问题，轮值地在具体事项上无法切实起到监督作用，应更多地发挥联动协调小组及其所在各地具体执行部门负责督办，并在下一次会议中反馈执行结果。因此，在会议成果与工作执行情况的总结应该作为食品跨区域合作的一项重要内容，并通过信息通报制度加强三地之间的工作交流，提升整体工作效能。

由此可见，仅就协调议事机制而言，承担该功能的联动协作小组更多地具有三地联动的象征意义，在发挥实际议事协调方面的作用仍然有限。会议的实际召集组织与成果使用还需要更加具体的落实措施，以保证"通武廊"三地食品药品每年两次会议的议事协调机制得到充分保障。

（2）信息互通机制。信息互通未形成完整机制性体系，联络人不固定，多依赖行政人员日常交往中的信息沟通。

在该制度中确定了负责信息通报职责的具体负责人，也规定了通报的内容、方式、时限，此外，就机制运作中的联络员沟通、重要信息核实会商、信息发布以及责任追究制度均有规定。总体而言，信息互通机制各种规定较为具体详细。

但是在目前公民法治意识大幅提升、新媒体对政府监督作用显著、政务工作量激增、行政信息大量聚集的背景下，仅仅依靠传统通讯媒介或是行政工作人员的私人联络方式，如文件、电话、传真进行信息互通与应对显然力有不逮。唯有以互联网大数据等技术手段为依托，建设统一食品治理的政务信息互通平台，才能真正实现信息互通机制设立的目标，即及时准确真实传递食品安全信息，并及时应对。

（3）应急执法协作实施方案。该实施方案是三个食品药品安全区域联动机制中规定最为具体的一部分。设置了跨区域执法协作组这一互助平台，并在职责确立上具体到领导小组的工作分工和人员构成。主要工作涉及了飞行检查、案件协作和应急联动的具体实施内容。在运行机制上，涉及定期会商、飞行检查、联合办案。

但是在机构改革的大背景下，基层负责食品安全执法的人员已经进行了二次分工，因此，在执法协作方面可能也需要进一步根据具体情况进行改革。除此之外，由于市场监管部门行政执法的专业性和力量较公安、农业部门等有所不同，因此在具体执法实施中，除区域横向协作外，地区内跨部门的移转与协作也同样重要。

2. "通武廊"食品协同监管工作的难点

"通武廊"三地在实际执法过程中存在食品欺诈认定困难、针对跨省市流动摊贩执法困难、市场监管机关案件线索发现能力较差、案件移转处理效率较低等难点问题。

具体而言，行政执法部门对恶意欺诈行为的调查取证缺乏经验和手段。食品安全行政执法中，以往执法人员都比较擅长办理有明确标准的，尤其是有明确检验报告支撑的类型案件，而对于一些恶意的，大范围的食品类欺诈和虚假宣传案件，一是在证据固定和主体确认上往往需要使用公安部门才擅长的侦办手段；二是需要辖区以外更大区域范围内的协调配合，比如"京津冀"范围内的执法协作。对于行政执法部门而言，手段和经验都还有所欠缺，查处相对更难。

五、食品欺诈京津冀协同监管的重点问题

（一）食品欺诈认定

通过前述分析可以发现，"食品欺诈"作为食品安全问题的一种主要类型，无论是国际上还是国内，更多的是出于一种学理讨论。其界定方式也多采用列举的方式在各个单行法中出现，未统扩到"食品欺诈"这一单一概念下。市场监管机关在进行执法的过程也均采用依据具体违法表现，对照相应罚则进行惩处。特别是在 2017 年 2 月国家食品药品监督管理总局发布的规范性文件《食品安全欺诈行为查处办法（征求意见稿）》一直未出台正式文本的背景下，食品欺诈的规制在整体食品安全治理工作中一直隐于具体的食品行政违法类型背后。但根据食品欺诈案件频发的现状与规制的要求，减少经济利益驱动型的食品安全问题都是食品安全治理工作的重点与难点。

因此，如何在现有法律框架下，准确认定食品欺诈的性质类型，准确地适用法律，进而追责，充分贯彻企业主体责任原则。从事后销售环节监管的角度倒逼食品生产流通环节的升级改善，便成为食品欺诈规制的一个重要问题。

（二）统一市场监管体系下食品欺诈执法问题

2018 年 3 月 21 日，中共中央印发了《深化党和国家机构改革方案》（以下简称《方案》）的通知（中发〔2018〕11 号）。中国食品安全监管被纳入市场监管体系，食品安全监管进入统一市场监管时代。

但需要看到的是，在统一市场监管下也面临着解决市场监管目标的多元性、监管方式推陈出新、监管职责分工、监管人员专业性不足等问题。特别是在食品欺诈这一专业性要求较高的领域，更需要三地的制度政策的统一协调，即统一对法律规定与适用的理解，和形成执法上的统一的政策与做法，提升工作人员的专业素质和执法能力，增强执法效率，提升执法效果。

六、京津冀协同监管体系下食品欺诈规制的完善

（一）食品欺诈的认定与法律适用

食品欺诈从外延上可以分为两个主要类型，一为食品掺假，二为食品虚假陈述。下面以这两种主要类型入手，从行政机关监管角度出发，分别给出相应执法依据。

1. 食品掺假

(1) 适用《消费者权益保护法》。《消费者权益保护法》第 56 条规定了对于商品中掺杂掺假经营者的责任，包括 "②在商品中掺杂、掺假，以假充真，以次充好，或者以不合格商品冒充合格商品的"。该条规定中列举的食品欺诈类型基本涵盖掺假的所有可能形式，仅从文意出发，便可以规制大部分食品欺诈类型。

(2) 适用《食品安全法》。《食品安全法》第十章附则的第 150 条对 "食品安全" 作出了定义，联系本法的名称应当看出，这一定义不仅仅是对本法中的用语作出解释，其实也是在廓清本法的适用范围，即《食品安全法》旨在处理食品安全方面的问题，而非所有的食品问题，只有当掺假影响到食品安全时，行政机关才能依据本法进行处理。因此，可以将本法作为较严重食品欺诈问题，特别是涉及食品安全问题的食品欺诈的规制依据。

(3) 适用《产品质量法》。《产品质量法》第 2 条限定了《产品质量法》的适用范围，根据该条针对除原材料食品外的加工食品的掺假，行政机关可以依据《产品质量法》进行处理。原材料食品可以依据《消费者权益保护法》进行处理，当涉及食品安全问题时，还可依据《食品安全法》进行追责。

由于《产品质量法》从 2000 年至今未修订（已纳入修订计划），其法律责任中关于罚款的数额规定过低，2013 年新修订的《消费者权益保护法》对产品质量问题已有覆盖，与此同时，与消法相配套的《侵害消费者权益行为处罚办法》对产品质量违法行为的处罚规定亦较为全面详细，可更多地考虑作为执法依据加以适用。

(4) 适用《中华人民共和国刑法》（以下简称《刑法》）。《刑法》第 143 条和第 144 条分别规定了生产、销售不符合安全标准的食品罪和生产、销售有毒、有害食品罪。入罪标准分别为：生产、销售不符合食品安全标准的食品，足以造成严重食物中毒事故或者其他严重食源性疾病的；在生产、销售的食品中掺入有毒、有害的非食品原料的，或者销售明知掺有有毒、有害的非食品原料的食品的。未通过行政机关的执法检查并不会当然导致触犯《刑法》构成犯罪，但当责任人的食品欺诈程度达到不符合安全标准足以造成严重食品事故或者其他严重食源性疾病的将会被市场监管机关移送到公安机关进行处理。但如果执法检查中发现食品掺假所掺杂的是有毒、有害的非食品原料的，将会被直接移送公安机关进行刑事侦查起诉程序。

2. 食品虚假陈述

(1) 适用《反不正当竞争法》关于虚假宣传的规制。《反不正当竞争法》第 8 条规定经营者禁止作虚假或者引人误解的商业宣传，食品信息的虚假陈述亦属于虚假宣传行为的一种，受到《反不正当竞争法》的规制。

2017 年新修订的《反不正当竞争法》第 17 条规定了民事责任的承担, 第 20 条规定了行政责任, 该法修订后的较高罚款数额对于惩罚和遏制食品销售中的虚假陈述具有重要意义, 成为市场监管部门在整治食品、保健食品欺诈和虚假宣传活动中的执法利器。除市场监管部门对食品虚假陈述进行追责外, 受到损害的其他经营者可以向人民法院起诉, 要求实施虚报或欺骗的经营者承担民事责任。

(2) 适用《食品安全法》。《食品安全法》第 73 条规定食品广告的内容应当真实合法, 因此, 食品信息的虚报或欺骗行为受到《食品安全法》的规制。

根据《食品安全法》第 125 条规定了食品信息违规标示或者未标示的行政责任, 因此市场监管部门可以依据《食品安全法》对食品信息的虚报或欺骗行为进行规制。

(3) 适用《广告法》。《广告法》第 4 条第 1 款规定 "广告不得含有虚假或者引人误解的内容, 不得欺骗、误导消费者", 第 28 条通过具体列举就何为虚假广告进行界定, 特别是其中的第二项所列情形在食品广告中尤为多发, 即在商品功能、产地、质量、成分、销售情况等信息方面所允诺的与实际情况不符。针对发布虚假广告的广告主、广告经营者、广告发布者以及广告代言人所应承担的法律责任规定在该法第 55、56、62 条当中。所以, 当食品虚假陈述是以广告形式出现时, 可以根据《广告法》的具体规定要求相关责任人承担相应责任。

(二) 统一市场下食品欺诈的协同监管与执法完善

1. 统一京津冀执法依据

要实现行政执法领域的协同监管, 前提是实现京津冀三地有关食品安全治理的规则的统一, 并在其中制定有关食品欺诈规制的具体规则。

首先, 对京津冀三地已有的与食品安全监管有关的地方法规、地方政府规章、食品安全地方标准进行清理整合, 在诸多法律适用与政策理解方面达成一致, 对不符合协同监管要求的依法进行修改或者废止。

其次, 在基本法律框架构建之后, 京津冀三地市场监管部门对于某类具体食品行业或者是重点流通的食品类别, 可以针对性地联合制定出台相应行政法规、规章或者有关技术性标准。并且三地在协同地方标准的制定上已经有一定经验可供借鉴。

最后, 地方性法规的制定有赖于京津冀三地具有立法权的国家机关之间的沟通与协作。因此, 需要建立京津冀人大尤其是人大常委会之间、三地政府之间的经常性沟通机制, 比如: 京津冀人大和政府专项审议、联合审议等。[1]

---

[1] 于文豪:《构建京津冀食品安全风险防控协作机制的有效路径》, 载《法制日报》2015 年 4 月 15 日, 第 12 版。

2. 畅通各级政府及相关部门的沟通渠道

虽然目前市场监管已经进入一体化监管的阶段，但是食品安全治理由于其涉及多方主体，除市场外，在实际执法中还受到其他行政机关的管理。因此，可以整合各部门有关食品安全治理的工作成果和机制。包括上下级政府、同级政府以及第三方组织之间建立多种联络与整合渠道，以最大化发挥整体行政效能。

对于法律、法规、规章未涉及的事项，京津冀三地政府及有关行政部门应充分协商，建立完善的协商机制。同时，在食品欺诈治理领域，发展政府部门的"一站式"服务和信息化服务。加强异地协作办理机制的完善，简化工作程序，整合沟通联络渠道，进一步压缩协作办理的时限，协调办案流程，提高协同监管效能。

3. 建设技术支持平台

在互联网大数据背景下，京津冀协同监管下的食品安全治理，特别是食品欺诈规制离不开智能技术的支持。三地协同监管的总体构建必须以信息互通、资源共享、合作联动为基础，统一规划、统一部署为前提，建设技术支持平台。

（1）建立食品欺诈掺假数据库。行政机关或者第三方组织可以学习美国药典委员会建立食品欺诈数据库的经验，通过外挂到市场监管部门的政府网站增强数据库影响和使用效果，帮助食品行业从业者可以自查自纠，引以为戒，提升相关市场主体的责任意识。同时，政府部门可以与大专院校、科研机构、食品产业的食品工程与营养学专家进行深度合作，发挥其科研能力与技术力量。

（2）建立食品安全综合执法办案平台。以京津冀三地实际食品安全执法案件为数据来源，由三地市场监管部门中承担食品监管职责的部门负责，根据案件办理的阶段区分案件线索、查验检测、认证认可、行政处罚、移转案件等细分栏目，并专门设置食品欺诈案件的入口，外接食品欺诈数据库。同时为公安部门、检察院、农业部门等有关部门授予一定权限，保证横向各部门之间食品安全执法的信息互通。

4. 发挥检察院在食品领域提起公益诉讼的职能

对于经过诉前程序、消费者协会等组织不提起诉讼的食品欺诈类案件；食药监、质检等行政机关不依法履行职责，社会公共利益仍然处于受损害状态的，检察机关要坚决提起诉讼。同时检察院在办理该领域的公益诉讼案件时，民事公益诉讼中要重点关注涉嫌欺诈和虚假宣传的食品和保健食品生产经营者、广告经营者、广告发布者和广告代言人的违法行为，行政公益诉讼中要重点关注食药监、质检、工商、新闻出版广电管理等部门在监管过程中是否存在违法行使职权或不作为的情形。

5. 畅通线索反映渠道，实现社会共治

在食品安全综合执法办案平台上设计群众线索反映的按键，通过网上渠道，降低普通民众的维权成本，降低维权门槛，对于重大食品欺诈类问题，甚至是食品安全犯罪问题的举报人进行保护并予以奖励。实现多元主体的参与，切实维护公共利益，实现"食品安全战略"的立体化布局。

充分利用媒体渠道，特别是当前的自媒体平台，加强典型案件的曝光，从消费端防控食品安全的风险。比如上海市的"智慧大脑"职能监控系统。

结 论

（一）食品欺诈的规制路径选择

根据最高人民法院在《关于贯彻执行〈中华人民共和国民法通则〉若干问题的意见（试行）》第 68 条规定了欺诈的认定标准："一方当事人故意告知对方虚假情况，或者故意隐瞒真实情况，诱使对方当事人作出错误意思表示的"这一关于"欺诈"的概念界定，是对"民事欺诈"的规定，需满足行为、结果、因果关系三个要件，且只能是在私人诉讼中，被侵权人请求赔偿损失时才进行考量的行为构成要件，但是，这一关于欺诈的构成要件，如果直接放在行政执法中，会严重影响和大大缩减对欺诈的认定范围。这样的规制方式存在以下不足：

第一，欺诈作为民事法律行为可撤销的原因之一，可以被法院援引作为裁判依据，但是无法成为行政机关干预的依据。第二，被欺骗的消费者只有在受到欺骗，并且满足实际损失这一要件之后才能获得欺骗者的赔偿，这是一种典型的事后救济，对于被欺骗者来说弥补有限且救济单薄。

因此，通过"民事欺诈"路径对食品欺诈现象进行规制显然是走不通的。

那么，是否有必要赋予"食品欺诈"独有的含义。现行的《食品安全法》以及《食品安全法实施条例》均未提及"食品欺诈"。截至 2018 年 6 月，在北大法宝中以"食品欺诈"为关键词进行全文检索发现，在法律与行政法规层面，并没有规范性文件提及"食品欺诈"；而在部门规章层面，有 9 份规范性文件提及"食品欺诈"[1]，但是综观这九份规范性文件，并无一处对"食品欺诈"作出定义或解释。因此，它更多的是一种学理概念和实践性解释。所以，应从欺诈的本质属性和一般概念出发，抓住欺诈在主观上的故意和客观上实施了欺诈行为

---

[1] 分别是《国务院食品安全办关于继续做好食品保健食品欺诈和虚假宣传整治工作的通知》《关于更新〈危害分析与关键控制点（HACCP 体系）认证依据〉的公告》《食品药品监管总局关于打击食品生产销售违法犯罪的公告》《食品药品监管总局关于印发国家食品药品监督管理总局政府信息主动公开基本目录的通知》《食品药品监管总局办公厅关于做好 2018 年元旦春节期间食品药品监管有关工作的通知》《国务院食品安全办关于印发国家食品安全示范城市标准（修订版）的通知》《食品药品监管总局办公厅关于印发食品、保健食品欺诈和虚假宣传整治工作实施方案的通知》《科技部关于发布国家重点研发计划食品安全关键技术研发和中医药现代化研究重点专项 2017 年度项目申报指南的通知》《国务院食品安全办等 9 部门关于印发食品、保健食品欺诈和虚假宣传整治方案的通知》。

这两个特征，即采用"二要件说"：第一，行为人主观上有欺诈的故意；第二，客观上实施了欺诈的行为，即可认定为欺诈。

《食品安全欺诈行为查处办法（征求意见稿）》使用了"食品安全欺诈"，该文件对于食品安全欺诈行为的认定要件有两个，一是在食品生产、贮存、运输、销售、餐饮服务等活动中提供虚假情况，或者故意隐瞒真实情况的行为，二是故意的主观心态。这一规定具有浓重的监管法意味，与"民事欺诈"认定要件相比，少了"作出错误意思表示"要件和"因果关系"要件。依据法理，在私法中一个行为具有可罚性的基础之一是行为对其他主体的利益造成了损害，并且损害与其行为具有因果关系，而食品安全欺诈行为的认定却并不需要考虑这两个要件，只要欺骗者有客观行为，并且主要心态为故意，就认定为欺诈。

但是问题在于，《食品安全欺诈行为查处办法（征求意见稿）》中列举的十种食品安全欺诈的类型多有针对监管者的虚假陈述和欺骗，如食品生产经营行为欺诈、食品检验认证欺诈、许可申请欺诈、备案信息欺诈、报告信息欺诈、提交虚假监管信息欺诈等，直接的欺诈对象是相关的监管者而不是消费者。[1] 然而我们日常使用"食品欺诈"一语时，针对的欺诈对象首先是消费者，因此"食品安全欺诈"概念并不能很好地对应食品欺诈行为。

此外，从外延上讲，食品欺诈包括食品掺假和虚假陈述两种行为。当我们深入讨论"食品欺诈"的概念，会发现其外延中的两种行为类型都可以在现行的规范体系下得到有效的解决，因此在规制食品欺诈的路径选择上，没有必要在立法中再单独设立食品欺诈制度。

（二）京津冀协同监管体系下食品欺诈的规制

京津冀协同监管下的食品安全治理已取得一定成果，比如：作为典型示范区域的"通武廊"合作、签订的一系列合作协议、已建成的工作机制和在专项整治工作的取得的突出成果等。但是也应看到，在食品欺诈这一食品安全治理的重点领域还存在诸多有待改进、深化之处，比如：基层执法的完善、技术平台的建立、一体化市场监管的协同、三地发展不平衡带来的问题等。特别是在食品欺诈的认定与法律适用上，除准确适用法律外，京津冀三地的地方性法规与行政文件也需要进一步的梳理和统合。

具体而言，针对京津冀三地如何实现在食品欺诈领域的协同监管，需要在以下五个方面进行努力：

第一，根据京津冀具体情况和需要统一执法的政策依据，在更加一致的法律依据框架下进行行政执法。

---

[1] 孙颖：《食品欺诈的概念、类型与多元规制》，载《中国市场监管研究》2017年第11期。

第二，畅通各级政府及相关部门的沟通渠道，其一是政府各部门的沟通渠道，特别是监管部门与公安部门之间的行刑案件沟通渠道；其二是京津冀三地政府之间的协调沟通渠道，包括日常沟通与突发事件的应急处置与沟通渠道。

第三，建设技术支持平台配合行政机关进行具体执法工作，提高行政效率，其中包括食品欺诈掺假数据库，以及食品安全综合执法办案平台。

第四，发挥检察院在食品领域提起公益诉讼的职能，弥补行政执法的不足。

第五，畅通线索反映渠道，实现社会共治，特别是在目前新媒体不断发展的前提下，公民可以在食品欺诈治理、食品安全社会治理上发挥更加积极的作用。

总而言之，在京津冀协同发展、协同监管的大背景下，规制食品欺诈刻不容缓。只有这样，才能实现食品安全的协同治理，改善食品安全环境，将京津冀地区打造成为食品安全示范区域。最终以点带面，推动实现《中共中央、国务院关于深化改革加强食品安全工作的意见》所提的目标，即到2020年，基于风险分析和供应链管理的食品安全监管体系初步建立，食品安全整体水平与全面建成小康社会目标基本相适应。到2035年，基本实现食品安全领域国家治理体系和治理能力现代化。补足食品安全这一发展短板，提升人民群众的获得感、满足感、幸福感。

《北京市不动产登记条例》立法研究

武　腾[*]

　　本课题研究报告围绕着"北京市不动产登记基本程序"和"北京市不动产登记簿"两个部分开展研究，总结不动产登记实践和司法实践的经验，借鉴域外不动产登记的立法素材与研究成果，提出将来的《北京市不动产登记条例》中"不动产登记基本程序""不动产登记簿"等部分的条文草案建议稿。

　　本报告关于北京市不动产登记基本程序的主要内容包括：①不动产登记的基本程序应当由申请、受理、审核和登簿四个阶段组成，将来的《北京市不动产登记条例》应当对此加以明确规定。②《北京市不动产登记条例》应当在现行法规定的基础上，结合北京市的不动产登记实践，对不动产登记申请的主体、申请材料和撤回申请等内容进行细化规定。③不动产登记受理作为独立的一个程序阶段具有重要法律意义，应当细化在不动产登记受理阶段中不动产登记机构的审查职责。④围绕不动产登记机构对不动产登记审查的职责存在不同学说，不动产登记机构不必也无能力审查不动产交易关系的真实性和有效性，也无法就所有的登记申请材料进行审查。不动产登记机构的审查职责具体体现为：首先，对任何类型的不动产登记申请，登记机构都应当对不动产登记申请资料进行查验；其次，对于某些特殊类型的不动产登记申请，登记机构应当进行实地查看；再次，对于对可能存在权属争议，或者可能涉及他人利害关系的登记申请，登记机构应当进行公告和调查。⑤不动产登记程序中登簿具有重要法律意义，在将来的《不动产登记法》和《北京市不动产登记条例》中均应当对不动产登记日做出明确的规定。

　　本报告关于北京市不动产登记簿的主要内容包括：①明确将来的《北京市不动产登记条例》应当规定不动产登记簿的内容包括自然状况部分、权利状况部分和其他事项部分；随着电子政务系统的迅速发展，应当规定电子介质与纸质介质相互配合的不动产登记簿管理方式。②明确了不动产登记簿推定力的具体内容，

---

　　* 课题主持人：武腾，中央财经大学副教授。立项编号：BLS（2018）B016。结项等级：合格。

详细探讨了不动产登记簿的法律效果，即《中华人民共和国物权法》中规定了证明责任规范，当事人可以通过证明存在非基于法律行为的不动产物权变动的事实，或者提出不动产登记的原始资料等来证明不动产登记簿存在错误等事实推翻不动产登记簿的推定力。③进一步分析了不动产登记簿的公信力与善意取得制度之间的区别，指出虽然我国当前不区分这两者，但是在将来的《不动产登记法》立法和《北京市不动产登记条例》起草过程中，仍然应当区分不动产登记簿的公信力与善意取得制度。④应当允许不动产登记机关与其他国家机关共享不动产登记信息；权利人可以查询本不动产登记结果和本不动产登记原始资料，继承人、受遗赠人因继承和受遗赠取得不动产权利的需要查询、复制不动产登记资料的，适用不动产权利人查询的规定。因买卖、互换、赠与、租赁、抵押不动产构成利害关系的，或者因不动产存在民事纠纷且已经提起诉讼、仲裁而构成利害关系的利害关系人可以申请查询有利害关系的不动产登记结果。

目前，北京市尚无不动产登记的地方性法规，只有北京市人民政府颁布的两个政府规章，即《北京市城市房地产转让管理办法》和《北京市实施〈中华人民共和国城镇国有土地使用权出让和转让暂行条例〉办法》。整体来看，上述地方政府规章较为简略，难以适应我市统一不动产登记和协调不动产交易管理与不动产登记的需要。有鉴于此，本课题在国内既往研究和国外立法经验的基础上，结合北京市的实际情况，对于北京市不动产统一登记机构的职责、北京市不动产统一登记簿的构造、各项权利登记的具体程序等问题进行了全面研究，提供较为成熟的《北京市不动产登记条例》（部分）条文建议稿。本课题研究对于完善我市不动产统一登记制度、科学有效地协调不动产交易管理与不动产登记的关系、保护不动产权利人合法权利等具有较强的现实意义，对于推动不动产法相关学术研究也具有明显的理论价值。

本课题已经完成预期计划，提出《北京市不动产登记条例》的部分条文草案建议稿，后续还可以进一步完善《北京市不动产登记条例》的条文与立法理由。后续研究的主要内容包括：第一，不动产登记机构的职责与不动产登记员制度。为防止出现虚化不动产登记机构职责的行为，应当更详细的规定登记机构的职责。同时，应当将不动产登记员制度予以明确，从而有利于提高登记机构工作人员的专业素质和门槛，保障登记的真实与准确。第二，不动产登记程序与不动产交易程序的衔接问题，尤其是研究房屋交易合同的网签备案程序与不动产登记程序的衔接关系，防止出现利用网签备案程序替代登记程序的现象发生。第三，居住权登记。居住权是我国民法典分则物权编新设立的一种用益物权类型，对于此类物权应当如何登记，目前尚无相关的程序性规定，必须在不动产登记法中作出规定。第四，更正登记中依申请登记与依职权登记的区分，应当明确依职权的更正登记仅限于不存在不动产权利归属和内容的争议的情形下进行，不能随意扩张依职权更正登记的适用范围。第五，查封登记虽然在《不动产登记暂行条例》《不动产登记暂行条例实施细则》中有一些规定，但是很不具体，相关的实体性规定和程序性规定都不足，尤其是查封登记的禁止处分效力、在先查封登记的优先效力等，没有明确，需要在不动产登记法中对查封的主体、登记机构的审查职责、查封登记的法律效力加以规定。

北京市房地产经纪机构信用管理立法研究

刘敬忠 *

一、课题研究意义

加强房地产经纪机构管理是维护房地产市场健康发展的一个重要工作。加强房地产经纪机构的信用管理，通过信用管理立法对房地产经纪机构进行管理是房地产管理长效机制应有之义。课题研究意义主要有：①促进房地产经纪业信用管理，健全房地产经纪法制建设，②完善社会信用管理体系，营造诚信守法的市场环境，③切实保护房地产消费者权益。

二、北京市房地产经纪机构的信用管理概念界定与建设情况

（一）房地产经纪机构信用管理相关概念界定

房地产经纪机构信用管理是指，为规范房地产经纪机构及房地产经纪从业人员的行为，强化诚信经营和公平竞争意识，保障房地产经纪市场持续健康发展，结合地方实际情况而制定信用管理的法律法规。

（二）目前房地产经纪机构信用建设情况

1. 立法缺失，尚无单独立法管制

我国法律层面上，对于规范房屋买卖领域的居间活动，主要依靠《中华人民共和国合同法》和《中华人民共和国城市房地产管理法》，但尚无单独立法管制。

2. 出台了行政规章治理失信行为

行政部门通过制定、发布各种行政规章来遏制房地产中介的欺诈失信行为。

2011 年住房和城乡建设部、国家发展和改革委员会、人力资源和社会保障部联合颁布了《房地产经纪管理办法》，2016 年发布了《住房城乡建设部、国家发展改革委、人力资源社会保障部关于修改〈房地产经纪管理办法〉的决定》。除此以外，曾经也制定过以下一系列行政规章，曾发布 1996 年《城市房地产中

---

* 课题主持人：刘敬忠，北京市房地产法学会副会长。立项编号：BLS（2018）B018。结项等级：合格。

介服务管理规定》，2001 年《建设部关于修改〈城市房地产中介服务管理规定〉的决定》，2005 年《国家工商行政管理总局关于进一步贯彻实施〈经纪人管理办法〉的意见》。

2013 年北京宣布对房地产经纪行业违法经营行为进行专项整治，每月在北京市住房和城乡建设委员会网站发布被投诉前十名的房地产经纪机构，并于 2017 年"3·17"开启从严的房地产市场调控以来，对中介机构的违规经营一直保持高压执法态势。2018 年 3 月发布了《北京市住房和城乡建设委员会关于加强房地产经纪机构备案及经营场所公示管理的通知》。2019 年 9 月 30 日北京市住房和城乡建设委员会、北京市市场监督管理局、北京市互联网信息办公室、北京市公安局、北京市通信管理局发布《关于规范互联网发布本市住房租赁信息的通知》，明确加大对违规发布房源信息处罚力度，保证互联网房源的真实性。

3. 行业组织自律加强，越来越重视信用管理

2009 年，数十家房产中介公司的管理者共同发布《中国房产中介诚信宣言》。2016 年 6 月 16 日。中国房地产估价师与房地产经纪人学会和 9 家房地产中介机构在北京发起诚信服务承诺活动，针对消费者反映强烈的问题，郑重做出十大承诺。

北京房地产中介行业协会，也在政府主管部门的指导下，宣传贯彻房地产经纪，咨询行业管理的法律法规、方针政策，拟定房地产经纪、咨询行业标准、行为规范和自律准则，2017 年制定了《北京市房屋状况说明书》《北京市房地产经纪服务告知确认书》《北京市房地产经纪服务合同》《北京市房地产经纪机构经营场所公示规范》《房屋买卖解约协议示范文本》，发布了《关于规范房地产经纪服务合同人员签名的风险提示》《关于防范"房主违约涨价"的风险提示》《房主违约买方如何维权的提示》。并且中介行业协会也经常组织房地产经纪咨询行业的业务、技术培训和职业培训，提高行业整体素质；不断加强会员的行业道德和执业纪律的教育，并进行检查监督，提高行业的品牌意识，树立行业的良好形象。

4. 建立住房租赁监管平台，介入信用管理

2017 年北京租房新政《关于加快发展和规范管理本市住房租赁市场的通知》开始实施，北京市住房租赁监管平台也从 10 月 31 日正式上线。住房租赁监管平台通过链接网络交易平台，为网络交易平台提供后台数据支持，由网络交易平台为租赁当事人提供六项服务：住房租赁信息发布、住房租赁合同网上签约、住房租赁登记备案申请、交易资金监管、市场主体信用信息查询、信用评价。

三、北京市房地产经纪机构的信用管理存在的问题分析

（一）房地产经纪机构信用管理法律体系不完善

1. 房地产经纪市场发育较晚

20 世纪 90 年代以后，房地产业专业化程度不断提高、市场发育程度不断成

熟。但对比美国百年的房地产经纪行业，我国房地产经纪业发展不过几十年的历程，政策立法、行业监管体系尚需构建。

2. 行业专项立法缺失

从法制建设角度来看，房地产经纪机构信用管理无专项立法，只是在其他相关法律法规中以条款的形式出现，法律制度不健全。

3. 行政法规层级效力不够

房地产商品交易牵扯到产权、使用权、承租权等多项内容，需要一套严格而复杂的行政法规。但是房地产经纪行业牵涉范围广泛，服务内容不断深化，现行的房地产经纪相关的法律规范多以通知、细则、办法等方式来明确，行政法规层级效力不够。

(二) 房地产经纪行业准入门槛低

1. 房地产经纪机构设立门槛低

房地产经纪机构的设立首先需要取得工商营业执照，按照北京市的设立标准，注册资金达到20万元即可设立房地产经纪机构，相对于北京市一套住房价值平均大于500万元，成交中介费10万元以上，准入门槛相对较低，投资回报高。由于房地产经纪机构设立门槛过低，总会有经纪机构通过改换门庭、重新注册成立新的房产中介公司、变更法定代表人等方法，试图规避纠纷责任。为了解决这种问题，需要建立持续跟踪的中介诚信档案。

2. 经纪从业人员整体素质偏低

由于房产中介行业对于从业人员的专业知识水平和经验要求不高，导致经纪人队伍整体素质偏低。

(三) 行业与社会监管缺失

1. 政府行政监管部门职责不明确

根据《房地产经纪管理办法》第5条规定，县级以上人民政府建设（房地产）主管部门、价格主管部门、人力资源和社会保障主管部门均有权利对房地产经纪活动进行监督和管理。但是在部门之间协作监管过程中存在着多头管理、重复管理、管理空白地带等问题，这形成了行政管理部门多头管理的现象，行政管理部门对待监管责任相互推诿，各自为政，也使得监管体系形同虚设。此外，监督管理部门没有执法权或者执法权分散、混乱，也是阻碍监管执行的一大难题。

2. 行业协会自律手段不足

行业协会是行业实行行业服务和自律管理的重要团体，现在不少城市都设立了房地产经纪行业协会或者房地产中介行业协会，用以规范本市房地产中介服务行为。但是实践中，这些行业协会面临自律手段不足的困扰，体现在即使房地经纪行业协会能够发现中介行业中的问题，但是对问题的治理缺乏抓手，造成监管上一定的真空。一方面，政府认为行业协会在行业管理中发挥的作用不多；另一方面，企业也认为行业协会向政府反映的问题中能解决的、能帮助企业的也不多，所以处于一个尴尬的角色。

（四）房地产经纪机构自我约束差

容易产生失信行为的房地产中介机构大多注册资本少，经营规模小，整体业务能力低，抗风险能力差。房地产中介机构无照经营，未经登记从事业务等现象发生较多，机构收费标准不一，名目多且乱，一些中介机构甚至利用虚假信息或"霸王合同"赚取差价。从业人员获得执业资格占全体员工比重小，缺乏定期培训和技术指导，导致从业人员缺乏专业技能，服务质量差，职业道德水平低。

1. 失信经营行为时有发生

失信经营行为主要表现在：①发布虚假信息；②乱收费；③经纪人管理不规范；④档案管理混乱；⑤无照经营；⑥合同不规范；⑦资金缺乏监管。

2. 个人与机构之间信息不对称

消费者则完全处于信息的劣势，信息闭塞容易导致其行为习惯更易模仿他人，市场上的购房跟风现象，就是由于信息不对称形成的从众行为，房地产市场信息不对称已严重影响了消费者购房的正确判断和选择，也使得交易价格和价值相背离，市场机制失效导致市场失灵。

（五）房地产经纪信息平台建设仍需完善

北京市住房和城乡建设委员会结果全覆盖检查发现，21 世纪不动产、58 同城、安居客、赶集网、贝壳找房、房天下、搜房网、吉屋网等网站存在部分房源信息发布网页未公示营业执照和经纪人信息卡的现象；58 同城、安居客、赶集网、房天下、搜房网存在对个人发布房源信息审核把关不严，对发布主体身份认证、房源真实性核实机制不完善等问题；吉屋网存在未经委托冒用我爱我家名义发布房源信息的情况。

四、境内外房地产经纪机构信用管理经验借鉴

（一）境外房地产经纪机构信用管理及经验借鉴

1. 美国房地产经纪机构信用管理

（1）房地产经纪行业的法律法规。美国的房地产经纪法律体系包括《一般代理法》《契约法》《全美房地产经纪人从业道德与从业标准》及各州的房地产经纪相关法规等。各州的房地产经纪相关法律法规不完全相同，内容涉及经纪行业准入、执照颁发、行业监管、衍生服务、金融按揭、交易保障等方面，其中以各州的执照法为规范经纪业者最严密的法令。1917 年，加利福尼亚州首先制定了美国第一部房地产经纪人执照法——《不动产交易执照法》，之后各州纷纷效仿，陆续制定了各州的执照法规。

（2）房地产经纪行业的人员资格和机构资质管理。由于美国社会具备完善的保险体系、良好的市场信誉评价体系、发达的个人信用征询体系，以及房地产经纪业务中的独立经纪人制度，因此没有对房地产经纪机构实行评价性的资信认定。在对机构和个人的各项目管理制度中，美国更注重对职业经纪人个人的信用管理，把对房地产经纪人的资信监管融入执业牌照、考试和注册等各项具体管理制度中，凡有犯罪或其他不良记录的人都不得参加房地产经纪人考试；房地产经纪人续期注册要参加继续教育或考试，政府定期向社会公布房地产经纪人牌照的注册情况；对失职或在执业中出现问题的房地产经纪人采取罚款、暂停牌照、吊销牌照等措施。

对于房地产经纪人员资格管理，美国的房地产经纪人从业采用执照制度。房地产经纪人员分为经纪人（brokers）和销售员（agents）。经纪人和销售员都需要通过一系列专业考试并获得相应的专业资格，才能注册执业。

（3）房地产经纪行政管理部门及行业组织。对于房地产经纪行政管理部门，美国各个州的房地产法规不尽相同，因而对房地产经纪行业的监管也有所不同。有些地方由州房地产管理部门负责监管、有些地方由地方协会或委员会负责行业的监管。

此外，美国还形成了一套对行业从业者及机构的保护机制。主要包括：一是授信制度（credit report）；二是房屋质量保证；三是过失保险制度。

至于房地产经纪行业组织，全美经纪人协会是（National Association of Realtors，简称NAR）美国唯一的全国性房地产经纪行业协会，其行业监督的权威性非常高。NAR能够向其会员提供大量丰富的信息和辅助措施，例如多重上市服务系统（Multiple Listing Service，简称MLS）的信息服务，各会员之间可随时共享各类资源。MLS系统具备强大的管理功能，包括房源管理、客户管理、成交业绩、店务管理、表格中心等。经纪人也可以通过互联网到共享房源数据库和客户需求数据库中查找房源或客户。

另外，各州还拥有各自的协会，分别管理和处置各州的房地产经纪事务，所以NAR的会员既隶属于全美经纪人协会，也隶属于美国50个州下的各自地方行业协会。各州的行业协会为会员经纪机构和会员经纪人员提供各种业务支持，保证了经纪业务提供的专业性，如：经纪业务法律顾问支持、经纪业务培训和教育支持、品牌支持（如房地产经纪人资格）。同时，行业协会制定了系列的从业道德标准，对行业从业纪律和行为准则制定了严格标准；因此，经纪机构和经纪人员成为行业协会会员，并保持会员身份这一过程也即是保持高水准的专业和职业素质的过程。

2. 英国房地产经纪机构信用管理

（1）房地产经纪行业的法律法规。英国房地产经纪行业法律制度主要由法律法规和行业准则构成。英国公平交易部负责制定房地产经纪管理法律法规，通过法律监管房地产经纪活动。英国有关房地产经纪的法律法规主要有：《不动产经纪人法》《不动产不完全记述法》《不动产不完全记述令—特殊情况》。英国房地产经纪行业组织，以房地产经纪行业法律法规为基础制定了系列行业准则，包括：《全国不动产经纪人联合会行为准则》《居住物业代理执业规则》《房产出租代理执业规则》《国际居住物业代理执业规则》等。

（2）房地产经纪行业的人员资格和机构资质管理。在英国，从事房地产经纪的人员无须事先取得任何执照，也无须任何工作经验，只要以《不动产经纪人法》等房地产经纪相关法律法规为行为准则，进行经纪活动即可，如果触犯法律规定，则将被禁止从事房地产经纪业务，并处以严厉的罚款。行业组织会员制度是英国房地产经纪机构资质和人员资格管理的主要形式。在英国，无论是房地产经纪机构，还是房地产经纪人，具有权威行业组织的会员资格是其身份和信誉的象征，也是其在行业立足和做优、做强的基础。因此，房地产经纪机构和人员会积极参加有关行业组织举办的专业考试，取得行业组织的会员资格，定期参加继续教育，提升业务水平。

（3）房地产经纪行政管理部门及行业组织。英国政府主管部门对房地产经纪行业实行指导、间接管理，而直接管理则是行业组织实施"自治"管理。英国房地产经纪行业主要有三个自律行业组织：全国不动产经纪人联合会、住宅租赁代理协会、英国皇家特许测量师学会。英国的行业组织主要在四个方面发挥作用：一是参与行业立法和组织实施；二是制定并推广使用高于法律的行业规则；三是在培训行业队伍、指导企业自律、组织企业交流、协调企业关系等方面做了大量工作；四是根据规范行业的需要，对会员提出高于法律的要求，对违规会员进行罚款或劝其退会。

3. 境外房地产经纪机构信用管理经验借鉴与启示

（1）完善的房地产经纪行业法律法规体系。发达国家和地区房地产经纪行业法律法规较为完善，都有房地产经纪方专门立法，通过专门立法对行业准入、颁发执照、行业监管、衍生服务、金融按揭、体系保障等方面作了全面规定。美国、加拿大、澳大利亚、德国等联邦制国家，虽没有全国统一的房地产经纪行业专门立法，但各州都有相关立法。

（2）注重对房地产经纪从业人员资格资信管理。美国与我国香港地区相比房地产经纪机构，更加偏向对房地产经纪人员资格资信进行管理，经纪从业人员需要通过一系列专业考试并获得相应的专业资格，才能注册执业，并且具有一定的准入门槛。美国的房地产经纪人从业采用执照制度，执照有效期一般为 2 年，之后仍需学习考试以延长执照的有效期。

（3）充分发挥房地产经纪行业协会自律管理。从发达国家和地区的经验看，行业组织是联系政府和行业的桥梁和纽带，对加强执业人员的专业性和职业道德具有先天的优势，规范经纪行业发展应充分发挥行业组织的作用。通过立法或政府授权，行业组织可以协助政府对行业进行管理和监管，承担制定行业规则、服务标准，进行职业考核、培训和资信评价等方面的工作。

（4）行业从业者机构保护机制。美国形成了一套对行业从业者及机构的保护机制，解决房源真实性等问题。通过授信制度、房屋质量保证、过失保险制度，保障房屋产权的合法性、真实性；保障房屋质量；一定程度上转嫁经纪机构经营风险。房地产经纪人协会推出了一系列合同示范文本，供房地产经纪人在经纪业务全过程借鉴，把房地产经纪人可能承担的责任降至最低，确保房地产经纪人只处于中间人的地位。

（5）业务内容丰富，收费标准市场化程度高。美国房地产经纪常规业务包括物业买卖服务、物业租赁服务和咨询服务。除此以外，美国房地产经纪也提供房地产资产管理、房地产保险、按揭贷款服务等其他衍生服务，业务内容十分丰富，覆盖房地产交易上下游多个环节。

收费标准市场化程度高，根据美国反托拉斯法，任何房地产经纪机构都不可强迫订立最小佣金费率，同时也没有固定的佣金费率。根据销售房地产的种类不同、各州地区市场情况不同、租期长短、标的金额大小、房屋性质及洽谈情况不同，收费标准不同。

（二）境内房地产经纪机构信用管理及经验借鉴

1. 上海房地产经纪机构信用管理

（1）上海房地产经纪行业自律现状。上海市房地产经纪行业协会成立于1996年12月，是上海市房地产从事居间介绍、代理营销、咨询策划企业和注册经纪人及相关企事业单位依法自愿组成的全市性行业组织，实行"行业服务、行业自律、行业代表、行业协调"是具有法人资格的非营利性社会团体，依法独立自主地开展各项工作。行业自律管理主要表现在建立房地产经纪行业信用体系和房地产经纪机构资信的管理机制。建立房地产经纪机构的资信等级制度，定期公布房地产经纪机构的资信状况并实行相应的信用激励和惩戒措施。

（2）上海房地产经纪行政管理。房地产经纪行业行政管理主要包括：房地产经纪人员注册登记，房地产经纪机构登记备案，房地产经纪行业年检与验证管理，房地产经纪执法检查，房地产经纪合同的监督管理，房地产经纪服务收费管理，房地产经纪行业信用管理，房地产经纪纳税管理。

2. 深圳房地产经纪机构信用管理

（1）深圳市房地产经纪行业自律现状。深圳市房地产经纪行业协会，成立于 2008 年 1 月 16 日，由在深圳从事房地产居间、代理、咨询的企事业单位及从事房地产市场研究的专业机构自愿发起成立的非营利性的行业组织。协会的主要职责是制定房地产经纪行业标准、行为规范与自律准则，加强行业自律和诚信体系建设，规范执业行为，弘扬职业道德，维护会员的合法权益。

其信用管理主要包括以下几个方面：①诚信评价。包括机构诚信评价和个人诚信评价。②执业登记管理。符合申请条件的房地产经纪人以及房地产经纪人助理递交执业登记申请后，由协会报主管部门审核后办理执业登记并颁发《深圳市房地产经纪人员（经纪人助理）执业登记牌》。③服务规范指引。颁布了《房地产经纪行业服务规范指引》，将交易的步骤制作了标准化流程。

（2）深圳房地产经纪行政管理。深圳市房地产经纪行政管理房地产经纪行业行政管理主要包括：房地产经纪人员注册登记，房地产经纪机构登记备案，房地产经纪服务收费管理，房地产经纪行业信用管理，房地产经纪纳税管理等。

3. 境内房地产经纪机构信用管理经验借鉴与启示

①行政管理职能行业组织代位行使。②强化"互联网平台"作用，推进服务交易流程标准化。③建立房地产经纪行业信用评价体系。

五、北京市房地产经纪机构信用管理立法建议

（一）健全法律法规

1. 出台北京市地方法规

借鉴境内外管理经验，依据国家法律，健全北京市地方法规，出台以房地产经纪机构为中心的地方性基本法规，其中明确规定房地产中介机构的业务内容、权利与义务、收费原则、经纪行业准入、房地产经纪人员资格制度以及行业监管等，解决法律缺失问题，规范北京市房地产中介行业行为。

2. 完善相应行政规范

（1）提高房地产经纪机构准入门槛。在房地产中介机构设立要求方面，规范应设置更高资金门槛，注册资金至少从 20 万元提高至不低于 100 万元，降低经纪机构信用风险。在保持整个行业从业规模稳定的前提下，鼓励和吸纳符合条件的优质机构进入，并且要求经营主体资质与业务经营范围严格对应，将租赁增添到房地产经纪机构的业务经营范围内，同时要严格进行审批、备案程序，不允许浑水摸鱼的中介机构取得营业资格，并定期审查已设立的房地产中介机构的经营资质情况，及时取缔违法违规中介的营业资格。通过优胜劣汰，促进整个房产经纪行业迈入品质化升级进程，最终推动整个房产市场向信息透明、交易安全、服务优质方面发展。

（2）规范房地产经纪人的准入行为，多提供培训。在从业人员素质上，向综合化发展，凡房地产市场比较成熟的国家或地区，其对中介从业人员的考核都有严格规定，如美国要求至少有 2 年以上从事房地产工作的经历，并修完与房地产有关的 8 门学科，才能算是具备获得房地产经纪人执照的资格，由此可见，提高从业人员的准入门槛及系统性培训是关键所在。并且未来房源信息系统建设成熟后，通过网络发布房源，增加了信息的透明度与真实性，对从业人员的需求会愈加偏专业化、职业化发展。

目前房管部门对于从业人员的要求为应按照相关规定取得相关职业资格证书、进行注册或备案登记、参加继续教育和培训、佩戴信息卡、记录业务信息。但细节规定不够，政府行政管理部门可以将经纪机构人员培训与资格准入审核权授权地方房地产中介行业协会，制定从业人员准入门槛标准及培训标准，定期进行职业考核、培训和资信评价等方面的工作。在房地产经纪人的职业资格要求上，国家要提高考试难度，中介要提高招聘标准，包括对房地产中介工作经验的要求，定期对从业人员提供素质培训和技能培训，对于违反法律法规的从业人员，必要时可以吊销职业资格证。这样才能使经纪公司具有高学历、较深的专业知识、较强的业务能力和较高的信誉及道德水准的从业人员，才能有效地降低房地产市场出现操作不规范，利益至上的现象。

（3）规范业务经营运作方式。对于房地产经纪机构业务的管理，应明确以下几个方面，强化企业精神：①经纪服务内容的明晰化；②经纪服务委托的契约化；③经纪服务市场竞争的有序化。

（4）制定市场化的收费标准。应制定科学、合理的服务业收费原则与标准，允许收费市场化，在一定范围内进行调整。针对不同类型的服务及服务的质量实行政府定价、政府指导价和协商议价不同的收费原则，制定相应的收费标准和费用支付方式。

（二）加强信息平台建设

加强包括政府管理平台、信息发布平台、资金监管平台的房地产经纪信息平台建设，增加行业透明度。

1. 加强政府管理平台建设

北京市住房和城乡建设委员会构建统一的房地产经纪网上管理和服务平台，为备案的房地产经纪机构提供房地产经纪机构备案信息公示、房地产交易与登记信息查询、房地产交易合同网上签订、房地产经纪信用档案公示等服务，经备案的房地产经纪机构可以取得网上签约资格。政府网络平台为市场交易提供了方便快捷的网络接口用于权属交易，将房产交易中登记环节的大部分工作放在线上完成，减少房产交易者在房产权属交易过程中的柜面办理时间，提升政府服务的办事效率。

2. 加强信息发布平台建设

目前房源信息主要依靠市场上的挂牌数据，而普遍存在的"一房多挂"现象，造成了房源数据的混乱，也使得几家中介抢卖一套房，形成恶性竞争。通过建立信息系统能有效地杜绝信息不对称对市场和买卖双方的利益损害，对于房源信息的整合，可以在房源信息发布环节，进行信息化建设。应借鉴美国 MLS，由行业协会主导，单方代理，建立全行业房源共享系统。

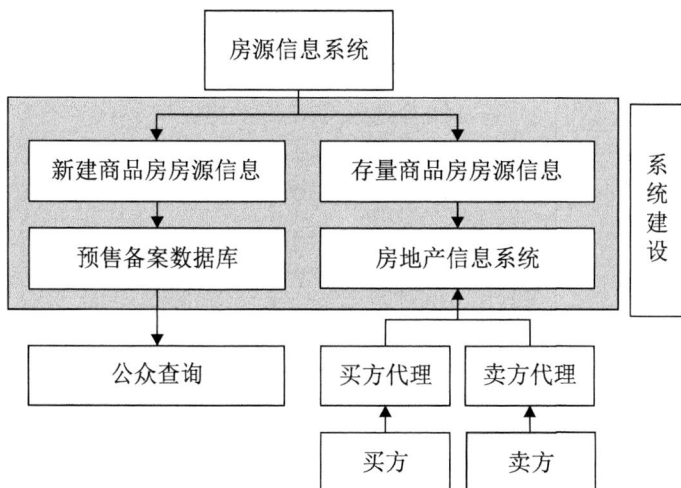

图 1　房源信息系统建设

（1）新建商品房房源信息发布。目前，房管部门针对新建商品住房，建立了预售备案数据库，能够有效地解决新建商品房的信息发布和价格控制问题。

（2）存量房源信息发布。由于目前政府普遍缺乏存量房源的信息，应加强存量房源信息发布系统建设，参考美国的 MLS 销售系统的做法，卖方代理尽量获取房源，并将其登记到该区域内经纪人共享房源信息平台 MLS 上，努力营销这些房源；买方代理代表买方的利益，获得买方委托后，在 MLS 上查找合适的房源，力争为买方争取最低的成交价和最有利的合同条件，双方代理在交易中起到居间的作用，他们的目标是尽量地促成交易。

3. 加强资金监管平台建设

要成立专门从事存量房交易结算资金监管的保证机构，建立存量房交易结算资金管理制度，加强对存量房交易资金的监管。建议推行由北京市政府搭建资金监管平台、委托国有企业或国有银行承担具体监管事务的存量住房资金监管方式，倡导存量住房交易资金通过监管账户划转，确保交易资金安全。

（三）建立行业诚信档案，提供信息公示系统

房管部门应针对本市开展房地产中介活动的机构和人员，根据其经营业绩、信用记录等建立行业诚信档案。将从业人员的跳槽经历、就职状况，以及房地产

中介机构和从业人员违反行业自律规范的行为、违法违规行为、经查证属实的被投诉举报的记录、行政处罚及刑事处罚等情况，在公共信用信息服务平台上向社会公示，接受社会监督，主管部门根据中介机构和人员的不良信用记录，提出惩处办法，并限制其从事经纪活动。

此外，房地产中介机构备案信息及从业人员执业登记信息发生变更的，应当及时到主管部门办理变更手续，由主管部门在系统内更新完善信用档案，规范变更流程，对未按要求办理的，需要进行处罚，严格对中介从业人员的跟踪记录。

（四）多部门协同，加强执法动态监管

对于房地产中介行业的市场监管存在的"多头管理"问题，政府各部门应该划清职能范围、形成联合办公，不能推诿责任，而要相互配合，严格执法，应形成一套自上而下的监管制度，多部门协作加强市场监管，明确各部门管理职责。

1. 部门协同，实行联动工作机制

明确各部门管理职责。针对管理体制不顺、管理职能交叉问题，建议根据"三定方案"，住房和城乡建设、物价、工商等部门按照各自职责，共享信息，建立联动工作机制。

2. 动态监管

定期由政府行业管理部门牵头、行业协会和工商执法部门等相互配合，对市场秩序进行监督管理，净化市场环境。工商行政管理部门定期将领取营业执照的房地产经纪机构情况通报住房城乡建设（房屋）行政管理部门；住房城乡建设（房屋）行政管理部门定期将备案的房地产经纪机构情况通报工商行政管理部门、价格主管部门、人力资源和社会保障部门。各相关部门对房地产经纪行业进行联动管理，实现机构登记、备案，人员考试、注册，以及日常监管等各项工作的有机衔接，通过现场巡查、合同抽查、信用档案、投诉受理等方式，联合对房地产经纪机构和房地产经纪人员进行监督、检查。

3. 发挥房地产行业协会的作用

房地产行业协会配合主管部门做好房地产经纪机构的设立申请登记、审批和审查工作。严格实行年检制度，对发现问题的"地下黑中介"，联合工商执法部门严厉打击，向社会公众公布名单。对于工商执法部门，应积极配合政府和行业协会对房地产经纪机构和人员进行定期检查，严格审查其证照手续是否齐全，对发现和举报地违规行为严厉查处，并对其进行行业整顿。

（五）制定行业自律准则，推动行业信用评价建设

北京市房地产中介协会要借鉴我国台湾地区"人必归业、业必归会"的制度，要求房地产经纪人必须加入经纪机构才能执业，房地产经纪机构必须加入协

会，接受行业协会的自律管理。

应该明确规定房地产中介行业协会的职责：协助北京市住房和城乡建设委员会推动北京市住房租赁监管平台等房源管理平台建设，提供行业内权威房源信息；行业协会可会同主流企业，积极管理，并同政府管理部门协商，把这些有利于行业发展的措施上升为正式规范，或将其设置为"行业管理条例"，所有房地产经纪机构及从业人员必须遵守。加快房地产经纪服务诚信体系的建设，建立起与我国社会主义市场经济及房地产业发展要求相符合的房地产经纪服务诚信体系的基本框架；不断完善房地产经纪机构和房地产经纪人员信用档案，将机构和人员的违法违规以及失信行为记入信用档案并向社会公示。

建议北京市房地产中介协会作为执行主体，开展北京市房地产经纪机构信用评价，制定北京市房地产经纪机构信用评价体系，定期评价房地产中介机构信用现状，设置奖惩措施，健全失信惩戒机制，构建房地产经纪业的信用机制，加强行业自律和诚信体系建设，规范执业行为。

课题组设计的房地产经纪机构信用评价指标具有丰富的内涵，既包含其从业的资格条件，也包括其诚信执业状况与信誉，能够比较客观地反映北京市地产经纪行业信用管理水平，通过对各个经纪机构进行信用评价，监测房地产经纪行业标准、行为规范与自律准则的履行情况，希望将来对房地产经纪机构信用评价有所借鉴。

河长制在京津冀区段的北运河协同实施研究

李爱华*

大运河由京杭大运河、隋唐大运河、浙东大运河三部分构成，全长 3200 公里，其中京杭大运河包括通惠河、北运河、南运河、会通河、中河、淮阳运河、江南运河等段。京杭大运河的北段是北运河，主要流经北京通州、河北香河、天津武清等地，全长 140 多公里。北运河由于受地理环境的影响，目前主要承担文化传承与利用的功效。运河文化以运河的生态景观为载体，而运河文化的传承与利用，是以生态保护和修复为基础。因此，北运河流域的水生态环境的保护和修复是运河文化利用、传承的前提条件。

北运河处于京杭运河的首段，曾是沟通京津两市的重要航道。清末民初，随着铁路兴起，加上缺乏补水水源，北运河干流航运逐步衰落，最终断航。新中国成立以来，对北运河的治理主要以开发利用水资源和控制洪涝水为主，先后修建了北关分洪枢纽、筐儿港枢纽等梯级水闸。随着经济的快速发展和水资源情势变化，北运河沿线对防洪保安和水资源保障提出了更高要求，同时对生态环境也造成巨大压力。北运河干流的防洪能力已经与两岸防洪要求不相适应；水资源量的减少和大量排放污水，致使北运河水质污染，水生态环境恶化。北运河北京河段的水质多为五类。大运河遗产保护管理办公室发布的 2016 年《大运河遗产点段专项巡查报告》显示，北运河天津市河道水质目前依然是劣五类，基本没有生态功能。其他河段也有不同程度的垃圾丛生、污水横流。水生态环境的不良状况已成为运河文化传承与利用的突出短板。

北运河流经的京津冀地区为了应对新形势，贯彻《大运河遗产保护管理办法》中提到的保护实行统一规划、分级负责、分段管理，坚持真实性、完整性、延续性原则，开展了对北运河干流治理、开发、保护和管理工作，取得了不少成效，但也存在一些问题，尤其是碎片化保护现象，本课题试图研究河长制在京津冀区段的北运河协同实施措施，为河长制贯穿于大运河全程，为"保护好、传承

---

* 课题主持人：李爱华，北京物资学院教授。立项编号：BLS（2018）B019。结项等级：合格。

好、利用好"大运河历史文化资源提供示范基础。

一、北运河京津冀水系概况

（一）北运河概况

北运河原指通州至天津之间的京杭运河，北运河都属于海河水系，行政区划分属北京、天津、河北三省（直辖市）。北运河发源于燕山南麓北京境内，自西北向东南流经北京市昌平、顺义、通州等区，在通州牛牧屯村附近流出市界，先后入河北省香河县、天津市武清区、北辰区，后汇入海河，干流河道总长 142公里。

北运河总流域面积 6166 平方公里，北京境内流域面积 4250 平方公里。主要支流包括通惠河、凉水河、凤港减河、龙凤河等。另外，干流通过运潮减河向潮白河分泄洪水，通过青龙湾减河分洪入潮白河新河。

北运河地表水资源量多年平均（1956—2000 年）地表水资源量 4.81 亿立方米，近年来平均（2001—2015 年）为 1.85 立方米，出境水量多年平均（1961—2000 年）出境水量 9.03 亿立方米；其中北运河干流出境 4.94 亿立方米。北运河干流现状水质为劣 V 类，规划为 IV 类。

（二）北运河生态现状

北运河历史上曾是京杭大运河的一部分，曾为沟通北京对外航运，南粮北运以及社会安定发挥过重大作用。近代不能通航，20 世纪 70 年代初对北运河干流的治理，将防洪放在首位，重点是解决防洪排涝问题。它成为海河流域主要行洪排涝河道之一，主要承担城市供水与排水、调水、防洪、引滦入津和景观河道等功能，随着河道的治理深入，京津冀预计在不久的将来试通航以加强运河游览。

由于受经济活动的影响及多年运行，河道功能退化，河岸塌陷、河道淤积，拦河闸、枢纽及穿堤建筑物老化且标准低等因素，严重影响河道行洪安全。近年来经济社会的发展以及城市规模的扩大，北运河水资源日益紧缺，污水排放使河道水质污染、生态恶化。北运河干流在防洪安全、水资源利用、水环境改善、水生态保护等方面存在着不同程度的问题。北运河来水中天然雨洪量较少，污水及再生水比例较高，虽然近些年在北运河流域加大截污治污力度，但现状河道水质仍为 V-劣 V 类标准，河水中 $CODMn$、$NH3-N$、TP 和 TN 的含量年均值都超过了地表水环境质量 V 类标准，距离景观用水 IV 类标准差距较大。

表 1　地表水水质类别功能划分

水质类别	适用范围
I 类	主要适用于源头水、国家自然保护区
II 类	主要适用于集中式生活饮用水地表水源地一级保护区等

水质类别	适用范围
Ⅲ类	主要适用于集中式生活饮用水地表水源地二级保护区、渔业水域及游泳区
Ⅳ类	主要适用于一般工业用水区及人体非直接接触的娱乐用水区
Ⅴ类	主要适用于农业用水区及一般景观要求水域
Ⅴ类以下分为 V1 类、V2 类、V3 类和 V4 类	
V1 类	参照执行《城镇污水处理厂污染物排放标准》（GB18918-2002）规定的一级限值 A 标准
V2 类	参照执行《城镇污水处理厂污染物排放标准》（GB18918-2002）规定的一级限值 B 标准
V3 类	参照执行《城镇污水处理厂污染物排放标准》（GB18918-2002）规定的二级限值标准
V4 类	大于《城镇污水处理厂污染物排放标准》（GB18918-2002）规定的二级限值标准

来源：北京市生态环境局。

表 2　2019 年 8 月河流水质状况

水　系	河流（河段）	所在区	现状水质类别
永定河水系	永定河山峡段	门头沟	Ⅲ
	清水河	门头沟	Ⅱ
	清水涧	门头沟	无水
	永定河平原段	石景山、丰台、房山、大兴	Ⅳ
	高井沟	石景山	Ⅲ
	妫水河上段	延庆	Ⅱ
	妫水河下段	延庆	Ⅲ
	新华营河	延庆	Ⅱ
	古城河	延庆	无水
	永兴河	大兴	Ⅳ
	大龙河	大兴	Ⅴ
	小龙河	大兴	V2

水　系	河流（河段)	所在区	现状水质类别
潮白河水系	潮白河上段	密云、怀柔、顺义	Ⅲ
	潮白河下段	顺义、通州	Ⅴ
	白河上段	延庆、怀柔、密云	Ⅱ
	白河下段	密云	Ⅱ
	黑河	延庆	Ⅱ
	天河	怀柔	Ⅱ
	汤河	怀柔	Ⅱ
	渣汰沟	延庆、怀柔	Ⅱ
	琉璃河	怀柔	Ⅱ
	白马关河	密云	Ⅱ
	潮河上段	密云	Ⅱ
	潮河下段	密云	Ⅲ
	牤牛河	密云	Ⅱ
	安达木河	密云	Ⅱ
	清水河	密云	Ⅱ
	红门川河	密云	Ⅲ
	沙河	怀柔、密云	Ⅲ
	怀河	顺义、怀柔	Ⅳ
	雁栖河	怀柔	Ⅱ
	怀沙河	怀柔	Ⅲ
	怀九河	怀柔	Ⅱ
	箭杆河	顺义	无水
	城北减河	顺义	Ⅳ
	运潮减河	通州	Ⅴ1
北运河水系	北运河	通州	Ⅴ
	温榆河上段	昌平、顺义	Ⅴ2
	温榆河下段	顺义、朝阳、通州	Ⅴ1

水　　系	河流（河段）	所在区	现状水质类别
北运河水系	蔺沟	昌平	Ⅳ
	桃峪口沟	昌平	Ⅲ
	东沙河	昌平	Ⅳ
	北沙河	昌平、海淀	Ⅴ
	关沟	昌平	Ⅱ
	南沙河	昌平、海淀	Ⅴ
	清河上段	海淀	Ⅱ
	清河下段	昌平、朝阳	Ⅳ
	万泉河	海淀	Ⅱ
	小月河	海淀	Ⅴ1
	坝河上段	朝阳	Ⅴ2
	坝河下段	朝阳	Ⅳ
	土城沟	海淀、朝阳	Ⅴ1
	北小河	朝阳	Ⅳ
	亮马河	东城、朝阳	Ⅴ
	小中河	顺义、通州	Ⅴ1
	通惠河上段	朝阳	Ⅳ
	通惠河下段	朝阳、通州	Ⅳ
	南护城河	东城、西城	Ⅳ
	北护城河	东城、西城	Ⅳ
	长河	海淀、西城	Ⅳ
	永引上段	石景山、海淀	Ⅲ
	永引下段	海淀、西城	Ⅱ
	京密引水渠	密云、怀柔、顺义、昌平、海淀	Ⅱ
	昆玉河	海淀	Ⅳ
	二道沟	朝阳	Ⅳ

续表

水　系	河流（河段）	所在区	现状水质类别
北运河水系	凉水河上段	丰台	IV
	凉水河中下段	丰台、朝阳、大兴、亦庄、通州	V 1
	莲花河	石景山、西城、丰台	III
	新开渠	石景山	III
	马草河	丰台	III
北运河水系	丰草河	丰台	无水
	小龙河	丰台、大兴	III
	玉带河	通州	V 1
	肖太后河	朝阳、通州	III
	通惠北干渠	朝阳、通州	IV
	西排干	朝阳、通州	V 2
	半壁店明渠	朝阳	无水
	观音堂明沟	朝阳	V 1
	大柳树明沟	朝阳	V 1
	凤河	大兴	IV
	新凤河	大兴、通州	IV
	黄土岗灌渠	丰台	无水
	港沟河	通州	IV
	凤港减河	大兴、通州	V

来源：水处。

仅北京市的北运河水质情况看，其与运河文化传承与利用的需求不适应，与流域经济社会的发展不协调，需要从流域整体角度统一规划推进和到水系治理管护，增加生态环境修复，以满足时代的需求。

（三）北运河管理部门

大运河不论从概念还是价值上来讲都是一个整体，但大运河目前尚无统一的管理机构。因此，《大运河遗产保护管理办法》第4条第2、3款规定：国务院文物主管部门主管大运河遗产的整体保护工作，并与国务院国土、环保、交通、水利等主管部门合作，依法在各自的职责范围内开展相关工作。大运河沿线县级以上地方人民政府文物主管部门，负责本行政区域内的大运河遗产保护工作，依法

河流

　　全年共监测五大水系有水河流99条段，长2475.9公里。I~III类水质河长占监测总长度的54.5%，比上年增加5.9个百分点；VI类、V类水质河长占监测总长度的24.5%；劣V类水质河长占监测总长度的21.0%，比上年减少13.7个百分点。主要污染指标为氨氮、化学需氧量和生化需氧量，污染类型属于有机污染型。

　　五大水系中，潮白河系水质最好，永定河系、蓟运河系和大清河系水质次之，北运河系水质总体较差。

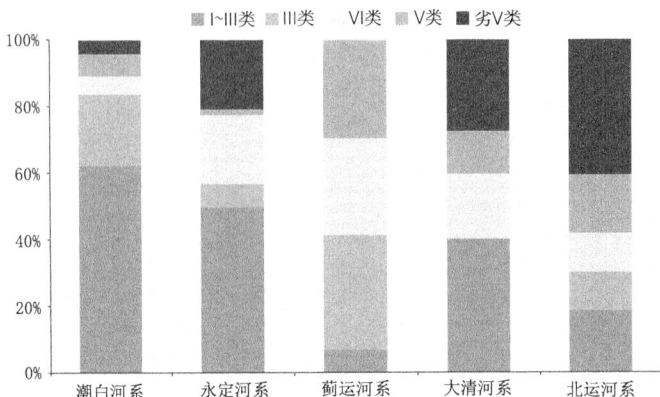

图1　五大水系水质类别长度百分比统计图

与其他相关主管部门合作开展工作，并将大运河遗产保护经费纳入本级财政预算。

　　从上述条例看出，国务院文物主管部门是大运河遗产管理的最高管理部门，具有通过协调工作进行统一管理的权力，但实际上对大运河的保护方式基本上是传统的条块分割、多头管理模式。大运河的管理分属于文物、水利、航道、旅游生态保护等不同部门，流经的地区之间又有行政区划的界限，即使在水利系统，仍有流域机构和地方水行政主管部门的区分。

　　具体到大运河北段即北运河，其北京段的管理部门是北京市水务局下设的北运河管理处，北运河天津段管理部门为天津市水务局。北运河河北省廊坊市香河段由香河县的水务部门负责。由此可以看出，北运河管理部门的不统一是北运河生态保护与修复碎片化的根源。

二、北运河生态保护与修复相关规划及法规碎片化梳理

　　大运河的北段，北运河贯穿了京津冀三地，不仅遗产种类众多、内容丰富，而且地域特色浓厚。这就决定了大运河的保护、利用受到地域、社会、经济、自然等诸多因素影响，这种复杂性要求对大运河的各个方面，各个区段的维护、修复、保护利用都要从顶层设计，统一合理规划。

（一）大运河生态保护与修复相关规划及法规概况

大运河穿越我国 6 省 2 直辖市，不仅遗产种类众多、内容丰富，而且地域特色浓郁。这就决定了大运河的保护、利用受到地域、社会、经济、自然等诸多因素影响，这种复杂性要求对大运河的各个方面、各个区段的维护、修复、保护利用应从顶层设计，统一合理规划。

2014 年 6 月 22 日中国大运河文化被列为《世界遗产名录》，作为世界遗产的标准需要具备两个前提：一是真实性，二是保护管理（由相关管理机构制定法律规章及负债经费管理）。不仅申遗之前，需要按照这一标准去努力，申遗成功后始终要保持这两个条件。为此，我国对大运河的修复和保护进行了大规模的制度建设以指导保护工作。早在 2012 年，文化部按照世界遗产的要求制定了《大运河遗产保护管理办法》，之后陆续出台了《中国大运河申报世界文化遗产点段工作要求》《大运河遗产保护与管理总体规划》《大运河遗产第二阶段保护规划编制要求》《京津冀协同发展水利专项规划》《大运河文化保护传承利用规划纲要》等文件，指导和引领大运河沿线的保护、传承与利用。

按照大运河世界遗产保护的要求和上述文件精神，大运河沿线政府针对大运河不同河段特点，分段出台了相关保护管理办法，制定打造大运河的方案，如制定中国大运河杭州段、江苏段、山东段、北京段、天津段、河北段等遗产保护管理条例。北运河作为大运河的源头，也在不断地加强对北运河干流治理、开发、保护和管理工作。其流经的京津冀三地为做好对北运河支干流治理、开发、保护和管理，也制定了相关规划。

（二）北运河生态保护与修复的上位规划梳理

为加强对北运河的联合治理、开发、保护，京津冀三地政府按照国家的相关规定，制定了统一的综合治理规划。

1. 《北运河干流综合治理规划》

北运河流经的京津冀区域为贯彻《大运河遗产保护管理办法》的要求，2012 年 8 月 29 日，由水利部、北京市、天津市、香河县联合印发《北运河干流综合治理规划》，该规划将北运河河道功能定位为：防洪排涝、蓄水、生态、旅游、文化传承等多种，因为北运河是泄洪河道，也是城市排水河道和风景观赏性河道。根据功能定位，规划将北运河的修复目标确定为：2020 年北运河干流防洪标准达到 50 年一遇，水功能区水质达到 V 类，结合河道整治进行生态建设，修复水生态系统，改善河道生态环境和景观，建设生态廊道，传承运河文化，以满足旅游观光需求实现通航，使北运河成为防洪安全、环境友好、人水和谐的生态河道。

为实现该规划目标，规划将北运河的生态修复任务设定为：第一，围绕北运河干流功能和特征，从满足经济社会可持续发展需要出发，提出北运河干流综合治理布局及生态保护方案。第二，针对干流行洪能力降低、水利工程设施老化等问题，对干流进行防洪排涝规划，确保河道行洪安全。第三，在满足防洪安全的前提下，进行水生态修复及景观建设。第四，在此基础上提出通航规划等。

2. 海河规划

2013 年国务院批复《海河流域综合规划（2012—2030 年）》规定北运河、南运河作为京杭大运河的重要组成部分，保留其航运功能，有条件时逐步实现复航。北运河拟根据未来的水源条件，适当发展旅游观光航运，航道等级为 Ⅵ 级。

根据相关规划的目标要求，天津以京津冀协同发展平台对南、北运河全线统一调配水量为基础，以南北运河工程措施引调水量为补充，增加上游下泄水量，统筹实现大运河的生态、防洪、文化、景观、航运等多种功能。

（三）北运河生态保护与修复的京津冀规划碎片化表现

京津冀三地根据北运河治理的上位规划的要求，分别在辖区内的相关规划中对北运河水生态环境改善进行规划。

1. 北京地区对北运河水系水生态治理的相关规划

北京市政府高度重视对北运河水系水生态治理与修复工作。针对北京市的实际情况，《北京市"十三五"时期水务发展规划》对北运河的生态治理与修复做了明确规划。规划指出实施北运河综合治理，加快水质还清，2020 年北京城市副中心段河道水质主要指标基本达到地表水Ⅳ类标准，努力恢复历史漕运河道景观。实施潮白河绿色生态走廊建设。推进京津冀水务协同发展，落实《京津冀协同发展规划纲要》，重点围绕京津冀水资源保障、水生态水环境治理、防洪排涝等重点领域，加强协同发展。统筹实施蓄滞洪区和湿地工程建设。充分发挥湿地的雨洪滞蓄、水质净化、地下水回补、气候调节等功能。

此外，《北京城市总体规划（2016 年—2030 年）（草案）》《大运河遗产保护规划（北京段）》《北京市大运河文化带保护建设规划》《通州区国民经济和社会发展第十三个五年规划纲要》《北京市大运河文化带保护建设五年行动计划（2018 年—2022 年）》都对北运河生态治理与恢复提出了相关目标和任务。例如，2016 年 2 月通州区人民政府下发的《通州区国民经济和社会发展第十三个五年规划纲要》提出要以大运河申遗成功为契机，发挥运河历史文脉、生态水脉、经济动脉的作用和串联京津冀发展的联动作用，打造北运河生态文化发展带。

2. 天津市改善北运河水生态环境的相关规划

天津境内的大运河包括南运河和北运河。天津市依托大运河申报世界文化遗产的契机，挖掘和保护天津境内大运河历史价值，根据 2012 年的《北运河干流综合治理规划》、2013 年的《海河流域综合规划（2012—2030 年）》等上位规划，制定了《天津境内京杭大运河保护与发展规划》《大运河天津段遗产保护规划》作为天津境内大运河的整体保护框架，合理引导天津境内大运河沿线地区的有序发展。

《北运河干流综合治理规划》规定北运河河道为一级河道，主要功能为行洪、排涝、灌溉、生态景观廊道、生活休闲。根据河道功能定位，《北运河干流综合治理规划》对北运河河道水质控制做了细致的要求：北运河西王庄—屈家店段，近期控制水质标准为 V 类，远期控制水质标准 IV 类，屈家店闸—子北汇流口，近期控制水质标准为日常类 IV 类，饮用水输水期间为 III 类，远期控制水质标准 III 类。水量控制要求：北运河西王庄——筐港段，河道设计流量为 300 立方米，筐港段——屈家店段河道设计流量为 100 立方米，屈家店段——子北汇流口河道设计流量为 400 立方米。为达到规划北运河河道水质控制要求，规划规定的水环境保护措施有：第一，截污纳管，建立完善的污水管网体系。第二，情欲疏浚，清理大运河河道底泥污染。第三，建立大运河湿地生态系统，为逐步恢复生物多样性、形成完整的生态平衡系统创造条件。

规划对水资源保护要求是：第一，建立大运河与其他河道、湿地、水库的联通循环体系，实现水体有序流动。第二，建立雨洪水引调和调蓄工程，增加大运河蓄水量。第三，增加大运河上游及周边的再生水处理厂规模，加大再生水回用量。从大运河水环境及堤岸的综合整治，实施大运河两岸土地控制，推进各层次规划编制工作的开展，完善机构设置创新资金运作模式等方面制定了实施措施。

此外，天津市对北运河治理与修复工作的部署还体现在《大运河天津段遗产保护规划》《天津市水务发展"十三五"规划》《天津市河道管理条例》《大运河天津段文化保护传承利用实施规划》等规划中。

3. 河北省香河县改善北运河水生态环境的相关规划

北运河河北省段长 21.7 公里，流域面积为 282 平方公里，涉及香河县的 9 个乡镇。其间左岸有牛牧屯引河和青龙湾减河与潮白河相连，右岸有支流凤港减河汇入。北运河以行洪、排涝及生态等功能为主，兼顾引水灌溉、航运，且具有文化传承功能。结合《海河流域防洪规划》中对北三河系的总体规划，北运河香河段着力推进河道水系治理管护，着力加强生态环境保护修复，对北运河香河段进行全面的综合治理，提高河道行洪能力及修复河道及两岸的生态环境，形成完整的防洪体系和良好的生态环境。到 2020 年，基本满足生态需水要求，丰水年份全线有水，实现"有水的河"；完成防洪、排涝及生态绿化工程提升改造。到 2025 年，水生态环境质量明显改善，正常来水年份全线有水，实现"流动的河"；防洪排涝功能基本达标；河道内生态绿化基本完成；局部河段满足旅游通航需水要求。到 2035 年，堤防管理范围内的生态绿化工程全部完成；洪水调度和风险防控能力得到明显提升，实现"安全的河"，大运河河段具备Ⅵ级通航需水条件。

（四）改善北运河水生态环境的相关规划协同的评价

为改善北运河水生态环境，京津冀区域根据北运河的上位规划的要求，分别针对辖区内的各自河段的特点以及本地区的财力物力情况，在相关规划中提出了对北运河水生态环境改造的目标任务。然而从调研的情况看，三地政府制定涉及北运河改造的规划时，并没有为这条跨界河流设立一个环节，即采取以类似于联席会的形式通报各自的规划以及各自规划是否与其他两地规划相衔接。这在一定程度上为三地政府制定改善辖区内北运河水生态环境的相关地方性法规衔接、措施方案的衔接埋下了隐患，容易产生一系列的碎片化现象。

三、河长制在北运河京津冀三地落实工作碎片化梳理

北运河沿线地域特色浓郁，这就决定了运河遗产的保护、利用既要因地制宜，更要统一协调。从运河流域管理体制上看，对运河流域的保护与管理主要是以承担遗产保护的文物部门、承担环境保护和水污染治理的生态保护部门和以承担水资源管理和保护的水利部门共同来进行。住建、农业、林业、发改、交通等部门也在相应领域内承担着与运河有关的行业分类管理职能。这种运河管理主体的多元性，不可避免地带来了北运河流域治理的协同不畅和碎片化问题。从地域上看，对北运河的管理实际情况是京津冀三地各自为阵，都是根据各自价值诉求、各自规划保护、各自开发利用，各管一段。改变这种以地段为主，部门分管造成各河段、各部门的不协调现象，就应一切从运河遗产本身出发来考虑解决办法。

《保护世界文化和自然遗产公约》和我国《大运河遗产保护管理办法》都规定了从运河遗产本身的整体性、复杂性出发，在现有保护基础上实现协调合作，建立协同保护模式，实现整体性保护管理。从这些上位法规定可以看出，运河的治理应当回到运河遗产本身上来，以运河为中心，围绕着运河保护，各地各部门应当相互协调。

目前我国推行的"河长制"最能有效地解决流域治理部门协同的责任困境问题。特别是河长制明确了北运河上游下游、左岸右岸行政区之间责任，分区分段确定河流的负责人，改变了行政区内部水资源管理和水污染防治、水生态修复、岸线管理等责任分离的状况，成为改善北运河水生态环境的有效手段。

（一）北运河生态修复中落实河长制的上位规范梳理

1.《关于全面推行河长制的意见》

河长制是我国保护治理河流湖泊体制的一大创新。河长制是指由各级党政负责人担任本地区所管辖范围内河流湖泊的"河长"，对水资源保护、水域岸线管理保护、水污染治理、水环境治理、水生态修复以及执法监管负责。党政领导、部门联动是全面推行河长制的着力点，其核心是建立健全以党政领导负责制为核心的责任体系。明确各级河长职责，协调各方力量，形成一级抓一级、层层抓落实的工作格局。河长制能有效统筹上下游、左右岸、水上和岸上进行系统治理，为流域水环境质量全面改善提供了可能。

经过几年的创新试点，2016年12月，中央全面深化改革领导小组第28次会议通过《关于全面推行河长制的意见》（以下简称《意见》）。规定了河长制的六个主要工作任务：一是加强水资源保护，全面落实最严格水资源管理制度，严守"三条红线"；二是加强河湖水域岸线管理保护，严格水域、岸线等水生态空间管控，严禁侵占河道、围垦湖泊；三是加强水污染防治，统筹水上、岸上污染治理，排查入河湖污染源，优化入河排污口布局；四是加强水环境治理，保障饮用水水源安全，加大黑臭水体治理力度，实现河湖环境整洁优美、水清岸绿；五是加强水生态修复，依法划定河湖管理范围，强化山水林田湖系统治理；六是加强执法监管，严厉打击涉河湖违法行为。除此以外，《意见》还规定了各省级区域的河长制组织体系，即省—市—县—乡四级河长体系，不同级别的河长负责管辖区域内的河流治理。

2.《贯彻落实〈关于全面推行河长制的意见〉实施方案》

为贯彻落实《意见》，2016年12月，水利部、环境保护部印发《贯彻落实〈关于全面推行河长制的意见〉实施方案》，督促各地要抓紧编制工作方案，细化工作目标、主要任务、组织形式、监督考核、保障措施，明确时间表、路线图和阶段性目标。

3.《关于推动河长制从"有名"到"有实"的实施意见》

为了使河长制落实到实处，2018年10月水利部印发《关于推动河长制从"有名"到"有实"的实施意见》，提出要聚焦管好"盆"和"水"，集中开展"清四乱"行动，系统治理河湖新老水问题，向河湖管理顽疾宣战，推动河长制尽快从"有名"向"有实"转变，从全面建立到全面见效，实现名实相副。

上述规范以及相关配套措施为京津冀区域对北运河水生态协同治理提供了制度保障，也成为京津冀三地落实河长制的上位政策法规依据。

（二）北运河生态修复中落实河长制的碎片化表现

为落实河长制的上位政策法规，京津冀三地政府根据各自河段情况，分别制定了河长制实施方案，并将方案落实于本辖区的北运河。

1. 北京市段的北运河落实河长制的相关规定及情况

2016年6月北京市为落实《意见》及相关规定，制定了《北京市实施河湖生态环境管理"河长制"工作方案》。北运河流域为落实北京市"河长制"工作方案，北运河管理处制定了《北运河管理处河长制巡查工作实施方案》，北运河主要干流流经地通州区制定了《通州区"河长制"实施意见》。

北京市 2016 年 6 月 3 日开始在全市范围内实施河湖生态环境管理"河长制"工作方案。北运河流域都竖有湖长公示牌，都详尽列出了湖泊概况、管护目标、各级湖长及监督电话、管理单位责任人及电话、湖长职责等信息。北运河流域建立"河长"定期巡查机制，工作例会机制，不断落实"三查"责任（严查污水直排、严查垃圾乱堆乱倒、严查违法建设）落实"三清"责任（清河岸、清河面、清河底、落实"三治"责任（治理黑臭水体、治理河湖面源污染、治理河岸湖岸生态环境）。

从对北京市通州区的实际调查及相关网站的报道也实际看到了河长制工作的开展情况。北运河流域市级河长联络办公室做好与属地的对接工作，有效解决各类水环境事件，协调推动热点难点问题的解决，助力北运河上游区域及城市副中心水环境持续改善。如赴延庆参与河长制工作座谈会，围绕流域和区域河长制工作职责、任务落实、监督考核等方面结合属地情况进行了讨论。

北运河管理处加强日常监管，不断健全河湖管理保护长效机制，切实保障防洪安全和生态安全，稳步推进"清四乱"专项行动，维护良好的水事秩序和优美的水生态环境。如北运河管理处会同顺义区河长办、顺义区水务局多个部门，针对后沙峪镇西泗上村温榆河左堤乱占问题组织召开现场推进会。

2018 年北运河管理处召开河长制巡查和水环境工作部署会，按照《北运河管理处河长制巡查工作实施方案》，确定了处领导带队、分区分片全员参与流域巡查的工作模式，明确了黑臭水体、河道排污、垃圾渣土、新增违法建设、"一河一策"任务进度等十项巡查内容。加强巡查力度，提升工作质量，做好留痕管理；明确任务，落实责任，以河长制为抓手，协调推进重点难点工作的解决。例如，北运河管理处开展北运河流域昌平区对肖村河、南七家老河湾、四排干存在的垃圾乱堆乱放及黑臭水体直排问题复查，及时掌握动态，为市级河长科学决策提供依据。通州区区长先后来到河东再生水厂和北运河综合治理工程现场开展巡河工作。北运河管理处联合各区河长办对北运河两岸及河面垃圾集中开展摸查清理，协调解决难点问题。

2. 天津市段的北运河落实河长制的相关规定及落实情况

2017 年 8 月，天津市制定《天津市关于全面推行河长制的实施意见》，就总体要求、实施范围、组织体系、主要任务、工作机制、保障措施做出全面规定。此外，天津市还制定了《天津市河长制湖长制市级社会义务监督员聘任与管理办法》《天津市河长制湖长制有奖举报管理办法》有效推动了天津全市河长制湖长制工作。

目前天津市河长制工作已经达到组织体系和责任落实、工作方案制定、配套制度和政策措施、监督检查和考核评估"四个到位"要求，顺利通过水利部中期评估，河长制在全市全面建立。北运河依托河长制湖长制平台，大力提升水利工程建设与管理工作水平，完善防洪工程体系；不断强化工程运行管理，确保工程运行安全和效益发挥；要以"清四乱"专项行动为抓手，认真履行社会管理职能，加强事中事后监管，实现流域水事秩序持续向好。在对天津市滨海新区街道办事处的调研中，也直观感受到天津市段的北运河落实河长制情况。

3. 河北省香河段的北运河落实河长制的相关规定及落实情况

河北省除按照中央部署，制定《河北省实行河长制工作方案》外，把工作重点放在了河长制的考核等方面，先后制定了《2017 年度河长制工作督查方案》《河北省河长制省级会议制度》《河北省河长制工作信息共享制度》《河北省河长制工作考核奖惩办法》《河北省 2017 年全面建立河长制工作考核验收实施方案》。上述规定，成为香河段的北运河开展河长制的政策依据。

河北省廊坊市香河县安平镇两级河长深入其辖区内的大运河。为开展河长制巡河工作，落实河长制各项工作任务，进一步促进河道保护管理。安平镇通过政策宣传、组织清理整治河道等方式增强广大群众保护水资源、生态环境的意识。设置河长公示牌、村规民约公示牌及各类警示牌 20 余块，开展督查、巡查 30 余次，集中整治河道卫生死角 20 多次。按照工作要求，安平镇总河长坚持"一月一巡查"，定期开展河道督查巡查，各村街河长采取"每周一巡查"或者定期不定期巡查的方式对河道进行日常管理，通过巡查和检查发现各类问题，建立巡查台账和问题整改台账，督促相关责任单位（人员）抓好问题整改，努力营造河清、水洁的良好生态环境。

（三）北运河落实河长制的相关规定的协同性评价

河长制实施方案就决策制度、考核制度、横向协作制度；资金投入机制、问题诊断机制、运行管理机制、监管机制、生态补偿机制、协同协作机制等都做了全面规定。河长制的内生性协调机制对协调辖区内相关部门共治河湖起着积极有效地作用。但是，从上述介绍可以看出，北运河流经的三个地区如何统一落实河长制实施方案，则没有相关规定，而是分别依据京津冀三地政府制定的河长制实施方案。这在一定程度上使得京津冀三地政府在对北运河这个跨界河流落实河长制措施上产生碎片化，不利于北运河整体保护和利用。正如在北京市通州区水务局调研中反映的潮白河落实河长制工作中出现的问题。目前的做法是以地界为限，各自负责地界内的事务。

四、北运河生态环境修复工作的碎片化根源分析

从上述对北运河生态修复的规划及河长制的落实措施，以及实地调研的情况看，都有出现碎片化的现象，追其根源，主要有以下原因：

（一）组织体系的碎片化

1. 大运河组织体系碎片化

我国河流跨界具有普遍性。国土地势的总趋势是西高东低，地形复杂，气候多样，自西向东的河流不但数量多、流程长，而且水系类型多样，形成众多的跨县界、市界、省界的河流。为便于流域管理工作的开展，我国水利部的组织机构中设置了流域机构，隶属水利部直属管辖。流域机构包括：长江水利委员会、黄河水利委员会、淮河水利委员会、海河水利委员会、珠江水利委员会、松辽水利委员会、太湖流域管理局。

京杭大运河与我国其他河流不同，它是北南走向的人工河，虽然流程长，但水利部并没为京杭大运河设立专门的流域机构。由于缺乏统一的管理机构，对大运河的管理则是分别纳入流经的上述相关流域管理机构，作为京杭大运河源头的北运河则是纳入海河水利委员会。

北运河虽然隶属海河水利委员会，但海河水利委员会不仅仅管辖北运河这一条河，还要管理其辖区内的其他河流，自然要分散海委会的精力，难以做到顾及北运河的方方面面。

2. 河长制的组织体系的碎片化

河长制构建起省、市、县、乡四级党政领导担任河长、总河长的责任体系，这种责任体系实质上是压力型体制下的首长负责制，是"自上而下"的目标任务的运作模式，通过"领导—负责"的互动机制，有效地治理我国水污染问题。自河长制实施以来，北运河所流经的北京市、天津市、河北省廊坊市香河县的行政区域也建立四级河长责任体系。也就是说，北运河被分别纳入京津冀三地的河长责任体系中。分别由三地的总河长牵头，负责北运河水资源保护、岸线管理、水污染治理和水环境保护管理，为实现北运河文化带建设奠定了基础。然而，北运河的这种河长责任体系不是基于北运河本身而建立的统一的责任体系，而是河长制要求的以属地原则为基础建立的京津冀三地的河长责任组织体系。

考虑到各流域、各地方的不同特色，河长制责任体系除了在属地的行政隶属基础上创建外，还设立了以各个流域管理机构为基础的总河长，实行流域河长制。由于大运河在水力系统没有统一的流域管理机构，唯独大运河及其各段的河长责任体系被纳入各流域管理机构所属的河长责任体系，因此，北运河纳入海河流域河长制责任体系。

3. 组织体系碎片化对北运河生态修复与利用工作开展的影响

以属地为界的分段管理的模式虽有其自身的优势，即地段明确，责任清晰，能够保持运河沿线不同地域的特色，但也存在明显的缺陷。首先，以属地为界，本质上是对北大运河遗产的人为分割，破坏了北运河的原真性、完整性。其次，以属地为界，缺乏统一管理，给北运河沿线基层组织开展水生态保护工作造成困惑。在对天津市大港新区街道办事处的调研中了解到，办事人员在独流减河（市级河道）执行河长制的过程中提出强烈的呼吁，不能一味强调河长制的属地性，因为属地水环境治理很复杂，虽然水生态问题发生其所属区域，但仅依靠基层组织无法解决，他们仅能尽到吹哨子的职责，认为行政体制与属地主义结合才是保障河长制落实，保障水生态的有效方式。

（二）河长制配套制度碎片化

从目前对北运河的生态保护措施看，河长制是最行之有效的措施，但是河长制的落实还需配套的科学决策制度、考核制度、横向协作制度等的支持。然而，考核制度、横向协作制度等制度的不完善，将影响北运河沿线生态环境统一协调管理。

1. 考核制度的碎片化

一是考核制度的重要性分析。河长制承担着河流治理的最主要责任，在这种制度下，责任明确，而且落实到人。河长制的一票否决制度给河长产生巨大压力的同时成为激发河长治理的动力。因为河长的加薪、晋升和评优都与流域的治理成效挂钩，激发河长们的工作效率，执行力度，容易在短期内出成绩。然而河长负责制并不是让河长承担职能部门的具体工作，也不是地方政府的行政官职，而是某一层级政府的党政负责人。河长制是通过监督和考核等手段推动管辖范围内的各职能部门有序开展工作，完成水治理的目标和履行责任的措施。由此看来考核是督促河长的治水的一项重要手段。二是考核制度薄弱的表现。考核虽然是督促河长治水的一项重要措施，但是由于河长制实施的时间不长，就"河长制"怎么考、谁来考、考什么等实质性的考核内容，《意见》没有具体化。例如，在考核问责制上，《意见》所规定的考核依据来源于对水资源保护、水污染治理水环境治理等方面的任务。但《意见》所规定的各项任务是否要通过一定的措施，或该措施能否在一定的考核期有所效果，如果无法在固定考核期达到一定的效果是否就要认定当地的党政负责人没有很好地履行其本职工作，这些都没明确规定。再如，《意见》也没有明确规定党政负责人所应当承担的是领导责任、间接责任还是直接责任等；在不同层级之间、正副领导人之间的责任如何确定，由于权责规定不明将会导致追究责任时各部门互相推诿的情况。于是，考核制度成为当前河长制实施的薄弱环节。

首先，上位规范的河长制考核标准过于原则性。《意见》中仅规定将考核结果作为地方党政领导干部综合考核评价的重要依据，对于具体操作中责任量化、评估标准等没作细化要求。在《贯彻落实〈关于全面推行河长制的意见〉实施方案》的第三部分"严格考核问责"中规定为：各地要加强对全面推行河长制工作的监督考核，严格责任追究，确保各项目标任务有效落实。水利部将把全面推行河长制工作纳入最严格水资源管理制度考核，环境保护部将把全面推行河长制工作纳入水污染防治行动计划实施情况考核。水利部、环境保护部将在2017年底组织对建立河长制工作进展情况的中期评估，2018年年底组织对全面推行河长制情况进行总结评估。从《贯彻落实〈关于全面推行河长制的意见〉实施方案》第三部分的规定看，考核什么，做了原则性规定，但还是缺乏可操作性。

当然，河长制是我国治理水污染过程中创设的一项行之有效的制度，这项制度还需在实践中不断完善，因此上位河长制的考核制度存在的问题是情理之中的事，但这也是下级河长制考核制度碎片化产生的原因。

从京津冀的河长制实施方案中的考核制度看，也是存在同样的问题，不仅考核内容缺乏量化成分，而且对北运河的实施河长制的考核内容上也不统一。北运河河长制的考核制度是依据京津冀三地政府制定的河长制工作方案，而该方案都是根据本辖区的河湖情况制定的，各不相同。

其次，北运河沿线的河长制考核标准既不统一又缺乏细化。北京市的河长考核制度规定在《北京市实施河湖生态环境管理"河长制"工作方案》的工作机制部分的第四个问题日常管理工作机制中，其中提到：建立监督考核机制，市"总河长"办公室要牵头制定"河长制"考核办法，对落实"河长制"的情况进行考核；上级"河长"要加强对下级"河长""河长助理"及有关单位的监督，发现问题及时督促整改；对于落实情况较好的区，市"总河长"办公室要会同市财政局研究给予一定奖励。

天津市的河长考核制度规定在《天津市关于全面推行河长制的实施意见》第四部分，在主要任务的第三项任务的考核制度中提到：建立奖惩问责机制。以考核评价结果为依据，对成绩突出的河长及责任部门进行奖励，对任务完成不力的河长和责任部门进行问责。实行生态环境损害责任终身追究制，对因失职、渎职导致河湖环境遭到严重破坏的，依法依规追究责任单位和责任人的责任。

河北省廊坊市香河县的河长考核制度规定在《河北省实行河长制工作方案》的第六部分的"严格考核问责"中，其规定：建立健全河长制绩效考核评价体系，实行差异化绩效评价考核，并将领导干部自然资源资产离任审计结果及整改情况作为考核的重要参考，明确考核目标，严格考核程序，将考核内容纳入省委、省政府对市县年度考核评价体系和生态补偿考核机制。对因工作不力、履职缺位等导致河道环境遭到严重破坏或未完成工作目标而造成重大影响的，依法依规追究责任单位和责任人的责任。此外，《河北省河长制工作考核奖惩办法》《河北省2017年全面建立河长制工作考核验收实施方案》对河长考核做了细化的规定。

从京津冀三地的考核制度规定看，河北省的规定看似比北京、天津的规定全面详细，但还是较为宏观。这种规定导致了北运河沿线的各级河长制在考核操作上的困难。由于缺乏统一的考核标准，责任追究如果仅针对"河长"，显然有失公平。这一现象在基层河长制考核中显得尤为明显。在对天津境内的独流减河（市级河道）执行在河长制情况调研时，基层街道办事处的相关人员反映办事处下设三十多个居委会，由于河湖坑塘的岸上岸下没有具体而统一的考核，考核无从下手，也不利于河长制在基层落到实处。

2. 横向协作制度的不健全

专业化的分工要求不同的职能部门分工各有侧重，但同时也造成政府职能的碎片化，权责边界不清的问题无法避免，造成职责交叉的矛盾。对北运河的水利工程和遗产管理上也存在这种问题。北运河不仅是文化遗产，承载着历史文化和水利科技文明，更是一条集调水、通航、灌溉、行洪等于一体的在用水道。这种多重功能属性，使得北运河的管理分属于水利、文物、生态保护、航道、旅游等不同部门，不同管理部门负责运河的不同功能，从总体设计上看各部门各尽其职，对运河的保护管理能起到有效的。但事实上，由于北运河所属的大运河没有自上而下统一的管理机构，京津冀三地则按照各自地区的实际情况，设置相关的管理机构，加之北运河功能的多重性分属多重管理机构，对北运河的管理很难做到既分工明确又协调合作。水利部门对北运河的管理绝大部分是确定的，管理范围明确，职责清晰，以水法、防洪法、生态保护法等为依据，以保障水利工程功能的发挥、防洪保障和供水安全为原则，要进行必要的修复和建设，而在建设过程中往往对水利遗产的保护意识不够。而文物部门对北运河的管理着眼重在"遗产保护"，原则上要求不能改变，而对部分河段和水利遗产现状水利功能及其重要性、相应的水利管理和工程维护抢修的特点等则认识不够充分，从另一方面看，这种要求又不利于北运河这类动态文化遗产的保护和发展。

此外，城建、农林等部门也与上述部门的职责有重叠或矛盾。这种管理机制的碎片化给运河的综合环境整治、展示利用、航道利用、生态保护、土地利用、基础设施、城镇发展调控等方面的协调，操作设置了障碍。

河长制以水治理为目标，能够突破职能壁垒、强化职能部门的横向协作，为北运河的保护和发展搭建了制度平台，在一定程度上实现了部门联动、信息资源共享、标准统一和综合执法。但河长制的推行也并未彻底解决这一难题。河长制内生于既有环境法律与行政管理制度，并未改变相关部门的职责与分工，而是在现有机制的基础上，由党政领导协调整合多部门资源，仍难以避免部门间相互推诿现象的发生。部门联动与协调能动性差，区域间护水治水复杂，导致河长制在水资源保护责任落实、各方力量的协调与整合等方面受到制约。

五、北运河生态修复中京津冀落实河长制的协同动力研究

（一）北运河生态修复中京津冀落实河长制协同动力研究的理论基础

北运河生态修复中京津冀三地采取协同共治最主要动因就是要消除和克服流域公共治理的碎片化问题。就像任敏所著的《流域公共治理的政府间协调研究》一书所说的那样，流域这一天然纽带使得很多的流域公共事务的治理单靠任何一方的行动都难以取得良好的成效，这是区域和区域间合作和协调的基本动因。解决跨境流域治理的重要手段当属协作性公共管理，解决北运河生态修复中碎片化现象也应运用协作性公共管理手段。

（二）北运河生态修复中京津冀落实河长制协同的可行性

我国在解决地方横向联动治理水生态问题过程中，形成了一系列的法律法规，同时各流域也开展了横向联动工作，积累了不少实践经验。北运河生态修复中京津冀地区依据相关法规，也开展了各种形式的合作，为北运河生态修复中落实河长制协同做好了前提准备。

1. 地方横向联动治理水生态立法上的依据

为实现地方间的横向合作治水，我国先后出台了与流域水污染联合防治相关的法律法规和文件。从上位法看，《中华人民共和国水污染防治法》对流域水污染联合防治的体制、制度和机制作了原则性规定。2011 年中央 1 号文件提出要"进一步完善水资源保护和水污染防治协调机制"。2012 年环境保护部、国家发展改革委、财政部、水利部联合出台了《重点流域水污染防治规划（2011—2015 年）》。党的十八届三中全会《中共中央关于全面深化改革若干重大问题的决定》进一步提出建立"污染防治区域联动机制"。从行政机关的实际工作看，在省级地方政府间，先后创建和完善了各水系保护领导小组及协作机制、污染防治联席会议制度等在省级地方政府内部，统一地方责任。上述规定和行政部门的做法，为京津冀落实河长制协同提供了法律依据。

2. 京津冀落实河长制协同前期准备

早在 2010 年 11 月 18 日，在武清召开了"综合治理北运河，推进京津冀合作"发展论坛，就北运河通航开发与综合整治工作进行研究探讨，北京通州，天津北辰、武清，河北廊坊四区市代表签订了《北运河开发建设合作框架协议》。2014 年，为加强治理和保护开发北运河，推进北运河全线通航，北京市通州区、天津市武清区、河北省香河县水务部门就北运河通航签订了合作协议。

在河长制的落实方面，三地也在不断加强联络。2019 年三河市水务局相关负责人带队调研平谷区河长制、污水治理相关工作，主要围绕河长制工作机制、组织体系架构、创新经验做法及农村污水治理模式、运营方式、"街乡吹哨、部

门报到"联合执法模式等方面开展交流。旨在落实协同机制，推进沟河流域共治、实现跨区协作。北京市人大常委会主任李伟在近期率队到潮白河流域调研水污染防治工作时强调，要积极与河北"北三县"建立协调联动机制，努力在京冀界河段水环境治理上实现统一标准、统一管控、统一治理。同时，继续用好河长制这一有力抓手，加强流域内水污染治理工作。

京津冀三地无论从规划还是实际实施都为加强合作做了前期准备。

（三）北运河生态修复中京津冀落实河长制协同实施建议

通过对北运河沿线的调研走访，通过对京津冀三地生态修复规划及落实河长制情况的梳理，就研究成果的归纳总结，就北运河生态修复中京津冀落实河长制协同实施提出几点建议。

1. 建立北运河的协调管理机构

有效的管理机构和相应的行动计划是北运河遗产保护规划实施和河长制协同实施的重要保障。鉴于北运河多部门多层次管理的特点，京津冀地区应建立流域统筹机构，来处理好现行的省、市、县、乡（镇）、村五级河长体系与地方相关部门以及流域委员会之间的权责关系，其中专门设立协调、监督、控制机构对各级河长工作进行指导和协调解决北运河流域生态治理问题，调控治理资金投入、基金管理、生态补偿等诸多问题，形成以流域管理为主导、属地管理为辅助的流域综合管理体制。

2. 加快完善河长制保障机制

完善河长制保障机制从以下几方面开展：①完善责任范围的划分机制。加快完善河长制保障机制遵循北运河生态系统自然规律，重视其整体属性，充分考虑流域水系和流域经济文化发展实际，合理划分河长的职责范围。②完善环境治理体系的权责对等机制。在责任明确、职能细化的同时，要通过法定授权赋予职能部门相应的权力，实现权责对等，依靠行政与法律等手段推行河长制，使基层单位依法行使河长职权。③以协调管理机构为平台，强化协调沟通的联席机制。各级河长办公室建立完善的信息交流、工作协调机制，实现跨区域跨部门协调，行政区域与行政区域之间、河段与河段之间做到无缝对接，防止同级河长间出现河湖管护的"真空地带"。④生态补偿机制。对为了保护生态环境贻误经济发展的地区，由上级河长办公室提供生态补偿资金，确保区域的基础设施建设。对上游水质劣于下游水质的地区，根据"谁受益谁补偿，谁污染谁付费"的原则，按规定收取定额的排污费或排污权交易，为下游受影响地区改善水环境质量提供资金补偿。

3. 搭建河长制信息化管理平台，加强社会监督

构建河长制推行的基础信息、管理部门、管理人员及其职责、治理措施、监

督考核等综合信息系统，促使河长制信息化和透明化。采用聘用和购买服务等方式，引导社会公众参与，建立便捷、长效的参与渠道，形成政府、公众和社会共治格局。采用高新技术、人工巡查、监督举报相结合的方式，依托遥感影像进行河湖水域岸线动态监测，采用多种手段、多种方式进行高频率的河湖岸线巡查，遏制乱占乱建、乱围乱堵、乱采乱挖、乱倒乱排现象。

4. 协调管理机构与地域管理相结合

协调管理机构要充分发挥作用，不断修订北运河的流域综合规划，根据不同河段的功能定位，做好重点河段的保护规划管理。建立河长联席会议制度，由最高级河长负责协调制定上下游、左右岸相统一的治理规划、考核标准、推行政策和联动措施，解决跨区域的水污染纠纷、水环境治理、水生态补偿、水量调度、专项资金补助等重大问题；负责监督考核重点流域各地河湖的治理工作，协调落实省部级河长联席会议制度议定事项等。[1]

5. 建立科学的考核指标

指标体系设计要综合考量京津冀三地的自然规律、环境基准以及相应的政府诉求等其他因素，同时要注意考核指标的确立应当聘请专业人士予以确立。同时在推行多元环境治理和引入环境治理第三方的大背景下，可以考虑引入专业机构或者环境服务公司作为考核机构，从而扩大考核主体的范围。

---

[1] 左其亭等：《河长制理论基础及支撑体系研究》，载《人民黄河》2017 年第 6 期。

人工智能的法律规制和法理思考

第一部分　人工智能时代的法律演进

人工智能时代的法律挑战

对人工智能的定义从法律视角展开，一方面与我们对人工智能的技术和应用上的分类分不开，另一方面又不同于法律领域的人工智能。后者实际上是在讲人工智能在法律领域的应用，范围覆盖类案检索、文书审阅、案件预测和智能咨询等多个方向。[1] 这一领域的话题不是本研究的对象，除非使用该"人工智能+法律"的产品产生后文提到的安全问题、伦理问题以及给社会带来权利侵犯隐患时，才会成为普通分类中的个例加以研究。

从法律的演进历史看，法是什么？法要建立怎样的法律秩序？法律处理的关系是什么？谁是立法者？谁又能诘问某一法律的正当性？对这些问题的回应会带上时代的痕迹。20世纪开始的人工智能，世界的结构随着科技的挺进而发生颠覆性的改变。21世纪以来的人工智能革命从根本上颠覆人的自然本性，也带来了人工智能时代的法律上的根本变革。中国人民大学张龑教授在他的一篇《人工智能时代的法律概念》中说道：人工智能时代"人类必然要在以下这些根本性问题上作出价值决断：首先，自然人组成的人民之意志还是智能人组成的人民之意志应当成为立法（立宪）意志？其次，法律要对人重新进行定义，必然要在自然人与智能人之间做出选择。再次，法对人与自然的关系重新界定。究竟是人彻底告别自然，自然再也无法成为人法的尺度，还是依旧以自然为尺度？最后，

---

* 课题主持人：周青风，中国政法大学副教授。立项编号：BLS（2018）B020。结项等级：优秀。
[1] 考虑到人工智能在法律领域承担的不同角色，可以分为①服务律师的智能系统：帮助律师事务所，开展智能客服，帮助律师回应简单的客户咨询；帮助律师根据案情和预测结果，寻找最佳的类案，发现最佳辩护路径。②服务法院的智能系统：帮助书记员，将庭审语音转文字，并自动生成部分判决书；帮助庭审法官，预测案件判决结果等。③服务当事人的智能系统：帮助当事人自动生成起诉书，为其提供法律自助咨询服务，以及寻找最佳的律师。

法与国家的关系必然发生调整，究竟是法依托于国家及其强制力，还是依托于超越民族国家界限的跨国网络空间及其强制力?"[1] 显然这些智慧的设问需要在智能人（强人工智能）出现之前作出决断。立法者需要前瞻性以应对未来的来临。[2]

在弱人工智能时期，法律会遭遇怎样的挑战? 哪些法域受到牵连并有所演化? 法学界目前触及一些敏感的问题，并作出简单的描述。比如王利明教授谈到人工智能可能触及的一些法律领域和问题有：①涉及人格权保护问题。②涉及知识产权的保护问题。③涉及数据财产的保护问题。数据在性质是否属于新型财产权? 如果限制和保护? ④涉及侵权责任的认定问题。⑤机器人的法律主体地位问题。[3]

王利明教授主要就人工智能在私领域的研发和应用上提出产生的法律问题。人工智能在公权领域的使用也带来的一系列的问题。计算机、互联网和信息技术在大幅度提高企业营运效率的同时，也开创了政府治理的一个新时代。电子政务不仅成为很多国家行政改革的重要内容，而且影响到国际组织和政府间的交往。电子政务主要目的是通过网络提高政府行政效率，促进政府信息和决策透明化，降低行政成本。其中，搭建政府信息共享平台，整合政府信息，建立信息共享机制，实现政府信息跨机构流动，是电子政务最重要的内容之一。然而政府虽然是最大的信息采集者，政府信息中占相当大比例的信息却是关于私人的（包括自然人和法人），政府仅是这些信息的收集、使用和管理者。政府在共享信息过程中也就不可避免地会涉及个人隐私权保护问题。这里就会涉及许多法律问题：个人信息在收集过程中是否得到信息主体的同意? 在存储中是否信息主体可以查阅个人信息的内容? 信息主体对信息内容的正确性是否有修改权? 在信息共享中收集行政机关将信息传递给另外行政机关是否得到信息主体的授权? 获得个人信息的行政机关在使用个人信息途中如何避免对个人信息的侵害? 等等。这里就涉及公民的隐私权、知情同意权、纠正权、擦除权等宪法和行政法上的权利。

综上所述，人工智能的发展给我们的社会带来了颠覆性的影响，对于社会治理、经济增长、人类福祉的提高和国家安全与竞争力提升都有着重要意义。但同

---

〔1〕 张龑：《人工智能时代的法律的概念》，载网易《法治周末》2019 年 5 月 22 日。

〔2〕 2018 年 11 月 24 日，全国人大常委会委员长会议的专题学习的主题就是要对人工智能涉及的法律问题进行研究。委员长会议组成人员指出，人工智能是影响面广的颠覆性技术，其"双刃剑"效应尤为明显，必须未雨绸缪，加强前瞻预防和约束引导，有效应对技术不确定性带来的新挑战，确保其安全、可靠、可控。全国人大相关专门委员会、工作机构和有关方面要及早动手，尽快行动，对人工智能涉及的法律问题进行深入调查研究，为相关立法工作打好基础、做好准备，促进人工智能健康规范有序发展。

〔3〕 王利明：《人工智能时代提出的法律问题》，载《北京日报》：http://www.xinhuanet.com/newmedia/2018-07/30/c_137357523.htm.

时其已有的研发成果的应用也带来了众多实际问题，有私领域的话题，例如无人驾驶汽车的交通事故的处理、陪伴型人工智能引发的法律人格权争议、AI 营销与隐私权的张力、知识产权的创造与归属、侵权或损害赔偿责任归属、危险承担与瑕疵担保责任等问题。也有公权领域的话题，需要界定对人工智能的国家监管和法律规制与国家保障科技发展的政策支持，以及国家使用算法来治理社会时对公民权利领域可能带来的限制。这一切都对人类的伦理秩序和国家治理能力带来更大的冲击和挑战。这一切也显现了对人工智能的研发和使用中的安全、隐私和伦理问题的法律规制的必要性以及法律本身需要法理回应的必要性。

下文的研究主要是针对人工智能的研发和使用带来的伦理、安全、隐私问题，探究法律规制的法理和手段。

第二部分　人工智能的伦理风险及其法律防范与法理建设

一、弱人工智能的伦理挑战

弱人工智能是指各种模拟人或动物智能解决各种问题的技术，包括问题求解、逻辑推理与定理证明、自然语言理解、专家系统、机器学习、人工神经网络、机器人学、模式识别、机器视觉等。以深度学习为基础的弱人工智能技术目前在图像识别、语音识别、机器翻译、自然语言处理等方面取得了巨大成功，并大规模市场化。随着弱人工智能技术的发展，其给人类社会带来的伦理挑战也逐渐浮出水面。

弱人工智能在不同领域可能或者已经带来的算法歧视问题：例如，支付宝背后的算法机器人拒绝贷款给某人合理吗？法律软件是否会由于一个人的种族或身份特征来判定某人犯罪？有学者认为造成这些问题的背后是当前以深度学习+大数据+超级计算为主要模式的弱人工智能，主要以大数据为依据，因此数据质量和隐含的信息决定了深度学习技术得到的结果可能存在偏颇甚至产生"算法歧视"。[1] 算法歧视主要分为"人为造成的歧视""数据驱动的歧视"与"机器自我学习造成的歧视"三种类别。"人为造成的歧视"指由于人为原因而使算法将歧视或偏见引入决策过程中。例如，一些电商公司的购物推荐系统偏袒该公司及其合作伙伴的商品，导致消费者不能得到公正的比价结果。"数据驱动造成的歧视"指由于原始训练数据存在偏见性，导致算法执行时将歧视带入决策过程。鉴于算法本身不会质疑其所接收到的数据，只是单纯地寻找、挖掘数据背后隐含的结构和模式，如果人类输入给算法的数据一开始就存在某种偏见或喜好，那么算

---

〔1〕 莫宏伟：《强人工智能与弱人工智能的伦理问题思考》，载《科学与社会》2018 年第 1 期。

法会获得的输出结果也会与人类偏见相同。"机器自我学习造成的歧视"指机器在学习过程中会自我学习到数据的多维特征，即便不是人为地赋予数据集某些特征，或者程序员或科学家已经刻意避免输入一些敏感的数据，机器在自我学习的过程中，仍然有可能学习到输入数据的其他特征，从而将某些偏见引入决策过程。算法歧视已经构成伦理挑战的重要表现。

二、强人工智能的伦理挑战

在人工智能领域，强人工智能是指有自我意识、自主学习、自主决策能力的人工智能，也是人工智能发展的终极目标，但目前尚未完全实现。近年来学术界关于人工智能及其伦理问题的讨论，很大程度上源于并着眼于人工智能技术自身的特殊性，即人工智能可能在未来发展出具有自主性智能体的技术成果。因此，人工智能技术的伦理讨论不仅涉及一般性的技术伦理问题，而且涉及可能具有自主意识和行为能力的人工智能体所产生的特殊伦理问题。

强人工智能的法律论题讨论将集中在机器人是否应当具有法律主题资格，以及如何保障人格权的问题等。

三、人工智能伦理挑战的法律规制

国内外人工智能治理方面的探索值得我们关注和借鉴。例如，欧盟通过对机器人规制体现了依据人工智能伦理来设计治理体系的前沿探索。美国于 2016 年出台的战略文件就提出要理解并解决人工智能的伦理、法律和社会影响。英国政府曾在其发布的多份人工智能报告中提出应对人工智能的法律、伦理和社会影响，最为典型的是英国议会于 2018 年 4 月发出的长达 180 页的报告《英国人工智能发展的计划、能力与志向》。联合国于 2017 年 9 月发布《机器人伦理报告》，建议制定国家和国际层面的伦理准则。在未来生命研究所主持下，近 4000 名各界专家签署支持 23 条人工智能基本原则。[1]

我国也在这个方面开展了探索与实践。2017 年发布的《新一代人工智能发展规划》提出了中国的人工智能战略。《人工智能标准化白皮书》（2018 版）讨论了人工智能的安全、伦理和隐私问题，认为设定人工智能技术的伦理要求，要依托于社会和公众对人工智能伦理的深入思考和广泛共识，并遵循一些共识原则。

关于人工智能伦理问题的法律规制，学界较为普遍的构想主要有两种——一是人工智能的应用可能带来的归责问题，需要在技术开发和应用两方面建立明确的责任体系；二是将现有的道德和伦理原则嵌入人工智能程序的法律规制中。伦理标准的设定实际上为法律规制提供法理的基础。比如中国电子技术标准化研究

---

〔1〕 参见郭锐：《人工智能的伦理与治理》，载《人工智能》2019 年第 4 期。

院编写的《人工智能标准化白皮书》（2018 版）[1] 提出了两大原则以设定人工智能技术的伦理要求，它们分别是人类利益原则和责任原则。人类利益原则，即人工智能应以实现人类利益为终极目标。在此原则下，政策和法律应致力于人工智能发展的外部社会环境的构建，推动对社会个体的人工智能伦理和安全意识教育，让社会警惕人工智能技术被滥用的风险。此外，还应该警惕人工智能系统作出与伦理道德偏差的决策。责任原则，即在技术开发和应用两方面都建立明确的责任体系，以便在技术层面可以对人工智能技术开发人员或部门问责，在应用层面可以建立合理的责任和赔偿体系。在责任原则下，在技术开发方面应遵循透明度原则；在技术应用方面则应当遵循权责一致原则。据此，我们可以建立以伦理为先导的社会规范调控体系，以此作为人工智能研发、应用的法理基础。对人工智能带来的伦理、法律及社会问题进行深入调研和研究，也是人工智能立法进行的前置性步骤。

第三部分　人工智能安全问题及其应对风险的法律规制和法律界限

人工智能最大的特征是能够实现无人类干预，基于知识并能够自我修正地自动化运行。人工智能以计算机和互联网为依托，无须昂贵的基础设施就能造成安全威胁。这种安全风险表现在：①掌握相关技术的人员可以在任何时间、地点且没有昂贵基础设施的情况下做出人工智能产品。②人工智能的程序运行并非公开可追踪，其扩散途径和速度也难以精确控制。③人工智能系统启动后，人工智能系统的决策不再需要操控者进一步的指令，这种决策可能会产生人类预料不到的结果。④人工智能系统启动后，人工智能系统的决策不再需要操控者进一步的指令，这种决策可能会产生人类预料不到的结果。⑤人工智能的使用过程中的社会风险更是层出不穷。

这种风险的外在表现：

---

[1]　中国电子技术标准化研究院《人工智能标准化白皮书》（2018 版）。

表1 人工智能带来的社会风险

算法设计者/人工智能创造者在人工智能中输入的个人偏见（主观因素）	算法歧视；恶意人工智能	研发风险	社会风险
人工智能算法原理的不确定性	"算法黑箱"；人工智能运行时的非预期行为		
研发时运用大量真实数据进行AI训练	公民信息可能受到滥用/不当使用		
研发者触碰到的伦理禁区	克隆人机器人、伴侣机器人		
交通类	无人驾驶技术导致的交通事故	应用风险	
商业类	数据垄断；大数据杀熟；金融市场算法错误致使交易崩溃；人工智能（辅助）创作引发的知识产权认定问题		
医疗类	手术机器人以及智能问诊引发的医疗事故		
武器类	杀人武器的攻击错误		
生活类	智慧家居被破解导致的个人信息泄露和隐私监控		
基础产业类	智能农业、智能工厂导致的大规模失业潮		
法律主体认定	强人工智能作为类人的智慧主体，其法律定位未明	法律风险	
责任分配	人工智能引发的事故/纠纷中法律责任的承担主体充满争议、传统责任体系的运用不能		
隐私保护的群体性失效	人工智能时代对于大量数据的使用需求使得隐私侵害以群体性现象出现		
平等权	算法歧视以及人工智能采集的数据偏差带来的公民平等权受侵害问题		
专业化垄断	算法原理不透明导致专业性公司人为垄断、服务提供者—服务接收者之间的话语权失衡		

表 2　其他的人工智能风险（分类模式）

伦理风险	无人驾驶的事故抉择；杀人武器的目标确定；伴侣机器人	人工智能风险
极化风险	数据垄断；算法歧视；大数据杀熟	
异化风险	算法原理不明确导致的 AI 异化；执行偏差	
规制风险	算法黑箱；算法战争；监控社会出现	
责任风险	人工智能法律定位和责任困境	

所以在智能的时代，传统的管制技术手段已经不适应当下情形，对人工智能技术的管制必须另辟蹊径。

一、各种行业标准的确立

关于人工智能的标准化研究，许多国际和国家组织从 1956 年就开始致力于此。有 20 年研究历史的国际标准化组织和国际电工委员会第一联合技术委员会在人工智能词汇、人机交互、生物特征识别、云计算、传感网等人工智能技术支撑领域，均已开展了相关标准化工作。与我们的研究有一定关联的是 ISO/IEC JTC 1/SC 27 开展了个人隐私保护、大数据安全、物联网安全、云计算安全等标准研究。国外知名企业 Alphabet、亚马逊、Facebook、IBM 和微软的相关研究人员正在开展人工智能道德标准研究。大部分都是技术方面的标准，包括术语定义、参考架构、数据、测试评估的基础标准、平台支撑标准、关键技术标准、产品服务标准、应用标准等，但其中关于人工智能的安全、隐私、伦理标准为本课题提供专业参考。

目前我国也非常重视人工智能的标准化研究。国务院《新一代人工智能发展规划》中将人工智能标准化作为重要支撑保障。工业和信息化部在《促进新一代人工智能产业发展三年行动计划（2018—2020 年）》中特别指出要建立并完善基础共性、互联互通、安全隐私、行业应用等 AI 技术标准和评估标准。2018年国家标准化管理委员会成立了人工智能分技术委员会，颁布《人工智能标准化白皮书》（2018 版），将中国的人工智能定位为"负责任、讲伦理"的人工智能。这些无疑为人工智能的法律规制提供了一个方向。

二、中国域外国家地区为防范人工智能风险的对策

早在 2015 年 1 月，欧洲议会法律事务委员会（European Parliament's Committee on Legal Affairs，简称 JURI）就决定成立专门研究机器人和人工智能发展相关法律问题的工作小组。2016 年 5 月，JURI 发布《就机器人民事法律规则向欧盟委员会提出立法建议的报告草案》制定 "机器人宪章"。[1] 2017 年 5 月，欧洲经济与社会委员会（European Economic and Social Committee，简称 EESC）发布了一份关于 AI 的意见，指出 AI 给伦理、安全、隐私等 11 个领域带来的机遇和挑战，倡议制定 AI 伦理规范，建立 AI 监控和认证的标准系统。[2] 同年 10 月，欧洲理事会指出欧盟应具有应对人工智能新趋势的紧迫感，确保高水平的数据保护、数字权利和相关伦理标准的制定，并邀请欧盟委员会在 2018 年初提出应对人工智能新趋势的方法。[3] 为解决人工智能发展和应用引发的伦理问题，欧盟已将 AI 伦理与治理确立为未来立法工作的重点内容。

2018 年 4 月 25 日，欧盟委员会发布政策文件《欧盟人工智能》。其战略包括三大支柱：①提升技术和产业能力，促进人工智能技术广泛渗透到各行各业；②积极应对社会经济变革，让教育和培训体系跟上时代发展的步伐，密切监测劳动力市场的变化，为过渡期劳动者提供支持，培养多元化、跨学科人才；③建立适当的伦理和法律框架，阐明产品规则的适用，起草并制定人工智能伦理指南（AI Ethics Guidelines）。[4]

2019 年 1 月，欧洲议会下属的产业、研究与能源委员会发布报告，呼吁欧洲议会针对人工智能和机器人制定全方位的欧盟产业政策，其中涉及网络安全、人工智能和机器人的法律框架、伦理、治理等。[5] 2019 年 4 月，欧盟先后发布了两份重要文件——《可信 AI 伦理指南》[6] 和《算法责任与透明治理框架》（以下简称《治理框架》）[7]，系欧盟人工智能战略提出的 "建立适当的伦理和法律框架" 要求的具体落实，为后需相关规则的制定提供参考，代表欧盟推动 AI 治理的最新努力。

这些研究给出一个对算法的治理框架，以供政策和立法之用。欧洲议会未来与科学和技术小组（STOA）发布的一份关于算法透明和责任治理的系统性研究报告《治理框架》，该报告在广泛审查和分析现有算法系统治理建议的基础上，报告提出了 4 个不同层面的政策建议：①提升公众的算法素养；②公共部门建立算法问责机制；③完善监管机制和法律责任制度；④加强算法治理的国际合作。

---

[1] http://www.europarl.europa.eu/doceo/document/A-8-2017-0005_EN.html? redirect.

[2] https://www.eesc.europa.eu/en/our-work/opinions-information-reports/opinions/artificial-intelligence.

[3] https://www.consilium.europa.eu/media/21620/19-euco-final-conclusions-en.pdf.

[4] https://ec.europa.eu/digital-single-market/en/news/communication-artificial-intelligence-europe.

[5] https://www.europarl.europa.eu/doceo/document/A-8-2019-0019_EN.html#title2.

[6] https://ec.europa.eu/digital-single-market/en/news/ethics-guidelines-trustworthy-ai.

[7] http://www.europarl.europa.eu/thinktank/en/document.html? reference=EPRS_STU（2019）624262.

第四部分　人工智能带来的隐私权侵权风险的法律规制

一、人工智能领域隐私权的侵权特征

(一) 侵权的方式、成本、利益发生巨大变化

人工智能的研发和使用容易引发隐私权侵权的原因在于，人工智能的运作原理主要是基于大数据，通过算法来分析这些数据，进行运算、思考、解决问题等。早期，由于技术有限，数据获取成本高、回报低，导致大部分的个人隐私泄露的安全事件都是以"点对点"的形式发生，即以黑客为主的组织利用电脑木马等技术对个别用户进行侵害，从而在这些个别用户身上获利。随着大数据和人工智能的发展，数据挖掘的深度与广度的不断加深，人工智能技术与用户隐私保护出现的紧张关系愈加严重。不法分子获取个人隐私数据的方式更多、成本更低、利益更大，导致近年来数据安全事件频发，甚至形成了完整的产业链。

(二) 侵权的危害性更广更大

第一，个人信息的泄露导致公民正常生活不胜其扰。日常生活中不论是短信、电话还是电子邮箱，很多人会收到垃圾邮件、信息，而其中大部分的骚扰源是受害人从未留下过个人联系方式的平台，给个人的工作生活带来了极大的负面影响。第二，个人信息泄露导致个人财产和人身安全造成影响。个人信息泄露导致财产受损失是最常见的情况。随着网络支付的普及和电子银行服务的普及，个人信息泄露导致银行账户被盗等风险提高。被泄露的个人隐私信息，已经成为犯罪分子对被害者实施诈骗的有力子弹。网约车乘客遇害等事件，表面上是刑事犯罪事件，但背后却离不开个人隐私的曝光。网约车平台在保护个人隐私信息方面的不足，使部分用户成了犯罪分子的目标。第三，隐私保护不利导致企业信任度的降低。隐私保护的不足不仅让消费者产生对企业的不信任，普通投资者也以实际行动对企业表达了不信任。第四，隐私保护推高企业数据存储及维护成本，人工智能技术的应用可能导致通过公开合法的手段所收集的非敏感信息的综合使用推测出敏感个人信息。利用研究对象的数字痕迹（例如社交网络上的点赞信息）来识别个人偏好和特征的技术，已经在很多领域应用。各种匿名化的技术增加了个人信息保护的难度，企业需要增加支出以应对匿名化的信息被重新识别的风险。

(三) 人工智能领域下的隐私权的内容和客体都发生变化

传统的隐私权主要强调空间隐私权，即自然人享有的个人生活私密领域（隐私空间）不受他人侵入、窥视、骚扰的权利，当然现代也发展出了空间隐私权，包括虚拟空间，如移动通讯、日记、通信、电子聊天室、电子邮箱等。随着时代

的发展，渐渐出现了自决隐私权和信息隐私权。自决隐私权指的是个人不受外界干扰，可自主决定其隐私生活的权利，被遗忘权是自觉隐私权的重要内容。信息隐私权最初指公民享有个人信息不被公开的权利，后来扩展到强调个人对信息的控制和利用，经历了从消极防御权到积极利用权的转变过程。

隐私权的客体是个人隐私，个人隐私包括三种，分别为私人信息（如个人的身高、病史、婚恋情况到亲属关系、财产状况等）、私人活动（如日常生活、社会交往、夫妻生活、婚外恋情等）、私人领域（物理空间如居室、行李，虚拟空间如电子邮箱等）。但是随着人工智能的发展，大数据算法也日趋成熟，我们每个人的许多信息都以数据的形式暴露在网络中，因此很多学者提出现代隐私权的客体应当扩展到可以识别个人身份的个人数据，以及在大数据算法下经过收集、分析后形成的可以识别特定个人的数据。美国已经有了这方面的判例。

（四）人工智能大数据下的隐私权保护困难[1]

这些困难有以下原因构成：①算法不是完美的，无法杜绝失控的可能性；②超强的数据收集能力增加了隐私侵犯的可能性；③数据收集、分析的过程是不透明的；④数据收集、分析的过程是自动的；⑤数据收集、分析的结果是无法预知的；⑥存储功能具有可索性和永续性，使得信息永久存在，会加重损害结果等。

二、人工智能时代典型的隐私侵权类型

（一）从人工智能对个人信息的收集和利用的阶段划分

1. 个人信息的不合理收集

主要包括：①过度收集个人信息，例如许多网站和 APP 在用户使用之初会要求注册，注册时需要按填写详细的个人信息，包括但不限于个人姓名、身份证号、电话、家庭住址、邮箱等信息，典型者如求职网站和购物网站；②非法收集个人信息，主要指的是现代大数据通过先进的信息技术，对人们的网络数据、上网记录等非法追踪，或者利用黑客技术侵入个人的计算机网络或者其他信息系统，非法收集个人信息；③网络空间的不合理侵入。

---

[1] 参考郑志峰：《人工智能时代的隐私保护》，载《法律科学（西北政法大学学报）》2019 年第 2 期。徐明：《大数据时代的隐私危机及其侵权法应对》，载《中国法学》2017 年第 1 期。李坤海、徐来：《人工智能对侵权责任构成要件的挑战及应对》，载《重庆社会科学》2019 年第 2 期。顾理平：《大数据时代隐私信息安全的四重困境》，载《社会科学辑刊》2019 年第 1 期。米睿：《数据获取及运算冲击隐私权的法控研究》，载《东南大学学报（哲学社会科学版）》2018 年第 S2 期。戴恩·罗兰德、伊丽莎白·麦克唐纳：《信息技术法》（第 2 版），宋连斌等译，武汉大学出版社 2004 年版，第 301 页。

2. 个人隐私的不合理利用

主要包括：①不当泄露，这种情形主要是未经信息主体的授权，故意或者过失将其已经收集到的个人信息泄露给第三方，这种泄露不考虑信息收集主体是否故意，也不考虑其在泄露过程中是否收取费用；②非法交易，指通过非法交易有价值的个人信息谋取利益，这里面可能会涉及刑事犯罪的问题。

（二）以侵权主体不同可以分为非公主体和公主体隐私权侵权

1. 非公权力主体侵权

非公主体的侵权主要有以下表现形式：第一，平台主体数据获取侵权。在获取用户个人信息的过程中，数据平台主体常常设置"知情同意"的规则获得用户个人信息的使用授权，我国《中华人民共和国电子商务法》（以下简称《电子商务法》）和其他个人信息保护法律法规也强调个体对个人信息的控制表现为以"知情同意"原则为授权标准。但"知情同意"规则常常失控导致公司或平台将之作为侵权的保护伞。"知情同意"规则曾是避免个人信息被非法采集和利用的有效措施。所谓"知情同意"规则，即被采集人在信息采集前有权知悉其所被采集的个人信息的内容及用途，采集个人信息需在征得被采集人同意后进行。随着大数据环境下数据分析与知识发现技术的发展，这一规则因授权范围和授权成本的不可控而逐渐失效。[1] 也有学者提出，在研究欧盟《一般数据保护条例》（General Data Protection Regulation，简称 GDPR）时，也要合理解释"知情同意"规则，使之真正发挥应有的作用。

第二，公司商场等场所视频监控侵权。在一些公共场所安装视频监控摄像头而获得的个人物理空间上的隐私，再将其转化为数据保存或上传，导致侵犯隐私权的行为也时有发生。有学者认为，"通过安装闭路电视对特定公众场所，若主要是为了安全目的，或是为了国国家安定或社会稳定或为了企业安全、防火防盗预防犯罪，有关部门……具有道德上、政策上、商业惯例上的合理性，法律应当予以许可"。[2] 因此若从这个角度来讲，关于合理使用的视频信息隐私侵犯主要需要规制的隐私信息的使用阶段而非获取阶段。

第三，为了进行人工智能营销实施的侵权。人工智能营销的重要表现形式是定向广告投放。定向广告投放不是完全有害的，定向广告投放可以减少降低投放成本，更好预测消费者反应，提升回应比率。对于消费者来说，精准营销和个性化推荐的互联网定向广告有理由满足用户的需求痛点，提高选择效率，进而激发消费行为。同时，为了增加广告收益、提升广告点击率，网站也会致力于改善服

---

〔1〕 王达、伍旭川：《欧盟〈一般数据保护条例〉的主要内容及对我国的启示》，载《金融与经济》2018年第4期。

〔2〕 金晶：《欧盟〈一般数据保护条例〉：演进、要点与疑义》，载《欧洲研究》2018年第4期。

务质量，以此有利于消费者体验。但是广告商在获取个人信息和使用个人信息的过程中难以划分信息自由和隐私的界限，导致侵权，比如朱烨诉百度隐私权纠纷案。[1] 案件争议焦点在于"网络活动痕迹是否属于个人隐私""本案是否存在侵权对象"等。有学者认为个人信息可以分为个人一般信息和个人敏感信息，对于平台对个人信息的获取应以全面告知为原则。对于敏感信息应予以最高级别的保护。与个人身份直接对应的个人信息，如姓名、身份证号、住址、手机号、财产收入等可予以较高级别的保护。购物信息，浏览记录、社交网络信息次之。忠诚度、兴趣爱好再次之。[2]

2. 公权力主体隐私权侵权

使用大数据的电子政务已经构成政府治理的重要手段。正如前文提及的电子政务主要目的是通过网络提高政府行政效率，促进政府信息和决策透明化，降低行政成本。其中，搭建政府信息共享平台，整合政府信息，建立信息共享机制，实现政府信息跨机构流动，是电子政务最重要的内容之一。然而政府虽然是最大的信息采集者，政府信息中占相当大比例的信息却是关于私人的（包括自然人和法人），政府仅是这些信息的收集、使用和管理者。政府在共享信息过程中也就不可避免地会涉及个人隐私权保护问题。

公主体参与人工智能数据共享的原因在于：人工智能时代数据共享与个人隐私保护之间的冲突，实质上是公共利益与私人利益之间无法清晰划界的问题。人工智能时代的数据共享无论是在目的上还是在功能上都具有显著的公益属性。首先，就目的而言，人工智能时代数据共享使得闲置的数据资源被有效利用，实现数据在政府、企业、科研机构、公众之间的自由流转与共同分享，对公主体而言，有利于其对于社会秩序的管理，有利于促进社会的发展与进步。其次，就功能而言，人工智能时代的数据蕴含着巨大的经济价值和社会价值，其自由流通与共享有助于加快政府职能转变、提升政府治理能力，使得政府能够更加精确地掌握医疗、交通、卫生等方面的情况，提升公共服务质量。最后，同时，数据共享能够为人工智能产业发展和制造业优化升级提供充足的"原料"，使用户享受更

---

[1] 2013 年 5 月，朱烨向南京市鼓楼区人民法院提起民事诉讼，起诉百度公司利用 Cookie 技术侵害其隐私权。一审法院查明：朱烨在家中和单位中使用百度搜索引擎"减肥""人工流产"等关键词之后，会在"百度网盟"的合作网站上显示与关键词相关的定向广告。另查明，百度首页虽然设置有《使用百度前必读》的链接，其中附有《百度隐私保护声明》，但是该链接位于百度首页的最下方，字号小且字体颜色为灰色。二审法院审理查明，一审法院查明的事实属实，予以确认。朱烨认为，百度公司未经其本人知情与同意，擅自利用技术追踪其网络行为，并在其不知情不愿意的情况下进行商业开发利用，将她的兴趣爱好、工作生活特点等暴露于"百度网盟"的合作网站上，是对其隐私权的侵犯，造成其精神紧张与恐惧，影响正常的工作与生活。

[2] 胡超南：《论欧盟〈一般数据保护条例〉及对我国的启示》，载《法制博览》2019 年第 15 期。

快速、精准的服务，节省自己的时间和精力成本，促进社会资源的最优配置，实现数据资源整体社会效用的最大化。

公主体涉嫌个人信息侵犯主要发生在对数据的整合、收集、储备、处理等过程中，主要内容包括：第一，收集。公主体在收集公民的信息过程中可能会出现侵犯隐私权的情形；对个人隐私不合理的收集：收集信息行为没有严格按照相关程序进行；收集信息内容不符合法律规定。第二，管理。公主体对公民信息管理不当，造成信息泄露。第三，公开。公主体在依法公开个人信息时，出现的侵犯隐私权的情形：公开不符合法定程序；公开信息不符合法律规定。[1]

三、对人工智能大数据使用、存贮、共享、处理中侵犯隐私权的法律规制

（一）域外国家和地区的立法和政策对策

1. 美国

（1）2017 年阿西洛马人工智能原则。

（2）美国侵权责任法重述（第二版）。

（3）联邦电子法规（Electronic Code of Federal Regulations）。

（4）美国法典（U. S. Code）。

（5）网络世界中的消费者数据隐私（Consumer Data Privacy in a Networked World）。

总体上，美国信息隐私保护的基本原则可以归纳为：在人工智能侵权方面，依然遵循一般法律原则和普通法原则，同时在司法实践中确立一些独特的原则，如目的明确原则；公开原则；资料品质原则；限制利用原则；安全保护原则。

2. 欧盟

一般数据保护法案。法案中首次明确定义了被遗忘权、删除权以及可携带权，对个人具有重大影响的数据设置了数据保护影响评估条款及数据授权的具体规定，提议在企业中设置数据保护专员以专业保护数据，并再一次重申了收集程序中的告知义务。[2]

3. 世界组织

（1）APEC 隐私保护纲领架构（APEC Privacy Framework）。

（2）OECD 隐私保护纲领架构（OECD Privacy Framework）。

（3）公平信息处理条例（Fair Information Practices）。

规定信息处理的诸原则，如限制收集原则，数据质量原则，目的明确原则，

---

〔1〕 李立丰：《本土化语境下的"被遗忘权"：个人信息权的程序性建构》，载《武汉大学学报（哲学社会科学版）》2019 年第 3 期。

〔2〕 王达、伍旭川：《欧盟〈一般数据保护条例〉的主要内容及对我国的启示》，载《金融与经济》2018 年第 4 期。

使用限制原则，公开原则，责任原则，个人参与原则等。

（二）我国法律针对大数据下的信息处理触及隐私权侵权问题的法律保护

1. 立法

2001 年中国互联网协会发布了《中国互联网行业自律公约》，是中国最早在具有约束性的文件中提及互联网领域的隐私保护和信息保护，但这仅仅是行业的自律规则，而非具有强制执行力的法律，且涉及领域仅限于普遍的互联网领域，而非特定的人工智能领域。

2009 年，全国人大常委会发布《关于维护互联网安全的决定》（2009 修正）。2012 年年底，全国人大常委会发布《关于加强网络信息保护的决定》。在此规范性文件中，全国人大常委会对新出现的具体问题进行了初步的规定。2013 年 2 月，国家质量监督检验检疫总局（已撤销）、国家标准化管理委员会发布了《信息安全技术公共及商用服务信息系统个人信息保护指南》。2013 年 9 月，工业和信息化部实施了《电信和互联网用户个人信息保护规定》。该规定在总则中重提"合法、正当、必要的原则"，并在系统化收集程序要求的基础上，进一步规定了电信管理机构的监管职能以及对电信管理机构和互联网信息服务提供者的责任。2017 年，《中华人民共和国网络安全法》生效。2019 年，《电子商务法》生效，第 23 条、第 24 条规定了电子商务从事者的遵循收集程序、提前征求同意、遵循客户要求等义务及相关责任。同年 6 月，国家市场监督管理总局、国家标准化管理委员会发布的《信息安全技术个人信息安全规范（征求意见稿）》中系统的梳理了个人信息的收集、保存、使用、委托处理、共享、转让、公开披露及个人信息安全事件监督管理部门组织要求和处置要求。

综上所述，可以看出从 2001 年至今近 20 年的时间，中国有关互联网（包括人工智能）中个人信息保护的立法不断进步，逐步细化。但从规范性文件的内容中可以发现，立法将隐私与信息保护等同于一件事情，甚至，隐私的比重更小一些，更多的是对信息保护的规定。同时，对侵犯个人信息的惩罚措施也局限于罚款、没收违法所得等行政处罚类型，无其他的救济方式。

2. 对公主体收集、使用、储存、共享大数据时的对个人信息自决权和隐私权的侵犯的法律规制

对公权在数据使用、存贮、共享、处理过程中的涉及隐私权以及个人信息保护的话题，首先重要的是将信息自决权和隐私权放在怎样的宪法权利框架内保

护。德国人口普查第一案[1]中，德国联邦宪法法院将信息自决权发展为一项享受独立保障的权利，数据保护由此获得了宪法意义上的基础。其次，同样重要的是被采集数据者本人是否构成可归责于他的采集数据的理由，或者该数据采集无任何理由，也就是说实际上可能涉及每一个人。无理由的干预后果更为严重，因为这种干预能够产生一般性的恐吓效果。再次，秘密进行的数据采集也会导致对自由影响程度的加大。最后，获取数据可能造成的或必须引起高度担忧的其他弊端也会影响到干预的强度。因此确定核心区域的保护就非常重要。比如，核心领域思想是伴随着特殊的自由权利发展起来的，特别是对住宅进行监听以及住宅不可侵犯这一基本权利（《德国基本法》第 13 条）。

如此，在界定基于公共利益收集和处分公民信息的时候，对个人敏感信息的识别和处理问题就提到日程。

总之，人工智能的近期发展是建立在大量数据的信息技术应用之上，不可避免地涉及个人信息的合理使用问题，因此对于隐私应该有明确且可操作的定义。随之而来的是，政府部门和政府工作人员个人不恰当使用个人数据信息的风险和潜在的危害应当得到足够的重视。在此，遵循个人敏感信息处理的审慎性原则和隐私保护的充分性原则具有特别意义。

总　结

本研究所涉及的伦理、安全和隐私问题是人工智能发展面临的挑战，也是法律界面临的挑战。人工智能的伦理风险诸如算法歧视、算法霸权，人工智能研发和使用过程中触及的安全问题，诸如数据垄断、大数据杀熟、金融市场算法错误致使交易崩溃、杀人武器的攻击错误、无人驾驶技术导致的交通事故、算法原理不透明导致专业性公司人为垄断、服务提供者—服务接收者之间的话语权失衡、人工智能（辅助）创作引发的知识产权认定问题，以及人工智能时代对于大量数据的使用需求使得隐私侵害以群体性现象出现……这一切挑起了一场法律革命和法律演进。说它挑起的法律革命是伴随着强人工智能的逼近未来已来的，而当下人工智能引发的法律问题包括算法自由和规制、数据主权带来的财产权的保护问题、人格权保护问题、侵权责任问题、知识产权问题、机器人的主体资格问题、隐私权名誉权的保护问题，都给这个时代以及社会管理能力带来挑战。人工

---

[1]　1982 年 3 月，德国联邦法律公报发布有关人口、职业、住宅、工作场所调查的法律，授权政府对公民的人口、职业、住宅、工作场所等事项进行全国性的人口信息大调查。人口普查法不仅要求公民提供基本的个人信息，而且还要填写比较详细的表格，包括 160 个问题，涉及的收集项目集中于该法的第 2 条至第 4 条，大项目上看包括人口、职业、住宅与工作场所 3 大项，每个大项包括很多的小项目，具体达到十五个方面的详细调查。该立法当时未引起太多争议，但在其生效近 1 年后，因为德国公民的极大不安而引发了社会运动。不少公民以该法违反《德国基本法》第 1 条第 1 款与第 2 条第 1 款为理由，依诉讼程序向德国联邦宪法法院提起宪法申诉。

智能领域的法律问题的种类繁多，仅人工智能的行业应用范围就包括智能制造、智能交通、智能金融、智能安防、智能医疗、智能物流等，每个领域产生的法律问题不一样，法律性质也不一样，法律监管和规制的方法也不一样。研究涉及的学科囊括法理学、宪法学、行政法学、民商经济法学、刑法学等领域，也给理论研究带来困难。但是具有前瞻性的研究和立法都是亟待进行的。

本研究报告虽然试图在对人工智能领域的深度观察下，极力在宏观处建构一个人工智能法律治理框架，在微观处思考和处理些许 AI 世界里的具体的问题，但因为时间和能力有限，呈现的作品不尽人意。

附　录

青年课题核心成果

监察体制改革背景下的职务犯罪检察工作研究

贾晓文[*]

  国家监察体制改革是"宪制变迁"[1]，它既要推动全面从严治党向前发展，又要加强对公权力的监督。2018 年修改后的宪法以最高法律权威的形式确立了监察权力体系的合法性，为我国监察制度有序建构与合法运行奠定了基础。[2]虽然在试点工作开展之初，有部分学者对全国人民代表大会常务委员会（以下简称"全国人大常委会"）作出的《关于在北京市、山西省、浙江省开展国家监察体制改革试点工作的决定》（以下简称《监察体制试点工作决定》）是否合宪提出过一定质疑，认为在宪法层面上无法突破这一障碍，笔者认为，在《中华人民共和国宪法》（以下简称《宪法》）尚未修改之前，《监察体制试点工作决定》的规范基础实际上是已经存在的，试点工作的开展也始终体现了习总书记多年前强调的重要改革精神，即"凡属重大改革都要于法有据。在整个改革过程中，都要高度重视运用法治思维和法治方式，发挥法治的引领和推动作用，加强对相关立法工作的协调，确保在法治轨道上推进改革"。[3]

一、监察体制改革的规范基础

  而实际上，在上述争论形成之前，我国已经开始着手全面依法治国和全面深化改革的准备工作。从 2014 年 2 月 28 日，习总书记在中央全面深化改革领导小组第二次会议的讲话精神开始，全国人大常委会已经着手并尝试了多项重要改革实践，目的在于确保后续各项关乎国家发展的重大改革都能够"于法有据"。更重要的时间节点出现在 2014 年 10 月 23 日，中国共产党第十八届中央委员会第四次全体会议通过了《中共中央关于全面推进依法治国若干重大问题的决定》

---

  * 课题主持人：贾晓文，北京市朝阳区人民检察院四级高级检察官。立项编号：BLS（2018）C001。结项等级：合格。

[1] 秦前红、叶海波等：《国家监察制度改革研究》，法律出版社 2018 年版，第 16 页。

[2] 魏琼：《我国监察机关的法理解读》，载《山东社会科学》2018 年第 7 期。

[3] 参见《习近平主持召开中央全面深化改革领导小组第二次会议，强调把抓落实作为推进改革工作的重点，真抓实干踏疾步稳务求实效》，载《人民日报》2014 年 3 月 1 日，第 1 版。

（以下简称《全面依法治国决定》），党中央明确提出："实现立法和改革决策相衔接，做到重大改革于法有据、立法主动适应改革和经济社会发展需要。实践证明行之有效的，要及时上升为法律。实践条件还不成熟、需要先行先试的，要按照法定程序作出授权。对不适应改革要求的法律法规，要及时修改和废止。"可以说，这一内容已经明确了上述争议的答案，即改革与法治之间，既要做到改革于法有据，又要确保立法主动适应改革，必要时先行先试也应当依法授权。梳理2014年之后的重要文件都可以发现，党中央"重大改革于法有据"的精神和原则已逐步形成。

首先，从《全面依法治国决定》发布之后，重要的立法依据，即《中华人民共和国立法法》（以下简称2015年《立法法》）便进行了相应的调整。从实践上看，在2015年《立法法》实施之后，全国人大常委会也已经开展了一定的授权，落实2015年《立法法》的规定。

值得注意的是，在2015年《立法法》修改之前，全国人大常委会实际上也有授权实践存在，典型的实践例如全国人大常委会《关于授权最高人民法院、最高人民检察院在部分地区开展刑事案件速裁程序试点工作的决定》（2014年6月27日第十二届全国人大常委会第九次会议通过）。基于此，试点工作的规范基础已经十分清晰了。由此开展的监察体制改革试点的工作也随之开展。

二、职务犯罪检察工作的概念及内涵

2016年12月25日，全国人大常委会作出《监察体制试点工作决定》，要求三省市按照行政区划设立三级监察委员会，行使国家监察权。2017年11月4日，十二届全国人大常委会第三十次会议通过《关于在全国各地推开国家监察体制改革试点工作的决定》，并于次日起施行，标志着国家监察体制改革在全国全面推开。2018年3月20日，《中华人民共和国监察法》（以下简称《监察法》）由第十三届全国人民代表大会第一次会议正式过并施行。自此，检察机关承载了20余年的职务犯罪侦查及预防职能的历史自此正式终结。

2018年10月26日第十三届全国人大常委会第六次会议通过了《关于修改〈中华人民共和国刑事诉讼法〉的决定》。尤其在我国全面深化改革、全面推进依法治国的背景下，这次修改《中华人民共和国刑事诉讼法》（以下简称《刑事诉讼法》）对于完善中国特色社会主义法治体系、构建并推进诉讼制度改革有着重要的意义。

首先，如何认识《监察法》与2018年《刑事诉讼法》之间的效力大小，即效力位阶的问题，从决定机关来看，二者同属于基本法律，理论上不应当存在上下位阶的关系。《刑事诉讼法》作为刑事诉讼程序的最大保障与最全面依据，如果对于所有涉入刑事诉讼程序中的行为都不能形成全面覆盖的约束力，又将如何约束刑事诉讼中的所有参与方的行为，如何实现全面依法治国的重要精神呢？因此，刑事诉讼程序的构建，离不开《刑事诉讼法》的保障。所有涉及这一领域的法律行为，都应当受到相应的约束。尽管《监察法》与 2018 年《刑事诉讼法》的位阶相同，但从刑事诉讼程序的目标上出发，应当认为，《监察法》中的行为需要受到 2018 年《刑事诉讼法》的约束。这样的理解不代表监察机关的法律地位的降低，而是突出了刑事诉讼的程序价值，是保障监察机关调查合法有效的重要前提。如卞建林教授也提出相应观点，他指出，二者"皆属于基本法律，并不存在从属关系"，且"刻意弱化《刑事诉讼法》的地位有碍改革目标之实现"。[1] 留置与先行拘留以及此后的强制措施的对接上，目前实践中仍然存在一定质疑。事实上，在职务犯罪领域，《监察法》和 2018 年《刑事诉讼法》的对接是各个环节程序的合法启动和有序衔接。监察机关调查后，认定存在犯罪事实并移送审查起诉，在这一完整的过程中，检察机关在提前介入调查（或审查引导调查）、案件立案审查、强制措施审查、案件审查起诉、不起诉等多个环节之中，都积极发挥着刑事诉讼的价值。笔者认为，仅仅从职能和对象的不同来区分两种法律的衔接是否合适并不全面，更应当注重司法实践中的案件程序的流转。

综上，《监察法》和 2018 年《刑事诉讼法》之间实际上是有序衔接的，尤其在相关法律出台实施后上述部分争议也已经基本消除。从这一理论到实践的发展过程我们可以发现，检察机关在这一过程中有着重要的衔接与双重主体作用。下面笔者以北京市检察机关为例作进一步阐述。

作为首批监察体制改革试点省市之一，北京市三级检察机关于 2017 年 3 月统一设立职务犯罪检察部，负责与监察委员会的工作衔接，办理监察委员会调查移送的职务犯罪案件，是检察机关承担反腐败任务的职能部门。自监察体制改革试点工作开展以来，北京市纪委、监察委、政法委联合印发了相关规定，北京市检察院先后制定或拟定了系列指导性文件，监察法正式实施后，北京市检察机关在监检衔接的工作中有了更加明确的指引和更为创新的尝试。笔者将以北京市检察机关以及其部分基层院的职务犯罪检察工作为研究切入点，就改革后全市检察机关在反腐肃贪新格局下的职能变化、具体工作模式及实践中总结的经验、问题进行研究。

三、反腐肃贪新格局下检察机关的重新定位与职能调整

我们也必须正视检察机关在反腐肃贪新格局下的职能转变和重新定位。

检察机关作为党领导下的司法机关，在党和国家反腐败总体格局中，承担着司法监督的法定职责；在惩治腐败犯罪的法治环节中，处于确认、巩固和拓展监

---

〔1〕 卞建林：《配合与制约：监察调查与刑事诉讼的衔接》，载《法商研究》2019 年第 1 期。

察办案成果、追诉提起审判、实现罪刑法定的重要地位。[1] 笔者认为，结合试点以来的经验看，职务犯罪检察工作的重点可以体现在履行"审查、追诉"职能上，检察机关积极发挥检察职能，真抓实干，干出成效。在将近两年的与监察委员会对接办案过程中，笔者结合北京市具体的改革实践，总结检察机关在监察体制改革试点背景下，在查处职务犯罪案件过程中具有审查受案、公诉、制约制衡、诉讼监督四项职能。其中检察机关在办理由监察委员会调查的涉嫌职务犯罪的案件，相较于审理普通刑事案件过程中，履行公诉职能和诉讼监督职能的差别性并不显著，但是对于此类案件如何完成调查阶段与刑事诉讼阶段的衔接，及检察机关与监察机关之间在案件处于刑事诉讼中的关系则是检察机关在具体办案中必须要面临的实际问题。

在解决这些问题的同时，我们不可忽视的要关注到监察机关的职能定位。监察机关的职能定位，主要是构建监察委员会的组织结构，厘清监察委员会的职权。[2]

因此，监察机关与检察机关的衔接，实质是监察权与检察权的一种衔接。基于这两种权力的配合制约，在近两年的职务犯罪检察工作实践中，北京市检察机关实验性地履行"审查受案职能"；而"制约制衡职能"则是基于监察委员会"政治机关"属性，从诉讼监督职能中衍生出来的一项新职能，其履行贯穿于职务犯罪案件刑事诉讼全程。下面笔者仅针对监察体制改革新增的两项职能予以阐述。在检察机关的新增职能的背后，实际上仍然是检察监督职能的有效发挥，故笔者对监督职能也将结合检察机关新定位进行阐述。

（一）审查受案职能

监察法正式实施后，监察委员会作为党领导下的反腐败工作机构，将检察机关的职务犯罪侦查和职务犯罪预防职能予以整合，由其承担起查办职务犯罪的职能。但由于其性质是监察机关，不是司法机关，这也就意味着职务犯罪侦查的主体不复存在，相较于其他普通刑事犯罪案件，职务犯罪案件进入刑事诉讼程序的起点将从原人民检察院反贪局、反渎局等侦查部门的立案，后移至检察机关的受案。

《监察法》第45条第1款第4项规定，对涉嫌职务犯罪的，监察机关经调查认为犯罪事实清楚，证据确实、充分的，制作起诉意见书，连同案卷材料、证据一并移送人民检察院依法审查、提起公诉。然而监察委员会向检察机关移送案件是否就意味着该案件直接进入刑事诉讼阶段，"被调查人"转变为"犯罪嫌

---

[1] 吴建雄：《国家监察体制改革背景下职务犯罪检察职能定位与机构设置》，载《国家行政学院学报》2018年第1期。

[2] 魏琼：《我国监察机关的法理解读》，载《山东社会科学》2018年第7期。

人"呢？结合北京市检察机关应对改革的办案实践，这个答案是否定的。因为"监察委员会既非侦查机关、也非司法机关，其无法自行启动刑事诉讼程序，而'制作起诉意见书，连同被调查人、案卷材料、证据'一并移送检察机关所起到的作用也仅为'移送'，产生的效果也仅为检察机关'接收'了相关被调查人与材料，若无法律明确规定，并不产生任何法律意义的效果。"〔1〕

因此，区别于刑事诉讼法规定的侦查机关向检察机关移送起诉刑事案件的诉讼程序，检察机关需要依照职权对监察委员会移送的依监察程序调查的案件，就案件事实是否涉嫌侵犯刑法所保护的法益，被调查人是否需要被追究刑事责任进行实质审查。只有通过审查受案阶段才标志着刑事诉讼的正式启动，从而将"监察案件"转化为"刑事案件"。

这项职能的新增是在北京市作为监察体制改革试点工作中，北京市检察机关在探索如何将监察委员会调查终结的案件与刑事诉讼相衔接所创设的一项职能。在监察法实施后，这项工作机制也逐步完善。

（二）制约制衡职能

1. 制约制衡职能的法律依据

《宪法》第 134 条规定，"中华人民共和国人民检察院是国家的法律监督机关"。履行法律监督职责是宪法赋予检察机关的法定职责。在司法实践中，检察机关在履行职务过程中对发现的违法行为行使监督权，其履行常态包括刑事诉讼监督、公益诉讼监督、非诉监督等方面；当然，在监察体制改革之前，还具有对国家工作人员廉洁性及正当履职性的监督职能。

不可否认，监察委员会对职务犯罪侦查职能的整合，对检察机关履行监督职责产生了非常重大的影响，但并未动摇检察机关作为国家法律监督机关的宪法地位。然而检察机关确需在具体履行监督职能的操作层面进行调整，尤其有必要将对监察委员会履行对涉嫌职务犯罪调查职能的制约制衡进行探索。

2. 制约制衡职能设置的必要性

一是政治要求。2016 年 1 月 12 日，习近平总书记在十八届中央纪委二次全会上指出："要加强对权力运行的制约和监督，把权力关进制度的笼子里，形成不敢腐的惩戒机制、不能腐的防范机制、不易腐的保障机制"。"把权力关进制度的笼子里"这一重要论述，为构建科学有效的权力运行体系、规范权力运行、有效防止腐败，为全面提高党的建设科学化水平、推动廉洁政治建设指明方向。权力运行体系当然包括检察权，亦包括监察权。

二是程序正义要求。《监察法》第 33 条第 1 款规定："监察机关依照本法规

---

〔1〕 陈卫东：《职务犯罪监察调查程序若干问题研究》，载《政治与法律》2018 年第 1 期。

定收集的物证、书证、证人证言、被调查人供述和辩解、视听资料、电子数据等证据材料，在刑事诉讼中可以作为证据使用。"且在业已运行近两年的办案实践中，监察委员会在调查过程中调取的言词证据、书证等证据材料均作为检察机关提起公诉和法院做出判决的直接依据。因此，检察机关在审查案件过程中依据刑事诉讼法的规定，对监察委员会调取证据的合法性具有当然审查力，如遇瑕疵证据或非法证据有要求监察机关补正或直接排除的权力，并针对具体涉嫌违法的调查行为予以纠正。

三是阶段要求。检察机关针对监察委员会调查职务犯罪的不当行为所进行的工作，其具体方式及行为目的与刑事诉讼监督并无实质不同，但鉴于监察委员会其性质上不属于"司法机关"，针对职务犯罪案件进行的调查活动亦不属于"侦查活动"，及其"监察机关"的定位，故将检察机关的此项工作再用"诉讼监督"职能予以表述缺乏准确性，以"制约制衡"职能表述更为贴切。

四是《宪法》地位要求。《监察法》第7条明确规定，中华人民共和国国家监察委员会是最高监察机关。由此可见，监察机关在《宪法》中的定位是十分清晰的。监察委员会的产生主体及程序、人员任命的相关规定，监察机关、人民法院、人民检察院均由同级人民代表大会选举产生、受人民代表大会监督，对其负责。故检察机关在履行对职务犯罪的审查、追诉职能的同时，对于同由人民代表大会产生的法院具有监督权的情况下，应当具有履行对监察机关调查人员职务行为的制约制衡权。

可以说，修改后的《宪法》和新制定的《监察法》明确了检察机关与监察委员会的互相制约关系。因此，检察机关要落实好张军检察长关于"制约不仅是工作层面的问题，也是法定责任，同样必须做实，该退查的就退查，该不起诉的就依法不起诉，否则就是失职"的讲话精神，要立足审查和追诉的司法职能，发挥好制约作用，要严格适用非法证据排除规则，确保调查程序的合法性。对需要补充完善相关证据的，检察机关可以依法退回补充调查或开展自行补充侦查；对发现遗漏犯罪事实或者犯罪嫌疑人的，应当依法建议监察机关追查追诉；同时，在退回补充调查、对案件事实认定和法律适用的重大变化、不起诉等方面也要与监察机关建立完善互相制约的工作制度。

（三）基础检察职能的发挥

除了上述新增职能之外，以"监督、审查、追诉"三项职责为基础的检察职能体系，对检察机关在监察体制改革之后的职能发挥提供了重要的思路。

一是要依法履行审查职能，突出审查的基础性作用。履行好审查职能是检察机关发挥审前主导作用的核心抓手。检察机关在新的反腐败格局中，在提前介入调查、依法审查立案、作出审查案件决定、强制措施审查、审查起诉、不起诉复议等多个环节均要发挥好审查职能。除了不起诉复议之外，对前面几个基础环节的审查，需要根据审查的内容、功能等适当侧重发挥。

二是要依法履行追诉职能，保障追诉质效。在审查基础上，要科学把握提起公诉的相关规范，运用好起诉裁量权，把好追诉关，对犯罪事实已经查清，证据确实充分，依法应当追究刑事责任的，依法提起公诉，对符合不起诉条件的，根据具体情形作出不起诉等决定。对依法提起公诉的案件，要发挥好指控和证明犯罪的主体作用，确保提起公诉的案件经得起事实、法律和历史的检验。

三是要依法履行监督职能，发挥法律监督机关的职能作用。检察监督可以说是我国检察制度的鲜明特色，也是检察机关宪法定位的主要支撑。可以说，对于监察体制改革过程中的监督，需要检察机关积极主动作为、探索创新、分工协作。当前北京市检察机关提出了检察监督"五化"建设，积极推进检察监督工作制度化、检察监督工作规范化、检察监督工作程序化、检察监督工作体系化、检察监督工作信息化。这虽然是对检察工作的全面监督思路，但笔者认为，在反腐肃贪新格局下，这样的工作思路同样适用于检察机关监督职能的有效发挥上。

四、职务犯罪检察工作职能发挥

（一）审查引导调查机制

1. 审查引导调查的主要依据及阶段

在司法体制改革的大背景下，诉侦关系与诉审关系逐步建立，检察机关对于职务犯罪案件的审查也开启了新模式。检察机关对于案件的审查是刑事诉讼中"承上启下"的重要环节：关系到前期引导侦查工作的有效开展，和后期提起公诉后的准确裁量。因此，对职务犯罪案件的审查，从事实，到定性，再到量刑，既需要检察机关整体把握，又需要逐步细化，准确审查每个细节。2018 年 7 月，北京检察机关开始试行捕诉合一工作机制，敬大力检察长在多个场合强调要整合审查逮捕、审查起诉两个职能，加强捕诉实质化审查，强化审查引导侦查、引导传导压力。因此，笔者认为，传统的提前介入的说法实际上不足以涵盖职务犯罪工作的审查全貌，而审查引导调查的含义则更能体现职务犯罪审查工作的实质，笔者也在本文中以审查引导调查论证该机制的合理性与必要性。

监察体制改革试点工作开展以来，党对打击贪腐犯罪的质效合一提出严格要求，从而客观上压缩了检察机关的办案时限，突显审查引导工作的必要。

根据现行的《刑事诉讼法》《人民检察院刑事诉讼规则（试行）》《关于在查办党员和国家工作人员涉嫌违纪违法犯罪案件中加强协作配合的意见》等有关规定，监察委员会案件审理部门可以在案件审理阶段适时商请检察机关公诉部门派员引导调查工作。监察委员会认为需要检察机关审查引导调查的，一般由监察委员会案件审理部门商请检察机关职务犯罪检察部门，对确有必要先期审查材料的案件，监察委员会将包括案件事实和现有证据的卷宗材料、书面调查报告等一并送达检察机关职务犯罪检察部门。对于符合审查引导条件的案件，由职务犯罪检察部门负责人指定检察官审查引导，重大、疑难、复杂案件，由主管检察长指定。

职务犯罪检察部门审查引导调查的，一般应在案件审理阶段进行，根据办案需要，经双方协商并经主管检察长批准，也可以在监察委员会审理前的调查阶段介入。因此，为做好试点工作，也有检察机关将审查引导阶段作了适当延伸，效果较好。

对于具体的介入阶段，主要有以下几种。一是案前会商阶段，即在监察委员会决定是否立案前，针对是否有证据证明被调查人有犯罪事实的问题，监察委员会商请检察机关，必要时亦商请公安机关，以召开协调会研讨案件的形式审查引导。二是立案调查阶段，针对案件的事实、证据及法律适用、管辖等方面可能存在的认定分歧，监察委员会适时商请检察机关等以协调会的形式审查引导。三是案件审理阶段，针对拟调查终结移送检察机关的重大疑难、复杂案件，以前述方式商请审查引导。必要时，也可以邀请检察机关承办人审查证据材料，提出审查意见，适时商请召开协调会等。

2. 审查引导的审批程序及工作模式

当前，北京市已经初步形成有效的审查引导机制，审查证据与会商相结合，对于疑难、复杂、有争议的案件，由检察院派出检察官审查全案证据并提出审查意见，向主管检察长汇报后，提请协调小组共同会商案件。良好的工作模式增强了审查引导的针对性，对案件调查审理工作提供了有效引导。

3. 审查引导的审查内容

依据案件的不同情况，审查引导后主要审查四方面的内容。一是针对案件主要事实认定、证据采信及法律适用的审查。对案件主要事实是否存在认定障碍，证据搜集是否达到刑事追诉标准，以及法律适用是否存在分歧等情况，检察机关予以计入，并对案件是否需要追加事实，追加被调查人、嫌疑人等情形提出意见建议等。二是针对非法证据排除及合法证据完善的审查。对监察委员会收集到的证据材料进行分析，对非法证据提出依法排除或重新收集的意见，对瑕疵证据提出完善补正的意见；重点提出进一步补充完善证据的具体建议，督促监察委员会及时收集容易毁损灭失、隐匿转移的证据，就调查方向、调查重点提出对策，建议调查人员全面、客观地收集证明被调查人有罪、无罪及罪重、罪轻方面的证据。三是针对案件管辖的审查。及时对立案管辖（是否应当由公安机关侦查）、地域管辖（是否是本院管辖，还是应当由其他地区管辖）、级别管辖（是否应当报送上级院管辖）全面介入审查，将审查后属于公安机关或其他地区管辖范围的刑事案件及时移送，确保案件正确分流管辖。对于属于上级检察机关管辖的案件，依据相关法律法规要求依法报送。四是针对强制措施的审查，对监察委员会留置后拟采取强制措施的合理性和必要性进行审查。

4. 审查引导面临的问题

笔者经过调研，总结了在审查引导方面面临的几个问题，一是检监双方对于审查引导工作的目标仍存在认识偏差，二是审查引导的时间缺乏必要保障。试点期间由于审查引导检察机关介入的时间具有不确定性，有学者担心无法保证检察机关能够有充足的时间进行审查并提出有效的意见建议，也必然导致缩短监察委员会依据建议进行证据完善的时间，不利于提升案件办理质量和效率，也影响着审查引导目标的实现。相关问题的具体解决方式笔者将在后文详细论述，此处不赘述。

（二）审查受案环节的设置

审查受案环节的设置对于完成调查程序，顺畅刑事诉讼程序、留置措施与刑事强制措施的衔接等功能的发挥有着重要作用。

1. 审查受案的时限及来源

随着 2018 年《刑事诉讼法》的实施，对于留置案件，要求一律以先行拘留的措施进行衔接，相对于试点期间的模糊性，这样的明确规定一方面充裕了监察机关的案件审理时间；另一方面也解决了法律出台前实践中部分刑事诉讼活动必须借用留置措施时间导致的"人案分离"的窘境，保障审查受案的有效开展。

2. 审查受案阶段的目的

经监察委员会委员会议研究决定，认为犯罪事实清楚，证据确实充分，需追究刑事责任的案件，由监察委员会案件审理部门将起诉意见书、案卷、证据材料等一并移送检察院检察管理监督部门。检察管理监督部门于当日将案件从线上——"统一业务应用系统"新建案卡及线下——移送证据卷宗的方式，将案件同步移送至职务犯罪检察部，由职务犯罪检察部检察官对移送涉嫌的犯罪事实及被调查人进行初步审查，经审查现有在案证据能够证明有犯罪事实且需要追究刑事责任，且被调查人具有犯罪嫌疑的，即决定进入案件审查阶段，至此即进入刑事诉讼阶段。

3. 刑事强制措施的决定

在审查决定进入刑事诉讼阶段后，仍由承担职务犯罪审查职能的办案组织或部门启动对犯罪嫌疑人刑事强制措施的适用，但针对犯罪嫌疑人是否被采取留置措施及监察委建议采取刑事强制措施的情况不同，分为三种情形：

一是根据 2018 年《刑事诉讼法》第 170 条第 2 款之规定，对于检察机关移送起诉的已采取留置措施的案件，人民检察院应当对犯罪嫌疑人先行拘留，留置措施自动解除。人民检察院应当在拘留后的十日以内作出是否逮捕、取保候审或者监视居住的决定。在特殊情况下,依据刑事诉讼法之规定,决定的时间可以延长1日至4日,且人民检察院采取强制措施的期间不计入审查起诉期限。根据此前北京市的内设机构职能调整的具体部署安排,该决定由强制措施审查部门负责审查并作出决定。在北京市检察机关内设机构职能优化调整之后,现在由各院承担职务犯罪审查职能的业务部门承办即可。应该说,在《监察法》实施之后,已采取留置措施的案件,在移送检察机关提起公诉时的强制措施的对接工作已经基本较为明确。检察机关内部工作安排虽各有差异,但总体部署是一致的。

二是未采取留置措施拟逮捕的情况:试点期间,C区检察机关的做法是,对于检察官审查是否进入刑事诉讼程序及报捕的办案程序同第一种情况,但办案时限无法律规定,依靠监察机关、检察机关及负责执行的公安机关进行协商。逮捕执行之日即进入审查起诉阶段,具体流程同第一种情况。

三是未采取留置措施拟取保候审的情况:试点期间,C区检察机关的做法是,制作《采取强制措施审批表》《采取强制措施意见书》法律文书,书面移送审查逮捕部审查决定。经审查,审查逮捕部出具了首份《批准强制措施决定书》,由职务犯罪检察部出具相关法律文书并依法通知公安机关执行。由于时限暂无明确法律规定,检察机关本着高效办案的原则,一般都控制在五日以内。

目前相关审查已有部分规范或实践指引,上述笔者列入的试点做法可以作为有效经验总结以供参考。

对于先行拘留的问题,有学者明确提出反对意见。笔者认为,检察机关对于监察机关采取留置措施的犯罪嫌疑人先行拘留,再根据案件性质决定下一步强制措施,实际上此处的先行拘留是一种过渡措施。这一点笔者认同左卫民教授的观点。但是,继续深挖这一措施不难发现,这一先行拘留制度的设立,目的在于保障犯罪嫌疑人的强制措施准确、适当。对于过渡衔接的程序的完善,可以在实践中进一步深挖问题,以制度方式改进。就目前制度运行的情况来看,从留置到先行拘留的衔接较为顺畅,有效保障了职务犯罪案件中强制措施的准确性,符合改革的精神与要求,也符合刑事诉讼程序中人权保障与司法公正的要求。

(三) 推动完善制约制衡机制建设

1. 严把证据关

对在前期审查引导调查的过程中已经建议补充调取的关键证据没有调取,或证据体系不完善的案件坚持退补,在审查起诉阶段发现证据确有重大变化,或有关键证据、重大事实需要补充调查的,检察机关坚持将案件退回监察委员会进行补充调查。始终坚守高质审结是案件高效流转的前提这一准则,防止案件带"病"起诉。

2. 严把程序关

一方面在前期审查引导过程中，针对卷宗中存在的程序瑕疵，甚至程序违法及时提出补正意见，排除非法证据。另一方面在进入检察机关审查环节后，在审查案件实体的同时加强对取证程序的审查，避免非法证据、未补正的瑕疵证据进入审判阶段，切实维护程序正义，保障犯罪嫌疑人的诉讼权利。

3. 严把定性关

及时沟通定性有分歧案件，确保定性准确，打击精准。如在办理被告人冯某某受贿案过程中，发现其收受贿赂后违规使用法院协助查询存款通知书及工作证件等，查询与案件无关的公民个人信息共计三百余人，并将二百余条银行查询结果非法提供给行贿人，故检察机关认为冯某某此行为属于滥用职权，但在是否追加认定滥用职权罪方面检监产生意见分歧。后该区检察院提请区反腐协调小组研究，并在会上详细阐述冯某某不当使用公权力的行为造成本该由司法机关保护的公民个人财产信息确被司法机关自身严重侵害，从而导致司法机关的社会形象和公信力严重受损，极大地影响了人民群众对司法机关甚至全体国家工作人员的信任，符合滥用职权罪"致使国家和人民利益遭受重大损失"的犯罪构成要件要求。最终区监察委员会同意检察机关意见，现该案获得法院判决认可。具体分析笔者在下文中将结合试点期间的探索实践详细介绍，此处不再赘述。

4. 严把追诉关

发现应当追究刑事责任的人员，依法提出追查意见。如 C 区检察院在审理夏某某行贿案时，发现夏某某向某公安分局民警唐某某转达请托，帮助被追逃的翟某某办理取保候审，并将翟某某交付的 20 万元人民币钱款一并转交唐某某，后唐某某被判处受贿罪，夏某被判处行贿罪，检察机关经审查认为翟某某系行贿款的提供者和最终请托事项的受益人，应当追诉。后该检察院针对该案未到案的共犯，向该区纪委监察委制发《追查函》，区纪委监察委依法对该线索立案调查，调查完毕后依法移送至该检察院审查起诉，现该案已获法院有罪判决。该案系检察机关积极发挥追诉职能的典型案例，充分展示了在改革试点期间检察机关严格把关，发挥追诉职能，且严格保障正确追诉、依法起诉、准确定性。

五、职务犯罪检察工作中的程序衔接问题及建议

（一）监检两机关就移送案件的受理及程序衔接方式

除了移送审查起诉之外，对于部分案件需要进一步补充调查的，检察机关退回监察机关补充调查，这一程序也十分重要。因此，笔者认为，监察权和检察权的衔接实际上体现在移送审查起诉与退回补充调查两方面的工作上。此外，对于相关犯罪线索的移送也体现在衔接程序之中。就北京市检察机关而言，在监检衔接方面也做了很多推进工作，取得了明显的工作成效，比如在市级层面推动会签了相关规范性文件，解决监检衔接配合领域的多个疑难问题，为全市监察机关和检察机关案件办理提供了指导。此外，在强制措施衔接机制的完善上，北京也有突破性的尝试，比如 D 区检察院在全国率先探索对监委移送的职务犯罪案件适用拘留措施对接留置，后北京市及时总结经验，积极向最高人民检察院、人大等上级机关提出相关修法建议并获得采纳，推动了监检衔接机制健全完善。事实上，对于北京市各区，在创新完善监检衔接机制成效上也十分明显。各区在落实中央和市级层面各项监检衔接机制和工作原则中，形成了很多好的做法和经验，积极发扬基层首创精神，主动作为、密切沟通，推动监检衔接配合工作更加细化，更加深入。

但经过近年的实践，监检衔接中的部分问题也随之而来，如监察机关移送的未留置案件是否可以适用拘留措施，对未留置案件审查采取强制措施的办案期限如何计算等问题有待明确，强制措施执行还存在不顺畅的地方，安全和效率方面都有待提高。检察机关与监察机关的"相互制约"关系定位有待进一步落实，监察调查程序与刑事诉讼程序中对证据要求的认识和审查标准需要进一步统一，检察机关退回补充调查、追加遗漏罪行或嫌疑人、变更罪名等依法履职行为需要机制保障等。这些问题也随着《监察法》、2018 年《刑事诉讼法》的实施不断出现。

1. 移送审查起诉阶段

依据《监察法》第 47 条，以及地方制定的相关规定，目前实践中一般做法是，经监察委员会委员会议研究决定，认为犯罪事实清楚，证据确实充分，需追究刑事责任的案件，由监察委员会案件审理部门将起诉意见书、案卷、证据材料等一并移送检察院检察管理监督部门，检察院检察管理监督部门在送达回证上签收。移送案件基本材料包括：《起诉意见书》若干份、全部卷宗材料、证据材料、扣押物品清单、与检察机关审查适用强制措施相关的情况说明等。针对案件审查及采取强制措施工作，各地检察机关也分别制定了相应规范，比如试点期间，北京市检察院拟定了相关的指导意见，对强制措施的审查予以规范。检察管理监督部于当日及时将案件移送职务犯罪检察部，由职务犯罪检察部进行初步审查，经审查现有在案证据能够证明有犯罪事实且需要追究刑事责任，且被调查人具有犯罪嫌疑的，制作《审查案件决定书》，至此即进入刑事诉讼阶段。

审查案件决定阶段，即初查后，根据犯罪嫌疑人是否被采取留置措施及监察委建议采取刑事强制措施的情况不同，存在多种情形，前文已述，笔者不再赘述。

2. 退回补充调查阶段

在试点期间，对于案件的补充调查是否适用《刑事诉讼法》的相关规定，直接退回补充调查，这一点实际上存在一定的争议。但在《监察法》实施后，该争议已不存在。依据《监察法》第 47 条第 1 款之规定，对监察机关移送的案件，人民检察院依照《刑事诉讼法》对被调查人采取强制措施。人民检察院经审查，认为犯罪事实已经查清，证据确实、充分，依法应当追究刑事责任的，应当作出起诉决定。人民检察院经审查，认为需要补充核实的，应当退回监察机关补充调查，必要时可以自行补充侦查。对于补充调查的案件，应当在一个月内补充调查完毕。补充调查以二次为限。

从上述规定中可以看出，对于职务犯罪案件的退回补充调查程序实际上仍然沿袭了 2012 年《刑事诉讼法》退回补充侦查的相关规定。补充调查以二次为限，每次一个月，都是此前刑事诉讼法中的规定，并无改动。这样的沿袭实际上既保留了传统的工作衔接方式，又在立法上明确了衔接依据与具体工作依据，保障了案件的补充调查工作能够有序开展，也更好地促进了监检之间关于调查工作的无缝衔接。

对于补充调查，还有另一种情况需要讨论，那就是检察机关自行补充侦查。依据 2018 年《刑事诉讼法》第 170 条第 1 款之规定，人民检察院对于监察机关移送起诉的案件，依照本法和监察法的有关规定进行审查。人民检察院经审查，认为需要补充核实的，应当退回监察机关补充调查，必要时可以自行补充侦查。因此，在必要时监察机关可以自行补充侦查。虽然对于什么情况下是"必要时"，《监察法》与《刑事诉讼法》并未明确规定，但根据试点以来的工作实践，监察机关与检察机关对于需要调查或侦查的内容与方式基本能够达成一致，因此检察机关对于需要进一步侦查的内容自行依法开展侦查，符合法律规定，也符合检监衔接工作的本质之一。具体的做法因各检察机关均有成型稳定的工作机制，笔者不再赘述。

3. 退回补充调查的创新实践

对于退回补充调查的试点，经笔者调研，发现改革试点期间北京市某基层院在某个定性分歧较大的案件中积极适用自行补充侦查与退回补充调查相结合的创新工作模式，充分履行检察机关制约职能，保障检监衔接顺畅有序。下面笔者以该案件为例，重点说明基层检察机关在退回补充调查这一程序中的创新实践。

被告人冯某某，男，原系某法院工作人员。冯某某于 2017 年 6 月至 8 月间，利用职务便利，接受社会人员曹某某请托，违规使用法院协助查询存款通知书及工作证件等，多次在中国工商银行等多家银行查询与案件无关的公民个人信息共计 300 余人，将其中二百余条银行查询结果提供给曹某某，并因此收受曹某某给予的好处费共计人民币 8 万余元。此外，冯某某于 2017 年 2 月间接受同学于某某请托，帮助向其所在单位的上级部门承办法官打探案情，并收取于某某给予的好处费人民币 3 万元。被告人冯某某于 2017 年 8 月向其所在单位自动投案。

本案由北京市 C 区监察委员会调查终结，以冯某某涉嫌受贿罪，于 2017 年 9 月 27 日移送北京市 C 区人民检察院审查起诉，检察机关审查后发现冯某某利用职权违规查询并向他人提供公民个人信息的行为另构成滥用职权罪，于 2018 年 1 月 4 日以被告人冯某某犯受贿罪、滥用职权罪向北京市 C 区人民法院提起公诉。2018 年 3 月 29 日，北京市 C 区人民法院作出一审判决，认定被告人冯某某的行为构成受贿罪、滥用职权罪，分别以受贿罪判处有期徒刑 1 年 6 个月，并处罚金 10 万元；以滥用职权罪判处有期徒刑 1 年，决定执行有期徒刑 2 年，并处罚金人民币 10 万元。被告人冯某某上诉，二审法院维持原判，该判决已生效。

回顾案件审查过程，在受理案件后，检察官第一时间讯问了被告人冯某某，并听取了其辩护人的意见，冯某某及其辩护人对于区监察委员会移送的受贿罪的罪名，以及受贿 11 万余元的两起犯罪事实均无异议。但在梳理案件证据之后，承办检察官发现本案存在几方面的问题。一是部分事实尚未查清，相关证据未完全调取。二是行为定性存在分歧，追加罪名争议较大。三是辩护人提出异议，被告人认罪态度发生变化。四是改革试点尚在探索，相关程序衔接难有先例可循。

为了解决上述困难，办案人员积极发挥检察机关审查追诉职能，针对上述四方面的突出问题，扎实做好对应工作，确保案件问题充分解决，检监衔接顺畅有序，后续追查顺利开展。一是有序开展自行调查取证，加强证据审查及案件探讨。二是加强检监衔接机制，有序开展退回补充调查工作。三是依法开展认罪认罚工作，保障被告人的诉讼权利。四是追加事实与追查犯罪同时进行，职务犯罪与其他刑事犯罪线索一并追查。

检察官审查该案时发现本案涉案证人的行为涉嫌犯罪，其中 2 名证人涉嫌行贿，且一人同时涉嫌侵犯公民个人信息罪。检察机关依法发出追查函，将相关人员涉案线索移送区监察委员会。在区监察委员会初步调查的同时，《监察法》正式出台，为监察机关依法调查行贿人员其他刑事犯罪提供了更为明确的监察权限保障。这一实践探索既保障了职务犯罪审查质量，又彰显了检察机关履行追诉职能作用，取得了良好效果，真正实现"一案多效"。

本案检监衔接程序研究中有着重要的参考意义。在当时的背景下，该基层院充分发挥创新工作模式，在退回补充调查阶段积极运用自行补充侦查与退回补充调查相结合的方式，有效保障了案件审结，并对相关制度的建设提供了宝贵的实践经验。虽然现在相关规定已经较为明确，该案的实践做法已不再是首例，但是在当时试点背景下，能够通过探索创新工作模式来完善监察机关与检察机关之间的衔接工作，并且能够灵活采取对接沟通方式，顺利完成案件审查，笔者认为这一点十分不易，也说明了基层实践的重要性。因此通过本案，有几方面值得思考的意义。其一，注意掌握自行补充侦查与退回补充调查两种补查方式的运用。其二，加强与监察机关沟通，协同配合开展自行补充侦查工作。其三，完善沟通协调机制，多种方式充分发挥检察机关审查职能，查明有无遗漏罪行和其他应当追究刑事责任的人。检察机关在提起公诉后，对于发现的漏犯需要予以追诉的，应依法向监察机关制发建议函等法律文书，充分发挥检察机关审查职能。

4. 不起诉复议阶段

此前，对于职务犯罪案件的最终处理，监察机关是否能像侦查机关一样，享有复议复核权限，尚未有明确定论。但《监察法》第 47 条第 4 款规定，人民检察院对于有《刑事诉讼法》规定的不起诉的情形的，经上一级人民检察院批准，依法作出不起诉的决定。监察机关认为不起诉的决定有错误的，可以向上一级人民检察院提请复议。该款规定有别于公安机关的不起诉复议权。

5. 犯罪线索移送处理

在《监察法》尚未出台之前，对于审查职务犯罪案件过程中，已发现的职务犯罪线索与普通刑事犯罪线索如何移送，这是检察机关曾经遇到过的一类问题。但《监察法》出台之后，对于该问题有了明确的答复。《监察法》第 34 条第 1 款之规定，人民法院、人民检察院、公安机关、审计机关等国家机关在工作中发现公职人员涉嫌贪污贿赂、失职渎职等职务违法或者职务犯罪的问题线索，应当移送监察机关，由监察机关依法调查处置。

（二）检法办理职务犯罪案件的衔接程序

对于监察委员会移送起诉的案件，经检察机关提起公诉以后，在法庭上便转化为直接涉及审判权和检察权的关系。[1] 国家监察体制改革试点以来，检察院和法院在职务犯罪案件的程序衔接上，与过去职务犯罪案件办理程序基本保持一致。检察院认为犯罪嫌疑人的犯罪事实已经查清，证据确实、充分，依法应当追究刑事责任的，应当作出起诉决定，制作起诉书、连同案卷材料及证据移送同级法院审理。此前在审查起诉阶段，如果因追加犯罪事实、追加犯罪金额的，导致案件管辖由上级法院审理的，检察机关依法报送上级检察院，由上级检察院向同级法院依法提起公诉，同时应当通知移送案件的监察委员会。

法院通过立案庭审查后，案件进入刑事法庭。以某区为例，试点期间该区人民法院未设立专业化办案部门，采取轮流接案方式审查，基层院办理职务犯罪案件与刑事案件一样，一般在受理后在 2 个月内宣判，至迟不超过 3 个月。当然，此间，检察机关可以根据法定事由提出不超过两次的延期审理，检察机关提出延期审理需要补充侦查的，一般由检察机关自行补充，监察委员会配合。

---

[1] 陈光中等：《以审判为中心与检察工作》，载《国家检察官学院学报》2016 年第 1 期。

需要说明的是，鉴于检察院的审查起诉工作和法院的审判工作均属于刑事诉讼程序的一部分，司法实践中，检察院向法院依法提起公诉的被告人，只需通过换押证等法律手续的交接来实现诉讼阶段的转变，并不需要对犯罪嫌疑人的关押地点进行变更。因此，在监察委员会向检察机关移送案件时，对于留置措施和逮捕强制措施的衔接，笔者建议同样采取法律文书交接的方式来实现，以减少办案人员的工作量、避免人员换押过程中产生的各种风险。

六、检察机关在配合监察体制改革办案实践中遇到的问题及建议

（一）审查引导调查工作的开展及制度的确立方面的问题

详细而言，主要是两方面的问题：一是检察机关与监察机关双方对于审查引导调查工作的目标仍存在一定的认识偏差。比如，参考检察机关对于公安机关侦办普通刑事案件的审查引导侦查工作，其目的为了更加准确把握侦查方向、完善证据体系、规范提取证据程序，从而提升案件办案质量和效率，而并非在引导阶段即形成最终对案件的处理意见，进而限制检察机关依据刑事诉讼法所享有的审查权、追诉权、退补权。这一点实际上不论是与监察机关还是公安机关衔接，都是检察机关需要准确引导的重要观念。二是引导的时间缺乏必要保障。由于现行的审查引导基本由监察委员会商请后提出，因此参与引导的时间具有不确定性，无法保证检察机关能够有充足的时间进行审查并提出有效的意见建议，亦无法保证监察机关依据建议完善证据，影响审查引导目标的实现。

（二）监检两机关就移送案件的受理及程序衔接方式方面的问题

《监察法》并未像2018年《刑事诉讼法》中对于案件移送时期有十分具体的规定。因此这就带来了几方面的问题：一是受理监察委移送案件后、进入审查起诉阶段前的审查收案阶段及采取强制措施阶段的时限无法律规定。虽然2018年《刑事诉讼法》规定了采取留置措施后先行拘留的时间为十日内，但这是在审查起诉阶段开始之后，在此之前，对于受案审查和采取强制措施的时限并无明确规定。北京市试点时所适用的"留置期限届满前10天"的期限仅是针对被采取留置措施的案件，其更倾向于对监察委员会办案时限的限制，而非是赋予检察机关一个相对独立的用于审查监察委移送案件是否具有刑事追诉性的阶段，存在不确定性，难以保障检察机关享有相对稳定的审查时限。二是针对监察委移送未采取留置措施的案件，因被调查人无任何措施对其自由进行约束，存在移送检察机关后无法到案，增加刑事诉讼无法顺利进行的风险。

笔者针对以上办案实践中遇到的问题提出如下建议：一是明确提前介入工作的目标、原则、对象、阶段、方式及内容等，要逐步完善职务犯罪案件提前介入调查的制度化建设。对于提前介入调查的机制，以及介入后的工作机制、案件审查等都应当有具体的制度化的规制。二是立法层面明确赋予检察机关独立的审查受案权并设立审查受案权限。

值得注意的是，对于下一步的监检衔接工作的加强，北京市检察机关也提出了要与监察机关加强沟通，建立并巩固良性关系的要求。笔者很赞同这一点。具体而言，笔者认为，可以考虑在以下几方面深入发展。第一，继续加强检察机关与监察机关的沟通和协调。第二，持续完善已经形成的监检衔接制度，全面落实中央、最高人民检察院和国家监察委员会等部门关于监检衔接的相关规定。第三，在制度完善过程中，可以加大创新力度，通过创新工作模式或衔接机制，来完善监检衔接程序。

（三）职务犯罪检察工作专业化建设

1. 关于专业化部门内部结构问题

第一，要加强办案组织的专业化建设。办案组织的建设不仅可以以辖区内的案件特点为基础，还可以根据职务犯罪的工作量、职务犯罪特点等特殊情况来设立办案组织。比如北京市检察机关在改革试点期间，根据各地区职务犯罪办案量、工作量、职务犯罪案件办理特点等因素，组建了专门办理职务犯罪案件的办案部门或办案组织，取得了良好的效果。笔者也赞同对于办案组织的专业化建设，可以因地制宜，按需建立，确保办案组织的专业化，为案件专业化办理奠定稳定的队伍基础。在此基础上，可以重点加强办案组的专业能力建设，根据社会发展和法治建设的不同需求，打造业务扎实、本领过硬的专业化队伍。

第二，要全面落实司法责任制的要求。现行的《中华人民共和国检察官法》与《中华人民共和国人民检察院组织法》，明确了检察机关要实行司法责任制。检察官是办案的主体，更应当要严格按照法定的权限来履行职权。此外，可以做好决策咨询平台的建设。

2. 关于检察干警专业化建设问题

专业化建设落到具体细节，某种程度上可以说也是检察官的专业化建设问题。因此，人才培养和专业化培训建设，对于提高职务犯罪检察工作专业化水平有着十分重要的意义。第一，可以积极开展职务犯罪检察研究。第二，利用智慧检务的基础，进一步推动完善职务犯罪检察的大数据库，推进案例指导作用的有效发挥。第三，要深化检察业务培训。

七、结语

国家监察体制改革的开展，既是司法体制改革的体现，也是全面深化改革这一具有历史意义的改革的组成部分。今后我国检察机关在反腐肃贪新格局下优化职务犯罪的打击力将持续加强，与监察机关的配合协作将更加密切，检察机关"法律监督机关"的宪法定位也将得到强化。展望未来的职务犯罪检察工作，我们应当充满信心，放眼新时期法治化的新进程，扬帆远航。

辩护律师全覆盖难点与对策研究

王迎龙 *

一、论值班律师的身份与定位

（一）值班律师制度的确立

值班律师制度是本轮司法体制改革中，在刑事速裁程序及认罪认罚从宽制度试点中设立的一项创新制度。2014 年《关于在部分地区开展刑事案件速裁程序试点工作的办法》、2015 年《关于完善法律援助制度的意见》中对于值班律师制度作了初步规定。2017 年 8 月 8 日，最高人民法院、最高人民检察院、公安部、国家安全部、司法部又发布了《关于开展法律援助值班律师工作的意见》（以下简称《值班律师意见》），对于值班律师的职责、权利义务等做了具体的规定。2018 年 10 月《中华人民共和国刑事诉讼法》（以下简称《刑事诉讼法》）再修改时，将其中部分内容予以吸收。中央确立和推动值班律师制度，在某种程度上是为目前正在试点的速裁程序以及认罪认罪从宽制度提供一项配套制度，为犯罪嫌疑人提供初步的法律帮助，确保认罪认罚从宽制度与速裁程序的顺利展开。此外，值班律师制度的确立，对于保障犯罪嫌疑人、被告人的诉讼权利，推动刑事辩护"全覆盖"也具有重要意义。

作为一项覆盖面广泛的创新制度，值班律师制度能够有效地提高刑事诉讼中的律师参与率。然而，作为一项自上而下试点的新生制度，值班律师制度在职责定位上还具有模糊性，值班律师是否具有辩护人的身份？值班律师制度应否属于目前法律援助制度的组成部分？这些问题目前在理论界和实务界还没有定论。有学者主张，值班律师与委托律师以及法律援助律师身份一样，在刑事诉讼中承担辩护职能，具有辩护人的身份。[1] 也有学者认为值班律师是"缩小版"的辩护人，承担辩护人的一部分职能。还有学者认为试点中的律师值班制度是一种前置

---

* 课题主持人：王迎龙，北京工商大学副教授。立项编号：BLS（2018）C002。结项等级：合格。

[1] 顾永忠、李逍遥：《论我国值班律师的应然定位》，载《湖南科技大学学报（社会科学版）》2017年第 4 期。

帮助制度，与辩护律师相比，值班律师是一次性、一站式的，其职能就是为犯罪嫌疑人、被告人提供"法律帮助"，不具有辩护人的身份。[1] 对值班律师的定位这一基础理论问题的回答，直接关系到立法者设立值班律师制度的法律旨意能否实现以及实践中法律援助效用的发挥，应当进行审慎的研究论证。学者们与其在理论层面积极"立法"，不如遵循法教义学基本原则，回归到法律规范本身，运用规范解释的方法来实现法律旨意。"解释者的任务是向我们说明他所认识到的法律实际上是什么，评论者的任务则是向我们评述法律应当是怎样的东西"[2]，对于法律规范中业已存在的规定，我们可以将辩护人与值班律师作为解释对象进行解释，在现行法律体系之中寻求值班律师的合理定位，赋予其正当性与合法性之基础。基于此，笔者将从法教义学的视角厘清值班律师与辩护人、法律帮助、法律援助等法律概念之间的基本逻辑，并对值班律师在我国法律援助体系中的定位与发展进行分析。

（二）"值班律师"与"辩护人""辩护律师"

在 2012 年《刑事诉讼法》修改之前，在侦查阶段，律师并不具有刑事诉讼法中"辩护人"的身份。因此，实践中侦查机关、看守所可以以正当合法的理由去限制律师的权利，既然不是法律明文规定的"辩护人"，当然不享有只有辩护人才可行使的会见、通信、阅卷、调查取证等权利。立法者也逐渐认识到这一问题，在法律层面作出了相应的调整。首先，在 2007 年修订的《中华人民共和国律师法》（以下简称《律师法》）中，第 33 条明确规定在侦查阶段只要凭借"三证"即可会见犯罪嫌疑人，侦查机关不得限制，也不得监听；第 34 条规定了在案件审查起诉后，律师有权查阅诉讼文书及案卷材料；第 35 条规定了律师的调查取证权，等等。2007 年《律师法》规定这些内容，主要目的是解决实践中侦查阶段律师介入存在的"三难"问题，在表面上看增加了审前阶段律师的诉讼权利，实质是审前阶段律师的"辩护人化"，即通过辩护权利的赋予而使其获得法律规定中"辩护人"的实质身份。但是，限于实践中存在的阻力，2007 年《律师法》并没有明确规定侦查阶段律师具有辩护人的身份。并且，在法律位阶上，《刑事诉讼法》由全国人民代表大会通过，而《律师法》由全国人大常委会通过，实务部门在法律适用上优先适用前者的规定，导致《律师法》中关于侦查阶段律师权利的规定并没有得到实质履行。直到 2012 年，我国《刑事诉讼法》再次修改后，将侦查阶段律师定位为"辩护人"，"三难"问题才得以有

---

[1] 参见谭世贵、赖建平：《"刑事诉讼制度改革背景下值班律师制度的构建"研讨会综述》，载《中国司法》2017 年第 6 期。

[2] ［英］边沁：《政府论》，转引自《西方法律思想史编写组》编：《西方法律思想资料选编》，北京大学出版社 1983 年版，第 479 页。

效的解决。[1] 从历史发展角度可见，一开始律师在侦查阶段不得介入，到1996年可以介入但只是作为法律帮助者并且诸多权利受到限制，再到2007年《律师法》规定了侦查阶段律师享有诸多辩护权，向"辩护人"发展，再到2012年最终在侦查阶段取得"辩护人"身份，其实是律师辩护权利不断扩展的过程。在这一过程中，立法者在诉讼审前阶段不断赋予、增强律师辩护权利的意旨在于使其辩护人化，成为法律文本中所规定的"辩护人"，从而能够在审前阶段实质行使辩护权，进行有效辩护。

　　基于以上，从法律的文本解释以及立法的目的解释可以看出，"辩护人"这一身份对于审前阶段，尤其是侦查阶段律师介入的重要意义。"辩护人"身份的取得，不仅与其行使职责相关，更与其是否能够行使法律赋予的会见、通信、阅卷、出庭等辩护权利相关。再看法律文件中关于值班律师的规定。《关于在部分地区开展刑事案件认罪认罚从宽制度试点工作的办法》第5条第3款规定，"犯罪嫌疑人、被告人自愿认罪认罚，没有辩护人的，人民法院、人民检察院、公安机关应当通知值班律师为其提供法律咨询、程序选择、申请变更强制措施等法律帮助。"[2] 根据该文件，值班律师的职权范围限于提供法律咨询等初步性的"法律帮助"，而不包含会见、阅卷、调查取证等辩护权利。《值班律师意见》对于值班律师的职权做了更加具体的规定，第2条规定值班律师履行下列职责：①解答法律咨询；②引导和帮助犯罪嫌疑人、刑事被告人及其近亲属申请法律援助，转交申请材料；③在认罪认罚从宽制度改革试点中，为自愿认罪认罚的犯罪嫌疑人、刑事被告人提供法律咨询、程序选择、申请变更强制措施等法律帮助，对检察机关定罪量刑建议提出意见，犯罪嫌疑人签署认罪认罚具结书应当有值班律师在场；④对刑讯逼供、非法取证情形代理申诉、控告；⑤承办法律援助机构交办的其他任务。[3] 可以看出，相对于辩护律师，值班律师承担的是一些初步性、临时性的职责，而且其工作阶段主要限于侦查阶段，即在侦查阶段犯罪嫌疑人还没有聘请辩护人的情况下，可以获得值班律师提供简单的法律咨询。该条同时规定，"法律援助值班律师不提供出庭辩护服务"，并且如果符合了法律援助条件，必须由法律援助律师提供辩护，而不能由值班律师进行。一旦犯罪嫌疑人或者被告人符合了法律援助条件获得了法律援助，或者诉讼程序推进到法庭审判，值班律师工作任务即告终结。所以，值班律师享有的诉讼权利同其职责相一致，也具有初步性与临时性，显然不同于前文所述的"辩护人"的权利外延。

---

〔1〕　参见顾永忠：《我国刑事辩护制度的重要发展、进步与实施——以新〈刑事诉讼法〉为背景的考察分析》，载《法学杂志》2012年第6期。

〔2〕　《关于在部分地区开展刑事案件认罪认罚从宽制度试点工作的办法》第5条第3款。

〔3〕　《值班律师意见》第2条。

从立法者设立值班律师的初衷也可见一斑，司法部负责人在就关于开展法律援助值班律师工作答记者问时指出，"值班律师主要提供法律咨询、申请变更强制措施等初步、低限度服务"，"不能取代辩护律师对案件办理作实质性深度介入"。[1] 因此，值班律师同辩护人不同，其不享有会见、通信、阅卷、调查取证等辩护权利，其职责范围仅限于初步性的法律帮助。

（三）"值班律师"与"法律帮助""法律援助"

如果从职能上进行区分，与法律文本中的"辩护人"相对，称之为"法律帮助者"并不是不可以，但是这一概念在当时是权力博弈、妥协的结果，是具有历史局限性的时代产物。而值班律师制度是一项新制度，它并不带有先天的缺陷性，是一种追求效率与公正的全新程序。为了避免标签式的先入为主，以及便于系统完善我国法律援助体系，笔者主张建构一套新的法律援助话语体系，将值班律师与辩护人或者辩护律师进行区分，即在广义的"法律援助制度"体系之下，对法律援助律师进行二元划分，分为"法律援助值班律师"与"法律援助辩护律师"，前者为当事人提供初步性的法律咨询等服务，后者提供传统意义上的刑事辩护法律援助。

基于这一话语体系下的法律援助律师的二元划分，我们可以注意到改革试点中存在的角色冲突问题。值班律师制度的立法旨意是提供初步的法律帮助，然而在认罪认罚案件中，为保障认罪认罚的公正性，值班律师所提供的法律帮助必然要突破这种初步性，这其实是与值班律师的职责定位相冲突的，体现出立法者与理论界对于值班律师的身份和定位还存在认识上的模糊性。针对这一问题，理论上可有以下几种解决方案：第一种是值班律师不需要阅卷、会见，根据办案机关描述提出量刑意见；第二种是赋予值班律师阅卷和会见的权利，值班律师阅卷并会见犯罪嫌疑人、被告人后提出量刑意见；第三种是值班律师负责法律咨询等程序性事项，而实体性事项包含提出量刑建议由法律援助辩护律师进行，即值班律师之后再指定法律援助律师。在认罪认罚案件中，如果律师不阅卷、不会见犯罪嫌疑人、被告人，提出的量刑意见可能有失公正，也难以保证认罪认罚的真实性，因此第一种方案不妥。而同时适用值班律师与辩护律师，又失去了设立值班律师制度的迅速及时的效率价值。那么，似乎第二种方案更为合理，即在认罪认罚案件中，赋予值班律师相应的辩护权利。但笔者认为，在所有刑事案件中，值班律师职能仍然应当定位于提供初步法律服务，认罪认罚案件中行使一定的辩护权只能作为一种例外。并且，相对于法律文本中的"辩护人"，值班律师在认罪

---

[1] 参见《司法部负责人就关于开展法律援助值班律师工作答记者问》，载 http://www.legaldaily.com.cn/judicial/content/2017-08/28/content_7296618.htm? node=80533，最后访问日期：2017 年 10 月 1 日。

认罚案件中享有的辩护权及承担的辩护义务是有限的，笔者认为赋予其"阅卷权"及"会见通信权"即可。

二、论刑事法律援助模式的完善

（一）刑事法律援助的现实困境与重要意义

2017 年 10 月 11 日，最高人民法院、司法部出台《关于开展刑事案件律师辩护全覆盖试点工作的办法》（以下简称《全覆盖办法》），对于所有刑事案件，无论一审、二审还是再审，均要求律师介入提供辩护，这对于维护犯罪嫌疑人、被告人合法权益，提升诉讼法治文明具有重要意义。但是，我国目前正面临刑事辩护率与法律援助率双低的现实困境。据有关统计，全国刑事案件律师辩护率仍不足 30%，在有些偏远地区，刑事案件辩护率更低。与之相应，根据表 1，刑事法律援助案件在刑事案件中所占比例也不高，占全国一审审结刑事案件的平均比例为 15% 左右。

表 1　我国 2005—2014 年刑事一审案件法律援助率[1]

年　份	一审结案刑事案件	刑事法律援助案件	法律援助案件占刑事案件的比例/%
2005	683 997	103 485	15.12
2006	701 379	110 961	15.81
2007	720 666	118 946	16.50
2008	768 130	124 217	16.17
2009	766 759	121 870	15.89
2010	779 641	112 264	14.39
2011	839 973	113 717	13.53
2012	986 392	133 677	13.55
2013	953 976	222 000	23.27
2014	102 3017	240 480	23.50

从上表可知，我国刑事一审案件法律援助率在 2013 年之前一直保持在 15% 左右，2013 年后突破至 20% 以上是因为 2012 年刑事诉讼法修改时扩大了法律援助的范围，并且将法律援助的阶段提前到侦查阶段。基于此，有学者预测在 2012

---

[1]　数据来源于《中国法律年鉴（2005—2014）》，载网络版及中国法律援助网：http://www.chinalegalaid.gov.cn，最后访问日期：2018 年 1 月 5 日。

年《刑事诉讼法》实施以后刑事法律援助案件的数量将增加 5 倍左右，达到 55 万件左右。[1] 然而，理论预期与实践发展并不一致，法律援助案件数量在修改后有所上升，但是并未呈现井喷式的增长。有学者经实证调研后认为，应当负刑责的精神病人数量甚少，无期徒刑案件辩护率已相当高，因此，这一修改可能在事实上难以明显增加受援被告人数，这一变化的意义当然有限。[2] 也有学者认为，那些被理论研究者们认为对律师辩护有着迫切需要的绝大多数犯罪嫌疑人、被告人却并未向法律援助伸出求助之手，"申请型"法律援助案件没有实质增长。[3] 这可能的解释是刑事被追诉人对法律援助的认知程度较低，法定需求并未得到完全释放。[4] 总之，2012 年《刑事诉讼法》关于法律援助的修改并没有达到预期目的，法律援助辩护率并没有大幅度的提高，实践中刑事辩护率及法律援助率依然低迷。

在此背景下，中央部门提出刑事辩护的全覆盖，不仅是对于刑事法律援助辩护现实困境的一种制度反思，也是对于法律援助制度改革设立的一个目标。在某种程度上，刑事诉讼的历史，就是辩护权不断扩大的历史。[5] 辩护权行使状况直接关系到一个国家刑事诉讼法治文明程度，已经成为一种国际共识。辩护权是刑事司法中的首要人权保障，[6] 其实质是人权保障原则在我国刑事诉讼中的具体化。在目前进行的第四轮司法体制改革中，在推进以审判中心的诉讼制度改革的大背景下，对于刑事辩护提出了更高的要求。然而，实践中低迷的刑事辩护率与辩护权的高规格定位形成鲜明反差，表明辩护权在司法实践中仍然没有得到充分的保障，这与其重要地位并不匹配。刑事辩护全覆盖的提出与实现，能够切实保障刑事诉讼中犯罪嫌疑人、被告人的辩护权利，促进辩护权与人权保障理念与制度的不断发展完善。

同时，刑事辩护全覆盖也是本轮司法体制改革中的重要内容。一方面，是推进以审判为中心的诉讼制度改革的应有之意。十八届四中全会《中共中央关于全面推进依法治国若干重大问题的决定》提出"推进以审判为中心的诉讼制度改革"。"以审判为中心"的一个重要内容与要求是实现"庭审实质化"。"庭审实质化"与庭审虚化相对，是指应通过庭审的方式认定案件事实并在此基础上决定

〔1〕 参见顾永忠、陈效：《中国刑事诉讼法律援助制度发展研究报告》（下），载《中国司法》2013 年第 2 期。

〔2〕 参见左卫民：《中国应当构建什么样的刑事法律援助制度》，载《中国法学》2013 年第 1 期。

〔3〕 参见刘方权：《刑事法律援助实证研究》，载《国家检察官学院学报》2016 年第 1 期。

〔4〕 胡铭、王廷婷：《法律援助的中国模式及其改革》，载《浙江大学学报（人文社会科学版）》2017 年第 2 期。

〔5〕 ［日］田口守一：《刑事诉讼法》，刘迪等译，法律出版社 2000 年版，第 89 页。

〔6〕 陈光中：《如何理顺刑事司法中的法检公关系》，载《环球法律评论》2014 年第 1 期。

被告人的定罪量刑。[1] 为了实现庭审实质化，必然要完善控辩双方抗辩机制，保障辩护权的充分行使，包括贯彻直接言辞原则、实行严格的非法证据排除规则、完善举证质证等辩论机制，等等。所以，以审判为中心的诉讼制度实质上是充分保障犯罪嫌疑人、被告人及其辩护律师辩护权的诉讼制度，[2] 必然要求刑事诉讼中形成控辩平等实质对抗之诉讼格局，刑事辩护全覆盖成为应有之意。另一方面，是认罪认罚从宽制度改革的必然要求。在认罪认罚案件中，控辩双方协商后决定被告人是否选择认罪认罚，涉及被告人是否理解认罪认罚的法律后果、程序选择以及提出量刑建议等专业性极强的法律问题，必须要求律师参与。根据美国辩诉交易经验，在控辩双方的"罪状答辩程序（arraignment）"法庭审理程序中，如果被告方选择了有罪答辩，那么法官必须审查被告人的选择是否出于自愿，有无受到各种强迫、利诱、威逼、欺骗等非法行为，是否获得了律师的有效辩护。如果被告人是在受到胁迫、不知情或者没有律师帮助的情况下作出的选择，法官可以拒绝被告人的有罪答辩。[3] 因此，在认罪认罚案件中，应当保障律师的有效参与以确保认罪认罚的合法性与正当性。

（二）刑事法律援助的中国模式构建与完善

1. 法律援助体系的层次化

有观点主张值班律师完全"辩护人化"，实质上是否定了设立值班律师制度的立法本意，回归以往单一的法律援助模式。笔者主张在法律援助体系下，将法律援助律师分为"法律援助值班律师"（以下简称"值班律师"）与"法律援助辩护律师"（以下简称"辩护律师"），前者为当事人提供初步性的法律服务，后者提供传统的刑事辩护法律援助。简单无争议案件由值班律师提供帮助，合理赋予值班律师一定的辩护权利，复杂有争议的案件由辩护律师提供辩护，并且完善值班律师与辩护律师之间的衔接机制。

（1）值班律师适用于认罪认罚的轻罪刑事案件。《全覆盖办法》规定值班律师主要适用于犯罪嫌疑人、被告人认罪认罚的简易程序和速裁程序案件。因为在认罪认罚案件中，案情往往比较简单，且控辩双方对于所指控的罪名无异议，因此并不需要辩护律师对于指控的事实等进行实质性辩护。并且，被告人认罪认罚的案件，可以"简化庭审程序"，或者"不再进行法庭调查、法庭辩论"，或者"不受法庭调查、法庭辩论等庭审程序限制"，这将不可避免地压缩律师的辩护空间。基于此现实情况，在认罪认罚的案件中可以适用值班律师，提供基本的法律帮助保障认罪认罚的正当性及合法性，达到有效辩护的基本标准即可。同时，

---

[1] 参见汪海燕：《论刑事庭审实质化》，载《中国社会科学》2015 年第 2 期。

[2] 顾永忠：《以审判为中心背景下的刑事辩护突出问题研究》，载《中国法学》2016 年第 2 期。

[3] 参见陈瑞华：《认罪认罚从宽制度的若干争议问题》，载《中国法学》2017 年第 1 期。

笔者主张对于仅提供值班律师的案件，限定在可能判处三年有期徒刑以下刑罚的认罪认罚案件。值班律师主要发挥以下作用：一是在犯罪嫌疑人、被告人没有委托辩护人的情况下为其提供法律咨询，在侦查阶段帮助犯罪嫌疑人了解认罪认罚的含义及后果，帮助犯罪嫌疑人权衡、选择诉讼程序；二是在了解案件事实的过程中进行阅卷、调查核实证据等基本工作，以准确把握案件事实；三是根据案件基本事实、情节以及犯罪嫌疑人的态度，提供量刑建议。

（2）辩护律师适用于不认罪认罚及重罪刑事案件。当前，应当扩大通知法律援助的范围早已成为学界和实务界共识，分歧仅在于在何种程度上扩大法律援助的范围。如左卫民教授提出两种主张：对刑罚可能是 10 年以上有期徒刑的严重犯罪在一审中实行普遍的法律援助；或者针对普通程序审理的案件，在一审中设立普遍的法律援助。[1] 沈德咏同志认为："考虑到地区发展的差异性，从全国范围而言，现阶段刑事法律援助范围，以扩大至可能判处五年以上有期徒刑和可能判处五年以下有期徒刑但不认罪的犯罪嫌疑人、被告人为宜"。[2]《全覆盖办法》较这两种观点对于法律援助的范围作了更超前地规定，实现了辩护的全覆盖，即在认罪认罚案件中提供值班律师，在不认罪认罚的适用普通程序的一审、二审及再审案件中，犯罪嫌疑人、被告人没有委托辩护人的，法律援助机构应当指派律师为其辩护。

然而，在法律援助领域单纯以犯罪嫌疑人、被告人"认罪认罚"进行"一刀切"，凡是认罪认罚的提供值班律师，凡是不认罪认罚的提供辩护律师并不合理，不利于当事人认罪认罚程序的选择，也容易导致一些复杂的认罪认罚案件缺乏有效辩护。除认罪认罚外，笔者主张增加案件的严重程度即可能判处的刑罚作为考量因素，考虑规定可能判处 3 年有期徒刑以上刑罚的案件，如果没有委托辩护人的，公安司法机关应当通知法律援助机构指派律师提供辩护；可能判处 3 年有期徒刑以下刑罚的认罪认罚案件，适用速裁程序，提供值班律师援助即可。2013 年、2014 年、2015 年判处 3 年有期徒刑以上刑罚的案件的人数，分别占获刑总人数的 17.96%、15.84%、15.60%，除去自行委托辩护和可能判处死刑、无期徒刑及其他已获得法律援助的人数，估计需要另外提供法律援助辩护律师的人数应当占获刑人数的 10% 左右。

（3）法律援助值班律师同辩护律师的衔接机制。在一定情形下，值班律师同辩护律师需要进行衔接：①值班律师在办案过程中发现犯罪嫌疑人、被告人符合申请法律援助辩护律师条件的；②认罪认罚案件中犯罪嫌疑人、被告人反悔，

---

〔1〕　左卫民：《中国应当构建什么样的法律援助制度》，载《中国法学》2013 年第 1 期。
〔2〕　沈德咏：《论以审判为中心的诉讼制度改革》，载《中国法学》2015 年第 3 期。

否认实施犯罪的；③可能判处 3 年以上有期徒刑刑罚的案件只存在值班律师而没有辩护律师的。以上情形需要辩护律师深入介入，值班律师无法满足有效辩护的要求，因此，必须由值班律师变更为辩护律师。这就需要完善两者之间的衔接机制：①适用范围：基于当事人认罪认罚与否以及案件复杂、重大程度，明确由值班律师还是辩护律师介入，以及明确哪些情形下，需要由值班律师转交给辩护律师；②职责分工：值班律师主要负责法律咨询、认罪认罚、速裁程序与法律后果的解释以及协助当事人进行程序选择等事项，辩护律师负责传统的刑事辩护事项；③工作交接机制：符合法定情形时，值班律师负有义务及时通知办案机关及法律援助行政部门，同指派的辩护律师交接工作，进行案件事实及证据的交流，协助辩护律师快速了解案件事实。

2. 法律援助供给的多元化

目前，虽然我国法律援助经费逐年增加，2010—2014 年法律援助财政支出年平均增长率高达 15.2%，但是，总体而言刑事法律援助经费不足，且主要依靠地方政府财政支出，各自为政，不利于法律援助工作的全面开展。因此，有必要在法律援助供给侧进行改革，具体可从以下两方面进行：

(1) 法律援助的国家化。2003 年《法律援助条例》第 3 条规定了法律援助是政府责任，从而将法律援助定位为政府责任。有学者认为政府作为国家管理职能的具体执行者，可以将政府责任理解为国家责任。[1] 笔者认为，国家责任强调国家作为一个政治组织形式，在整体上包含立法、司法、行政等多方面对于某项公共事务负有责任，而政府责任仅仅是强调行政执行这一维度。由于位阶上的先天不足，法律援助的工作开展显得疲软乏力。这表现在，法律援助的全国性立法《法律援助条例》仅是国务院法规，而在法律层面仅有《刑事诉讼法》及相关司法解释涉及的寥寥数条，法律援助工作被下放到县级以上四级政府的身上，难以在全国层面开展统一的法律援助工作。因此，有必要将法律援助的政府责任定位上升为国家责任，将法律援助制度纳入到国家治理体系当中。在条件成熟时，由国家对于法律援助统一立法，在国家层面统筹法律援助各项工作，通过中央财政统一拨付法律援助经费。

(2) 法律援助的市场化。法律援助的政府供给模式呈现出浓厚的行政化色彩，律师的选任、案件的管理与监督等，均遵循行政运作模式。目前社会律师承担了大部分的法律援助案件，看似已经具备市场化的特点，但其实质仍然是行政化延续：第一，在社会律师的选择上，法律援助机构并没有一个统一的标准，一

---

〔1〕 参见汪海燕：《贫穷者如何获得正义——论我国公设辩护人制度的构建》，载《中国刑事法杂志》 2008 年第 3 期。

般是法律援助机构轮流指派，甚至出现了"法援律师垄断"和"法律服务外包"的极端现象；第二，社会律师办理法律援助案件领取补贴，并不是遵循市场的价格机制。即便是正在一些地方试行的政府购买法律服务机制，也仍是建立在律师提供无偿法律服务的前提下适用的"定额补息"，并不是真正意义上的市场化；[1] 第三，政府主导的法律援助工作具有一定强制性。实践中一些律师事务所往往委派执业年限较短、资历较浅的律师从事刑事法律援助，他们在经验、能力方面的欠缺决定了援助的质量不会太高；第四，法律援助对法律援助机构而言是一项行政工作，对法援律师而言是一项义务劳动，没有相应的工作评价及监督机制。破解以上问题的关键在于改革现行的行政化操作，引入市场化竞争。对此，《关于完善法律援助制度的意见》《值班律师意见》《全覆盖办法》等法律文件中均明确提出开展政府购买法律服务工作。

3. 法律援助模式的多样化

目前，我国刑事法律援助模式过于单一，传统法律援助要经过审批指定，行政化色彩浓厚，无法及时提供法律咨询等服务。并且，我国幅员辽阔，律师资源分布不均匀，应当借鉴域外经验，构建和推广多元化的法律援助模式：

（1）值班律师制度的推广。值班律师为轻微刑事案件提供法律援助，并不提供实质性的辩护服务，在其选任、补贴、考核等方面应当同辩护律师相区别。具体而言，在值班律师选任方面，可以延续以往的选任方式，由地方法律援助机构综合律师情况建立值班律师名册，组建值班律师库。没有必要像法律援助辩护律师一样进行市场化改良，以节约司法资源，提高法律援助效率；在值班律师补贴方面，因为其提供法律援助的初步性，可以继续采用"定额补贴"的方式，但可以适当提高补贴的额度，提高值班律师的积极主动性；在值班律师的考核方面，构建法律援助机构、司法行政机关同律师协会三方的协同监管机制，通过当事人回访、定期查询所驻单位等方式了解值班律师履职情况，并向司法行政部门和律师协会通报，对于不认真履行值班律师职责的予以惩处。

（2）政府购买法律服务机制的完善。实现法律援助领域市场化的一个现实途径是在政府和律师事务所之间引入招投标机制，由政府招标，律师事务所进行投标，然后订立法律援助合同，依约履行法律援助服务。从目前的行政化管理体制直接实现市场化相当困难，可以分阶段进行过度：一方面，从节约司法资源的角度，对于法律援助值班律师仍然可以延续法律援助机构选任的模式，只对于法律援助辩护律师进行市场化改造；另一方面，可以针对指派辩护的四类情形，尤其是可能判处无期徒刑、死刑的案件，先行试点法律援助的招投标购买机制。按

[1] 参见王正航等：《法律援助政府购买服务机制研究》，载《中国司法》2016年第5期。

照《中华人民共和国政府采购法》的有关规定，采用公开招标的方式，确定一家或多家律师事务所，并与律师事务所签订合同，明确购买服务的范围、标的、数量、质量要求以及服务期限、资金支付方式、双方的权利义务和违约责任等内容。[1] 由司法行政部门协同法律援助中心负责监管，对案件进行质量评估，质量评估合格的，再支付资金。待法律服务购买机制经验成熟之后，再推广到其他一审、二审、再审需要法律援助的案件。

（3）公设辩护人制度的有益借鉴。我国法律援助机构中已有一类专职从事法律援助的公职律师，类似于国外的"公设辩护人"，只是近些年呈现萎缩现象。[2] 笔者认为，采不采用"公设辩护人"的名称并不重要，重点是如何借鉴外国经验来完善我国现有制度：首先，公务人员职业伦理的基本特征是上令下从与追求效率；辩护律师职业伦理的核心是忠实义务，即辩护律师应当对当事人负有忠实义务，[3] 这种职业伦理冲突将导致普通公众，尤其是犯罪嫌疑人、被告人对于公职律师独立性的质疑，有成为"第二公诉人"之虞。笔者认为，可以考虑将法律援助公职律师转由律师协会进行管理，而不在隶属于司法行政部门，或者培育专门从事刑事法律援助的社会组织机构，加强公职律师的独立性；其次，完善公职律师晋级渠道，建立激励机制，不断吸收社会律师加入公职律师队伍。因为公职律师属于国家工作人员，可以按照公务员标准规定公职律师晋级体系，提高公职律师办案的补贴；最后，公设辩护人制度被认为在人员稠密地区能实现资源的最大有效利用，笔者认为，在人口稀疏、经济欠发达的中西部地区，由于律师资源的稀缺，更有必要加大投入，扩充专职法律援助律师队伍，采用行政手段调控法律援助资源的不均衡。

---

〔1〕　参见王正航等：《法律援助政府购买服务机制研究》，载《中国司法》2016年第5期。

〔2〕　参见王正航等：《法律援助政府购买服务机制研究》，载《中国司法》2016年第5期。

〔3〕　谢佑平、吴羽：《刑事法律援助与公设辩护人的建构—以新〈刑事诉讼法〉第34条、第267条为中心》，载《清华法学》2012年第3期。

北京法院应对跨境破产问题研究

范志勇[*]

一、问题的提出

在《中华人民共和国企业破产法》（以下简称《企业破产法》）2007 年 6 月 1 日施行前，我国相关跨境破产规范仅在地方破产立法中有所体现。如 1987 年 1 月 1 日起施行的《广东省经济特区涉外公司条例》，1987 年 7 月 1 日生效的《深圳经济特区涉外公司破产条例》。之后，《广东省公司破产条例》于 1993 年 8 月 1 日正式实施，从而上述两部地方性破产条例被取代，然而，也再无其他地方性破产立法文件涉及对跨境破产事项的规范。直至我国《企业破产法》的施行，在此全国性破产立法中弥补了我国跨境破产立法的空白。其第 5 条第 1 款规定了我国破产程序的域外效力，第 2 款涉及了我国法院对于外国法院作出的破产裁决的承认与执行的条件，即依照国际条约、互惠原则、公共政策与本国债权人利益保障等审核标准。[1] 因为我国破产立法尚未涵盖自然人破产、政府破产等情形，所以，无论是申请我国破产程序，抑或参加境外破产程序的债务人，适用我国跨境破产规范的前提是其必须为企业债务人，包括法人企业、非法人企业等民商事主体形态。遗憾的是，第 5 条的规范内容适用条件苛刻，尤其是承认与执行外国破产裁决的要求严格，且缺乏细化的程序规范指引，在已有我国的破产程序得到外国法院或其他法域法院承认的情况下，[2] 我国法院鲜有依据第 5 条承认外国

---

[*] 课题主持人：范志勇，北京市破产法学会理事。立项编号：BLS（2018）C004。结项等级：优秀。

[1] 我国《企业破产法》第 5 条规定：依照本法开始的破产程序，对债务人在中华人民共和国领域外的财产发生效力。对外国法院作出的发生法律效力的破产案件的判决、裁定，涉及债务人在中华人民共和国领域内的财产，申请或者请求人民法院承认和执行的，人民法院依照中华人民共和国缔结或者参加的国际条约，或者按照互惠原则进行审查，认为不违反中华人民共和国法律的基本原则，不损害国家主权、安全和社会公共利益，不损害中华人民共和国领域内债权人的合法权益的，裁定承认和执行。

[2] 如浙江省海宁市中级人民法院受理的"尖山光电破产重整案"得到美国新泽西州联邦破产法院的承认；又如《企业破产法》实施前，广东省高级人民法院受理的"广东国际信托投资公司破产案"得到香港高等法院的承认。

破产程序的案例。

二、应对跨境破产法律问题的基本原则

(一) 维护核心主权要素：国际合作的底线

国家主权原则有狭义与广义之分，狭义主权原则即我国《企业破产法》第5条规定的承认外国破产程序的审查原则，而广义主权原则主导了跨境破产制度的整体理念与方向。就广义层面的主权范畴而言，国际社会是一个以政治、经济、文化等多元要素为内容的巨大的交易市场，如果设定主权国家内部拥有有效的意志行成机制，将主权国家的意志视为一个整体，主权国家间的国际交往的开展，实践中也奉行着意思自治的原则，当然，国际社会中的市场原则有一前提，即和平而非战争时期。民族国家的主权具有无限延展性，绝对的行政权力导致绝对的腐败，绝对的主权也将导致无边无界的扩张，直至其遇到其他主权的疆域，主权之间的冲突，只能通过战争与协商，协商本质是意思自治之下的妥协。主权核心内容不得让渡，不在政府意思自治空间内。

境内债权人权益的保护与公共秩序保留原则集中体现了主权性的保留事项，即通过对外国破产程序承认程序中的审查事项，保障核心主权内容不被侵犯。如此也体现了承认外国破产程序的审慎态度。在国际交往与合作日益普遍化的现代社会，主权性弱化是趋势，但并非没有底线，国家存在的前提，决定了主权是核心要素不能让渡的圭臬。对于非核心主权事项，内国可以根据国情、对外政策等情况灵活处理，进而获得对内国更有利的国际环境。从促进跨境破产开展层面来说，应在不违反核心主权原则的前提下，尽量促成跨境破产合作，在跨境破产承认程序上适用"宽进严出"的政策，通过互惠原则的宽泛解释实现跨境破产承认程序的宽进，通过对核心主权要素的审查实现承认程序"严出"，平衡各方冲突的价值。

(二) 坚守正义共识：程序优先

正义是人类社会最基本的价值与共识，承认外国破产程序中的审查要素包括外国法院启动的破产程序是否具有最基本的公正性、债权人是否获得公平对待等。然而，正如博登海默所言，正义如同普罗透斯，具有多重面孔，永远不知道正义会在何时展现何种面貌。正义的这种不确定性主要针对其实体内容而言，但学者对于程序正义的研究，使得程序正义从神秘主义中脱离出来，不再是虚妄的口号和遥不可及的理念，而成为可以为人类社会掌握的具体规则，国际社会对程序正义的实践，也日益达成了越来越多的共识。对国外破产程序审查事项中，程序正义成为内国法院审查可行项，且在程序正义方面，国际社会有充分的希望达成越来越多的共识，开展更多的合作，推动跨境破产程序正义的审查内容更加规范化、趋同化、国际化。可以说，当一项原则或规则国际性增强的同时，也是其

主权性弱化的过程。在跨境破产案件中公平对待所有债权人，只有在跨境破产程序正义中才能实现。换言之，由于各国关于各种债权人权利破产清偿顺位实体法律规则差异的普遍性存在，程序正义也是可确定的对所有债权人，包括内国债权人，公平对待的唯一标准。

（三）贯彻债权人本位主义：跨境破产制度构建的落脚点

针对我国破产法目前调整的企业对象而言，企业破产程序中面对着以不同群体形式存在的多元的利益主体，为实现利益均衡，[1] 决断者必须依据一定的价值取向予以选择。企业所有权本质上是对剩余索取权和剩余控制权的安排，前者的行权取决于后者。企业所有权的主体随企业状态处于变化之中。不同于物质所有权，企业所有权展现出状态依存性的特点，即以企业当前的经营状态而决定企业所有权的归属。[2] 就破产企业的控制权而言，尽管作为破产控制权的最终归属于债权人整体，但分散的债权人并不能够直接行使这些权力，破产程序中，这些权力由管理人或重整情形下由占有中的债务人集中行使，破产控制权的集中行使时，债权人通过保留破产控制权对管理人或重整占有中的债务人的控制权行使行为进行限制。[3] 所以，破产制度的核心价值在于债权人本位，破产程序的主要目标是规范、调整对债务人财产与收入来源享有不同请求权的债权人之间的固有冲突。[4]

三、我国破产程序域外效力的建构

（一）破产程序域外效力的基本原则

绝对的普遍主义原则也面临着局限性，它得以有效适用的前提是所有国家在跨境破产领域开展有效的合作，并实施几乎相同、无抵牾的破产程序，赋予各方主体相同的权利内容。但国际间内国法的协调难以实现，因为每个国家都不情愿通过放弃自主权来修正自身的破产程序。[5] 同时，绝对的普遍主义还会给本国债

---

〔1〕 绝对的利益均衡是不存在，破产程序中的利益关系本质上是一对矛盾范畴，而矛盾的诸方面，其发展是不平衡的。有时候似乎势均力敌，然而这只是暂时的和相对的情形，基本的形态则是不平衡。矛盾着的两方面中，必有一方面是主要的，他方面是次要的。其主要的方面，即所谓矛盾起主导作用的方面。事物的性质，主要地是由取得支配地位的矛盾的主要方面所规定的。然而这种情形不是固定的，矛盾的主要和非主要的方面互相转化着，事物的性质也就随着起变化。详见《毛泽东选集（第一卷）》，人民出版社 1952 年版，第 297 页。

〔2〕 参见年志远：《论企业所有权的状态依存特征》，载《经济与管理研究》2002 年第 5 期，第 37 页。

〔3〕 参见贺丹：《破产重整控制权的法律配置》，中国检察出版社 2010 年版，第 56~57 页。

〔4〕 Thomas H. Jackson, Robert E. Scott, On the Nature of Bankruptcy: An Essay on Bankruptcy Sharing and the Creditors´ Bargain, Virginia Law Review, Vol. 75, No. 2, 1989, p. 158.

〔5〕 See Ethan Meredith, Bilateral Insolvency Agreements: A Two-Sided Colution for Reciprocity in Cross-Border Insolvency, George Mason Journal of International Commercial Law, Vol. 8, Issue 3, Summer 2017, p. 382.

权人因不得不参加国外破产程序、面对不熟悉的国外破产法律而导致的不便与困难。[1] 所以,采取绝对的普遍主义原则的国家最终逐渐接受了《联合国国际贸易法委员会跨国界破产示范法》(Uncitral Model Law on Cross-border Insolvency,以下简称《示范法》)的"修正的普遍主义"原则。修正的普遍主义不再强求一国自动承认或遵从外国主要破产程序,而是允许其以保护本国核心利益为标准进行合作前的审查。[2] 但是,相对于以主权理论作为基础的属地主义原则,即便是"修正的普遍主义"原则也需要国际间针对跨境破产开展广泛的合作与协调。

(二) 我国破产程序域外效力的规范评析

比较而言,我国破产法律规范在本国与国外破产程序的域外效力上采取了双重标准,对前者采取了绝对的普遍主义原则,而联系《企业破产法》第5条第2款规定的内容,对后者实施了修正的普遍主义的立场。我国法院或破产管理人在国外实现我国破产程序的域外效力缺乏明确的法律授权,更缺乏实现域外行动权力的方式及条件的细化程序规范。[3]

(三) 破产程序域外效力标准的统一

修正的普遍主义原则区分跨境破产的实体法与程序法规范,着重在跨境破产程序方面开展广泛的国际合作,并不盲目追求针对同一债务人启动单一的破产程序。考察国际立法经验,《欧盟破产程序规则》(EU Regulation on Insolvency Proceedings,以下简称《欧盟规则》)[4] 实行跨境破产平行程序的规则,以"主要利益中心"作为核心判断准则,规定跨境破产主程序可以在债务人拥有中心利益的成员国开启,在该司法管辖区内开展的破产程序具有普遍的适用效力,并涵盖债务人的所有财产。[5]《示范法》亦采取了平行程序的做法,明确区分了"外国主要程序"与"外国非主要程序"。

允许跨境破产案件在不同司法管辖区的主要破产程序与从属破产程序并行存在,同时承认主、从破产程序的效力。建议我国破产立法针对跨境破产程序的域

---

[1] See Jonathan L. Howell, International Insolvency Law, International Lawyer (ABA), Vol. 42, Issue 1, 2008, p. 116.

[2] 参见解正山:《美国法学界关于破产域外效力的争论及其评价》,载《世界经济与政治论坛》2011年第6期,第56页。

[3] 参见解正山:《跨国破产立法及适用研究——美国及欧洲的视角》,法律出版社2011年版,第205页。

[4] 欧盟立法机构于2000年5月29日颁布了《欧盟规则》(第1346/2000号)。在之后十余年间,欧盟进行了长期的跨境破产立法改革活动,最终于2015年5月20日,颁布了《欧盟规则》(第2015/848号),于2017年6月26日生效。二者在核心制度框架方面基本保持了一致。

[5] See Paul J. Omar, European Insolvency Regulation 2000: A Paradigm of International Insolvency Cooperation, Bond Law Review, Vol. 15, Issue 1, 2003, p. 224.

外效力，不再区分破产程序的启动主体是本国法院抑或外国法院，结合我国法院跨境破产案件的管辖权的连接点规则，接受跨境破产平行程序的存在，以债务人主要利益中心标准确定的主破产程序拥有普遍主义的域外效力，而非债务人主要利益中心地，却拥有合法的跨境破产案件管辖权的国家启动的从破产程序，一般仅在本司法管辖区范围内具有属地效力。

四、我国跨境破产"长臂管辖权"的反思

（一）我国跨境破产的管辖权规则

我国破产法没有专门对跨境破产案件的管辖问题作出具体的规定，倘若债权人因合同、侵权责任请求权、物权请求权等涉及财产权益的权利主张，而对在中国境内没有住所的债务人企业的财产提出行权要求的，中国法院可以基于合同签订地与合同履行地等合同关联地点、诉讼标的物位置、债务人财产所在地、债务人代表机构所在地等理由行使跨境破产案件的管辖权，且《中华人民共和国民事诉讼法》（以下简称《民事诉讼法》）的涉外管辖规范并未排除在外国法院已受理案件情况下，我国法院按照第 265 条规定所享有的管辖权限制行使的情形。因此，中国法院对跨境破产案件可谓享有充分的"长臂管辖权"。

（二）"长臂管辖权"的抛弃

各国往往对扩张本国管辖权表现出强烈的"野心"，与之形成鲜明对比的是，对其他国家正当或过度的管辖权进行过分的苛责，但在当前经济全球化的国际社会发展背景下，协调各国管辖权的范围，缓和管辖权方面的国际冲突，也成为各国普遍追求的理想情境。[1] "长臂管辖（Long-arm Jurisdiction）是美国民事诉讼中产生的一个特有概念"[2] 较一般国际民商事案件，跨境破产案件因其涉及众多主体、法律关系繁杂，其国际管辖权存在诸多冲突情形，各国的管辖权范围需要做出更多的让步，跨境破产的"长臂管辖权"规则必然面临着被抛弃的命运。

跨境破产管辖权的可行性立法思路在于结合跨境破产程序的域外效力规则，区分主破产程序与辅破产程序，明确不同的管辖权规范。债务人主要利益中心在破产程序的域外效力与管辖权等不同层面都是一个重要概念，它将决定具有国际普遍效力的主破产程序的有效启动主体。[3] 借鉴国际跨境破产立法经验，在我

---

〔1〕 参见郭玉军、甘勇：《美国法院的"长臂管辖权"——兼论确立国际民事案件管辖权的合理性原则》，载《比较法研究》2000 年第 3 期，第 266 页。

〔2〕 董春华：《产品责任跨国诉讼可行性考察》，载《重庆大学学报（社会科学版）》2012 年第 3 期，第 103 页。

〔3〕 参见张玲：《欧盟跨界破产管辖权制度的创新与发展——"主要利益中心"标准在欧盟适用的判例研究》，载《政法论坛》2009 年第 2 期，第 115 页。

国当前破产法律适用对象仅包括企业的前提下，我国跨境破产管辖权可以债务人企业的注册成立地法院管辖为主，辅助以债务人主要营业地、主要财产所在地法院的管辖。倘若出现两个或者两个以上并存的破产程序，应当承认主破产程序的主导地位。[1]

同时，参考日本破产立法经验，当我国为债务人企业的注册成立地时，我国法院应坚持对债务人主破产程序的管辖权；如果债务人企业的注册成立地位于外国，而债务人主要营业地或主要财产所在地在我国境内，则可以区分不同破产程序采取不同的管辖权规则，即对于破产清算程序，则以我国启动债务人主破产程序为原则，以我国启动辅破产程序为例外；而对于破产重整、和解等非破产清算的破产程序，则以我国启动辅破产程序为原则，以启动主破产程序为例外。

五、承认与执行外国破产裁决的实体规范的完善

（一）域外经验的启示

修正后的日本破产立法抛弃了属地主义原则，承认了日本破产程序在国外适用的效力，以使破产财产的受托人（管理人）可以控制债务人在国外的财产。[2] 美国以联合国《示范法》为范本，于 2005 年修订了美国《破产法典》第 15 章的相关内容，扩大了美国法院对外国破产程序予以承认的司法权力。在前文建议的主、辅平行破产程序的框架体系基础上，有必要引荐美国破产立法经验，我国跨境破产承认与执行规范适宜区分主、辅破产程序的不同对象，设置具体的承认与执行规则，以明确承认外国破产程序的效力。承认的主破产程序应较辅破产程序在债务人财产保全、外国债权人权益范围、救济措施等方面拥有明显的效力优势。

（二）承认与执行对象的扩张与救济体系的衔接

我国《企业破产法》第 5 条第 2 款的承认与执行制度调整范围过于狭窄。扩张承认与执行对象至外国破产程序，也很好地衔接了跨境破产救济制度。根据联合国《示范法》规定，外国代表不仅可以在法院承认外国破产程序后申请相应救济，还有权自申请提出后至法院对申请作出决定之前，享有临时救济权，即法院根据外国代表的请求，在为保护债务人资产或债权人利益而需要紧急救济的情况下，可给予临时性的救济。为了保障债务人财产的保值乃至增值，在扩张承认与执行对象后，我国跨境破产立法有必要对收到外国破产程序承认申请后的当事人救济措施作出规范，区分承认与执行决定作出前与决定作出后两个阶段，设置

---

〔1〕 参见郑维炜：《中国应对跨国破产法律问题的策略选择》，载《当代法学》2012 年第 1 期，第 131 页。

〔2〕 参见［日］山本和彦：《日本倒产处理法入门》，金春等译，法律出版社 2016 年版，第 239 页。

不同的临时救济与救济规则。

（三）互惠原则的推定解释

外国破产程序承认与执行方面的互惠原则体现了对等报复与激励支持的两大内在本质属性，被认为是国际法中的一项基本原则，国际法律关系一定程度上，可以说是建立在独立的国际法主体间相互给予尊重、便利，互惠互利，平等对待基础上的。[1] 我国《企业破产法》第5条立法确定的事实互惠标准。从国际合作的角度看，我国可以借鉴瑞士、西班牙等国家强调国际合作的价值取向，对互惠原则作扩大解释，而非一味地追求事实或实质上的互惠。[2] 通过明确被申请国法院承担否定互惠原则的证明责任的举证责任倒置规则，即如果内国法院无法有效证明申请国法院曾经有拒绝承认与执行内国法院破产程序的事实，则推定互惠原则成立。

（四）公共政策例外原则的限制

我国《企业破产法》第5条有关公共政策例外的规定，与《示范法》《欧盟规则》以及美欧等国跨境破产立法中的相关规定并无本质上的区别，只是我国立法规范对公共政策，尤其是"社会公共利益"范畴外延的界定更加模糊，且我国破产立法缺乏对公共政策例外的限制性规定。[3] 公共政策本身即是一项内涵丰富，极大依赖于解释者主观目的的范畴，难以将其与其他事物进行明晰的区分，无法为其确定概念式的定义，而类型化界定的思维是一种必然的选择。我国破产立法将公正政策划分为法律的基本原则、国家主权与安全、社会公共利益三种类型，对于社会公共利益这一内涵仍不清晰的子类型，仍然需要进一步再类型化予以把握，或者避免使用模糊的子类型。在公共政策界定相对清楚的基础上，可以采纳"结果说"的思路对公共政策例外原则进行限制，并以直接因果关系说辅助判断。[4]

（五）利益保障条款的修订

我国《企业破产法》第5条的利益保障条款局限于对境内债权人合法权益进行审查的范围，并未涉及境外债权人以及其他相关主体的权益保障。国际跨境破产立法经验并未止步于公平对待债权人层面。联合国《示范法》不仅着眼于破产债权人利益的保障，还彰显出对债务人以及破产其他利害关系人利益予以保护

〔1〕 参见王吉文：《论我国对外国判决承认与执行的互惠原则——以利益衡量方法为工具》，载《法学家》2012年第6期，第154～155页。

〔2〕 参见解正山：《跨国破产立法及适用研究——美国及欧洲的视角》，法律出版社2011年版，第208页。

〔3〕 参见解正山：《跨国破产立法及适用研究——美国及欧洲的视角》，法律出版社2011年版，第209～210页。

〔4〕 马永梅：《外国法院判决承认与执行中的公共秩序》，载《政法论坛》2010年第5期，第66页。

的精神。[1]《示范法》均衡破产法律关系各方当事人利益的立法导向值得各国跨境破产法律借鉴，我国承认与执行外国破产程序的利益保障条款应选择更为中立、广阔、包容的视野，以社会整体福利最大化为本位，避免对某类破产主体利益的过度倾向性保护，争取各方权利人利益的平衡。由此，笔者建议"不损害中华人民共和国领域内债权人的合法权益"条款相应修订表述为："不损害债务人、各方债权人以及相关利害关系人的合法权益。"

六、承认与执行外国破产裁决的程序规范的完善

（一）申请人

《示范法》第9条规定了"直接介入的权利"，外国代表有权直接向本国法院提出申请。第9条对"外国代表"进行了定义，《联合国国际贸易法委员会跨国界破产示范法颁布及解释指南》（以下简称《解释指南》）中又对这一概念进行了进一步说明，与《示范法》第2条不同，《解释指南》中将"foreign representative"一词明确翻译为"外国破产管理人"，同时，外国破产管理人可以是在外国程序中被授权管理这些程序的人，程序管理包括在另一个法域寻求承认、救济和合作。此外，联合国国际贸易法委员会的另一官方文件《〈联合国国际贸易法委员会跨国界破产示范法〉：司法角度的审视》中也涉及了申请人的问题。在一些案件中，为确定特定的程序是否属于定义的范畴内，可能需要有适用法律的专家证据。在其他案件中，如果所述的这一步骤是接收法院所熟悉的，则可能不需要专家证据。《示范法》设想"外国代表"包括"临时"指定的管理人，但并不包括所作指定尚未开始生效的情况。用以确定"外国代表"是否有地位的一种方法是首先考虑是否符合"外国程序"的定义，然后再确定申请人是否被授权管理对债务人资产或事务实施的符合条件的重整或清算，或担任外国程序的代表。

根据对不同国家相关规定的梳理，实践中关于申请人的规定主要有两种方式，第一种就是完全采纳《示范法》对申请人的规定，即"外国代表"；第二种是根据本国实际情况在《示范法》的基础上进行修改，限缩或者扩大申请人的范围。虽然目前我国跨境破产的案例数量还很少，但是随着经济全球化的深入和我国国内破产立法的不断完善，可以预见跨国破产的案件会不断增多。《示范法》中规定的申请人主要是管理人，但是由于各国破产法规定的差异，《示范法》在管理人的基础上对申请人的范围进行了扩大，包括纳入破产程序的代表和享有控制权的债务人等。此种开放的态度可以鼓励外国破产企业的管理人或代表

---

[1] 如《示范法》规定法院批准的承认外国破产程序的临时救济与正式救济措施，必须确信债权人、债务人以及其他利害关系人的利益受到保护。See UNCITRAL Model Law on Cross-border Insolvency, Article 22.

积极向我国申请跨国破产的承认和协助，有利于跨国破产案件公平高效的处理，促进跨国破产案件的合作。我国在这一问题上也可采纳此种开放的态度。

（二）申请材料及其审查

《示范法》第 15 条对申请时应提交的材料也进行了规定，同时，《示范法》还要求申请人提出承认外国程序的申请之后提供后续信息。《解释指南》同时建议在颁布《示范法》时保留这种灵活性。关于申请人提交的材料的真实性，《示范法》不要求法院进行实质审查，第 16 条规定了关于承认的推定。《解释指南》解释了法院只进行形式审查的原因。《示范法》避免了必须依靠烦琐、费时的调查委托书或其他形式的外交或领事函件，而这类手段本来是必须采取的。这有助于对跨境破产采取有协调的合作办法，并从而有可能迅速采取行动。将第 15 条和第 16 条相结合，《示范法》就为外国破产管理人取得承认提供了一个简单、快捷的结构。《示范法》推定，为支持承认申请而提交的文件不需要任何特别形式的核证，特别是公证。

关于真实性推定的规定，有的国家并没有采纳。《示范法》进行这种规定的原因是希望可以借此提高跨境破产案件的审理效率，便利跨境破产的承认和协助。但是进行真实性的推定也存在一定的风险，申请人可能会提交虚假的文件或者恶意提出承认外国程序的申请，我国立法应当对此做出平衡。在跨境破产审理的起步阶段，采取保守的做法更加稳妥，有利于规范化的跨境破产机制的形成和发展，因此可以要求申请人证明提交的文件的真实性，如采取公证等方式。

（三）管辖法院

第一，级别管辖。关于承认外国破产程序申请的管辖法院，从《民事诉讼法》第 265 条的规定可知，承认外国破产程序的管辖法院的级别应为中级人民法院，但是根据破产案件财产的具体情况，确定相应的"中级人民法院"需要具体分析的。[1]

第二，地域管辖。在承认程序中，可以考虑以企业注册地作为主要利益中心地的标准，由国内的企业注册地法院管辖。多个法院之间对管辖权产生争议的，根据《民事诉讼法》第 37 条的规定，报共同上级法院指定管辖。

第三，集中管辖和联合管辖。集中管辖需要专业队伍的集中建设，短期内难以迅速地形成，根据我国目前的情况可以考虑建立法院之间的联合管辖和听审制度。无须在形式上形成集中，而是在具体的案件中吸收能力较强的法院参与案件的审理，并在过程中提出意见，不仅有助于案件的快速解决，同时也培养了参与的各个法院的审判能力。

---

[1] 杨挽涛等：《中国跨境破产的理论与实践》，载《金融服务法评论》2012 年第 1 期，第 354 页。

（四）法院内部的核准程序的设置与否

《示范法》的一个主要目的是为承认合格的外国程序制定一个简化程序，避免耗费时日的公正或者其他过程，为决定是否承认提供准确性。[1] 关于审查的内容，首先要对"国外破产程序"的法律属性进行审查，被申请承认的程序是否属于破产程序是首先要进行审查的事项，是否属于破产程序应以《示范法》为判断的标准。法院在做出是否承认外国破产程序的裁判中应当充分说明审查的标准和过程以及承认或不予承认的理由。除了明确审查的标准和承认的条件之外，专业化法庭的设置同样可以消除设置核准程序的顾虑。核准程序设置主要是出于对管辖法院能力的担忧，从而考虑设置核准程序进行进一步的判断决定是否承认外国破产程序，专业化的法庭建设可以一定程度上消除这个顾虑。

（五）法院承认程序的期限

美国跨境破产制度中，对外国法院破产程序的承认期限为 30 天，考虑到国内跨境破产制度尚未完全成熟，对外国破产程序的承认的经验尚浅，不宜过度缩短承认的期限。建议人民法院应当自收到承认申请之日起 15 日内裁定是否受理，有特殊情况需要延长前两款规定的裁定受理期限的，经上一级人民法院批准，可以延长 15 日，法院应当在受理申请后 3 个月内作出是否承认外国破产程序的裁定。

---

〔1〕 2014 年《联合国国际贸易法委员会跨国境破产示范法颁布及解释指南》，第 28 页。

民事证据契约效力的实证研究

赵小军*

随着法治进程的发展，民事诉讼中当事人的主体性不断增强，可以通过契约方式由当事人自由约定的程序法事项越来越多，在证据领域也是如此。作为民事诉讼契约的重要种类之一，民事证据契约逐渐得到关注。本课题在分析民事证据契约效力的理论构成的基础上，通过审判案例分析、司法数据统计、调查问卷等方式，准确把握民事证据契约具体类型（自认契约、证据方法契约、举证责任契约、举证时限契约和证据能力契约）的实践运行状态，并结合实践需要对相关制度作出了设计。

一、民事证据契约效力的理论分析

（一）民事证据契约概述

民事证据契约是指当事人在民事诉讼前或诉讼中就证据或证明事项达成的旨在影响证明利益的合意。民事证据契约的类型包括证据方法契约、举证责任契约、自认契约、举证时限契约和证据能力契约五种。从性质上看，虽然在订立主体，意思表示一致及不得违反法律及公共利益等方面，与私法契约存在诸多相同之处，但并未处分实体权利，即使是诉前的举证责任分配契约、自认契约等，也仅是民事合同中的争议解决条款，是涉及证据与证明领域的当事人合意，并没有直接处分实体权益。因此，证据契约与私法契约存在本质上的差异，所以不宜将其归为私法行为的范畴。证据契约通过程序性权利的处分达到影响案件事实认定的目的，从性质上看应为诉讼行为。

（二）民事证据契约的生效要件

1. 主体适格

诉前证据契约存在于普通民事合同中。在证据契约中，因证据契约并非实体上纯获利的合同，也非事实合同，虽然部分诉前证据契约是免除一方举证责任或

* 课题主持人：赵小军，北京市第一中级人民法院审判员。立项编号：BLS（2018）C005。结项等级：合格。

确认对一方有利事实的契约（可以理解为证据方面的纯获利），但因与诉讼利益及证据事项相关，具有较强的专业性，不宜允许无民事行为能力人或限制行为能力人作为合同订立的主体。诉讼中的证据契约，具有诉讼行为的性质，订立主体应当具备诉讼行为能力，同时符合民事诉讼法规定的诉讼主体资格，是争议的法律关系主体，具备起诉或应诉的相应资格，即必须是适格的当事人。

2. 意思表示真实

从形式上看，证据契约作为契约的一种，应当与契约法理念的转变相契合。从性质上看，作为诉讼行为的一种，证据契约更是应当遵循表示主义的原则，当事人订立契约时意思表示不真实，仅仅是其可变更、可撤销契约的理由，而非合同无效。对证据契约中意思表示真实的判断也应当遵循表示主义为主，兼顾意思主义的原则。只要不存在当事人因"欺诈""胁迫"或"重大误解"的情况，均应当认定为意思表示真实。[1]

3. 属于可以订立契约的证据或证明事项

可以订立民事证据契约的证据事项和证明事项主要包括五个方面：①证据方法，具体包括对证据方法的限制、变更和扩充三个方面。②举证时限，当事人可以对举证时限的时间范围及超出时限的证据是否失权等问题达成契约。③举证责任分配，当事人可以通过契约的方式对举证责任的分配问题作出处分。④对事实的认可，也即当事人可以达成自认契约。⑤证据能力，当事人可以通过契约的方式弥补证据所存在的证据能力瑕疵。

4. 不得违反法律规定及损害国家、社会或第三人利益

社会生活涉及方方面面，法律不可能将所有情况毫无遗漏地加以规定，故《中华人民共和国合同法》将不得损害国家、社会及第三人利益作为合同生效的最后一道防线。不得违反法律规定及不得损害社会公众利益是契约生效的基本要求，证据契约亦是如此。

5. 书面形式

诉前证据契约一般作为普通民事合同的组成部分存在。对于诉前证据契约的书面形式要求可以包括数据电文等具体形式，并不限于合同书。对于诉讼中的证据契约而言，单独的合同形式为最优选择。但因订立过程有法官的参与，在紧急情况下，也可以将当事人订立证据契约的意思表示及证据契约的其他必要要件记入笔录，由双方当事人签字表示认可。

---

[1]　类似观点如："我们认为，基于当事人意思自治，应当承认举证契约、证明负担分配契约在证据法上的应有地位，至于其无效、可撤销情形，则依《合同法》的相关规定执行。"陈界融：《证据法应当关注的几个理论问题》，载《证据科学》2009年第2期。

6. 不得附条件或附期限

合同中的附条件或附期限是指在合同中约定将特定的条件或期限作为决定合同效力发生或消灭的依据，这与证据契约诉讼行为的性质及制度目的相背离。证据契约不得附加条件或期限。

（三）瑕疵民事证据契约之救济

1. 救济范围包括主体不适格和意识表示不真实

对于缺乏诉讼主体资格的人订立的诉中证据契约，其主体性缺陷无法补正的，属于自始无效。但如果是当事人的诉讼行为能力存在缺陷，则可由其选择是否进行补正。意思表示瑕疵，只是影响到当事人意思自治的正当行使，并不影响他人、社会及国家利益，不应当一概判定为无效，可以通过赋予当事人撤销、变更、追认等选择权的方式进行救济，对于欺诈、胁迫等意思表示瑕疵，可以比照合同法中关于合同效力的规定进行处理。

2. 民事证据契约瑕疵救济具体程序

首先，主张瑕疵存在的当事人应当提供相应的证据。关于主体瑕疵的证明义务。对于证据契约的当事人是否具有诉讼行为能力的问题，只要当事人提交的手续能够证明其具有符合法律规定的诉讼行为能力即可，对方当事人对此存在质疑，应当提交相应的证据加以证明。关于当事人是否具有本案起诉及应诉的资格，当事人只要提出质疑并说明理由即可，由法院依职权对当事人诉讼主体资格问题进行调查和认定。关于意思表示真实存在瑕疵的证明因证据契约在诉讼前还是诉讼中达成而有所不同，对于诉前证据契约而言，申请人的证明责任更为严格，而对于诉中证据契约，在有法官参与的情况下，可以减轻申请人的证明责任。

其次，民事证据契约瑕疵救济的时间限制。证据契约存在瑕疵，当事人应当在达成证据契约的本案诉讼期内提出。主张证据契约存在瑕疵，也应当在举证时限内提出。

最后，民事证据契约瑕疵救济的方式。①对于主体瑕疵的救济。诉前证据契约的当事人不适格，是指当事人缺乏订立契约的民事行为能力，对此瑕疵的补正需要当事人的法定代理人进行追认。诉讼中的证据契约均是诉讼当事人或者代理人订立的，如果当事人存在缔约主体不适格的问题，则不仅仅涉及证据契约，而是对整个诉讼主体的能力问题都需要重新考量；如果只是代理人缺乏代理权限擅自签订证据契约，则需要当事人的书面追认。②意思表示内容不真实的救济。对意思表示不真实的证据契约的救济是通过申请方行使撤销、变更权完成的。

（四）违约方的法律责任承担

1. 实际履行：对能够继续履行及可替代履行的违约行为的救济

契约订立的根本目的在于履行，对于有履行可能的证据契约，非违约方可以选择要求对方继续履行作为救济手段。

2. 承担证明上的不利益：无法继续履行的违约责任承担

民事证据契约违约责任承担的一项重要内容就是让违约方失去证明利益。这种证明利益损失又分为绝对损失和相对损失。前者如根据举证时限契约的约定让超过举证时限提出的证据产生绝对失权的法律后果，产生证明利益的绝对损失。后者如在测谎契约中，违约方为被测人，且履行不能的情况下，本应由非违约方承担举证责任的测谎事项，举证责任发生转移，由违约方承担后果，如果违约方举证不能，则承担不利甚至败诉的后果，这是证明利益的相对损失。

3. 损害赔偿：具体项目和计算方式

因违反证据契约给非违约方当事人造成损失的，应当赔偿损失。因当事人不履行合同义务，故合同之债转化为损害赔偿的债权债务关系。违反民事证据契约造成的损失主要是诉讼成本的增加。正因不以当事人的主观过错作为赔偿依据，所以损害赔偿应当以填平损失为原则，不宜设定惩罚性损害赔偿。

4. 救济方式不包括违约金和定金

与普通民事合同存在区别的是，当事人在订立证据契约时，无法预见到违约造成的诉讼拖延损失，故无法在证据契约中约定违约金条款。证据利益并不是实体利益的直接处分，且不能用金钱直接衡量，用具体数额的金钱来担保证据契约的履行与证据契约的性质不相匹配，定金责任在证据契约中亦不适用。

5. 训诫、罚款：惩罚性赔偿的替代手段

只要造成诉讼拖延的后果，法院便可以对其进行训诫，对严重拖延诉讼的行为，法院可以对违约方进行罚款。设计这种责任体系也是对当事人履约行为的一种督促。

6. 违约责任承担具体程序设计，应当遵循如下步骤

首先，违约责任追究应由当事人提出。其次，追求违约责任的形式应由守约方自主选择。最后，应在同案中对违约行为进行处理。

二、审判权对民事证据契约效力之限制与保障

（一）审判权对民事证据契约效力之限制

1. 契约的内容不得侵犯法官心证和裁量的专属领域

首先，不得订立证明力契约。对证据证明力之判断需要由法官通过自由心证完成，在这一过程排斥证据契约的适用。其次，不得订立证明标准契约。证明标准是自由心证的核心内容之一，不能由当事人通过契约的形式加以设定。最后，不得订立关联性契约。对证据关联性的判断属于法官自由裁量的范畴，不应允许当事人通过订立证据契约的方式加以约束。

2. 证据契约的适用需要经过法院的效力审查

第一，程序性内容审查。程序性审查主要包括对订立契约的主体资格适格性的

审查和对订立时间的审查。第二，实质性内容审查。具体包括以下几点：①证据契约的内容不得侵犯法官的自由心证。②不得违反国家法律、法规的禁止性规定，不得存在损害国家公共利益和他人合法权益的情况。③当事人订立证据契约必须在其享有处分权的范围之内，若诉讼标的非属于处分权主义与辩论主义适用范围之内，则不存在证据契约适用的余地。④当事人在诉讼契约中约定的事项不应当造成诉讼的拖延。

（二）审判权对民事证据契约之保障

审判权对民事证据契约的保障贯穿于制度适用的全过程，具体包括以下几个方面：第一，向当事人进行民事证据契约制度概况和价值的介绍。第二，具体程序性事项的指导和说明。第三，对法律后果的提醒和说明。第四，对契约风险进行必要提示。

三、自认契约效力的实证分析

自认契约是指在诉讼之外，当事人之间达成的对事实或对证据的真实性不加争执的契约。

（一）自认契约效力困惑的实证考察

1. 困惑一：自认契约是否具有固定事实的效力

案例一：张某、李某与王某交通事故责任纠纷案。[1]

如果认为自认契约具备固定案件事实的效力，则可以免除举证责任方的举证责任。如果法院将自认契约的效力等同于诉讼外的自认，则只能为证据的一种。

2. 困惑二：自认契约的效力与当事人为达成和解（调解）而认可事实效力的关系

案例二：赵某与艾某家属、某保险公司机动车交通事故责任纠纷案。[2]

是否可以将自认契约的效力等同于当事人为达成和解（调解）而认可事实的效力？

3. 困惑三：自认契约的效力是否受到和解协议效力的影响

（1）诉讼前达成的和解协议被撤销，其中自认契约的效力问题。

案例三：邵某与刘某、某养殖中心生命权、健康权、身体权纠纷案。[3]

自认契约的效力是否具有独立性？法院的处理是否恰当？

---

〔1〕 为了讨论的便利，根据北京市第一中级人民法院（2016）京01民终5495号案件略加改编。

〔2〕 参见毛建梅：《调解协议中的自认事实≠案件事实》，载 http://wlmqtlzy. xjcourt. org/public/detail. php? id=1555. 另有仲裁机构也持此类观点，参见周建明：《和解协议的证据效力如何认定》，载《中国劳动保障报》2013年3月5日，第A5版。

〔3〕 参见北京市昌平区人民法院（2014）昌民初字第8285号民事判决书。

（2）诉讼中达成的和解协议遭反悔，其中自认契约的效力问题。

案例四：吴某与刘某不当得利纠纷案。[1]

对于协议中确认的事实能否直接认定？还是需要当事人重新对其主张的事实加以举证证明？

4. 困惑四：与生效判决矛盾的自认契约效力如何确定

案例五：魏某与某餐饮公司提供劳务者受害责任纠纷案。[2]

如果和解协议中确认的事实与一审判决确认的事实产生矛盾，在后续涉及此事实的关联案件中，对相关事实如何认定和处理？

（二）自认契约的效力内容

首先，自认契约的效力内容为固定案件事实。对当事人的效力主要是免除了当事人的举证责任。对于法院的效力是法院应当对自认契约确认的事实予以认可和尊重。案例一中，因当事人的和解协议中包含自认契约的条款，故无须当事人进行举证。其次，自认契约的效力不同于无效自认。案例二中，法院应当依据当事人之间的协议认定赵某系逃逸，免除保险公司在商业险范围内的赔偿责任。再次，自认契约的效力具有独立性。在案例三中，即使和解协议被撤销，法院还是可以按照《事故处理协议书》中确认的事实，对养殖中心、刘某、邵某各自的责任进行认定。最后，自认契约具备阻却生效判决认定事实的效力。在案例五中，在魏某后续的治疗费赔偿纠纷中，应当认定魏某在其受伤一事中存在过错。

（三）自认契约的生效要件

首先，缔约主体应是具备民事行为能力的当事人。订立自认契约的主体应当具备完全民事行为能力，无民事行为能力人与限制民事行为能力人在和解协议中达成的事实确认条款不属于有效的自认契约。其次，契约内容为实体法事实和部分证据事实，且不涉及身份关系。再次，意思表示明确真实及具备合法性。复次，书面方式且内容严谨。最后，关于自认契约的变更、撤销问题。自认契约因是双方表意行为，不存在撤回的问题，但应当允许变更、撤销。变更、撤销自认契约仅限于以下两种情况：①基于当事人意思表示一致而变更、撤销自认契约。②提供证据证明做出自认契约时存在重大误解或者受到了欺诈、胁迫。

四、证据方法契约效力的实证分析

证据方法契约是指当事人协商确定限制某些证据方法在法庭调查阶段提出或以替代性方式改变既有证据方法的契约。受课题容量所限，本课题仅以测谎契约为例展开对证据方法契约的具体分析。

---

[1] 参见北京市第一中级人民法院（2016）京01民终2385号民事裁定书，此案二审结果为发回重审。

[2] 为了讨论的便利，根据北京市第一中级人民法院（2017）京01民终2010号案件略加改编。

（一）对民事测谎契约效力存在问题的实证调查

1. 测谎契约作为测谎启动条件的普适性仍待加强

①法院仅凭一方当事人申请，未征求对方当事人意见启动测谎程序。此类案件有3件，占启动案件总数的18.8%。②法院征求双方当事人意见，在一方当事人明确表示不同意的情况下，仍然启动测谎程序。此类案件有4件，占启动案件总数的25%。③法院在未征求当事人意见的情况下，依职权启动测谎。此类案件有2件，占启动案件总数的12.5%。

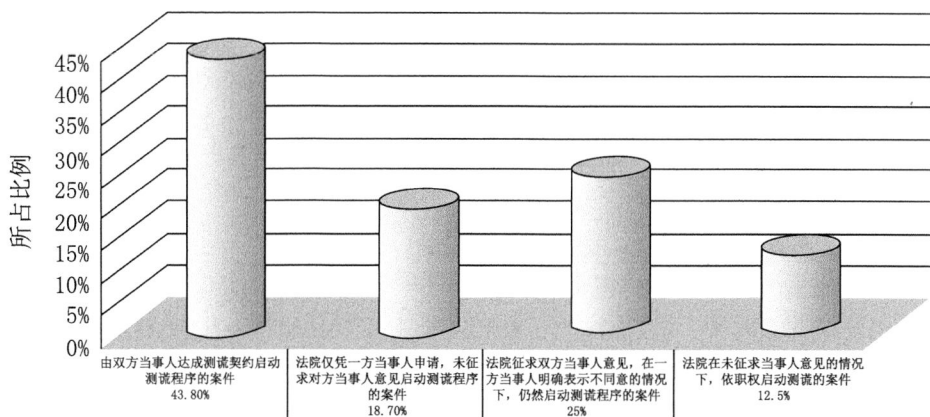

图1　16个启动测谎程序的案件中，当事人达成测谎契约启动测谎与其他三种不规范情况的比例情况

2. 在当事人违反测谎契约时，契约效力未正确发挥

①约定的交费义务人未按时交费，导致测谎程序启动失败。如余某与程某等四人生命权、健康权、身体权纠纷一案。[1] ②因当事人的特定行为导致测谎实验不具备继续进行的条件。如管某与孙某、公某等五人民间借贷纠纷一案。[2] ③当事人明确表示反悔进行言语性明示，如闻某与史某健康权、身体权纠纷一案。[3]

（二）测谎契约构成生效要件的合理规制

首先，测谎契约须由双方当事人达成，法院不得作为契约主体。其次，意思表示真实的判断应遵循表示主义为主，兼顾意思主义的原则。如在王某与兰某民间借贷纠纷一案中，[4] 被告兰某称因案件中所涉及的55万元借款原告王某并未

---

〔1〕　北京市昌平区（2011）昌民初字第9668号民事判决书。
〔2〕　北京市通州区（2010）通民初字第2889号民事判决书。
〔3〕　北京市顺义区（2011）顺民初字第3301号民事判决书。
〔4〕　北京市通州区人民法院（2012）通民初字第12697号民事判决书。

实际给付，对此事实申请测谎，原告王某同意测谎后，向法院申请撤回起诉。王某以其撤诉的行为表明了对案件事实的认可。再次，测谎契约所约定的测谎事项应与待证法律要件事实具有关联性。如于某与中国中医科学院等机动车交通事故责任纠纷一案中，[1] 法院认为当事人申请测谎的内容与案件需要查明的事实缺乏关联性，驳回当事人的申请。北京某橡胶制品有限公司与王某民间借贷纠纷一案中，[2] 橡胶制品公司在二审期间申请对王某的资金来源进行测谎，因王某的资金来源并非本案的法律要件事实，法院对橡胶制品公司的申请予以驳回。最后，严格控制测谎契约的达成的程序性要件。

（三）测谎契约的约束力及违约方的法律责任

第一，能够继续履行的，应以履行为原则，并对违约方进行训诫或罚款。第二，在因违约方的根本违约造成测谎协议履行不能的情况下，发生待证事项的举证责任由违约方承担的不利后果。

五、举证时限契约效力的实证分析

（一）举证时限契约效力受限的实证调查

1. "一边倒"的举证时限确定方式

在卷宗查阅方面，笔者对 2016 年 1 月 1 日至 2016 年 12 月 31 日参与审理的 165 件案件的卷宗（包括一审卷宗和二审卷宗）进行了分析。[3] 在 165 件案件中，仅有 3 件案件在一审程序中、4 件案件在二审程序中，存在当事人协商确定举证时限的情况。在问卷调查和访谈方面，笔者于 2017 年 2 月 10 日至 5 月 10 日面向某市所属 16 个基层法院、3 个中级法院及 1 个高级法院中共计 150 名员额内民事审判法官（其中包括 126 名在职法官和 24 名离职法官）发放了调查问卷，并进行了访谈。[4] 收回有效问卷 123 份，笔者对 123 份问卷的数据进行统计后，形成了下面的问卷调查结果汇总图：

---

[1] 北京市第一中级人民法院（2011）一中民终字第 15164 号民事判决书。

[2] 北京市第一中级人民法院（2009）一中民终字第 2451 号民事判决书。

[3] 笔者审理的为二审案件。案件上诉后，一审案卷会全部移送二审法院，因此，笔者调研的案卷包括一审卷宗和二审卷宗，合计卷宗 330 份。

[4] 笔者在向这 150 名员额法官发放问卷的同时，还与其中的 118 名法官通过面对面、电话、微信的方式进行了访谈。

（1）对实践中举证时限确定方式的调查。

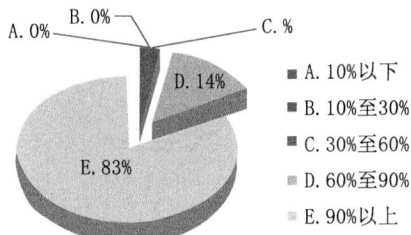

A. 0%　B. 0%　C. %
D. 14%
E. 83%
■ A. 10%以下
■ B. 10%至30%
■ C. 30%至60%
■ D. 60%至90%
■ E. 90%以上

图1　在你审理的一审案件中，由法院指定举
　　证时限所占比例大约为？

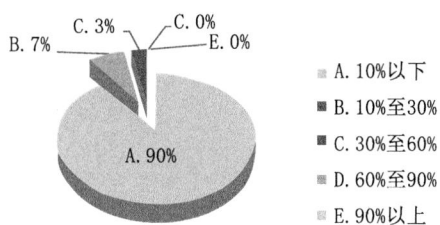

C. 3%　C. 0%
B. 7%　　E. 0%
A. 90%
■ A. 10%以下
■ B. 10%至30%
■ C. 30%至60%
■ D. 60%至90%
■ E. 90%以上

图2　在你审理的一审案件中，由当事人协商
　　确定举证时限所占比例大约为？

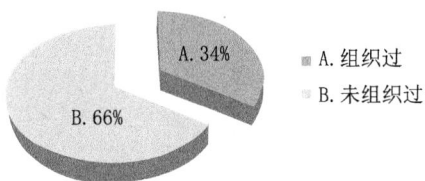

A. 34%
B. 66%
■ A. 组织过
■ B. 未组织过

图3　是否主动组织过当事人协商
　　确定举证时限？

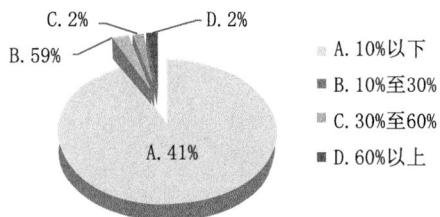

C. 2%　　　　D. 2%
B. 59%
A. 41%
■ A. 10%以下
■ B. 10%至30%
■ C. 30%至60%
■ D. 60%以上

图4　主动组织过当事人协商确定举证时限的
　　案件占审理案件的比例？

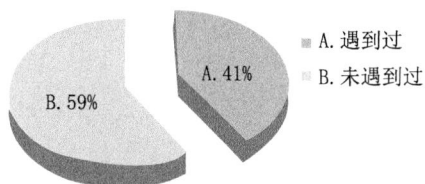

A. 41%
B. 59%
■ A. 遇到过
■ B. 未遇到过

图5　是否遇到过当事人主动要求协商确定
　　举证时限的情况？

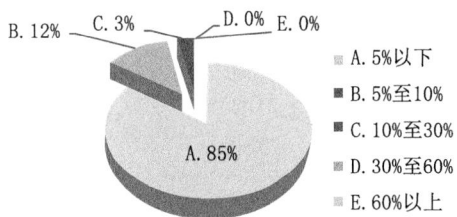

B. 12%　C. 3%　　D. 0%　E. 0%
A. 85%
■ A. 5%以下
■ B. 5%至10%
■ C. 10%至30%
■ D. 30%至60%
■ E. 60%以上

图6　当事人主动要求协商确定举证时限的
　　案件占案件总数的比例？

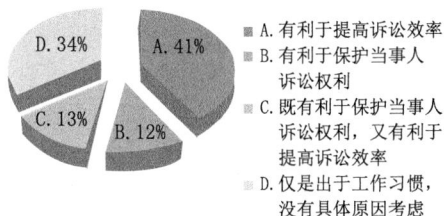

D. 34%　　A. 41%
C. 13%　B. 12%
■ A. 有利于提高诉讼效率
■ B. 有利于保护当事人
　　诉讼权利
■ C. 既有利于保护当事人
　　诉讼权利，又有利于
　　提高诉讼效率
■ D. 仅是出于工作习惯，
　　没有具体原因考虑

图7　选择由法院指定举证时限是出于
　　何种考虑？

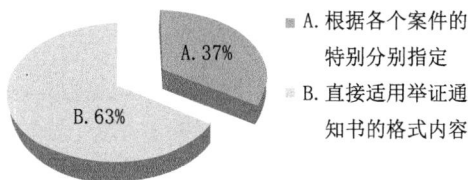

A. 37%
B. 63%
■ A. 根据各个案件的
　　特别分别指定
■ B. 直接适用举证通
　　知书的格式内容

图8　由法院指定举证时限，是否根据
　　个案分别指定？

图9 中饼图标注：C. 45%、A. 38%、B. 17%

图例：
- A. 根据案由及起诉书、答辩状中表达的问题
- B. 总结诉辩双方对案件争议焦点的基础上
- C. 根据争议焦点及当事人的举证能力

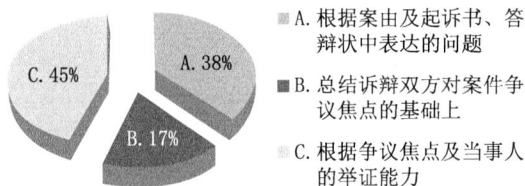

图9 法院根据个案指定举证时限，时间段确定的依据？

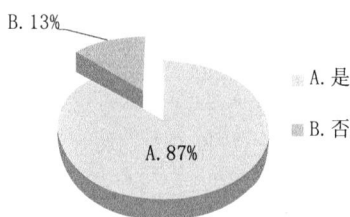

图10 中饼图标注：B. 13%、A. 87%

图例：
- A. 是
- B. 否

图10 确定举证时限是否在举证通知书中一并表述？

（2）限制举证时限契约适用带来的问题调查。

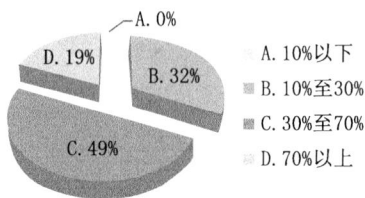

图11 中饼图标注：A. 0%、D. 19%、B. 32%、C. 49%

图例：
- A. 10%以下
- B. 10至30%
- C. 30至70%
- D. 70%以上

图11 在法院指定举证时限的案件中，当事人申请延长举证时限的案件所占比例？

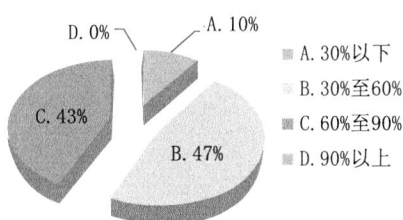

图12 中饼图标注：D. 0%、A. 10%、C. 43%、B. 47%

图例：
- A. 30%以下
- B. 30至60%
- C. 60至90%
- D. 90%以上

图12 二审中，当事人提交新证据的案件比例？

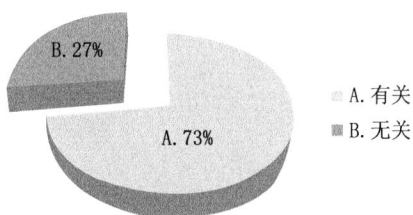

图13 中饼图标注：B. 27%、A. 73%

图例：
- A. 有关
- B. 无关

图13 你认为当事人在二审提交新证据与一审举证时限确定方式存在缺陷是否有关？

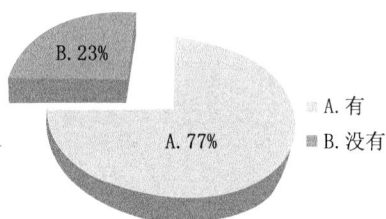

图14 中饼图标注：B. 23%、A. 77%

图例：
- A. 有
- B. 没有

图14 由当事人在举证时限契约中商定证据失权是否具有可能性？

通过对调查结果进行分析，可以发现实践中举证时限的确定方式呈现出如下特点：①法院指定举证时限占绝对优势，举证时限契约发挥效力受限。②当事人缺乏自主性，法院也未积极引导。③法官指定举证时限的方式较为随意，存在不规范之处。④举证通知书内容并不完善，载体作用未充分发挥。

2. 限制举证时限契约发挥效力带来的问题

首先，易造成申请延长举证时限现象频发。通过调查结果可知，有49%的法官认为在法院指定举证时限的案件中，当事人申请延长举证时限的案件占全部案件的30%至70%（图11）。其次，易导致二审"新证据"现象频发。90%的法官

认为二审中当事人提交新证据的案件占到案件总数的 60% 左右（图 12），有 73% 的法官认为当事人在二审提交新证据与一审举证时限的确定方式不当存在关联性（图 13）。最后，易构成对当事人程序自主权的损害。当事人作为取证和举证活动的主体，其对己方要搜集证据的种类、内容及自身的取证能力有着最为准确可靠的把握，应当享有决定举证时限长短的权利，对于逾期提供的证据也可以自行决定是否产生失权的效果（图 14）。

（二）举证时限契约发挥效力难题的应对之策

1. 适用规则

①优先适用：在一审普通程序的案件中应当确定举证时限契约的优先地位。②辅助适用：在简易程序、小额诉讼案件及二审案件中，以法官指定举证时限为主，以举证时限契约为辅。③选择适用：当事人主动要求协商确定举证时限的案件，应当适用举证时限契约。

2. 优化举证时限契约运行的配套制度

①完善答辩失权制度。②完善庭前准备程序。③充分发挥法官释明的作用。

3. 完善举证时限契约的构成要素

①举证时间段应有最长时间限制。②作为例外情况的时限变更和延长。既然举证时限是由双方当事人协商确定的，那么在举证时限届满后，是否可以延长、延长的时间及理由应当由双方当事人经过协商自由确定并在举证时限契约中以专项条款加以确定。③证据交换日期应属于举证时限契约的组成部分。④关于证据失权条款的约定。逾期举证的后果必然是举证时限契约必不可少的组成部分。一旦当事人约定了逾期提交的证据不失权或者附条件失权，法院采信该证据时还应当按照法律规定给予逾期举证方公法上的惩罚。⑤赔偿条款：给予守约方必要的救济。

六、举证责任分配契约效力的实证分析

（一）举证责任契约效力的实践表达

举证责任分配契约在实践中以何种形式存在？笔者通过自身审判经验的积累和对大量的案例分析，发现主要有以下三种：

（1）案例一：合同中的举证责任分配条款—诉前举证责任分配契约。[1] 在此类合同中引入举证责任分配契约，是解决物业服务企业对催交行为证明尴尬的良策。

（2）案例二：申请法院调取证据契约—诉讼中的主观举证责任分配契约。如曹某诉黄某合同纠纷中，[2] 后曹某与黄某达成契约，约定由法院调取该

---

〔1〕 北京市第一中级人民法院（2012）一中民终字第 12320 号民事判决书。
〔2〕 为了讨论的便利，根据北京市海淀区人民法院（2014）海民初字第 12303 号民事判决书略加改编。

录像。

(3) 案例三：测谎契约—诉讼中的举证责任免除契约。

在张某与梁某民间借贷纠纷一案中，[1] 张某向法院提交借条一张，用以证明梁某向其借款的事实，同时认为款项已经以现金方式交付梁某。为查明借款事实是否存在，法院在征得双方当事人同意的情况下，组织双方当事人进行测谎。测试前，张某拒绝进行测试。法院依据生活经验及本案中测谎结论驳回了张某的诉讼请求，张某不服提出上诉，二审法院维持了一审判决。

(二) 举证责任分配契约的效力要件

1. 诉前举证责任分配契约的效力要件

①适用前提：诉前举证责任分配契约的适用应由当事人提出。②格式条款：对于格式性诉前举证责任分配契约的特殊规定。③效力判断：应当符合合同法和诉讼法的双重要求。

2. 诉中举证责任分配契约的适用规则

①法官应积极发挥释明作用。②程序性事宜及违约责任。③书面形式及时间限定。对举证责任分配契约而言，书面形式更为适宜。同诉前举证责任分配契约一样，诉中举证责任分配契约以一审举证期间内达成为原则，以举证时限外或二审期间达成为例外。④对当事人及法院的约束力。当事人申请法院调取证据契约，经法院审查确认后，对双方当事人和法院均产生拘束力。

七、证据能力契约效力的实证研究

(一) 证据能力的概念和要件

通说认为，证据能力是大陆法系国家的概念，指的是证据可以在法庭审理中出示并成为认定案件事实依据的资格。[2]

(二) 证据能力契约的效力范围

证据能力关联性的判断涉及事实问题，由法官依靠经验法则、逻辑规则自由裁量完成，不能由当事人通过契约方式决断。证据能力的政策性要件由法律直接规定，也无法达成证据契约。而在证据能力程序性要件中的主体性要件、与直接言词原则及举证时限相关的要件，因只涉及双方当事人之间的程序利益，可以由双方当事人通过契约的形式加以改变。而非法取得证据之证据能力，虽然也是存在程序性要件的瑕疵，但仅对侵犯对方当事人合法权益的证据之证据能力可以补正。证据能力的形式性要件因仅与证据的载体相关，故亦存在证据契约适用的空间。

---

[1] 北京市第二中级人民法院 (2010) 二中民终字第 3944 号民事判决书。

[2] 参见孙远：《刑事证据能力导论》，人民法院出版社 2007 年版，第 13 页。

（三）我国引入证据能力契约的必要性

首先，司法实践中大量证据存在程序或形式瑕疵。以取证主体瑕疵为例，笔者于 2016 年 6 月 23 日在某直辖市法院系统裁判文书网以"越权取证"为关键词，以"民事"为案件类型，"基层人民法院"为案件查询范围，"2015 年"为时间范围，查询到涉及法官调查取证的案件 167 件。通过分析发现法官越权取证主要表现为三种形式：一是属于当事人申请法院调取证据的范围，缺乏当事人申请的情况下，法院径行调取证据。此类案件有 34 件，占案件总数的 20.4%。二是法院越权调取属于当事人应当自行收集的证据。此类案件有 55 件，占案件总数的 33%。三是法院进行庭外咨询所形成的证据。此类案件有 10 件，占案件总数的 6%。由数据可知，调研的样本中 59% 的案件存在法官越权取证的问题。其次，与我国现阶段证据收集模式相契合。当事人对法院调查取证的依赖及法官自身调查取证的主动性观念短时间内不会改变。这些取证过程中的问题及漏洞需要通过证据能力契约来弥补。再次，可以弥补我国现行法律规定的不足。在法律未作出修改的情况下，通过证据能力契约的方式对取证主体加以扩充不失为良策。最后，有利于案件事实的发现及诉讼效率的提高。对于调查取证过程中存在的证据能力瑕疵，由当事人通过达成契约的方式加以处理，也有利于诉讼效率的提高。

（四）证据能力契约生效要件设计

首先，判断证据是否具备实质性要件。从思维逻辑上看，此时法官首先对待取证据的关联性要件进行了判断，认为此证据与案件事实存在实质关联，为保证案件事实的查清，做出了于法无据的取证行为。此时收集的证据与待证事实一般不仅存在形式上的关联，还存在实质上的关联。其次，判断瑕疵是否属于可通过契约补正的范围。最后，订立证据能力契约的具体程序。从契约达成的主体来看，应当是案件的双方当事人。从达成的时间来看，虽然证据能力契约的重要功能是瑕疵补正，但对于法官越权取得证据之证据能力契约而言，最优时间点应该在法官调查取证前。从契约内容来看，应当对调取证据的名称、地点、时间、方式等具体内容明确指向。法律效力上，如果双方当事人都同意赋予该证据以证据能力，那么该证据就拥有了进入庭审的资格，法官对该份证据进行出示，由双方当事人发表质证意见。如果一方或双方当事人不同意达成契约，则亦应将其意见在庭审笔录中记明，同时法官应当向其释明，举证责任承担方当事人仍然可以自己调取该证据，并指定举证期限。

涉众型经济犯罪涉案财物处置问题研究

叶　萍[*]

随着中国经济发展进入新常态，经济领域深层次和结构性矛盾逐步显现，导致当前涉众型经济犯罪频发，逐渐成为当前影响社会稳定的重要隐患。党的十九大明确提出，今后三年要重点抓好决胜全面建成小康社会的三大攻坚战，重点是防控金融风险。由于涉众型经济犯罪的犯罪行为潜伏周期长，案发时，往往是资金链断裂崩盘而不能支付投资者本息，或嫌疑人已携款潜逃，赃款追缴难度极大，被害人财产利益难以得到有效维护，容易激化社会矛盾，引发群访闹访事件。资产处置是涉众型经济犯罪案件办理过程中维稳的关键点。资产处置公平合理，涉众型经济犯罪案件就能案结事了；资产处置不当，不但案件本身得不到妥善处置，还可能由此引发新的不稳定因素。因此，如何确保该类案件中资产处置工作高质高效完成，实现法律效果、社会效果和政治效果的统一，是当前各部门的工作重点，并且具有重要研究价值。

第一部分　涉众型经济犯罪案件涉案财物处置现状
——以北京市朝阳区人民检察院近四年司法实践为样本

一、近四年北京市朝阳区人民检察院涉众型经济犯罪案件涉案财物处置的特点

（一）近四年涉众型经济犯罪涉案财物类型

以北京市朝阳区人民检察院近四年（2014年至2017年）涉众型经济犯罪案件为例，该院共受理非法吸收公众存款案件审查起诉456件1331人，集资诈骗案件审查起诉29件78人，占北京市非法集资类案件的六成以上。近四年来该院受理的非法集资类案件量持续走高，预计未来一段时间内仍将继续保持逐年递增趋势。

---

* 课题主持人：叶萍，北京市朝阳区人民检察院副处级检察员。立项编号：BLS（2018）C006。结项等级：合格。

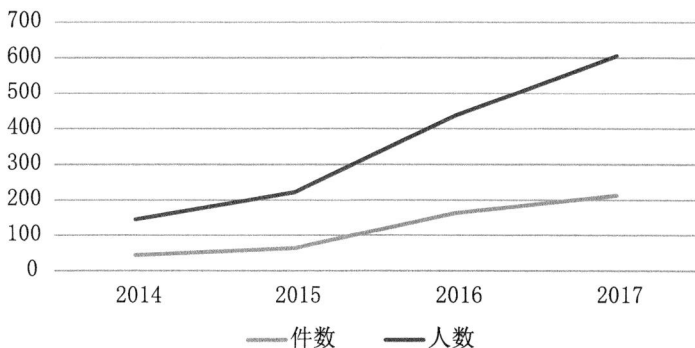

图 1　非法集资类案件趋势

　　为了进一步分析该院非法集资类案件涉案财物类型，课题组对近四年该类案件中的涉案财物进行统计，分别计算出涉及各类财物案件数占总案件数的比例，结果如下图[1]：

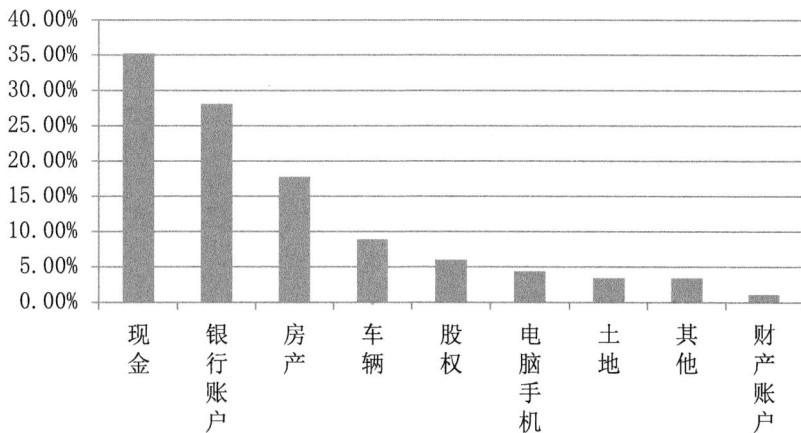

图 2　非法集资类案件涉案财物情况

　　如图 2 所示，涉及现金、银行账户、房产的案件数排名居前三位。其中，涉案财物包括现金的案件最多，占近四年非法集资类案件数的 35.2%。案发后，司法机关通常会要求犯罪嫌疑人依法退赔违法所得，包括退缴佣金、提成、工资等违法所得，退还集资参与人损失等。2016 年 8 月起，该院正式在非法集资类案件中适用认罪认罚从宽制度，是现金类涉案财物所占比例最高的原因之一。下文将

---

[1]　其他类包括：防护林、探矿权、保鲜库、家具、收藏品、林权。财产账户：指除银行账户之外的财产性账户，包括股票、期货、证券资产账户。

详细分析论述。排名其次为涉及银行账户的案件，所占比例28.1%。案发后，公安机关通常对涉案公司及犯罪嫌疑人的银行账户进行查询、冻结。查询、冻结银行账户不仅有利于追赃挽损，而且通过对银行账户交易记录的审计，有助于综合认定涉案资金流向、非法集资对象人数和吸收资金数额等犯罪事实。再次为涉及房产的案件，所占比例17.8%。部分犯罪分子用非法集资的资金购买房产，或将资金投入房产项目。房产查询、查封工作是公安机关办理非法集资类案件的"规定动作"，案发后公安机关通常会前往不动产登记事务中心进行房产查询查封。

（二）该院最近120件案例的追赃挽损比例

随着近年来朝阳区非法集资等涉众型经济犯罪案件量的激增，集体访持续激化，导致北京市维稳压力激增，造成上述问题的核心原因之一就是追赃挽损困境难以破解。课题组对最近的120件非法集资类案例的涉案财物情况进行统计，发现目前平均追赃挽损率仅为3.95%（追赃挽损数额54 319.38万元，非法集资数额1 375 425.7万元）。下图为追赃挽损率在各范围内的案件数占总案件数的比例：

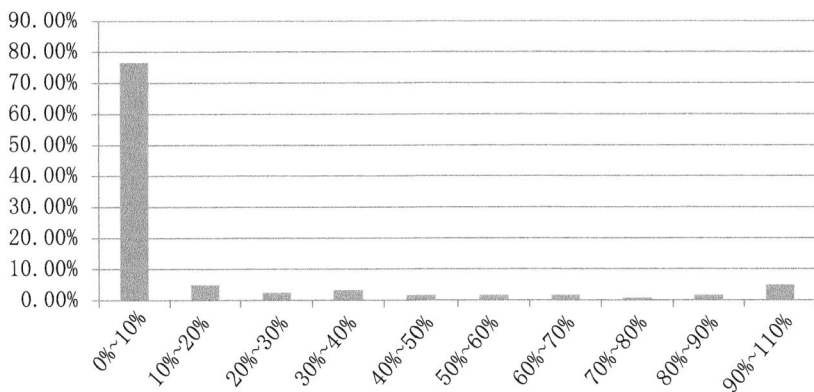

图3 追赃挽损效果

各涉案财物变现金额占追赃挽损总金额比例的情况如下图：

土地使用权,
1% 车辆,0%
防护林,
5% 电脑、手机,0%
股权,
5%
银行账户,
7%
现金,
9%
房产,73%

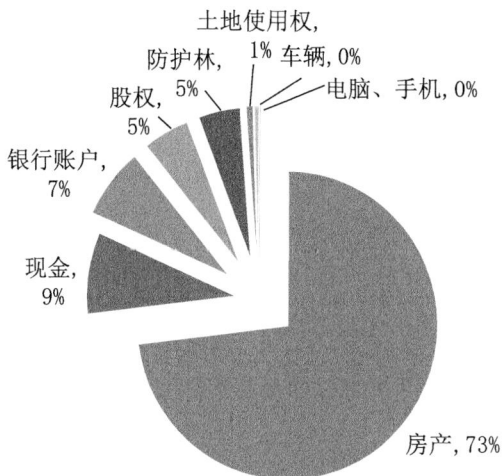

图4 涉案财物变现金额占总追赃挽损的比例

如图所示，涉众型经济犯罪案件整体追赃挽损率很低。其中，房产类财物的变现金额在追赃挽损中占绝对多的比例，高达73%。涉案房产的顺利变现，是集资参与人非常关心的问题之一，对追赃挽损、息诉罢访起着至关重要的作用。但实践中，一些涉案房产存在有抵押、轮候，甚至已被网签的情况，大部分房产也有银行贷款，使得其变现能力大打折扣。其次为现金类，大部分系犯罪嫌疑人退赔的违法所得。随着非法集资类案件认罪认罚从宽制度的进一步适用，目前该院适用该制度共为集资参与人挽回经济损失7500余万元，取得了良好的法律效果和社会效果。再次为银行账户类，犯罪嫌疑人及涉案公司的银行账户存款也是追赃挽损的重要组成之一。

（三）探索认罪认罚从宽制度在涉众型经济犯罪中助力涉案财物追缴

2016年以来，北京市朝阳区人民检察院依托自身在刑事速裁和轻微刑事案件认罪认罚从宽试点工作积累的有益经验，结合区域实际，以"分化瓦解非法集资犯罪集团，最大限度地追赃挽损，化解社会矛盾，实现法律效果、社会效果和政治效果的统一"为目标，审慎、稳妥地推进非法集资案件认罪认罚从宽探索。

自2016年8月至2017年12月，该院共对55件非法集资案件中的109名人员适用了认罪认罚从宽制度，共挽回经济损失人民币4300余万元。具体情况如下：

（1）在启用阶段上，审查逮捕与审查起诉阶段各半。在审查逮捕阶段共对28件51人适用了该制度，在审查起诉阶段共对27件58人进行了适用。

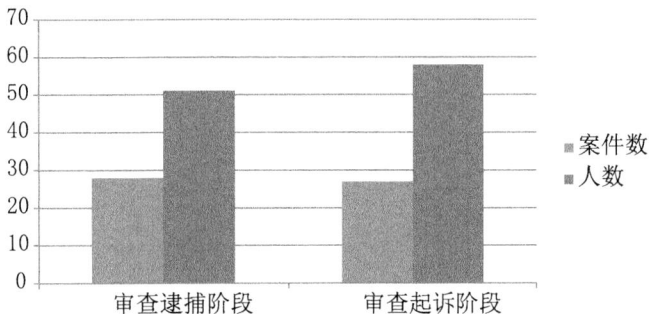

图 5　不同阶段的适用情况

（2）在适用对象上，较低层级销售人员及从事辅助性工作人员占绝大多数。对业务员、团队经理等较低层级销售人员适用该制度的有 83 人，对从事财务、行政等辅助性工作人员适用该制度的有 18 人，两者共占全部适用该制度人数的 92.7%，对公司股东、法人、总经理等关键人员适用该制度的占 7.3%。

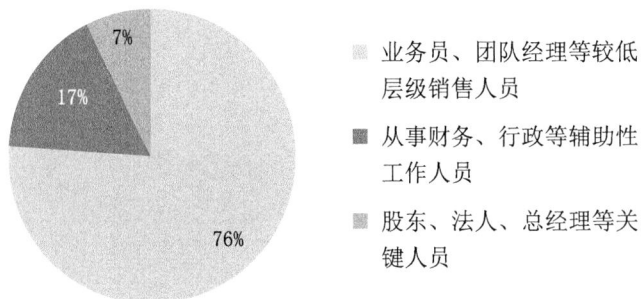

图 6　适用对象情况

（3）在退赔数额上，根据工作职务有所区别。对公司股东、法人、总经理等关键人员，需要退赔全部或大部分集资款才能适用该制度。对公司层级较低的销售人员及从事辅助性工作的人员，退赔全部佣金、提成、工资等钱款则可适用该制度。

（4）在处理结果上，体现了实体与程序上的从宽。在适用该制度的 109 人中，对 51 人以无逮捕必要作出了不批准逮捕的决定，对 26 人作出了相对不起诉的决定，对 10 人变更强制措施为取保候审，对 22 人提起公诉的同时建议法院减轻或从轻量刑。

二、实践中暴露出的问题及困惑

(一) 涉案财物追缴难

涉众型经济犯罪案件涉案资金流向广、地区跨度大、法律关系复杂，且犯罪行为潜伏周期长，案发时往往已资金链断裂崩盘不能支付投资者本息，或犯罪嫌疑人携款潜逃，赃款赃物追缴难度极大。且办案实践中司法资源捉襟见肘，每个案件基本都是由两名侦查人员主办。非法集资类案件线索庞杂、查证难度大，侦查人员注重定罪证据的收集、犯罪嫌疑人的抓捕等工作，客观上无法在法定办案时限内完成所有的资金清查和追索工作。集资参与人财产利益难以得到有效维护，容易激化社会矛盾，引发群访闹访事件。

1. 现有协助查询、查封、冻结机制落地执行不够

（1）银行账户的查询冻结。近几年，司法机关持续加强协助查询、查封、冻结机制建设，已取得较大成效。例如北京市公安局朝阳分局与市局经侦总队协调，申请了资金查控平台，解决了全国范围内 3000 余家银行账户的批量查询问题，节省了大量司法资源和时间成本，然而部分查询、查封、冻结机制依旧无法达到司法取证要求。目前，中国人民银行等机构系分别与公安部、最高人民检察院和最高法建立了协助查询机构，但是银监会和央行并未对司法机关开放查询业务，存在如下问题：一是各机构分别建立查询机制和渠道，但互不交叉；二是查询结果无法直接作为证据使用；三是目前仅限于查询，尚无法实现跨区域批量冻结；四是线下银行网点柜台的查询权限不同，要求公安机关提供的查询、冻结的法律手续也不同，甚至对公安机关查询、冻结的法律时效也存在认识上的差异，有时提供的交易明细或凭证的内容、规格满足不了办案民警的实际需求，对梳理、分析涉案财物起不到帮助作用，造成办案民警需要多次往返查询才能得到需要的交易明细或凭证，增加办案成本，牵扯大量警力。

另外，近年来大量非法集资涉案企业或行为人，通过第三方支付转移资金，但公安机关在查询第三方支付交易记录方面缺少高效、翔实的手段，还有极个别第三方支付公司以保护客户隐私等为由拒绝公安机关的调查取证。

（2）房产土地的查询查封。追缴的房产土地在追赃挽损中占据了很大比例，其查询查封工作也是息诉罢访的重要环节。但目前无法实现全国联网查询和统一查封，与银行账户一样，极大损耗了司法资源。在朝阳检察院办理的张某某非法吸收公众存款案中，在案证据显示有价值数亿元的房产可以用于赔偿集资参与人损失，但该案自 2015 年主犯落网至 2018 年其他从犯移送法院审查起诉，该案仍有许多涉案房产因分布于全国各地以及地方保护等问题无法查封，使得落实对集资参与人的赔偿成了难题。

2. 涉案财物权属的判定难

在完善产权保护制度、依法保护产权的大背景下，如何高效精准判定权属关

系，防止因权属不明延迟涉案财物依法处置进程，是影响案件办理效果的重要因素之一。如杨某某等人非法吸存案中，杨某某在案发前购买的一套房产，付完首付办理过户后被抓，后续资金无法到位，原产权人要求以杨某某违约为由将房产变更回自己名下。集资参与人则认为房产既然已经在杨某某名下，就应当查封该房产的全部价值。处置存在较大争议。再如现行的物权法实施后，不动产产权证可以只写夫妻一人的名字，未列明的人员不再享有财产权利，但如果能够证明购房资金系违法所得，应处置相关资产，也同样为一个棘手的问题。

3. 非法集资参与人获取的超出本金的非法所得追缴难

《关于办理非法集资刑事案件适用法律若干问题的意见》（以下简称《非法集资意见》）第5条规定，向社会公众非法吸收的资金属于违法所得，以吸收的资金向集资参与人支付的利息、分红等回报，以及向帮助吸收资金人员支付的代理费、好处费、返点费、佣金、提成等费用，应当依法追缴。这意味着本息已退还的，集资参与人取得的实际偿付本金之外的利息也应当依法追缴。但当前实践中，由于对众多集资参与人身份信息难以核实、工作量大、办案人手少等原因，集资参与人的回报基本没有追缴，而未进入司法程序的涉案人员也没有相应方式直接追缴。故而针对该规定如何操作，追缴采取何种形式和方式，是否能采取扣押、冻结等类似追缴赃款赃物的强制手段，因没有明确规定而无从下手。

4. 未进入司法程序的帮助吸收资金人员获取的代理费、好处费、返点费、佣金、提成等费用缺乏追缴手段

国务院《处置非法集资条例（征求意见稿）》把非法集资协助人为非法集资提供帮助而获得的收入，包括咨询费、广告费、代言费、代理费等均纳入清退资金来源。这一问题在实践中非常突出。在朝阳检察院办理的邱某某等16人非法吸收公众存款案中，嫌疑人供述有大笔资金用于支付中天泰和国际工程勘察设计（北京）有限公司的图纸设计费，金额高达700万元。同时，如易租宝案件中央视的巨额广告费、泛亚案件中支付的相关专家费、广告费等，对于以上金额是否应当追缴、如何追缴、全额追缴还是部分追缴，此前仍有争议。决定追缴时，除了具备利息、分红、代理费、好处费等客观要素外，是否应考虑获利人的主观因素，包括认识能力、认知状况等。对于确属蒙蔽参与获利的，是否列为追缴范围。清退的方式如何开展等仍需重点研究探讨。

5. 涉案资金投向的项目股权、债权、矿权等特殊权利

在实践中，司法机关经常会面临这样一个难题：当非法集资案件犯罪分子的财产被司法机关查封、扣押、冻结后，其在民事法律关系中的债权人提出就被查封、扣押、冻结的财物实现债权的申请。非法集资类犯罪之外的普通民事债权能否和集资参与人基于犯罪行为遭受损失后享有的集资款返还请求权，一同参与在

案查扣财物的分配和受偿，研究该问题，我们必须首先确定在案查扣财产的性质。

很多非法集资案件在刑事立案前，大都存在被告人转移财产给案外人的现象，导致刑事立案后无财产可追缴，将损害其他集资参与人的合法利益。而要认定转移财产行为的法律效力，在法律程序以及实体上都面临着困难。故侦查机关在办理涉众型经济犯罪案件时，为了最大限度地挽回损失，往往在第一时间将涉案公司、犯罪嫌疑人的全部财产查封、扣押、冻结，并没有将犯罪分子的合法财产和涉案的赃款、赃物进行区分。但是当刑事案件进入了审判阶段，法院对在案查封、扣押、冻结的财物进行处理时，就必须按照最高人民法院《关于适用〈中华人民共和国刑事诉讼法〉的解释》（以下简称《新刑事诉讼法解释》）第364条规定，调查财物的权属情况。因为在案查封、扣押、冻结的财物的性质直接影响了对其处理的原则。根据《新刑事诉讼法解释》第366条、第369条规定，查封、扣押、冻结的财物，确属违法所得或者依法应当追缴的其他涉案财物的，应当判决返还集资参与人或者没收上缴国库，判决返还集资参与人但其没有认领的财物应上缴国库；属于被告人合法所有的，应当在赔偿被害人损失，执行财产刑后及时返还被告人。也就是说，当被查封、扣押、冻结的财物属于违法所得时，非法集资案件的被害人对财物享有绝对的受偿权，即使被害人没有认领或者受偿后仍有剩余，也是要上缴国库，而不会发还被告人，因此也不可能作为被告人的合法财产由其民事债权人分配和受偿。[1]

但是当被查封、扣押、冻结的财物属于刑事被告人的合法财产时，对该财产的处理不适用追缴、责令退赔和返还被害人的方式。如果被害人因犯罪行为人身被侵犯、财物被毁坏，可以通过提出附带民事诉讼对被告人的合法财产享有损害赔偿请求权，与案外民事债权同在民事法律关系层面，在不涉及担保物权的情况下，根据民法中普通债权平等性原则，二者平等地对刑事被告人的合法财产享有受偿权。当然，非法集资犯罪案件的被害人遭受损失一般是由于被告人非法占有、处置其财产，根据《新刑事诉讼法解释》第139条的规定，应当通过法院对被告人非法占有、处置的被害人财产予以追缴或责令退赔的方式弥补损失，不能提起附带民事诉讼。此时引发出另外一个问题，即在案查扣的被告人合法财产是否有可能成为追缴和退赔的对象。

因涉及善意第三人制度，与民事法律规定产生了较大的交叉，因此应当更加审慎地进行处理。课题组认为，在发现被告人转移财产的去向后，在能找到转移对象的情况下，首先应当核实财产的合法性，通过询问转移财产的对象对该资产

---

〔1〕 孔红：《刑事退赔与民事债权标的同一如何受偿》，载《检察日报》2014年8月13日，第3版。

的情况是否知悉，与被告人之间是否存在转移资产的合意，来判断该笔财产是否由该对象善意取得；一旦明确其对该资产的不知情或明知系非法资产的情况下，应立即采取强制手段对该资产予以保全，纳入涉案财物统一管理系统进行集中管理，防止资产二度流失。在实践中，转移资产的对象还有部分是类似洗钱所用的傀儡账户，及由被告人控制的系他人所有的账户。对于该种情况，通常账户所有人均不知情，因此更应及时对相关财产采取保全措施，对有足够证据证明非账户申请人本人所实际控制的账户进行冻结。

（二）涉案财物执行难

涉案财物通过变现才能真正实现追赃挽损，非法集资类案件中涉案财物的变现能力或多或少存在不同程度的问题。例如"华融普银"案，该案追缴赃款赃物效果非常显著，共扣押、冻结各类财产及财产性权益可估总市值约 36 亿元，针对涉案公司造成的 39.6 亿元的实际损失，其追赃挽损率预估可达 90% 以上。但其扣押、查封的绝大多数系土地使用权、房产，其中部分处于轮候查封状态，冻结的探矿权经过几年诉讼周期也早已过期，实际追赃挽损情况与预估存在差异。在司法实践中，部分涉案财物由于自身存在轮候查封、证件不全等问题，或库存保管、评估变现困难等原因，导致资产贬值或流失。

1. 涉众型资产执行的具体适用存在争议

（1）"先偿先得，剩余财产均分"原则对部分集资参与人权益的侵害。涉众型经济犯罪案件涉及集资参与人人数动辄成百上千，部分案件集资参与人数甚至上万，如望洲财富案集资参与人数约 3 万、成吉大易案集资参与人数约 2.5 万，普遍存在判决生效后又有集资参与人追加报案的情况。目前，司法机关基本以现有报案集资参与人人数及非法集资金额为参照，对全部涉案财物进行分配或对部分予以留存。司法实践中，北京市朝阳区人民法院的判决均未对未报案集资参与人留存一定比例财产，导致追缴的涉案财物已在判决中处理完毕，追加报案的集资参与人因不能分得赔偿而心理不平衡。"先偿先得、剩余财产均分"原则对部分集资参与人权益侵害问题凸显，往往导致集体访造成维稳隐患甚至现实危害。

（2）执行比例存在分歧。2014 年最高人民法院、最高人民检察院、公安部《非法集资意见》第 5 条第 4 款规定"查封、扣押、冻结的涉案财物，一般应在诉讼终结后，返还集资参与人。涉案财物不足全部返还的，按照集资参与人的集资额比例返还。"该意见虽明确规定了扣押、冻结的财物应当返还集资参与人的原则，但并未对涉案财物如何处置、分配进行操作层面的细化。实践中，法院认为对仅参与部分非法集资行为的被告人，该人退赔款项应当按比例发还给其对应的非法集资参与人；对于不明确对应非法集资参与人数和金额的，可放在全案统一分配。对于检察机关未起诉的非法集资行为人，则同样将其退赔款放在全案中参与统一分配。然而检方认为，对于部分参与非法集资犯罪的行为人，不论检察机关是否提起公诉，对于其自愿退赃、退赔款项，均应当在全案中统一处置、分配。检、法的这一分歧，导致实践中同一案件的非法集资参与人受偿比例不均衡，非法集资参与人对检察机关通过适用认罪认罚从宽制度倒逼非法集资行为人退赔赃款产生抵触情绪，同时还容易造成集资参与人虚假指认，不利于司法机关对案件事实进行客观认定，更易引发新的维稳风险。

（3）非法集资类案件中的从犯是否应退赔集资参与人经济损失。包括涉众型经济犯罪案件在内的财产类案件共同犯罪中，司法实务通行做法均责令所有构成共同犯罪的被告人按照各自涉案的金额，退赔相应的经济损失。依据是 2014 年《非法集资意见》第 5 条规定了"向社会公众非法吸收的资金属于违法所得"，而《中华人民共和国刑法》（以下简称《刑法》）第 64 条规定了"犯罪分子违法所得的一切财物，应当予以追缴或责令退赔"。

在朝阳区人民检察院办理的徐某某等 17 人非法吸收公众存款案的一审判决中，法院责令作为业务员的三被告退赔各自集资参与人的经济损失，后二审改判撤销一审该项。改判的理由是现有证据确实无法证明三被告人直接占有、使用或者支配了集资参与人的投资款，责令三被告人退赔全部集资参与人的投资款项显失公平。但根据《刑法》第 64 条的规定，犯罪分子违法所得的一切财物，应当予以追缴或者责令退赔。三被告人均供述了其非法获利的数额，并均已自愿超过其获利数额予以退赔，该部分钱款应当按比例发还给各集资参与人。这一规定与实践操作中的矛盾直接关系到是否能够最大限度地争取涉案财物的退赔，是否能够最大限度地维护集资参与人的基本利益。

2. 传统司法执行手段捉襟见肘

（1）司法拍卖存在局限。针对涉案财物的处置方式，目前的主流仍然是司法强制拍卖。这一制度是司法救济程序的最后一道屏障，目的是对标的实现最大价值的变现，从而维护债权人和债务人的利益，并实现司法公正。然而，传统司法拍卖存在的实现成本高，成交率低、成交价低、透明率低"三低"的弊端，恶意串标等乱象丛生以及极易滋生司法腐败等弊端，广受诟病。

（2）部分合法经营项目的保值、增值问题。部分非法集资案件涉案资金投入了合法项目，至案发时仍可继续运营获益。但因司法期限有限，司法机关职权限制，相关制度不甚完善，没有有权机关能够指导项目继续运营、参与债权催收、参与破产清算等程序，以对相关财产进行盘活、接管和清收，往往导致这些财产的直接损耗和流失。

（3）五证不全的房产、土地变现难。除了抵押、轮候、网签等影响变现的情况外，还有部分房产、土地五证不全影响拍卖。例如"中金信安"案中，查封了某处写字楼,该写字楼无国家发放的产权证,系集体建设用地上的小产权。由于该类房产在不动产登记中心没有登记,因此查封时无法按正常程序在不动产登记中心查封,只能将协助查封手续给村管委会。此种情况下,倘若村管委会不配合,司法机关亦无相应制约措施。且该房产属小产权,无法正常转让,因此处置时不能走拍卖程序。对此,集资参与人主张,由集资参与人或司法机关组成委员会,接管该写字楼并向外出租,用租金抵扣赔款,但对该委员会如何管理尚有争议。写字楼所在地的村委会要求买断收回,出租该房产剩余年限的使用权。政法委进行沟通协调后,亦倾向于买断的意见。目前该案已判决,判决对该小产权房依法处理,至于如何执行尚无定论。另外,五证不全的土地应如何变现也是亟待解决的问题。譬如张某某等16人非法吸收公众存款案中,涉案公司与政府签订了框架协议,购买土地使用权,当地政府已收取土地保证金。涉案公司虽获得当地政府审批,但未办理土地使用手续,故该土地使用权因五证不全无法进行查封,且由于后公司未向政府支付尾款,已交付的土地保证金政府亦未归还。

(4)易腐易坏易贬值的特殊涉案财物处置困难大。部分扣押财物难以入库,或财物易腐易坏易贬值,养护、保管成本较高,是实践中困扰涉案财物处置机关的一大难题。首先,囿于场地等原因,部分案件中存在大量的无法进行司法扣押入库的物品。例如朝阳检察院办理的"巨鑫联盈"案中扣押的几千套办公家具,占地约7000平方米,在京无面积匹配的扣押保管场所;扣押的20辆采矿车在鄂尔多斯矿山,亦难以入库。其次,对于扣押物品中的车辆等贵重财物,因案件周期长,导致车辆从查扣到变现的几年时间贬值严重。再次,对于鲜活物品、易腐蚀变质物品保管不力。非法集资案件中,存在大量以农畜、养殖为手段的案件,其涉案财物大多涉及动植物等鲜活物品。对于此类物品的保管需要专业人员、专业场所、专业手段,且受制于生物本身的生命周期,必须在较短期限内作出变现的处理。例如以养牛项目为手段的"蒙京华"案,最初扣押的3800余头奶牛在两年的诉讼周期内不断死亡,司法机关不得不提前拍卖,至拍卖时已减少到2500余头。对此,虽然《非法集资意见》中明确规定查封、扣押、冻结的易贬值及保管、养护成本较高的涉案财物,可以在诉讼终结前依照有关规定变卖、拍卖,但在诉讼终结前到底由什么机关、什么时候、什么方式处置,没作明晰规定,各家都不敢轻易处置,最后造成了大幅度贬值,失去了追赃挽损的意义。

第二部分　完善我国涉众型经济犯罪案件资产处置方式的建议

一、涉众型经济犯罪案件涉案财物的性质与范畴

我国《刑法》第 64 条规定："犯罪分子违法所得的一切财物，应当予以追缴或者责令退赔；对被害人的合法财产，应当及时返还；违禁品和供犯罪所用的本人财物，应当予以没收。没收的财务和罚金，一律上缴国库，不得挪用和私自处理。"从该条文可以看出，我国刑事实务中常用的涉案财物并不是指司法机关查封、扣押、冻结在案的全部财物，而是指犯罪分子违法所得、违禁品和供犯罪所用的犯罪分子本人财物。其中法律明确禁止持有或交易的违禁品和供犯罪所用的犯罪工具等物品，应当依法没收，而被我们实践中常说的"赃款、赃物"主要是指违法所得，即通过犯罪行为所获取的财产利益，依法应当予以追缴或责令退赔，属于被害人的合法财产，应当及时返还。《非法集资意见》第 5 条规定了，向社会公众非法吸收的资金属于违法所得。同时该条文还列举了认定违法所得的几种具体情形，包括以吸收的资金向集资参与人支付的超出本金的回报以及向帮助吸收资金人员支付的佣金等费用、将非法吸收的资金及其转换财物用于清偿非法债务或者转让给非善意第三人等情形，明确指出上述财物应当依法追缴。上述被认定为"违法所得"的财物在办案实践中一般会以两种形式出现，第一种形式是实施非法集资行为人员的分红、工资、佣金及涉案单位账户内的余款，第二种形式则是行为人或涉案单位利用募集的款项对外进行投资或出借所享有的诸如房屋产权、土地使用权、采矿权、股权等财产性权益。具体分析如下：

二、涉众型经济犯罪案件涉案财物清收方式探讨

针对上述违法所得、非法经济利益等已经明确纳入刑事司法追缴范畴的涉案财物，司法机关依法采取查封、冻结、扣押、禁止交易等传统司法追缴手段进行资产清收。但需要重点进行分析论证的是除此之外的其他方式是否可行、如何操作的问题。

（一）健全完善司法追缴手段：建立全国资金查控平台建设

实现有效追缴的前提和基础是获取相关涉案资金的最终流向。从理论层面，不存在调查不清的问题。但如前所述，涉众型经济犯罪案件中，涉案资金的相关账户繁杂，跨行跨地域查询仍是制约司法追缴的最大难点。且在传统银行转账外，第三方平台支付、超级网银支付等方式，均给查询、冻结工作带来重大障碍。

当前，公安部资金查控平台已投入运行，但存在很多难点。一方面，本地银行证据如网银交易或信用卡的流水获取周期过长，跨省的银行查询需要赴异地调取。另一方面，银行查询不提供电子数据，无法进行数据模型分析，不利于快速

查询、冻结涉案赃款。

课题组建议，建立和完善统一资金查控平台。无论是对于涉众型经济犯罪的侦察办理，还是对涉案财物的管理处置，甚至是对维护非法集资参与人的利益保障，都有着重大的意义。因此建议有关部门尽快与中国人民银行、中国银联、各商业银行及支付宝、微信等第三方支付平台形成协作机制，自上而下，推动各地资金查控平台建设。

（二）拓展司法追缴的方式：认罪认罚从宽机制在涉众型经济犯罪案件资产追缴中的适用

在涉众型经济犯罪案件中对其中符合一定条件的人员适用认罪认罚从宽，既可以在一定程度上降低案件的查处难度，缓解"案多人少"的司法压力，提高诉讼效率，也有利于进一步保障认罪认罚被追诉人的诉讼权利，实现效率与公正的平衡，同时还有利于案件的追赃挽损以及实现对涉案人员的分化瓦解、分层处理，增强案件办理效果。但涉众型经济犯罪案件自身有其特殊性，因此在此类案件中的认罪认罚从宽应如何具体适用，以及应如何进一步合理构建和完善，均有研究的必要。

实践中对于自愿退赔的对象存在一定争议。如在案件中不同层级的被告人及犯罪嫌疑人各自退赔了不同的金额，并获得了不同的处理结果。由此引发如下争议：首先，该类案件中，除了涉案公司的实际控制人，其他达到何种层级、起到何种作用的人员应当责令其退赔集资参与人的经济损失；其次，对于在该类犯罪中起帮助、辅助作用的嫌疑人、被告人超出违法获利而退缴的金额以及被查封冻结的财物应如何处置；可否视为自愿退赔，由法院一并处理等。

针对这一问题课题组认为，在现行形势下，违背一般的共同犯罪中连带赔偿责任的理论，强行去除相关业务员等层级人员的相应责任并不妥当。可以在相关犯罪金额认定时进行直接负责原则的限缩，以准确界定相关赔偿责任。即业务员和相关团队负责人仅对自己负责参与吸收的部分承担刑事责任和连带赔偿责任，但不对期间全部犯罪金额负责，后者由负责整体经营活动的主犯负责，实现刑事责任和民事责任的一致性，也实现罚当其罪。若仅退缴违法所得，将进一步导致追赃挽损的艰难。

从当前试点情况看，在涉众型经济犯罪案件中审慎、稳妥地推进认罪认罚从宽制度是可行的、必要的。但仍需就相关细节和具体操作规则进行进一步完善。

（三）探索非司法追缴的资产催收方式

1. 以涉众型经济犯罪案件统一资产处置小组为主体的公益诉讼方式

一些融资转贷型的非法集资案件，被告人转贷出去的集资款部分难以回笼，按什么程序处置这些债权是一个难题。如果以追赃形式处置，缺乏法律文书依据，也难以让债务人信服；如果以民事诉讼形式处置，被告人要以原告身份提起诉讼，受各方面因素的局限，难以取得较好的诉讼效果。

课题组建议可以考虑通过适用检察机关提起民事公益诉讼的模式，由公权力部门作为追缴主体代为追缴。如由涉众型经济犯罪案件涉案财物处置协调小组向所有集资人公开提起对该部分债权的认领，以折抵集资款的赔偿金额，之后便由集资人作为诉讼主体对无法回笼的贷款予以追缴。此举既可以免除突破民事诉讼的基本构造的困扰，又可以减少办案部门处置资产的基本投入，还可以极大程度地提高对该部分资产的追缴力度。当然，所有处置小组的成员单位需要全力配合，做好在提起认领前对相应债权进行合法性研判以及追缴可能性预判，确保集资人对贷款债权所有情况的知情权和自由选择权，便可以很好地处置对被告人对外债权的追索问题。

2. 产权不清晰或有瑕疵的不动产等特殊财产的资产清收问题

针对这一难题，温州法院研究出台调整司法拍卖税负格局、司法拍卖按揭贷款、大宗土地分割出让、投资未达 25% 的土地允许法院拍卖或由政府回购、担保代偿税前列支等系列配套政策，加快不良资产处置。同时，温州法院借鉴《中华人民共和国公司法》（以下简称《公司法》）"揭开公司面纱"理论，将破产企业的财产和假借企业空壳敛财的股东个人财产合并处理。当然，个人财产与企业财产的合并处理需要具备两个前提条件：一是股东个人同意其财产被处置；二是债权人同意在破产案件中合并处置股东个人财产。以上两种做法均为我们提供了有益的借鉴。[1]

而针对破产财产混同的问题，我们还需要相关行政部门配合，在如五证不全房产无法交易的情况下，提供房产上市绿色通道，帮助盘活产权有瑕疵的资产。而针对产权不清晰的财产，则应通过推进相应的民事程序进行确权。

3. 引入破产和相应接管制度

（1）对涉案公司适用单位破产制度及相应接管制度。自 2007 年新《中华人民共和国企业破产法》（以下简称《企业破产法》）施行以来，各地法院积极践行"能动司法"，将企业破产引发的纠纷及时纳入法律轨道，通过法律手段和社会资源协调化解，从根本上解决问题，为保障社会和谐稳定，促进转方式、调结构战略部署的实施提供了有效司法支持。[2]

在涉众型经济犯罪案件中，往往依托于合法经营公司企业，且多数资产的使用、投资均以单位名义进行。故在相关资产确定权属时，民事上的权利人往往是

---

〔1〕 鞠海亭：《温州"两链"金融风险司法化解与破产审判实践》，载《法律适用》2016 年第 5 期。

〔2〕 段艾生、陈伟、黄晓云：《恰当运用破产制度，妥善化解社会矛盾——各地法院积极探索破产案件审理新模式》，载《中国审判》2011 年第 11 期。

涉案单位。而现有的司法追缴和清收方式显然无法实现有效的资产追索。因此在可以挽救的范围内，尽量盘活企业资产，更大程度实现对债权人利益的保障，便是我们所追求的目标。与破产清算相比，破产重整成本相对较低，不仅可以使债权人得到更高比例的清偿，缓解债务人清偿债务的压力，还可以使企业重获新生。在审理临沂罗湖房地产开发有限公司破产一案中，山东法院创新工作思路，首先引入战略集资参与人，通过拍卖股权的方式，由新集资参与人参加竞买，并以最高价格竞得罗湖公司的全部股权。既使新的出资人成功入股该企业，也使企业重整有了资金支持。罗湖公司的重整成功，盘活了该企业近 4 亿元的存量资产，833 户教育储备金问题得到了彻底解决，1000 多户小区业主的担忧得以化解，周边村民土地补偿款、建筑工人工资得以妥善解决，近千名债权人的利益得到保护，并使全部债权人拿到了高于破产清算 5 倍的清偿款。

但是在涉众型经济犯罪，尤其是非法集资类犯罪中，大部分涉案公司截至案发，公司账户已经捉襟见肘，甚至因为无法支付破产管理人报酬而使得破产程序无法推进。在这方面，深圳中级人民法院的做法给了我们很好的启示。在针对无产可破案件中管理人报酬不足是制约破产案件受理的瓶颈问题，其首创了管理人援助资金制度，即由政府财政拨款和从管理人所获报酬中提取一定比例资金组成，专门用于补贴管理人办理债务人无财产可支付破产费用且无利害关系人垫付费用的案件所必需的破产费用，确保无产可破案件的顺利推进。

（2）设置债权人会议，切实保障债权人权益。债权人会议制度规定了债权人的组织形式、行为规则和权利，为债权人公平、深入、全面地参与清算程序作出了全面的制度安排。它规定变价方案必须由债权人会议通过，这有助于破产财产价值的最大化。债权人会议对变价方案的决策权，有助于资产鉴定、评估和变价的公开性和公正性。行政处置程序缺乏上述基本制度，债权人无法参与，其基本利益也难以得到保障；刑事诉讼程序虽然发现了债权人参与的重要性，但也缺乏全面、深入的债权人参与程序，因此在资产变价过程中存在低估资产价格、贱卖资产等众多问题。因此，课题组建议设置债权人会议程序，切实保障债权人权益。[1]

（3）借鉴撤销权制度，做到涉案财物处置公平化。最高人民法院《关于在审理经济纠纷案件中涉及经济犯罪嫌疑若干问题的规定》第 1 条、第 10 条，以及 2015 年 8 月 6 日最高人民法院颁发的《关于审理民间借贷案件适用法律若干问题的规定》第 6 条规定，同一公民、法人或其他经济组织因不同的法律事实，分别涉及经济纠纷和经济犯罪嫌疑的，经济纠纷案件和经济犯罪嫌疑案件应当分

---

〔1〕 陈醇：《非法集资刑事案件涉案财产处置程序的商法之维》，载《法学研究》2015 年第 5 期。

开审理。但因涉案财物的归属同一性，因此在同一事实同时涉及民事及刑事程序的时候，应以先刑后民为原则，确保资产不因民事案件先行判决而脱离涉众型经济犯罪涉案财物处置协调小组指定的办案地方对财产处置的统一性、平衡性。[1] 此时，《企业破产法》的优势再次显现。破产清算程序的撤销权制度和分配顺序制度有助于债权人受偿的公正性。该程序以撤销权制度防止选择性清偿，以分配顺序制度保护债权受偿的应有层次性，从而保障了债权人受偿的公正性。

三、探索涉众型经济犯罪案件涉案财物保值、增值方式

（一）探索引入托管制度实现涉案财物保值、增值

部分域外国家的经验可以给予我们有意义的借鉴，比如英国和澳大利亚对于涉案财物的托管制度。刑事涉案财物的托管制度，主要是将司法机关控制的财产，交由专门的托管人来进行管理。英国《2002 年犯罪收益追缴法》第 125 条规定，"法官在签发限制令后，可以根据检察官的申请指定一名托管人"，澳大利亚《2002 年犯罪收益追缴法》第 38 条规定，"如果法律认为有需要的话，可以命令官方托管人监管和控制限制令所涉财产或特定财产"，并在第 278 条至第 281 条规定了托管人对财产处置的方式包括销毁、处分、变卖、上缴国库等。托管制度最大的好处，就是可以实现由专业的人运用专业技能进行专业的管理，以实现"最大限度追赃挽损"的目的。该制度在破产制度和接管制度之外，提供了涉案项目的妥善经营的思路。

此前在实践中的最大障碍是谁来担任托管人的问题。因为一般的涉案财物处置具体执行人均为司法机关，而囿于审限、身份等各种局限，司法机关无法胜任该工作。但如前所述，如果设立了各级涉众型经济犯罪案件涉案财物统一处置机构，则托管制度的探索执行就具有了可行性。

（二）扣押在案的相关涉案财物保管、保值问题

1. 完善相关财物保管场所和条件

对扣押物品应当设立符合防火、防盗、防潮、防尘等安全要求的专用保管场所，并配备必要的计量和存储设备。但是实践中，管理部门少有达到以上要求的保管场所。扣押物品大多是露天存放，损毁严重，贬值速度较快。国家应该加大对司法机关硬件设施的投入，确保各项硬件设施达到标准。

2. 特殊财物的先予变现需要进一步完善

在涉案财物流转环节，针对难以入库的涉案财物，如前文所提的矿山等，可以以办案机关直接占有涉案财物为主，不宜做实物运送的以单据转移占有为辅。就后者而言，要求公检法三家单位对涉案财物采用单据流转、财物静止的方式随

---

〔1〕 刘光祥：《从吴英案看涉众型金融诈骗维权》，载《金融博览（财富）》2015 年第 8 期。

案移送。公检法三家单位在各自的刑事诉讼阶段对涉案财物行使控制权，对涉案财物履行检查、保管、处理等具体职能。对于易腐易坏的财物，根据 2015 年中共中央办公厅、国务院办公厅《关于进一步规范刑事诉讼涉案财物处置工作的意见》第 7 条规定了，对易损毁、灭失、变质等不宜长期保存的物品，易贬值的汽车、船艇等物品，或者市场价格波动大的债券、股票、基金份额等财产，有效期即将届满的汇票、本票、支票等，经权利人同意或者申请，并经县级以上公安机关、国家安全机关、人民检察院或者人民法院主要负责人批准，可以依法出售、变现或者先行变卖、拍卖。同时，针对依法变卖财产所获得的资金，应当全部随案移送，最后由法院统一分配和执行。虽然似乎法律规定非常明确，但在涉众型经济案件中，由于资产的处置直接涉及保值、增值问题，进而影响集资参与人损失弥补，处置不当，极易引发持续群体上访。故司法机关往往不愿意现行变现或处置。在设立统一处置机构后，可以由相关机构直接决定，委托相应第三方机构进行评估、作价、拍卖等一系列活动，而不再依赖司法执行，能够解决实践中的困境。

3. 完善司法强制拍卖

针对涉案财物的处置方式，目前的主流仍然是司法强制拍卖。最高人民法院《关于审理企业破产案件若干问题的规定》第 85 条第 1 款规定："破产财产的变现应当以拍卖方式进行。由清算组负责委托有拍卖资格的拍卖机构进行拍卖。"可见，在现有法律制度下，法院指定的清算组主宰着企业整个破产程序，同时也寓意中介机构只要搞定了法院某些人就能获得业务，从而赚取丰厚利润。因此，如何将司法拍卖既控制在较低成本的前提下，又同时做到防止权力寻租，就成为亟待解决的问题。

为了解决这些问题，落实司法公开公平的理念，各地法院进行了积极的实践探索，从不同程度上推进司法拍卖的网络化改革，并取得了一定的成效。网络司法拍卖相对于传统司法拍卖而言具有四点优势：零佣金；标的物变现快；监督力度大；竞拍者众多。2009 年，重庆市率先出台《关于司法拍卖工作的规定（试行）》，全市司法拍卖于 2009 年 4 月 1 日起全部进入重庆联合产权交易所，实行电子竞价公开拍卖，成为司法拍卖网络化改革的先锋。2011 年，上海市成立的上海市公共资源拍卖中心，开通互联网同步拍卖平台，将所有的司法委托拍卖全部放入该中心进行上网同步拍卖。2012 年 2 月 8 日，最高人民法院通过组建人民法院诉讼资产网，要求全国各级法院将执行案件中委托评估、拍卖的相关信息公告除在原有公开媒体上刊登外，均同步在人民法院诉讼资产网上，目的是为了搭建全国统一的司法评估、拍卖信息平台。人民法院诉讼资产网平台在性质上和重庆、南京的产权交易中心平台很相似。同年，浙江省法院在淘宝网上进行司法拍卖，实现了拍卖方式重大突破的同时也引起社会各界的热议。网络司法拍卖的出现为司法拍卖制度的改革提供了一种新的思路，其中的"淘宝网"模式也在实践中获得了较多的认可。这种模式既维护了法院作为司法拍卖主体的地位，又有效避免了商业拍卖过分注重盈利的弊端，同时还具有协调统一性，更能体现司法的本质。并且，这一模式无须非常专业的拍卖技能，其可以通过简单、方便的软件系统和网络平台进行拍卖，法院工作人员完全可以胜任。更为重要的是，现行的"淘宝网"模式下法院直接进行拍卖，不仅可以利用淘宝网巨大的用户群来扩大司法拍卖的竞拍范围，而且实行零佣金制度，降低了拍卖成本，实现了拍卖物价值的最大化，减少了被执行人的负担，大大提高了拍卖的效率和效益。

4. 探索聘请第三方具有良好资质的适格机构参与资产处置

基于前文的分析，资产负债审计和资产评估、保管环节均具有较强的专业性，同时如果在各地司法机关设置合格的审计、评估专员和适格的资产保管场所，既会造成大量重复的投资，也会造成国家财政的浪费。首先，就当前的涉众型经济犯罪案件的办理来说，聘请专业的审计公司进行专业化的审计工作已经成为一般性规定，在非法集资类犯罪高发地区早已铺开适用。其存在的问题只有审计机关水平良莠不齐、收费标准有所差异而已。针对这一问题，仅需在确立适格的审计机关投标标准和实施严格的审计事务办理效果反馈机制即可有效解决。其次，实践中部分西部地区涉众型经济犯罪案件少发偶发，一旦由该地负责处置涉案财物，为了达致规定要求的标准而投入大量人力物力，而一次使用完毕后，再次使用之日又遥遥无期，无疑会造成极大的资源浪费。因此在资产负债审计和资产评估、保管环节，建议均由第三方中介机构对资产、负债进行评估和保管，形成审计报告和自查评估报告。在有效利用市场竞争机制的情况下，筛选出一批有资质的第三方中介机构，形成专门的储备库，在办案部门有需要的时候通过购买第三方中介机构的服务来获得更专业、更高效、性价比更高的涉案财物处置效果。

四、涉众型经济犯罪案件涉案财物执行问题探讨

涉众型经济犯罪案件涉案财物的执行，涉及方方面面，甚至持续多年。同样涉及诸多问题和困境。

（一）涉案财物发还比例的确定

1. 在案涉案财物应当按比例发还

在当前法无明文规定的情况下，应当本着对全体非法集资参与人公平的原则，在全案范围内按统一比例返还所有涉案扣押、冻结的财物，避免对集资参与人造成"同案不同赔"的结果，并继续巩固当前适用认罪认罚从宽制度所取得的成果，进一步落实繁简分流，通过给予较轻的处罚来促使非法集资行为人积极退赔退赃，来实现对涉案人员的分层处理，节约司法资源。

此处，涉及对于相应业务员和团队负责人的相应退赔仅用于相对应的集资参与人的发还问题，虽然从形式上看，可能会导致一个案件中的集资参与人获得了不同比例的受偿，但是从整体案件处理上看，仍是公平合理的，因为如果全部涉案人员均能到案且全部退缴违法所得的情况下，所有投资人的受偿比例仍是一致的。且实践中，投资人对该问题是能够理解和接受的，并未发生因此而导致的涉检、涉法上访上诉。

2. 应当留存相应比例进行发还

关于是否应当为未报案的集资参与人留存一定比例进行受偿的问题，存在较大争议。实践中，由于该类案件的投资人往往遍及全国各地，受制于信息不畅、观望等各种原因，经常发生前面已报案集资参与人先行受偿完毕后，在案资产已经全部发还，后续报案的集资参与人无法参与受偿的情形。对此，课题组认为，应当分情形处理。

一是在案证据仅能认定已报案投资人的集资事实，判决书中无法认定未报案集资参与人的相关事实的，则不留存。因为一方面无法确认预留份额和比例，另一方面也无判决认可，没有预留依据。

二是在案证据能够完整认定包括报案和未报案的全部集资参与人事实的情形，应当预留相应份额给未报案集资参与人。因为该部分未报案集资参与人的事实已经认定在刑事判决中，可以依据同一份判决书进行执行，且比例清晰。但由此引发另一个问题，就是难道要一直等着未报案的陆续来参与分配，造成资源浪费的问题。课题组认为，在由资产处置机构统一处置的情况下，可以设定相应的合理期限，超过合理期限仍不主张自己权利的，视为放弃参与受偿。这也符合相关权利责任分配理论。在期限届满后，将后续资产进行再次分配。

（二）涉众型经济犯罪案件执行程序的具体设计

《处置非法集资工作操作流程（试行）》为我们提供了一些思路。针对债权债务的申报、登记和确认，《处置非法集资工作操作流程（试行）》规定应当包括以下内容：①公告债权债务申报事宜。②接受债权债务的申报。申报人持本人合法有效证件、集资合同、收款收据以及其他有关资料办理债权债务申报手续。③专案组对债权人身份、集资数额等资料进行甄别确认，并逐笔登记集资数额。针对清退集资款的工作，该流程则制定了如下程序：①协调有关开户银行签订委托清退集资款协议，明确集资款清退工作的操作流程；②解封、归并清退资金；③实施清退。然而，由于该流程未能对资产清偿程序进行一个完整的设计，因此课题组尝试对该程序进行梳理：

（1）公告申报程序。公告的传播范围应当做到全面覆盖无死角，做到主动通知与被动上门相结合，尽量减少后续补充报案的人数，争取在移交司法机关前尽量全面掌握集资规模和涉案财物情况。同时，课题组建议设立涉众型经济犯罪案件网上报案平台，以化解警力不足接待能力不够的现实问题。

（2）债权登记、确权。当前的集资参与人债权登记主要依附于报案实现，但一般情况下，集资人报案均需到案发地。实践中，若是使用手机 App 等相对发达的社交软件进行投资的，集资参与人可遍布全国大部分省份，若所有集资人均需到案发地进行报案，将会造成极大的成本浪费，且部分集资人处于成本的考虑，可能会放弃报案，不利于最终对被告人的指控和对涉案财物的处置。因此，课题组建议，在新设制度时，应便利集资参与人可到自己所在地的涉案财物处置协调小组报案，通过提交合同、银行交易流水等确定债权，并向案件统一账户进行登记。相关案件的债权登记数据应当由集资人报案地的涉案财物处置协调小组向该案有最终管辖权的司法机关所在地的涉案财物处置协调小组及时提交。这样既可以及时准确地核准集资人规模，还可以节约集资人的报案成本。

（3）资产发还比例确定。根据现有报案人情况和既有线索显示的尚未报案且未得到清偿的集资人比例进行核算，并对后续集资人是否可能报案进行适当推测，综合评定资产发还比例。

（4）确定集资资产清退工作流程。该流程在制定过程中应与债权人会议进行充分讨论，在听取债权人会议意见的基础上作出令集资人普遍满意的清退方案。

（5）解封、归并资金。与银行等金融机构进行协作，确保涉案资金最终归并至统一账户，不致出现意外。

（6）实施清退。需在前期做好充分的债权登记及告知涉案财物情况及清偿方案的前提下实施，防止集资人因出现不满而产生舆情。

（7）撰写资产处置报告，全流程留痕，并对后续资产处置着重介绍。必要时应聘请专业的审计公司进行账本制作。作为非法集资类犯罪资产处置的终点，应当由涉案财物处置办公室撰写并出具专门的资产处置报告。

具体来说，还有以下一些问题需要注意。

（1）涉案数额申报的期限。涉案数额申报期限是允许集资参与人向公安机关申报其债权的固定期限。限定申报期间，对于涉案财物处置及时、顺利进行是非常重要的，因为只有在集资参与人人数和涉案财物数额确定的情况下，公安机关的侦查终结、检察院的提起公诉、法院的审判及判后涉案财物处置工作才能顺利开展。就目前来看，应在公安机关对涉众型经济犯罪案件刑事立案，且行为人归案后，根据行为人对犯罪事实的供述以及查获的证据（借条等），发起涉案数额申报程序。一方面，对于能联系到的被害人，公安机关书面通知涉案数额申报期，要求其在接到通知后六个月内到公安机关制作笔录、申报涉案数额，同时告知其未在规定期限内实施上述行为将面临的不利后果，即不得在刑事判决后参与涉案财物处置工作；另一方面，对于无法联系到的集资参与人，则针对集资参与人可能存在的范围（若以公司名义集资的，则针对公司规模和营业地域范围）在全国或公司注册登记地有影响的省级报纸上进行公告。公告的内容应当载明对行为人刑事立案、拘留的时间和原因，以及集资参与人到公安机关制作笔录并申报债权的期限、地点和注意事项，同时告知其未在规定期限内实施上述行为将面临的不利后果。

（2）逾期申报的处理。涉众型经济犯罪案件中的集资参与人出于种种考虑，不愿在第一时间到公安机关作证，往往在集资行为人被判刑后、涉案财物被处置时才前来报案，因此，有必要在法院判决前确定集资参与人的范围。我国《企业破产法》规定，债权人未在人民法院确定的债权申报期限内申报债权的，可以在破产财物最后分配前补充申报，但为督促债权人按期及时申报，体现对已按期申报的债权人的公平，该法同时规定，补充申报前已进行的分配不再对其补充分配。本调研组认为，可参照《公司法》债权申报期限规定，结合涉众型经济犯罪案件中刑民交叉的特殊性，设定集资参与人涉案金额申报期，在期限内到公安机关主张权利并提供相应证据，经法院刑事判决查证属实的人，即可认定为集资被害人，并有权在判决生效后参与涉案财物的分配。如果集资参与人因各种原因逾期申报的，不得参与涉案财物的处置，可另行单独向法院提起民事诉讼，但对于已纳入刑事处置范围的财物不享有优先受偿权，对已被司法机关作为赃款赃物扣押的财物不得申请保全。

（3）实施清退。在实施资产清退之前，我们应当先行明确发赃原则。首先是平等保护原则。发赃程序中不存在优先受偿权，应当依各被害人实际受损失的情况，根据所追缴的赃款数额平均补偿。据此，前述的有些案件中，依照"先私人后公家，再按比例"的退赃顺序进行并不妥当。其次是及时保护原则。涉众型犯罪不宜在审前发还，但并不是说一定在案件生效后一次性发还，可考虑两次发还甚至三次发还，以及集中发还与个别发还相结合。因为有些案件既扣押、冻结，又查封有相应的房产等不动产及金银首饰等动产，后者的处理需要相当长一段时间，如果限于一次发赃，则可能影响到被害人权益的及时保护。

在实施资产清退时，对于"钱少、人多、路远"之类的案件，司法机关可以采取变通措施，尽量减少被害人的领赃成本，方便被害人领取财产。比如，对于身在外地的被害人，可由其委托法院所在地的亲朋好友持合法手续代领；对能邮寄经当地公安机关确认过的身份证证件（复印件）、提供银行户名、账号以及同意法院将代管款划账汇入其个人账户的承诺书的，法院可以考虑直接汇款；等等。

（4）深化探索集资参与人的代位求偿权。在案件办理过程中我们发现，犯罪嫌疑人为了能给集资参与人支付高额利息，往往将吸收的资金以更高的利息借贷给他人或企业使用，从中赚取利差。对于这些通过合法借贷手续流入到社会上的个人或企业的资金进行追缴难度较大，尤其是在属于明显的善意所得的情况下，司法机关无法对相关个人或单位资产、账户进行查封、冻结和处置。假设通过民事途径解决，民事主体（犯罪嫌疑人）已被公安机关采取强制措施，而公安机关又不可能作为民事主体进行追讨，对这部分债权的追缴就存在一定困难。集资参与人集体作为债权人提起代位权诉讼看似合理，实质缺乏法律依据，代位权诉讼的基础仍然是合法的债权债务关系问题。

最高人民法院《关于审理民间借贷案件适用法律若干问题的规定》第 6 条规定，人民法院立案后，发现与民间借贷纠纷案件虽有关联但不是同一事实的涉嫌非法集资等犯罪的线索、材料的，人民法院应当继续审理民间借贷纠纷案件，并将涉嫌非法集资等犯罪的线索、材料移送公安或者检察机关。也即如果有人在实施非法集资后，又把非法集资来的钱又转贷给他人，后者转贷会形成民间借贷案件，对这类案件中涉及犯罪线索的材料，应当要移送到公安机关或者检察机关，但是对于后面的民间借贷的部分还要继续审理。

涉众型经济犯罪案件案发后，被告人的自身财产往往已经不足以退赔受害人，而其对于贷款人的到期债权也往往会怠于主张。此时，损失惨重的存款人与其等待遥遥无期的"继续追缴退赔"，不如主动出击直接向贷款人提起代位权诉讼。《中华人民共和国合同法》第 73 条第 1 款规定，因债务人怠于行使其到期债权，对债权人造成损害的，债权人可以向人民法院请求以自己的名义代位行使债务人的债权，但该债权专属于债务人自身的除外。最高人民法院《关于适用〈中华人民共和国合同法〉若干问题的解释（一）》第 11 条又详细规定了代位权诉讼的起诉条件：①债权人对债务人的债权合法；②债务人怠于行使其到期债权，对债权人造成损害；③债务人的债权已到期；④债务人的债权不是专属于债务人自身的债权。

同时，建议允许集资参与人提起代位权诉讼。此举必将更有利于其权益的保护，原因在于最高人民法院《关于适用〈中华人民共和国合同法〉若干问题的解释（一）》第 20 条赋予了债权人优先受偿权。该条规定："债权人向次债务人提起代位权诉讼经人民法院审理后认定代位权成立的，由次债务人向债权人履行清偿义务……"。该条文排除了"入库规则"适用，一方面剥夺了行为人对贷款人的债权请求权，使其试图通过拒绝受领的方式阻止债权实现的想法破灭，能最大限度地为受害人挽回经济损失，另一方面，债权人不按照均分原则及债权成立顺序受偿，而是依照提起代位权诉讼的先后受偿，能够促使债权人主动推进债权实现，有利于建立良性健康的市场经济秩序。

北京市共享单车关键法律问题研究

周静怡 *

一、"共享单车"相关问题概述

（一）概念界定

共享单车既不是纯粹的公共产品，也不是一般意义上的私人产品，而是介于两者之间的准公共产品。其特点如下：

1. 产权清晰

共享单车虽然也被认为是共享出行的一种类型，并依赖于互联网的平台特性完成运营，但却和我们熟知的网约车的经营模式截然不同。共享单车公司自己拥有单车产权，并将其出租给有用车需求的客户，计时收费，因此是由信息技术助力运营的租赁公司。

2. 社会福利性

公益的目标是把纯公共产品变成准公共产品的决定性因素。与其他公共交通领域的出租车甚至是网约车相比，共享单车最重要的特征就是公益性：一方面，共享单车弥补了公共交通的不便，解决了人们出行的"最后一公里"。另一方面，共享单车使用相对低廉的价格满足公众的出行需求，其公益是显而易见的。

3. 完全市场驱动性

由于所有共享单车都是由共享单车公司投放市场的，企业之间存在竞争，缺乏政府干预，导致对单车供给需求缺乏整体调控。这种情况的后果之一是消费者对自行车质量和数量需求的不平等。

4. 共享经济性

共享经济是对传统经济的创新。共享经济的运作方式是供求方将自己的闲置资源共享出来，在互联网平台上进行展示，需求方通过移动设备在互联网上寻找符合其意愿的共享品，最终通过在平台上签订电子交易单而获取产品的"使用权"。这也就意味着共享经济实现的是资源的共享，处分的是资源的使用权而非

---

* 课题主持人：周静怡，北京工商大学讲师。立项编号：BLS（2018）C007。结项等级：合格。

所有权，这是共享经济同传统交易方式最大的区别。

（二）当前中国共享单车发展现状

2007 年公共自行车系统被引入我国，采用政府主导模式。杭州率先在全国城市中实行以公共服务为目的的公共自行车系统，之后我国北上广等一线城市也开展试点推行公共自行车系统，截止到 2018 年全国大约有 100 多个城市推行了公共自行车系统。2010 年，永安车行开始承包政府公共自行车工程，开始探索采用企业主导运营模式。2014 年，ofo 小黄车首创无桩共享单车模式，之后无桩式共享单车井喷式涌现。共享单车采用互联网、大数据、智能锁定位系统等技术，换车方便，用户在路边行人区随停手动落锁，客户端结算，共享单车的使用者在使用时要充值一定金额作为押金，按时计费。共享单车的收益来源于单车租赁的租金和押金的再投资。

我国共享单车的发展过程		
2007 年	2010 年	2014 年至今
政府主导模式的公共自行车系统（杭州）	企业主导模式的公共自行车系统（永安行）	共享单车（摩拜、ofo \ 小蓝等）
IC 卡	永安 App 扫码借车	各品牌 App 扫码借车
有桩固定存取	有桩固定存取	无桩路边随停
信用保证金	押金	押金

目前，共享单车在很大程度上带动了经济的发展，随着投资与用户都呈现井喷式增长的同时，一些其他问题也开始凸显。

二、北京市共享单车现状梳理

（一）法律措施方面

其一，缺乏专门针对共享单车规制的位阶较高的规范性文件。根据目前存在的关于共享单车的规范性文件可见，规制共享单车的合法依据只是一些暂行办法、规定、意见或通知，这或许与我国正处于共享经济的探索阶段有一定关系。现今我国对共享单车的行政监管主要是以出台的规范性文件为主，全国性的只有2017 年 8 月交通运输等 10 部门出台的《关于鼓励和规范互联网租赁自行车发展的指导意见》，地方性的也只是各地交通部门等数部门联合出台的指导意见。这些"指导意见"的法律性质属于效力较低的行政规范性文件。这些文件是在缺少有关共享单车的法律、法规、规章，但共享单车带来了一些急需解决的社会问题的情况下出台的。规范性文件本身具有一定的权威性和严肃性，制定灵活、简单，能较为迅速地缓解社会问题。这类规范性文件虽然对共享单车企业提出了一些要求，但是因为有没有强制约束力，导致效果并未达到预期。另外，《中华人民共和国行政诉讼法》第 53 条第 1 款规定，公民、法人或者其他组织认为行政行为所依据的国务院部门和地方人民政府及其部门制定的规范性文件不合法，在对行政行为提起诉讼时，可以一并请求对该规范性文件进行审查。从该条文可见，规范性文件不仅效力低，而且还可以在行政诉讼中提起附带审查，法院有权认定该规范性文件违法，也可在案件审理中不以这些规范性文件作为政府行政行为的法律依据。

全国人大及其常委会作为我国最高的立法机关，其指定的共享经济规制方面的法律和其他相关法律是我国共享经济发展所赖以生存的基本法律。这些法律在共享经济规制法律体系中具有最高的地位。他规定了共享经济制度最基本和原则性问题，为其他法律规范制定监管方面的法律法规奠定了基石。目前规制共享经济的法律尚未出台，仅仅是借鉴我国已经成熟的合同法、经济法、行政法等法律。2017 年北京市发布《北京市鼓励规范发展共享自行车的指导意见（试行）》（以下简称《指导意见》），后又发布《自行车停放区设置技术导则》算是进一步规范。

北京市政府相关政策的出台确实有利于塑造良好的发展环境，然而长期来看，用规范性文件来进行监管，确会存在一定问题。因此，现今所见《指导意见》等是不能满足进行共享单车行政监管的。

其二，北京市现有政策的针对性、操作性不强。北京市现有的对共享单车的规制主要来自于《指导意见》以及随后发布的《自行车停放区设置技术导则》，这些规范比较原则，针对性、操作性皆需进一步加强。比如《指导意见》中只是用大篇幅来鼓励共享单车的发展，并做了一些有关于共享单车原则性方向的指导，面对社会中存在的各种各样的共享单车存在的问题，指导意见未能较好的予以针对性解决；比如北京市的涵盖区域极大，各区发展状况不同，不同区域所面临的单车问题也绝不相同，中心城区可能需要针对乱停乱放作出回应，而偏远城区可能面临的是单车数量不足、服务反馈慢的问题，这就从客观上导致《指导意见》指导共享单车的发展目标可能流于形式。

（二）政府监管方面

2017 年出台《北京市鼓励规范发展共享自行车的指导意见（试行）（征求意见稿）》时，北京市交通委相关负责人表示当前北京已有约 1100 万共享单车的注册用户，投放的单车总量约 70 万辆，其中注册用户数已接近北京常住人口的二分之一，从 4 月到 8 月，仅仅相隔 4 个月，单车总量就从 70 万增加到 235 万，可见资本市场的火热及大众对它的青睐。为了规范过快发展的共享单车市场，提升服务质量，北京市相关主管部门开始将共享单车行业正式纳入政府监管体系中，并逐步加强政府的准入、数量及停放监管。此后，北京市的共享单车治理取得了一定的成效——停放区和禁停区越来越明确。原先十分拥堵的灵境胡同、西黄城根等地铁口的乱停放现象得到了部分缓解。尽管如此，北京市其他地区的乱停乱放现象仍大面积存在；中心城区的不良现象有所改善，然而北京行政区域体量大，除了极少数中心区域外，其他城区如昌平天通苑、回龙观、亦庄开发区等由于其特殊的经济、生活原因，诸多问题仍旧得不到有效解决。

北京市良乡某地铁站周围

北京市朝阳区某公交站周围

  同时，由于北京城区范围极大，这对城市执法管理难度提出了不小的要求。再加上共享单车的所有权和使用权分离，企业拥有所有权，用户只有使用权，对于乱停乱放、侵占盲道、违章行为较难严格执法。且共享单车数量庞大，需要出动大量执法队伍进行管理，消耗大量人力物力，成本极高。此外，共享单车停车区的数量与车辆数的匹配，停放区域的规划等部分工作不光需要监管，更需要政府层面的精准调查和调控，这都对政府的监管和服务职能提出了更高的要求。

（三）市场运行方面

1. 押金监管问题

（1）押金兑付危机。在共享经济领域，特定的押金收取都可以产生一定规模的资金池。如果资金的使用出现问题，很容易引发押金兑付危机。尤其是当下共享单车处于初期阶段，缺乏赢利模式，需要借助外部投资帮助其发展，一旦投资者撤资或者不再投资，共享单车企业的资金链便会瘫痪，进而引发押金兑付风险。更为重要的是，我们现在对于这些"存放"于共享单车公司的押金用途，无从得知。

（2）押金退还时限长。除了共享单车押金兑付的风险问题，对于押金的退还时限也存在弊端。一些主流共享单车企业对于押金的退还渠道并不便利。

在各共享单车经营状况尚且良好之时，大多数企业要求退还时间 1~7 天不等，在这一收一退的时间差里，企业可产生巨大的孳息收入。然而不论是法律法规抑或银监会等对于押金的孳息归属都无明确规定或限制。当然，现在的押金状况出现了更为复杂的问题：ofo 单车的押金发生了无法兑现的状况，超过 1600 万的用户等待无限期的退押金状况。其他主流品牌共享单车押金退还状况亦不容乐观。由此产生的问题似不容忽视。

2. 使用过程中的问题

用户在使用共享单车过程中可谓是乱象丛生，主要包括私人侵占单车、毁损单车、违规停放等行为。一些投机取巧的人解锁了单车固定密码之后，便在共享单车上另加一把锁，将共享单车据为己有。且不论这种行为构成盗窃抑或是侵占，单单是让"共享"变"私有"这一做法就使得共享单车失去了其原有的意义。而车辆毁损的现象更是屡见不鲜，时常能够看到无法使用的共享单车停放在路旁无人问津。这一方面是由于共享单车生产技术不过关，但更多的是人为的因素，车辆毁损后不及时报修，毁损的车辆不及时处理很容易引发交通事故。这些问题急需得到法律层面的评价，通过法律手段得到更加合理的解决。

三、共享单车乱象的法律解读

（一）共享经济性质引起的问题

"公用地悲剧"[1] 现象。可以随时随地停放的特点导致了共享单车位置的不平等，如地铁入口处的自行车共享和公交车站停车较多，而其他地方的共享单车寥寥无几；中心城区的共享单车随处可见，但中心城区外鲜有单车，寻找困难。并且随着用户的使用需求和频度增加，用户在需要使用共享单车而去寻找共享单车更加相对困难，花费的时间变长，忍受更加拥挤的人行通道，以上种种增加了用户的额外成本。因此，为了方便和便利，人们减少自身在需要使用而寻找单车的时间成本，避免他人骑自行车，就作出将单车处于自己控制之下的选择，人为的赋予单车排他性。其中表现为选择破坏单车上的二维码和编号，拆卸座椅、加上私人锁等，他们动机是让车辆处于自己的支配之下，限制他人的使用。

---

[1] 加勒特·哈丁在 1968 年的《科学》杂志上发表了《公用地悲剧》一文，指出有限的资源注定因为自由使用和不受限的要求而被过度剥削，这源自于每一个个体都企图扩大自身可使用的资源，然而资源耗损的代价却转嫁给所有可使用资源的人们。环境的恶化、拥挤的道路是现代"公用地悲剧"的典型现象。

在笔者组织的关于"北京市共享单车相关问题"的问卷调查中，有 28.9% 的人认为共享单车"违规停车，扰乱正常秩序"，还有 13.16% 的人认为"共享单车增多，占用公共资源"。

（二）外部无监管引发的问题

1. 政府监管缺失

共享单车的公益性质决定了其纳入公法的调整范围，即需要政府和其他公共机构干预其行为，予以规范和调控，以免造成"市场失灵"。实际情况是北京市政府对自行车乱象现象没有做出及时、有效的回应，应该履行的监督职责并未履行或履行不到位。数以万计的共享自行车已投放在城市中：在城市道路上，原本禁止停放的地区目前已经被很多共享单车占据位置。从合法行政的角度看，市政府需要在两个方面作出选择：一是严格执法，清除停放在禁区内的共享单车，给予自行车使用者或共享单车公司行政处罚；二是修改现行的法规，重新规划更多空间容共享单车。然而，北京市政府在客观条件限制下无法及时面对新事物，无法自行切实解决共享单车乱象问题。

2. 违法成本过低

逐利是人类的本能。当守法获得的利益不高于违法的代价时，遵守法律是对的，人们倾向于选择遵守法律；当守法获得利益大于非法经济成本时，遵守法律是不符合效益最大化的，此时法律难以被尊重，行为人倾向于铤而走险。

（三）法律介入现存乱象的必要性分析

1. 使用权与所有权分离造成的责任真空

如前所述，共享单车经营模式的首要特征是使用权与所用权的分离，共享单车企业通过自行车使用权的让渡获得收益，而消费者则以合理的价格满足出行需求。目前共享单车的用户素质参差不齐，为了追求个人利益最大化，用户在使用共享单车的过程中未必会像使用自己私人所有的自行车一样小心谨慎，停放地点也按个人的需求和便利程度来做选择，乱停放的现象也因此频频发生。当共享单车引发城市空间治理问题时，共享单车的所有权、使用权和空间的管制权之间就形成了复杂的法律关系，如何明确停放问题的责任主体一时难以明确。事实上，共享单车随意停放的现象更多的是发生在城市道路中，交警的城管人员在执法过程中面临法律瓶颈：违法违规的用户常常以自己仅享有单车的使用权为理由进行抗辩，面对罚款和扣车的处罚通常是弃车离去，使得执法人员难以找到有力的执法依据来支持。后者主要涉及政府职能部门管理责任与企业市场行为之间的矛盾。对于占道、违规停放的共享单车，交管和城管部门对道路进行现场清理之后将其集中摆放在临时停车场，而涉事单车企业鲜有回应，且不能及时领回单车，匮乏的执法资源和效果受限的执法手段使政府的监管处于空虚无力的状态，难以发挥公共空间的直接管理作用。

2. 实体法依据

《中华人民共和国道路交通安全法》（以下简称《道路交通安全法》）第 59 条规定，"非机动车应当在规定地点停放。未设停放地点的，非机动车停放不得妨碍其他车辆和行人通行。"除了上述的实体法依据，《中华人民共和国行政许可法》（以下简称《行政许可法》）中也能找到对共享单车规制路径的框架。行政许可作为政府有效控制的管理手段，一方面可以确保行政机关对于社会、经济等领域的干预，而另一方面又会对公民的权利和自由产生一定的限制和约束从而起到权利分配和限制的管理作用。我国《行政许可法》的第 12、13 条对政府和市场的活动边界做出了原则性的界定。根据该法第 12 条中第 1、3、4 项的规定，直接关系人身健康、生命财产安全的特定活动，需要按照法定条件予以批准的事项；提供公共服务并且直接关系公共利益的职业、行业，需要确定具备特殊信誉、特殊条件或者特殊技能等资格、资质的事项；直接关系公共安全、人身健康、生命财产安全的重要设备、设施、产品、物品，需要按照技术标准、技术规范，通过检验、检测、检疫等方式进行审定的事项，可以设定行政许可。而第 13 条又对第 12 条的规定做了限缩，公民、法人或者其他组织能够自主决定的，市场竞争机制能够有效调节的，行业组织或者中介机构能够自律管理的，行政机关采用事后监督等其他行政管理方式能够解决的，可以不设行政许可。这两条规定，为特定事项上的行政审批、私主体自治、市场机制、行业自我规制和事后监管等多种调节机制设定了政策的选择顺序。根据《道路交通安全法》第 18 条第 3 款的规定，非机动车的外形尺寸、质量、制动器、车铃和夜间反光装置，应当符合非机动车安全技术标准。这一立法规定是考虑到非机动车作为交通工具，涉及使用人的生命财产安全，在道路中骑行关系公共交通秩序，需要确定具备特殊条件，是关系到公共安全、人身健康、生命财产安全的重要产品，需要按照专门的技术标准和规范来设定许可事项。共享单车的使用人在交易过程中因信息不对称而处于较弱地位，对于产品的选择权有限，而市场竞争机制因负外部性而调节失灵，共享单车企业自我规制因缺乏约束和激励机制而无法奏效，政府的监管则往往因滞后而于事无补，此时政府规制中事前许可的必要性得已成立。

四、共享单车模式中几个主要问题分析

（一）共享单车市场准入监管问题

共享单车作为互联网时代的产物受到了公众的广泛关注与使用，正如前述，它与生态文明、低碳出行的理念不谋而合。共享单车有其自身的优势，便捷性无疑是其最大的亮点。但是，在快速扩张的同时也出现了一系列的问题。这些问题单靠市场调节无法完全解决，政府必须加强规范引导，尽量为共享单车发展创造条件。政府要明确自身责任，积极主动地承担政府作为引导者、监督者等角色，完善相关政策，承担监督与管理的责任。

1. 共享单车市场准入监管现状

任何商业行为的发展离不开法律的规范和监督，然而如前所述，国家层面、北京市层面相关法律法规内容较为模糊，需要北京市政府结合自身状况作出更进一步的细则规定。然而在《指导意见》中我们并未看到有相关市场准入内容的规定，过低的准入门槛并不利于市场的良性竞争。当然，这并不是说必须要有高标准的门槛，笔者认为具体到市场准入方面应当由各区"因地制宜"。比如，由于中心城区内公交系统发达，且已经有较好的自行车租赁体系，不需要更多的单车品牌进入。在这些区域，政府可以提高相应的标准，减少共享单车的投放，防止对原有的公共交通体系造成破坏。相对于前一种情况，北京中心城区外的区域，如房山、门头沟、平谷等区域则恰恰相反，没有相对成熟的自行车租赁体系，需要共享单车的大量投入，面对此种情况，市政府管理部门就应该把标准放低，可以使更多的单车企业进入，使市场良性竞争。但降低标准并不等同于对单车企业不加以规范，只有这样才能引导和支持单车企业更好的发展。

2. 共享单车市场准入监管内容

（1）共享单车质量标准。政府部门制定的地方标准，要根据单车投放市场需求来制定，如前所述，由于北京区域广大，各区各地的规模、道路、人口居住状况、通行条件等情况不同，消费者的使用习惯也不同，根据不同的情况设定单车淘汰的时间，鼓励企业制定更高的质量标准。单车在使用期间的保养和维护的标准关系到消费者的生命安全，应该引起重视。

（2）服务标准。共享单车是"互联网+"的新型商业模式，单车平台是提供租赁自行车的服务方，包括线上和线下两个方面，也就是平台一方面要提供网络

服务，一方面也要提供实体的单车服务，这两方面的服务质量都要保证。单车平台应当具备相关的服务资质，网约车的服务平台与共享单车的服务平台在很多地方还是相似的。北京市既已经有《北京市网络预约出租汽车经营服务管理实施细则》，不妨比照之前对网约车的相关管理办法对企业加以规定，严格审查单车平台的相关资质是对企业管理的基础，让企业充分利用高科技技术，例如单车的定位系统和平台收集的数据，对单车平台运营中的单车进行管理，提升用户体验和整个城市的单车管理。

（3）停放管理标准。共享单车的乱象之一就是停放问题，停放问题不仅是使用者的责任，也是互联网租赁自行车运营企业的责任。政府可以督促企业应用电子围栏等技术对单车的停放进行管理，当出现不符合规定的乱停乱放现象，对平台和消费者都采取相应的惩罚，建立信用制度，有效规范用户停车行为。此外，北京市政府应当加大对共享单车企业的抽查，对于不符合规定停放的单车平台应用地位系统及时的发现和清理，特别是要精细化管理，控制城市内各个区域的单车数量，避免出现新的拥堵现象和过多的侵占公共区域或道路。

（4）引导用户文明安全用车。文明用车不仅是用户的责任，北京市政府也要承担一定的责任，引导消费者在骑行的过程中要遵守道路交通安全等相关法律法规，对政府发布的专门的共享单车相关规范也要遵守。《指导意见》第17条要求"承租人自律"，在实践中，多数企业则利用 app 向用户强制宣传相关的法律法规，只有做到文明用车、安全骑行、规范停放才能确保骑行安全。政府部门也要与企业合作加强对互联网租赁自行车使用规范和安全文明骑行的宣传教育工作，促进共享单车良性发展。

（5）保险制度。《指导意见》对共享单车相关保险制度作出了规定，"建立健全骑行保险理赔机制，企业为承租人购买人身意外伤害险"。但《指导意见》中没有对具体的险种和赔偿标准做出规定，仅表示要加强平台对消费者骑行安全和对其合法权益提供必要的保障，要求共享单车平台完善自身的保险机制。作为出行安全保障的基础，共享单车保险制度应该逐渐向交强险靠拢，使其成为一种社会保障机制。[1]

（二）个人信息安全在大数据环境下的立法保护——以北京市"便利蜂"为例

2017 年 6 月开始实施的《中华人民共和国网络安全法》明确规定了对于用户的个人信息要严格保护。2017 年发布的《指导意见》第 13 条"保护承租人信息"中，也仅仅只是强调"不得擅自公开、泄露或向他人提供"，然而相应的措施却没有进一步说明。这当然主要指的是将分时租赁单车作为赢利点的共享单车

---

[1] 张祖荣、刘汝亭：《我国共享单车保险发展现状、问题与对策》，载《南方金融》2018 年第 2 期。

企业。事实上，在北京，在"专营"共享单车企业外，一种新的以零售食品为目的，"附带"共享单车经营的企业形式已经出现。北京市"便利蜂"本为食品零售门店，为推广自身产品，邀请用户购买会员后，可免押金不限时免费使用其旗下"便利蜂"单车。但是在此过程中，信息泄露随之开始：首先，在定位方面，每次在准备骑行单车之前 App 会要求使用者打开手机的定位功能（基本所有单车企业都有此功能要求）。App 可以读取手机的定位信息，用户个人的日常活动轨迹及具体的位置信息会被记录，并且会上传到单车平台的数据库中，很容易被不法分子利用，会对消费者的财产安全和人身安全造成很大威胁。特别是用户在注册时平台要求提供个人身份信息等，ofo 针对学生用户需要上传更多的个人资料，包括校园卡照片和学生证照片，同时也获取了相关的学号等信息。通常的审核方式是人工，相对于系统自动审核人工审核带来的风险可能会更大，显然单车平台更多的时候是考虑自身的利益，企业不能完全保证上传的信息不被利用。其次，在支付信息方面，当用户在支付押金和租金时平台就会获取用户的支付账户等信息。最后，即为"便利蜂"单车所特有的现象，使用同一账户骑车的用户购买了门店食品，平台会通过大数据积累客户购物偏好，在此后的一段时间当中，会不断向客户推荐同类产品，从某种程度上说，这亦是一种企业利用信息数据对客户隐私的窥探。

（三）押金金融的法律性质及模式

1. 共享单车押金的法律性质

我国现有的法律、法规对押金的法律性质还没有很明确的规定，但是，在社会实践中，特别是在租赁法律关系中长期存在。在法律关系中基本上是一物一押，出租人为了防止出租的财物受到损害，在租赁活动进行以前要求使用者提供一定的等价物或者货币，以此来保证承租方在使用的过程中按照合同的约定使用出租物，租赁期满以后，承租方按照合同的约定使用出租物，也没有对出租造成损害，出租人应当将押金退还，如果在合同到期之后，出现了对出租物的损害或者未按照合同的约定使用出租物，押金就可以用来赔偿出租人的损失。押金在实践中还被称为保证金或风险抵押金。[1]

2. 共享单车押金的法律特征

债权是请求权，物权是形成权，在债权法律关系中，当债务人拒绝履行义务的时候，只能通过诉讼程序或调解程序行使权利，债权人不能凭借私力自己行使，从收取押金的一方可以直接支配押金所带来的利益来看，押金具有担保物权的特点。

---

[1] 参见徐宏：《共享单车"押金池"现象的刑法学评价》，载《法学》2017 年第 12 期。

3. 共享单车押金的风险问题

共享单车押金不仅存在法律上的问题，同时也存在着法律性质上的诸多争议与差异。研究共享单车押金的风险，从而更透彻地洞察在单车押金的背后还存在着何种利益的驱动和隐藏的风险，以供我们思考或"趋利避害"。

（1）押金信息披露不足的风险。信息披露不足将造成许多负面的影响，第一，用户的知情权受到侵犯。第二，信息不对称将带来很多隐患。第三，披露信息非主动性，会使企业的信息披露更具随意性，甚至难以形成长效机制，如果缺少外部的约束力量，企业出于趋利避害和自身利益的考虑就不会主动公开各类信息，主动接受监督，这些都将带来一些隐患。

（2）利用押金非法集资的风险。用户还未使用单车就要提前提交押金，并且在请求返还押金时有的品牌在归还的时效上不是十分及时和积极，针对这样的押金池存续数额及收支方式，如果在缺乏有关部门的监督时，或许就隐藏着非法集资的风险。

五、对北京市共享单车法律规制的设想与建议

构建"政府+企业+公众"的混合监管模式，似乎是目前最为有效也是最为合理的联动管理模式。混合监管模式，就是政府和企业的合作监管，再加上企业内部的自律监管，还有公众的外部监管。

（一）政府方面

政府是共享单车能否在市场上存在的第一道门槛，政府能够决定共享单车在市场上的投放数量和投放密度，还能够决定对非机动车道的管理和布局。因此为了使共享单车行业更加健康有序的发展，政府应该在共享单车市场准入上设限，也应该在非机动车布局上采纳更优化更合理的布局建议。

1. 建立健全共享单车的监管法律体系

共享单车行业不同于传统的既有的生产组织，既有资源自行车租赁行业受到诸多传统法律的保护和约束，互联网兴起必然意味着对这些法律和组织规范造成影响。从共享单车法律规制的实践看，政府企业规制没有有效实现其应该履行的规制功能，很大程度上源于法律制度的不健全。目前，我国还没有一部专门的为共享单车甚至共享经济的健康发展保驾护航的法律。虽然到目前北京市出台了有关针对共享单车运行的《指导意见》，但是不难发现，文件一方面效力层次较低，另一方面这些规范的规定都很笼统，理论性原则性的内容较多，着实缺乏可操作性。

2. 建立共享单车市场准入标准

平台作为提供共享单车租赁服务的经营者，在租赁过程中作为强势的一方应当具备相关资质。平台不仅需要提供互联网服务，也需要提供实体的单车租赁服务，因此对其资质应当严格把控。北京市作为制定共享单车规范的先行者，《指导意见》中并未规定企业应当提供与经营、管理有关的制度文本来办理备案，规范尚不够明确和具体。由于互联网租车服务和互联网自行车服务对于企业资质的要求很相近，关于审查提供共享单车的企业的资质，可以比照《网络预约汽车经营服务管理暂行办法》中的规定，不仅应要求企业手续齐全、程序法定，还应要求企业提供有关电子支付的协议，以确保支付安全。

3. 建立监督与惩罚制度

共享单车投放量大，针对共享单车的破坏行为时有发生，仅仅依靠政府部门和企业对破坏单车的行为不能及时发现，又或者没有达到需要用法律评价的程度，此时的行为结果就没有有效的惩罚方式，也没有规范消费者文明使用共享单车的效果，建立合理的监督与惩罚机制是非常有必要的。

4. 科学规划共享单车布点

共享单车的发展同样也在考验着城市管理能力和规划布局水平，这种责任就要落到了交通规划部门身上。交通管理部门也要加强与共享单车企业合作，加强双方共治，建立交通管理部门和共享单车企业的责任清单和相关协议，旨在乱停乱放问题上能够责任到人且乱停乱放问题能够得到有效的治理。

（二）企业自身

1. 押金管理应有序

押金涉及单车用户也就是所谓的需求方存放在共享平台的资金问题，当越来越多的用户使用共享单车时，也就意味着共享平台集合的资金会呈直线上升状高速增长。因此共享单车企业更应该重视资金的使用问题和流向问题，要防止巨额资金被用于不法活动。对此，共享单车企业可以建立资金托管制度。也就是说将共享单车企业收取的资金托付给其他专门公司管理。比如可以托管给第三方大的资金管理公司，这样就可以实现资产与共享单车企业的形式上的分离，在一定程度上可以防止共享单车公司非法使用财产的行为。

2. 行业协会的建立及行业管理条例的制定

行业协会作为政府与企业的中间点，行业协会可以起到桥梁的作用，如果企业有合理的要求可以向政府反应，政府发布相关的政策行业协会也可以向企业转达，在共享单车领域例如车辆投放和停放问题，行业协会可以汇总区域内各个企业发展的情况，政府根据城市管理综合考虑，规划好投放的地点和数量，通过行业协会加强政府与企业的配合。行业协会可以制定行业标准和行业规范，对本行业有更具针对性的管理，提高产品质量和服务。

（三）公众方面

对于共享单车的使用者来说，首先要加强规范自己的个人行为，增强道德意

识和法律意识。其次要做口耳相传的践行者，在面对个人对共享单车实行破坏性
为时要能够主动站出来予以制止。这样只要每个人都以身作则的给共享单车行业
创造良好的规范空间，就会使共享单车行业稳健有序的发展。

数据挖掘法律问题研究

罗　娇*

一、数据挖掘的重大价值

（一）数据的激增与问题

我们生活在数据时代，数据呈现爆炸式增长[1]。各类数据规模正在大幅提升[2]，并且很可能持续增长[3]。物联网使越来越多的线下活动也被数字化记录下来，又将带来另一波数据浪潮[4]。有数据显示，2008 到 2011 年间产生的数字化信息超过了以往所有的历史记载[5]；全球科研界每年产生的学术论文超过 150 万篇[6]。2018 年年底，每年全球数据中心 IP 流量达到 8.6ZB，而 2013年时仅为 3.1ZB[7]，2019 年全球数据总量或将达到 1YB，与 2018 年相比呈千

*　课题主持人：罗娇，中国农业大学讲师。立项编号：BLS（2018）C008。结项等级：合格。

〔1〕　参见世界经济与合作组织 2014 年数据，OECD, *Data-Driven Innovation for Growth and Well-Being*: *Interim Syntheses Report*, October 2014, www.oecd.org/sti/inno/data－driven－innovation－interim－synthesis.pdf, 最后访问日期：2019 年 10 月 1 日。

〔2〕　The Executive Office of the President, *Big Data*: *Seizing Opportunities*, *Pressing Values*, May 2014, p. 2, https://obamawhitehouse.archives.gov/sites/default/files/docs/20150204_Big _Data _Seizing _Opportunities_preserving_Values_Memo.pdf, 最后访问日期：2019 年 10 月 1 日。

〔3〕　McKinsey Global Institute, *Big Data*: *The Next Frontier for Innovation*, *Competition*, *and Productivity*, June 2011, p. 2, https://www.mckinsey.com/business-functions/digital-mckinsey/our-insights/big-data-the-next-frontier-for-innovation, 最后访问日期：2019 年 10 月 1 日。

〔4〕　OECD, *Supporting Investment in Knowledge Capital*, *Growth and Innovation*, 10 October 2013, p. 320, https://www.oecd-ilibrary.org/industry-and-services/supporting-investment-in-knowledge-capital-growth-and-innovation_9789264193307-en, 最后访问日期：2019 年 10 月 1 日。

〔5〕　World Economic Forum, *Global Information Technology Report* 2012: *Living in a Hyper-Connected World*, http://reports.weforum.org/global-information-technology-2012/#section＝chapter-1-4, 最后访问日期：2019 年 10 月 1 日。

〔6〕　Ware M, Mabe M., *The STM report*: *An Overview of Scientific and Scholarly Journal Publishing*, https://www.stm-assoc.org/2018_10_04_STM_Report_2018.pdf, 最后访问日期：2019 年 10 月 1 日。

〔7〕　Ciso, *Cisco Global Cloud Index*: *Forecast and Methodology*, 2013-2018, https://www.terena.org/mail-archives/storage/pdfVVqL9tLHLH.pdf, 最后访问日期：2019 年 10 月 1 日。

倍增长（表1）。[1]

表1 计算机的存储单位和换算方式示意[2]

名　称	换　算	示　例
1Bits（位）	非对即错的单一选择	Yes/ No
1B（字节）	= 8 位	电脑键盘上的一个字母
1KB（千字节）	= 1024B	两三段文字
1MB（兆字节）	= 1024KB	一篇短篇小说的文字
1GB（吉字节）	= 1024MB	12 箱银行员工文字文件
1TB（太字节）	= 1024GB	2.5 亿页双面打印的纸张，堆起来超过 16 千米
1PB（拍字节）	= 1024TB	100 年的全部电视内容
1EB（艾字节）	= 1024PB	近 3000 千米高的光盘上存储的数据
1ZB（泽字节）	= 1024EB	截至 2011 年存储的电子信息总论，相当于时长 3600 万年的高清视频
1YB（尧字节）	= 1024EB	预计 2019 年全球范围内的数据总量

"数据丰富，但信息贫乏"是数据时代面临的严峻问题。拥有数据只是前提，从数据中提取有用信息，才是人们的最终目的。海量激增的数据被收集、存放在大量的大型数据库中，无法依靠人工进行阅读、分析，只有借助强大的数据分析工具理解和利用它们，才能提取出有用的信息。否则，各类大型数据库将被束之高阁，沦为"数据坟墓"。随着数据量的进一步激增，如果没有有效的数据挖掘工具，数据和信息之间的鸿沟将越来越难以逾越。

（二）从"数据坟墓"到"知识金块"

数据是石油，算法是引擎。数据被誉为"互联网上的新货币"。[3] 互联网

---

〔1〕 ［美］詹姆斯·R. 卡利瓦斯、迈克尔·R. 奥弗利：《大数据商业应用风险规避与法律指南》，陈婷译，人民邮电出版社 2016 年版，第 6 页。

〔2〕 参见 CSG Network Memory and Storage Converter, http://www.csgnetwork.com/memconv.html，最后访问日期：2019 年 10 月 1 日。

〔3〕 James Kanter, "Antitrust Nominee in Europe Promises Scrutiny of Big Tech Companies", New York Times, 3 October 2014.

带来的数据驱动型经济，以数据来提升经济竞争力并驱动创新、公平和可持续发展。[1] 数据挖掘技术，可减少人类阅读时间的 80% 并提升数据管理 50% 的效率[2]，弥合数据与信息之间的鸿沟，使"数据坟墓"变为"知识金块"。

数据挖掘为创新提供新的方法和工具。数据挖掘的重要价值不仅体现在加速"阅读"的过程，更体现在据此获得新的观点，这一过程也被称作"数据驱动科学"[3]。在计算机领域，服务于特定语义分析的专用软件工具可以作为数据挖掘一部分来使用[4]；在医药领域，通过数据挖掘将现有药物和新的应用进行关联，发现了新的蛋白质、基因、疾病之间的关联[5]；在化学领域，对化学数据的挖掘可创造价值超过 10 亿欧元的新信息，并有助于开发新的药物以及开发更好的、可重复使用的化学及其相关教育产品。[6] 多个实践案例证明了数据挖掘技术对创新的驱动效应。[7] 几乎所有科研人员都已直接或间接地使用了数据挖掘技术。[8] 未来数据挖掘的潜力在于通过人工智能、机器学习、统计学和计算机学等交叉方法，以更自动化的条件挖掘更大规模的数据、得到更精准的挖掘结果，从而发现更多知识。

二、数据挖掘的法律壁垒

有学者指出，有望改变生活方式的数据挖掘正受到市场失灵、法律不确定性

---

[1] Organization for Economic Co-operation and Development（OECD），"Data-Driven Innovation for Growth and Well-Being：Interim Syntheses Report"，October 2014，p. 7，http://www. oecd. org/sti/inno/data-driven-innovation-interim-synthesis. pdf，最后访问日期：2019 年 10 月 1 日。

[2] Ware M, Mabe M.，*The STM report*：*An Overview of Scientific and Scholarly Journal Publishing*，https://www. stm-assoc. org/2018_10_04_STM_Report_2018. pdf，最后访问日期：2019 年 10 月 1 日。

[3] Science Europe Working Group on Research Data，*Text and Data Mining and the Need for a Science-Friendly EU Copyright Reform*：D/2015/13. 324/1，http://www. scienceeurope. org/uploads/PublicDocumentsAndSpeeches/WGs_docs/SE_Briefing_Paper_textand_Data_web. pdf，最后访问日期：2019 年 10 月 1 日。

[4] Diane McDonald，*Value and Benefits of Text Mining*，http://www. jisc. ac. uk/publications/reports/2012/value-and-benefits-of-text-mining. aspx，最后访问日期：2019 年 10 月 1 日。

[5] UK Government，*Text Mining and Data Analytics in Call for Evidence Responses*，http://www. ipo. gov. uk/ipreview-doc-t. pdf，最后访问日期：2019 年 10 月 1 日。

[6] Science Europe Working Group on Research Data，*Text and Data Mining and the Need for a Science-Friendly EU Copyright Reform*：D/2015/13. 324/1，http://www. scienceeurope. org/uploads/PublicDocumentsAndSpeeches/WGs_docs/SE_Briefing_Paper_textand_Data_web. pdf，最后访问日期：2019 年 10 月 1 日。

[7] 具体案例参见 LIBER，*A Copyright Exception for Text and Data Mining*，http://libereurope. eu/wp-content/uploads/2015/11/TDM-Copyright-Exception. pdf，最后访问日期：2019 年 10 月 1 日。

[8] Science Europe，*Text and Data Mining and the Need for a Science-Friendly EU Copyright Reform*，http://www. scienceeurope. org/uploads/PublicDocumentsAndSpeeches/WGs_docs/SE_Briefing_Paper_textand_Data_web. pdf，最后访问日期：2019 年 10 月 1 日。

以及信息孤岛的严重阻碍。[1]数据挖掘的前提是能够对数据实现物理访问，因此面临的最主要的法律壁垒是如何实现对数据源的合法访问、采集。

（一）什么是数据挖掘

1. 数据挖掘的概念

数据挖掘（Data Mining）是一个涉及多种学科的新兴领域[2]（图1），指从大量数据中抽取特征值、并对特征值进行分析计算得到新知识的过程，通常被视为"知识发现"（KDD）的同义词（图2）。[3]

图1　数据挖掘涉及的学科领域

图2　KDD 全过程[4]

2. 数据挖掘的步骤

虽然不同技术下数据挖掘的操作步骤有所不同，但大致可概括为 4 个步骤

〔1〕 Diane McDonald, *Value and Benefits of Text Mining*, http://www.jisc.ac.uk/publications/reports/2012/value-and-benefits-of-text-mining.asp，最后访问日期：2019 年 10 月 1 日。

〔2〕 ［美］Jiawei Han 等：《数据挖掘 概念与技术》，范明、孟小峰译，机械工业出版社 2018 年版，第 15 页。

〔3〕 ［美］Jiawei Han 等：《数据挖掘 概念与技术》，范明、孟小峰译，机械工业出版社 2018 年版，第 5 页。

〔4〕 ［美］Pang-Ning Tan、Micheal Steinbach、Vipin Kumar：《数据挖掘导论》，范明等译，人民邮电出版社 2011 年版，第 2 页。

（图3）：①"信息抽取"，即从文本中或数据集合中提取有意义的信息或内容对象，并将这些对象集成于数据集（data set）、知识库（repository）或集成库（collection）中；②"语义分析"，即对抽取出来的内容对象赋予语义含义和相互关系；③"关系计算"，即计算这些对象及其关系的分布、关系、相互作用、演化等特征趋势；④"知识发现"，即根据计算得到的关系模式来发现新知识或验证研究假设。[1]

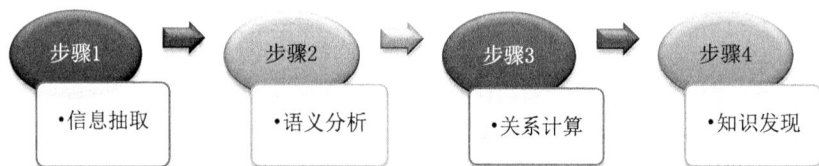

图 3　数据挖掘的步骤

3. 可挖掘的数据类型

数据挖掘所指向的数据源包括数据库、数据仓库（图4）、Web、其他信息存储库或动态地流入系统的数据[2]，如历史记录、股票交易数据、时间序列数据、生物学序列数据、视频监控数据、传感器数据、空间数据（如地图）、工程设计数据、超文本和多媒体数据、万维网数据等各种类型的数据。

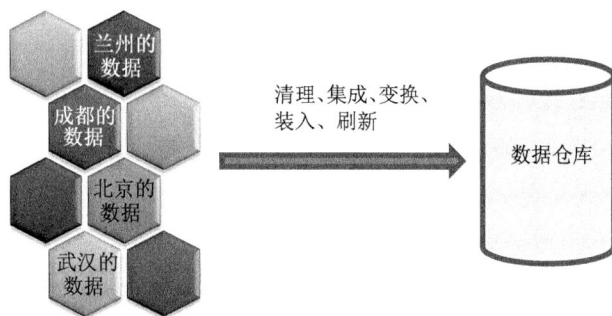

图 4　数据仓库的典型框架[3]

---

〔1〕 Diane McDonald, *Value and Benefits of Text Mining*, http://www.jisc.ac.uk/publications/reports/2012/value-and-benefits-of-text-mining.aspx，最后访问日期：2019 年 10 月 1 日。

〔2〕 ［美］Jiawei Han 等：《数据挖掘 概念与技术》，范明、孟小峰译，机械工业出版社 2018 年版，第 6 页。

〔3〕 ［美］Jiawei Han 等：《数据挖掘 概念与技术》，范明、孟小峰译，机械工业出版社 2018 年版，第 6 页。

4. "爬虫" 是采集网络数据的主要工具

越来越多的信息以电子的形式出现并在互联网上可以访问，网络数据已成为最重要的数据源之一，多利用网络爬虫等工具来采集。网络爬虫（Web Crawler），又被称为网页蜘蛛或网络机器人，是一种按照一定的规则、自动抓取万维网信息的程序或者脚本[1]，能够高效、自动地读取和采集数据。

（二）数据挖掘的著作权壁垒

1. 复制、传播数据的侵权问题

"由于计算机必须制作整个版权作品的副本才能执行相同的活动，数据挖掘的过程将受版权法的约束"[2]。数据挖掘的前提是反复复制整个作品，这一复制行为落入版权的控制范围。[3]

当数据库中的数据或材料的选择、编排体现了一定程度的独创性，则数据库本身可构成汇编作品。在数据挖掘过程中未经授权复制整个数据库（如系统性复制）也有复制权侵权问题。如果未经授权，擅自将还有版权内容的数据通过互联网进行传播，还会面临信息网络传播权的侵权问题。

2. 突破或绕过技术措施的问题

如果目标网站、数据库、数据仓库已经设置了技术措施来限定只有特定用户才能访问、获取相关数据，而爬虫突破了这一技术措施进行访问和采集数据，则该行为涉嫌破坏技术措施。

3. 合理使用失效

我国的著作权例外并不能完全涵盖数据挖掘的所有行为，使数据挖掘面临著作权上的不确定性。

4. 许可协议失灵

由于谈判地位不对等、谈判力量悬殊和谈判成本的限制，许可协议也不能完全解决数据挖掘的著作权问题，甚至还会对数据挖掘的应用带来限制。

（三）数据挖掘的竞争法壁垒

1. 不遵守 "robots 协议" 采集数据的问题

"robots 协议" 可以告诉网络机器人可以判断出哪些网页、数据库能被采集，而哪些不能。我国《互联网搜索引擎服务自律公约》第 7 条明确提出应当 "遵

---

〔1〕 陈德裕等：《计算机导论（技术篇）》，清华大学出版社 2015 年版，第 185 页。

〔2〕 Universities UK and UK Higher Education International Unit, *European Commission's stakeholder dialogue "Licenses for Europe" and text and data mining*, http://international. ac. uk/media/2243028/Briefing% 20 -% 20Licenses%20for%20Europe%20and%20Text%20and%20Data%20MiningREVISED. pdf, 最后访问日期：2019 年 10 月 1 日。

〔3〕 Borghi M. and Karapapa S. , *Copyright and Mass Digitization: A Cross-Jurisdictional Perspective*, New York: Oxford University Press, 2013, p. 51.

守机器人协议（robots 协议）"，当然也包括在运用网络爬虫采集数据时充分遵守"robots 协议"。不过，"robots 协议"的适用会有两个现实问题：一方面，有不少网站的"robots 协议"禁止网络爬虫采集数据，遵守"robots 协议"意味着不能采集数据；另一方面，"robots 协议"是一种"君子协定"，它更像是一个"禁止进入"标志，而不是一扇锁着的门，不能用于访问控制，技术上完全可以无视"robots 协议"来采集网站数据。对于后者，即违背网站设置的"robots 协议"采集数据的，相关行为可能面临违反《中华人民共和国反不正当竞争法》（以下简称《反不正当竞争法》）第 2 条的规定、构成不正当竞争行为的风险。

我国《反不正当竞争法》第 2 条第 2 款规定，"经营者在生产经营活动中，应当遵循自愿、平等、公平、诚信的原则，遵守法律和商业道德"，适用该条款认定构成不正当竞争的应当同时具备以下条件：①法律对该种竞争行为未作出特别规定；②其他经营者的合法权益确因该竞争行为而受到了实际损害；③该种竞争行为因确属违反诚实信用原则和公认的商业道德而具有不正当性[1]。我国法院在"百度诉奇虎不正当竞争案"[2]等案中将"robots 协议"认定为行业内所公认的商业道德，违背网站设置的"robots 协议"擅自采集网站数据的行为，在很大程度上符合这三个条件。

2. 采集 UGC 数据的问题

用户生成内容（User Generated Content，简称 UGC），通常具有在互联网上公开可用、内容具有一定程度的创新性、由非权威人士或专业人士所创作等特征[3]。一些数据富集的网站其数据的主体部分由 UGC 数据构成。在没有特别约定的情况下，UGC 数据的著作权归属于创作内容的用户，网站所有者并没有对采集此类数据的爬虫控制者主张著作权侵权责任的依据。但是，UGC 数据是支撑此类网站核心竞争力的主要力量，利用网络爬虫采集此类数据并在自己的产品或者服务中使用的，将面临较大的构成不正当竞争的风险。

3. 恶意规避技术措施采集数据的问题

利用爬虫采集数据会带来一些潜在问题。一方面，与人工访问相比，爬虫会占用更多的目标服务器带宽，如果大量使用网络爬虫采集同一个目标网站会给目

---

[1] 参见最高人民法院在（2009）民申字第 1065 号"山东省食品进出口公司等与青岛圣克达诚贸易有限公司等不正当竞争纠纷再审案"判决书。

[2] 参见上海市浦东新区人民法院（2015）浦民三（知）初字第 528 号民事判决书，上海知识产权法院（2016）沪 73 民终 242 号民事判决书。

[3] OECD, Participative Web and User-Created Content：Web 2.0, Wilds and Social Networking. OCDE Information Sciences and Technologies（October 2007），http://www.oecd.org/sti/ieconomy/participativeweban-duser-createdcontentweb20wikisandsocialnetworking.htm, 最后访问日期：2019 年 10 月 1 日。

标网站的服务器带来巨大的压力和负担[1]，因此许多网站会使用反爬虫措施来避免网络爬虫的访问。另一方面，对于大部分网站而言，数据是其流量和收益的来源，出于保护数据的目的，不少网站也会使用一些反爬虫的技术措施。爬虫开发者会以多种方式进行规避[2]。但此类规避反爬虫措施的行为，可能构成《反不正当竞争法》第 12 条列举的互联网不正当竞争行为。

（四）数据挖掘的安全、保密、隐私壁垒

与人工访问并读取数据相比，爬虫通过解析代码的方式运行，且可依靠技术手段规避网站、数据库经营者设置的反爬虫措施或其他限制访问措施，因此爬虫控制者有可能访问和抓取到人工访问无法接触到的数据。这些数据本身可能属于受某一特别法保护的数据，带来安全、保密、隐私和个人信息保护的问题。

1. 安全问题

我国在 2015 年《中华人民共和国国家安全法》的修订中，将"重要领域信息系统及数据的安全可控"[3] 作为国家安全的重要任务。在 2016 年的《中华人民共和国网络安全法》中，也明确要求网络运营者采取数据分类、重要数据备份和加密等措施，防止网络数据泄露或者被窃取、篡改[4]。对于涉及国家事务、国防建设、尖端科学技术领域等与国家安全相关的数据，如果爬虫控制者强行突破这些数据拥有方所建立的技术措施，将构成违反上述法律的行为；情节严重的，还可能构成刑事犯罪行为。[5]

2. 保密问题

通过技术措施限定了只有网站管理者或特定用户才能获取的数据，可视为权利人对该数据采取了保密措施，具备商业秘密的秘密性和保密性要件，属于商业秘密。如果爬虫控制者恶意规避了网站所有者设置的技术措施抓取此类数据，则其行为将涉嫌以不正当手段获取他人的商业秘密，给权利人造成重大损失的还将

---

〔1〕 刘石磊：《对反爬虫网站的应对策略》，载《电脑知识与技术》2017 年第 15 期。

〔2〕 刘石磊：《对反爬虫网站的应对策略》，载《电脑知识与技术》2017 年第 15 期。

〔3〕 《中华人民共和国国家安全法》第 25 条。

〔4〕 《中华人民共和国网络安全法》第 21 条。

〔5〕 根据《中华人民共和国刑法》第 285 条规定，违反规定侵入国家事务、国防建设、尖端科学技术领域的计算机信息系统的，构成非法侵入计算机信息系统罪；违反国家规定，侵入前款规定以外的计算机信息系统或者采用其他技术手段，获取该计算机信息系统中存储、处理或者传输的数据情节严重的，构成非法获取计算机信息系统数据罪。第 286 条还规定，违反国家规定，对计算机信息系统中存储、处理或者传输的数据和应用程序进行删除、修改、增加的操作，后果严重的，也构成破坏计算机信息系统罪。

面临构成刑事犯罪的风险。[1]

3. 隐私与个人信息问题

隐私和个人信息保护随着数据挖掘技术的发展而面临挑战。其一，通过网络系统自动采集个人信息。例如，通过监控用户电脑的 Cookie 数据可获知用户的搜索和浏览记录，其个人信息被网络系统自动采集并汇聚成为海量数据。[2] 其二，通过大数据识别消费者兴趣并向其推送广告。例如，购物网站采集消费者的购物记录或搜索信息，运用数据挖掘技术来确定消费者的消费意图，定向投放广告，消费者只能被动接受。其三，通过直接或间接方式共享、交易个人信息。需求滋生交易，交易可以是直接交易，也可以是变相进行。例如，阿里巴巴通过其全资子公司收购新浪微博股份实现了双方用户的账户互通和数据交换、通过收购高德公司股份掌握了高德海量的基础地图和生活服务数据库。[3]

三、打破数据挖掘的著作权壁垒

（一）国际组织的著作权政策倡议

1. 提倡有阅读权就有挖掘权

2013 年，国际图书馆协会联合会（International Federation of Library Associations and Institutions，简称 IFLA）发布文本与数据挖掘的政策声明，提倡有阅读权就有挖掘权，数据挖掘不构成著作权侵权[4]。欧洲研究图书馆协会（Association of European Research Libraries，简称 LIBER）、[5] 英国知识产权局[6]也持相同观点。

2. 推进《数字时代知识发现海牙宣言》的签署

2014 年，欧洲研究图书馆协会组织来自全球多个领域的 25 名专家起草《数字时代知识发现海牙宣言》（以下简称《海牙宣言》），倡议立法创建数据挖掘的

---

[1] 《刑法》第 219 条规定，侵犯商业秘密给商业秘密的权利人造成重大损失的，构成侵犯商业秘密罪。最高人民法院、最高人民检察院法释〔2004〕19 号《关于办理侵犯知识产权刑事案件具体应用法律若干问题的解释》第 7 条，"给商业秘密的权利人造成重大损失"是指权利人损失数额在五十万元以上。

[2] 张茂月：《大数据时代公民个人信息数据面临的风险及应对》，载《情报理论与实践》2015 第 6 期，第 59 页。

[3] 许晋豪：《阿里并购迷局，暗合大数据拼图》，载 www.leiphone.com/news，最后访问日期：2019 年 10 月 1 日。

[4] IFLA, *IFLA Statement of on Text and Data Mining*, https://www.ifla.org/files/assets/clm/statements/iflastatement_on_text_and_data_mining.pdf，最后访问日期：2019 年 10 月 15 日。

[5] LIBER, *Response to Elsevier's Text and Data Mining Policy*, http://www.libereurope.eu/news/liber-response-to-elsevier's-text-and-data-mining-policy，最后访问日期：2019 年 10 月 15 日。

[6] UK Intellectual Property Office, *Guidance of Exceptions to Copyright*, http://www.ipo.gov.uk/guidance/exceptions-to-copyright，最后访问日期：2019 年 10 月 1 日。

著作权例外，并禁止合同或技术措施限制法律所赋予的数据挖掘权利。《海牙宣言》于 2015 年 5 月 6 日发布，目前超过 200 个组织和 600 个自然人签署了该宣言。[1]

（二）以合理使用原则支持数据挖掘的司法实践

1. 美国法院支持数据挖掘属于合理使用的司法判决

2003 年至今，美国法院在"作家协会诉 HathiTrust 案"[2]"White 诉 West 出版公司案"[3]"Fox News Network 诉 TVEyes 案"[4]"作家协会诉谷歌公司案"[5]"A. V. 诉 iParadigms 公司案"[6]"Perfect 10 诉亚马逊案"[7]"Field 诉谷歌公司案"[8]"Kelly 诉 Arriba Soft 案"[9] 等多个判决中支持了数据挖掘涉及的复制行为属于合理使用。

2. 美国法院认定数据挖掘属于合理使用的法律推理

数据挖掘的复制规模与商业性，有悖于对"四因素"的传统理解。因此，美国法院逐渐从"转换性使用"理论的角度来论证数据挖掘构成合理使用。

首先，因新的、有利的目的（即转换性目的）而复制，且复制的规模对于实现该转化性目的是确实必要的，则系统的、大规模的、全文的复制可以被认为是合理的。Lexis 和 West 出版公司从美国上诉法院获取了数以百万计的法律文件，HathiTrust 数字化了百万计的图书，谷歌数字图书馆扫描了各大著名高校图书馆数以千万计的图书，都构成合理使用。美国联邦第二巡回法院甚至在判决中指出"出于某种目的，可能需要复制整个版权作品，在这种情况下，因素三无法衡量对合理使用的认定"。[10]

---

〔1〕 参见 The Hague Declaration, http://thehaguedeclaration. com/，最后访问日期：2019 年 10 月 1 日。

〔2〕 参见美国联邦第二巡回法院"作家协会诉 HathiTrust 案"判决书，Authors Guild, Inc. v. HathiTrust, 755 F. 3d 87（2d Cir. 2014）。

〔3〕 参见美国纽约州南部法院"White 诉 West 出版公司案"判决书，White v. West Pub. Corp. , 2014 WL 3057885 12-civ-1340-JSR（S. D. N. Y. 2014）。

〔4〕 参见美国纽约州南部法院"Fox News Network 公司诉 TVEyes 案"，Fox News Network LLC, v. TVEyes, 13 Civ. 5315（AKH）（S. D. N. Y. 2014）。

〔5〕 参见美国纽约州南部法院"作家协会诉谷歌公司案"判决书，Authors Guild v. Google, 770 F. Supp. 2d 666（S. D. N. Y. 2011）。

〔6〕 参见美国联邦第四巡回法院"A. V. 诉 iParadigms 公司案"判决书，A. V. v. iParadigms, LLC, 562 F. 3d 630, 634（4th Cir. 2009）。

〔7〕 参见美国联邦第九巡回法院"Perfect 10 诉亚马逊案"判决书，Perfect 10 v. Amazon, 508 F. 3d 1146（9th Cir. 2007）。

〔8〕 参见美国内华达州地区法院"Field 诉谷歌公司案"判决书，Field v. Google, 412 F. Supp. 2d 1106（D. Nv. 2006）。

〔9〕 参见美国联邦第九巡回法院"Kelly 诉 Arriba Soft 案"判决书，Kelly v. Arriba Soft, 336 F. 3d 811（9th Cir. 2003）。

〔10〕 参见美国纽约州南部法院"作家协会诉谷歌公司案"判决书，Authors Guild v. Google, 770 F. Supp. 2d 666（S. D. N. Y. 2011）。

其次，复制的目的与原作品的使用目的越相异，就越不会构成对原作品的替代，即使复制具有某种程度上的商业性质。美国法院借助"转换性使用"理论，将具有转换性目的且对原作品原有市场不构成显著竞争性替代的商业性质数据挖掘行为，认定为合理使用，这对激活市场活力、鼓励诸如谷歌等商业公司进行昂贵且有风险的数据挖掘投资具有重要意义。

（三）数据挖掘著作权例外的立法探索

日本和英国是通过立法将数据挖掘纳入著作权例外，从而消除数据挖掘的著作权障碍、赋予数据挖掘完整合法性的典型国家。欧盟的《数字单一市场版权指令》（Directive on Copyright in the Digital Single Market）也正式将本文与数据挖掘的版权例外纳入欧盟立法。

1. 日本

2009 年，日本在其著作权法修正案第五小节第 47 条之 7 中引入"为了分析信息进行的复制等"著作权例外（以下简称"信息分析例外"），该条通常被视为日本著作权法上的数据挖掘著作权例外。根据该条规定，为了利用计算机分析信息（指从多数作品或者其他大量信息中筛选出构成该信息的语言、声音、影像或者其他要素，并且进行比较、分类或其他统计分析），在必要限度内，可以将作品录入储存媒介或者进行改编（包括按照该作品创作出的衍生作品的储存），但是为了供信息分析者使用制作的数据库作品，不在此限[1]。

2. 英国

2010 年，英国《哈格里夫斯报告》建议英国政府出台一个著作权例外来允许非商业用途的数据挖掘。2012 年，英国知识产权局对引进该例外的影响开展了评估，认为从长远来看数据挖掘会带来"社会创新和长期的经济收益"。据此，2014 年 6 月，英国《1988 年著作权、外观设计和专利法》第 29A 条引入数据挖掘著作权例外。根据该条规定，"拥有作品合法访问途径的人对著作权作品的复制在以下前提下不构成侵权：（a）对著作权作品的复制并对记录中的任何内容进行分析，且唯一目的是非商业用途的研究；（b）副本要有充分的贡献承认（除非因实际原因或其他原因不可行）"[2]。

3. 欧盟

2019 年，欧盟通过《数字单一市场版权指令》，正式将本文与数据挖掘的版权例外纳入立法。

---

[1] Copyright Research and Information Center, *Copyright Law of Japan*, http://www.cric.or.jp/english/clj/cl2.html#cl2_1+A47septies, 最后访问日期：2019 年 10 月 1 日。

[2] UK Copyright, Designs and Patents Act 1988, http://www.legislation.gov.uk/ukpga/1988/48, 最后访问日期：2019 年 10 月 1 日。

《数字单一市场版权指令》第 3 条规定了"以科学研究为目的的文本和数据挖掘版权例外",并规定该例外的适用条件规定为：①限于对其合法获取的作品或其他内容进行复制与提取的行为；②对相应作品或内容的复制应以适当的安全等级储存，可保留作科学研究之用，包括为验证研究结果之用；③权利人可以采取措施确保承载作品或其他受版权保护内容的网络和数据库的安全性和完整性，但该措施不应超过实现这一目标所必需的限度。《数字单一市场版权指令》第 3 条最后规定，成员国应鼓励权利人、研究机构、文化遗产机构共同商定关于适用被挖掘的文本与数据的储存和版权人的有限技术措施的最佳实践。

《数字单一市场版权指令》第 4 条规定了"文本和数据挖掘的例外或限制"，具体内容包括：①以文本和数据挖掘为目的，对合法获取的作品或其他内容进行复制与提取的行为，构成版权例外；②以进行文本和数据挖掘为目的，复制和提取的作品或其他内容可保留到必要时为止；③适用该条例外或限制的条件是，权利人没有以适当方式明确保留对上述作品或其他内容的使用，例如针对网上公开提供的内容采取机器可读的方式。

（四）我国的应对建议

"技术提供了代替人工阅读所有文献的服务",[1] 人们已经越来越认识到数据挖掘在提高研究效率、发掘隐藏信息、开发新知识、探索新视野、改进研究和证据基础、改进研究过程和质量等方面的价值。我国应当改善数据挖掘面临的著作权壁垒，为应用与发展数据挖掘技术提供法律和政策支持。

1. 立法建议

与通过政策声明或联合宣言等不具有强制执行力的"软法"来争取数据挖掘权利不同，以立法设立的数据挖掘著作权例外具有强制执行力，可在相当程度上消除数据挖掘面临的著作权不确定性。建议我国在著作权法的第三次修改中增设数据挖掘的著作权例外。

著作权法从来不是用来限制作品的阅读方式或遏制新思想、新知识的工具，也没有任何证据可以证明数据挖掘会替代原作品的市场。数据挖掘技术广受科研人员欢迎却屡次遭遇出版商提出著作权方面的质疑，是因为出版商掌握着作品传播的技术与渠道，著作财产权一般集中在其手中；为了维持市场竞争优势，出版商往往对一切可能导致其对作品传播的范围和方式失去控制的新兴技术持警惕态度。然而，出版商和研究人员并非对立的关系，出版商需要研究人员，研究人员也需要出版商。通过立法设立数据挖掘著作权例外并不是要侵吞包括出版商在内

---

[1] Ian Hargreaves, *Digital Opportunity*: *A Review of Intellectual Property and Growth*, https://www.gov.uk/government/uploads/system/uploads/attachment_data/file/32563/ipreview-finalreport.pdf, 最后访问日期：2019 年 10 月 1 日。

的著作权人的既有权利，而是要谨慎地建立起著作权人与作品受众之间的平衡关系。因此，设立数据挖掘著作权例外需评估该例外对不同的利益相关者可能产生的影响，使具体的法律条款内容能兼顾不同利益相关者的利益诉求。例如，对于出版商而言，针对数据资产（如期刊、数据库）颁发数据挖掘许可是其潜在的收入来源，其更加关心设立数据挖掘著作权例外对其经济收益可能产生的负面影响；而对于作者，数据挖掘只是对其作品的偶然使用，可能其并不关心是否通过颁发数据挖掘许可获得许可费。

结合日本、英国数据挖掘著作权例外的立法经验，并在遵守《伯尔尼公约》《与贸易有关的知识产权协议》《世界知识产权组织版权条约》的"三步检验法"相关要求的前提下，建议我国在著作权法的修改中增设数据挖掘著作权例外，并将以下理念融入数据挖掘著作权例外条款内容的设计中：其一，数据挖掘著作权例外适用于非营利目的的数据挖掘（即通过三步检验法）；其二，数据挖掘著作权例外以合法获取内容作为例外的适用要件；其三，数据挖掘著作权例外适用于分析结果未对内容的原始来源形成竞争性替代的情形；其四，数据挖掘著作权例外不强制要求指明作者姓名和作品名称；其五，合同和技术措施不得排除或限制数据挖掘著作权例外的适用；其六，数据挖掘著作权例外不适用于数据分析的工具，不影响隐私、保密和特殊数据保护规则的适用。

2. 政策建议

建议通过多项政策，逐渐消除当前数据挖掘面临的著作权问题，进而推动数据挖掘技术的应用与发展。

其一，支持以新兴技术进行的知识利用。从各方利益诉求来看（图5），出版商追求的是经济效益的最大化。为了维持市场竞争优势，防止对作品传播范围和方式失去控制，其往往以著作权来阻止运用新的知识利用方式。事实上，只要不直接代替原作品或破坏原作品的市场，人们对自己合法获得的作品的利用是受到尊重和保护的。数据挖掘作为新技术条件下发展出了一种新型的知识利用方式，在尚未与原作品市场形成替代性竞争的前提下，亦应受到尊重和保护，因为著作权的保护范围不能扩张到人们对知识的正当利用之上。

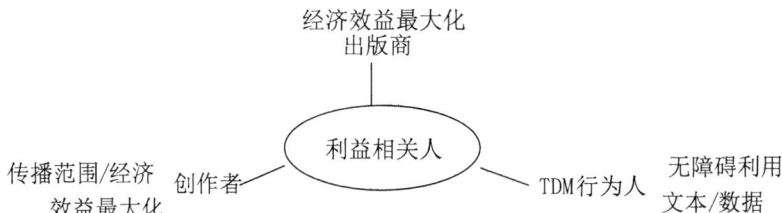

经济效益最大化
出版商

传播范围/经济   利益相关人
效益最大化   创作者   TDM行为人   无障碍利用
                                        文本/数据

图5 数据挖掘利益关系

其二，鼓励符合"合理使用"制度立法精神的数据挖掘行为。我国法院在其司法政策中引入了美国版权法上的合理使用判断"四因素"规则［最高人民法院《关于充分发挥知识产权审判职能作用推动社会主义文化大发展大繁荣和促进经济自主协调发展若干问题的意见》（法发〔2011〕18号）第8条］，但数据挖掘行为因涉及系统的、大规模的、全文的复制，或因具有某种程度上的商业因素，而难以通过传统的"四因素"规则认定其构成合理使用行为，建议从促进作品的传播与利用的角度，肯定数据挖掘所具备的"转换性使用"目的及其与合理使用制度立法精神的契合，鼓励在合理使用范围内开展数据挖掘行为。

其三，通过发展开放获取事业推动更大范围的数据挖掘应用。开放获取运动能够通过其运行机制，通过格式化的许可协议明确作品在不同条件下的利用权限，并力促公众对作品的自由获取，可以在相当程度上消除作品利用所面临的著作权的不确定性。因此，建议大力推动开放获取事业的发展，尤其推动以适用CC-by、CC-0、ODC-by、ODC-0等开放程度较高的许可协议为代表的开放获取，通过促进作品自由获取与利用来充分推动数据挖掘技术在更广泛层面的应用。

著作权法在某一时期的规定，是多方利益主体在经济、社会与技术条件下的博弈结果，但发展会不断打破这种具有时代烙印的博弈。当法律与社会发展产生冲突时，法律的本意与精神是保护和支持发展，而不是相反。综上，我国的著作权法律与政策应当支持诸如数据挖掘之类的新兴技术条件下产生的新型知识利用方式，这将对广泛应用数据挖掘技术、激励数据挖掘技术的研发具有重要意义。

四、建立数据挖掘的反不正当竞争法规则

（一）定性"robots 协议"

根据"我国海带配额"案中最高人民法院对于商业道德的解读[1]，"robots协议"是互联网领域普遍认知和接受的行为标准，具有公认性和一般性，属于公认的商业道德[2]。

作为行业惯例、商业道德的"robots协议"与具体的robots. txt并非同一概念。前者是指体现了公平、开放和促进信息自由流动精神的"robots协议"[3]，只有此类"robots协议"才能体现有序竞争的商业道德而应当被遵守。如果具体的robots. txt含有拒绝交易、歧视对待等内容，则此类robots. txt有悖公平、开放

---

〔1〕 参见"山东省食品进出口公司、山东山孚集团有限公司、山东山孚日水有限公司与马达庆、青岛圣克达诚贸易有限公司不正当竞争纠纷案"，即最高人民法院（2009）民申字第106.5号民事裁定书。

〔2〕 张平：《〈反不正当竞争法〉的一般条款及其适用——搜索引擎爬虫协议引发的思考》，载《法律适用》2013年第3期。

〔3〕 杨华权：《论爬虫协议对互联网竞争关系的影响》，载《知识产权》2014年第1期。

和促进信息自由流动的互联网精神，有违公平竞争的商业道德，不能被认定为是"构成行业惯例、商业道德的 robots 协议"。

（二）倡导诚实信用原则和公认的商业道德

应当允许在遵守诚实信用原则和公认的商业道德的前提下，采集和利用 UGC 数据。结合前述"大众点评诉百度不正当竞争"案，判断具体行为是否违反诚实信用原则和公认的商业道德，需尊重互联网环境所具有的信息共享、互联互通的特点，兼顾数据拥有者、数据使用者和社会公众三方的利益，既要考虑数据拥有者的财产投入，又要考虑数据使用者自由竞争的权利，还要考虑公众自由获取数据的利益，在利益平衡的基础上划定正当与不正当的边界。具言之，可以从以下两个方面使数据采集行为合法合规。

第一，争取使采集和利用数据的行为具有积极的效果。完全攫取他人劳动成果提供同质化服务的行为，是通过扭曲竞争秩序来提升自己的竞争力，对创新和促进市场竞争没有任何积极意义，属于有悖于商业道德的行为。因此，采集和利用数据时，应争取在创新商业模式、提升用户体验、丰富用户选择等方面作出积极的效果。

第二，采集和利用数据不超出必要限度。不超出必要限度，意味着遵循"最少、必要"的原则，采取对数据拥有方损害最小的措施。如果存在明显的对数据拥有方损害方式更小的措施而未采取，或者所欲实现的积极效果将严重损害数据拥有方利益的，相应的采集和利用数据的行为都属于"超出了必要限度"。

五、从控制者享有权利到使用者共担责任

（一）安全与保密是数据挖掘不容突破的底线

数据不仅是财产，更是责任。2016 年 4 月 19 日，习近平总书记在网络安全和信息化工作座谈会上的讲话中明确指出："要依法加强对大数据的管理。一些涉及国家利益、国家安全的数据，很多掌握在互联网企业手里，企业要保证这些数据安全。企业要重视数据安全。如果企业在数据保护和安全上出了问题，对自己的信誉也会产生不利影响。"不破坏数据安全问题是数据挖掘的底线。

1. 什么样的数据涉及安全问题

（1）机构的机密数据。这类数据包括一个机构的财务数据、业务计划方案、潜在的业务开发方案、客户信息或业务联系方式、投资者或潜在投资者信息、新产品新项目计划等。

（2）技术秘密、商业秘密。技术秘密、商业秘密这类知识产权受法律保护的前提是，相应的技术信息、商业信息具有秘密性。任何的安全漏洞都可能会导致这类信息丧失秘密性，从而使原本控制这些信息的机构永远地失去知识产权。对于一些机构而言，技术秘密、商业秘密之类的知识产权才是其核心竞争力所在。

（3）与医疗、财务相关的个人数据。第一，医疗数据。以美国为例，其《健康保险可行性和责任法案》（Health Insurance Portability and Accountability Act，简称 HIPAA)[1] 为个人医疗和保健信息建立比其他类型的个人信息更高的保护等级。欧盟的《欧盟数据保护指令》（European Union Data Protection Directive)[2] 也对医疗保护信息加强保护。

第二，个人财务信息。美国、日本等国也将个人财务信息的安全保密等级提升到与医疗保健信息类似的高度。例如，美国针对个人财务信息的安全保密问题专门制定了《金融服务现代化法》（Grammy-Leach-Bliley Act，简称 GLBA）；日本的《个人信息保护法》（Personal Informatica Protection Act）也有类似规定。

（4）安全数据本身也涉及安全问题。机构的安全政策、安全审计报告、灾难恢复等数据的保护和利用，也应当提升到数据安全的高度，因为此类数据的泄露可能导致机构的系统漏洞、安全漏洞遭到他人（如黑客等）利用。

2. 数据挖掘如何守住安全底线

数据挖掘守住安全底线应当遵循以下原则：数据控制者对涉及安全、保密问题的数据承担安保责任；未经授权，严禁他人挖掘此类数据；经授权挖掘此类数据的，挖掘过程和结果应当受到严格监管；数据挖掘实施者与数据控制者共同承担安全保密责任。

（1）遵守数据安全的"CIA"规则。保持数据的机密性（confidentiality）、完整性（integrity）和可用性（availability），即"CIA"规则是数据安全必须满足的三个基本要素，也被写入多国法律法规中。机密性，即数据必须要保密，要确保数据不会被未经授权的访问或公开。完整性，即数据准确可靠，要确保数据免受未经授权的修改。可用性，即数据能够被访问和使用，确保数据在需要时可用，当机构将数据托管给第三方时，这一问题尤为重要。数据挖掘不能违背数据安全的"CIA"规则。

（2）挖掘者共担责任。挖掘者不仅包括数据的实际挖掘者，也包括潜在挖掘者。只要第三方能够得到授权访问到数据，就应当作为使用者共同承担数据的安全保密责任。建议通过签订合同和制定安全政策，来落实数据挖掘者的安全保密责任。

---

[1] Health Insurance Portability and Accountability, https://en. wikipedia. org/wiki/Health_Insurance_Portability_and_Accountability_Act，最后访问日期：2019 年 10 月 1 日。

[2] *European Union Data Protection Directive*，https://eur-lex. europa. eu/legal-content/EN/TXT/? uri=uriserv%3AOJ. L_. 2016. 119. 01. 0089. 01. ENG&toc = OJ%3AL%3A2016%3A119%3ATOC，最后访问日期：2019 年 10 月 1 日。

数据安全尽职调查。数据控制者可以设计一份数据安全尽职调查问卷，记录并确认第三方有关数据安全的相关问题和做法。尽职调查应当包含以下关键内容：①第三方是否有数据安全事故报告政策，能否确保潜在的或已发生的安全事故及时向相关人员汇报；②第三方是否有信息安全政策，如有，多久评估或更新；③第三方是否接受数据安全审计，如接受，多久审计一次，审计报告中是否提到需要补救的实质性问题，该问题是否已解决；④当第三方停止营业或申请破产时，数据能否从第三方的信息系统中完全删除；⑤第三方是否允许把高度保密的数据传输至可移动媒介；⑥第三方是否有覆盖黑客入侵等安全事故的保险，如有，保险是索赔发生制还是事故发生制；⑦第三方是否出现过重大数据安全事故或因保密违规而接受过调查，或有相关犯罪记录；第三方在履行合同时是否会使用承包商、代理商，是否向其发送数据，尤其是否发送给外国机构；⑧第三方是否有恰当的安全措施，如物理安全措施和程序、是否用加密的方式来保护机密数据、加密如何使用、是否销毁或保留涉密数据、是否有恰当的访问控制措施和登录、审计跟踪能力；⑨第三方的灾难恢复计划是什么，何时启用，是否审计，漏洞是否得到修复；⑩如果第三方是软件开发上，其开放和维护过程中使用什么安全控制措施，是否会对自己的软件进行安全测试，是否有单独的测试和生产环境，所用的代码是否来自他人的授权。

数据安全保护责任合同。以签订合同的形式建立合同使用者的数据安保责任，可以弥补立法的原则性和模糊性，是有效实现使用者共担责任的关键手段。但是，应当避免泛泛而言的保密条款，将具有可操作性的数据安全保护措施写进合同，写出己方的数据安全需求和预期，列明第三方应当履行的数据安全义务，设置第三方未能提供足够的数据安全措施是的索赔机制。具体可以从以下几个方面设置合同条款：①要求第三方保证遵守"行业数据安全最佳实践"，这就相当于要求第三方不断改进安保措施，对第三方建立了一个不断演进的标志；②要求第三方保证不将数据发送给境外机构，除非得到特别授权；③明确第三方的数据安全义务，包括要求第三方保护期信息系统和相关设施不受未授权的访问或入侵、定期测试系统和设施的漏洞、定期审计、使用恰当的加密和访问控制技术、以合理的方式销毁保密信息等；④设置免责条款，要求免受因第三方导致的安全事故产生的诉讼和责任；⑤明确保密信息的范围（如源代码、财务信息、技术秘密等）及保密的期限（如永久保密/X 年保密）；⑥索赔条款。

（3）对数据持有者的安全责任进行有限限制。数据挖掘安全问题的维护一方面要加强挖掘者的责任，另一方面也要适当限制数据持有者的责任。

责任与风险匹配。数据安全是一个风险问题。风险不能消除，只能通过升级安全措施等手段予以降低。从规则制定的角度而言，如果不对数据类型加以区分，要求机构对所有的数据承担相同的安保责任，则可能导致机构把大量的安全预算花费在解决一个低风险的威胁上。因此，数据安全规则的制定，应当注意将责任与风险匹配，就风险较大的数据制定等级较高的数据安全责任；就风险较低的数据，制定等级较低的数据安全责任。对数据安保风险高低的评估，可结合数据的类型、规模、复杂程度、潜在危险及程度，以及数据持有者的技术基础设施、硬软件、安全能力、安全措施成本等方面综合考虑。

责任承担与注意义务匹配。当规则制定者为各个数据持有机构制定了与风险相匹配的数据安保责任后，数据持有机构必须采取必要和恰当的措施履行其安保责任。但如前述，数据安保问题是风险问题，风险只能被降低，而无法被消除。数据持有机构在客观上很难做到完美，有必要制定与注意义务匹配的责任承担机制，一旦发现数据安全事故，履行了合理注意义务的数据持有者所承担的责任，应当小于未尽合理注意义务的数据持有者。

（二）探索数据挖掘与隐私保护的最佳实践

1. 大部分的数据挖掘应用并不涉及隐私和个人信息

随着数据挖掘工具的不断开发和逐渐强大，人们越来越担心数据挖掘可能威胁到隐私和个人信息保护问题。事实上，大多数的数据挖掘应用面向自然资源的应用、水灾和干旱的预报、气象学、天文学、地理学、地质学、生物学和其他科学与工程数据，并不涉及隐私和个人数据。[1]"数据挖掘技术关注与一般模式或统计显著的模式的发现，而不是关于个人的具体信息"。[2]

2. 隐私和个人信息保护的问题是不适当/无控制的披露

尽管大部分的数据挖掘应用不涉及隐私和个人数据问题，但只要个人数据以数字形式收集和储存，且数据挖掘程序能够访问到此类数据，则隐私和个人数据保护问题就会存在。需要指出的是，隐私和个人数据的问题根源并不在于数据挖掘技术本身，也不在于数据挖掘技术的应用，而是在于数据挖掘的过程或结果不适当地或无控制地披露了个人敏感信息，如信用卡交易记录、卫生保健记录、个人理财记录、生物学特征、犯罪或法律调查记录、血统等。

3. 数据流图和数据映射——大数据隐私与个人信息保护的最佳实践

针对数据挖掘过程中所收集个人数据制定数据流图和数据映射，是数据挖掘中隐私与个人数据保护合规合法的最佳实践。

对数据挖掘中收集或访问的个人数据，通过数据流图记录以下内容：①个人

---

〔1〕 [美] Jiawei Han 等：《数据挖掘 概念与技术》，范明、孟小峰译，机械工业出版社 2018 年版，第 399 页。

〔2〕 [美] Jiawei Han 等：《数据挖掘 概念与技术》，范明、孟小峰译，机械工业出版社 2018 年版，第 399 页。

数据的具体类别，如姓名、住址、联系电话、年龄、性别、社保编号、身份证号、银行账号、信用卡号、病历、体检报告等；②个人数据的收集方式，如人工、电子、网络、自采/购买等；③数据存储地点，如公司服务器、第三方数据中心等；④存储数据的应用程序。

对数据挖掘中收集或访问的个人数据，通过数据映射确立以下内容：①个人数据的敏感程度，如是否为财务信息、健康信息、性行为/性取向信息等；②个人数据的收集目的和计划用途；③机构内部需要访问个人数据的人员；④从机构获取个人数据的外部第三方。

根据数据流图和数据映射，数据挖掘者可结合我国既有的法律法规，评估数据挖掘过程中应尽的隐私和个人数据保护义务。

4. 技术的问题，也要靠技术去解决

依靠技术的手段予以解决，不失为一种思路。最初的探索包括对数据库使用"多级安全模型""加密"技术等。当前，保护隐私的数据挖掘（privacy - preserving data mining）已成为数据挖掘技术的一个研究领域。技术专家们通过"随机化方法""l-多样性方法""分布式隐私保护""降低数据挖掘结果的作用"等多种技术方式改善数据挖掘过程中的隐私和个人数据保护状况。最近，也有技术专家开发出了差动隐私（differential pricacy）保护的数据挖掘算法。相关的研究正在进行，出现更好的隐私保护数据和数据挖掘算法指日可待。这些方法的运用使获得有效的数据挖掘结果而不泄露底层的敏感数据成为可能。[1]

六、完善数据挖掘的授权机制

（一）许可协议、保密条款、数据"加盐"是解决数据挖掘合法性的最佳路径

1. 以许可协议、保密条款获得数据挖掘授权

对于非公开数据，只要其具备商业秘密的构成要件，则可以商业秘密的形式作为一种财产权进行保护。[2] 借助一份妥善的保密协议和切实的保密措施，此类数据即可进行交易、利用。以下将针对数据挖掘授权协议的保密条款设计展开详细论述。

对于公开数据。数据虽然是无形的，但储存数据的设施是有体物，可以通过占有数据储存设施的方式间接控制数据。数据储存设施占有者通常是创建、生成和收集数据的一方；合法占有数据便有权控制第三方的访问、创建、修改、更改数据。当然，对数据的占有毕竟与对有体物的占有完全相似，因此从反不正当竞

---

〔1〕　参见［美］Jiawei Han 等：《数据挖掘 概念与技术》，范明、孟小峰译，机械工业出版社 2018 年版，第 399~400 页。

〔2〕　参见［美］Jiawei Han 等：《数据挖掘 概念与技术》，范明、孟小峰译，机械工业出版社 2018 年版，第 399~400 页。

争法的角度对非法入侵数据储存设备的行为予以规制，如前述，《反不正当竞争法》第 2 条、第 12 条中对非法入侵数据储存设施的规制依据。但这些问题，通过许可协议都能够将挖掘此类数据的权利进行授权，使数据挖掘者能够合法挖掘此类数据。

2. 数据"加盐"——发现和举证未经授权抄袭数据库的技术方式

"加盐"，即在数据中加入虚拟数据或虚假数据。对于公开数据而言，由于数据通过公开渠道可以获取，他人拥有同样的数据的，则数据拥有者很难证明该数据是通过抄袭而来还是自行从公开渠道收集。如果他人的数据中含有相同的虚假数据，则对方显然存在抄袭行为。因此，对数据"加盐"可以有效保护和发现数据被未经授权的抄袭。以谷歌为例，谷歌怀疑微软通过复制"谷歌搜索"的结果，来优化微软的搜索引擎"必应"的搜索结果，就在自己的搜索引擎中植入虚假搜索结果。不久之后，在"必应"上进行同样的搜索时，得到了谷歌的虚假搜索结果，"必应"的抄袭行为显而易见。

以许可协议的形式许可他人对数据进行挖掘会给许可方带来了一个顾虑——数据被泄露、抄袭或已其他方式失去控制，而数据"加盐"可以有效发现并证明数据是否被未经授权的复制，保护数据控制者对数据的控制，消除数据挖掘授权方的顾虑。

（二）如何设计数据挖掘许可协议条款

1. 数据归属条款的设计

（1）基础数据的归属。许可方应当在数据挖掘许可协议中明确提出，许可方式数据内容、数据库及其包含的一切算法的所有者。如果不提前说明这一点，将留下一个明显的合同漏洞：被许可方可以挑战相关数据的归属，如声称数据库不受法律保护等。

（2）衍生数据的归属。对基础数据二次利用产生的数据为衍生数据，它可以是数据挖掘的结果，也可以是根据基础数据得出的新数据。不明确衍生数据的归属，不仅会影响许可方将数据授权给其他主体，还会让被许可方在数据授权和数据挖掘方面的投资打水漂。

对于数据挖掘的结果，它是被许可方获取数据许可的目的所在，应当约定其权利归属于被许可方。由于许可方无法控制自己许可的其他第三方根据和自己的许可协议创出相同或高度类似的数据挖掘结果（虽然出现这种情况的可能性微乎其微），因此建议许可方约定被许可方对数据挖掘结果享有的权利仅限于被许可方依据许可协议自己创造出来的数据挖掘结果。

对于根据基础数据得出的新数据，双方可协商其归属于许可方/被许可方，或双方共有。对于新数据归属于许可方的，被许可方应当进行将自己的数据与获得授权的数据进行合并，否则可能导致被许可方在无意间将自己的数据让渡给了许可方。

2. 授权条款的设计

授权条款是数据挖掘许可协议中最重要的内容之一，应当对授权的类型、范围、授权的限制做出规定。

（1）许可方。对于许可方，应当考虑以何种方式对数据进行授权，如独占许可、排他许可、普通许可等。由于在某些情况下，如被许可方的技术不能实现数据挖掘的最佳效果时，被许可方希望向第三方发放分许可，让第三方协助自己进行数据挖掘。对此，许可方可对被许可方的分许可约定限制，如约定分许可的行为仅出于被许可方利益且仅代表被许可方。此外，由于不同数据集有不同的使用限制，数据合并会带来新的风险，因此许可方还应当考虑是否允许被许可方将获得许可的数据与其他任何未获得授权的数据进行合并。最后，为了避免遗漏，许可方还可约定对相关数据的许可仅限于协议列出的授权范围，协议未注明的一切权利归许可方所有。

（2）被许可方。对于被许可方，首先应当明确的是授权条款是否能够、如何能够让自己用相关数据实现目前设想的以及将来可预见的数据挖掘的一切目标。在授权方式上，若被许可方获得的是普通许可，则可考虑是否要求许可方不得将数据再许可给被许可方的竞争对手，因为一旦竞争对手也掌握了同样的数据，则被许可方的竞争力将受到影响。

3. 保密条款的设计

对于涉及商业秘密的数据和数据挖掘行为，在数据挖掘许可协议中设置妥善的保密条款尤为关键。妥善的保密条款至少应包含以下内容。

（1）许可方。要求被许可方承认数据的秘密性。许可方应当在数据挖掘许可协议中要求被许可方承认相应数据为许可方的商业秘密，除非获得明确授权，否则不得公开。

要求被许可方对数据采取保密措施。许可方应该在数据挖掘许可协议中要求被许可方对数据采取妥当的保密措施，如部署相应的物理、管理和技术保护措施等，以维持相应数据的秘密性。

限制被许可方发放分许的能力。对于被许可方对利用自己的许可发放分许可的，许可方可要求被许可方只能向第三方提供自己有权披露的数据，并要求第三方负有同许可方与被许可方之间协议规定的一样的保密义务。

（2）被许可方。由于数据挖掘的算法本身可能是技术秘密，数据挖掘者对数据集的选择也可能构成技术秘密，因此被许可方也有必要在数据挖掘许可协议中要求许可方保护自己的商业秘密。例如在进行审计或执行协议期间，要求许可方对被许可方的商业秘密予以同等保护。

4. 许可费用条款的设计

（1）许可费用的设计需维持数据挖掘生态数据持续运转。数据是石油，算法是引擎。数据挖掘和大数据，两者都有重大价值和潜力，两者都为资源密集型工作，需要大量的投资和资源。因此，许可费用的设计应当维持一种平衡，既不过分提高数据挖掘的进入成本，导致数据挖掘的研发停滞；也不过分降低数据许可方的盈利预期，使许可方不愿意继续收集、维护和提供数据。在具体模式上，可通过创新许可费支付模式，如建立预付模式、分期付款模式、设置分许可利润分享条款等，来实现这一平衡。

预付+分期付款模式。即许可方对被许可方的数据使用行为收取很少的初始费用，降低数据挖掘的进入成本，吸引更多的进入者。同时，约定许可费与被许可方将来通过数据挖掘形成的知识产权或商业化运用挂钩，按一定比例分期支付许可费。这样的模式意味着被许可方能够挖掘到的价值越大，应向许可方支付的费用就越多，保证了许可方从数据许可中获得足够的回报。

分许可的利润分享条款。由于数据具有无体性特征，数据可以被无限使用而不会有损耗，如果被许可方将数据或数据的访问权通过分许可的形式授权他人使用，则许可方的预期收益将被分许可行为蚕食。为了避免许可方丧失潜在收益，可在许可费用条款中设置分许可的利润分享条款，将被许可方对数据的分许可视为一种商业化运用，许可方有权对此收取一定比例的许可费补偿。

（2）价格保护。数据挖掘不仅需要大量的投资，也需要大量的时间。一旦被许可方对许可方的数据产生了依赖，即形成"卖方市场"，被许可方的价格谈判能力将大打折扣。因此有必要在许可费用条款的设计中，加入价格保护条款，如要求许可方在一个固定期限内不得提高许可费用；固定期间经过后，许可方提高许可费用的，需留出足够的时间书面通知被许可方，且许可费用的涨幅不得超过一定比例。

5. 违约条款的设计

可分别从许可方与被许可方的角度，分别对数据挖掘授权协议的违约与救济条款进行设计，并使用"加盐"数据做好被许可方违约的证据。

（1）许可方。数据挖掘的许可方可争取在违约条款因下列情况终止授权许可协议的权利：①被许可方对数据的使用超出了许可协议允许的数据挖掘的权利；②许可方搁置或怀疑经匿名化处理的数据可能被重新识别出来；③被许可方的数据挖掘行为违反了任何一项隐私、保密或安全准则。

同时，为了确保被许可方在许可协议授权的范围内从事数据挖掘行为，许可方应当将审计事宜纳入许可协议中，即允许自己或指定的第三方审计机构检查被许可方的记录、系统、算法等，以确认被许可方的数据挖掘行为不突破协议的授权范围。

（2）被许可方。当数据被发现不可靠或卷入行政处罚或司法诉讼中时，被许可方将面临被迫终止数据挖掘行为的风险，因此被许可方也有必要在违约条款争取以下终止许可协议的权利，以保护自己的权利：①被许可使用的数据卷入知识产权、不正当竞争等法律纠纷中；②被许可使用的数据并未达到许可方承诺的质量标准；③许可人不具备许可资格或权利。

结　语

在信息资源数字化、数据化和计算化趋势下，知识创造、传播与利用环境正在从信息时代走向数据时代，从数据时代同时在走向计算时代[1]。数据挖掘技术正是完成这一时代变革的关键性技术。像其他技术一样，数据挖掘可能被滥用。然而，我们不能忽视数据挖掘研究给我们带来的好处。我们期望计算机科学家、政策专家、安全专家、保密专家与法学学者、律师及公众担负起责任，建立起合理尊重知识产权、维护竞争秩序、不危害安全、保密隐私与个人信息保护的解决方案，让我们可以继续收获数据挖掘带来的好处。

---

〔1〕　张晓林：《颠覆性变革与后图书馆时代——推动知识服务的供给侧结构性改革》，载《中国图书馆学报》2018年第1期。

腐败案件被告人缺席程序的诉讼构造研究

初殿清[*]

《联合国反腐败公约》明确了腐败案件可以做被告人缺席之程序设计，以保障涉案财产的顺利追回，此类程序不局限于传统意义上的刑事缺席审判，也包括被告人缺席情况下的未定罪没收。我国先后于 2012 年、2018 年修改《中华人民共和国刑事诉讼法》（以下简称《刑事诉讼法》）时增设了违法所得没收程序和刑事缺席审判程序。本文拟对腐败案件被告人缺席案件两类程序的诉讼构造进行分析，并结合我国制度对两者的关系与衔接加以论述。

一、何谓被告人缺席程序？

刑事被告人没有参加程序的情况可以分为两类：第一类是被告人不必参加的程序，第二类是被告人原本应当参加的程序。缺席程序是在后一类情况下展开的研讨，但讨论范围不限于缺席审判。当程序要求被告人参加而其没有参加时，为了在其缺席情况下亦能实现程序目的，有时制度会作出一定调整，一种调整方式是允许在构造主体不到场情况下仍进行原程序，比如缺席审判；另一种调整方式是建立一种不以刑事被告人为诉讼构造主体的独立程序，这是一种被告人不可能参加的程序（其出现将会导致程序终止），该程序作为被告人在刑事案件中缺席时的一种解决方案而存在，也属于广义上的缺席程序。

据此，刑事诉讼中的缺席程序主要包括两种：一种是在既有程序基础上有所调整，程序性质不变，仍是解决被告人的定罪量刑问题，可以表述为"对人型缺席程序"；另一种是在原程序之外建立新的程序，以改变程序目的方向作为解决被告人缺席问题的方案，关注焦点从对人的追责转向对物的没收，可以表述为"对物型缺席程序"。（"对物型缺席程序"的制度形式不限于这一种新建的独立程序，此处仅是从应对缺席的解决方案角度作出的界分。）

---

[*] 课题主持人：初殿清，北京航空航天大学副教授。立项编号：BLS（2018）C009。结项等级：优秀。

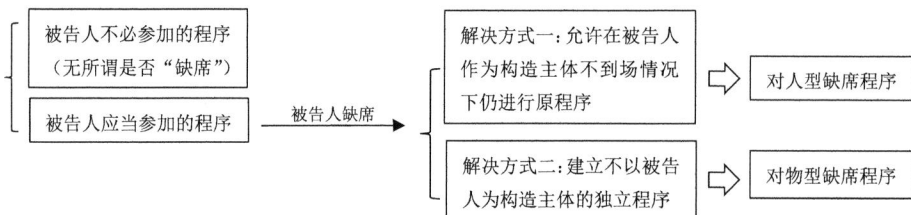

图1 被告人缺席程序

二、腐败案件诉讼程序的两种类型及其与被告人缺席的关系

（一）腐败案件诉讼程序的两种类型及其内部结构

腐败案件具有较强的"涉财性"，对物程序在腐败案件领域快速发展起来。总体说来，腐败案件的诉讼程序可以划分为两大种类，一类是以刑事追责为目的的对人程序，另一类是以没收涉案财产为目的的对物程序。对人程序也会涉及对相关财产的处理，体现为两种情况：一种是以对人确定刑事责任为前提的财产处分，这一处分以被告人本人财产为限，具体又包括惩罚性的处分（没收范围大于违法所得）和非惩罚性的处分（以违法所得数额为限，但由于是基于刑事责任而对财产进行处分，所以可以进行等额价值没收，而不必局限于与犯罪关联的财产）；另一种是包含于对人追诉程序中的对物程序，其关注的是涉案财产与犯罪的关联，不以被告人的刑事责任为没收前提，没收范围上也不以被告人财产为限，而是可以没收案外人财产，亦即下文的"补充型对物程序"，这种程序具备剥离出去成为独立程序的条件，但剥离后对犯罪行为本身的证明可能弱化。

涉及腐败犯罪的对物程序呈现为三种形态：一是原生型对物程序。这种程序完全独立于对人的刑事诉讼，典型的立法实践比如美国的民事没收制度。

二是补充型对物程序。这种程序隐含于对人的刑事诉讼之中，具体又包括两种情况，一种是对人追诉程序进行过程中，由于涉及没收案外第三人的财产，而在审判程序之中设置了对第三人开放的程序，程序目的是确定涉案财产的可没收性，所以具有对物性；另一种是如果对被追诉人不能或不予追究刑事责任（比如对行为不法的证明满足证明标准但被告人因精神状况等原因不负刑事责任而不能对其定罪，或经起诉裁量而做出不起诉处理），但能够认定涉案财产属于可没收范围的，可以对相关财物裁判没收。

三是转化型对物程序。设置这种程序的原因存在于对人程序之中，即对被告人的刑事追诉因其逃匿等不在案情况而出现诉讼障碍，对人追责的程序无法推进，因而通过独立的对物程序对涉案财产进行追缴。换言之，原本位于对人程序之中的财物处置问题，在对人程序遭遇阻碍的情况下，转化为独立的程序加以处理，比如我国的违法所得没收程序。

与原生型对物程序相比，后两种程序都与对人程序存在关联，尽管制度目的是处分财产，但却呈现出一定的对人性。具体来讲，补充型对物程序仍以对人程序为依托，或是在对人程序中存在着相对独立的对物处分程序，或是在对人程序的结果是在未予定罪（因责任能力、起诉裁量等原因）的情况下，对涉案财产进行处分；转化型对物程序以对人程序出现诉讼障碍为前提，其对物独立处理的原因是被告人不在案或缺乏受审能力，对人程序无法进行。

（二）"被告人缺席"与几种程序的关系

在上述几种程序中，对人程序可能出现被告人缺席的情况，当被告人缺席时，有些国家以刑事缺席审判制度作为解决方案，也有些国家仅考虑此时的资产追回问题，以独立的对物程序（转化型对物程序）作为解决方案。原生型对物程序不存在被告人是否缺席的讨论空间，因为完全与刑事诉讼没有关联。补充型对物程序以对人程序为依托，所以此种程序下是否存在被告人缺席的讨论空间取决于相关的对人程序是否允许缺席审判。转化型对物程序存在的前提基础是被告人不在案或缺乏受审能力，因而被告人不可能参加到对物程序之中，该对物程序本身不存在被告人是否缺席的问题，但被告人在刑事诉讼中的缺席是该对物程序的前提基础，在刑事案件整体构造上，这是一个被告人缺席的程序，所以国外有研究者将之称为"有限的"缺席程序。

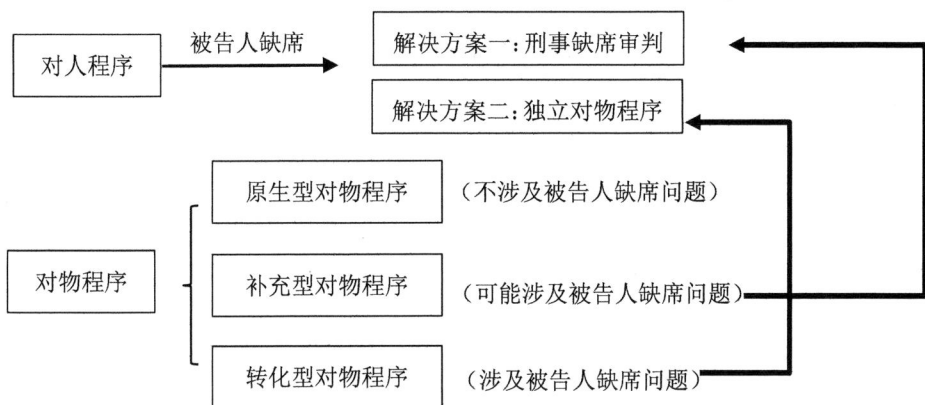

图2 "被告人缺席"与几种程序的关系

三、对人型缺席程序的诉讼构造与制度分析

（一）刑事缺席审判的诉讼构造

1. 刑事缺席审判中的控审关系

被告人缺席并不影响检察官的起诉范围，但是在被告人自始缺席——即审前程序中便因逃匿等原因而在程序中缺席——的情况下，可能涉及起诉能否有效发

动审判的问题，或者说法院是否受理案件的问题。法院受理起诉的基础在于起诉满足诉讼要件要求。诉讼要件，也称诉讼条件或程序要件，是指使整个诉讼能够合法进行并为实体判决所需具备的前提要件。[1] 理论上一般认为，被告人是否处于控诉机关控制之下（以下简称"在案"）并非诉讼要件的组成部分。但在遵循诉权原理基本要求的前提下，各国在其法律中对诉讼要件的规定可能有所不同，不排除可能将被告人在案亦作为有效启动审判条件的情况。具体来讲：①如果法律未将被告人在案作为诉讼条件，具体个案满足诉讼条件但被告人不在案，法院应当受理案件，启动审判。但能否在被告人不到场情况下审理案件，则是另一问题，需考察法律对被告人在场权如何规定，是否允许缺席审判。若不允许，则只能做中止审理等程序性处理；若允许，法院可以进行缺席审判，但此时仍应保留法院裁量是否缺席审理的权力。此时已进入审判阶段，如果法律无刚性规定，是否在被告人缺席情况下进行审判当属法官裁量范围；鉴于被告人在场权的重要性，法律此时应当给予法官以裁量权。②如果法律将被告人在案作为诉讼条件，则在其不在案情况下法院不能受理案件，在这种立法模式下，被告人审前不在案的案件不可能进行缺席审判。

2. 刑事缺席审判中的控辩关系

被告人缺席对诉讼构造的影响在控辩关系中得到最为突出的体现。刑事诉讼构造中的控辩双方尽管法律地位平等，但存在着两方力量不平衡的天然不足；而被告人的缺席，使得原本便在力量对比中位于控方之下的辩方，面临进一步弱化的不利境地。一方面，被告人不参加审判，便无法亲自行使质证、自行辩护等权利；另一方面，被告人的缺席，有时也会影响其与辩护人的有效交流，影响辩护效果。

此外，缺席审判也可能影响裁判者的中立，而裁判者中立是保障审判制度正确发挥其功能的前提。这并不是指被告人缺席在证据调查和法庭辩论等环节给辩方造成不利，法官据此作出对控方有利的裁判；法官根据法庭上的证据和辩论作出对被告人不利的裁判并非不中立，而是客观行使裁判权。裁判者的中立性，是一个有关裁判者主观状态的概念范畴，要求其在主观上保持客观。居间裁判者不应对控方或辩方具有明显倾向性，而应冷静观察、客观分析，依据证据和法律对案件作出裁判。[2] 由于法官与检察官教育背景相同、职业经历相似，且法院与检察院同属行使国家公权力的机关，法官原本便存在向检控方倾斜的潜在风险；

---

〔1〕 林钰雄：《刑事诉讼法》（上册8版），自版2017年版，第251页。

〔2〕 参见宋英辉等：《刑事诉讼原理》（第3版），北京大学出版社2014年版，第177页。

在加强反腐的刑事政策之下，对腐败案件允许缺席审判，上述风险可能增高。[1]

3. 刑事缺席审判中的辩审关系

刑事缺席审判程序中辩审关系的特殊之处体现于，被告人后续到场与此前缺席审判效力之间的关系。一方面，如果审判尚未终局时被告人到场，此前进行的程序内容是否有效；另一方面，如果审判已经终局，产生生效裁判，被告人到场对生效裁判的既判力是否产生影响。以下两种情况，被告人到场可能对裁判者的审判产生程序回转效果，即案件重新审理：一种情况是被告人到场后证明缺席非因个人原因引起，此时应当认为其从未放弃审判到场权以及与此相关的一系列权利，无论从程序公正还是实体公正角度，均应重新审理；另一种情况是被告人依法应当到场（而非可参加也可不参加）但因个人原因没有到场，后来到场或归案，对于这种情况，有些国家在法律中也规定可以重新审理，但往往附有一定条件，比如被告人的主张（是否要求重新审理）、原审对辩护权行使的保障程度、被告人在原审审判启动时是否知情等。

（二）诉讼构造视角下刑事缺席审判的制度分析

当今各主要国家刑事缺席审判的制度实践，大体可以归纳为三种模式：当事人处分模式、犯罪控制模式和混合模式。各模式之间并不互斥，有些国家多种模式并存。综合观之，刑事缺席审判有以下方面制度要求：

1. 以"对席审"为向心力的制度布局

缺席审判在诉讼构造的主体框架上依然是对席审判的主体框架，不同之处仅在于被告人未到场参加审判，而非取消其程序主体地位。对席审判与缺席审判是原则与例外的关系，而非两类地位等同或平行的审判方式。后者的正当性基础一方面在于对席审判基于某些原因难以实现或无须实现，另一方面在于缺席审判制度内容上尽量设置趋近于对席效果的保障。这种关系在规则条文设计上体现为两方面：首先，在条文布局上，多数国家并非将对席审理与缺席审理平行规定，而是使后者位于前者的体系之中，即将后者置于前者的章节之中或紧随其后，以体现两者之间的主从关系，并将后者定位为前者在特殊情况下的例外选择；这种条文布局方式也利于法律适用者认识到当对席审判出现障碍时，缺席审判并非唯一选择，而是还可以考虑中止审理等其他程序处理方式。其次，规则结构上，对启动条件进行严格限定，而且，在限定启动基本条件后，立法上通常不直接要求条件满足即"应当"启动之规定，而将满足条件后是否启动交由法官裁量，往往使用"可以"作为规范表述方式。因为审判活动是法官主导之场域，被告人缺

---

[1] 有学者曾描述过我国刑事司法实践中，有时会出现审判人员过于热心地投身于形同追查的法庭调查之中，使裁判活动带着追讯的成分，实际上或多或少地也行使着控诉职能。李心鉴：《刑事诉讼构造论》，中国政法大学出版社1992年版，第252页。

席情况下如何处理后续程序，当由法官结合个案情况裁量决定。

2. 加强辩护权保障以维持构造平衡

从诉讼构造角度来看，刑事缺席审判制度遭受质疑之处集中于被告人缺席给构造平衡带来的不利影响。一方面，诉讼认知上，尽管根据无罪推定原则，被告人没有必须提供无罪证据的义务，然而却有为自己辩解的权利，被告人不到场不利于法官了解被告人意见，从而在更为全面了解事实的情况下形成裁判。另一方面，权力制衡上，与民事诉讼相比，刑事诉讼的等腰三角构造不仅是发现真相的保障，也是公民权利制衡国家公权力的保障；在刑事公诉案件中，裁判者原本便存在着向同为国家公权行使主体的控诉方靠近的风险，被告人缺席导致原本力量偏弱的一角更为式微，可能加剧刑事诉讼构造中裁判者位置偏移的天然风险。

被告人放弃到庭参加审判的权利，不等于放弃获得辩护的权利，且这一权利在被告人缺位的情况下尤为重要。各国在保障缺席被告人辩护权方面进行了若干制度探索，较为常见的包括如下几类：一是强制辩护，即要求缺席审理的案件必须有辩护人参加审理过程，如果被告人自己没有委托辩护，则需要国家为其指定辩护人。二是允许辩护人辩护，所有刑事案件都允许被告人委托辩护人，这里强调的是，缺席审判程序亦不能例外，不应因被告人放弃到场便不允许其辩护人到场，若干国家尽管未规定缺席审判程序中进行强制辩护，但仍在缺席审判相关条文中重申了辩护人参加审判的权利。三是允许亲属代理，有些国家在辩护人之外还规定亲属可以代理被告人利益参加审理程序。

3. 以请求重新审理权制衡裁判者的缺席审理权

纵观各主要国家立法以及相关国际公约的内容，为减少缺席审判给刑事诉讼构造带来的冲击，有正反两个方向的制度举措可以考虑：正方向上是尽量修补被告人缺席后诉讼构造中辩护职能的弱化态势，通过加强辩护权保障维持诉讼构造平衡，令其与对席审判相接近从而证成裁判结果的正当性，这是上面一点中讨论的内容；反方向上是给予缺席审判以临时性、不确定性的程序属性，被告人到案后或者获知裁判结果后，可以以其请求重新审理权制衡裁判者的缺席审理权，这种制度设计实际上是对缺席审判程序正统性的间接否定。

笔者认为，正反两个方向上的制度措施，选择采行一者即可，亦即要么增强缺席审判的对席效果，使之成为一个准对席程序，要么不强调改善缺席审判的程序弱点，但赋予被告人请求重新审理的权利。如果两个方向上同时推进，则意味着在改善缺席审判不足的同时否定这一改善结果，制度逻辑上的矛盾可能导致司法资源内耗。在这一问题上，笔者认为 2016 年欧洲议会与欧盟委员会《关于增进刑事程序中无罪推定若干方面与审判在场权的指令》（以下简称《指令》）的规范方式值得参考，根据该《指令》第 8 条第 2 款、第 4 款和第 9 条，其成员可以在法律中规定刑事缺席审判制度，但需满足下列两项条件之一：①在合理时间内通知被追诉人审判期日以及不到场的后果；或者②被追诉人获知审判期日后，有被追诉人委托的或国家指派的律师依法代理其案件。如果上述两项条件均未能满足，成员国则应确保被追诉人获知裁判结果，并同时告知其可以对裁判结果提出异议，有权获得重新审理或其他法律救济。[1]

四、对物型缺席程序的诉讼构造及其制度分析

（一）对物型缺席程序的诉讼构造

1. 对物程序的诉讼构造特点

分析对物型缺席程序的诉讼构造之前，有必要先对对物程序诉讼构造加以厘清。一方面，对物程序以没收申请方、财产权利主体方和审判方（裁判者）三方为构造主体。另一方面，对物程序若与对人追诉的刑事程序存在一定关联，在诉讼构造上亦会体现出与先在的或潜在的对人程序的联系。以下通过图示说明三类对物程序的诉讼构造：

原生型对物程序基本与对人追诉的刑事程序没有任何制度关联，可以通过二维平面图体现其基本诉讼构造。

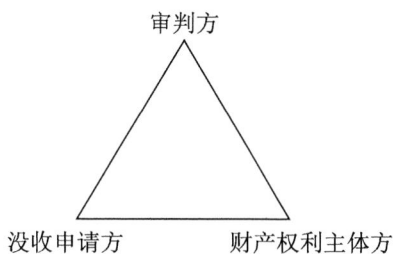

图3 原生型对物程序

补充型对物程序体现为，对人追责与对物追缴共存于同一刑事案件处理程序之中，与对人程序有较为密切的关联，即为追究刑事责任对人进行审理，当对人程序出现无法追究刑事责任的情况（比如发现无刑事责任能力等），而相关财物属于没收范围时（不符合定罪的责任要素，但能够认定行为不法），不能经由刑事定罪而为没收提供依据，故辅以对物程序解决涉案财产的追缴问题；或者，刑事涉案财产涉及第三人权利，在刑事案件作出没收决定之前，通知利害关系人参加程序，通过法庭审理判断第三人权利事项。因而，此种对物程序的诉讼构造包

---

[1] Directive (EU) 2016/343 of the European Parliament and of the Council of 9 March 2016 on the Strengthening of Certain Aspects of the Presumption of Innocence and of the Right to Be Present at the Trial in Criminal Proceedings.

含着与对人程序的关联。

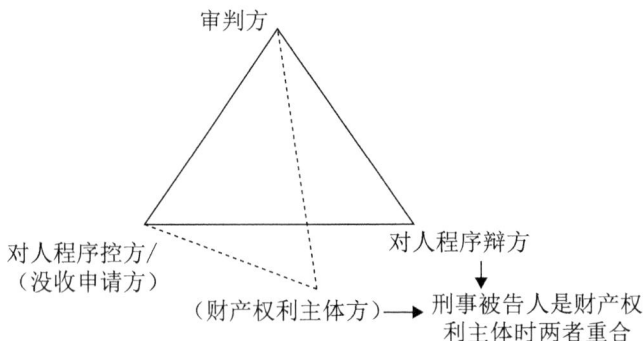

图4 补充型对物程序

转化型对物程序是由于对人程序遭受阻碍，转而将对物处置问题分离出来，以独立程序加以处理，但其与原对人程序存在因果联系，且有些国家立法采用的是一旦对人程序阻碍消除则对转化型对物程序效力产生影响的制度模式（比如我国违法所得没收程序就是采用这一方式），所以此种对物程序的诉讼构造也隐含着与对人程序的关联。

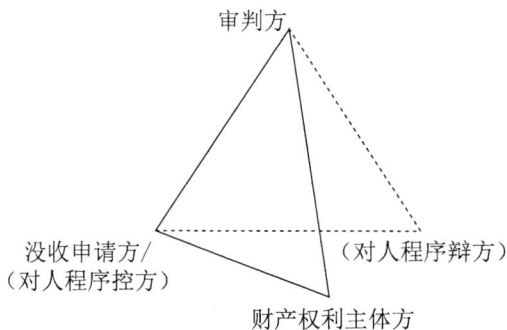

图5 转化型对物程序

2. 对物型缺席程序的构造特点

由于本文讨论的"缺席"一词特指"刑事被告人缺席"，对物型缺席程序仅包括补充型对物程序和转化型对物程序中刑事被告人缺席的情况。

转化型对物程序原本就是以刑事被告人缺席为前提的程序，但补充型对物程序却可能因为被告人缺席而不能进行，因为此种对物程序依附于对人程序之中，如果刑事被告人在上述图4的诉讼构造中缺位，两种情况下仍可进行对物处置：一是原对人程序允许缺席审判，此种情况下补充型对物程序不受影响；二是原对人程序中止，对物处置问题通过转化型对物程序解决，即转化为上述图 5 中的诉讼构造。

对物型缺席程序的构造特点主要体现为，被告人缺席给构造中财产权利主体一方带来不利，这种不利表现在两方面：其一，多数情况下，刑事被告人本人也是涉案财产的权利主体，此时两者主体身份重合，被告人缺席意味着其本人无法亲自参加法庭审理，举证、质证、辩论等审理环节，财产权利主体方可能诉讼权利行使不充分，对实体处分结论的形成影响力降低。其二，对于刑事被告人之外的财产权利主体而言，被告人缺席一定程度上亦会给其维护权利带来不利影响，考察各国没收法的相关规定，没收程序中财产权利主体的抗辩角度包括三个方面：一是不存在不法行为，二是尽管存在不法行为，但涉案财产与该不法行为无关，三是尽管涉案财产与不法行为有关，但财产权利主体在该财产上的权利具有对抗没收的法定事由（比如善意取得）。被告人的缺席可能影响上述抗辩事实的查明，尤其是第一个抗辩角度下相关事实的查明，因为这一抗辩角度实际上与刑事案件事实密切相关。

（二）诉讼构造视角下对物型缺席程序的制度分析

结合各国相关立法以及欧盟 2014 年《关于冻结和没收犯罪工具和收益的指令》和成员近年来出现的一系列改革，诉讼构造视角下对物型缺席程序的制度要求主要体现为：

1. 对缺席被告人的权利保障

补充型和转化型对物程序由于仍然与对人程序存在关联，所以制度层面的关键挑战还是来自于该程序与无罪推定的关系，以及对基本权利的保障，而如果诉讼构造中的被告人缺席，这一挑战便格外凸显，但在这两类对物程序中表现程度不同。总体说来，补充型对物程序仍然是一种以定罪——或至少以确认行为不法性（即不符合定罪的责任要素，但能够认定不法行为[1]，比如因为无刑事责任能力而无法获得定罪裁判，但被告人行为的违法性经证明已能确认）为基础的程序，且其位于刑事诉讼程序之中，犯罪事实或不法行为事实的证明与认定过程通常符合刑事程序基本要求，即使在被告人缺席情况下，证明责任与证明标准的相关要求也不会改变，制度上需要加强的部分主要是对缺席被告人辩护权的保障。

但对于转化型对物程序而言，尽管程序启动是由于对人程序出现阻碍（被告

---

[1] 犯罪的基本特征是不法与责任，分别对应法益侵犯性和非难可能性。不以定罪为基础的没收包含的情况之一，便是能够认定行为不法性，但被告人因不具备责任能力而未被定罪，有学者称之为无罪责没收，属于未定罪没收的一种。参见林钰雄主编：《没收新制（一）：刑法的百年变革》，元照出版有限公司 2016 年版，第 75~76 页。

人缺席往往是发生阻碍的一项主要原因），该程序本身已不再采用与刑事诉讼严格程度相当的各项要求（例如证明责任、证明标准、证据调查方式等），但其决定的事项又与刑事案件有关，所以引发了若干有关该程序与无罪推定之间关系的思考与讨论，与缺席之被追诉人关联较为密切的关注领域之一是，对作为没收基础的"犯罪行为"作何种证明要求，不同于明确作为证明对象的"涉案财产与犯罪存在关联"，"犯罪行为"本身之有无多数情况下仅作为启动审判时法院根据控方材料查明的对象，而不再是法庭审理中当事人的证明对象，控方提供的材料应当使法官在心证上达到何种程度？有观点认为，此种独立命令并无改变一般没收之实体要件，只是在程序途径上开启了一种例外，故法院审查独立没收时，除了合乎独立没收的特别要件外，其他实体没收要件仍需依据刑法之规定具备。[1]

除了证明对象和证明标准，有的国家在诉讼代理方面也作出了保障被告人权利的规定，比如我国便规定了在满足一定条件的情况下，允许被告人委托诉讼代理人参加违法所得没收程序。

2. 对其他财产权利主体的权利保障

对物程序直接以物为程序对象，财产权利主体尽管是诉讼构造中的主体，但却在构造中处于相对弱势的地位。一方面，没收申请方是国家机关，诉讼力量强于一般当事人；另一方面，由于程序的对物型，在财产权利主体不明确情况下仍能启动程序，而且多数情况下采用公告送达，无财产权利主体申请参加诉讼情况下，亦得作出没收裁判。因此，基于保障公民财产权的考虑，各国在其对物程序中一般通过诉讼代理制度、抗辩制度等制度加强保障，甚至有的国家建立了指定代理制度[2]。

然而，有时对财产权利主体采取的保障措施却不足以保障其权利，这是由对物程序的四方构造特点决定的。对物程序的适用对象是与"犯罪"相关联的财产，原因行为主体（被追诉人）与诉讼参与主体（其他财产权利主体）之间的分离，使得后者在抗辩中可能面对某些困难。刑事被告人的缺席不仅会使其本人权利行使受到影响，而且可能给其他财产权利主体的权利行使带来不利影响。财产权利主体的抗辩角度包括三个方面，前两个抗辩角度都与犯罪本身关联较大，被告人缺席可能导致其他财产权利主体失去支持其抗辩的重要证据。所以，前述对被告人权利的保障，一定程度上也有利于增进对其他财产权利主体的权利保障。

---

〔1〕 参见林钰雄主编：《没收新制（二）：经济刑法的新纪元》，元照出版有限公司 2016 年版，第 203、353 页。

〔2〕 比如《德国刑事诉讼法典》第 434 条第 2 款规定，如果案情、法律情况复杂，或者没收参与人不能维护其权利的，法院可以对其制定律师或者允许被指定为辩护人的其他人员。

五、我国腐败案件两类缺席程序的诉讼构造分析以及两者关系与衔接

（一）诉讼构造视角下我国腐败案件的刑事缺席审判制度

我国境外型缺席审判属于犯罪控制模式的刑事缺席审判，诉讼构造体现出三方面特点：

首先，控诉职能有所扩大。主要体现为两方面：一是可诉案件范围增大。刑事缺席审判制度的确立，明确了被告人审判之前已不在案的，在符合法定条件情况下，公诉权仍可启动审判程序。因而，实际上公诉权范围扩大了。二是裁量权前置于控诉方手中。在我国，符合缺席审判条件的案件也未必进行缺席审判，但裁量权却并不在法官手中，而是通过公诉方的起诉裁量权实现。法院对这类缺席审判的启动并无裁量权，被告人能否被缺席审判的裁量权前移至审判阶段之前的审查起诉环节，以起诉裁量权的形式体现出来。

其次，旨在增强保障辩护职能的制度设计较多。我国《刑事诉讼法》设置了四个方面的条文规定以增强被告人缺席情况下的辩护职能保障：一是知情权，二是指派法律援助辩护，三是被告人近亲属的独立上诉权，四是重新审理制度。从国际范围有关刑事缺席审判的规定来看，我国的刑事缺席审判制度基本纳入了所有保障辩护职能行使的制度设计，期望以此应对缺席审判诉讼构造中辩护职能弱化的问题。但仍存在两个值得进一步思考的问题：其一，犯罪控制模式与当事人处分模式的缺席审判之间有一个较大不同之处，在于被告人对审判的态度，前者逃避审判，甚至希望以自己的行为给审判的顺利进行设置阻碍，后者则只是在法律规定其可参加亦可不参加审判之间选择了不参加，本身并无阻碍审判进行之意。所以，犯罪控制模式的缺席审判中，被告人的缺席对诉讼构造的平衡性影响更大，因为其缺席不仅从其个人权利行使角度使构造中辩护职能弱化，而且会使得保障辩护职能的若干增设制度难以有效发挥作用，比如知情权（逃避审判的行为可能导致诉讼文书难以送达）、强制辩护（即使为其指派了辩护律师，律师可能也难以与其进行交流而充分准备法庭辩护）等。因而，如何保障上述制度的实施效果值得进一步探索和思考。其二，从诉讼构造角度分析，上述保障措施并非完全同向，而是分属两个方向，正方向上的制度措施旨在尽量修补被告人缺席后诉讼构造中辩护职能的弱化态势，使之向对席审判靠拢，反方向上的制度措施是给予缺席审判以临时性、不确定性的程序属性，实际上是对缺席审判程序正统性的间接否定。两者若并存，一定程度上会出现制度逻辑上的矛盾，所以有些立法例采用两者择其一的规范方式。我国现行法将正反两个方向的制度措施同时纳入，有利之处在于体现我国缺席审判制度设计对被告人诉讼权利充分保障的立法态度，进而在国际刑事司法协助实践中有助于增进被请求国的认可与支持；不利之处在于这种设计可能导致司法资源内耗。

最后，审判职能的程序控制权有所减弱。从前述两点分析能够间接反映出，与一般的对席审理程序相比，我国现行境外型缺席审判程序中审判职能对程序的控制权相对减弱。具体来讲，一方面，在控审关系中，公诉方拥有在被告人不在案情况下起诉的权力，且如果被告人经送达而未到案，法院不享有裁量是否缺席审理的权力，而是应当缺席审判；另一方面，在辩审关系中，审判的过程和结果都不具有确定力，被告人到案对尚未完结之审判具有直接启动重新审理的效果，对业已生效之裁判亦有提起异议而要求重新审理的权利，而且目前法律并未对异议理由加以限定，此种异议权将对审判的确定力和裁判的既判力形成较大冲击。

（二）诉讼构造视角下我国腐败案件的违法所得没收制度

1. 2012年《刑事诉讼法》中违法所得没收制度的诉讼构造分析

首先，违法所得没收程序的诉讼构造主体包括作为申请方的检察院、作为裁断方的法院以及有权申请参加诉讼的利害关系人。利害关系人并非必须参加诉讼，其是否参加，会影响法庭审判的具体方式。刑事被告人在违法所得没收程序中不是诉讼构造主体，但其近亲属可以参加该程序。

其次，诉审关系上，检察院需要以独立的诉的形式发起对涉案财产没收的程序，而非依附于对人程序之中，由法院依职权启动对物处置程序。相应的，该程序有不同于对人程序的启动条件，但鉴于是一种转化型对物程序，而非原生型对物程序，所以启动条件上体现出一定对人性，即在对人程序难以或无法推进的情况下（当时没有刑事缺席审判制度）启动该对物处置的程序。

再次，诉辩关系上，法律条文本身规定较为简单，但从司法解释相关条文中，能够看出当时两高对诉辩双方证明对象与证明责任的态度。①关于证明对象，双方在法庭调查中依次对两方面内容举证质证，分别是：犯罪嫌疑人、被告人是否实施了相关重大犯罪且通缉一年不能到案，或者是否已经死亡；申请没收的财产是否依法应予追缴。②关于证明责任，依然强调检察院承担举证责任。

最后，犯罪嫌疑人、被告人虽然不是该程序的主体，但其若在审理过程中投案或被抓获的，将会产生终止阻断裁判管辖的效果，违法所得没收程序终止审理，案件回归到一般刑事诉讼程序之中。

2.《关于适用犯罪嫌疑人、被告人逃匿、死亡案件违法所得没收程序若干问题的规定》中违法所得没收制度的诉讼构造分析

2017年最高人民法院、最高人民检察院《关于适用犯罪嫌疑人、被告人逃匿、死亡案件违法所得没收程序若干问题的规定》对该程序诉讼构造带来的影响主要体现为：

首先，缺席刑事被告人间接地成为该程序的构造主体之一。允许其委托诉讼代理人参加程序的规定，意味着缺席的刑事被告人在该转化型对物程序中以不到

场利害关系人身份进入了诉讼构造之中，但这种身份必须保持在不到场状态下，因为如果其到案，该转化型对物程序就会终止。这一改变使得转化型对物程序在构造上开始接近被告人缺席情况下的补充型对物程序。其次，"其他利害关系人"的主体范围扩大。构造主体具体范围上的这一调整，更有利于财产权保障。最后，在证明对象上，"犯罪行为"不再是法庭调查中双方举证的证明对象，仅保留于法院在立案审查阶段依职权审查领域，并明确了审查要求和审查效果。这意味着，对"犯罪事实"的证明情况基本退出了该构造中的诉辩关系，而成为影响诉审关系（申请能否发动审判的效力）的重要方面。

（三）我国腐败案件两类缺席程序的关系与衔接

在我国，违法所得没收程序的制度确立时间早于刑事缺席审判程序，其制度初衷均源于打击腐败犯罪的实践需要，但在最终确立于法律之中时适当扩大了案件适用范围。2018年《刑事诉讼法》修改增设缺席审判程序后，学界对两者关系展开了探讨，既有观点大体包括独立说、吸收说、取代说三种，而独立说中关于两者如何衔接又有多种意见。

本文试以诉讼构造为视角，结合我国腐败案件刑事缺席审判程序和违法所得没收程序当前的诉讼构造特点，尝试探索我国两类程序的关系与衔接问题。

我国违法所得没收程序是一种转化型对物程序，与美国民事没收制度等原生型对物程序的不同之处在于，转化型对物程序与对人程序存在一定关联，是在对人程序无法启动情况下，为了实现对犯罪的打击震慑，在人不在案的情况下仍针对涉案财产启动审理程序进行处分。刑事缺席审判制度在我国的确立，改变了腐败案件对人程序诉讼构造中控审关系的具体内容，即被告人不在案情况下，起诉亦可发动对人的审判，于是从刑事政策上"司法不因逃匿而无能"的震慑效果角度而言，一部分案件不再有因无法启动对人程序而转化为对物程序的必要性。然而，在我国现行刑事诉讼制度下，违法所得没收程序并非仅仅是案件无法进行缺席审判的急就章，而是生成了我国对人程序在对物处置领域一直没有建立的构造体系，我国目前对人程序中的对物处置与违法所得没收程序的对物处置在诉讼构造上的不同，使得前者无法完成后者的制度功能。

1. 对人程序中对物处置的制度属性

对人程序过程中也可以对涉案财物作出处置，但这一处置在性质上不一定是对物程序。对人追诉与对物追缴是刑事案件对人程序中的两条线索，在涉财案件中尤其如此。然而，并非对人程序中对财物的处置都能够叫做对物程序，对人程序中对涉案财物的处理包括两种方式：一种是基于对人定罪而直接处理，不再对财物的可没收进行法庭调查和辩论，这种方式接近于行政性处置，司法性较弱；另一种是对财物的可没收性进行法庭调查和辩论，允许对相关财产主张权利的案外人参加程序，体现司法性，具有对物程序的独立特征，但未必以对人追诉的部分获得定罪结果为没收前提，这种程序便是前文谈到的补充型对物程序，在特殊情况下，该程序能够从对人程序中分离出来，转化为独立于对人程序之外的对物程序，即转化型对物程序。

我国对人程序中的涉案财物处置问题近年来在规范层面不断完善，但迄今为止，我国的对人程序中并未形成具备司法特征的对物程序，而是接近行政性处置。相关法律和司法解释体现出两大特点：一是实体法对违法所得等涉案财产的实体处分进行了授权规定，但上述程序法中与涉案财物相关的条文却更侧重涉案财物的管理，甚至，需要进行实体处分的涉案财产与作为证据使用的物品等合称为涉案财物一并加以规定，而没有相对独立的处置体系，但实际上两者在性质上有本质不同；二是尽管中共中央办公厅、国务院办公厅印发的《关于进一步规范刑事诉讼涉案财物处置工作的意见》中要求明确利害关系人诉讼权利，但在违法所得没收程序之外的一般刑事诉讼程序中，尚未出现诉讼构造轮廓清晰的对物程序，具体表现为：法院对涉案财产作出实体处分之前，没有明确财产权利主体参与程序的途径，也没有明确其有无以当事人身份参加法庭调查与辩论的机会以及提起上诉等获得救济途径。综上，笔者认为，我国当前对人程序中的对物处置更接近行政性处置，不具有司法性，缺乏对物程序的诉讼构造基础。

2. 在缺席审判中实现没收程序对物处置效果的可能性分析

与某些原本便在对人程序中包含补充型对物程序的国家不同，我国法律中具备司法特征的对物程序首先通过违法所得没收程序在对人程序之外确立了起来，该程序在诉讼构造上具备没收申请方、财产权利主体方、审判方的三方格局，并且能够在财产权利主体参与的法庭调查与辩论基础上形成裁判。

鉴于我国对人程序中尚不存在补充型对物程序，作为转化型对物程序的违法所得没收程序在构造上无法直接进入对人程序之中，若以当前对人程序中的对物处置直接替代违法所得没收程序，从诉讼构造角度观之，将损害财产权利主体的利益，因其在对人程序中的对物处置过程中并没有明确的构造主体地位，相应地也没有相关诉讼权利。

3. 可以考虑的衔接方案

本文认为，我国腐败案件两种缺席程序的衔接可以从完善我国对人程序中的对物处置开始，探索在对人程序中设置补充型对物程序，在裁判定罪量刑问题的同时，也以具有司法性的对物程序对涉案财产作出裁判。该程序虽然处于对人程序的进程之中，但有自己较为清晰和完整的诉讼构造轮廓，制度上主要包括以下方面设计：一是在对物程序启动上，可以采用申请式，检察官在起诉中一并写入处置涉案财产请求；二是通知财产权利主体以当事人身份（可以参考德国的"没收参与人"身份规定）参加相关审理程序，若其要求，可以经其参加对物处置的证据调查和双方辩论后形成对涉案财产的裁判；三是证明对象是涉案财产与犯罪的关联性（而犯罪行为的证明则在程序对人追诉的部分进行，而非法官单方面根据公诉方材料做出判断），对涉案财物可没收性的证明标准可以采用优势证据的标准；四是对该裁判结果可以上诉或抗诉。如果能够在对人程序中设置上述补充型对物程序，对于被告人潜逃境外的案件，便可以在缺席审判程序中一并以体现司法性的对物程序（而非行政性处置方式）来对涉案财产形成裁判。（这种制度形式的优点详见本成果原文。）

综上，笔者认为，一方面，可以改革完善我国现行对人程序中的对物处置程序，确立我国对人程序中的补充型对物程序，在此基础上，在缺席审判程序中同时形成对人和对物的裁判。其中，对物没收的裁判不必然以定罪判决为基础，因证据不足以定罪而做出无罪判决的，仍可因符合没收证明标准而做出没收裁定。另一方面，违法所得没收程序仍应继续保留，至少在以下几种情况下，该程序作为转化型对物程序仍将承担重要制度功能：一是被追诉人死亡案件；二是检察院经审查认为无法达到"人民检察院认为犯罪事实已经查清，证据确实、充分"起诉条件的案件；三是结合具体个案中我国可能请求国际司法协助的国家对各类程序的立场，在效果上采用独立的违法所得没收程序更利于获得协助的案件。

北京法院关联企业破产案件审理疑难问题研究

武诗敏[*]

关联企业合并破产是我国《中华人民共和国企业破产法》自 2007 年实施以来遇到的重要问题，北京法院系统也面临关联企业破产处理的难题。2019 年 4 月，洛娃科技实业集团有限公司、北京双娃乳业有限公司、北京洛娃日化有限公司以不能清偿到期债务并且明显缺乏清偿能力为由向北京市朝阳区人民法院（以下简称"朝阳法院"）申请破产重整。朝阳法院决定对洛娃科技实业集团有限公司、北京双娃乳业有限公司、北京洛娃日化有限公司等三家关联企业的破产重整案件进行合并审理，但由于三家企业之间并未构成资产和债务的高度混同，故采取的是程序合并。2019 年 7 月 22 日，北京市房山区人民法院（以下简称房山法院）发布《关于邀请社会中介机构以竞争方式选任破产案件管理人的公告》，其中提到该院已裁定受理债务人北京市神州百戏文化产业有限公司及北京华嬉云游文化产业有限公司分别提起的申请破产重整两起案件，鉴于两起案件债权人人数众多，法律关系复杂，在区域范围内有较大影响，且相互关联、相互担保，故拟予以合并处理，并依据我国《企业破产法》以及《最高人民法院关于审理企业破产案件指定管理人的规定》的相关规定，决定采用竞争方式确定上述两起案件共同破产管理人。

随着市场经济的发展和现代公司制度的完善，关联企业已经成为现实经济生活中一种日趋重要的经济现象。在新兴市场和发达市场中，企业集团已是无所不在，其共同特征是，业务横跨许多往往是毫不相关的行业，常常是家族所有权与外部投资者不同程度的参与相结合。世界上最大的经济实体不仅包括国家，还包括一些跨国企业集团。庞大的跨国集团可能在全世界的国民生产总值中占有相当大的比例，而且其年增长率和营业额超过了许多国家。[1]

---

* 课题主持人：武诗敏，北京市破产法学会助理研究员。立项编号：BLS（2018）C010。结项等级：合格。

[1] 联合国国际贸易法委员会《破产企业集团对待办法》，第 6 页。

对关联企业实质合并破产进行研究的意义，从理论层面来看，关联企业实质合并破产同时涉及公司法和破产法，对这一课题进行研究，有助于厘清实质合并破产理论与传统公司法理论之间的关系，同时也有助于完善关联企业实质合并破产这一问题自身的理论。从实践层面上来看，目前很多问题存在争议，各地法院也有不同的做法。随着新一轮破产高潮的来临，北京法院此类案件的数量必然会增加。研究这一问题，可以为解决目前实践中存在的问题提供有益的思路和借鉴，推动关联企业实质合并破产审判的发展和完善。

本课题从理论和实践两个方面出发，结合我国目前的司法实践和案例，参考国外关联企业实质合并规则，对关联企业实质合并问题进行研究。首先从实质合并规则的基本理论问题入手，厘清实质合并规则的一些基本问题，特别关注实质合并与传统公司法救济手段尤其是刺破公司面纱之间的比较。通过对基本理论的介绍和对相关概念的比较和厘清，凸显实质合并的内涵、价值理念及重要性。其次介绍了实质合并规则的起源与发展。对规则演进的研究对于充分理解实质合并规则的作用意义、对目前进行恰当高效的制度设计具有重要价值。美国实质合并的规则经历了曲折往复的历程，对此进行研究也可以提示我们在适用实质合并规则时避免出现同类问题。本课题还分别对实质合并规则的重要实体问题和程序问题进行了研究，涉及实质合并规则适用的整个流程，包括适用的宏观思路、具体标准问题，实质合并的启动、申请、管辖等问题。

一、关联企业的界定与合并破产的基础理论

（一）关联企业的界定

关联企业，是指企业在资本、经济技术和管理等方面的关联达到相当程度，以致法律上对其关联性和交易加以控制的企业。关联企业是市场经济发展到一定阶段的必然产物，关联企业的出现提高了资源配置的效率，促进了企业经营的多样化和规模化发展。关联企业的出现，是社会化市场经济导致企业组织管理关系发展的必然，是在平等民事主体的财产关系中不断引入组织管理关系的过程。

对关联企业的界定一般可以从两个方面进行：所有权和控制权，各国在实践中可以根据自身立法需求予以选择或分配不同比重。随着市场经济的发展，关联企业的范围也有所扩张，企业之间的联合形式，特别是非上市企业组织形式、关联关系愈发复杂和多样化，具备关联关系的企业往往不再局限于形式上的投资关系或者控制和从属关系，而是更多地体现为一种基于特定经济目的而形成的企业联合，并以母子公司、姊妹公司、控股公司、企业集团等多种形式呈现。[1] 我国《企业破产法》中并未对关联企业的含义进行规定，我国目前对于关联企业

---

[1] 郁琳：《关联企业破产整体重整的规制》，载《人民司法（应用）》2016 年第 28 期，第 11 页。

的界定基本出现在税收、会计和公司等相关规范性文件中。我国目前对关联企业认定的核心在于"控制"，即从经营角度实现了实际控制，能够直接或者通过投资关系、协议或者其他安排间接控制公司，实际支配公司行为。

（二）关联企业合并破产的界定

关联企业破产案件的合并审理包括程序合并（joint administration）与实质合并（substantive consolidation）两种方式。所谓程序合并，就是案件合并协调审理，但是各个关联企业的法人人格仍保持独立，仍然制定各自的重整计划，各企业的债权人就该企业自身的资产受偿。与实质合并不同，程序合并审理案件中，每个债务人的财产是区分开来的，并且，不同债务人之间的债务并不消灭，合并审理案件的各债权人只能从各自的债务人财产中获得清偿。[1] 关联企业由于相互之间存在关联性，如重复和债权人和职工等，在分别进入破产后，一些程序合并可以提高破产程序推进的效率。如各关联企业可以统一召开债权人会议，同时对重整计划进行表决等。但是程序合并顾名思义只是对程序进行合并，对实体权利的处置仍然要分别进行，不能混同。各关联企业的管理人要分别制定重整计划，各企业的债权人就各企业的资产受偿，不影响债权人的受偿率。

所谓实质合并，就是如果破产程序涉及同一企业集团两个或多个成员，法院在适当情况下可以不考虑企业集团每个成员的独立身份而将其资产和负债合并，视同由单一实体持有的资产和承担的负债。[2] 实质合并规则是在将独立法人主体之间的控制、从属及投资关系作为传统关联企业认定基本要素的情形下，对不当关联关系引发的利益失衡状态在破产程序中的必要调整，对符合条件的关联企业在破产程序中适用实质合并规则，体现了破产程序所追求的公平原则和效率目标。[3] 实质合并对关联企业的资产和债务进行了合并，对债权人的实体权利产生重要影响。纳入实质合并的各关联企业之间的债权债务因权利义务主体合一而消灭，彼此之间的保证担保关系也随之消灭，集团各关联企业的财产全部合并作为实质合并破产后形成单一企业的破产财产，各关联企业的债权人作为实质合并破产后单一企业的债权人，在破产程序中按照统一的清偿比例公平受偿。[4]

（三）实质合并与其他滥用法人人格救济制度的界分

1. 刺破公司面纱

刺破公司面纱也是衡平法上的一种司法制度，一般情况下，每个公司，无论

---

[1] ［美］大卫·G. 爱波斯坦等：《美国破产法》，韩长印等译，中国政法大学出版社 2003 年版，第 24 页。

[2] 联合国国际贸易法委员会《破产企业集团对待办法》，第 59 页。

[3] 郁琳：《关联企业破产整体重整的规制》，载《人民司法（应用）》2016 年第 28 期，第 11 页。

[4] 王欣新：《关联企业的实质合并破产程序》，载《人民司法（应用）》2016 年第 28 期，第 10 页。

是母公司、子公司或者是关联公司，都有独立的资产和债务，独立于其股东或者其他关联公司。但是在某些特定情况下，可以就具体法律关系中的特定事实，否认公司的独立人格和股东的有限责任，使得股东对公司债权人直接负责。

实质合并是破产法上的救济制度，刺破公司面纱是公司法规定的救济方式，破产法和公司法理念和价值目标的不同就决定了这两个具体制度内涵的不一致。价值目标的不同就导致实质合并和刺破公司面纱在适用上的不同。刺破公司面纱纠正的是公司股东对法人独立人格的滥用，因此通常要求有欺诈情形的存在。但是实质合并的目的就是保障所有的债权人都能得到公平的对待，而非基于某一特定原告的利益。因此实质合并不要求欺诈的存在，只要求实质合并之后所有债权人都能受益。从适用范围来看，实质合并的适用范围要更加广泛。在适用标准上，刺破公司面纱和实质合并也有所区别。

2. 衡平居次规则

衡平居次规则允许法院在规定的情况下，将某一债权人的债权、衡平法上的权益等做劣后处理，主要是由于该债权人实施了一些不公平的行为。衡平居次规则起源于美国破产法院的衡平权力，后来写入了《美国破产法》第510（c）条："经过通知和听证之后，法院可以根据衡平居次规则，将一项经确认债权的全部或部分劣后于另一项经确认债权的全部或部分，或将一项经确认权益的全部或部分劣后于另一项经确认权益的全部或部分"。但是该条只是对衡平居次规则的内涵进行了简单的原则性规定，对于衡平居次规则的具体适用，包括可适用的情形和条件等并未作出规定。因此，衡平居次规则的发展和完善仍有赖于司法实践，法官在这一规则的适用上仍享有较宽泛的自由裁量的空间。

衡平居次规则的适用一般需要满足三个条件：不公平行为、损害了其他债权人的权利或相对于其他债权人取得了不正当优势、救济符合破产法的规定。[1]不公平行为的三种常见类型：一是欺诈、非法行为或者违反信义义务；二是资本不足；三是债权人对债务人纯粹工具式的运用或者权利人与债务人存在人格混同。[2]目前，我国司法实践也开始逐步引入和适用衡平居次规则，主要用于调整公司股东的债权顺位。

此外，结合联合国国际贸易法委员会的破产法立法指南以及美国破产法司法实践经验来看，欺诈性转移规则、内部债权的重新定性规则、摊附令、企业责任等创新做法，也属于解决关联企业尤其是跨国企业集团合并破产问题的制度对

---

〔1〕 Timothy E. Graulich, Substantive Consolidation – A Post-Modern Trend, ABI Law Review, Vol. 14, 2006, p. 534.

〔2〕 详见［美］查尔斯·J. 泰步：《美国破产法新论》，韩长印、何欢、王之洲译，中国政法大学出版社2017年版，第783页。

策，值得我们关注和研究。

二、关联企业合并破产规则的起源与发展

实质合并制度起源于美国，对于破产企业和债权人而言都是非常重要的，甚至有学者认为实质合并是企业重整中最重要的一项制度[1]。实质合并之前，各实体的债权人分别就各实体的财产受偿，实质合并之后，各个实体的债权人都就这些实体的所有资产按统一比例受偿，所有债权人一起就重整计划投票。同时，实质合并之后，各实体之间也不能再相互主张债权。实质合并会对债权人的实体权利产生实质性影响，实质合并之前，不同实体的债权人的清偿比例不一致，即使清偿比例一致，由于不同实体的资产价值不同，最终受偿的金额也不一致。

在我国，自实质合并在实践中出现以来，各法院都在强调实质合并的适用一定要保持保守的态度，必须认真审查相关证据。《全国法院破产审判工作会议纪要》（以下简称《会议纪要》）也特别指出关联企业实质合并应审慎适用，人民法院在审理企业破产案件时，应当尊重企业法人人格的独立性，以对关联企业成员的破产原因进行单独判断并适用单个破产程序为基本原则。当关联企业成员之间存在法人人格高度混同、区分各关联企业成员财产的成本过高、严重损害债权人公平清偿利益时，可例外适用关联企业实质合并破产方式进行审理。

在美国，实质合并破产规则经历了早期发展（Sampsell v. Imperial Paper & Color Corp. 案为代表）、现代趋势（In re Vecco Construction Industries 案为代表）和后现代趋势（In re Owens Corning 案为代表）三个阶段，尤其是判断标准的由小到大，然后又由宽松到严格的发展历程，值得我们认真总结。例如，2005 年的 In re Owens Corning 案[2]结束了实质合并的"现代趋势"，开启了"后现代趋势"。美国第三巡回法院在判决中认为实质合并不应该也不是解决破产中财产问题的万能的灵丹妙药，实质合并是针对债权人的救济，只能用于纠正债务人造成的特定损害。法院最终将实质合并适用的标准总结为两个：①关联企业在申请破产前严重忽视了它们的独立性，债权人将其视为一个法律实体；②破产程序开始后，关联企业的资产和债务高度混同，分离花费过高，且会损害所有债权人的利益。

三、关联企业合并破产的司法现状

（一）实质合并破产案件的数据分析

2017 年之前实质合并破产案件的数量一直维持在一个较少的水平，从 2017 年开始实质合并破产案件的数量开始有所攀升，2018 年急剧增加，截至 2019 年

---

[1]　See J. Maxwell Tucker, Substantive Consolidation：The Cacophony Continues, ABI Law Review, Vol. 18, 2010, p. 89.

[2]　In re Owens Corning, 419 F. 3d 195, 3rd Cir. 2005.

9 月，可以检索到的案件数量已经有 31 件，以此趋势推断，2019 年实质合并破产案件的数量应该不会少于 2018 年。

除了案件数量不断增加，近几年也出现了一批比较有影响力的典型案例，如 2016 年浙江省温州庄吉集团有限公司等 4 家公司破产重整案、2017 年江苏省纺织工业（集团）进出口有限公司等六家公司破产重整案、2018 年辽宁省辉山乳业等 78 家公司破产重整案等，合并企业的数量不断增加，案件复杂程度也不断增加。

从案件区域分布来看，浙江实质合并破产案件数量最多，山东、重庆、江苏和辽宁等省市案件数量也相对较多。浙江、江苏作为东南沿海省份，经济发达、民营企业发展蓬勃，破产审判实践也一直走在全国前列。值得关注的是重庆、山东和辽宁等几个非传统经济强省近几年实质合并破产案件大量涌现，这也反映了这些省份近年来重视破产审判、优化营商环境取得了很大成效。

从案件类型来看，目前实践中的实质合并破产案件仍然以破产重整为主。2015 年中央经济工作会议指出，要依法为实施市场化破产程序创造条件，加快破产清算案件审理。要提出和落实财税支持、不良资产处置、失业人员再就业和生活保障以及专项奖补等政策，资本市场要配合企业兼并重组。要尽可能多兼并重组、少破产清算，做好职工安置工作。要严格控制增量，防止新的产能过剩。实质合并破产案件的审判实践贯彻了中央"多兼并重组、少破产清算"的思路。重整制度具有挽救危困企业、鼓励企业向死而生的重要价值，可以充分实现资源的优化配置，最大程度减少企业破产对社会经济和稳定造成的冲击。

（二）实质合并破产相关规范性文件

2018 年 3 月 4 日，最高人民法院印发了《会议纪要》，其中第六部分专门关注关联企业破产问题，指出了关联企业破产的几个重要问题，包括关联企业实质合并破产的审慎适用、实质合并申请的审查、裁定实质合并时利害关系人的权利救济、实质合并审理的管辖原则与冲突解决、实质合并审理的法律后果、实质合并审理后的企业成员存续、关联企业破产案件的协调审理与管辖原则及协调审理的法律后果。在《企业破产法》尚缺乏对实质合并的相关规定的情况下，《会议纪要》为实践中实质合并案件的审理提供非常有意义的指导，也促进了实质合并在实践中的运用。

随着供给侧结构性改革的不断深化和营商环境优化重要的不断凸显，为了提升破产审判工作的质效，促进破产审判实践的发展，各地相继出台了一些企业破产审判相关规范性文件，其中都对关联企业实质合并进行了专门规定。

（三）北京法院应对关联企业实质合并破产案件的现实需要

由于实质合并破产会影响部分债权人的实体权利，也存在着一定的不利影响，因此北京法院目前对关联企业实质合并规则采取比较保守的态度。

但是与此同时，北京法院应对实质合并破产案件有着迫切的现实需要。随着供给侧结构性改革的深入和破产文化的逐步彰显，未来北京法院必然将会受理更多破产案件，在面对重大复杂案件时，特别是债务人为企业集团的案件时必然会面临是否适用实质合并规则，如何适用实质合并规则，实质合并程序如何进行等重要问题。随着北京破产法庭的成立、北京营商环境优化建设的推进，北京法院系统具备审理重大疑难的关联企业实质合并破产案件的能力，但需要尽快对合并破产的重要问题进行专门的研究。

四、关联企业实质合并的适用标准

（一）坚持谨慎的宏观思路

总的来看，关联企业实质合并破产的案件不断增加，且其中很多案件规模非常大、涉及的关联公司数量众多，有的甚至达到四五十家。上文公报案例闽发证券合并破产清算案中，福州中级人民法院认为闽发证券的四家关联公司不具备独立的法人人格。具体而言，首先，四家关联企业被闽发证券实际控制，不能独立自主地为意思表示。其次，四家关联企业并没有独立的财产，因此，闽发证券和其关联公司存在法人人格的高度混同。考察实践中的其他案件，法院同意进行实质合并基本都是基于以上原因，即法人人格的高度混同。

无论是从实质合并制度本身还是结合我国的司法实践来看，实质合并破产都应坚持谨慎的宏观思路。《会议纪要》也指出，人民法院在审理企业破产案件时，应当尊重企业法人人格的独立性，以对关联企业成员的破产原因进行单独判断并适用单个破产程序为基本原则。当关联企业成员之间存在法人人格高度混同、区分各关联企业成员财产的成本过高、严重损害债权人公平清偿利益时，可例外适用关联企业实质合并破产方式进行审理。

（二）实质合并具体适用标准

具体到实质合并适用的微观标准，大体可以归纳为以下几种：债务人企业存在欺诈、法人人格的高度混同、债务人对关联企业同一性的善意信赖、实质合并对债权人利益的保护。企业的破产特别是关联企业的破产，从来就不是一个简单的平面化的问题，因此，以单一的标准判断是否适用实质合并是不完善、不严谨的。破产除了涉及债务人自身，债权人更是重要的当事人，企业集团的破产中还会涉及其他的关联企业。因此，在决定是否适用实质合并时，应综合考虑各种因素，全面把握，聚焦核心。

我国目前的司法实践中，法人人格的高度混同是法院实行实质合并的主要甚至是唯一的标准。法人人格的高度混同确实是判断是否适用实质合并的一个重要标准，但是不应成为唯一的标准。是否适用实质合并，还应对其他相关因素予以考量。

五、关联企业合并破产的程序规则

(一) 实质合并的启动方式

一般认为，实质合并有三种启动方式，第一种是各关联企业先分别进入破产程序，然后进行实质合并；第二种是关联企业在正式申请破产前已经计划采取实质合并的方式，直接向法院申请实质合并；第三种是部分关联企业先行进入破产程序，通过实质合并再将未进入程序的企业并入破产程序。目前实践中实质合并的启动多采用第一种和第三种启动方式。

实践中，还需要注意考虑，是否允许将未进入破产程序的企业合并进来。企业集团中可能出现非市场化的利益输送、债务的不当转移，实质上造成集团各企业资产和债务的高度混同，甚至企业集团中有的企业设立本身就是负责亏损、承接债务，而利益则被输送到其他关联企业。在专司债务承接的企业破产的情况下，拟进行实质合并的未进入破产程序的关联企业包括两种：一种是本身具备破产原因，但是尚未正式进入程序。另外一种是本身就不具备破产原因。接受利益输送的企业往往有良好的资产负债表，因此并不具备破产原因。我们认为，虽然可以考虑将债务人企业未进入破产程序的关联企业纳入实质合并的范围，但是与一般的实质合并相比，这种特殊情形下的实质合并对实体权利造成的影响更加显著，如果被不当滥用，将会给关联企业的正常经营以及市场交易安全带来重大不利影响。因此，这种实质合并的适用应当更加谨慎，同时应严格遵循程序，提供充分的通知和救济途径。

(二) 实质合并的申请与受理

实质合并如何启动，是由当事人申请、法院批准，还是法院可以依职权直接进行实质合并？实质合并会对当事人的实体权利产生实质性影响，因此实质合并的启动应该由当事人提出申请。实质合并的申请可以由债权人、债务人、管理人提出。但是在债权人、债务人和管理人中，管理人是最佳申请人。

法院在审理破产案件时也应该认真审查，履行职责。法院收到管理人提出的实质合并破产申请之后应对案件是否符合实质合并的适用条件进行实质审查。我们认为，对是否进行实质合并审查并作出决定属于法院的职权范围而非债权人会议的职权。此外，针对实践中的不规范做法，《会议纪要》还特别增加了关于听证的规定。人民法院收到实质合并申请后，应当及时通知相关利害关系人并组织听证，听证时间不计入审查时间。

实质合并属于影响较大的重大救济方式，因此完善的实质合并规则必然包括对利害关系人充分的救济途径，也即应当充分保护利害关系人的异议权。

实质合并必然会影响破产案件的复杂程度和管理人履职难度，因此妥善处理实质合并中管理人指定的问题对促进破产程序的高效进行具有重要意义。法院可以考虑对合并破产的案件，指定同一家管理人机构作为几家债务人企业的管理人。

（三）实质合并的管辖

我国《企业破产法》第3条规定："破产案件由债务人住所地人民法院管辖。"但是在实质合并破产中，各个关联企业的住所地可能不同，此时实质合并案件由哪个法院管辖也是实践中存在的问题。通常而言，管辖法院的确立主要基于以下三个方面因素的考虑：法院体系内事务管理、诉讼成本的合理分配、实体正义的确保，实质合并破产案件管辖法院的确定除了要考虑上述因素以外，还需要考虑破产财产最大化原则。

我们建议：第一，可以由核心企业住所地人民法院管辖，如母公司和子公司进行实质合并，一般由母公司住所地法院管辖。当关联企业中的一家企业先进入破产程序，其他企业之后进入破产程序或被裁定并入破产程序时，为避免司法资源的浪费，一般应由已受理该破产案件的法院负责管辖，除特殊情形外（如确实不利于合并破产程序的进行），不应再向其他法院转移。第二，如果实质合并破产案件的案情复杂，由任何一家企业住所地法院管辖都存在较大难度，可以由共同上级法院管辖。如各个关联企业都在同一个中级法院辖区内，且案件案情复杂，则可以由该中级法院管辖而非某一基层法院。第三，特别重大，影响力较大的案件也可以由高级法院受理，实践中已经有这样的做法。第四，管辖权发生争议的，根据民事诉讼法的规定解决，同时也应鼓励法院根据实际需要在法律的框架内创新管辖权争议解决方式，探索新的实质合并破产案件管辖方式，如由一个法院为核心，两个或多个法院合作受理实质合并破产案件。

针对北京破产法庭成立后，北京法院系统关于破产案件管辖权的规定，我们认为，关联企业合并破产案件原则上由北京破产法庭管辖，对于特别重大复杂的案件，可以考虑由北京市高级人民法院管辖。